초 · 중학교에서 학생들과 조사 연구하는

역사하기

Doing History
Investigating With Children in Elementary and Middle Schools
(3rd Edition)

Linda S. Levstik · Keith C. Barton 저

배한극 · 송인주 · 주웅영 역

LEA 아카데미프레스

Doing History
Investigating With Children in Elementary and Middle Schools(3rd edition)

역자서문

해방 이후 역사교육에 대해서는 지금까지 적지 않은 논급이 있어 왔다. 게다가 최근에 기왕의 연구 성과를 토대로 문제의식이 확대되면서 다양한 형태의 교수·학습론에 관한 글들이 쏟아지고 있다. 역사교육의 질적 성장을 모색하며 그에 대한 관심이 제고되고 있다는 점에서 상당한 의의를 찾을 수 있겠지만 현재의 상황을 들여다보면 여전히 이 같은 연구 동향과는 상관없이 교수·학습의 행태는 별반 달라지지 않고 있는 듯하다. 새로운 행동으로의 변화는 물질적인 조건이나 기술에 따라 결정되는 것이 아니라 학습자들 스스로가 만들어가는 의식의 변화에 의해서만이 이루어질 수 있다는 점을 고려할 때 현 단계 역사교육에 대한 전반적인 반성이 요구된다고 하겠다.

사실 해방 이후 한국 현대사는 그 동안 은폐되었던 역사적 진실을 드러내지 못하고 전개되었다. 새로운 국가 건설의 방향을 둘러싸고 진행된 치열한 논쟁 속에서 가파른 정국 동향과 맞물려 굴곡을 거듭하며 교육정책이 이루어졌던 점에 비추어 볼 때 오늘날의 현장교육은 결코 우리 사회가 직면하고 있는 현재의 갈등과 반목 혹은 잠복되어 있는 문제들을 어떠한 형태로든지 간에 풀어내기 위한 장기적인 비전과 목적에 입각해서 구안되었다고 보기는 어렵다.

이러한 지적은 비록 초·중등학교 교육과정을 거치는 동안 학습자들이 방대한 양의 역사적 사실을 배우지만 정작 교실수업에서 거의 역사적 사고력을 육성하지 못함으로써 정보를 축적하는 데 머물고 있다는 점에서 확인된다. 예컨대 본질적으로 현재의 학습은 대개 의미 있는 지식을 추구하기보다는 오히려 교과서의 내용만을 암기하는 수준에서 진행되고 있다는 사실을 들 수 있다. 결국 역사라는 교과목을 통한 실제의 효용성을 학습자들이 체화하지 못하여 역사적 감각의 실종은 물론 역사교육 전반에 대한 냉담과 회의가 되풀이되고 있다고 여겨진다.

최근 그에 대한 돌파구를 다각도로 찾기 위해 새로운 담론에 근거한 다양한 방법론이 모색되고는 있지만 불행하게도 현재의 학교교육과 교실수업에서 이루어지고 있는 역사학습은 전통적인 틀을 크게 벗어나지 못하고 있는 듯하다. 이러한 원인은 무엇보다 역사교육의 범주 속에는 다양한 목적과 활동, 방대한 자료와 그에 따른 해석적인 토대, 논쟁적인 성격 등의 만만찮은 과제들이 포함되어 있음에도 불구하고 이를 교실수업에서 실질적으로 담보해 낼 수 있는 제반 여건이 구축되지 못한 데서 찾을 수 있다.

이상의 문제의식을 가지고 그 해법을 모색하며 마땅한 연구대상을 찾아 고민하던 중에 우리들의 시야에 들어 온 것이 바로 Linda S. Levstik & Keith C. Barton의 *Doing History: Investigating With Children in Elementary and Middle Schools* (Third Edition) 라는 책이었다. 이 책은 주로 미국의 초등학교를 비롯하여 중학교에서 학습자들이 역사수업에 참여한 후 그들의 학습을 수행해 나가는 생생한 장면을 보여준다. 특히 모든 수업이 하나의 특정한 개별 학습의 형태에서 그치는 것이 아니라 프로젝트 접근의 일환으로 진행되고 있는 점이 눈길을 끈다.

한 마디로 말해 여러 교육학적 이론과 원리, 역사와 관련된 다양한 인접 학문의 내용과 성격, 픽션과 논픽션을 비롯한 수많은 학습자료 등에 이르기까지 많은 요소들이 서로 기능하면서 학습자들의 탐구과정에 활용되고 있다. 따라서 본서는 역사교육의 교실수업에서 주제 중심의 프로젝트 접근에 거의 참여할 기회를 가져보지 못했거나 경험이 없었던 우리의 현장교육을 감안할 때 하나의 좋은 길잡이 역할을 할 수 있다고 판단된다. 요컨대 역사교육을 가르치는 데 있어 흔히 지적하고 있는 보편적인 초점, 곧 학생들에게 조사연구를 하도록 하는 것에 관한 실제의 학습을 이해하는 데 커다란 도움이 된다고 하겠다.

다만 번역이라는 작업을 하면서 역자들의 부담이 된 것은 그에 대한 현실적 평가보다는 무엇보다 번역과정에서 자주 발생하는 개별 전문용어의 처리문제, 맥락에 따라 달리 나타나는 용어에 대한 문법적·개념적 이해문제, 원문을 온전한 일상 언어로 풀어내는 일, 문단을 전체적으로 조망하여 그 의미를 독자들에게 설명하는 번역자의 해설 부분 등의 난삽한 문제들을 해결하는 데 적지 않은 시간과 높은 전문성을 요구한다는 점이다. 이제 역자들이 출판을 앞두고 이처럼 난해한 요건을 모두 충족하였는지에 대해 자문해 볼 때 주저되는 바 크다. 적어도 의미론적 전후맥락의 동일성이 문자의 동일성에 의해 오해되지 않도록 세심한 주의는 기울였지만 돌이켜 보면 이 또한 두렵기만 하다. 다만 이 과정에서 새삼 학문 활동에 있어 번역, 특히 완전번역이라는 것이 얼마나 우리에게 중요하고 필요한지를 깊이 새길 수 있었다.

이러한 점을 무릅쓰고 역자들은 이 책을 번역하여 출판하려는 데 뜻을 모았다. 그래서 본문의 내용을 가급적 제대로 전달하고 전체적인 논지 전개의 통일성을 확보하기 위해 적지 않은 모임을 가지면서 검토와 토의를 거듭하였다. 그 과정에서 역자들과 함께 회화체 문장 및 원문의 함축적 의미를 지적하고 거친 문장을 가다듬어 주면서 앞뒤 문맥을 매끄럽게 만들어준 대구교육대학교 영어교육과의 손중선 교수에게 감사의 말씀을 드린다. 그리고 매번 낯설은 교육학 관련 전문용어에 막혀 고민할 때마다 곁에서 도움을 주신 교육학과의 조용기 교수님과 주변에서 직·간접으로 격려와 관심을 보인 사회과 교수님들을 비롯한 여러 교수님들에게도 이 자리를 통해 고마움을 전하고자 한다.

그럼에도 불구하고 번역상에 보이는 실수가 있다면 그것은 전적으로 역자들의 책임일 것이다. 생각해보면 고민한 만큼의 진척이 이루어지지 못해 원래 예상한 것보다 아쉬운 부분이 없지 않다고 여겨져 무언가 부끄러운 일을 저지르지나 않았을까 하는 염려를 지울 수 없다. 하지만 이런 점들은 모두 앞으로의 과제로 미루어 두고자 한다. 다만 본서의 출간이 학습자 주도의 조사연구라는 학문적 탐구에 토대해서 전개되는 미국 초등 사회과 역사교육의 교실수업 실태를 통해 한국 역사교육의 현주소를 진단하고 앞으로의 방향을 모색하는 하나의 계기가 되기를 바랄 뿐이다. 마지막으로 현재의 어려운 여건에도 불구하고 별반 상업성이 없어 보이는 이 책의 출판을 맡아준 아카데미 프레스 관계자 여러분께도 고맙다는 인사를 전한다.

2007년 1월　역자 일동

서언

『역사하기』(*Doing History*) 초판과 재판에서 우리는 여러분을 우리와 함께 정신적 여행을 같이 하도록 초청하였다. 즉 초등학교 학생들이 콜럼버스를 영웅으로 생각해야 하는지 어떤지를 토론하거나, 혹은 8학년 학생들이 권리장전이라는 역사문서가 오늘날의 문제에 대해서 말해 주는지 아닌지를 검토하기 위해 비디오를 제작하도록 하였다. 우리는 여러분들에게 학생들이 질서있고 활발하게 질문을 구성하며, 1차와 2차 자료에서 데이터를 모으고, 그 데이터를 조직하여 해석하며, 그리고 다른 청중들과 함께 그들 작업을 공유하는 이른바 역사를 하는 교실들을 보다 더 상상해 보도록 요청한다. 최종적으로 우리는 여러분들에게 미국과 세계에 있는 다양한 사람들을 반영하는 역사 교육과정을 상상해 보도록 요청한다.

우리는 미국과 다른 나라 둘 다, 특히 북아일랜드 · 뉴질랜드, 그리고 가나에 있는 바로 그러한 교실들에서 교사와 학생들과 작업하면서 여러 해를 보낸 행운이 있었다. 우리는 아동들 중에서 최근에 이민 온 학생들이 많이 있는 교실과 동시에 어린이들의 가족들이 여러 세대 동안 동일한 지역에서 살아온 어린이들이 있는 교실에서 강력한 역사학습을 보아왔다. 일부 교실은 특수교사와 "정규"교사들이 협력하는 프로그램을 많이 포함하고 있다. 즉 대부분은 적어도 사회과를 위해서 특별한 욕구를 가진 학생들을 포함하고 있다. 교실은 도시와 교외는 물론이고 농촌에 이르기까지 광범위했다. 그러나 그들이 서로 다름에도 불구하고 이들 탐구의 공동체들은 여러 가지를 공유하고 있다. 이들 각 공동체는 가장 어린 아동일지라도 역사공부를 흥미로우며 중요하다고 말하고 있다. 더욱이 이들 교실의 각각에 있어서 역사공부는 중요한 역사 내용을 다루고 있고, 학생들은 진지하게 역사탐구에 참여하고 있다. 모든 학생들은 역사적 참여자가 되도록 초청받고 있다. 이 책을 통해서 우리는 교육적으로 건전하고 사려 깊은 사고를 촉발하는 역사수업의 모델을 다양한 배경을 가진 학생들에게 제공하기 위해서 이들 교실에 접근했다. 또한 대부분의 장들은 이들 교실 중의 하나에서 나온 간단한 설명인 비네트(vignette)로 시작한다.

이 책에서 언급한 많은 교사들은 역사적 사고력의 발달과 관련된 연구에 대해 우리들과 함께 일했다. 일부는 아직도 그렇게 계속하고 있다. 우리는 교사교육 프로그램에 대한 우리들의 작업을 통해서 혹은 전문학회를 통해서 다른 사람들을 만났다. 그들 모두는 너그럽게 자신들의 시간·아이디어, 그리고 수업들을 공유했다. 비록 우리가 그들의 실명을 사용함으로써 그들을 존중하려고 하였으나 개인 비밀유지를 위한 합의는 간혹 그 사용을 배제하였다. 많은 사람들은 그들 자신들의 실명으로 나온다. 즉 에이미 리·데헤아 스미스·자네트 그로스·리엔 피츠 페트리크·레베카 발부에나·로다 콜만·루비 예신, 그리고 티나 레이놀즈 등이다. 반면에 다른 사람들은 가명을 사용하였다. 마찬가지로 모든 아동의 이름은 특정한 작품을 위해 사용 허가를 받은 이름을 제외하고는 가명을 사용하였다. 다시 한번 우리는 우리의 호기심에 그렇게 너그럽게 몰입하고 때로는 어리석게 보이는 질문에 대답한 모든 학생들을 알아주기를 바란다. 학생들은 자신들의 작품을 빌려 주었으며, 시간과 아이디어를 함께 나누었다. 우리의 경험은 어린이들이 역사에 대한 자신들의 아이디어를 토론하기를 즐기는 것이었으며, 그리고 그들이 어떻게 사물이 시간의 흐름에 따라서 변천해 왔는지를 보다 많이 발견하기를 원하고 있다. 덧붙여 세계 다른 나라의 어린이들과 어른들과의 대화는 얼마나 과거에 대한 우리들의 개념이 국가적 배경, 즉 국가 기구에 대한 감각, 변화를 위한 가능성, 그리고 우리가 미래에 직면할 때 희망과 절망에 대한 감각에 밀접하게 연계되어 있는가를 생각나도록 해준다.

훌륭한 교사조차 직면하는 몇몇 장애를 포함하고 있는 비네트를 여러분이 읽을 때 살아 숨쉬는 역사에 대한 단편으로 생각하기를 바란다. 각 비네트는 역사를 교수·학습하는 특별한 경험의 한 단면이다. 나머지 장은 전체적으로 비네트를 두고 있다. 그것은 왜 온전한 수업이며 건전한 역사인지를 설명하고 있고, 초등학교 1학년에서부터 중학교 말에 이르기까지의 활동사례를 제공하고 있다. 비록 우리가 완전히 분리된 활동의 세트를 제공하려고 노력하지 않거나 특별한 교육과정을 추천하려고도 하지 않았지만, 우리는 초·중학교 수준에서의 역사수업을 재고하는 데 기초를 제시하려고 노력하였다. 우리들의 목표는 여러분의 사고를 자극하여 여기에서 발견한 아이디어를 여러분이 여러분의 교실에 어떻게 적용할까를 결정할 수 있도록 하는 데 있다. 이들 아이디어의 적용을 어떻게 할까에 대한 생각을 시작하기 위한 하나의 방법으로 매장의 끝에 있는 관련 아동문학의 목록을 언급하고 있다. 이들 목록은 지루한 것이 아니다. 오히려 목록은 시각의 다양성과 난이도의 다른 수준을 설명하려고 특별히 의도하였다. 양쪽 여백 주에서 언급된 다른 저작은 책 말미에 있는 참고문헌에 포함되어 있다.

지속적이고 구성적인 평가는 역사수업에서 특별한 역할을 한다. 지속적이고 구성적인 평가에 의해서 우리는 평가가 수업을 통해서 일어나며, 단원이나 혹은 학년 승급 시기(혹은 책)의 끝에서만 일어나는 것이 아니라는 것과 교수·학습에서 평가의 효과는 적극적이라는 것을 의미한다. 더욱이 역사에 있어서 평가는 학생들 학습의 역사적 측면에 특별히 주의를 기울인다. 예컨대 무슨 준거를 배경으로 우리가 관점 취하기 혹은 지지할 만한 해석 세우기를 하는 데서 학생들의 향상을 평가하는가? 어떻게 우리는 학생들이 증거 혹은 원인과 결과 관계에 대하여 보다 더 조심스럽게 생각하도록 평가를 활용하는가? 독립된 장에서 평가를 다루는 것보다 차라리 여러분은 책 전체를 통해서 이 논제가 짜여져 있다는 것을 알게 될 것이다. 우리는 제2장에서 구성적 평가의 원리를 소개한다. 그래서 여러분이 평가기술을 평가하기 위한 기초를 얻게 될 것이다. 그 후속 장들에서 여러분은 학생들의 관점 취하기와 역사 해석을 개발시키는 것에 있어서 학생들의 향상을 평가하는 루브릭의 예를 발견하게 될 것이다. 다른 장들은 학생들의 역사 발표, 즉 입장 기록지와 역사박물관으로부터 구연에 이르기까지 평가를 위한 다양한 기술을 제공할 것이다. 이들 기술의 각각은 실제적인 교실 연습에 깊이 새겨져 있다. 그래서 여러분은 참된 교사들이 평가를 지속적이고 보다 구성적으로 만들기 위해 노력할 뿐만 아니라 역사 교수·학습의 참된 부분으로 만들기 위해 어떻게 노력하는가를 볼 수 있다.

이 판에서 새로운 것

수업에 대한 어떠한 접근과 마찬가지로 시간이 지나면 아이디어들은 변화하고 성장한다. 이 책도 그렇다. 몇몇 변화는 비교적 미미하다. 즉 우리는 역사적 사고와 학습에 관한 새로운 연구를 포함시키면서 참고문헌을 보완하였다. 그리고 역사수업을 지원하기 위해서 새로운 아동문학을 제시하였다. 다른 변화는 보다 실질적이다. 어린이들과 성인들의 문화를 관통하는 역사적 사고에 대한 연구와 함께 교육과정에 있어서 역사의 위상에 관한 지속적인 토론은 역사하기가 다원적 민주주의의 참여를 위해 학생들을 준비시키는 보다 더 특별한 몇 가지 방법들을 우리에게 알려주도록 이끌었다. 우리의 관점에서 볼 때 역사 교수·학습의 목적은 보다 지적으로 시민들이 공익을 발전시키는 것을 숙고하도록 돕는 것보다는 학문에 의해 확립된 표준을 달성하는 것과는 관계가 적다. 우리는 이 책의 첫 두 장에서 이러한 시민의식의 관점과 그것의 이론적 구조를 소개한다. 그 다음 장들에서 여러분은 논쟁적 문제에 관한 토론의 발판을 만들고 역사학습에 있어서 그 토론에 근거를 마련하기 위한 기술의 사례를 발견하게 될 것이다. 또한 여러분은 국제적인 비교, 곧 예컨대 역사 교수·학습이 타 문화에 있어서 역사적 사고에 보다 공통적인 아이디어와 강조점에서 이익을 얻는 점들을 발견할 것이다.

　이 책에 있어서 교사들은 미국과 해외에 있는 그들과 같은 다른 교사들이 역사는 심지어 가장 어린 학생들의 삶에 적절하다는 것과 학문적이고 반성적인 탐구는 단순히 대학교 역사가들의 고유 영역이 아니라 오히려 보다 포괄적이고 책임있는 공익을 추구하는 우리 모두의 의무라는 우리들의 확신을 계속해서 새롭게 한다. 우리는 이 세 번째 판이 이들 교사들의 삶과 작업, 그리고 그들의 수업에 있어서 학생들에게 정당성을 계속적으로 행사하기를 희망한다. 초판이 출판된 이래 다른 교사들, 다른 학교들에서, 그리고 나라의 다른 파트와 세계에서 성공리에 사용된 이 책으로부터 나온 아이디어들을 발견하는 것에 감사를 받아왔다. 우리는 또한 그들의 사례가 공익의 추구에 있어서 역사 탐구의 공동체를 여러분이 구축할 때 여러분과 여러분의 학생들을 지지하기를 희망한다.

감사의 말씀

이 책은 일련의 협력의 산물이다. 즉 교사들·학생들·다른 사람들, 그리고 많은 동료들과 더불어 역사의 교수·학습을 둘러싸고 있는 이슈들을 토론하고 논쟁하였다. 교사와 학생들은 우리 작업에 대해서 믿을 수 없을 만큼 관대하였다. 책의 많은 부문에서 우리들에게 피드백해 주었고, 항상 우리들의 이론화에 실제적인 검토를 제공해 주었다. 우리는 행정을 맡은 사람들에게도 감사를 드린다. 왜냐하면 그들은 우리들이 자신들의 학교에서 관찰하도록 허락해 주었고, 우리의 연구를 지원해 주었으며, 그들의 학교는 대학생들을 환영해 주었기 때문이다. 많은 사람들은 또한 원고의 상당 부분을 읽고 반응해 주었다. 코리나 하스벡·테리 엡스텡·레이몬드 H. 무에식, 그리고 노랄리 프랭켈은 격려와 통찰력 있는 리뷰, 그리고 유용한 제안을 해 주었다. 린 스미스는 기술적 지원과 함께 좋은 "언어 예술"의 시각을 제공해 주었다. 프랭크 레브스틱은 다양한 자료를 정리하는 데 도움을 주었다. 그와 제니퍼 레브스틱은 들어주기도 하고, 많은 장들의 초고에 대해서 코멘트를 해 주었다. 제니 스미스·에레인 리차드슨, 그리고 폴라 베이어는 좋은 아동문학을 찾는 데 없어서는 안 될 도움을 주었다. 그리고 레스리 킹은 새로운 셋팅에 있어서 우리들의 일부 아이디어의 영향을 조사할 수 있도록 허락해 주었다. 덧붙여 메리사 시몬즈는 이 세 번째 판을 위하여 아동문학 참고문헌을 업그레이드 하는 데 값진 도움을 주었다.

각각의 새로운 판은 교사들과 대학 교육자들과의 접촉으로부터 혜택을 입었다. 우리들과 북미의 수많은 동료들과의 대화를 통해서 성장하기를 계속함에 덧붙여 우리는 다른 나라에 있는 교육자들로부터 많은 것을 배웠다. 특히 뉴질랜드의 닐 앤더슨·데이비드 터너·데보라 엘리오트, 가나의 야오 쾨시가·나아 예메·테레사 투워, 그리고 자네트 그로스, 북아일랜드의 알렌 멕컬리·많은 다른 전문가들, 포르투갈의 마리아 루이사 프레이타스·이사벨 바르카·마릴리아 가코퀸탈, 그들의 관대한 친구들·가족들·동료들로부터도 배웠다.

슬프게도 우리는 프랭크 레브스틱의 사망을 알리고자 한다. 그의 지원은 이 책을 만드는 것을 도와주었고, 다른 많은 것들을 가능하도록 하였다.

저자 약력

린다 S. 레브스틱은 켄터키 대학교의 교육과정 및 교수과의 교수이다. 그녀는 크리스틴 C. 파파스·바바라 Z. 케이퍼와 함께 『초등학교에 있어서 통합언어 관점』(에이린 & 베이컨, 1998)의 공동 저자이며, 신디아 A. 타이슨과 『사회과에 관한 연구 핸드북』(로렌스 얼바움 어소시에이트, 2006)의 공동저자이다. 그녀는 국가 내지 국제적 환경에서 아동 및 성인의 역사적 사고에 관한 연구를 수행하고 있다. 그녀는 또한 교실 탐구를 증진하고, 고고학적 학습에 초등 및 중학교 학생들을 참여시키면서, 성(性)이 공평한 교실 풍습의 발달에 관한 연구를 하며 저술과 워크숍을 수행하고 있다. 그녀는 최근 동부 켄터키에서 여러 개의 미국사 교수 연구비뿐만 아니라 사회과 전국위원회와 미국 배우기(Learn for America)에 의해 재정 지원을 받는 K-12 배경에 있어서 시민참여를 증진하도록 구안된 전국 프로그램을 대상으로 연구를 하고 있다. 오하이오 주립대학교에서 박사학위를 취득하기 전에 그녀는 공립 초·중학교와 오하이오 콜럼버스 토라 아카데미에서 가르쳤다.

케이스 C. 바턴은 신시내티 대학교 교사교육부의 교수다. 켄터키 대학교에서 박사학위를 받기 전에 로스엔젤레스와 샌프란시스코 부근에 있는 초·중학교에서 가르쳤으며, 그곳에서 그는 또한 교원 노조의 위원장으로서, 그리고 베이 지역 쓰기 프로젝트를 위한 교사 컨설턴트로서 봉사하였다. 현재 그는 국내와 국제적으로 초·중학교 학생들의 역사 이해에 관한 연구와 동시에 역사와 사회과에 있어서 교수·학습의 교실 환경에 대한 연구를 수행하고 있다. 그의 최근 연구는 북아일랜드에 있어서 역사와 정체성 사이의 관계에 관해서이다. 그리고 사회과의 목적과 학생의 학습 성격에 대한 미국 교사들의 생각에 초점을 맞추고 있다. 그의 저술은 국가적, 그리고 국제적 연구와 실행자 저널에 실렸다. 그리고 그는 『사회과에 관한 연구 핸드북』(로렌스 얼바움 어소시에이트, 2006)에서 역사교육의 리뷰를 쓰기도 했다. 그는 초·중학교 수준의 사회과 교육연구, 그리고 교수와 학습의 이론에 대한 대학원 과정을 맡고 있다.

린다 S. 레브스틱 그리고 **케이스 C. 바턴**은 『미국교육 연구저널』, 『교육과정 연구저널』, 그리고 『교육대학 레코드』 등에서 역사교육에 관한 공동연구를 발표하였다. 그들은 『공익을 위한 역사 수업』(로렌스 얼바움 어소시에이트, 2004)에서 다원적 민주주의의 참여를 학생들에게 준비시키는 데 있어 역사의 역할에 관한 글을 썼다.

차례

역자서문   iii

서 언   vii

저자 약력   xi

1장 과거, 현재, 그리고 미래
역사 학습을 위한 사회문화적 배경

역사 학습을 위한 사회문화적 배경   1

역사는 다양한 활동들과 목적들을 포함한다 2

역사는 우리들이 가능한 미래를 상상하도록 돕는다 3

역사는 의미있는 주제들과 질문들에 관한 것이다 5

역사는 해석이다   7

역사는 내러티브를 통해서 설명된다   8

역사는 정치 그 이상이다   10

역사는 논쟁적이다   11

역사교육의 목표   13

결 론   15

2장 그것은 단지 쓸모없는 일만은 아니다
학문적 탐구에 숨어 있는 이론

학문적 탐구에 숨어 있는 이론   17

교수와 학습은 목적을 지녀야 한다   19

학습은 깊은 이해를 의미한다   21

교수는 반드시 학생들의 사전지식 위에 구축되어야 한다 23

사람들은 학문적 탐구를 통해서 배운다   25

가르치는 것은 스캐폴딩을 의미한다   27

구성적 평가   29

결 론   32

"확실한" 사실은 많지 않다

3장 역사 탐구의 공동체 구축하기 33

역사적으로 말하기 36

질문의 중요성 40

사전 지식 41

상상적 진입(Imaginative Entry) 42

반성과 평가 44

결론 46

어린이와 청소년의 문학 47

우리가 자신에 관하여 몰랐던 것을 발견하기

4장 개인적 역사들 49

역사적 질문하기 50

역사적 정보 수집하기 51

결론 이끌어내기와 학습에 관한 반성 53

학생들의 학습 평가하기 56

다양한 배경에서 "나의 역사" 61

확 장 62

결 론 64

어린이와 청소년의 문학 65

너 자신에 관하여 말해 줄래

5장 가족사를 통해 어린이들을 과거에 연결하기 69

중요한 역사 주제에 학생들을 연결하기 70

상상적 진입 : 역사를 개별화하기 72

정보 수집하기와 해석하기 74

평가와 피드백 76

학생들을 보다 큰 내러티브에 연결하기 79

다양성의 배경에서 가족사 80

확 장 82

결 론 84

어린이와 청소년들의 문학 85

나는 콜럼버스가 지옥에 갔다고 생각해요!

6장 세계사에서 탐구 시작하기 91

지역적으로 시작해서, 글로벌적으로 연결하라 93

글로벌적으로 출발해서, 지역적으로 연결하라　　　　　　　　95

먼 시대와 장소로의 탐구에 스캐폴딩하기　　　　　　　　96

역사적 신화의 지속　　　　　　　　111

역사 결과들 평가하기　　　　　　　　112

결 론　　　　　　　　115

어린이와 청소년의 문학　　　　　　　　116

병원의 쥐들
역사박물관 만들기

7장

역사박물관 만들기　　　　　　　　**119**

상상적 진입　　　　　　　　120

조사할 수 있는 질문에 관심 놀리기　　　　　　　　123

질문에 대한 해답 찾기　　　　　　　　126

결론에 도달하기　　　　　　　　128

평가와 자기 주도적 학습　　　　　　　　131

시간과 연대기의 이해력 기르기　　　　　　　　133

확 장　　　　　　　　136

결 론　　　　　　　　138

어린이와 청소년의 문학　　　　　　　　139

저는 이런 경험이 없어요!
통합 사회과 설정에 있어서 역사 탐구

8장

통합 사회과 설정에 있어서 역사 탐구　　　　　　　　**143**

모든 질문들이 동등하게 만들어지는 것은 아니다 :
　　피상적인 것을 넘어서 나아가기　　　　　　　　146

유연성은 필수적이다: 학생들의 발견 위에서 만들기　　　　　　　　149

초점 유지하기　　　　　　　　151

자, 그것이 의미하는 바가 무엇일까요?　　　　　　　　153

반성과 평가를 위한 시간　　　　　　　　156

결 론　　　　　　　　158

어린이와 청소년의 문학　　　　　　　　160

교과서에는 왜 그것이 없나요?
픽션, 논픽션, 그리고 역사적 사고

9장

픽션, 논픽션, 그리고 역사적 사고　　　　　　　　**163**

좋은 내러티브 역사 선택하기　　　　　　　　168

"나는 겁에 질리지 않았어요" : 역사 내러티브 만들기　　　　　　　　177

학생들의 역사 내러티브 분석하기　　　　　　　　181

결 론　　　　　　　　185

어린이와 청소년의 문학   186

오, 좋아! 우리는 논쟁하게 되었어
10장 맥락에 갈등 넣기   **189**

이야기해 보자 : 합리적인 토론 준비하기   192

지금 당장 일어나고 있다 : 현재의 사건을 가지고 시작하기   195

만약…이라면 어찌될 것인가? 그것은 달라질 수도 있었을 텐데   200

아직 끝나지 않았다 : 당신은 차이를 만들 수 있다   202

맥락에서 갈등 평가하기   203

결 론   206

어린이와 청소년의 문학   207

내 생각에 그것은 또 다시 일어날 수 있어요
11장 시간의 경과에 따라 태도와 신념이 어떻게 변했는가?   **209**

이름에 있어서의 변화   211

사회 관계에 있어서의 변화   214

세이럼의 마녀 재판   221

역사 기능의 장기 평가   223

확 장   225

결 론   226

어린이와 청소년의 문학   228

우리 국민(Nosotros La Gente)
12장 미국사에 있어서 다양한 관점들   **233**

미국사에 있어서 사람들   235

사람들을 이해하기 위해 문학작품과 일차 자료 활용하기   238

미국사에 있어서 다양성   239

학생들이 아는 것 위에 구축하기   242

학생들의 이해를 위해 스캐폴딩하기   246

역사 내용에 대한 학생들의 지식 평가하기   248

확 장   252

결 론   253

어린이와 청소년의 문학   255

예술은 우리 모두를 인류의 일부로 만든다

13장

역사 교수·학습에 있어서 인지다원론   259

예술은 의미있는 역사적 질문을 제기한다   262

역사학습을 위한 전거자료로서의 예술   263

당신의 마음 속에서 상상하기 : 역사적 예술품을 읽는 법 배우기   270

역사 이해를 표현하는 수단으로서의 예술   273

문제 해결로서의 예술   276

지적인 위험 감수로서의 예술   277

평가와 예술   280

결 론   282

어린이와 청소년의 문학   283

결 언   **287**

참고문헌   **291**

찾아보기   **315**

과거, 현재, 그리고 미래

역사학습을 위한 사회문화적 배경

우리들은... 시간이 지나면서 사람들의 견해가 어떻게 변화하는가를 [역사에서] 배운다. 많은 사람들의 견해는 변하지만 모든 사람들의 견해가 변하는 것은 아니다. 우리들은 아직까지 주위에 KKK와 같은 것들을 가지고 있다. ... 그래서 분명하게 그들의 견해는 남북전쟁 등과 같은 것 이래로 변화되지 않았지만 나는 대부분 사람들의 견해는 변화되어 왔다고 생각한다. 반드시 모두가 변화되는 것은 아니지만 ... 분명히 아직까지 주위에 편견이 있으며, 또한 흑인들과 히스패닉들에 대해서만 반드시 그렇다는 것은 아니다.

-케이트린, 6학년-

여러분은 위에서 케이트린(Caitlyn)이 묘사하는 것과는 매우 다른 역사를 떠올릴 수도 있다. 때때로 역사수업은 단순히 현재와 크게 연결되지 않은 시간을 통해서 진행된다. 어느 2학년 학생이 설명한 것처럼 역사는 "주요한 연대"가 된다. 그 연대들은 흥미있는 스토리들을 표시해 줄 수는 있지만 스토리들은 끝나 버렸다. 즉 시작과 중간이 확정되고, 클라이막스는 밝혀져 있으며, 그리고 끝은 예측이 가능하다. 영웅들과 악당들을 모신 신전으로부터 나온 인물들은 잠시 앞으로 나아가고, 종종 신화와 역사가 구분되지 못하는 이야기들 속에서 그들은 활을 가지고, 그리고 칠판들 위에 전시된 그림들 속으로 사라진다. 초대 대통령이었던 조지 워싱턴은 나무로 된 치아를 가졌으며, 벚나무를 베어 넘겼다. 아브라함 링컨은 정직하였고, 난로의 불빛 옆에서 독서를 하였으며, 5센트짜리 백동화를 돌려주기 위해 1마일을 걸어갔다. 간혹 어린이들이 이러한 모든 스토리텔링(storytelling)에서 요점이 무엇인지를 묻는 것은 별로 이상한 일이 아니다.

케이트린의 언급이 시사하는 역사의 종류를 생각해 보라. 그녀는 주위에서 자신이 본 편견-편견이 존재하고 있는 것이 어떠한지를 설명하고 그것으로부터 그녀 자신을 분리하는 것 둘 다를 위해-을 이해하기 위해 분명히 노력하고 있다. 그녀는 지속되고 있는 인간적 딜레마로서 편견을 밝히고, 많은 사람들의 견해가 변하고 있지만, 그러나 모두는 아니라고 하는 사실을 이해하기 위해 역사에 대한 그녀의 연구를 활용한다. ... 분명히 아직까지 주위에 편견이 존재하고 있다. 다른 말로 하면 우리들은 아직까지 이야기의 중심에 있다. 그 끝은 예견되지 않으며, 그리고 이야기는 우리들 자신의 시간과 우리들 자신의 삶 속에서 전개되고 있다. 역사의 요점은 결국 이것이 무엇보다 무한한 가족 드라마라는 사실이다. 우리들 각자는 미래의 세대들이 대처해야만 할 것으로 줄거리(plot)의 예기치 않은 진전을 발전시킨다. 이러한 관점에서 보면 역사는 우리들에게 이러한 인간 드라마에 참가하는 것이 무엇을 의미하는지를 생각하도록 한다.

역사는 다양한 활동들과 목적들을 포함한다

역사는 다양한 목적을 위해 활용된다. Barton & Levstik (2004)

케이트린의 언급이 지적하는 것처럼 과거는 복잡하다. 역사의 뜻을 이해하는 많은 방법이 있지만, 하나의 목적이 교과를 학습하기 위한 유일한 이유로서 우선권을 가지지는 않는다. 역사는 많은 다른 활동들을 포함하고, 그것의 각각은 다양한 목적들을 위해 사용될 수 있으며, 이들 활동과 목적의 결합은 과거를 향한 4가지 명백한 "관점(stances)"을 구성한다.

동일시는 현재와 과거 사이의 관련성 찾기와 관련이 있다. Barton & Levstik (2004)

가장 친숙한 것 중의 하나는 **동일시 관점**인데, 거기에서 우리들은 우리 자신들과 과거사람 사이의 관계를 찾는다. "너는 앤트 엘리자(Aunt Eliza)의 웃음을 가지고 있다", 그리고 "완고한 경향은 곧 너의 할머니와 같다!"고 아버지는 뉴욕에서 그의 딸에게 말한다. 동부 로스앤젤레스(East Los Angeles)에 있는 교실에서 한 소녀가 그녀의 어머니는 엘살바도르(El Salvador)에서 그녀 가족을 돕기 위해 어린이로서 학교를 떠나는 것에 관하여 그녀에게 이야기했던 사실을 설명한다. 급우는 그의 아저씨가 한 때 "멕시코에서 가장 위대한 트럭 운전사였다"는 사실을 알았고, 어떤 사람도 할 수 없었던 때에 홍수가 일어난 도로를 통하여 운전을 할 수 있었다. 그리고 다른 학생들은 베트남을 떠나기 전 그들이 소유했던 집들과 사업들을 그녀 가족들이 회고하는 것을 들었다. 그리고 미국 전역을 통해서 학생들은 "우리들"은 어떻게 한 국민이 되며, 혹은 "우리"의 인종적 집단이 어떻게 꿈을 성취하기 위해 노력하고 있는지를 배운다. 가족 특성들을 인식하고, 가족 이야기들을 공유하며, 그리고 좀더 큰 지역사회에서 우리 자신들의 위치를 정하는 데 있어서 어린이들(그리고 어른들)은 자신들의 삶과 과거 사람들의 삶 사이의 관계를 확인하는 것이 기대된다.

역사에 대한 도덕적 반응은 과거의 사람과 사건들에 관한 판단과 관련이 있다. Barton & Levstik (2004)

다른 때에 우리들은 사람과 역사적 사건들에 대한 분명한 판단적 태도를 가진다. 이것은 **도덕 반응 관점**이다. 간혹 우리들은 아일랜드 대기근, 세계대전, 혹은 월남전과 같이 비극적인 사건들에 포함된 희생과 고난을 기억한다. 다른 때에 우리들은 비난(노예제, 홀로코스트, 매카시 청문회), 혹은 축하(여성 참정권 운동, 시민권, 남아프리카 아파르트헤이트(apartheid)의 종식)을 위한 이벤트를 벌인다. 그리고 아직까지 다른 때에 우리들은 영웅 혹은 역할 모델로서 여기는 사람들을 선발한다. 예컨대 조지 워싱턴, 헤리에트 튜브만(Harriet Tubman), 로사 팍스(Rosa Parks), 혹은 9.11의 경찰과 소방수들이다. 과거를 좋고 나쁜 것으로 판단하는 것, 혹은 단순히 존경할만한 것으로 판단하는 것은 학교 안팎 둘 다에서 사람들이 역사와 연관짓는 또 하나의 근본적인 방법이다.

두 가지 다른 접근들은 그다지 개인적이거나 정서적이지 못하다. 첫 번째는 **분석적인 관**

점이다. 학생들은 자신들이 역사적 유형들을 찾거나 과거에 있어서 사건들의 원인과 결과들을 검토할 때 역사적 분석에 참여한다. 즉 삶이 시간을 지나면서 어떻게 변화했는가, 미국혁명과 2차 세계대전의 원인은 일상의 삶에 어떤 영향을 미쳤는가 등이다. 가끔씩 이런 종류의 분석은 학생들이 그들 국가의 법률적이고 정치적인 구조의 기원과 발전을 학습할 때처럼 현대 사회의 역사적 기원을 이해하는 것을 목표로 하고 있다. 다른 때에 과거는 수업 혹은 추론의 원천으로서 기능할 것이다. 예를 들면 얼마나 자주 역사적 예들이 대외 정책 결정의 가능한 결과들의 토론에서 사용되어지는지를 주목하라. 또한 학생들은 역사적 설명들이 어떻게 구성되어지는가를 배울 때 분석에 참여한다. 예컨대 1차 사료를 가지고 작업하는 것, 일치하지 않은 자료를 비교하는 것, 그리고 증거에 토대를 둔 결론에 이르는 것은 분석적인 관점의 모든 부분이다.

역사적 분석은 유형들을 밝히거나 사건들의 원인과 결과를 검토하는 것과 관련이 있다. Barton & Levstik (2004)

　마지막으로 학교에서 역사에 대한 가장 흔한 접근은 **전시 관섬**이나. 여기서 학생들은 수업에서 교사의 질문들에 응답하거나 혹은 성취시험들을 치며 교과서 장의 마지막에 있는 질문에 답함으로써 과거에 관하여 자신들이 아는 것을 나타내 보이도록 기대되고 있다. 이런 종류의 역사가 바로 어린이들이 역사에 대해 잘못 알고 있고, 표준이 무너져 내렸다고 비난할 때 사람들이 마음 속에 가지고 있는 것이다. 전시 관점은 또한 부분적으로 역사의 깊은 이해를 발전시키는 데 대한 관심에 따르기보다는 책무성에 의한 요구들에 의해서 더욱 더 움직여지고 있기 때문에, 그리고 부분적으로 우리들의 대부분에게 교과와 우리들 자신의 가장 나쁜 만남을 생각나도록 하기 때문에 버리기 가장 쉬운 것이다. 그러나 전시는 역사가 사회에서 어떻게 사용되고 있는지를 보여주는 가장 중요한 부분이고, 과거에 대한 지식은 종종 박물관과 역사적 재연에서 뿐만 아니라 계보학 혹은 골동품 수집과 같은 취미 활동을 통하여 전시되고 있다. 동일시·도덕적 반응·분석·전시 등 모든 관점들은 역사의 교수와 학습에 영향을 주고, 그리고 우리들은 교과에 대한 학생들의 이해를 발전시키는 방법에 관하여 생각할 때 그것들의 각각을 기억해야만 한다.

시연은 학교 안에서나 학교 밖에서 역사적 정보의 전시와 관련이 있다. Barton & Levstik (2004)

역사는 우리들이 가능한 미래를 상상하도록 돕는다

역사에 대한 모든 접근은 과거에 관해서 만큼 현재와 미래에 관해서도 풍부하다. 역사 속에 있는 집단들과 동일시할 때 우리들은 현재에서 정체성을 갖는다. 즉 우리가 세상이 어디에서 지속되었는지를 찾을 때 우리들은 그것이 어디로 갈 것인지를 이해할 것이다. 그리고 과거의 결정들을 판단할 때 우리들은 다음에 더 나은 결정을 할 가능성이 있다. 하지만 역사가 그와 같은 역할을 수행하기 위해서는 학생들이 교과에 폭 넓고 포괄적으로 노출될 필요가 있다. 현재에 이르는 특별한 통로들을 표시함으로써 역사는 또한 미래에 이르는 몇몇 가능한 통로를 시사하고 다른 통로들을 제외한다. 역사교수가 과거에 이르는 다양한 길들에 대한 학생들의 견해를 제한하는 정도까지 그것 역시 미래에 대한 그들의 인식을 제한한다. 과거에 있어서 역할이나 현재의 힘을 가진 집단의 구성원으로 그들 자신을 보지 않거나 역사를 보지 못하는 학생들은 미래를 위한 실행 가능한 모형을 결여하고 있다. 예를

역사는 미래에 대한 몇 가지 가능한 방향을 지적하고 다른 것들을 제외한다. Holt (1990a)

Brophy (1990),
Downey (1982),
Epstein (1991,1994a),
Lerner (1997),
Levstik(1999), Schuster
& VanDyne (1998)

들면 어떤 사람들의 역할을 강조하는 전통적인 역사교수의 영향을 생각하라. 예컨대 무법의 정복, 정부의 확립, 사회적 운동의 주도 등이다. 반면에 대부분의 여자들은 무엇에 따라서 행동하는 사람으로 제시하는 것, 예컨대 새로운 땅으로 남편을 따르는 것, 정부에 있어서 보이지 않는 것, 공공적인 문제에 있어서 침묵 등이다. 특별히 그와 같은 수업에서 소녀들은 종종 수동적이 되어야만 하고 소년들은 능동적이라고 가르침을 받는 장소인 학교수업과 일치될 때 미래를 위한 대안의 모형은 거의 없다. 소녀들에게는 이러한 문제들뿐만 아니라 시간을 넘어선 장소들 사이에서 인간의 존재들에 대해 열려 있는 충분한 범위와 선택에 모든 학생들이 접근하는 것을 제한한다. 공공과 개인생활의 성적인 상호작용에 본래부터 내재된 복잡성과 모순성을 무시하는 것은 시험되지 않은 성에 관한 판에 박힌 듯한 관념들을 남긴다. 주의 깊은 교육과정에 관한 관심에 의해서 매개되지 않은 판에 박힌 문구와 그것들에 수반된 오해는 여성들을 그들의 수업 참여뿐만 아니라 야망을 제한하도록 이끌고 남성들에게 여성에 관한 것과 여성으로부터의 정보를 중요하지 않은 것으로 보도록 용기를 북돋운다. 물론 유사한 예들이 전통적인 역사에서 보다 적게 나타난 다른 집단들에게도 사용될 수 있을 것이다. 역사가 이들 종류의 이슈들에 관하여 침묵할 때 그것은 종종 일상생활에서 분리되고 일상의 토대에 우리들의 정신을 집중하도록 하는 문화와 변화의 퍼즐들로부터 유리된 것으로 인식되고 있다.

Gardner & Boix-
Mansilla (1994),
Kessler-Harris (1990)

역사 교육과정의 초점이 다원론적 관점으로 이동하는 것은 모든 학생들에게 미래에 대해 더욱 총괄적이고 확실한 비전을 제공한다. 관점의 범위에 대한 학습은 학생들이 힘과 특권뿐만 아니라 차별, 주변인화, 그리고 대립을 이해하도록 돕는다. 그것은 세계에서 행위의 가능한 방법들의 보다 넓은 범위를, 그리고 미래에 있어서의 행위까지도 개방한다. 학생들이 그와 같은 역사를 마음속에 그리도록 돕기 위해 다음과 같이 하라.

Gagnon and the
Bradley Commission
on History in the
Schools (1989), Penyak
& Duray (1999), Zinn
(1990), Allen (1998),
Gordon (1990),
Greene (1993a, 1993b)

- 지속되고 있는 인류의 딜레마에 초점을 맞추어라. 현재의 딜레마들 중에서 과거에 그 뿌리를 두고 있는 것을 강조하라. 이들 뿌리들을 해결하는 것은 자유로움과 능력을 주는 일일 수 있다.
- 인간 역할에 초점을 맞추어라. 그들이 바라는 미래를 구축하기 위해 일해 왔던 사람들의 방식들 뿐만 아니라 묵묵히 따르거나 무시되거나 혹은 압력과 불의에 저항해 오고 있는 사람들의 방법들을 강조하라.
- 세밀한 조사와 회의론에 대한 주제적인 해석들에 초점을 맞추어라. 역사적 해석의 "저술적인" 속성을 강조하라. 누구의 목소리가 들리는가? 누구의 목소리가 빠졌는가? 그 밖의 이야기는 어떻게 이야기되어져야 하는가?

O' Reilly (1998),
Penyak & Duray
(1999), Merryfield
(1995, 1997)

- 미시 수준에 연결하라. 교실과 보다 큰 사회 둘 다에서 현재 문제들에 관계가 있는 역사적 관점을 가져오는 것을 강조하라.
- 거시 수준에 연결하라. 지역적·국가적 반응뿐만 아니라 지구촌적 반응을 요구하는 지구촌적 현상으로서 인종차별, 주변인화, 대립을 학습하라.

역사는 의미있는 주제들과 질문들에 관한 것이다

만약 역사가 우리는 누구인지에 관하여 생각하고 가능한 미래를 구상하도록 도와준다면 우리들은 역사 교육과정이 시시한 것에서 곤경에 부딪히고 사건들의 연대기적 회상에 한정되도록 허용할 수는 없을 것이다. 대신에 우리들은 중심적인 초점으로서 그들이 하는 선택, 그들의 가치들, 사람들과 더불어 중요한 주제와 질문들을 조사하는 데 어린이들을 참여하게 하는 활기찬 역사 교육과정이 필요하다. 과거에 우리들은 학생들이 그들의 큰 문제들에 관여하기 전에 기본 기능이 필요한 것으로 가정해 왔다. 이것이 지닌 문제는 연표, 이름, 그리고 기억된 사실은 역사가 아니라는 것이고, 그리고 그들은 분명히 강요되고 있지 않다는 것이다. 그러나 인류가 시간에 대해서 투쟁해 오고 있는 지속적인 주제와 질문들은 더욱 더 강요되고 있는 역사이다(표 1.1을 보라) 과거에 우리들은 역사가들을 위해 이들을 고수해 왔고, 그리고 왜 어린이들이 너무 자주 역사가 중요하지 않다는 것을 발견하는지에 대해서 의아해 했다. 교수의 초점을 하나의 역사적 이야기에 관하여 듣는 것에서 추구할 만한 가치가 있는 문제들에 대해 질문하는 것으로 옮김으로써 어린이들은 역사의 진정한 "기초들"에 참여할 기회를 갖는다.

> 중요한 주제와 질문들을 탐구하는 것은 역사의 기본적인 활동이다. Evans (1998), National Council for the Social Studies (1994), Downey & Levstik (1991)

표 1.1은 한 세트의 제안된 주제와 질문들을 제공한다. 물론 당신은 특별한 학년 수준들에 맞추기 위해 질문 등을 조절해야만 할 것이다. 예를 들면 1학년 수업은 "사람들이 이주에 어떻게 용기를 받고 억제를 받을까?" 보다는 오히려 "왜 사람들은 한 장소에서 다른 장소로 이동할까?"와 같은 질문들로 시작해야 할 것이다. 그들의 학습은 학생들 자신의 경험들로 시작해서 그 다음에 시간에 대한 지역사회의 유형들을 고려하는 정도까지 확장되어야 할 것이다. 대조적으로 중학교 수업은 "환경에 관한 우리들의 결정이 다른 지역사회들을 어떻게 변화시켜 왔는가?"라는 질문을 고려해야 할 것이다. 다시 학생들은 지역적인 조건들을 분석하는 것으로 시작해서 그 다음에 시간상으로 거꾸로 그들을 추적해서, 그리고 최종적으로 국가적으로, 국제적으로 더 큰 사회에 대한 지역적 조건들의 영향을 공부해야 할 것이다. 당신들이 표 1.1에 나오는 주제들과 질문들을 살펴볼 때 그들은 누구이고, 어디에서 왔으며, 그리고 그들은 미래에 어디로 갈 것인지에 관하여 생각하는 데 학생들이 흥미를 가지고 참여하도록 그들을 어떻게 적절하게 조절할 것인가를 고려하라.

우리들 대부분은 아마 이러한 종류의 역사를 기억하지 않는다. 최악의 경우에 우리는 매우 지루한 교과서 장들의 끝에서 일련의 유리된 날짜들과 질문들을 기억할 것이다. 기껏해야 우리는 오래 전 시기에 관하여 정열적인 이야기를 말했던 한 선생님을 기억할 것이다. 그러나 심지어 최선의 상태에서 우리들은 하나의 이야기를 들었고, 이미 어떻게 결과가 나올지를 알았으며, 그리고 우리들의 몇몇은 거기에 있지도 않았다. 사실 역사는 우리들에게 닿기 전에 항상 오랫동안 멈추었다. 그러므로 우리는 역사에서 아무런 역할이 없었다. 우리는 항상 시간에서 배제되었고, "잘못된" 성·계급·인종·민족성, 혹은 언어 때문에 배제됨으로써 우리들이 기꺼이 주요한 인물들과 동일시하려고 하지 않는 한 이야기 속으로 초청받지 못했다. 그리고 우리는 왜 스토리가 그러한 방법으로 이야기되고 있는지, 혹은

> 많은 학생들은 역사의 스토리로부터 배제되어져 왔다.

표 1.1	역사에 있어서 중요한 주제들과 질문들

인류사회와 문화의 발전

사람들은 왜 조직된 사회와 문화를 발전시켜 왔는가?

환경적 요인들은 어떻게 사회·문화적 발달에 영향을 미쳐 왔는가?

문화들은 어떻게 사회적·경제적, 그리고 정치적 조직들에서 달라져 왔는가?

사회들/문화들이 공통으로 가지고 있는 요소들은 무엇인가?

문화들은 사람들이 그들 자신과 다른 사람을 인지하는 방법에 어떻게 영향을 미쳐 왔는가?

시간이 경과하면서 지속성과 변화는 사회 속에서와 전체 사회를 통해서 어떻게 반영되어져 왔는가?

사람, 문화, 그리고 이념들의 이동과 상호 작용

어떤 힘들이 인류의 이동을 창조하고, 용기를 북돋우며, 금지하여 왔는가?

어떤 요소들이 이념, 재화, 그리고 문화의 전파를 시작하도록 하고 금지하도록 하였는가?

인류의 상호작용은 어떻게 충돌과/ 혹은 협력으로 귀결되어 왔는가?

관념, 재화, 그리고 문화의 전파가 어떻게 사회들에 영향을 미쳐 왔는가?

질병들의 전이가 어떻게 사회들에 영향을 미쳐 왔는가?

인류와 환경의 상호 작용

시간이 지나면서 사회들은 그들의 물리적 환경을 어떻게 여겨 왔는가?

인류는 그들의 필요에 맞게 환경을 어떻게 변화시켜 왔는가?

시간이 지나면서 인류는 환경적 현실을 맞이하기 위해서 어떻게 적응해 왔는가?

환경에 관한 결정들은 사회들에 대해서 어떻게 축적적이고 복잡한 영향들을 미쳤는가?

한 사회 내에서 경쟁하는 이익들은 자원분배를 어떻게 여겨 왔는가?

경제적·기술적 조직과 변화의 유형들

다른 사회와 문화들이 다른 경제적 체계를 발전시킨 것은 왜일까?

일부 사회들은 어떻게, 그리고 왜 농업적 경제를 발전시켰는가?

기술적으로 진보적인 사회들의 출현에 무슨 요소들이 결정적인 것인가?

다른 경제적 체계를 가진 사회들은 의사결정과 이익들의 배분에서 어떻게 사람/집단을 포함하거나 배제해 왔을까?

과학적 발전은 어떻게 기술적 그리고/ 혹은 경제적 변화로 귀결되어 왔는가?

가치, 신념, 관념, 그리고 제도 사이의 관련성

종교와 철학은 개인과 집단에 어떻게 영향을 미쳐 왔는가?

이들 영향들은 예술과 다른 제도에서 어떻게 표현되어 왔는가?

가치, 신념, 그리고 관념은 문화와 사회적 제도를 어떻게 형성지어 왔을까?

일부 문화가 다른 문화에 영향을 미치도록 한 것은 무엇인가?

일부 문화는 그들의 가치, 신념, 관념, 그리고 제도를 어떻게 다른 문화에 강제해 왔는가?

문화는 그들의 가치, 신념, 관념, 그리고 제도를 어떻게 유지하려고 노력해 왔는가?

가치, 신념, 관념, 그리고 제도는 서로 각각 어떻게 충돌해 왔으며, 그리고 이들 충돌은 어떻게 표현되어 왔는가?

문화는 개인과 사회 사이의 관계를 어떻게 정의해 왔는가?

주: NEH 역사표준(1993)에 관한 NCSS 초점 그룹에서 발췌한 것.

그것이 다른 관점으로부터 어떻게 보여질 수 있을지에 관하여 생각하도록 거의 격려를 받지 못했다. 환언하면 우리들은 꾸며지거나 혹은 해석되는 것으로 역사를 보지 않았던 것 같다.

역사는 해석이다

역사 지식은 항상 해석을 포함하기 때문에 역사 설명은 전적으로 객관적일 수 없다. 가장 기본적인 수준에서 과거에 일어났던 일을 아는 데 흥미를 가진 어떤 사람도 역사의 독특한 문제에 직면한다. 즉 그 사건들은 이미 끝나 버려서 직접적으로 관찰되거나 반복될 수는 없다. 결과적으로 일어났던 일을 발견하는 것은 항상 간접적인 방법(일차 자료나 유물 사용하기와 같은)을 포함하고, 그리고 간접적인 방법들은 해석을 요구한다. 즉 역사학자들은 어떤 자료를 사용할지, 자료들은 얼마나 믿을만 한지, 그리고 자료들이 서로 일치하지 않을 때 어떻게 해야 할지를 결정해야 한다. 우리 모두는 동일한 사건이 다른 사람들에 의해서 달리 설명될 수 있다는 사실, 그리고 가족 이야기들이 시간이 지나면서 성장하고 변화한다는 것을 들었던 사람은 누구나 해석은 이야기하는 사람과 더불어 변화한다는 사실을 안다. 예를 들면 엉클 크리스토퍼(Uncle Christopher)가 스코틀랜드 사람들의 이민에 관한 이야기를 말할 때 그것은 씨족 특유의 격자무늬 천으로 포장된 용감한 선조들의 이야기이다. 안트 케스린(Aunt Kathryn)의 표현에서 그 격자무늬 천들은 보다 해어지고 가족의 뿌리는 더욱 미약해져 있다. 한 그룹의 역사학자들이 주목하는 것처럼 "역사는 결코 중립적인 힘 혹은 완전한 세계관 어느 것도 아니다. 역사는 언제나 누군가의 역사이기 때문이다." 그렇다면 우리들 모두는 우리들 자신의 다양한 사회적 역사를 가지고 출발한다. 즉 일상 삶의 경험들, 가족 이야기들, 그림들, 유물들을 통하여 해석된 것으로 우리들이 누구인가에 대한 이야기들이다.

또한 과거 사람들은 그들의 배경과 편견들에 의해서 영향을 받게 된다. 예를 들면 렉싱턴 그린(Lexington Green)에서의 전투에 관한 수많은 일차 설명이 있고, 그들 가운데 같은 것은 하나도 없다. 일치하지 않은 전거들에 직면해서 역사학자들은 어떤 설명이 가장 그럴 듯하게 보이는지를 결정해야만 하고, 그와 같은 결정들은 반드시 판단과 해석을 포함하고 있다. 역사 기록은 모순적이기보다는 더욱 자주 불완전하고, 그래서 우리들은 완전한 설명을 구성하기 위해 정보의 조각들을 함께 모아야만 한다. 이것은 불가피하게 깊이 생각하는 것과 연관되어 있는데, 일부 사실들은 결코 복구되어질 수 없기 때문이다. 예를 들어 대통령 케네디의 암살을 고려해 보라. 어떤 하나의 전거도 그 현장에서 일어났던 일을 정확하게 알 수 있는 충분한 정보를 포함하고 있지 않다. 그래서 역사학자들은 필름, 기록, 직접 설명, 그리고 의학 보고에 근거해서 증거를 모두 도출해야만 한다. 이 사건이 수십 년의 모순을 품고 있었다는 사실은 곧 무슨 일이 일어났는지를 확립하는 것이 어느 정도로 불가능한지를 보여준다. 즉 기록에는 항상 틈이 있을 것이고, 사람들은 그러한 틈들을 메우는 가장 합리적인 방법에 대해서 의견의 일치를 보지 못할 것이기 때문이다. 그러므로 많은 역

모든 역사는 해석이다.

Appleby, Hunt, & Jacob (1994, p. 11)

Bennett (1967)

역사 기록들은 불완전하다.

사적 사건에 대한 서술을 해석으로부터 분리하는 것은 불가능하다.

역사교수는 전통적으로 다양성을 중요시하지 않았다. Downey (1985), Epstein (1991, 1994c, 1994e), Lerner (1997), Loewen (1995)

그러나 대부분의 지난 세기 동안 학교 역사는 해석의 좁은 범위에 제한되어 왔다. 많은 역사 수업은 단일화된 사회의 가정으로 시작했고, 인종적·민족적·성적, 그리고 계급의 차이를 강조하기 쉽다는 이야기를 들어 왔다. 결과적으로 우리들의 많은 것은 역사에서 보이지 않게 되었다. 만약 우리 학생들에게 보여질 수 있다면, 그리고 진행되고 있는 역사의 드라마에서 그들 자신을 참여자로서 볼 수 있다면 그 때 우리들은 우리들이 역사를 이해하는 방식들을 다시 생각해야만 한다. 특별히 우리들은 다음을 해야만 한다.

Barber (1992), Zinn (1990, 1994)

- 다원론적 사회를 가정하면서 시작하라. 우리 모두는 서로서로 복잡하게 관련되어 있는 여러 집단들에 속해 있다. 우리 가운데 일부는 다른 사람들보다 더욱 더 강력한 권력을 행사해 오고 있다. 다른 사람들은 종종 권력으로부터 더욱 더 배제되어 왔다.

White (1982)

- 하나의 이야기는 아무리 해도 우리들의 이야기가 될 수 없다는 사실을 인식하라. 대신에 우리들의 다양한 이야기들은 함께 짜여지고, 한결같이 다른 사람들에 찬성하거나 반대해서 말한다. 우리들 각자는 하나의 가닥(strand)이지 전체는 아니다.

Lerner (1997), Tuchman (1981)

- 역사는 살아 있다는 사실을 기억하라. 모든 우리의 이야기들은 오직 부분적으로만 알려져 있고, 항상 미완이며, 그리고 우리들이 말하거나 행동할 때 지속적으로 변화하고 있다.

역사는 내러티브를 통해서 설명된다

역사 내러티브들은 사건들이 어떻게 우연히 관련되는지를 설명한다. Barton & Levstik (2004), Danto (1965), Gallie (1964), White (1965)

역사 설명들은 또한 어떤 일이 일어났는지를 확립하는 데 있는 것이 아니고 사건들이 서로 어떻게 관련되는지를 보여주는 더욱 중요한 종류의 해석을 포함하고 있다. 과거부터의 사건들의 단순한 목록은 보통 연대기로서 언급되고 있다. 그러나 역사는 그 이상의 어떤 것이다. 즉 역사 설명들은 종종 이야기 형태로 사건을 설명한다. 그 다음에 역사 설명은 종종 시작·중간·끝, 그리고 배경, 인물들, 문제(혹은 문제들), 그리고 해결(resolution)이 있는 과거에 관한 이야기이다. 예를 들어 미국 혁명에 관하여 생각해 보라. 스토리(story)는 영국이 식민지의 방어를 위해 지불할 세금을 부과하는 것처럼 프랑스와 인디안 전쟁의 마지막에 시작한다. 식민지 사람들이 점진적으로 대표 없는 과세의 부당성에 관하여 동요를 일으키게 되면서 그들은 점진적으로 영국이 억압적인 반응들을 가지고 만나는 일련의 항의를 시작한다. 결국 식민지 사람들은 그들의 독립을 선언하고 전쟁의 결과 식민지 사람들은 승리한다. 이러한 역사적 에피소드는 어떤 이야기, 픽션, 혹은 다른 것, 즉 배경·인물·문제·해결 등과 같은 유사한 구조를 가진다. 몇몇 역사학자들은 이러한 종류의 이야기 구조는 모든 역사적 설명의 토대라는 사실을 주장해 왔다.

역사 이야기들은 기술된다. Danto (1965), Gallie (1964), Ricoeur (1984), H. White (1978, 1982, 1984), M. White (1965)

그러나 역사가 내러티브로서 이야기될 때마다 어떤 사람이나 이야기가 언제 시작하고 끝날지, 어떤 것이 포함되고 생략될지, 그리고 어떤 사건이 문제 혹은 해결로서 나타날지를 결정해야만 한다. 결과적으로 역사 이야기들은 항상 해석을 포함하고 있다. 즉 누군가는 스토리를 어떻게 말할지를 결정한다. 간단한 예를 들면 미국 혁명 동안 일어났던 모든 것을 이야기하는 것은 불가능할 것이다(마치 완전한 기록이 존재한다 해도). 그것은 토마스 제퍼슨(Thomas Jefferson)이 글을 쓰기 위해 앉을 때마다 그의 펜을 어떻게 날카롭게 했는가, 크리스퍼스 애틱스(Crispus Attucks)가 아침마다 그의 구두를 어떻게 죄었는가, 아비게일 아담스(Abigail Adams)가 그녀 집의 촛불을 어떻게 붙였는지, 즉 식민지와 영국에서 모든 사람에 대한 수많은 다른 자세한 내용, 그리고 수십 년 동안 매일의 모든 상세한 일을 설명하는 것을 의미할 것이다. 아무도 그와 같이 완전한 설명을 쓰려는 역사학자는 없으며, 아무도 그것을 읽을 시간을 가진 사람은 없을 것이다. 대신에 모든 역사 설명은 선택적이다. 즉 사람들은 어떤 사건이 설명에 포함될 정도로 충분히 중요한가를 결정한다. 포함될 사건과 생략될 사건은 역사 해석의 가장 기본적인 측면들 중의 하나를 구성한다.

> 완전한 역사적 설명은 없다.

그러나 심지어 더욱 중요한 수준에서 역사 해석은 포함될 사건뿐만 아니라 그것들이 서로 어떻게 연결되는지를 결정하는 것을 포함한다. 예를 들면 대표 없는 과세가 미국 혁명을 유발했다는 사실을 설명하는 것은 해석의 한 예이다. 즉 역사학자들은 다른 것들보다 더욱 더 중요한 원인으로서 하나의 이유를 선택한다. 사실들 그 자체는 전쟁이 왜 일어났는지를 설명할 수 없다. 왜냐하면 전쟁을 설명하는 것은 해석의 문제이기 때문이다. 더욱 친숙한 예를 들어보자. 베트남 전쟁에 대한 미국 참전의 성격은 무엇인가? 어떤 사람들은 나약한 정치가들과 감사할 줄 모르는 항의자들에 의해서 곤란하게 된 군대의 이야기를 말하는 반면 다른 사람들은 무지막지한 독재와 사악한 거대권력에 대한 베트남 국민들의 승리를 이야기할 것이다. 하나의 관점에서 실패로 나타나는 것이 다른 관점에서는 승리로 나타난다. 전쟁이라는 사건은 동일한 것으로 남지만 그 의미는 이야기되는 스토리에 따라서 변한다. 역사의 구체적인 사건들이 확실하게 확립되었을 때조차도 그것들의 의미, 즉 이야기 속에서 사건들이 배열되는 것은 항상 해석의 문제이다.

> 역사 해석들은 한 역사가로부터 다른 역사가들까지 다양하다. Cohen (1994), Novick (1988), Ricoeur (1984), Shama (1992), Zinn (1990)

그리고 역사학자들은 과거의 사건들을 하나의 이야기 속에서 위치지울 때마다 해석에 몰두한다. 과거에 대한 설명이 이전에 완전한 것이 없기 때문에, 그리고 어떤 사건도 하나의 가능한 스토리 이상의 부분으로 이야기될 수 있기 때문에 해석은 역사학자마다 다르다. 다른 사람이 쇠퇴를 보는 곳에서 어떤 사람은 진보를 볼 것이고, 다른 사람들이 무시하는 사건의 중요성을 다른 어떤 사람은 발견할 것 등이다. 피하기는커녕 해석에 대한 토론은 역사 전문성의 핵심에 위치해 있다. 역사학자들은 같은 사건에 관해서 하나의 스토리 이상이 말해질 수 있고, 시간에 대한 해석들은 변화할 것이라는 사실을 안다. 왜냐하면 단지 하나의 변화하지 않는 역사 이야기는 없기 때문이다. 그와 같은 애매성은 역사적 지식의 추구를 위해 불가피하고, 생산적이며, 그리고 바람직한 부분으로 여겨지고 있다. 그러나 어떤 해석은 다른 해석과 마찬가지라는 사실은 말할 나위 없다. 예를 들면 과거에 관한 어떤 이야기도 이용 가능한 증거를 설명해야만 한다. 홀로코스트가 일어났다는 사실을 부인하는 세계 2차 대전 시기의 이야기는 홀로코스트에 관한 여러 사실들이 결정적으로 확립될 수 있기 때문에 많은 경외심을 모을 수는 없을 것이다.

> 모든 역사 내러티브들이 똑같이 근거가 확실한 것은 아니다. Kansteiner (1993), White (1992)

역사는 정치 그 이상이다

학교 역사는 일반적으로 정치와 외교에 초점이 맞추어져 왔다.

Elshtain (1981),
Lerner(1997)

여성들은 역사 교육과정으로부터 종종 생략되어져 왔다. Crocco (1997), Gordon (1990), Lerner (1997)

유색 인종은 종종 역사 교육과정으로부터 생략되어져 왔다. Kessler-Harris (1990)

토착 아메리카인과 미국인 인디언 둘 다 모두는 아니지만 대부분 토착 조상의 사람들에게 받아들여지고 있다. Harvey, Harjo, & Jackson (1990)

불행하게도 교과서와 학교 교육과정에서 전통적으로 발견된 해석들의 범위는 극도로 좁았다. 예를 들면 학생들이 학교에서 만나는 역사 이야기들은 전적으로 미국의 정치와 외교적 역사인 법률, 대통령, 전쟁, 그리고 외교관계에 초점을 맞추고 있다. 이들 범주에 맞지 않는 정보는 (만약 있다 하더라도) 많은 중요성을 거의 허용하지 않고 있다. 결과적으로 거의 정치에 접근하지 못하는 사람들인 여성, 유색 인종, 그리고 가난한 사람들은 전통적으로 미국사의 이야기 해석에서 대체로 배제되어 왔다.

예를 들면 여성들은 그들이 정치에 단지 간접적인 접근만을 하였던 많은 국가사 때문에 교육과정에 있어서 가끔씩 나타난다. 그리고 정치가 역사의 초점으로 남아 있는 한 여성들은 자신들이 뛰어난 남자들의 영역에 영향을 미칠 때에만 나타날 것이다(예를 들면 노예제 폐지 혹은 여권운동 기간처럼). 그러나 역사에는 전적으로 너무 공적인 정치 영역 그 자체에 관여할 객관적인 이유는 없다. 지금까지 수십 년 동안 학구적인 역사학자들은 그들의 관심을 생활의 다른 영역인 가족 관계, 가사 노동, 그리고 종교에 돌리고 있으며, 놀랍게도 중요한 역사 인물들이 될만한 여성들은 발견되지 않았다. 심지어 더욱 최근의 역사학자들은 이전에 공공과 개인적인 것으로 여겨지던 측면들 사이의 관계들을 탐구해 오고 있고, 다시 그들은 성(gender)이 오래 전에 인정되어진 것보다 더욱 중요한 역할을 수행해 오고 있다는 사실을 발견하였다. 그러나 이들 논제들이 역사학습에서 부제로 남아 있는 한 대부분 여성들은 그러할 것이다.

그 다음에 정치에 관심을 한정하도록 결정하는 것은 미국 역사로부터 상당한 인구의 부분을 배제하는 것이 된다. 왜냐하면 스토리 안팎에서 무엇이 남아 있고 무엇이 빠져 나갈 것인지를 결정하는 하나의 방법이기 때문이다. 물론 여성뿐만 아니라 많은 다른 소수의 사람들도 이러한 배제로부터 고통을 겪고 있다. 예를 들면 아프리카계 미국인들은 자신들의 존재가 유럽계 미국인들의 정치에 영향을 가졌을 때에만 역사의 중요한 부분으로 고려되어 왔다. 즉 아프리카계 미국인 사회 내에서 정치적·경제적, 그리고 문화적 발전들이 국민적 이야기의 일부로서 고려되지 않았다(그리고 아직 라틴계, 아시아계 미국인, 혹은 다른 유색 인종들은 그 역사 내에서 우세한 위치에 대해 고려를 적게 받고 있다). 그러나 다시 학구적 역사가들은 25년 동안 그와 같은 문제에 관심을 기울여 오고 있으나 이것이 더욱더 미국 역사의 결정적인 해석으로 학교 교육과정 밖에 남아 있는 한 유럽계 미국인들과 달리 대부분의 그룹들은 그럴 것이다.

역사의 전통적인 이야기들은 토착 미국인들의 취급에서 특별히 냉혹하였다. 수년 동안 미국의 역사는 유럽계 미국인들의 정착에 대한 성공과 거의 동등하였다. 그 이야기에서 토착 미국인들의 존재는 그들을 제거하거나 재배치를 통하여 해결해야 할 분명한 문제로서 나타났다. 물론 토착 미국인들은 매우 다르게 그 이야기를 보았다. 즉 그들의 관점에서 보면 문제는 그들 땅을 강제적으로 내어주는 것이었고(그리고 종종 그들의 생활 방식), 무장 저항, 평화적인 정착, 그리고 협동은 모두 해결을 위한 시도를 의미하였다. 그 다음에 유럽계 미국인 정착의 팽창을 보여주는 역사 지도는 토착 미국인들에게 정확할 정도로 반대의 의미를 가지고 있다. 즉 그것은 그들 자신들 영토의 위축을 보여준다. 다시 토착 미국인과 유럽계 미국인 사이의 만남에 관한 사실들은 대부분의 경우에서 확립될 수 있으나, 그들의 의미는 말해지고 있는 스토리에 따라서 크게 달라진다.

간단히 해석하면, 역사에는 하나의 이야기가 있지 않고 많은 이야기가 있다. 토착민과 유럽인과의 관계, 미국혁명, 노예, 가사 노동에서의 변화, 이민, 베트남 전쟁 등 이 모든 것들은 다양한 관점에 따라 달리 보일 것이다. 각 관점의 견해는 몇몇 사건들을 더욱 더 중요한 것으로 여기게 할 것이고, 다른 것들은 그다지 중요한 것으로 여기지 않을 것이다. 왜냐하면 각각은 몇 가지 세세한 것들을 생략하고 있는 반면 몇몇은 상세하게 포함하고 있기 때문이다. 또 하나의 이야기에서 진보하는 것처럼 보이는 것은 다른 것에서는 쇠퇴하는 것처럼 보일 수 있기 때문이다. 그리고 하나에 있어서 해결은 다른 것들에 있어서 문제인 것처럼 보일 것이기 때문이다. 각 이야기는 역사 이해의 분리될 수 없는 부분인 해석의 종류를 반드시 포함할 것이다.

토착 아메리카인들은 종종 유럽계 미국인들보다 매우 다르게 미국 역사를 해석한다.
Axtell (1992)

해석은 역사 이해의 분리할 수 없는 부분이다.
Cohen (1994), Novick (1988)

역사는 논쟁적이다

해석과 중요성의 결합은 변하기 쉬운 혼합물을 만든다. 만약 역사적 진실이 비석 위에서 우리들에게 계승되어 왔다면 과거의 의미와 중요성은 확실하고 변하지 않을 것이며, 거기에는 논쟁의 여지도 없을 것이다. 우리는 과거에 무슨 일이 일어났는지를 알 수 있을 뿐만 아니라 바로 그것에 관하여 말하는 것이 무슨 이야기인지도 알 수 있을 것이다. 왜냐하면 대안적인 해석을 시사했던 사람은 누구나 계몽되지 않은 괴팍한 사람으로 여겨져 사라질 수 있기 때문이다. 그리고 만약 역사가 중요하지 않다면, 만약 그것이 우리들 개인과 집단적 정체성에 그렇게 중심적이지 않다면 그것의 해석적인 성격은 거의 문제가 되지 않을 것이다. 역사학자들과 다른 사람들은 기록보관소와 도서관의 멀리 떨어진 제한 공간에 이관할 수 있을 것이고, 보지 않으면 마음도 없다는 곳에서 그들은 자신들의 모순적인 이야기에 관하여 자유롭게 논쟁을 할 것이다. 그러나 역사는 더욱 더 지극히 중요한 운명을 가지고 있다. 즉 많은 이야기들이 과거에 관하여 이야기될 수 있기 때문에, 그리고 이들 이야기들이 우리들은 누구인가와 우리들은 어디에서 왔는가의 이해에 강력하게 영향을 미치기 때문에 역사는 인류 지식의 가장 논쟁적인 분야들 가운데 있을 운명이다.

역사는 지식의 가장 논쟁적인 영역들 중의 하나이다.

그와 같은 논쟁들에 새로운 것은 없다. 즉 지난 세기를 통하여 어떤 집단은 미국 역사 이야기의 일부가 되기 위해서 투쟁을 해 왔고, 다른 집단들은 자신들을 지켜내기 위해서 마치 힘겨운 것처럼 싸워오고 있는 것과 같이 논쟁들은 이 나라에서 역사의 대중적인 이해에 대한 하나의 지속적인 특징이 되고 있다. 지역적인 긴장은 서부인들이 동부 미국이 교과서와 공공적인 축제를 지배하였다고 주장하였고, 남부인들은 뉴잉글랜드(New England)가 그들 자신 지역의 희생으로 너무 많은 관심을 받았다고 주장하였던 것처럼 20세기 초반에 많은 대부분의 가장 열렬하고 냉담한 역사적 논쟁을 낳았다. 남북전쟁의 결과는 북쪽과 남

역사 논쟁들은 미국 생활의 일상적인 특징이 되어 왔다. Kammen (1991), Nash, Crabtree, & Dunn (1997), Novick (1988)

쪽 사이에 특히 치열한 논쟁을 불러 일으켰다. 왜냐하면 각 측이 자신들의 해석을 인정되고 "정확한" 것으로 확립시키려고 갖은 노력을 했기 때문이다. 1920년에 연방 자매의 뉴올리언스 헌장(New Orleans Chapter of the United Daughters of the Confederacy)은 어머니들에게 학교에서 자식들이 링컨의 생일을 기념하지 못하도록 경고했고, 다른 남부주의자들은 로버트 E. 리(Robert E. Lee)를 국가의 탁월한 "명예로운 사람"으로 끌어 올렸다. 반면에 북부 퇴역군인들은 만약 연방의 퇴역군인들이 자신들의 깃발을 전시하는 것이 허용된다면 1938년 게티즈버그(Gettysburg)의 연합회를 거부하겠다고 위협했고, 그들은 "남북전쟁" 대신에 "주들 사이의 전쟁"이라는 문구의 사용을 비난했다. 분명히 과거의 상징들은 여전히 심각한 의견 불일치를 낳았던 중요하고 지속적인 유산을 가지고 있다.

Kammen (1991)

지역 편견이 있는 라이벌들은 완전히 끝나지 않겠지만, 오늘날 아브라함 링컨에 대한 기억이 그와 같이 높은 수준의 감정을 불어넣고 있다고 생각하기는 어렵다. 왜냐하면 남북전쟁에 직접적으로 포함된 모든 사람들의 죽음은 그것이 85년 전에 있었던 것보다는 비교적 감정적인 문제가 되지 못하기 때문이다. 다른 역사적인 논쟁거리들은 보다 더 빨리 지나가는 것처럼 보인다. 1890년대에 있어서 영국계 미국인들은 오직 "마피아(the Mafia)"가 이탈리아인들의 생활을 축하하는 데 관심이 있었기 때문에 콜럼버스 날(Columbus Day)을 법정 공휴일로 하는 것에 대한 제안에 항의했다. 왜냐하면 1915년 독일계 미국인들에 대한 편견은 밸리 포지(Valley Forge)에서 스토이벤 남작(Baron Von Steuben)의 동상을 철거하도록 강제했기 때문이다. 그리고 1920년대는 영국을 찬성하는 선전이 가득한 것으로, 미국 역사 교과서들을 비난하기 위한 운동으로 보였기 때문이다. 이들 토론들은 물론 오늘날 단지 어리석은 것처럼 보인다. 즉 역사 논쟁들은 항상 현재적인 관심들로부터 유래하고, 현재 이태리인들, 독일인들, 혹은 영국인들에 반대하는 그와 같은 강한 감정을 불어넣는 문제들에 관하여 관심을 가지는 사람들은 거의 없다. 더 이상 스토이벤 남작의 기념비에 관하여 어떤 사람들이 뒤집어엎는 것을 상상하기는 어렵다.

Kammen (1991)

현대적 관심들은 결국 역사 해석들에 관한 논쟁이 된다.

그러나 우리 모두가 알고 있는 것처럼 아직도 격렬한 열정을 불러일으키는 다른 현재적인 문제들이 있다. 이야기되거나 이야기되지 않거나 둘 다, 급진적인 긴장관계는 우리 사회의 모든 국면에 침투해서 미국사에 대한 이야기가 어떻게 들리는가에 관한 우리들의 이해에 변함없이 영향을 미친다. 1926년에 있었던 흑인 역사 주간(Black History Week)의 시작 이래(그리고 전에) 교사들, 부모들, 학생들, 그리고 학자들은 아프리카계 미국인들이 이야기에서 더욱 뛰어난 위치를 받을 만한 가치가 있다고 주장해 왔다. 이러한 관점은 모든 인종적이고 민족적 그룹들인 여성들, 노동자들, 그리고 다른 사람들처럼 미국사 이야기의 일부분이 되어야 하고, 그들은 주변부적인 공헌자이기보다는 오히려 충분하고 능동적인 참여자로서 포함되어야만 한다는 사실이 명백하게 되는 것처럼 최근 여러 해 동안 더욱 더 포괄적으로 성장해 왔다.

인종적인 논쟁들은 우리의 역사 이해에 영향을 미친다.

미국사의 보다 더 포괄적인 스토리를 말하기 위한 시도들은 격렬한 저항을 만난다.
Casanova (1995),
Cornbleth & Waugh
(1995), Evans (1988),
Ravitch &
Schlesinger(1990),
Thornton (1990)

그래도 인종, 성, 계급은 아직도 우리 사회를 분열시키는 이슈이기 때문에 미국사의 더욱 더 포괄적인 이야기를 하기 위한 모든 시도들은 우리나라를 위대하게 만들었던 사람들의 업적들을 축소한다고 주장하는 지위에 있는 방어자들로 인하여 격렬한 저항을 만나고 있다. 아이로니컬하게도 이러한 주장이 해석의 하나라는 사실을 받아들이는 사람은 드물다. 즉 그렇게 하는 것은 논쟁으로 귀결될 것이고, 역사학자 마이클 캠멘(Michael Kammen)은 미국인들이 그들의 역사에 논쟁의 여지가 있는 것을 결코 원하지 않는다고 주장한다. 그는 미국인들은 항상 역사를 일종의 편안하고 죄가 없는 향수를 제공하는 것으로 여겨 왔고, 그들은 끊임없이 과거를 비정치화해 왔다고 주장한다.

Kammen (1991)

역사교육의 목표

교사들은 역사교육이 다양한 활동과 목적, 해석적인 토대, 논쟁적인 성격 등을 지니고 있는 만만찮은 과제라고 생각할지도 모른다. 그리고 그것은 실로 복잡한 일이다. 그리고 가장 훌륭한 역사교사들은 자신들의 모든 경력을 통해서 이 딱딱한 교과목을 더 잘 다루려고 노력한다. 그와 같은 도전들에 직면해서 이 장에서 제기된 이슈들을 제거하고 단지 전통에 따르는 것이 가장 쉬운 것처럼 보일 것이다. 많은 교사들은 정확하게 그것을 한다. 즉 그들은 교육과정의 내용을 통해서 진행하고, 그들의 학생들이 조용하고 순종하도록 하는 일에 그들의 시간을 보낸다. 그러나 그것은 가르치는 방법이 아니다. 만약 교사들이 단지 모든 내용을 취급하고 행동을 관리한다면 학생들은 조금도 배우지 못하고 관심을 기울이지 않으며, 그리고 교사들 자신들은 좌절하고 냉소적으로 될 것이다. 그와 같은 의기소침한 진전을 피하기 위해서 교사들은 교수를 운영하기 위한 분명한 목표, 자신들의 작업에 초점을 맞추고 학생들을 고무시키는 목표들을 가져야만 한다. 다른 일을 하는 교사들, 즉 순응의 유혹에 저항하는 교사들은 내용을 취급하는 것과 학생들의 행동을 통제하는 것을 넘어서 확장하려는 목적의식을 가지고 있다.

많은 교사들은 그들의 교실 실행에서 전통에 따른다. Barton & Levstik (2003)

역사교사들은 그들의 교수를 이끌기 위한 분명한 목표를 필요로 한다.

우리들은 무엇보다 중요한 하나의 목표가 미국에서 역사교육을 수행할 수 있고, 수행해야만 한다고 믿는다. 즉 다원적인 민주주의에 참여를 위해 학생들을 준비시키는 것이다. 이 장 전체를 통하여 우리들은 역사가들의 작업의 측면들 뿐만 아니라 학교 안팎에서 역사에 영향을 미치는 다중적인 목적들의 윤곽을 그려왔다. 모든 이들 관점들은 역사 활동과 학생들의 이해에 관한 영향들을 우리들이 더 잘 이해하도록 돕지만, 역사를 어떻게 가르칠지를 우리들에게 말할 수 있는 사람은 아직 없다. 학교들은 작은 연구 대학들의 축소판이 아니고 바깥 세계에서 진행되고 있는 것을 단순히 비추는 것도 아니다. 교육적 결정들은 교육적 가치들의 토대 위에서 이루어져야 한다. 그리고 미국에서 민주주의를 위해 학생들을 교육하는 것은 오랜 전통이다. 이것은 항상 사회과의 일차적 목표였다. 물론 역사는 더 넓은 교과목의 부분이다. 아직 대부분 교사들은 학생들이 민주 시민을 위해 준비되어야만 한다는 사실을 받아들임에도 불구하고 반드시 그것이 무엇을 의미하는지에 대한 분명한 이미지를 가지고 있는 것은 아니다. 민주적인 참여의 목적을 위해, 교사들이 필요로 하는 방향을 제공하기 위해 우리들은 그것이 무엇에 관계되는가에 대하여 명확히 해야만 한다.

역사교육의 목적은 학생들에게 다원적 민주주의에 참여를 준비시키는 것이 되어야 한다. Barton & Levstik (2004)

교육적 결정들은 교육적 가치의 토대 위에서 이루어져야만 한다. Thornton (2001a, 2001b)

민주주의를 위한 교육은 항상 사회과의 일차적 목표가 되어 왔다.

첫 번째, 민주주의는 참여를 요구한다. 그리고 이것은 얼마 만에 한번 선거에서 투표하는 것 이상을 의미한다. 전통적인 공민교육은 주로 개인과 국가간의 관련성에 초점을 맞추

민주적 참여는 공적 생활의 다양한 측면들에서 협동과 관련이 있다. Barber (2003), Parker (2003), Putnam (2000)

어 왔고, 그래서 학생들은 대의정치, 법적 권리와 책임, 그리고 갈등의 처리에 관하여 배워왔다. 그러나 참여 민주주의는 경쟁에 의한 것인 만큼 협동에 의해서 특징지워진다. 그리고 이러한 협동은 배경의 다양성, 즉 조합·교회·이웃 집단·전문가 협회·교직원·부모-교사 협의회·정당 등에서 일어난다. 이들 배경들의 각각에서, 더 나은 미래의 추구에서 사람들은 함께 행동할 것을 설득한다. 참여 민주주의의 두 번째 특징에 대한 이러한 점, 즉 공익 (common good)에 대한 관심이다. 우리들은 단순히 우리들 자신의 개인적인 이익을 추구하거나 혹은 다른 사람들에게 우리들의 의지를 부과할 수는 없다. 왜냐하면 우리들이 일부분인 모든 공동체들을 위해 최고인 것에 관심을 가져야만 하기 때문이다. 그와 같은 관심이 없다면 사람들은 단지 이기적인 개인들의 단결이 약한 연합의 구성원에 불과할 것이고, 그리고 그들은 전혀 자신들을 공동체의 일부로서 고려할 수 없다. 더욱이 미국과 같은 다원적인 사회에서 우리들은 공익을 구성하는 것과 어떻게 거기에 도달하는가에 대한 다원적인 관점을 고려해야만 한다. 다원주의에 대한 이러한 강조는 민주적 참여의 세 번째 특성이고, 아마 성취하기가 가장 어렵다. 우리들에게 무엇을 위해 노력해야 하는지, 혹은 우리들이 어떻게 함께 살아야 하는지를 미리 말해주는 합의는 없다. 왜냐하면 이것들은 동의하지 않을 때조차도 서로서로에게 주의 깊게 귀를 기울임으로써 문제가 해결되어져야만 하는 이슈들이기 때문이다. 특별히 우리들이 동의하지 않을 때에도.

참여 민주주의는 개인적인 이익들을 넘어서 공익에 대한 관심을 향해서 나아가는 것을 요구한다. Barton & Levstik (2004), Barber (1984)

Barber (1984), Parker (2003)

역사교육은 독자적으로 민주적인 사회를 만들 수 없고, 학생들이 함께 논리적으로 생각하며, 공익에 관심을 가지고, 혹은 서로서로에게 귀를 기울일 것이라는 사실을 보증해 줄 수도 없다. 그러나 역사는 이들 각각에 대해 공헌하도록 되어야만 한다. 그것은 첫 번째, 학생들에게 합리적인 판단에 참여하는 기회를 제공함으로써 그렇게 할 수 있다. 민주주의에서 시민들은 함께 증거를 보고 최적의 행위 과정 위에서 결정해야만 하며, 그리고 이 전략은 정확하게 역사 정보를 분석하는 것에 포함된 것이다. 즉 우리들은 어떤 정보가 믿을 만한 것이고, 과거에 관한 결론에 이르기 위해 그것이 어떻게 이용될 수 있는지에 관하여 선택을 해야만 한다. 두 번째, 역사는 학생들에게 공익의 고려, 인종적·국가적·지구촌적, 혹은 이들 모두 함께 하는 보다 큰 공동체와의 동일시에 의존하는, 그리고 옳고 그름의 판단에 의존하는 활동에 참가할 수 있게 한다. 그들의 공동체에 영향을 준 역사적 사건들을 고려함으로써, 그리고 이들 사건들의 정의를 고려함으로써 오늘날 그와 같은 이슈들을 다루기 위해서 학생들은 더 나은 준비, 그리고 더 나은 동기화가 이루어져야만 한다. 결국 역사는 자신들과 다른 관점들을 학생들이 이해하도록 돕는 데에 결정적 역할을 할 수 있다. 우리들이 과거에서 사람들의 행동을 고려할 때마다 우리들은 더 이상 우세하지 않은 관념·태도·신념에 대한 이해에 도달해야만 한다. 우리들은 단순히 그와 같은 차이들을 제거하거나 혹은 역사에서 달리 일어났던 어떤 것을 이해할 수 없을 것이다. 교과목을 이해하기 위해서 우리들은 우리 자신과 다른 삶의 방식들의 논리를 보려고 노력해야만 한다. 그리고 이것은 현재에서 다양한 관점들을 이해하는 데 있어서 몇 가지 결정적인 요소를 가져야만 한다. 적어도 그것은 노력해 볼만한 가치가 있다.

역사학습은 증거에 토대를 둔 결론에 도달하는 경험을 학생들에게 줄 수 있다.

역사학습은 공익에 관한 숙고에 학생들을 참여하게 할 수 있다.

역사학습은 학생들에게 그들 자신과는 다른 관점들을 학생들이 이해하도록 도울 수 있다.

결 론

우리들의 관점에서 볼 때 논쟁을 피하기 위한 바람은 역사의 논의에서 가장 중대한 결점 가운데 하나로 이끈다. 즉 모든 역사는 해석적이라는 사실을 받아들이기를 거절하는 것이다. 상황을 방어하는 사람들은 자신들의 설명을 "진실한" 이야기로 묘사하고(그것이 이미 교과서에 있기 때문이다), 모든 다른 해석들을 여하튼 미국사의 진실을 약화시키는 것으로 비난한다. 이들 주장들이 보통 인종·계급, 그리고 성의 문제들을 무시함으로써 정확하게 가장 이익을 얻는 사람들에 의해 만들어진다는 사실이 주어지면 그 위치는 별로 놀랄만한 것이 아니다. 그러나 만약 학교들이 학생들에게 민주주의에 적극적인 시민의식을 준비하도록 한다면 그들은 논의를 무시하지도 않고 학생들에게 다른 사람들의 역사 해석을 소극적으로 받아들이도록 기르치지도 않는다. 민주주의의 시민이 되는 것은 그 이상임을 의미한다. 민주적 시민의식을 위한 교육은 학생들이 다양한 견해를 가진 사람들과 의미있고 생산적인 토론에 참여하는 것을 배우도록 요구한다. 결과적으로 이 책 전체를 통해서 우리들은 사람들이 과거에 관한 설명(accounts)을 어떻게 창조하는가와 이들 설명들은 어떻게 다르게 이야기될 수 있는가를 학생들이 배우는 데 있어 역사를 하나의 교과로서 묘사한다. 일부 선발된 학생들의 집단에 한정하기는커녕 우리는 이런 종류의 수업이 초등과 중학교에 있어서 모든 학생들을 위해 실제적이라고 생각한다. 그리고 다음 장에서 우리는 우리의 접근을 안내하는 교수와 학습의 원리를 설명한다.

Lerner (1997)

Hahn (1998), Parker(1996)

그것은 단지 쓸모없는 일만은 아니다

2

학문적 탐구에 숨어 있는 이론

이론을 이해하는 것은 나에게 "아하!"와 같은 것이었다. 선생님들은 역사에 관하여 너무나 많이 듣고, 워크숍이나 근무하러 갈 때 보통 "이론을 뛰어넘어서 곧 바로 실제적인 내용에 도달하라"라고 말한다. 그리고 내가 행했던 많은 것을 나는 곧 본능적으로 했다. 즉 나는 무슨 일이 일어났고, 어떤 결과를 가져올 것인지를 알지만 결코 왜라는 이유를 알지는 못했다. 이론은 그것이 왜 일어났고, A 플러스 B는 C가 되는 이유를 내가 이해하도록 도와주었다. 나는 협동학습과 통합된 수업 및 보호 영어(sheltered English)[1]가 어떻게 모두 함께 진행되었는지를 이해했다. 즉 그것은 퍼즐의 조각들 같았다. 그것들 모두를 함께 이해할 수 있었다. 나는 내가 행하고 있던 일들이 바로 연결되지 않은 조각들이 아니고 설계의 한 부분이었다는 사실을 깨달았다. 나는 내가 사용하고 있던 모든 이러한 실제적인 아이디어들은 그 배후에 이론적인 토대를 가지고 있었다는 사실을 발견하였다.

이론을 아는 것은 나의 교수를 더 좋게 만들어 준다. 나는 더 잘 뽑아서 선택할 수 있다. 즉 나는 무엇이 일어날 것인지와 무엇이 일어나지 않을지에 대한 감각을 갖고 있다. 내가 행했던 많은 것은 적중하기도 하고 혹은 실패하기도 하였다. 나는 어떤 것을 시도할 것이고, 그리고 결코 다시 그것을 사용하지 않을 것이다. 지금 내가 하나의 새로운 교수 아이디어를 생각할 때 내가 이론에 관하여 아는 것을 통해 그것을 걸러낼 수 있다. 왜냐하면 나는 그것이 나의 프로그램에 더해지는지 어떤지 혹은 그것이 곧 번거로운 작업일 뿐인지 어떤지를 결정할 수 있기 때문이다. 내가 학회에 갈 때 나는 "오, 그것은 인지구조(schema)의 구성을 도와준다." 혹은 "그것은 통합된 언어"라고 말할 수 있다. 이와는 대조적으로 백여 가지의 질문일 뿐인 어떤 프로그램에 대해서 "나는 그것이 효과가 없을 것이다. 그것은 진정성이 없다"고 나는 말한다. 그리고 이론은 어떤 것이 단지 매력있게 보이기 때문에 내가 하는 것이 아니라는 것을 확신하도록 도와준다. 나는 이론이 주요한 아이디어들을 뽑아내

---

1) sheltered English는 미국 내의 학교에서 영어를 모국어로 하지 않는 제한된 영어 실력(limited-English-proficient)을 가진 학생들에게 영어 활용 능력을 개발하도록 도와주기 위한 영어 교수법의 하나이다. 교사들은 신체적인 활동들, 시각적 도구를 활용하여 학생들에게 각 교과목에서 요구되는 개념 발달을 위해 중요한 새로운 단어를 가르치려는 환경을 조성한다.(역자 주)

도록 도와주고 인물들을 이해하는 그들의 능력을 발전시키며, 진정한 평가를 제공하기 때문에 지금 나는 한 소설에서 인물의 관점으로부터 학생들에게 스크랩북을 만들도록 하는 것일지도 모른다. 왜냐하면 그것은 실제적으로 어떤 것을 가르치는 근사한 아이디어는 아니기 때문이다. "오 그것은 멋지지 않니!" 그 놈 똑똑한 녀석이네!라고 나는 생각하지 않는다. 나는 주제적 교수가 반드시 모든 유인물에서 진정성이나 기발한 아이디어를 가지고 있지 않다는 것을 안다.

-로다 콜맨(Rhoda Coleman), 5학년 교사
버포드 애비뉴 학교(Buford Avenue School), 레녹스(Lennox), 캘리포니아(California)

로다는 옳다. 간혹 교사들은 많은 이론을 듣는다. 그리고 보통 그것은 실제적인 아이디어들인 좋은 내용만큼이나 중요하지 않은 것처럼 보인다. 그리고 일부 이론들은 실제적으로 매우 유용하지 않다. 즉 우리들은 분명히 실험실이나 사무실에서 나오거나 실제의 수업에서 진실한 학생들이 하는 것에 대해 어떤 아이디어도 가지지 않은 것처럼 보이는 사람들에 의해서 발전된 이론들을 모두 들으면서 읽어오고 있다. 그러나 가르치는 것처럼 이론은 좋을 수도 나쁠 수도 혹은 그 사이 어디에서나 있을 수 있다. 우리들의 관점에서 보면 좋은 이론은 교사들이 자신들의 경험을 이해하는 데 도움을 준다. 이론은 교사들의 수업에서 매일 자신들이 보는 것들에 대한 보다 분명한 이해를 제공한다. 즉 로다가 언급한 "아하!"이다. 좋은 이론은 또한 교사들이 학생들을 위해 더욱 효과적이고 의미있는 수업을 계획하도록 도와준다. 즉 로다가 설명한 것처럼 이론은 단지 근사하고 고상하며, 혹은 잘 포장된 것들로부터 중요한 것을 가르치는 아이디어들을 교사들에게 허용한다. 가장 좋은 수업 아이디어를 발견하기 위한 시행착오적 시도들에 수십 년을 바치기보다는 오히려 학생들이 어떻게 배우는가 하는 사실에 숨어 있는 이론을 이해하는 교사는 보다 더 지속적으로 효과적인 계획들을 발전시킬 수 있다.

이 장에서 우리들은 역사를 어떻게 가르칠까에 대한 이해를 안내하는 기본적인 이론적 원리들을 나열한다. 한편 이러한 원리들은 학습을 바라보는 사회문화적 관점들에 대한 우리의 해석과 이 시대의 인지심리학을 보여준다. 다른 한편, 원리들은 또한 우리들이 보아온 최고의 역사교수에 대한 핵심적인 측면을 숙고한다. 이 장에서 서술된 이론은 교실수업의 현실로부터 분리되기보다는 오히려 교사들과 학생들이 더불어 우리들의 경험으로부터 아는 것에 의존한다. 우리들은 이들 아이디어들이 좋은 교수를 위해 만들어지는 것들을 이해하는 데 유용하다는 것을 발견하고, 교사들이 자신들의 교수를 계획하는 것을 도울 수 있을 것이라고 생각한다. 이들 원리들이 없다면 이 책의 나머지 부분에서 서술한 활동들은 좋기는 하지만 분리된 수업이다. 그리고 교사들은 자신들의 수업에서 그것들을 사용할 수도 사용하지 않을 수도 있을 것이다. 그러나 이러한 접근을 안내하는 이론을 이해함으로써 교사들은 학생들의 요구를 충족하기 위해 이들 제안들을 적용하고 고칠 수 있다.

유용한 이론은 교사들이 그들 자신의 경험을 이해하도록 돕는다.

이 장의 많은 부분을 위한 연구 토대는 Bruer(1993), Gardner (1991b), Good & Brophy (1999), 특별히 10장, Wertsch (1998)와 Wood (1998)에 요약되어 있다.

교수와 학습은 목적을 지녀야 한다

우리의 언어에서 과거로부터 우리들의 잘못을 고친다고 하는 속담이 있다. 역사로부터 우리들은 현재를 고칠 수 있다.

Levstik & Groth (2005)

-중학교 학생, 가나(Ghana)

우리들은 모든 사람들이 다른 문화를 가지고 있기 때문에 〔역사〕를 알고 싶어 한다. 즉 사람들은 각각의 일들을 어떻게 했을까 .... 그리고 그 다음에 우리들은 역사로부터 배울 수 있다.

-레나(Lena)와 레아(Leah), 5학년 학생들, 미국

매우 어릴 때부터 어린이들은 넓은 범위의 학습 경험에 기꺼이 참여하고, 그 가운데 많은 경험은 상당히 도전적인 것이다. 어린이들이 자라면서 그들은 한 팀의 자격을 얻기 위해 여러 시간 동안 연습하고 연극을 위해 끝까지 노력하며, 혹은 악대에서 연주를 한다. 어린이들은 학교 교재들을 읽으려고 노력하겠지만 복잡한 컴퓨터 조작방법은 쉽게 다룰 것이다. 무엇이 그 차이를 만들까? 확실히 어린이들은 한 학년 동안 단지 몇 가지 일들을 배우고 학교 밖에서 배운 것을 항상 이용할 것이라는 사실을 거의 기대하지 않거나 혹은 전혀 기대하지 않지만, 우리들이 모두 증명할 수 있듯이 이러한 태도로 획득한 많은 지식은 빨리 사라진다. 컴퓨터 설명서 읽기 혹은 다른 한편으로 연주·팀·악대를 위한 연습은 많은 학생들을 위한 진정한 목적을 위해 다양한 형태의 역할을 한다. 물론 이러한 목적 의식은 학습을 동기화하지만, 그것은 또한 기억에 도움을 준다. 불행하게도 소수의 어린이들은 비슷하게 학교 역사를 유용한 것으로 경험하지 못한다. 우리가 아는 한 명의 5학년 학생이 설명했던 것처럼 학교 역사는 "보통 당신이 알도록 예상되어지는 것이지 행하는 것이 아니예요." 적어도 어린이들이 학교에서 경험하는 것처럼 역사는 어떤 중요한 목적에 거의 연결되지 않고 너무 자주 시험을 위해 단순히 알려고 하는 것이다.

학교에서 특별히 역사교육의 목적에 대한 더 나아간 토론을 위해서는 Barton & Levstik (2003, 2004), Calclasure (1999), Husbands et al. (2003), Lowenthal (1998)을 보라.

역사는 왜 배울만한 가치가 있는가에 대해 숙고하도록 요청받으면 미국 학생들은 인본주의적 목적에 의존하는 경향이 있다. 즉 종종 자신과 더 적게 타인에 대한 깊은 이해를 발전시키는 것이다. 그러나 우리들은 그들이 앞 장에서 토의했던 참여 민주시민의 종류에 역사학습을 연결한다는 증거를 거의 발견할 수 없다. 이러한 측면에서 미국 학생들은 세계의 다른 지역들에 있는 어린이들과 그렇게 다르지 않다. 다른 민주사회들에서 우리들이 인터뷰했던 어린이들은 미국에서 학생들이 하는 것과는 다른 역사를 학습하는 데 더 큰 강조를 두겠지만, 미국과 비슷한 나라들도 마찬가지로 어린이들은 역사와 시민의식을 거의 연결하지 못한다. 가나(Ghanaian) 학생들은 흥미롭고 자극적인 예외를 보여준다. 가나의 국가교육과정은 다른 국가들과 문화들 가운데서 평화적인 공존·협동·관용, 그리고 상호의존을 촉진하기 위해 역사를 민주적이고 인문학적 목적들에 분명히 연결한다. 우리들이 인터뷰했던 다른 학생들과 마찬가지로 가나 어린이들은 역사를 자신들과 다른 사람에 대한 이해를 깊게 하는 것으로 이해하지만, 그들 또한 역사는 자신들에게 가나 민주주의를 발전시

Barton (2001), Barton & McCully (2005), Levstik & Groth (2003), Levstik (2000, 2001).

Levstik & Groth (2003)

키고 강화하는 것을 돕기 위해 준비했다고 생각하였다. 각각 다른 인종적 집단의 역사를 학습함으로써 한 소녀가 "아마 우리들은 아프리카에서 다른 나라들의 고통들[인종 간 전쟁]을 가지지 않을 것이에요."라고 설명했다.

Buah (1998), Ninsin (1996)

    1장에서 설명했던 것처럼 우리는 방향을 잘 잡은 역사교육이 더 나은 정보에 근거한 민주적 참여를 지지할 것이라는 이들 학생들의 희망을 공유한다. 가나의 경험은 이 목표가 교사들에 의해 받아들여지고 학생들과 공유되어질 때 학생들은 더욱 더 역사학습을 목적적이고 의미있는 것으로, 그리고 더욱 더 배울만한 가치가 있는 것으로 볼 것 같다. 목적을 분명히 하는 것은 또 다른 이점들을 갖는다. 무엇보다도 분명한 목적은 내용선택에 방향을 주고, 학생들 가운데 대리감을 격려하며, 그리고 계속된 지적 성장을 지지하는 환경을 만든다.

목적은 내용 선택에 방향을 주고, 매개자의 감각을 격려하며, 그리고 지적인 성장을 지지한다.

예를 들면 가나에서 학생들은 이러한 다원적 민주주의에서 역사의 첫 번째 목적은 현존하는 충성과 일체화를 존중하는 한편 공동의 정체감, 그리고 시민의식을 발전시키는 것이기 때문에 다른 인종적·종교적 집단들의 과거와 현재의 정치적·경제적, 그리고 사회적 현실 사이의 연결에 관하여 배운다. 미국에서 유사한 목적들이 개인과 집단의 매개적 수단을 보다 충분히 알려주기 위해 집단적 억압의 이야기들을 초월한다. 즉 어떻게 사람들이 억압에 저항해 왔는가, 문제들을 해결하기 위한 연합을 구축하려고 일해 왔는가, 풍부하고 만족한 삶들을 살아 왔는가에 시간을 보내면서 민족·계급·성·인종을 더욱 충분히 탐구하도록 길을 안내할 것이다. 예를 들면 브라운 V. 교육위원회(Brown v. Board of Education)의 조사는 학생들에게 법원이 법률을 어떻게 해석하는지에 관심을 가지도록 요구할 수 있다. 예컨대 아마 연방대법원이 어떻게 기능하는지를 설명하기 위해 교실로 변호사를 초청하는 것뿐만 아니라 집단적 행동의 힘인 연좌항의·보이콧, 사회적 항의를 위한 교수와 대학생의 장시간의 토론집회(teach-in), 편지쓰기 등이다. 많은 공동체들은 이들 활동들에 참가하고 그들의 경험을 학생들과 기꺼이 공유하는 이상의 구성원들을 가지고 있다. 학생들은 또한 현재 집단적인 시위행위를 조사할 것이다. 예를 들면 공동체 학파, 정치적 캠페인 등을 구축하는 것이다. 이러한 종류의 목적적인 역사 교수는 더욱 더 사려 깊고 정보에 근거한 시민참여를 위해 필요한 몇 가지 배경을 제공한다. 또한 어린이들에게 어려운 투쟁조차도 긍정적인 성과들을 가질 수 있다는 증거를 제공한다.

Fertig (2003), jackson (2003), Nasir & Saxe (2003), Payne (2003)

Menkart, Murray, & View (2004)

Garrison (2003)

    목적이 없는 교육은 어린이들에게 배우기 위한 욕망을 빼앗을 뿐만 아니라 배우기 위한 어린이들의 능력을 훼손한다. 학습은 학생들이 자신들의 선택과 행동을 이해할 때 일어난다. 만약 학생들의 행동이 초점 없는, 즉 교사를 기쁘게 하거나 혹은 점수를 얻는 것과 같은 의미없는 일로 향하게 된다면 지적인 성장을 위한 그들의 능력은 방해를 받는다. 좋은 가르치기는 학생들이 배우고 있는 것을 조사를 위한 질문들을 제시하고, 깊은 이해를 위한 동기를 제공하며, 지적인 성장뿐만 아니라 시민성을 지지하면서 학생들 조사들의 결과를 위한 이용을 제시하는 몇 가지 무엇보다 중요한 목적에 연결하도록 돕는 데 초점을 맞춘다.

학습은 깊은 이해를 의미한다

당신은 단지 논제 속으로 깊이 들어가야만 한다. 단지 5월까지 미국혁명에 누군가가 도달할 수 있을까를 보려는 것이 아니다. 그렇지 않으면 그들은 그것을 기억할 수 없을 것이다. 나는 바로 제임스타운(Jamestown)을 수업하고 있기 때문에 미국혁명을 공부하기까지는 시간이 걸릴 것이지만, 학생들은 아직도 자신들이 토착 미국인들에 관하여 배운 것을 기억한다. 그들이 단지 정보만을 기억하는 것이 아니고 실제적으로 역사를 행하고 있다는 사실이 중요하다.

레베카 발부에나(Rebecca Valbuena), 5학년 교사

볼드윈 파크(Baldwin Park), 캘리포니아(California)

나는 혁명에 관하여 매우 많이 기억하지 못하지만, 그것이 중요한 것은 아니다. 우리들은 중학교 고학년에서 그것을 다시 얻을 것이다.

5학년 학생(논제를 공부한 한 달 후)

포트 토마스(Fort Thomas), 켄터키(Kentucky)

어떤 교과에서 일부 사람들은 다른 사람들보다 더 많이 성취한다. 예를 들면 한 사람의 엔지니어는 대학 졸업생보다 더 좋은 다리를 건설할 수 있고, 한 사람의 경험 많은 의사는 1학년의 의대생보다 병을 더 잘 진단할 수 있다. 더욱 어린 학생들 사이에서 몇몇은 다른 사람들보다 더 잘 읽을 수 있고, 몇몇은 수학문제들을 더욱 더 쉽게 풀며, 그리고 몇몇은 더 좋은 무용가·음악가·농구선수 등이 된다. 다양한 분야에서 전문가와 초보자 사이의 차이를 조사하는 심리학적인 조사연구는 더욱 더 잘 할 수 있는 사람들은 단지 더욱 더 많이 아는 것이 아니고, 자신들이 반드시 어떤 더 큰 일반적인 지력이나 추리능력을 가진 것도 아니다. 오히려 그들은 자신들의 분야에서 핵심적인 개념을 더 잘 이해하고 개념을 언제·어떻게 적용할지에 대해 보다 발달된 이해력을 가지고 있다. 인지심리학의 언어에 있어서 전문가들은 초보자보다 더욱 더 조직화된 스키마, 혹은 지식의 정신적인 표현을 가지고 있다.

> 전문가들은 초보자보다 더 조직되고 잘 개발된 스키마를 가지고 있다. Chi (1976), Chi, Feltovich, & Glaser (1981), Sternberg & Horvath (1995)

이러한 관점에서 보면 단순히 더 많은 사실을 안다는 것은 반드시 더 넓은 이해를 의미하지는 않는다. 왜냐하면 학생들은 사실들이 무엇을 의미하는지 혹은 왜 중요한지에 대한 어떤 개념 없이 사실들을 배우기 때문이다. 예를 들면 초등학교에서 많은 어린이들은 완전하게 곱셈과 나눗셈표를 이해하지만 실제 삶의 문제들을 해결하는 방법에 대해서는 아이디어를 갖고 있지 않다. 심지어 그들은 많은 수학적 사실들을 알고 있음에도 불구하고 실제 상황에서 연산을 사용하는 것이 무엇을 의미하는지에 관하여 충분히 알지 못한다. 그들은 나누기에 관한 모든 것을 진정으로 이해하지 않고서도 나누기에 관한 사실들을 안다. 유사하게 많은 학생들은 5학년에서 주(state) 수도의 이름들을 기억하지만 주 수도가 무엇인지 혹은 어떻게 거기에 가는지에 대한 어떤 아이디어를 가진 학생은 거의 없다. 그들은 장소·이름·지리학에 관하여 몇 가지 하찮은 사실들을 보유하고 있지만 지리학적인 원리들에 대한 이해를 가지고 있지 않다.

> 사실들을 암기하는 것은 거의 개념적 이해로 귀결되지 못한다.

그 다음에 좋은 가르치기는 단지 엄청난 양의 사실적인 정보를 다루기보다는 오히려 학

효과적인 가르치기는 학생들이 중요한 조직 아이디어들을 배우도록 돕는다. Bamford & Kristo (1998), Good & Brophy (1999), Prawat (1989a, 1989b)

National Council for the Social Studies (1994), National Council of Teachers of Mathematics (1989), National Research Council (1996)

깊은 이해는 지속된 학습을 요구한다. Newman, Secada, & Wehlage (1995), Wells & Chang-wells (1992)

역사는 중요한 논제들에 대한 지속된 학습과 관련이 있다.

생들이 중요한 조직 아이디어들을 배우도록 돕는 데 초점을 맞춘다. 예를 들면 쓰기를 가르치는 것, 즉 청중을 위해 어떻게 쓰고, 정보를 어떻게 조직하며, 어떻게 개정하는지 등은 문장을 어떻게 도해하는가가 아니라 학생들이 의사소통을 하도록 가르치는 것을 의미한다. 왜냐하면 문장을 도해하는 것은 단지 훌륭한 작가가 되려고 하는 것과는 아무런 관계가 없기 때문이다. 마찬가지로 지리를 가르치는 것은 즉 주 수도의 이름들이 아닌 인간의 환경적 상호작용, 공간을 통한 사람·재화, 그리고 공간을 통한 아이디어들 등에 초점을 두는 것을 의미한다. 왜냐하면 주 수도의 이름을 아는 것은 지리학의 핵심 개념들과는 아무런 관계가 없기 때문이다. 국가 기구들은 이러한 종류의 깊은 이해의 발달에 초점을 둔 과학·수학·사회과의 표준(standards)을 만들었다.

그와 같은 학습은 분리된 사실들을 기억하는 것처럼 전부가 아니면 아예 포기하는 학습과 같은 것을 포함하지 않는다. 즉 당신이 와이오밍(Wyoming)의 수도를 알거나 혹은 모르거나 문화·환경·사회와 같은 복잡한 개념들에 대한 이해는 시간이 지나면서 점진적으로 발전한다. 왜냐하면 학생들은 자신들이 만나는 각각의 시간에 대하여 더 많이 배우기 때문이다. 깊은 이해 역시 지속적인 관심을 위한 시간을 요구한다. 즉 학생들은 자신들을 이해하고 학습한 것의 의미와 중요성을 반성하기 위해 충분히 깊게 논제들을 학습해야만 한다. 비록 한 주 동안 한꺼번에 하나의 교과서를 통하여 많은 정보를 다루는 것이 확실히 가능함에도 불구하고 학생들은 그렇게 한다고 중요한 것을 배우는 일을 좋아하지 않는 것 같다. 불행하게도 이러한 면에서 역사학습은 가장 나쁜 위반자의 하나이다. 레베카의 말에 의하면 너무나 많은 학생들은 "5월까지 미국혁명에 도달하기 위한 경쟁"의 일부로서 역사를 경험하기 때문이다. 학생들이 자신들의 추리와 중요성에 대한 이해없이 날짜와 사건들을 통하여 진도를 나갈 때 바랄 수 있는 최상은 5학년 학생이 앞서 이야기한 것처럼 "중학교 상급학년에서 다시 도달"하는 것이다.

역사에 대한 깊은 이해를 발전시키기 위해서 학생들은 첫 장에서 확인된 종류의 논제들에 대한 지속적인 조사에 참여해야만 한다. 예를 들면 세계사의 주요한 사건들을 훑어나가는 대신에 교사는 환경과 인간 상호작용의 역사 단원에 두 달을 소요할 것이다. 사람과 환경이 서로 작용해 온 모든 시간을 밝히는 것을 의미하지 않을 것 같은 한 단원-분명히 불가능할 것이다!-은 시간을 통하여 사람들이 환경에 적응해 온 다양한 방법들에 대한 학생들의 이해를 발달시키는 것, 사람들의 요구를 만나기 위해 환경을 변화시키며, 자원들을 위해 경쟁을 하는 등이다. 그리고 이름들, 날짜들, 사건들(빨리 잊어버릴)의 목록을 배우기보다는 오히려 학생들은 레베카가 제안한 것처럼 질문하고, 자료를 수집하며, 해석하고, 설명하는 역사를 행할 것이다. 틀림없이 어떤 교사는 그러한 방법으로 더 적은 자료를 다룰지 모르지만 학생들은 전문가적 이해를 향하여 나가는 것들을 더 많이 배울 것이다.

교수는 반드시 학생들의 사전 지식 위에 구축되어야 한다

여러분은 아이들이 이미 알고 있는 것으로부터 출발해야 한다. 장의 끝에서 바로 텍스트를 읽고 질문에 답하는 것은 나의 LEP(제한된 영어숙달) 학생들을 위해 작용하지 않는다. 그리고 나는 어떤 학생들에게 진정으로 효과적이라고 생각하지 않는다. 당신은 곧 바로 그들에게 들어가도록 해서 한 장을 냉철하게 읽도록 할 수는 없다. 만약 당신이 학생들이 이미 알고 있는 것들 위에서 구축할 수 없다면 그들은 그것을 배울 수 없다. 만약 그들이 배경지식을 가지고 있지 않다면 그것을 이해할 수 없다. 즉 그들이 그것으로부터 한 가지 일을 얻을 수 없다면 당신은 시간을 낭비하고 있는 것이다. 학생들은 때때로 어떤 사람들의 위치에 자신들을 두거나, 혹은 일기와 같이 더욱 더 개인적인 것을 읽을 필요가 있다. 많은 시간 역사는 "건드릴 수 없는 것"이고, 만약 내가 이야기할 수 있다면 "이것은 11세 소녀가 쓴 것이다." 그러면 그들은 "와" 하고 좋아할 것이다. 그것은 진정으로 역사를 살아 있도록 하는 것이다. 그들은 더욱 더 자신들의 삶에 비교할 수 있기 때문에 심지어 유명한 사람들 이상으로 오래 전에 살았던 사람들의 일상에 관하여 읽기를 좋아한다.

레베카 발부에나

오늘날 어린이들이 "백지상태"로 학교에 들어간다는 사실, 혹은 교수의 목적이 정보로서 그들을 단순하게 채워주는 것이라는 사실을 심각하게 믿는 사람은 아무도 없다. 이미 어떤 수업에 도착하기 전에 어린이들은 자신들 주위에 있는 세계에 대한 이해를 발전시켜 왔다. 그들은 언어·셈하기·자연세계, 심지어 사회적 관계들에 대한 자신들의 아이디어들을 가지고 있다. 이들 직관적인 이론들은 사람과 사물들에 대한 그들의 직접적인 경험들에 토대를 두고 있고 때론 상당히 정확하다. 미취학아동들은 불은 뜨겁고, 세 개의 쿠키는 하나보다는 더 많으며, 가끔씩 사람들은 진실을 말하지 않는다는 등의 사실을 안다. 세계는 평평하고 더 이상 토착 미국인은 없거나 혹은 은행들은 개인적인 박스에 고객들의 돈을 쌓아둔다는 사실들을 믿을 때처럼 다른 때에 그들의 아이디어들은 부정확하거나 혹은 적어도 완전하지 않다.

> 어린이들은 공백의 석판으로서 학교에 들어가지 않는다.

학생들이 자신들의 이해를 발달시키는 것을 돕기 위해서 교사들은 그들이 학교에 가지고 오는 지식을 직접적으로 알려주어야만 하고, 가능할 때마다 그것 위에서 구축해야만 한다. 배우기 위해서 사람들은 이전의 이해에 새로운 경험들을 연결해야만 한다. 즉 그들은 자신들의 정신적 스키마를 재구축해야만 한다. 가끔씩 사람들은 단지 새로운 정보를 추가한다. 즉 어떻게 엔진이 작동하는지를 아는 자동차 기능공은 이전에 만나지 못했던 모델에 관해서 작업을 할 때 그녀의 인지구조는 늘어난다. 다른 때에 인지구조의 재구축은 어린 아동들이 식물은 곧 동물과 같이 살아 있다는 사실을 이해하기 시작할 때처럼 이해에 있어 더욱 더 완전한 전이와 관련한다. 다른 경우에 학습은 수동적이 아니다. 즉 사람들은 그들이 만나는 것을 이미 알고 있는 것과 비교해야만 한다. 레베카가 주목한 것처럼 만약 학생들이 알고 있는 것을 토대로 구축하지 않으면 그들은 배울 수 없다.

> 지식과 경험 위에 구축된 교수는 어린이들을 학교에 데려온다.

> Carey (1985),
> Piaget (1952)

불행하게도 교과서들과 다른 자료들은 거의 학생들의 사전 이해에 많은 관심을 기울이지 않는다. 물론, 모든 아이, 모든 학급, 그리고 모든 지역사회는 다르다. 그리고 그들 경험의 다양성이나 이해의 범위를 알려주는 교과서는 없다. 그러나 학습과 교수에 관한 연구는 지속적으로 학교 경험들이 사전 이해에 연결되지 않을 때 학생들은 거의 배우는 것이 없다는 사실을 보여준다. 즉 학생들이 학교에서 배우려고 예상되는 것을 자신들의 스키마에 연결할 수 없을 때 그들의 이해는 매우 피상적이다. 모든 교사는 학생들이 수업에서 어떤 새로운 것을 배운다고 생각했으나 일주일 후에 잊어버리거나 새로운 상황에 그것을 적용할 수 없었다는 것만 발견했을 뿐이다. 이러한 종류의 피상적인 학습은 실제적으로 정확하게 학생들이 자신들의 이해를 수정하기보다는 오히려 정보나 절차를 암기하기만 하기 때문에 일어난다.

단지 반복하기만 하는 것이 아니라 정보를 이해하기 위해 학생들은 그것을 자신들의 사전 이해에 연결해야만 한다. 교과서들은 이것을 할 수 없다. 대신에 학생들을 가장 잘 아는 사람인 교사들은 학생들이 무엇을 알고, 어떻게 그 지식 위에서 구축해야 하는지를 찾아내야만 한다. 과학에서 실험을 안내하기 전에 학생들로 하여금 예측을 하도록 시키는 것은 그들이 아는 것을 찾아내는 분명한 방법의 하나이고, 자신들이 관찰한 것을 예측한 것과 비교하도록 하는 것은 새로운 지식과 옛날 지식을 연결하는 것을 돕는다. 교사들은 또한 역사수업에서 학생들이 배우기 시작하거나 배울 것에 관하여 예측하도록 요구하기 전에 하나의 논제에 관하여 알고 있는 것을 물어볼 수 있다. 즉 KWL 차트에서 학생들은 아는 것, 알기를 원하는 것, 그리고 후에 배웠던 것을 토론하는 것은 자신들의 사전 지식을 활성화하는 한 가지 방법이다. 교사는 또한 큰 차트지에 하나의 새로운 논제에 관하여 아이디어들의 망을 만들도록 함으로써 학생들의 배경지식 위에 구축할 수 있다. 이것은 정확한 정보를 토론하고 잘못된 것을 바로잡으며, 새로운 정보를 추가하기 위해 학습을 통해서 수업이 망으로 되돌아 갈 때 학생들이 연관성을 만들어 내도록 도울 수 있다. 새로운 지식을 옛날 지식에 연결하는 데 있어서 토론, 예측, 망들, KWL 차트의 유용성은 단지 논제의 시작에서 그것들을 안내하고 그 다음에 버리는 것보다는 오히려 과 혹은 단원 전체를 교수하는 데 통합하기 위한 교사들의 관심에 달려 있다는 사실을 명심하는 것은 중요하다.

학생들이 이미 알고 있는 것에 역사를 연결하는 다른 중요한 방법은 과거에 있었던 사람들의 일상생활에 초점을 맞추는 것이다. 사람은 어린이들이 가장 잘 이해하는 주제들 중의 하나이다. 심지어 매우 어린 나이 때부터 학생들은 타인들의 신념과 의도에 관하여 추론할 수 있기 때문이다. 마가렛 도날드슨(Margaret Donaldson)은 어떤 것이 어린 아동들에게 이해되기 위해서는 인간적 관점에 맞아야 된다고 주장하기까지 한다. 어린이들은 그 상황들이 사람을 어떻게 개입시키고 있는가에 대한 인식에서 이해된다고 그녀는 주장한다. 역사가들 또한 상황들의 인간적 인식에 초점을 맞춘다. 그들의 많은 연구는 과거 사람들의 믿음과 의도에 대한 연구를 포함하고 있다. 그럼에도 불구하고 인류가 교과서를 통해서 그것을 하려고 했을 때 먼저 인간적인 요소는 무시된다. 그리고 학생들은 정치·외교, 그리고 정부와 같이 그들이 그에 관해 가장 적게 아는 것을 학습하는 것으로 끝마친다. 역사학습에서 인간의 부재는 교과의 속성으로 돌려져 왔던 열정의 부족으로 설명될 수 있다. 사람에게 초점을 맞춤으로써 교사들은 학생들이 가장 잘 알고 그들에게 역사가들이 실제적으

특별히 Caine & Caine (1994), Gardner (1991b)를 보라.

교사는 학생들이 교육과정을 그들의 사전 지식에 연결하도록 돕는다.

Ogle (1986)

어린이들은 세계를 이해하기 위해 노력한다. Donaldson (1978), Wellman & Gelman (1992)

로 하는 것에 대한 더 좋은 이해를 위해 보다 나은 감각을 주는 것에 토대를 두고 양자를 구축할 수 있다.

사람들은 학문적 탐구를 통해서 배운다

다른 사람들이 행하는 것을 들으면서 함께 작업하는 사람들에게는 상승 작용하는 효과가 있다. 즉 그것은 나의 신경단위들이 섬광을 일으키게 하고, 누구나 행할 수 있는 것을 증대시킨다. 그 다음에 역시 민주적인 진행이 있다. 누구나 한 마디 하고, 누구나 참가하며, 단지 교사가 바로 서서 강의하는 것이 아니다. 그것은 또한 그들에게 곧 바로 이야기하는 대신에 발견할 기회를 준다. 즉 당신이 그들을 위해 곧 바로 점들을 연결하기보다는 오히려 그들은 다른 관점의 이야기를 듣게 되고, 혼자 힘으로 결과들을 토론한다.

-로다 콜맨

교사들은 학생들의 사전지식을 활성화하고 그들의 아이디어들을 새로운 경험들에 연결하는 방법들에 관심을 불러올 수 있을지라도 직접적으로 이해를 가르칠 수는 없다. 즉 교사들은 학생들을 위해 정신적인 작업을 할 수는 없다. 교사로서 인간학습과 우리 자신들의 경험에 관한 두 연구는 학습의 "전이"모델을 직접적으로 논박하는데, 그것은 지식이 한 자원(교사 혹은 교과서)에서 다른 자원(학생)으로 직접 옮겨간다는 사실을 가정한다. 상벌체계를 아무리 정교하게 하더라도 단순히 어린이들을 정보로 채울 수는 없다. 왜냐하면 우리는 그들을 위해 "점들을 연결"할 수 없기 때문이다. 사람들은 자신들에게 중요한 질문들에 대한 답을 추구할 때 배운다. 왜냐하면 이해는 자신들이 아는 것에 만족하지 못할 때에만 변하기 때문이다. 의미있는 질문을 하고, 정보를 찾으며, 결론을 이끌어내고, 가능한 해결을 반성하는 과정은 탐구로서 알려져 있다.

다행스럽게도 어린이들은 태어나면서부터 자신들의 세계를 알기 위해서 노력하는 선천적으로 호기심을 가진 학습자들이다. 어린 아동을 가진 사람은 누구나 탐구를 위한 그들의 충동과 "왜"라는 항상 하는 질문에 뒤떨어지지 않으려는 도전을 알고 있는 반면, 좀더 나이 많은 어린이들은 단지 얼마나 많이 아는지를 드러내는 데 종종 힘을 쏟는다. 그러나 인간이 선천적으로 호기심이 많을지라도 대부분의 사람들은 단지 재미를 위해 주변에 둘러 앉아서 시시한 것을 기억하지 않는다. 학교 밖에서 학습은 거의 항상 목적적인 활동의 맥락 내에서 일어난다. 사람들은 중요한 어떤 것을 행하는 방법을 알 필요가 있기 때문에 배우고, 자신들의 과업들을 성취할 수 있을 것처럼 보이는 것들의 예들을 알 수 있다. 예를 들면 어린 아동들은 자신들이 의사소통을 필요로 하기 때문에 말하는 것을 배우고, 지속적으로 사람들이 정확하게 그것을 행하는 것을 본다. 마찬가지로 무용가·음악가·운동선수가 되기를 바라는 청소년들은 자신들의 목표를 성취하는 데 필요한 기능을 배운다. 그리고 그들이 배울 수 있는 것으로부터 전문가적 수행을 하는 데 부족함은 없다. 당연하지만 사람들은 배우고 있는 이유를 알 때 가장 잘 배우고 성공적으로 그것을 행할 수 있을 것 같은 것이 무엇인지를 알 수 있다.

예를 들면 Brooks & Brooks (1993), Caine & Caine (1994), Duckworth (1987), Taylor (1993), Wells & Chang-Wells(1992)를 보라.

사람들은 그들에게 중요한 질문들에 대한 답을 찾을 때 배운다. Dewey (1933, 1956)

탐구는 정보 찾기, 결론 이끌어내기, 그리고 해결에 대한 숙고하기를 위해 의미있는 질문을 하는 과정이다.

어린이들은 선천적으로 캐묻기를 좋아하는 학습자들이다.

사람들은 그들의 학습 목적을 이해할 때 가장 잘 배운다.

학습은 사회문화적 맥락 내에서 일어난다.
Lave & Wenger (1991),
Resnick (1987), Rogoff
(1990), Vygotsky
(1978), Wertsch (1998)

이러한 종류의 목적적인 학습은 항상 지식이 어떤 가치를 가지고 있고, 그것을 어떻게 획득하며, 그리고 어떻게 사용하는가를 결정하는 사회문화적 맥락 속에서 일어난다. 예를 들면 과학자들은 고립적으로 자신들의 조사들을 추구하지 않는다. 즉 그들이 묻는 질문, 적용하는 기준, 그리고 결과를 보고하는 방법은 학자들 사회에서 진행되는 토론과 논의의 산물이다(그리고 폭 넓은 사회의 관심과 가치 역시 그 공동체에 영향을 미친다). 모든 분야에서 지식은 그것이 발전하는 속에서 질문·진행·토론의 맥락 내에서만 의미를 갖는다. 어떤 단일한 사회도 지식 생산에 대한 독점권을 가지지 못한다. 예를 들면 환경의 이해는 사람이 농부·연구자, 혹은 환경론자인가에 따라서 매우 다르게 일어나기 때문이다. 의미있는 학습은 한 주제의 내용을 (얼마나 깊이) 마스터하는 것만이 아니라 교과의 성격과 목적을 이해하는 것, 즉 우리의 사회에서 수학적으로, 역사적으로, 혹은 과학적으로 사고하고 행동하는 다양한 방법과 관련된다. 우리들은 학습의 목적·준거, 그리고 과정을 확립하는 한 공동체 내에서 일어나는 목적적인 조사들을 언급하기 위해 **학문적 탐구**라는 용어를 사용한다.

학문 탐구는 목표·기준, 그리고 학습의 절차를 확립하는 공동체 내에서 일어난다. 학문 탐구에 관해 더 많이 알기 원한다면 Newmann 등 (1995)을 보라.

교사들은 학생들이 자신들의 수업을 중요하고 의미있는 질문을 탐구하는 것으로 만듦으로써 학습에 대한 어린이들의 자연스러운 열정을 이용할 수 있다. 대부분의 지난 세기 동안 교육자들은 현실상황에서 지식을 사용하고 적용하는 방법을 학생들에 가르치는 것의 중요성을 주장해 왔다(그들이 단순히 분리되고 관련이 없는 정보들을 배우도록 기대하기보다는 차라리). 학생들이 학교에서 만나는 과제들은 학교 밖에서 직면하는 사람들의 과제와 유사해야만 한다. 과학자·시민·예술가·사업가 등과 같은 종류의 도전들에 참여함으로써 학생들은 학습의 목적을 더 잘 이해할 것이고, 배운 것을 잘 이해하며, 보유하고 적용하는 것을 더욱 더 좋아할 것이다. 이들 과정에 종사하는 동료·교사, 그리고 다른 공동체의 구성원을 보는 것은 이러한 접근의 중심적인 특징이다.

학생들은 참된 상태에서 지식을 활용하고 적용해야만 한다.
Wiggins (1993)

불행하게도 학교는 참된 탐구에 학생들이 거의 참여하도록 하지 못하고 있다. 왜냐하면 학생들의 경험들은 보통 의미있는 지식을 추구하기보다는 오히려 교과서의 내용이나 교육과정의 안내에 의해서 결정되기 때문이다. 어린이들은 자신들에게 의미를 가지고 있거나 현실적인 도전에 참여하게 하는 질문들을 조사하는 기회를 거의 가지지 못한다. 결과적으로 학교들은 분명한 목적의식을 학생들에게 거의 제공해 주지 못하고 있다. 많은 사람들은 그들이 이들 교과목을 활용하는 것이 무엇을 의미하는지를 거의 알 수 없기 때문에 왜 수학·과학·역사 혹은 어떤 다른 과목을 공부하도록 기대되는지에 대한 생각이 없다. 학생들은 후에 이것이 필요할 것이라고 간혹 훈계를 받음에도 불구하고 자신들 앞에서 과학·역사·쓰기 등에서 전문가가 수행하는 예들을 거의 보지 못한다. 대신에 그들은 오직 의미있는 적용이 사라진 인위적인 연습만을 본다.

다시 한번 역사 공부는 가장 잘못된 학습 중의 하나였다. 중학교에서 모든 역사공부는 너무나 자주 하나의 교과서에 있는 한 장을 읽고 마지막에 질문에 답하는 것을 의미한다(혹은 더 나쁘게 대통령의 이름을 외우는 것). 저학년에서 역사는 주요한 휴일과 관련된 유명한 사람들에 관한 몇 가지의 분리된 사실들을 배우는 데 지나지 않는다. 어느 경우에도 학생들은 자신들에게 중요한 질문을 묻고 답할 기회를 가지지 못한다. 왜냐하면 어느 경우에도 그들은 역사가들이 자신들의 작업을 어떻게 하는지 배울 수 없기 때문이다. 그리고 어느 경우에도 역사적 지식의 진정한 활용의 예들을 볼 수 없기 때문이다. 사실 그들은 왜 역사는 학교에서 과목으로 생각하는지, 혹은 그것이 어떻게 자신들에게 도움을 주는지 질문을 받았을 때 학생들은 가끔씩 만약 자신들이 이전에 위험에 처해 있었다면 그것이 유용할 것이라는 사실을 제외하고는 거의 생각하지 않는다.

Barton (1994a), VanSledright (1995, 1997)

게임 쇼를 위한 준비보다 역사로부터 더 많은 것을 얻기 위해 학생들은 단지 분리되고 시시한 것을 반복할 것이 아니라 학문적 탐구에 참여해야만 한다. 역사 공부는 학생들의 관심과 흥미로부터 출발해야 하고, 관심과 흥미로부터 나온 질문들에 답들을 발견하도록 도와야만 한다. 이것은 학생들이 역사적 질문, 즉 정보를 어떻게 발견하고, 자료들을 어떻게 평가하며, 일치하지 않는 설명들을 어떻게 소화하고, 해석적인 설명들을 어떻게 창조할 것인가와 같은 것을 묻고 답하는 것이 무엇인지를 배워야만 한다. 그리고 학생들은 확실히 역사 지식의 참된 적용이 어떠한지를 배워야만 한다. 즉 그들은 과거의 성격과 중요성에 관한 모순적인 아이디어들의 비교를 통해서 역사가 현재를 어떻게 설명할 수 있는가를 알아야만 하고, 가장 올바른 방법으로 이것을 알아야만 한다.

참된 역사학습은 학문적 탐구를 통해서 일치하지 않는 아이디어들의 비교를 필연적으로 수반한다. 역시 Seixas (1993a)를 보라.

가르치는 것은 스캐폴딩[2)]을 의미한다

당신은 그들에게 구조를 제공해야만 한다. 당신은 단지 "단락(paragraph)을 쓰라"고 말하지 않는다. 당신은 그들을 몇 가지 어휘에 안내하고 논제에 관하여 브레인스토밍하며, 차트나 그래픽오거나이저들을 비교하고, 그 다음에 그들이 단락을 쓰기 위한 것들을 사용하도록 돕는다. 만약 당신이 그들이 어떤 일을 하도록 원한다면 구조를 제공해야만 한다. 당신은 그것들이 있는 곳에 그들을 데려가야 하고, 더 나은 단계로 이동하도록 해야만 한다.

-레베카 발부에나

학교 밖에서 학습은 보다 풍부한 지식을 소유한 구성원들이 가치 있다고 생각하는 활동에 신참자들이 훌륭한 참가자가 되도록 돕는 것처럼 거의 항상 한 지역사회의 구성원들 사이에서 지속되고 있는 협동을 포함한다. 예를 들면 어린 아동들이 어떻게 말하기를 배우는지를 생각해 보라. 어린이들이 말하기 위해서 노력하고 또한 어린이들이 말하기를 원하는 것을 표현하는 보다 유창한 방법을 모방하는 동안 어른들은 시도들을 받아들이고 격려하는 것처럼 그 진행은 수년에 걸쳐 확장되고 수많은 발화와 관련된다. 정확한 종류들의 상호작용들이 한 문화(혹은 하위문화)에서 다른 문화까지 다양함에도 불구하고 전혀 상호작용을 할 기회를 가지지 못한 어린이는 말하기를 배울 수 없을 것이다. 왜냐하면 어린이는 유창하

사람들은 공동체의 보다 더 지식이 있는 구성원들과 상호작용을 통해서 배운다. Lave & Wenger (1991), Rogoff (1990), Vygotsky (1978), Wertsch (1998)

---

2) scaffolding은 본래 건축하는 곳의 발판인 비계를 의미한다. 학습에서는 학생들이 스스로 학습할 수 있도록 교사가 유의미한 교수·학습자료를 제공하고 이를 토대로 좋은 질문을 함으로써 발판을 제공해 주는 것을 말한다.(역자 주)

게 말하는 사람들과 상호작용을 통하여 언어에 대한 이해를 구축하기 때문이다.

조금 다른 예를 들면 전문학교들은 미래의 전문직업인들 곧 의사·교사 등의 전문가들이 실제적인 상황을 다루는 것을 배우도록 돕는 곳인 광범위한 분야의 경험들에 참가하도록 요구한다. 어떤 사람도 의사가 오직 책에서만 의학을 배웠다는 것을 믿지 않을 것이다. 즉 환자들을 다루는 의사들은 오랜 기간 동안 실제적인 훈련을 받아야만 한다. 이 시간 동안 경험있는 실행자들은 의학지식의 실제적인 사용의 모델이 되고 초보자들은 점차적으로 그들 스스로 환자들을 다루는 더욱 더 큰 책임이 주어진다. 교실 밖에서의 대부분 학습은 유사한 유형을 따른다. 전통적인 경제활동(농사, 요리, 누빔, 사냥), 현대 직업, 스포츠 혹은 예술과 같은 일의 추구와 관련되어 있던간에 학습은 보통 일종의 **도제제도**와 관련되어 있으며, 거기에서 보다 식견이 있는 사람들은 초보자들이 전문가로 발전하도록 점진적으로 돕는다. 그들은 레베카가 언급한 구조를 초보자들에게 제공한다.

도제제도에서 보다 더 지식이 있는 사람들은 초보자들이 전문지식을 개발하도록 돕는다.

불행하게도 어린이들은 학교에서 이런 종류의 지속적인 상호작용에 참여할 기회를 거의 갖지 못한다. 가장 빈번히 그들은 교사들이 정보를 그들에게 이전하는 동안 듣는 것이 기대된다. 참여는 보통 **질문-반응-평가**(initiation-response-evaluation)라는 유형에 한정된다. 교사는 질문을 하고, 학생은 반응을 하며, 그리고 교사는 답이 옳은지 어떤지를 학생에게 말한다. 그와 같은 상호작용의 목적은 그들에게 흥미있는 질문 혹은 문제들을 추구하도록 돕는 것이 아니고 학생들의 정보 보유를 측정하는 것이다. 다른 경우에 학생들은 독립적인 숙제가 주어지거나 혹은 "조사하라"라는 것이 기대되겠지만 어떻게 학습의 과정에 착수할지를 배우지 못한다. 모든 교사들이 아는 것처럼 스스로 탐구를 수행하는 데 필요한 기능을 가진 학생들은 거의 없다. 탐구가 교육에 본질적임에도 불구하고 단지 그와 같은 과제들을 부여하는 것은 의미있는 결과를 보장하지는 못할 것이다. 거의 모든 학생들은 대부분의 그들 경험을 만드는 데 직접적인 도움을 필요로 한다. 그리고 교사들의 가장 중요한 책임은 학생들이 배우는 데 필요한 구조, 즉 스캐폴딩으로 알려진 과정을 제공하는 것이다. 건축 계획상에서의 스캐폴딩이 작업을 할 때 사람들을 지지하는 것과 같이 교실에서의 스캐폴딩은 학생들이 배울 때 그들을 지지한다. 어린이들은 자신들이 학습에 착수할 때 그들을 도와주는 교사들(그리고 보다 풍부한 지식을 소유한 동료들)과 함께 하는 활동에 참여할 때 가장 잘 배운다.

Cazden (1988)

교사들은 학생들이 탐구에 참여하는 데 필요한 기능들을 학생들이 개발하도록 도와야만 한다.

스캐폴딩은 많은 형태를 갖는다. 첫 번째, 교사들은 과제를 성취하는 데 대한 학생들의 관심을 북돋우어야만 한다. 왜냐하면 어린이들은 선천적으로 호기심이 많음에도 불구하고 교사들이 관심을 발전시키고 유지하도록 그들을 도울 때 자신들의 조사를 더욱 더 열심히 하는 것 같기 때문이다. 두 번째, 교사들은 연구과제를 통해서 작업을 할 때 학생들을 활발하게 지지하고 용기를 북돋우어야 한다. 이러한 지지는 종종 하나의 과제를 다룰 수 있는 요소들로 분류하는 것을 수반한다. 우리들은 확실히 작고 분리된 기능들을 가르치는 행동주의자들의 "과제분석"을 옹호하지 않음에도 불구하고 학생들은 단지 글을 쓰라는 이야기를 들을 때보다는 오히려 그들이 어휘에 친숙하고 브레인스토밍에 참가하고 작문을 계획하게 되었을 때(레베카가 앞서 설명한 것처럼) 더 좋은 글을 쓸 수 있기 때문이다. 유사하

Good & Brophy (1999), Rogoff (1990)

게 학생들은 바로 도서관에서 "조사를 하라"라는 말을 들었을 때보다는 교사들이 질문들을 발전시키고 자료들을 구체화하며 진술들을 계획하는 경험을 제공해 줄 때 탐구로부터 더 많은 것을 배운다. 레베카가 말한 것처럼 만약 학생들이 어떤 것을 산출하기를 원한다면 당신은 그들에게 구조를 제공해 주어야만 한다. 따라서 그래픽 오거나이저(graphic organizers)[3]는 종종 이들 과제들을 위한 구조의 제공에 중요한 역할을 한다.

　이 스캐폴딩의 다른 결정적인 요소는 진행에 대한 교사들의 모델링이다. 앞에서 제안된 것처럼 교사들은 역사하기를 좋아하는 것같이 보이는 것이 무엇인지를 설명해야만 한다. 학생들은 자신들의 선생님들이 읽고 쓰는 것을 볼 필요가 있는 것처럼 교사들이 역사적 질문들을 해결하기 위해 노력하고 정보를 모으며 일반화하는 것 등을 볼 필요가 있기 때문이다. 교사들은 학생들에게 성공적으로 과제를 성취하는 것처럼 나타내는 것을 보여 주어야만 한다. 즉 만약 학생들이 예들을 보지 못한다면 그들은 자신들이 행할 것이라고 예상되는 것을 알지 못할 것이다. 게다가 교사들은 학생들이 이러한 과정들을 열심히 하려고 할 때 학생들과 긴밀하게 함께 작업을 해야만 한다. 이것은 그들 자신의 작업에 역사적 기능을 적용하는 방법을 학생들이 발견하는 것을 돕기 위해 "탐구질문(probing questions)"을 끊임없이 사용하는 것과 관련되기 때문이다. 결국 교사들은 학생들에게 그들의 실행에 관한 비평적인 피드백을 주어야만 한다. 즉 교사들은 그들의 작업이 이상적인 버전과 어떻게 비교되는지를 이해하도록 도와야 한다. 그와 같은 피드백이 없다면 많은 학생들은 자신들이 성공적으로 작업을 완수했는지의 여부를 알지 못할 것이다. 스캐폴딩의 이 모든 형태의 궁극적인 목적은 학생들이 학습을 계획하고 간혹 메타인지로서 언급되는 능력 곧 그들 자신이 실행하는 것을 검토하도록 함으로써 교사로부터의 통제를 학생에게 옮기는 것이다.

구성적 평가

사정 및 평가, 시험, 그리고 모든 것 중에서 최악인 등급 매기기는 많은 교육자들에게 그들의 전문적인 어휘 중에서 가장 불쾌한 세 개의 단어이다. 그들은 다수의 부정적인 연상을 생각해 낸다. 즉 9등급과 백분위수로부터 오랜 시간 동안 헤아릴 수 없이 많은 동일한 과제에 파묻혀 붉은 줄을 긋고 터무니없는 실수들을 정정하며 학생들이 왜 바로 거기에 도달할 수 없었을까?에 대한 통찰력을 강구하면서 보냈다. 학교들이 등급을 매기고 다른 형태의 평가에 집착하는 것이 얼마나 중요한지를 고려하면서 학생들은 보통 교사들이 진행을 싫어해서 전체 일을 곧 버릴 것이라는 사실을 발견하고는 충격을 받을 것이다. 우리들 대부분에게 있어 그것은 가르치는 모든 것에 관한 이미지를 제공하는, 즉 우리가 이 책 전체를 통해서 논의하는 스캐폴딩은 평가를 하는 것이 아니라 가르치는 것이다. 기껏해야 평가는 단원의 마지막에 부가될 필요악처럼 보이므로 우리는 성적표를 위한 등급을 제안할 수 있

> 교사들은 성공하기 위해 학생들이 필요로 하는 구조를 제공함으로써 학생들의 이해를 위한 스캐폴딩을 한다.

> 절차에 대한 교사들의 모델링은 스캐폴딩의 결정적 요소이다.

> 교사는 작업에서 역사적 기능을 적용하기 위한 방법을 학생들이 발견하도록 돕는 탐구질문을 사용한다.

> 비평적인 피드백을 제공하는 것은 성취를 향상시킨다.

> 메타인지는 그들 자신의 학습과정에 대한 학생들의 계획과 모니터링과 관련이 있다.

> 사정과 평가는 이 장 전체를 통해서 상호 교환적으로 사용된다.

---

3) graphic organizers는 흔히 '도해 조직자'로 불리고 있지만 조직자라고 하면 사람을 지칭하는 것으로 볼 개연성이 있어서 여기에서는 원 발음 그대로 '그래픽 오거나이저'로 하기로 한다.(역자 주)

다. 최악의 경우 교사와 학생들 사이의 완전히 좋은 관계를 망칠 수 있다.

평가는 의미있고 심지어 재미있게 될 수 있다.

그러나 평가는 그러한 방법이 되어서는 안 된다. 불쾌한 보충 대신에 평가는 의미가 있을 수 있고, 믿거나 말거나 간혹 교수와 학습의 핵심에서 일련의 실행들, 즉 즐길 만한 일이다. 그러나 그와 같은 높은 기대를 충족하기 위해 평가는 우리들이 보통 생각하는 것보다는 다른 역할을 해야만 한다. 만약 수업평가의 첫 번째 목적이 일련의 등급을 매기는 것이라면 그 때는 학생도 교사도 시행에서 많은 이점을 볼 수 있을 것 같지 않다. 학생들의 필요보다는 오히려 성적표가 평가의 형태를 결정한다면 평가는 학생들의 잘못을 파악하려고 시도하는 데 불과할 것이다. 즉 학생들이 모르는 것을 드러내도록 그들에게 강제하는 것에 불과할 것이고 그 결과 (성적)등급들은 정상분포를 닮을 것이다. 실제적으로 학생들을 변별하는 것에 사로잡힌 이러한 강박관념은 평가가 학생들의 지식과 이해에 근거해서 결점들을 찾아내도록 구안된 부정적 경험이라는 점을 드러낼 것이다.

Hart (1994), Johnston (1992), Shepherd (1991)

이 책에서 서술된 종류의 수업들에서 평가의 첫 번째 특징은 구성적이라는 것이다. 우리들은 구성적 평가에 의해서 구성적 목적을 도울 것이라는 사실이 최상이라는 것을 의미한다. 이것은 평가작업이 학생들을 위해서 자신들이 모르는 것보다는 아는 것을 보여 주도록 허락한다는 것을 의미한다. 교사는 학생들이 성취하는 과정에서 실패한 것을 찾아내려고 노력하는 적대자가 아니라 그들의 성취를 드러내도록 도와주는 옹호자들이다. 대부분의 교사들은 한두 번 정도 학생들의 수행이 정확하게 배웠던 것을 반영하지 못한다는 사실을 걱정한다. 그들은 학생들이 시험이나 다른 숙제에서 자신들이 보여줄 수 있는 이상으로 안다는 사실을 믿기 때문이다(혹은 바라기 때문이다). 이러한 문제에 직면한 구성적 평가는 가능한 한 그들이 아는 것을 보여주는 많은 방법들인 공식적·비공식적인 측정을 통하여, 교사와 학생 둘 다에 의해서 선택된 과제를 통해서, 이야기하고 쓰는 것, 다른 형태의 제시를 통해서 학생들에게 제공하는 것에 의해 나아간다. 이와 같이 학생들과 교사들이 함께 수행할 때, 즉 배웠던 것을 드러내 보이는 가장 좋은 수단을 찾으면서 학생들의 자기 평가는 그들이 자신들의 잠재력까지 실천할 수 있는 모든 기회를 가지기 때문에 이익이 된다. 반면에 교사는 학생들이 아는 것과 아직 배울 필요가 있는 것에 대한 더욱 더 완전한 통찰력을 얻기 때문에 교사의 교수는 더 나아진다.

구성적 평가에서 교사들은 학생들을 위한 옹호자이다. Hart (1994), Johnston (1992), Wiggins (1989)

평가의 다양한 형태, 그리고 학생들이 선택하는 기회는 학생들의 진보에 대한 보다 더 완전한 그림을 제공해 준다. Harp (1993), Hart (1994), Johnston (1992)

이러한 종류의 통찰력을 얻기 위해 교사는 학생들의 성취를 끄집어내는 한 가지 이상의 방법이 필요하다. 평가의 여러 방법들을 결합함으로써 교사는 학생들이 아는 것과 할 수 있는 것을 찾아내는 데 더욱 더 확신을 가질 수 있다. 학생들에 관해서 알아내는 가장 유용한 방법들 중의 세 가지는 그들의 토론·쓰기·그리고 수행이나 발표를 통해서이다. 이들 과제들 중 어느 것도 학습의 완전한 모습을 제공하지 못한다. 즉 몇몇 학생들은 토론 중에 조용히 있지만 훌륭한 글을 쓰고, 몇몇은 통찰력 있는 발표를 할 수 있지만 글쓰기를 마치지 못하는 등이다. 곧 하나의 측정 수단에 의지하는 것은 그 매개체인 쓰기·말하기·그리기, 혹은 무엇에서 잘하는 학생이 역시 잘 할 것이라는 사실을 의미하지만 다른 곳에 재능이 있는 학생은 부족한 것처럼 보일 것이다. 평가에 다양한 방법을 사용하는 것은 개별 학생들에게 자신들이 알고 있는 것을 보여주는 기회를 준다. 이러한 접근 역시 종종 학생들에게 선택권을 주는 것과 관련된다. 몇몇 경우에서 학생들은 자신들의 측정이 가지는 형태를 선택할 것이다. 예를 들면 학생들은 탐구 프로젝트가 에세이·포스터·비디오테이프, 혹은 발표에서 설명으로 귀결될 것인지를 결정하도록 허락받을 수 있을 것이다. 다른 경우에는 학생들이 선택하는 학습의 논제일 수도 있을 것이다. 즉 교사들에 의해서 선택된 넓은 단원 내에서(미국혁명이나 서부 이주운동과 같은), 개별 학생들은 조사하고 평가되어지기를 좋아하는 특수한 질문들을 결정할 것이다. 선택이 주어졌을 때 학생들은 만약 교사에 의해 제기된 질문들에 단순히 답하고, 부여된 방법들을 사용하는 것보다 학습을 위한 자신들의 기회를 더 잘 이용할 것 같다.

평가활동은 또한 참(authentic)이어야만 한다. 즉 그들은 자신들의 공동체·사업, 혹은 학문에서 사람들이 행하는 과업들과 유사해야만 한다. 이것은 종종 교사의 평가를 넘어서서 청중을 위한 준비를 포함한다. 교사가 과제를 위한 유일한 청중일 때 학생들은 자신들이 아는 것을 보여주기 위한 동기를 거의 가지지 못한다. 예를 들면 어린이들은 자신들이 들었던 이야기를 그 이야기를 모르는 사람들에게 다시 말할 때 그들의 설명을 듣는 사람이 또한 그것을 들었다는 것을 자신들이 알았을 때보다는 더욱 더 완벽하다. 마찬가지로 학생들은 실제 청중과 의사소통을 할 때 그들은 교사에게 오직 제출해야 하는 숙제를 완성했을 때보다 더욱 더 높은 수준에서 수행한다. 학생들은 청중에게 자신들을 이해하도록 해야 할 필요성으로 인해 자신들이 아는 것을 보여주기 위해 동기화되기 때문이다. 참된 활동의 이러한 활용은 구성적 교수와 평가의 결합에서 두드러진다. 전통적으로 교사들은 평가를 교수에 수반되는 것으로 생각한다. 당신이 어떤 것을 학생들에게 가르치고(혹은 그들은 스스로 그것에 관하여 읽는다), 그 다음에 당신은 그들이 그것을 배웠는지를 알아보기 위해 시험을 실시한다. 대부분의 수업에서 교수와 평가의 차이를 말하는 것은 쉽다. 사실 학교들은 자주 가능한 한 두 상황을 다른 것으로 만들기 위해 엄격하게 한다. 즉 학생들이 시험을 볼 때 그들은 이야기하지 않고, 주위를 돌지도 않으며 함께 작업하지도 않고, 교사에게서 도움을 얻지도 못한다. 그러나 이 책에서 서술된 수업들의 종류들에서 교수와 평가 사이에 그와 같은 틈은 없다. 이들 수업 가운데 한 수업을 참관한 어떤 관찰자는 그들은 하나이면서 같은 일이기 때문에 그것이 "교수하는 날"인지 "시험을 보는 날"인지 말할 수 없다고 하였다. 교사들은 학생들이 이야기하는 동안 기록하고, 그들의 발표를 관찰하며, 프로젝트를 검토하고, 그들이 쓴 리포트를 읽는다. 이 모두가 학습의 지속되는 평가의 일부분이다. 평가는 항상 일어나고 있기 때문에 평가를 따로 준비할 시간은 별로 없다.

아마 학생들의 역사적 이해를 평가하는 데 있어서 명심해야 할 가장 중요한 원리는 구성적 평가가 교수·학습에 관한 구성적 관점과 일치되어야만 한다는 사실이다. 사람들은 새로운 정보를 자신들이 이미 알고 있는 것에 연결함으로써 새로운 정보를 배운다. 그 다음에 학생들의 이해는 자신들이 마주치는 정보의 단순한 재생산이 결코 아니고 반드시 사전 이해라는 견지에서의 해석이다. 주어진 시간에 있어서 학생의 이해는 정보의 외부적인 근원과 사전 지식의 상호작용을 나타낸다. 결과적으로 두 사람의 이해는 같을 수 없을 것이고, 어린이의 이해도 어른과 동일할 수 없을 것이다. 역사에 대한 어떤 사람의 이해는 학습

평가 과제는 참된 역사 활동과 관련이 있다.

Hart (1994), Wiggins (1992)

Hart (1994), Johnston (1992)

구성적 평가는 지식의 단순한 재생산에 초점을 맞추지 않는다.

역사 이해는 정보의 새로운 자료원과 사전 경험 사이의 상호작용에서 발전한다.

에 가져오는 것에 따라서 다를 것이다. 역사학습은 당신이 논제를 알거나 혹은 모르거나 상관없이 전부가 아니면 아무 것도 아닌 과정이 아니고, 정보의 보다 큰 양 뿐만 아니라 개념 사이에서 연결과 관련성에 투입된 점진적으로 복잡한 통찰력을 포함하는 평생 동안의 스키마 구축하기의 과정이다. 구성적 평가는 학생들이 별개의 사실적인 정보의 조각들을 "포착했는지" 어떤지를 평가하기보다는 오히려 이러한 스키마 구축 과정이 어떻게 진행되고 있는지에 관한 그림을 교사와 학생들에게 제공하는 것을 추구한다.

결 론

이 장에서 우리들은 역사를 가르치기 위한 최상의 안내를 제공한다고 생각하는 인간학습의 여러 측면을 확인했다. 인지심리학에 있어서 현대 연구와 우리 자신의 경험 둘 다에 기초해서 우리들은 최상의 수업이야말로 역사의 목적을 명료하게 한다는 점을 주장했다. 이들 목적들과 관련된 중요한 아이디어들의 깊은 이해에 초점을 맞추어라. 학생들이 이미 알고 있는 것을 토대로 구축하라. 학생들을 협동적이고 학문적인 탐구에 참여시켜라. 거기에서 그들은 올바른 방법으로 중요한 질문들을 조사한다. 광범위한 스캐폴딩을 포함하라. 그리고 구성적 평가의 과정을 통해서 평가된다. 우리가 별도로 이들 원리들을 서술하려고 노력해 왔음에도 불구하고 그것들은 거의 의미를 가지지 못한다. 교사들은 만약 그들이 중요한 아이디어에 초점을 맞추면서 학생들의 사전 지식 위에 구축하지 않고, 만약 그들이 탐구를 요구하지만 그것을 하는 방법을 학생들에게 가르치지 않으며, 혹은 만약 그들이 문제해결을 가르치지만 중요한 내용을 알려주지 않으면 성공하지 못할 것이기 때문이다. 그러나 통합된 방법으로 이들 원리들에 지속적인 관심을 기울임으로써 교사들은 다양한 환경에서 다양한 배경을 지닌 학생들을 위한 의미있고 효과적인 교수를 개발할 수 있다. 우리의 마지막 인용에서 레베카가 표현한 것처럼 이 이론적인 배경에 대한 이해는 좋은 교수가 단지 쓸모없는 일이 아니라는 사실을 보장한다.

나는 여러분에게 이론에 관하여 아는 것이 얼마나 나를 변화시켜 왔는지를 말할 수 없다. 그것은 전적으로 일리가 있다. 왜냐하면 훌륭한 교사가 된다는 것은 여러분이 무엇을 할지와 하고 있는 것을 위한 목적을 가지고 있다는 것을 의미한다. 학급경영으로부터 여러분이 하는 모든 것은 이론적인 토대를 가지고 있어야만 한다. 나는 많은 교사들이 자연스럽게 일을 하지만, 만약 여러분이 앞서서 이론을 안다면 그것은 너무나 만족스러울 것이다. 그것은 단지 쓸모없는 일이 아니라 의도에 따라 여러분이 그것을 하고 있다. 이론을 아는 것은 여러분을 더 높은 수준으로 인도한다.

-레베카 발부에나

3

"확실한" 사실은 많지 않다

역사 탐구의 공동체 구축하기

상쾌한 10월 아침 11시 10분. 26명의 7~8세 어린이들이 교사 주위에 모여 자니 애플씨드(Johnny Appleseed)에 관한 이야기를 듣고 있었다. 어느 순간 교사는 역사적으로 유명한 자니 애플씨드에 대해 알려진 것에 관해서 이야기하는 것을 멈춘다.

선생님:	이것은 어떤 종류의 이야기이니? 어떤 이야기들은 터무니없는 이야기라고 우리들이 말했던 것을 기억하니?
제니(Jennie):	그것은 민담인데요!
선생님:	그래. 몇몇은 민담이야. 그리고 자니 애플씨드는 전....? 전....?
함께:	전설이에요!
선생님:	전설. 그것은 그 이야기의 몇몇 부분이 어떻다는 것을 의미하니?
라얀(Ryan):	진실입니다.
세세(CeCe):	그러나 몇몇은 단지 꾸며진 것입니다.

이 때 어린이들은 이야기의 부분들이 왜 꾸며졌을 것인가에 관한 일반적인 대화에 참가한다. 어떤 소년이 진실한 이야기는 어쩌면 존재하지 않는다고 제안한다. 왜냐하면 다른 소년은 사람들이 아마 "진실한 사실들"을 알지 못해서 단순히 그것들을 꾸민다고 생각하기 때문이다.

선생님:	우리들은 이 이야기의 어떤 부분들이 진실이라고 생각하니?
가브리엘(Gabriel):	글쎄, 거기에는 사과나무를 심은 한 사람이 있었어요. 저 다른 책에서 그렇게 말했어요.
아브람(Avram):	예, 그러나 그의 진정한 이름은 애플씨드가 아니었어요, 기억하십시오!

여러 명의 어린이들은 존 채프만(John Chapman)이 "진정한" 자니 애플씨드였다는 사실을 회상한다. 교사는 그들을 원래의 질문으로 되돌아가게 한다. 즉 우리들이 생각하기에 이야기의 어느 부분이 진실일까? 다시 그녀는 생각에 강조점을 둔다. 그리고 학생들은 "사실" 대 "과장적 표현"에 대해 토의하기 시작한다. 대화는 다른 어린이들이 이미 했던 제안들을 일부 어린이들이 반복함으로써 수렁에 빠진다. 루시(Lucy)와 가브리엘은 그것이

채프만이 살았던 당대 사람들에 의해 사용된 별명이었기 때문에 "애플씨드"가 "실제" 이름인지 어떤지에 대해 논쟁을 하려고 하는 것처럼 보인다.

루시:	보세요, 여기〔백과사전 항목〕에서 그는 자니 애플씨드로서 널리 알려졌다고 말합니다. 그것은 그 때 사람들이 그를 불렀던 것이라고 나는 생각합니다.
가브리엘:	우우. 그것은 지금 인기있는 것입니다.
선생님:	나는 혼란에 빠져 들고 있어요. 여기서 우리들의 아이디어들을 추적할 수 있는 어떤 방법이 있을까?
루시:	우리들은 목록을 만들 수 있을 것입니다!

두 어린이는 교실 앞에 걸어 놓을 차트지의 큰 받침대를 구한다. 다른 어린이들은 매직펜(상표명)의 플라스틱 컵을 준비한다.

아브람:	이야기를 여러 조각들로 나누자! "사실들" 아래에 우리들이 찾은 사실을 놓고 다른 종이에는 과장된 표현들을 놓도록 하자.

다음 20분 동안 어린이들은 사건별로 이야기를 분석한다. 그들은 간단한 백과사전 표제어와 함께 자니 애플씨드에 관한 두 권의 다른 책들을 이용하지만, 어떤 것이 사실인지 아닌지를 확신하지 못하는 여러 곳이 있다. 교사가 제안할 때 그들은 이들 항목들에 원을 그리기 위해 붉은 매직을 사용한다. 다른 어린이들은 "확실한" 사실들은 푸른 매직으로, "확실한" 과장적 표현에는 검은 매직으로 밑줄 칠 것을 제안한다.

세세:	"확실한" 사실들이 그렇게 많은 것은 아닙니다!
선생님:	아니야, 그렇지 않아. 우리들은 이 이야기에 관하여 많은 의문들을 가질 수 있을 것 같아. 그것이 어떤 과장적 표현을 가지지 않도록 만약 우리들이 그것을 썼다면 그것은 어떠할 것 같니? 우리들이 일어났다고 상당히 확신하는 것만을 말했다고 하기 위해 그것을 쓸 수 있을까?
세세:	그것은 짧은 이야기일 것입니다!

Hyde & Bizar (1989), Newmann 등. (1995), Wells & Chang-Wells (1992), Wertsch (1998)

앞의 비네트(vignette)[4]에 나오는 학생들은 이미 2장에서 서술된 반성적이고 학문적인 탐구 공동체류의 구성원들이다. 그와 같은 공동체는 목표 지향적인 활동에 참가해서, 이전에 배운 지식의 기계적인 적용을 통해 해결할 수 없는 지적인 문제들에 흥미 끌기, 그리고 다양한 지적인 기구들의 도움으로 문제를 이해하고 해결하도록 용기를 북돋운다. 레베카 발부에나가 2장에서 서술한 것처럼 역사학습을 위한 의미있고, 통합적이며, 도전적이고, 능동적인 맥락을 제공하는 교실수업에서 탐구의 공동체를 확립하는 것은 단지 불행한 일만은 아니다. 1학년 어린이들이 미국의 역사 전승의 사실과 과장된 표현들을 조사하거나 4학

---

4) vignette는 ① 책의 속표지·장(章) 머리나 맨 마지막의 장식 무늬, ② 배경을 흐리게 한 상반신의 사진·초상화, ③ 책 속의 작고 아름다운 삽화, ④ 소품문(小品文), 특히 간결한 인물 묘사, ⑤ 연극·영화 속의 짧은 사건이나 장면 등 다양한 의미를 가지고 있다. 이 글에서는 ④번의 의미처럼 본문의 작은 글씨로 인용된 소품문을 말한다.(역자 주)

년 학생들이 자신들 학교의 역사를 쓰거나, 혹은 중학교 학생들이 인도에서 식민주의에 대한 반응으로써 비폭력적 저항의 장점들을 논의하든지 간에 탐구의 공동체들은 공통으로 아래와 같은 확실한 것을 가지고 있다.

- 가까이에 있는 논제에 관한 다양한 정도의 전문성을 지닌 각각의 참석자들 사이에 활발한 대화와 지적인 교섭이 있다.

- 대화는 지속적인 토론과 심화학습을 할만한 가치가 있는 질문과 과제에 초점을 둔다.

- 학생들은 "당혹함을 극복하기 위해"-그들의 학습이 시작될 때 이해할 수 없을 것 같은 것을 이해하기 위해-사전지식과 새롭게 모은 자료 둘 다를 이용한다.

- "교사들은 교실수업에서 깊이 생각하기"에 대한 모델을 만들고 학생들은 연습을 한다. 즉 질문들에 반응하거나 혹은 문제들을 해결하려고 시도하기 전에 주의깊고 철저하게 생각하는 데 필요한 시간을 가지는 것이다. 교사들은 모델을 만들고 학생들은 연습한다.

- 학생들은 역사하기를 한다. 즉 그들은 역사적 의문들을 제기하고 조사하며, 그리고 적어도 잠정적으로 답하고 역사 설명들과 해석들을 발전시킨다. 그들은 다른 사람들이 했던 역사를 바로 외우지는 않는다.

탐구 공동체의 특성

이 장은 당신이 이 책 전체를 통하여 만날 탐구의 공동체들을 유지하는 반성적이고 학문적인 탐구의 종류를 소개한다. 잘 구안되고 통합된 교수는 학생들이 심화학습에 참가하는 데 필요한 스캐폴딩을 제공하는 동안 역사학의 내용과 방법에 참가하기를 요구하는 과제를 제시한다.

스캐폴딩은 심화 탐구에 필요한 것이다.

시작하는 비네트에서 교사가 어떻게 그녀의 1학년 학생들을 역사 탐구에 참가하도록 구조화하는지를 고려하라. 첫 번째, 자니 애플씨드 전설은 흔한 어린이들의 이야기이고 초등학교 교육과정에 자주 나오는 일종의 역사적 신화화하기의 예이기 때문에 역사적으로 이야기하기 위한 적당한 공개토론회, 즉 공개적으로 전설의 역사적 뿌리를 분석하기 위한 적절한 토론회를 제공한다. 두 번째, 교사는 역사적 이야기를 스캐폴딩함으로써 그것이 대화가 되고 암송이 되지 않도록 한다. 교사는 어린이들에게 자신들이 다루고 있는 장르, 즉 전설에 관심을 가지도록 요구하고, 전설들은 독자들이 알아야 하는 중요한 특성을 가지고 있다는 사실을 상기하도록 한다. 또한 교사는 스토리의 어느 부분이 "진실일 것으로 알려진" 것인가, 즉 어떤 다른 사람에 의해서 알려진 것인가를 묻지 않는다는 사실을 주목하라. 오히려 교사는 학생들에게 문학 장르에 대한 그들의 사전지식과 역사적 자니 애플씨드를 불러내고 어린이들은 어떤 부분이 "진실이라고 생각하는지"를 고려하도록 요구한다.

"역사적으로 이야기하는 것"은 대화이지 암송이 아니다.

여기에서 언어 선택은 중요하다. 학생들에게 자신들이 생각하는 것이 무엇인지를 물음으로써 교사는 최종적인 답보다는 오히려 숙고로 이끄는 보다 더 잠정적인 언어의 모형을 만든다. 그녀는 또한 학생들에게 대화가 살아있고 흥미를 유지하기 위해 지적인 위험들을 가지도록 격려한다. 어쨌든 자니 애플씨드는 누구인가? 이것은 픽션일까 혹은 논픽션일까? 우리가 어떻게 사실들과 과장적 표현들을 구분할까? 우리가 어떤 이야기의 한 부분은 진실이고 다른 부분은 아니라고 생각하도록 하는 것은 무엇인가? 그들이 대화에 참여할 때 이들 어린이들은 역사로서 설명하는 것에 관하여 생각할 뿐만 아니라 왜 사람들은 역사적 자료들을 뛰어 넘어 과장된 표현을 하며 다른 장르들이 역사적 정보, 즉 보다 넓은 세상에서 사용되는 역사에 있어서 방법들에 관한 중요한 의문들을 어떻게 사용할까를 고려한다. 그들은 역시 가장 흥미있는 몇몇 질문들은 단순하거나 쉬운 답을 가지고 있지 않다는 사실을 배운다. 이들 질문들은 반성적이고 학문적인 탐구의 중심이 되지만 그에 못지않게 그 질문들을 둘러싸고 있는 역사적 이야기인 것이다.

역사적으로 말하기

이미 2장에서 언급했듯이 우리 모두는 다양한 사회적 맥락 속에서 "의미하는" 방법을 배운다. 게다가 다른 사람들 가운데서 우리들은 여러 가지 상징적인 형태들인 문학·예술·음악·무용·드라마·쓰기, 그리고 대화 등을 통해서 의미하는 것들을 표현하는 방법을 배운다. 그러나 상징적인 형태들은 그것을 통해 분명하게 의미를 비춰주는 단순한 통로들이 아니다. 대신에 상징적인 형태는 의미를 표현하고 형상한다. 예를 들면 하나의 포장마차(도해 3.1) 옆에 서 있는 한 가족의 사진은 초기의 개척자들이 자신들의 모든 소유물을 위해 가졌던 공간이 얼마나 협소했는지를 보여준다. 우리들은 또한 다른 상세한 것들, 즉 한 남자가 입고 있는 군복, 그 가족 뒤에 펼쳐져 있는 대초원을 분석할 수 있다. 그러나 또한 그렇지 않으면 순식간에 지나가 버렸을지도 모르는 순간을 정지시킨다. 그렇게 함으로써 자

Lemke (1991), Van Oers & Wardukker (1999), Wells (1999)

도해 3.1　대초원에서 : 지붕이 있는 짐마차, 1886

롱스트리트는 그 자신을 알았다. 거기에는 공포가 없었다. 유일한 공포는 죽음도, 전쟁도 아니었으며, 맹목적이고 어리석은 인간의 나약함, 그것 모두를 잃을 수 있는 맹목적인 자부심의 어리석음이었다. 그는 지금 매우 분명히 생각하고 있었다. 닦아낸 유리같이 마음이 깨끗해진 것처럼 보였다. 모든 것이 냉정하고 투명하다.

마이클 사라, 『살인자 천사들』, p. 202

게티즈버그에서 이틀째 공격에 대한 〔롱스트리트〕의 지체, 그리고 삼일째 "피켓의 공격"을 구성하는 데 있어서의 무기력은 전쟁 후 남부주의자들의 가장 신랄한 비판에 직면하도록 만들었다.

마크 보트너 3세, 『남북전쟁 사전』, p. 490

도해 3.2　역사적 인물에 대한 대비되는 관점들

첫 갖지 못했을지도 모르는 무게와 의미를 부여받게 된다. 부인의 찡그린 얼굴은 괴로움으로 인한 단순한 피로이거나 혹은 밝은 태양에 대한 반응 이상을 보여준다. 대신에 우리는 그녀의 얼굴에서 대륙을 가로지르는 여행의 어려움을 읽는다.

Arnheim (1981), Levstik & Barton (1996)

　사진들을 활용하는 것처럼 문자 텍스트들은 정보를 저장하고 모양 지우며 전달하지만 시각적인 이미지보다는 단어들을 사용한다. 비유적 표현과 유추의 사용, 단어들의 선택과 정렬, 그리고 특별한 장르에 대하여 가졌던 기대는 우리들이 문자 텍스트들을 해석하는 방법을 모양짓는다. 도해 3.2에 나오는 두 묘사는 게티즈버그(Gettysburg)에서 싸웠던 연방정부 관리인 제임스 롱스트리트(James Longstreet) 장군이라는 동일한 사람을 묘사하지만, 첫 번째는 마이클 사라(Michael Shaara)의 풀리처(Pulitzer) 상 수상작인 『살인자 천사들』(Killer Angels)이라는 소설에서 가져온 것이고, 두 번째는 마크 보트너(Mark Boatner)의 『남북전쟁 사전』(Civil War Dictionary)에서 가져온 것이다. 당신이 각 표현을 읽을 때 이러한 역사상에 대한 이미지를 어떻게 모양짓는지를 고려하라. 사라와 마크 보트너의 표현 사이에 당신이 구체화할 수 있는 차이는 무엇일까?

Purves (1990)

Boatner (1969), Shaara (1974)

언어는 역사에 대한 우리의 견해를 형성한다.

　첫 번째 발췌문에서 롱스트리트는 기꺼이 그것 모두를 잃을 것이다. 두 번째에서 그는 후퇴 때문에 비난받는다. 사라의 롱스트리트는 겁이 없고, 보트너의 롱스트리트는 무기력하다. 첫 번째 설명은 훨씬 개인적인 목소리를 가지고 있다. 두 번째는 좀더 거리를 두고 비인칭적이다. 그러나 둘 다 객관적이지 않다. 만약 보트너가 그의 "무기력함"보다는 오히려 롱스트리트가 마지못해서 사지(死地)로 사람들을 보내는 것으로 묘사했다면 어떻게 되었을까? 혹은 만약 사라가 맹목적이고 어리석은 인간의 연약함을 두려워해서 굳어버린 남자로 묘사했다면 어떻게 되었을까? 이들 구절들의 각각을 읽으면서 당신은 저자에게 더 깊은 설명을 요구할 수 없고, 그들 목소리의 어조를 들을 수 없으며, 몸짓언어를 읽을 수 없다. 당신은 저자와 교섭하기보다는 오히려 텍스트와 의미를 교섭한다. 달리 말해 텍스트는 그 자체로 아무 것도 "의미"하지 않는다. 당신은 다른 텍스트들의 독자로서 당신 경험을 포함

Purves (1990)

하여 텍스트에 의해 제공되는 의미론상의 단서들을 이해하기 위해 당신 자신의 생활 경험에 의존한다. 만약 이것이 혼란스러워 보이면 한 번 이상 읽었던 책에 관해서 생각해 보라. 필시 그것은 당신이 좀더 젊었을 때 읽은 이야기였으나 지금은 어른이 되어 버렸다. 아마 당신은 책을 두 번째 읽음으로써 새로운 차원을 띠고 있음을 발견하였다. 단어들은 변하지 않지만 당신은 변했고, 그래서 당신은 두 번째 독서에서 그것이 상당히 다르다는 것을 이해하였다. 부분적으로 이것은 비네트에서 학생들이 행하기를 배우고 있는 것이다. 그러나 그것들은 역시 다른 상징적인 형태, 즉 이야기를 통하여 그들의 역사 이해를 갖추어 가고 있는 것이다. 역사적으로 이야기하는 동안 학생들은 더 깊은 설명을 요구하고, 어조를 들으며, 혹은 몸짓언어를 읽는 기회를 실제적으로 갖는 것이다. 즉 그들은 의미와 교섭하고, 아이디어들을 찾아내며, 그것들을 가지거나 혹은 버리는, 즉 이러한 것들이 합쳐져서 역사를 이해하게 되는 것이다. 이러한 과정은 기록된 텍스트 혹은 시각적인 이미지들을 읽는 것을 배우는 만큼 적어도 역사적 사고에 대한 도전이고 중요한 것이다.

토론에서 어린이들은 다 함께 역사로부터 뜻을 이해한다. Wells (1999), Wertsch (1998)

때때로 우리들은 대화를 당연한 것으로 생각한다. 이야기는 너무 흔해서 우리들이 진정으로 흥미있는 대화가 얼마나 복잡할 수 있는지를 잊어버린다. 첫 번째 이야기의 스타일은 단어를 넘어서 의미를 포함한다. 어떤 스타일은 쾌활한 흥미의 신호를 보낸다. 참여자들은 다른 상황 같으면 모욕이 될지 모르지만 이 맥락에서 그다지 심각한 의도가 없는 것을 서로 교환한다. 다른 스타일들은 보다 더 심각한 의도의 신호를 보낸다. 예를 들면 노동분쟁 동안의 교섭이다. 그리고 이것은 당신이 대화에 관하여 이미 알고 있는 것의 표피를 긁어댈 뿐이다. 예를 들면 신분을 알리는 연설의 형태들과 느낌을 포함하는 어조는 반드시 말에 의해 전달되지 않는다는 사실을 안다. 더구나 다른 학문들은 구술이야기의 다른 형태를 사용한다. 수학자들은 "증거들" 혹은 연산의 적용에 관하여 이야기할 것이고, 그들의 아이디어를 지지하는 수학적 개념에 의존한다. 역사 또한 제시·설명·정당화·내러티브, 그리고 대화를 포함한 구술이야기의 형태를 가지고 있다. 이들 장르의 각각은 이야기의 실재로서 역사적 내용과 과정을 사용한다. 그 다음 역사를 이해하는 것은 적어도 부분적으로 이러한 이야기 내에서(혹은 반대편에서) 참여자들이 아이디어를 찾아내고, 다른 가능성들에 귀를 기울이며, 의문을 요구하고, 해석에 도전할 때 구축된다. 그리고 역사를 배우려는 어린이를 위해 그들은 우리들이 이미 언급해 왔던 기록되고 시각적인 것은 물론이고 이들 구술장르를 사용하는 데 있어서 연습이 필요하다.

대화는 복잡한 사회적 상호작용이다. Oyler (1996)

다른 학문들은 담화의 그들 자신의 형태들을 가지고 있다.

Bakhtin (1986), Leinhardt (1994), Swales (1990), Todorov (1990)

우리들은 초등과 중학교 학생들에게 역사를 가르치는 것이 단지 역사가의 전문적인 문화와 이야기 속으로 그들을 단순히 끌어들이는 문제라는 사실을 제안하는 것은 아니다. 앞의 비네트에 나오는 대화는 역사가들에게 친숙한 일부 요소들을 가지고 있음에도 불구하고 초등학교와 중학교 어린이는 전문적인 역사가들의 언어 공동체에 충분한 참여자도 아니고 참여자일 필요도 없다. 대신에 그들은 교실수업을 포함하여 다양한 공동체에서 작업하는 의미 만들기 연습을 채용한다. 이들 연습 중 몇몇은 전문적인 역사가들의 그것들과 거의 교차하지 않는다. 예를 들면 보다 어린 아동들의 말투에서 "역사"라는 용어는 경고가 될 수 있다. 즉 "만약 주의하지 않는다면 너는 끝장이야!" 나이가 든 학생들 역시 이러한

Levstik & Barton (1996), Levstik (2000)

우리들은 13개 식민지를 확립했고, 그 다음에 영국은 우리들에게 세금을 거두기 시작했으며, 우리들은 그것으로 먹고 살았고, 그것은 영국과 프랑스 사이에 있었던 전쟁 후였다. 그래서 그 다음에… 우리들은 우리 자신의 독립을 얻었고 조지 워싱턴은 우리들의 지도자가 되었다. 후에 사람들은 마차들(wagons)을 타고 새로운 대지를 찾아서 서부로 이동하기 시작하였고, 그들은 거기로 되돌아가는 방법조차 몰랐기 때문에 정착해서 배불리 먹고 살았다.… 나는 우리들이 모든 나무들을 부수고 인디언들을 쫓아냈으며, 그것이 첫 번째 장소에서 그들의 토지가 되었던 원인이었다는 사실은 부끄러운 것이라고 생각한다.…우리들은 그들이 청원서에 사인을 하면 여전히 이 조그마한 땅을 갖게 될 것이라고 말하여 그들을 속이려 했다. 그리고 그들은 서명을 했다. 왜냐하면 식민지배자들은 인디언들이 글을 읽지 못한다는 것을 알고 있었기 때문이다.

카림, 5학년

도해 3.3   학문적 역사장르와 도덕성의 이야기 결합하기

방법으로 "역사"라는 용어를 사용할지도 모르지만, 그들은 일반교양의 역사장르에 더욱더 친숙해지기 쉽다. 도해 3.3에서 당신은 5학년 학생들이 이러한 장르를 채용하기 위해 어떻게 배우고 있는지를 볼 수 있다. 당신이 미국사에 대한 카림(Kareem)의 주석을 읽을 때 그가 원인과 결과라는 견지에서 역사에 관하여 어떻게 이야기하는지를 주목하라(만약 반드시 다양한 인과관계는 아니라 하더라도). 또한 그가 **우리**(we)라는 인칭대명사를 사용하고 묘사하는 사건들에 관한 판단을 내리면서 도덕성의 이야기를 소개한다는 사실을 주목하라.

역사는 교차하는 담화 공동체를 가지고 있다.

Levstik & Pappas (1987)

역사적 판단을 하는 데 있어서 카림의 관심, 그리고 자니 애플씨드 전설을 "재구성"하는 데 있어서 초등학생들의 열정적인 참여 이 둘은 교실수업에서의 규율뿐만 아니라 문학적·역사적, 그리고 도덕적 이야기들의 요소들을 결합한다. 이것은 풍부하고 흥미있는 이야기이다. 이것 역시 어린이들이 역사에 대해 가진 유일한 경험이 만약 학습지(worksheet)에 있는 빈 칸을 채우거나 연대기적 순서로 대통령을 기억하는 것이라면 결코 일어나지 않을 것 같은 종류의 이야기이다. 그것은 그들이 말해야만 하는 것, 혹은 그것을 말하는 방법이 가치가 없기 때문에 어린이들이 침묵하는 곳에서는 일어날 것 같지도 않다. 이것은 다양한 언어적·문화적 배경에서 온 어린이들의 교실수업에서는 특별히 중요하다. 역사적으로 말하는 것은 교사와 학생들이 다양성이 제공할 수 있는 여러 관점들을 가치 있다고 여기는 곳, 지속적인 토론의 가치가 있는 의문들을 둘러싸고 대화가 주기적으로 일어나는 곳, 그리고 대화가 심화학습에 의해 지지되는 곳에서 보다 더 잘 일어날 것 같다.

다양성은 탐구의 공동체에 가치를 두고 있다.

Hansen (1993), Levstik (1997), Peetoom (1991)

질문의 중요성

지식으로 불리는 것, 혹은 알려진 목적, 응답된 의문들 표시하기, 어려움을 처리하는 것,
결론을 해결하는 것, 불일치가 조화로 되는 것, 당혹함을 극복하는 것.
존 듀이, 『확실성을 위한 탐색』(*The Quest for Certainty*) (1929, pp. 226~227)

만약 어린이들이 역사에 관한 지속적인 대화에 열정적으로 참여하려고 한다면 다음과 같
은 네 가지 일이 요구된다.

Collingwood (1961),
Degenhardt & Mckay
(1990b), Parker & Hess
(2001), Penyak &
Duray (1999)

- 토론할 가치가 있는 의문들
- 단순하거나 하나의 답을 가지지 않은 의문들
- 학생들이 의문들에 답하려고 시도할 수 있는 충분하고 적합한 데이터 자료
- 과거 속으로의 상상적 진입(entry)

질문들은 탐구의 핵심
에 있다.

분명히 질문들은 역사에 대한 이러한 접근의 중심에 있다. 그러나 많은 사람들은 교과서
와 과목별 학습서(workbooks)로부터 친숙한 것보다는 매우 다른 의문들에 관하여 이야기
하고 있다. 이들 의문점은 학생들이 특별한 텍스트를 읽고 있는지를 보기 위한 것이 아니
다. 오히려 역사하기의 매우 힘든 작업을 위한 방향과 동기화를 제공하려는 것이다. 이러
한 종류의 방향과 동기화의 한 사례는 학생들이 인도를 공부하고 있는 6학년 교실수업에서
나타나고 있다. 수업은 학생들의 고향에서의 생활과 현대 인도 도시에서의 생활을 비교하
기 위해 다양한 자료원을 사용하면서 유물 도구를 가지고 하는 작업을 막 완성했다. 이전
에 초청인사는 그들에게 인도와 미국의 몇몇 차이점을 이해하기 위해서 각 나라의 역사를
이해하는 것이 필요하다고 말했다.

자네트 그로스(Jeanette Groth) 교사는 지금 6학년 학생들에게 자신들이 중요하다고 생
각하는 인도 역사에서 8개 사건을 구체화하기 위해 교과서들을 사용하도록 요구하고 있다.
학생들이 읽고 노트를 하고 있는 동안 자네트는 기원전 2,500년에서 1948년까지 이르는 큰
연표를 판 위에 놓는다. 인더스 강 유역에서 농사는 왜 중요한지와 "주요한 날짜들"을 가지

CE (Common Era)와
BCE (Before the
Common Era)는 일부
역사학자·인류학자·
고고학자들에 의해 AD
(Anno Domini)와 BC
(Before Christ) 대신에
사용되고 있다.

도록 합리적으로 고려될 수 있는지에 관한 토론이 있다. 그러나 곧 학생들은 영국인들에
의한 영국의 동인도 회사의 설립, 영국인들에 의한 식민지화, 최종적인 영국인의 퇴각에
대한 것으로 이동한다. 그들은 각 시기 동안 개별 나라에서 일어나고 있던 것들을 비교하
기 위해 8학년 미국사 수업에서 개발된 연표를 사용한다. 제이슨(Jason)은 인도와 미국 식
민지에 대한 식민화의 시기는 중첩되지만 "우리들의 혁명은 보다 빨리 다가왔어요"라는
사실을 지적했다.

외견상으로 이것은 좋은 전통적인 역사 수업보다 상당히 다른 것처럼 보이지 않을 것이
다. 그러나 사실 이러한 활동은 여러 이유들 때문에 대단히 중요하다. 첫 번째, 그것은 학생
들에게 무엇이 역사적으로 의미있는 것인가에 대해서 생각하도록 요구한다. 두 번째, 그것
은 미국사도 인도사도 진공에서 존재하지 않는다는 사실을 분명하게 해 준다. 마지막으로

그것은 교사 주도의 다음과 같은 질문을 제기하는 데 필요한 역사적 배경인 사전 지식을 확립한다. 즉 인도 식민지 사람들과 미국 식민지 사람들은 그들 자신에 대한 영국 통치를 제거하는 방법들에 있어서 유사성이 있었는가? 아이만(Iman)은 "글쎄, 우리들은 그들의 표적을 찾았어요!"라고 큰 소리로 말한다. 아인슬리(Ainslie)는 "우리들은 영국인들을 미치도록 해서, 그들에게 전쟁을 시작하도록 하려고 노력했지만 인도 사람들은 타협하려고 노력했어요"라고 하면서 끼어든다. 학생들은 보스턴 학살에 참여한 사람들의 재판을 재연하는 데 자신들 5학년의 경험을 활용하고, 반도들이 영국의 통치를 끝내기 위해 사용했던 기술들에 관하여 이야기하며, 같은 시기 동안 인도에서 일어나고 있었던 것을 알아보기 위해 연표 위에서 날짜들을 점검한다. 이러한 점에서 다른 조들은 각국에서 영국 식민 통치와 독립운동을 보여주는 비교 연표를 발전시키기를 요구받고 있다. 다음 수업 때까지 학생들은 인도와 북아메리카에서 식민주의와 반란을 비교하기 위해 준비하고 있다. 심지어 정보 조각들의 몇몇은 처음에는 관련이 없는 것처럼 보일지라도 그들의 토론은 이것들을 결합하고, 이전에 마주쳤던 문제들에 대한 조사 하에서 문제들을 비교하고, 이전에 채용한 기능과 개념들을 사용하도록 자신들에게 요구하면서 활기가 넘친다. 다른 말로 하면, 그들의 탐구는 학문에 있어서 사전 지식인 미국 혁명에 대한 그들 5학년의 학습, 그리고 심화학습인 인도에 있어서 영국 식민 통치에 대한 조사 둘 다를 요구한다.

몇몇 탐구들은 교사에 의해 시작된다.

탐구는 사전 지식과 심화학습을 요구한다.

사전 지식

우리는 새로운 지식이 학습자의 사전 지식의 토대 위에 구축된다는 사실을 안다. 이것은 자명한 것처럼 보이지만 특히 역사에 있어서 확실히 단순한 것은 아니다. 무엇보다도 역사는 단일의 학문으로서 보다는 일련의 교차하는 분야로서 더욱 더 충분히 서술될 수 있을 것이다. 따라서 사회역사학자들, 군사역사학자들, 기록보관인, 역사 사이트의 해석자들, 그리고 계보학자들, 이런 사람들만 하더라도 역사를 다루지만 그들의 다양한 분야는 간혹 공통점이 없는 탐구모형, 의사소통 양식, 그리고 인지된 목적들에 의해서 구분되고 있다. 게다가 우리가 간혹 그들을 신뢰하는 것보다 더 많은 배경지식을 학생들은 역사 학습에 가져온다. 결국 역사는 역사학에 국한되는 것이 아니다. 가족들은 가족 관련의 렌즈를 통하여 그들이 사건들을 해석하는 것처럼 역사를 구성한다. 미디어 역시 역사적 사건을 해석한다. 그들은 역사를 설명하려는 취지로 사실극과 새로운 프로그램을 간혹 만들지만, 그들 역시 과거의 허구화된 버전들을 제시한다. 예를 들면 『초원의 집』(*Little House on the Prairie*) 혹은 『퀸 박사』(*Dr. Quinn*), 『여의사』(*Medicine Women*)는 시대의 배경 속에서 현재적인 감수성을 제시한다. 또한 넓은 문화의 부분들에 의해서 소중함이 유지되는 지속적인 역사적 신화와 전설들이 있다. 예컨대 벳시 로스(Betsy Ross)의 첫 국기 만들기, 콜럼버스의 "새로운 세계 발견하기" 등이다. 일부 학생들에게 이들 이미지들은 기분 좋은 것이다. 왜냐하면 다른 학생들은 인기있는 문화의 신화학에 의해 배제된 것으로 느낄지 모르기 때문이다. 어떤 경우에 이들 신화들과 전설들은 종종 어린이들이 학교에 가져오는 역사 지식

Levstik & Barton (1996)

학생들은 배경지식을 가져온다.

Barton (1995), Seixas (1993b)

역사는 역사가들에 의해서 뿐만 아니라 공적이고 개인적으로 해석되고 있다.

역사적 신화들은 대중문화의 부분이다.

토대의 일부이다. 한 때 학생들은 수업에서 역사적 정보(그리고 잘못된 정보)를 얻는다. 예를 들면 인도를 공부하는 6학년 학생들은 자신들이 미국 혁명에 대한 사전 학습을 이용할 수 있기 때문에 영국 식민주의에 대한 저항에 관하여 보다 분명히 생각할 수 있었다. 그러나 교사들은 도움이 되지 않는 회상에 의지하지 않는다는 사실을 주목하라. 대신에 즉시 사전 지식을 자극하려고 하였고, 가장 뛰어난 미국사 연표는 그녀의 8학년 수업에 의해 구성되었다.

반성적이고 학문적인 탐구는 학생들이 이미 알고 있는 것과 할 수 있는 것에 뿌리를 두고 있다. 그리고 점진적으로 알고 있는 것을 넘어서 가며, 교사들은 학생들에 의해서 제기되고 역사분야에 의해 제공된 지식의 토대 뿐만 아니라 대중적인 문화에 의해서 지지된 개념과 잘못된 개념들을 고려해야만 한다. 역사 탐구는 학생들이 이미 알고 있는 것보다 더 나은 성장을 위한 기회를 제공하면서 문제의 창조 혹은 발견이 사전 지식에 도전할 때 가장 쉽게 발전한다. 그들이 가설을 창조하고 시험하거나, 첫 문제들에 관한 변동들을 탐구하며, 그리고 학습의 과정과 목적 뿐만 아니라 답들의 결과를 반성할 때 학생들은 지식을 재생산하기보다는 오히려 생산하기 위한 사전 지식 위에 구축하면서 실제의 역사 작업에 몰두한다. 그들의 해석이 소박하고 역사학에 대해 거의 새로운 것이 없다 하더라도 학생들은 다른 사람들이 이미 만들었던 지식을 단순히 재생산하지는 않는다. 대신에 학생들은 일련의 역사적 사건을 위해 일치하는 설명을 구성하려고 시도한다. 예를 들면 인도와 미국 독립운동에 대한 6학년의 비교는 사실·개념·이론의 일부, 그리고 역사를 한 학문 혹은 한 분야로 특징짓는 이야기 뿐만 아니라 미국사에 대한 사전 학습에서 분명히 많은 혜택을 보고 있다. 더욱이 이 비교를 구축하기 위한 학생들의 시도들은 자신들이 바로 분석해 왔던 사건들의 다른 역사 해석 뿐만 아니라 다른 독립운동에 관하여 그들을 더욱 흥미있고 사려깊도록 할 것이다. 분명히 이러한 접근은 역사와 역사 방법 둘 다에 대한 깊은 이해를 강조한다.

Barton & Levstik (1996), Levstik & Barton(1996), VanSledright (1997/1998)

탐구는 사전 지식에 대한 도전으로 시작한다.

학생들은 지식을 재생산하기보다 오히려 생산한다. Newmann 등 (1995), Segall (1999), Wells & Chang Wells (1992)

상상적 진입(Imaginative Entry)

5학년 수업에서 테사(Tessa) 교사는 보스톤 학살을 둘러싸고 있는 사건들에 기초한 교실재판의 결과를 다음과 같이 토론한다.

테사: 영국은 이겼으나(우리의 수업에서), 실제 재판에서 영국은 이기지 못했다.…그러나 나는 식민지인 편이다. 나는 애국자이다. 그녀(교사)는 우리들에게 모든 증거를 보여 주었고, 우리들에게 일어났던 모든 것을 보여 주었지만 그 후에 일어났던 어떤 것도 우리들에게 말하지 않았다. 그리고 그녀는, 자 너희들은 영국 사람 편이다. 영국 사람들은 한편으로 식민지로 이주해 간 영국 사람들에게 세금을 부과하고 있었고 식민지 사람들은 그들 자신을 대표할 방법이 없었다. 그들은 영국에서 출마를 하는 사람들에게 투표를 할 수도 없었고, 출마자들은 자기들에게 부과할 세금이 식민지 사람들 편에서 하는 것이라는 말도 없었다. 다른 한편에서 영국인들은 돌을 맞고 있었다. 나의 이름은 아키발드(Archibald)였고, 나는 이미 영국 관리가 나의 팔을 부러뜨렸다는 사실을 몰랐으며, 그래서 내가 스탠드

에 올라갔고 그들이 당신은 이전에 영국 관리를 습격했다고 말했을 때 영국 관리로부터 당신의 팔이 부러졌다는 증거를 우리가 가지고 있다고 그는 말했다. 그리고 나는 '오오 후' 했다! 나는 알지 못했지만, 책에서 그것이 "삐이, 양키 당신은 큰 실수"라고 이야기되었기 때문에 그렇게 말했어야 했다.

테사의 언급으로부터 우리는 그녀가 역사는 지겹지도 않고 관련성이 없는 것도 아니라는 것을 발견한다는 사실을 알 수 있다. 영국군들과 미국 반도들의 다른 관점에 대한 그녀의 관심은 역사적으로 행하기 위한, 즉 역사적 드라마에 참가자들의 관점을 드러내기 위한 기회에 의해서 비롯되고 지지된다. 역사에 있어서 깊은 이해가 이미 서술된 방식들로 역사적 자료를 평가하고 조직하여 해석되는 동안 또한 테사 경험의 일부는 일종의 과거 속으로 들어가는 이른바 상상적 진입에 근거를 두고 있다. 예를 들면 학생들은 시뮬레이션과 역할 놀이에 참가할 것이고, 혹은 역사적 시기나 사건들에 상상적 진입을 요구하는 전기나 역사적 이야기들을 재창조할 것이다. 이러한 과정에서 그들이 역사적 주인공들의 역할을 가정하거나 혹은 생생하게 역사적 사건이나 혹은 사람들을 묘사하도록 자신들을 돕는 역사적 정보를 활용한다. 우리는 역사의 환상적인 이야기를 다시 하도록 제안하지는 않는다. 오히려 학생들은 사건들을 설명하는 지지할 만하고 학문에 바탕을 둔 설명을 구축하기 위한 순서 속에서 역사적 주인공들의 동기·가치, 그리고 선택들에 대해서 숙고해야만 한다. 그렇게 함으로써 학생들은 자신들의 자료를 넘어서서 상상해 보지 않는 다른 장소와 시간으로부터 참가자들의 관점을 상상해야만 한다. 예를 들면 테사는 역사적 증거의 필요성을 잘 알고 있다. 그녀가 증거의 중요한 조각을 놓쳤다는 사실은 재판의 결과를 바꾸었다. 만약 이것이 시험이었다면 그녀는 그 항목을 놓치고, 등급을 매기며, 그것에 관하여 모든 것을 잊어버렸을 지도 모른다. 이것은 모의재판의 일부였기 때문에 그녀의 실수는 수정을 중요하고 기억할만한 것으로 만드는 상황 속에서 고쳐졌다. 테사의 경험 역시 잘못된 정보가 어떻게 쉽게 해석을 변경할 수 있는지, 그리고 잠정적으로 결론을 유지하는 것과 아이디어를 재평가하는 것이 얼마나 중요한지를 지적했다. 결국 테사의 경험은 효과적인 집단 탐구의 다른 특징을 강조한다. 테사의 학습이 다른 학생들과 지역사회에서 행해졌음에도 불구하고 그것은 다른 학생들이 조사했던 것을 찾는 문제가 아니라 하나의 올바른 답을 조사하는 것이다. 오히려 각 학생의 조사는 더 큰 퍼즐의 한 조각을 제공했고 부정확하거나 근거없는 해석들에 대해 적어도 부분적인 점검으로서 역할을 했다.

심화학습의 다른 특징은 교실 수업을 넘어서 새로운 학습에의 적용이다. 다른 말로 하면 학문적 탐구는 교실에서의 성공을 넘어선 가치와 의미를 가진다. 역사는 기원과 도달 가능한 이야기 둘 다를 제시한다는 사실을 우리들이 이미 말했던 것을 기억하라. 이것들은 어린이들이 교실수업을 떠난 뒤에 남겨진 학교 이야기들이 아니다. 대신에 학생들이 그들 자신과 그들의 가능한 미래에 대한 이해를 변형시키는 힘을 가진 이야기들이다. 작가 제임스 볼드윈(James Baldwin)은 역사적 이야기들은 미국사가 어떤 사람들이 이전에 그것에 관하여 말했던 것보다 더 긴·더 큰·더 다양한·더 아름다운, 그리고 더 무시무시한 것과 마치

여백 주석:

Newmann 등(1995)

Tunnell (1993)

역사 설명들은 증거에 토대를 두고 지지되는 학문이다. Barton (1997b), Foster (1999), Foster & Yeager (1999), VanSledright & Brophy (1992), VanSledright & Kelly(1998)

Newmann 등(1995), Pappas, Kiefer, & Levstik (1999)

역사는 변화될 수 있다.

Baldwin (1988)

같은 것이라는 사실을 어린이들이 알도록 도울 수 있다는 것에 대한 그의 느낌을 표현했다. 그래서 세상은 더 넓고·더 대담하고·더 아름다우며·더 무시무시하지만 원리상 더 크다. 그리고 그것은 어린이들에게 속한다. 어떤 의미에서 우리의 삶은 역사적 이야기의 배경 속에서 우리들 자신을 주인공으로 볼 때 더욱 더 의미있게 된다. 즉 우리는 과거와 현재 사건들 사이의 연결, 우리 주위에 있는 사람들의 삶, 그리고 우리 자신의 삶을 찾는다. 우리

Epstein (1993), Griffin (1992)

는 어떤 사회 혹은 어떤 집단이 전적으로 현명하거나 덕스럽지 않고, 우리들 모두 선악 둘 다에 대한 역량을 가지고 있다는 사실을 인정하기 시작한다. 지혜는 성공의 이야기에서 만큼 인간 실패에 관한 이야기들에서 많이 발전한다. 간단히 말하면 역사적 관점으로 우리 자신을 보기 위해 우리는 인간 경험의 범위에 관한 이야기들이 필요하다. 그리고 우리는 많은 관점으로부터 경험들의 의미를 평가하는 것을 배워야만 한다.

반성과 평가

이 장에서 표현된 역사적 이야기의 풍부한 공동체들과 이 책 전체를 통하여 2장에서 묘사된 구성적 평가의 종류들은 이상적인 기회를 교사들에게 제공한다. 첫 번째, 이들 교실수업은 역사적 사고를 점진적으로 성숙시키기 위한 방법에 입각하여 학생들이 어떻게 진행하고 있는지에 관한 통찰력을 교사들에게 주는 학생들의 역사 이해 발달시키기에 관한 다양한 자료를 만들어 낸다. 두 번째, 학생들의 사고에 대한 이러한 통찰력은 중요한 역사 탐구와 해석의 맥락에서 실현된다. 교사들은 참되고 중요한 역사적 활동들에 학생들을 참여시킴으로써 그들은 역사적으로 할 수 있는 것을 배운다. 왜냐하면 학생들의 이야기·의문

Alleman & Brophy (1999), Segall (1999), Yell (1999)

형성·조사, 그리고 해석 모두는 그들이 알고 있는 것, 여전히 배울 필요가 있는 것, 역사학습의 목표를 향하여 진보하고 있는 것에 대한 통찰력을 제공하기 때문이다. 결국 교실수업들은 학생들의 역사 이해를 평가하기 위해 루비(Ruby)와 자네트(Jeanette)가 제공하는 다양한 통로들을 좋아한다. 다음의 장들에서 묘사한 것처럼 역사에 있어서 구성적 평가는 짝과 교사의 재검토·자기 평가·일화기록·공식적인 점수주기 루브릭[5]·체크리스트, 그리고 학생들의 사고에 대해 통찰력을 얻기 위한 다른 형식을 포함할 수 있다. 어떤 교사의 "어린이 관찰" 기능과 교사 자신의 관찰을 기록하기 위한 자발성은 이러한 과정을 평가하기 위해 교사가 가진 최적의 도구들이다.

교사들에 대한 하나의 도전은 자료들의 이러한 배열을 조직하는 것이므로 다만 교사들이 아닌 학생들과 그들의 부모들, 그리고 안내자들에게 유용한 정보를 제공하는 것이다.

포트폴리오들은 평가자료를 조직하는 것을 도와준다.

이것은 교사들이 두려워하는 만큼의 부담일 필요는 없지만, 계획을 요구한다. 우리들과 함께 일하는 교사들 대부분은 평가 자료를 조직하기 위한 하나의 수단으로서 포트폴리오를 사용하여 이 복잡한 과제를 달성한다. 이것은 학생들이 작업한 작품들을 수집하는 것뿐만 아니라 학생들을 평가 작업에 참여시킴으로써 자신들의 진행을 모니터하는 것을 배우도

---

5) rubric은 학생들에게 점수를 주기 위한 시험문제의 주석이나 설명을 하는 기준표를 의미한다.(역자 주)

록 돕는 것과 관련된다. 예를 들면 만약 그들이 확립한 원안, 즉 무슨 기록들이 지켜져야 하는가, 그것들은 어디에서 지켜져야 하는가, 그것들은 어떻게 사용될 것인가를 아는 것과 같은 것을 이해한다면 학생들은 많은 자신들의 조직을 다룰 수 있다. 시스템이 작동하고 있는 것을 확실히 하기 위해 단지 주별로 시간을 갖는 것으로도(만약 필요하다면 혹은 매일) 교사들은 자신들을 지치게 하지 않고 풍부한 자료를 얻을 수 있다.

일반적으로 교사들은 학생들의 포트폴리오를 세 수준으로 구성한다. 첫 번째는 학습포트폴리오(learning portfolio)이다. 교사들과 학생들은 전체 교육과정이나(보통은 초등학교 교실수업에서) 혹은 한 내용영역을 위해(중학교 수준에서는 더욱 보편적) 학생 작업을 표현하는 이들 지속되고 있는 수집에 무엇이 포함되어야만 하는지를 공동으로 결정한다. 이들 포트폴리오는 학생들의 진행을 알려주는 데에 사용된 카테고리들에 대응하여 조직되어야 한다. 학습포트폴리오 내에서 역사적 사고를 고증하는 것은 오디오와 비디오테이프·역사적 작품의 다른 장르들의 표본들·자기 평가들과 같은 것을 포함할 것이다. 매 주말에 학생들은 자신들의 선생님들과 협력해서 부모와 안내인들과 함께 할 작품의 금요일포트폴리오(Friday portfolio)를 선택한다. 일부 교사들이 이들 재료들을 되돌려 줄 것을 요구하지 않았음에도 불구하고 대부분의 부모들은 포트폴리오들에 응하고 학생들은 그것들을 다음 수업시간에 돌려줄 것을 요구한다. 만약 이러한 기술을 사용한다면 당신은 그들 가족들과 그들의 작업을 함께 할 방법에 관하여 일부 학생들과 이야기하고 싶을 것이다.

예를 들면 루비 예신(Ruby Yessin)은 자신의 1학년 학생들이 금요일포트폴리오에 무엇이 들어가야 하는지를 결정하는 것을 돕기 위해 노력하고 있는 것을 묘사한다. 바쁜 한 주였고, 그녀는 러시아 민속 춤 배우기, 혹은 러시아 지리학의 몇몇을 보여주었던 것에 관해 학생들이 작업한 지도들을 배우면서 러시아 무용회사의 공연에 관하여 공유할 것이라는 사실을 확실하게 하기를 원했다. "부모들이 이번 주에 무슨 일이 일어났는지를 물을 때 너희들은 뭐라고 말할래?"라고 그녀는 학생들에게 물었다. 거의 모두가 하나처럼 학생들은 "러시아 사람이 멜리사(Melissa)에게 키스했어요"라고 응답했다.

이에 대해 루비와 학생들은 금요일포트폴리오들을 공유할 학생들을 돕기 위해 몇몇 대화를 시작할 인물들을 개발했다. 그들은 " … 때문에 내가 자랑하는 어떤 것," "내가 처음으로 …했던 것," 혹은 "전에 … 내가 알지 못했던 어떤 것"으로 출발하기를 원할 것이다. 게다가 그녀 학생들의 삶에 있어서 모든 어른들이 글을 읽을 수 있는 것은 아니었다. 게다가 어떤 경우에 있어서 그것은 학생들을 위해 좋은 연습이기 때문에 루비는 학생들에게 어떤 다른 사람들에게 그들이 한 작문을 읽어줄 것을 요구했다. 이런 방법으로 금요일포트폴리오들은 가정과 학교 사이의 의사소통의 자료가 되고, 학생들은 자신이 배운 것을 공유할 방법을 가졌다.

세 번째 수준은 평가포트폴리오(assessment portfolio)이다. 금요일포트폴리오와 마찬가지로 이것은 학습포트폴리오의 부분집합이다. 또한 그것은 학생과 교사에 의해서 공동으로 구성된다. 이 포트폴리오가 일단 완성되면 학교와 학구에 의해서 요구되는 어떤 형식적인 평가를 위한 근거가 된다. 학생들은 다른 카테고리들에 평가포트폴리오를 포함하기 위

학습 포트폴리오는 학생작업의 진행하는 수집물이다. Hart (1999), Milson & Brantley (1999), Pappas 등 (1999)

Fredericks & Rasinski (1990)

포트폴리오는 부모와 보호자에게 보고하는 구조를 도와준다.

금요일포트폴리오와 평가포트폴리오는 각 학생들의 학습 포트폴리오의 부분집합들이다.

해 자신들이 최선을 다한 작품일 것으로 생각하는 것을 선택할 기회를 가지고, 그 다음에 그들이 각 작품을 선택했던 이유를 설명할 기회를 갖는다. 더욱이 교사들은 어떤 항목들의 포함을 요구한다. 예컨대 아마 역사적 글쓰기의 특별한 장르의 표본, 프로젝트의 자기 평가, 혹은 해석을 발전시키는 데 사용된 자료들의 주석이 달린 서지학이다. 예를 들면 자네트는 학생들에게 자신들이 개발한 연표에서 사건들 중의 하나의 중요성에 대한 논쟁을 포함하도록 요구할 것이고, 반면 루비는 학생들에게 자니 애플씨드에 관하여 "확실한" 사실에 대한 그들의 사진들을 포함하도록 요구할 것이다.

포트폴리오는 학생-교사 협의를 구조화하는 것을 도와준다.

평가포트폴리오들 역시 교사들에게 그들의 작업에 관하여 학생들과 토론을 수행하도록 하는 좋은 기회를 제공한다. 당신이 이 책의 후반에서 다시 만날 교사들 중의 한 사람인 애비 모트(Abby Mott)는 앞으로 다가오는 주들(weeks)에 필요한 작업 강도와 영역들을 토론하면서 각 어린이들과 함께 평가포트폴리오를 정밀 조사한다. 학생들은 다가오고 있는 등급 매기기 기간을 위한 일련의 목적들을 자세히 쓴다. 그러면 목표들은 다음 등급 매기기를 위해 구성하는 하나의 방법으로서 학습포트폴리오에 놓여지기 때문이다. 미래를 계획하는 기회로서 평가를 강조하는 분명한 이점 외에도 이들 토론들은 통지표들에 관한 학생들의 두려움을 가라앉힌다. 통지표들을 받을 때까지 놀라움은 거의 없었다. 학생들은 그 때까지 자신들의 진행과 다가오는 시험에서 그들이 할 수 있는 것에 대해 상당히 분명하게 이해하고 있었다. 애비는 이러한 회의들이 학생들을 확신시켜 주고 보다 정확한 자기 평가를 고취시킬 뿐만 아니라 아동들로 하여금 역사적 대화에 참여할 수 있는, 즉 연구에서 초기에 소개된 아이디어들로 되돌아가서 흥미있고 정보에 밝은 어른들과 토론할 수 있는 또 다른 기회를 제공한다는 것을 발견했다.

학생들이 그들 자신의 포트폴리오들을 개발하는 것을 도와줄 때 그들은 그들 자신의 수행에 대한 보다 더 분명한 이해를 한다.

결 론

Baldwin (1988)

역사와의 개별적 만남은 제임스 볼드윈이 제시한 바로 그 방법으로 모든 어린이들을 변형시키지 못할 것임에도 불구하고 축적적이고 깊은 역사학습은 더욱 더 어린이들에게 과거의 수동적인 수용자와 현재의 의식하지 않는 희생자보다는 오히려 역사적 참여자로서 자신을 인식하도록 용기를 북돋우는 것 같다. 그들보다 앞선 다른 사람들이 한 것처럼 어린이들은 현재와 미래 둘 다를 바꿀 수 있다. 단지 학생들에게 신화들과 이야기들을 다시 반복해서 말하는 것은 이러한 효과를 가지지 못할 것이다. 오스카 와일드(Oscar Wilde)가 한 때 주목했던 것처럼 "우리가 역사에 빚지고 있는 한 가지 의무는 그것을 다시 쓰는 것이

Wilde (1982)

다." 심화학습은 학생들에게 신화들을 비평하고, 이야기들을 다시 쓰며, 그리고 다양한 이야기들을 말하도록 요청한다. 그것은 어떤 다른 사람들의 해석들을 단지 기억하지 말고 자신의 해석을 발전시키도록 그들에게 요구한다. 단지 정보를 축적하지만 말고 그들 자신과 서로 서로에게 질문하도록 그들에게 요구하기 때문이다. "그것이 어쨌다고?" 세상에서 이러한 정보가 어떤 차이를 만들까? 우리의 세상에서 다른 시간과 장소와 지금 현재에 있어서 그것이 인간에게 의미하는 것에 관하여 어떻게 말할까? 만약 학생들이 상상적으로 과거

에 들어갈 수 없다면, 만약 그들이 그들 주위의 세계와 그것의 무한한 가능성에 관하여 깊은 정보가 부족하다면 그들 역시 이웃 사람들을 잘 이해하지 못할 것 같다.

Degenhardt & Mckay (1988)

과거로의 상상적 진입과 지속적인 주제들과 질문들에 대한 심화학습을 중심으로 조직되고, 교실을 넘어서 관련성을 지닌 과제들에 초점을 맞추며, 그리고 학생들의 사전 지식에 연계된 역사는 엄청난 과제처럼 보일지도 모른다. 확실히 역사 탐구를 하는 공동체들은 단순히 일어나지 않는다. 그들은 교사들의 역할들에 대한 주의깊은 계획, 상호 신뢰와 존경의 토대를 구축하기 위한 시간, 그리고 "적용 범위"의 몇 가지 구속으로부터 자유를 요구한다. 다음 장들, 즉 마그넷스쿨(magnet schools)·도시·교외·시골학교들, 많은 어린이들이 이중 언어를 사용하는 학교들(혹은 그렇게 되어가고 있는), 역사하기가 교사들과 학생들 둘 다의 열정을 지적으로 북돋우는 곳에서 다양한 교실수업을 포함하고 있는 독특한 연구에 토대를 둔 제안들을 제공한다.

어린이와 청소년의 문학

역사적 추리소설, 신화, 그리고 전설

Alderman, C. L. Annie *Oakley and the World of Her Time*. Macmillan, 1979.

Altman, L. J. *The Legend of Freedom Hill*. Lee & Low, 2000.

Balit, C. *Atlantis: The Legend of a Lost City*. Henry Holt & Company, 2000.

Barboza, S. *Door of No Return: The Legend of Goree Island*. Cobblehill, 1994.

Baylor, B. *And It Is Still That Way*. Trails West, 1988.

Cashford, J. *The Myth of Isis and Osiris*. Barefoot, 1993.

de Paola, T. *The Legend of the Indian Paintbrush*. G. P. Putnam's Sons, 1988.

DeSpain, P. *Sweet Land of Story: Thirty-six American Tales to Tell*. August House, 2000.

Dorson, M., & Wilmot, J. *Tales from the Rainforest: Myths and Legends from the Amazonian Indians of Brazil*. Ecco, 1997.

Edmonds, I. G. *Ooka the Wise: Tales of Old Japan*. Linnet, 1994.

Fritz, J. *Brendan the Navigator*. Coward, 1979.

Hooks, W. H. *The Ballad of Belle Dorcas*. Knopf, 1990.

Irwin, C. *Strange Footprints on the Land: Vikings in America*. Harper, 1980.

Jaffe, N. *Patakin: World Tales of Drums and Drummers*. Holt, 1994.

Kellogg, S. *Johnny Appleseed. Morrow*, 1998. (Kellogg also has written and illustrated other picture book versions of tall tales, including Pecos Bill, Mike Fink, and Paul Bunyon.)

Kessel, J. K. *Squanto and the First Thanksgiving*. Carolrhoda, 1983.

Koger, E., Sr. *Jocko: A Legend of the American Revolution*. Prentice-Hall, 1976.

Lauber, P. *Lost Star: The Story of Amelia Earhart*. Scholastic, 1988.

Lupton, H. *The Story Tree: Tales to Read Aloud*. Barefoot Books, 2001.

Manitonquat (Medicine Story). *The Children of the Morning Light: Wampanoag Tales*. Macmillan, 1994.

McCaughrean, G. *The Bronze Cauldron: Myths and Legends of the World*. McElderry, 1988.

Osborne, M. P. *American Tall Tales*. Knopf, 1991.

Sanfield, S. *The Adventures of High John the Conqueror*. Orchard, 1989.

Stanley, D. *Joan of Arc*. Morrow Junior, 1998.

Quackenbush, R. *Quit Pulling My Leg! A Story of Davy Crockett*. Simon & Schuster, 1987.

Van Laan, N. *Buffalo Dance: A Blackfoot Legend*. Little, 1993.

Zeman, L. *The Revenge of Ishtar*. Tundra, 1993.

우리가 자신에 관하여 몰랐던 것을 발견하기

4

개인적 역사들

학교의 첫째 날에 티나 레이놀즈(Tina Reynolds) 교사는 자신의 4학년 학생들에게 종이 쪽지 위에 "역사는 … 이다"라는 문장을 완성하고 학생들이 답들을 토론하도록 요청한다. 적어도 절반의 학생들이 "나는 모른다."라고 쓰고, 반면에 다른 학생들은 "아주 먼 옛날", "골동품과 오래된 일" 혹은 "대통령들과 다른 유명한 사람들"과 같은 간단한 답을 한다. 티나는 그들이 이전에 역사에 관하여 배운 적이 있는지를 묻는다. 몇몇은 부모들 혹은 다른 친척들이 그들에게 과거에 관해서 말했다고 회상한 반면 다른 학생들은 그 논제에 관하여 어떤 것을 배웠다는 것을 기억할 수 없다고 하였다.

그 다음 그녀는 **한 사람이 하나의 역사를 가질 수 있는지**를 묻는다. 예를 들면 '크리스티(Christy)의 역사'가 있을 수 있을까? 몇몇은 그렇다고 생각하고 몇몇은 아니라고 생각하지만, 아무도 이유를 설명할 수 없다. 티나는 그녀가 학생들에게 보여줄 수 있는 자신의 역사를 가지고 있다고 말하고 그들이 그것을 어떻게 생각하는지 묻는다. 다시 학생들은 확신하지 못한다. 티나는 자신의 삶에서 중요한 사건들의 연표를 가지고 만든 포스터를 학급에 보여주었는데, 그때 학생들의 흥미가 일어나기 시작한다. 그들은 티나가 태어났을 때, 학교에 들어갔을 때, 결혼을 했을 때 등과 같은 티나의 삶에서 중요한 각각의 사건들을 열심히 소리내어 자발적으로 읽는다. 그 다음에 티나는 학생들에게 일어났던 가장 중요한 것들을 보여주는 연표를 자신들이 만들어야 하고, 그들은 학급에서 공유할 "나의 역사"를 만들기 위해 연표들을 사용할 것이라고 말한다.

포함할 것에 대해 토론한 후에 학생들은 자신들의 삶에 일어났던 다섯 가지 가장 중요한 일들의 목록을 토대로 작업하기 시작한다. 학생들이 논제에 대해서 흥미로워함에도 불구하고 글쓰기는 많은 학생들에게 어려운 것이다. 이런 목록을 만들기에는 많은 시간이 걸리기 때문이다. 그래도 그들은 4~5개의 테이블에 앉아서 글을 쓸 때 자신들의 경험들을 계속적으로 공유한다. 즉 그것들은 각자 서로 형제들이 태어난 일, 가족들이 휴가를 갔던 일, 또는 새로운 운동을 시작한 일에 관하여 이야기하기 등이다. 그 사이 티나는 학생들이 가지고 있는 항목들에 대해 자신들이 선택한 이유를 설명하도록 요구하거나 혹은 문제를 가지고 있는 학생들을 도와주면서 그들이 작업을 할 때 학생들에게 이야기한다. 그들의 목록이 완성된 후에 학생들은 지난 십 년의 빈 연표에 각 사건의 날짜를 채운다. 학생들 대부분은 각각의 일들이 언제 일어났는지를 모르기 때문에 부모들의 도움을 받아서 완성하기 위해 이것들을 집으로 가져가야만 했다. 또 티나는 학생들의 부모들과 이야기하면서 그들이 발견하는 어떤 새로운 사건들을 추가하도록 요청한다.

다음 날 학생들은 일련의 날짜들을 기록했을 뿐만 아니라 자신들의 부모들로부터 완전히 새로운 일련의 이야기들까지 배웠다는 사실은 분명하다. 그들은 학급에서 이것들을 간절히 공유하고 싶어한다. 즉 마틴(Martin)이 세 발 자전거를 타고 계단에서 떨어진 때, 리사(Lisa)가 거의 익사할 뻔했던 때 등이다. 그 후 학생들은 자신들의 개인적인 역사를 만들기 시작한다. 학생들 모두는 자신들의 삶에 관한 이야기 에세이를 써야 하지만, 그들은 여러 다른 방법으로 비디오를 녹화하거나 혹은 녹음하거나, 사진(혹은 그림)과 자막으로 포스터를 만들거나, 혹은 에세이를 단순히 읽음으로써 학급의 나머지 학생들에게 이것들을 제시할 수 있다. 심지어 어떤 학생은 그의 삶의 중요한 사건들에 대해서 "박물관 안내자"처럼 행동한다. 그 다음 여러 날은 학생들이 에세이를 쓰고 포스터를 디자인하며, 테이프의 대본을 계획하는 것처럼 이 과제에 몰두한다. 그들의 급우들과 이들 창작품을 공유할 시간이 다가올 때 가장 부끄러움이 많은 학생조차도 발표를 자랑스러워 한다. 그리고 학생들은 각각 다른 사람의 삶의 이야기들에 주의 깊은 관심을 가지고 듣는다.

Barton (2001b), Barton & Levstik (1996), Levstik & Barton (1996), Levstik & Pappas (1987); see also Brophy & VanSledright (1997)

1학년부터 중학교까지의 어린이들을 인터뷰하면서 우리는 그들 모두가 과거의 일들이 어떻게 다른가에 대해 무엇인가 안다는 사실을 발견했다. 종종 그들은 **역사**가 의미하는 것에 대한 명확한 아이디어를 그다지 가지고 있지 않다. 학생들이 4학년 이전에 학교에서 보통 역사를 만나지 못하기 때문에 그들은 간혹 단어를 분명하게 인식조차 하지 못한다. 역사를 들어본 적이 있는 학생들은 그것을 일반적으로 과거("골동품과 옛날 것")에 연결하거나 혹은 유명한 사람 혹은 사건들과 관련시킬 것이기 때문이다. 그러나 그들은 자신들이 역사의 일부라는 사실, 혹은 그들이 자신의 역사를 가지고 있다는 사실을 거의 깨닫지 못한다. 과학과 역사의 차이를 설명하기 위해 노력하고 있는 7학년 학생은 그것이 그들과 그들을 중심으로 하는 세계에 관한 것이기 때문에 그와 다른 학생들은 과학의 일부분이었다는 사실을 진술했다. 즉 "우리들은 과학 속에 있어요", "그러나 우리는 역사 속에 있지 않아요"라고 지적했다. 너무 많은 학생들이 자신들을 "역사 속에 있는" 존재로서 보지 않기 때문에 역사과목을 통해 자신들에 관한 모든 것과 그것이 자신들과 어떻게 관련되는지의 감각을 발전시키는 것은 교사의 첫 번째이면서 가장 중요한 목표들 중의 하나임에 분명하다.

학생들은 반드시 그들 자신을 역사의 일부로서 보지 않는다.

역사적 질문하기

학생들 자신의 삶과 더불어 시작하는 것은 역사에서 그들의 위치에 대한 이해를 발전시키는 분명한 방법이고, 또한 학문적 탐구의 핵심 요소들로 안내해 준다. 앞 절에서 티나는 역사적 질문의 가장 기본적인 것에 학생들을 참여시켰다. 즉 나 자신의 과거가 오늘 나의 삶에 어떻게 영향을 미쳤을까? 그녀는 중요성의 견지에서 그들의 과거에 관하여 생각하도록 학생들에게 요청함으로써 이것을 했다. 그녀는 이전에 그들에게 일어났던 모든 것을 기억하려고 노력하도록 원하지 않았지만, 현재 그들의 삶에 큰 영향을 끼친 다섯 가지 가장 중

역사를 이해하는 것은 학생 자신의 과거로서 시작한다.

요한 것을 선택하도록 했다. 이와 같이 외관상 이처럼 간단한 과제는 학생들에게 역사적 질문을 하도록 하는 것이 무엇을 의미하는지에 안내했다. 더욱이 이것은 상당히 참된 질문이다. 이미 주목했던 것처럼 우리는 오늘날 우리들이 있는 곳에 어떻게 왔는지를 설명하고, 우리 자신의 삶의 이야기는 역사적 이해의 가장 기본적인 형태라는 사실을 아는 것과 관계되는 것이다. 또한 학생들은 일단 자신들이 역사의 일반적이고 추상적인 토론으로부터 물러나서 알고 있는 특별한 사람들에 관하여 이야기하기 시작하면 가장 흥미를 가지게 된다는 사실을 주목하라.

그러나 중요한 사건들의 목록을 만드는 것은 그리 쉽게 된 일은 아니다. 그것은 학생들이 이전에 받았던 질문과 같은 종류인 것처럼 보이지 않았기 때문이다. 많은 학생들이 그들의 목록에 무엇을 포함할지를 결정하는 데 어려움을 겪었고, 티나의 책임 중에 주요한 부분은 질문에 답하는 방법에 관하여 그들이 생각하도록 도와주는 것이었다. 티나는 학생들에게 과거의 사건들이 오늘날 자신들의 삶에 어떠한 영향을 주는지와 만약 사건들이 일어나지 않았다면 자신들의 삶은 어떻게 달라졌을까를 자주 묻고 있었다. 일부 학생들은 티나가 자신들의 책상 주위에 올 때까지 종이의 빈 칸을 응시하였고 그들에게 중요했던 사건들에 관하여 그들이 생각하도록 돕기 위해 탐구하는 질문을 했다. 그 후에 학생은 종이에 그들의 아이디어를 적어두기 위해 많은 준비를 하고 있었다. 티나 학급의 협동적인 성격 또한 학생들이 질문을 생각하는 데 도움을 주었다. 즉 그들이 개별적으로 작업을 했음에도 불구하고 학생들은 계속적으로 자신들의 아이디어를 공유했고, 다른 학생들이 그들의 경험을 설명하는 것을 들었다. 많은 학생들은 자신들의 급우들이 그들에게 중요한 것이 무엇인지 공유하고 있는 것을 들을 때까지 무엇이 중요한지를 확신하지 못했다.

역사적 정보 수집하기

이 연습 또한 역사적 데이터의 수집으로 학생들을 안내했다. 학생들은 가장 기본적인 정보 자료인 자신들의 기억들을 가지고 시작했다. 그들이 기억했던 사건들의 목록을 발전시킴으로써 학생들은 자신들의 데이터 자료에 근거해서 어떤 역할을 할 수 있었는지를 알았다. 그들은 또한 기억에 의존하는 것의 한계를 알아차리기 시작했다. 즉 그들은 자신들에게 일어났던 많은 일들을 기억했음에도 불구하고 그것들이 언제 일어났는지, 즉 날짜들 혹은 그때 그들이 몇 살이었는지를 아는 사람은 거의 없었다. 자신들의 기억들을 친척들로부터의 정보와 조합함으로써 학생들은 다양한 정보를 활용하는 것이 어떤 하나의 자료에 의존하는 것 이상으로 과거의 보다 견실한 묘사를 이끌어 낼 수 있다는 사실을 배웠다. 즉 역사 조사연구의 가장 기본적인 원리들 중의 하나이다.

어떤 것을 배우기 위해 자료원을 찾는 아이디어조차도 어린이들에게는 새로운 개념이 될 수 있다. 그들은 가끔씩 자신들이 직접적으로 경험하지 못했던 어떤 것을 아무리 해도 알 수 없었다고 주장하기 때문이다. 예를 들면 학생들의 삶에 있어서 중요한 사건의 목록을 학생들이 개발하도록 도와주면서 티나는 한 그룹에게 어린이들이 처음 그것들을 할 때 자신들의 부모들을 흥분시키는 일들에 관하여 생각하도록 요청했다. 어느 소녀는 새로운 치아들이 났던 것을 제안했고, 다른 아이는 말하는 것을 배웠던 것을 언급했으며, 그리고 둘 다 보다 더 많은 것에 관하여 발견하려는 일들에 대한 그들의 목록에 이것들을 추가했다. 이들 제안들에 성이 난 어떤 소년은 "그 일들 중에 어떤 것이 일어났는지를 내가 어떻게 알지?"라고 큰 소리로 말했다. 즉 그는 자신이 이전에 처음 치아를 가졌거나 혹은 말하는 것을 배웠다는 사실을 아는 방법을 가지고 있지 않았기(그는 믿었다) 때문에 이것들을 쓰는 것을 거부했다. 그는 그것을 기억할 수 없어 추론했으며, 그래서 그는 전에 그것이 일어났다는 사실을 어떻게 알 수 있었을까? 사람들은 직접적으로 그것을 기억하지 않고 과거에 관하여 어떤 것을 알 수 있다는 사실은 어른들에게는 분명한 것처럼 보임에도 불구하고 이것은 이와 같은 연습을 통해서 어린이들에게 개발되어져야만 한다는 사실에 대한 이해이다.

친척으로부터 정보를 수집하는 것은 분명 학생들에게 자신들의 경험을 뛰어 넘어서 나아가기 위한 편안하고 접근 가능한 방법을 제공해 준다. 그러나 그와 같은 친숙한 자료들조차 그들에게 역사 해석의 기본적인 이슈들에 익숙해지기 시작하도록 한다. 학생들은 즉각 자신의 자료들은 의견이 다를 수 있고, 신뢰성에 대해서 판단을 해야만 한다는 사실을 배웠다. 여러 학생들은 친척들이 사건을 다르게 기억했다는 사실을 발견하였고, 그들이 다른 것보다 오히려 몇몇 전거들을 믿었던 이유를 설명하는 데 있어서 많은 학생들은 부모들이 어쩌면 먼저 사건을 보았기 때문에 자신들을 더욱 더 신뢰할 수 있고, 먼 친척들은 후에 그들에 관하여 들었을 것이라는 사실을 주목했다. 다른 학생들은 자신들이 애기였을 때 어머니들이 더욱 더 그들 주위에 있었기 때문에 아버지보다 이들 사건들에 관하여 보다 더 잘 알 것이라는 사실을 지적했다. 여전히 다른 사람들은 사람들이 의견을 달리할 때 "육아일기들"은 정보의 유용한 자료였다는 사실을 발견했고, 어느 학생은 그의 부모 둘 다 그의 첫 번째 치아가 빠졌을 때에 관하여 잘못 알고 있었음을 발견했다. 그는 그 때의 사건들이 거기에 기록되어 있었기 때문에 그의 육아일기는 가장 신뢰할 수 있는 전거였다고 설명했지만, 여러 해 후에 사건들을 기억하려고 노력하고 있는 사람들은 일이 어떻게 일어났는지를 틀림없이 잊어버릴 것이다. 그래서 이 단순한 과제에서 학생들은 근본적인 역사적 이슈들인 모순적인 설명들을 조화시키는 방법과 자료의 신뢰성을 판단하는 방법을 다루었다.

학생들이 사건의 목록을 개발하기 위해서 티나의 도움을 필요로 했던 것처럼 그들은 날짜에 관한 정보를 모으는 데 몇몇 구조를 필요로 했다. 이것은 연표와 연대기적 데이터 모으기에 대한 그들의 첫 번째 접촉이었다. 그래서 티나는 단순히 집으로 가서 그 사건들이 일어났던 때를 찾으라고 학생들에게 말하지 않았다. 그 정도의 지도로서 아마 학생들은 단어와 숫자들이 무작위로 수집된 보고서를 가져왔을 것이고, 단어와 숫자들이 어떻게 연결되었는지를 거의 아는 것이 없었을 것이다. 대신에 그녀는 각 학생에게 지난 10년의 연표를 주었고 그들이 모았던 정보, 즉 하나의 예로서 티나 자신의 삶을 활용하는 것을 기록하는 방법을 설명하였다. 결과적으로 학생들은 자신들의 정보를 놓치지 않고 따라가는 데 어려움을 가지고 있지 않은 것처럼 보였다. 그리고 다음 날 학생들은 일들이 언제 일어났는

많은 학생들은 과거에 관하여 사람들이 어떻게 배우는지에 친숙하지 않다. Barton (1994), Brophy, VanSledright, & Bredin (1992), Shemilt (1987, 1980), Wineburg (1991)

친척들은 학생들이 그들 자신의 경험을 넘어서 가도록 편안하고 접근하기 쉬운 방법을 제공한다.

전거들은 간혹 일치하지 않는다. 일부 전거들은 다른 것들보다 보다 더 신뢰할 수 있는 것이다.

학생들은 역사 해석을 위한 증거로서 전거를 평가하는 경험을 필요로 한다. Ashby & Lee (1998), Van Sledright(2002)

교사들은 학생들이 정보를 모으기 위해 필요한 구조를 성공적으로 제공할 수 있다.

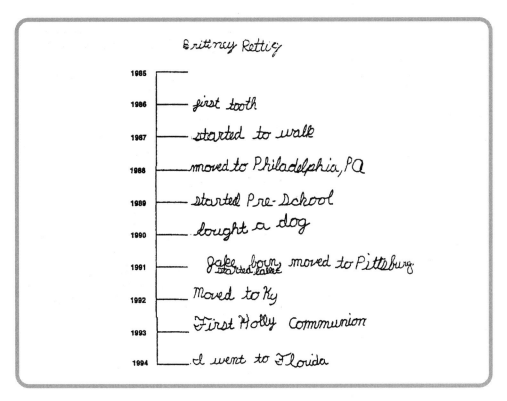

도해 4.1

지에 관한 질문에 대답하기 위해 자신들의 연표를 쉽게 사용할 수 있었다(도해 4. 1을 보라). 데이터를 수집하는 것은 모든 조사연구의 기본적인 부분이지만, 여전히 그것은 어린 아동들에게 엄청나게 어려운 것이다. 이 경우에 프린트된 연표의 형태에서 그들에게 필요한 구조를 제공해 주는 것은 학생들의 성공을 보증하는 데 결정적이다. 이러한 도움의 중요성은 학생들이 자신들의 발표를 했을 때 분명해졌다. 그들 삶의 포스터를 창조했던 많은 어린이들은 자신들을 위해 보다 넓고 더욱 정교한 연표를 개발하였고, 여러 학생들은 그것들을 만드는 것, 즉 연도를 일정한 간격으로 두는 것은 전체 과제의 가장 어려운 부분이었다는 사실을 알아차렸다. 가지고 시작하기 위한 인쇄된 버전의 도움이 없다면 많은 학생들은 자신들의 정보를 결코 조직하지 못할 것이다. 그러한 도움을 받았기 때문에 그들은 과제를 성공적으로 완성했을 뿐만 아니라 발표를 위하여 새 연표들을 만드는 보다 더 도전적인 과제에 달려들 수 있었다.

결론 이끌어내기와 학습에 관한 반성

2장에서 주목했듯이 학습활동은 참되어야만 한다. 만약 학생들이 단지 자신들의 선생님들을 기쁘게 하기 위해서나 혹은 좋은 점수를 얻기 위해서 과제를 완성한다면 그들은 자신들이 하고 있는 학습활동의 목적을 이해하지 못하거나 혹은 새로운 상황에 그것을 적용할 수 없을 것 같기 때문이다. "나의 역사" 과제들에서 학생들은 단순히 자신들에 관한 정보를 수

Newmann, Secada, & Wehlage (1995), Scheurman & Newmann (1998)

내러티브를 창조하는 것은 역사 정보의 참된 이용이다.

집해서 연표에 정보를 채우는 것이 아니었다. 그것은 어느 정도 전형적인 학교경험이었을 것이기 때문이다(비록 역사책에서 장의 마지막에 질문에 답하는 것보다 더욱 흥미있는 것일지라도). 그러나 티나는 학생들에게 급우라는 청중들을 위해 그들의 삶에 대한 이야기를 창조하도록 하기 위해 이 정보를 활용하여 좀더 나아가도록 요구했다. 그리고 이야기의 창조는 우리 사회에서 역사적 정보에 대한 하나의 진정한 활용이다. 3장에서의 학생들과 마찬가지로 티나의 학생들은 학습 기능 혹은 내용만이 아니라 새로운 지식을 창조하기 위해 자신들이 배운 것을 활용하고 있었다.

그러나 이런 종류의 지식을 생산하는 것은 단순한 문제가 아니었다. 첫 연표를 완성하고 학급에서 결과를 토론한 후에 학생들은 자신들의 삶에 관하여 기록된 이야기와 발표들을 만들기 시작했다. 그들은 그 날의 다른 시간들 동안 쓰기에 관하여 보다 더 많이 배우고 있었기 때문에 효과적인 이야기를 위해 필요한 요소들에 친숙해 있었다. 예컨대 상세한 내용을 포함시키기, 사건들 순서 짓기 등이다. 그러나 그들의 연표에서 정보를 취해 그것을 새로운 형태로 묘사하기에 이르렀을 때 많은 학생들은 큰 어려움에 빠졌다. 여러 학생들은 자신들이 시작하면서 연표가 필요로 했던 정보를 포함했고, 교사들이 즉시 인식할 태도를 드러냈다는 사실을 알지 못했다. 즉 그들은 자신들이 완전히 예기치 못한 논제에 관하여 막연한 가운데서 아이디어들을 뽑아오도록 되어 있는 것처럼 행동했다. 교실 주위에서 "무엇을 써야 할지 나는 몰라요"라는 표정과 소리가 나왔다. 물론 몇몇 학급들에서 학생들이 막연한 가운데서 온 과제들을 하도록 기대하고 있지만, 티나는 이 과제를 위해 자신의 학급이 미리 쓰기활동에 참가하는 데 거의 이틀을 보냈다. 대부분 학생들은 진정으로 자신들의 이전 작업에 대한 연결을 보았고, 에세이를 계획하기 위해 연표를 활용했다. 그러나 다른 학생들은 좀더 분명한 도움을 필요로 했다. 즉 학생들은 자신들이 이미 배웠던 것을 활용하는 방법을 보여주기 위해 누군가를 필요로 했다. 티나(그리고 그들의 급우들)가 이러한 연결을 만들도록 그들을 도왔던 것처럼 "오! 지금 나는 알았어!"라고 기대하는 산만한 소리가 "무엇을 써야 할지 나는 몰라요"를 대신했다. 언제나 그랬던 것처럼 스캐폴딩은 결정적이다. 교사들은 단순히 학생들에게 과제를 던져서 그들이 과제를 통해 배우는 것을 기대할 수는 없다. 때때로 대부분의 학생들은 자신들의 작업에서 지식과 기능들을 활용하는 방법을 생각해 내는 것에 대해 도움을 받을 필요가 있을 것이기 때문이다.

일부 학생들에게 보다 더 중요한 문제는 연표에서 어느 정보가 자신들의 이야기에 포함될 정도로 충분히 중요한가를 결정하는 것이다. 티나가 쓸 것을 선택하는 방법의 토론으로 학급을 이끌었고, 그녀 자신의 연표를 사용하는 과정의 모형들을 만들었을지라도 많은 학생들은 아직까지 어떻게 그것을 해야 할지 확신하지 못했다. 다시 교사들은 학생들이 하나의 형태로부터 정보를 얻어서 다른 형태로 그것을 표현하는 것이 얼마나 어려운가를 인정할 것이다. 즉 많은 초등학생들은 창조적이고 허구적인 쓰기에 관해서만 배우기 때문에 그들은 이따금 다른 방법으로 문자 언어를 사용하는 방법에 대해 거의 이해를 하지 못하고 있다. 티나의 학생들은 자신들의 연표로부터 얻은 모든 것을 곧바로 다시 쓰지 말아야 했다는 사실을 알았지만, 그들은 자신들의 내러티브에 무엇이 충분히 포함될 정도로 중요한

역사는 다른 교과들과 통합될 수 있다.

교사들은 학생들이 그들의 지식과 기능을 적용하도록 도울 필요가 있다.

학생들은 그들이 배운 것을 새로운 형태로 번역하는 데 어려움을 가지고 있다.

것인지를 알지 못했다. 학생들이 처음으로 과제를 시작했을 때 그녀가 했던 것처럼 티나는 학생들(개인적이고 소집단으로)이 가장 중요한 것들을 포함하기 위해 사건들의 목록 중에서 선택하는 방법에 관하여 생각하도록 도와야만 했다. 본질적으로 티나는 역사적 의미에 대한 그들의 이해를 위해 스캐폴딩을 하고 있었다.

교사들은 역사적 의의의 의문에 대한 학생들의 관심에 초점을 맞춘다.

물론 의미에 대한 학생들의 이해는 성인의 이해와 동일하지는 않을 것이다. 많은 학생들은 어른이 실제적으로 가장 중요하다고 생각하는 것보다 오히려 자신들이 가장 즐겼던 사건들(예를 들면 좋아하는 방학)을 선택했다. 학생들이 단지 아홉 살 이기 전에 이러한 종류의 질문을 만나지 못했다는 점을 가정하면 그것은 거의 놀라운 일이 아니다. 그러나 티나는 학생들에게 단순한 스토리텔링보다 오히려 시종일관 자신들의 관심을 중요성의 문제에 초점을 두었다. 그녀는 결코 어떤 학생에게도 "그것은 포함시키지 마라. 그것은 중요하지 않단다"라고 말하지 않았지만, 그녀는 항상 "왜 너는 그것을 포함했니? 그것은 너의 삶에 무슨 영향을 주었니?"라고 물었다. 이 지속적인 탐구의 결과로서 학생들은 역사에서 무엇이 중요한가라는 사실을 배웠다. 즉 과제의 마지막까지 그들은 "... 때문에 이것은 나에게 영향을 주었어요"라고 시작함으로써 자신들의 선택을 설명하도록 기대될 수 있었다. 학생들의 모든 설명들이 동등하게 수긍됨에도 불구하고 그들은 하나의 사건을 포함하고 있는 어떤 정당화도 그것이 현재에 있어서 중요한 이유와 관련시켜야만 했다. 그리고 그들은 그 과정 동안 영향이라는 단어를 활용하는 것을 배웠다.

내러티브를 창조하는 것은 역사적 의의에 관하여 판단하는 것과 관련이 있다.

학습의 목적을 이해하는 것은 또한 신뢰성의 중요한 요소이다. 그러나 티나는 의식적으로 학생들이 생각하도록 예상되는 것을 학생들에게 말하는 것을 피했다. 즉 그녀는 대신에 과제의 목적에 관한 자신들의 아이디어들을 개발할 수 있도록 하는 것을 좋아했다. 그녀가 목적이라고 생각했던 것을 학생들에게 말하기보다는 오히려 티나는 주기적으로 학생들에게 그들이 생각했던 것을 반성해 보도록 요청했다. 예를 들면 여러 차례 그녀는 어른들이 그들의 젊었을 때의 사건들을 회고하는 『가족 사진: 쿠아드로스 가족』(*Family Pictures: Cuadros de familia*)과 『이 땅은 나의 땅이다』(*This Land is My Land*)와 같은 책들을 읽음으로써 그 날의 역사 부분을 시작했고, 티나는 학생들에게 등장인물들이 과거에 관해 보여준 이야기들이 매우 중요했음을 그들이 발견했다고 생각한 이유를 물었다. 그녀는 또한 이 프로젝트를 행하고 있다고 생각한 이유를 학생들에게 물었다. 그들의 대답은 넓은 범위의 이해를 반영했다. 예를 들면 "우리들이 무슨 해에 일을 했는지와 우리들이 했던 일을 찾아내기 위해서", "우리들이 우리 자신에 관하여 알지 못했던 일을 찾아내기 위해서", 그리고 "역사는 무엇인가를 찾아내기 위해서" 등이다.

학생들은 역사의 의미와 의의에 관하여 반성하는 기회를 필요로 한다.

Garza (1990), Littlechild (1993)

다른 교사들은 더욱 정당하게 직접적인 접근방법을 취할 것이고, "나의 역사"가 어떻게 개인적인 정체성, 현재에 대한 과거의 영향, 혹은 데이터의 수집 및 해석과 관련되는지를 설명할 것이다. 그러나 티나의 접근방법은 어린이들이 자신들의 학교 경험들로부터 자신들의 결론을 이끌어내도록 하는 뚜렷한 장점을 가지고 있다. 학생들을 가장 흥미있게 한 것은 이 프로젝트에 관한 일들 중의 하나이다. 그리고 티나를 놀라게 했던 것은 학생들 각자가 모든 사람과는 다른 자신들의 독특한 역사를 가지고 있다는 것을 깨달은 것이다. 티

반성은 학생들에게 의미를 창조하기 위한 책임을 주고 비평적 사고에 그들을 참여시킨다.

나는 그들이 이미 그것을 깨닫지 못했을 것이라는 점을 고려하지 않았고, 과제의 목표로서 강조하는 것에 관하여 생각하지도 않았다. 그러나 학생들에게는 그것이 어쩌면 가장 중요한 목적이 되는 것으로 드러났다. 이처럼 티나는 학생들 자신과 함께 의미를 만들기 위한 책임을 지게 함으로써 그들이 적합하다고 발견한 이해를 가지고 수업에 참여하도록 하였다. 티나의 접근은 또한 진정으로 비판적 사고를 개발하기 위한 토대를 놓는다. 즉 어떤 일이 왜 중요한지 듣는 것을 기다리는 대신 티나는 변함없이 학생들에게 "그래서 뭐?"라고 자신에게 묻도록 가르친다. 자주 무시되었지만 이러한 종류의 반성은 진정한 역사 탐구의 핵심이다.

학생들의 학습 평가하기

교사의 가장 중요한 과제 중의 하나는 학생의 학습을 평가하는 것이다. 이는 단순히 부모 혹은 행정가들에 대한 책무를 확립할 수 없고, 성적표를 위해 허술한 일련의 점수를 펼쳐 놓기 위해서도 아니며, 더구나 학생들이 공부 잘 한 것을 보상하기 위해서도 아니다. 평가의 목적은 교수와 학습을 개선하기 위해서이다. 평가는 교사들이 성취를 위한 분명한 표준들과 준거들을 확립할 때, 그들 표준들의 의미를 학생들이 이해하도록 도울 때, 그리고 학생들이 여전히 가야만 하는 것이 얼마나 먼가를 포함해서 제대로 수업의 목표에 정통했었는가에 관한 피드백을 제공할 때 그러한 목표는 달성된다. 이러한 종류의 결정적인 피드백은 2장에서 언급된 교수적 스캐폴딩의 핵심적 요소이고, 3장에서 서술된 평가 전략은 그와 같은 피드백에 의존한다. 학생들에게 그들이 성취한 것을 알도록 하는 것, 그리고 그들에게 개선을 위한 준거를 알도록 하는 것은 만약 그러한 과제들에 대한 총괄평가만 주어지는 것보다 훨씬 더 많이 배울 수 있도록 한다.

선다형 시험과 백분율 점수의 세계에서 평가는 상대적으로 쉬운 과정처럼 보인다. 즉 시험을 이해하라. 각 학생이 얼마나 옳은 답을 알아맞히는지를 보라. 그리고 그들에게 점수를 부과하라. 그와 같은 단순한 진행절차는 의미있는 역사 탐구가 일어나고 있는 교실들에서 발견되는 복잡한 현실 세계의 과제들에 이용될 수 없다. "나의 역사"는 전체 학급을 위한 시험에서 사용될 수 있는 하나의 사실적인 항목들의 목록을 만들지 못한다. 학생들은 다양한 자료들을 사용하였을 것이고, 다양한 일련의 경험들을 조사했을 뿐만 아니라 그들은 역사에 관한 다른 일들을 배웠을 것이다. 즉 몇몇은 과거의 사건들이 현재 사람들의 삶에 어떻게 영향을 미쳤는지를 이해하게 되었을 것이고, 몇몇은 전거들의 신뢰성에 관하여 배웠을 것인 반면 다른 학생들은 날짜들과 전후 관련에 대한 자신들의 이해를 증가시켰을 것이다. 이들 모두는 근거가 확실하고 할만한 가치가 있는 성취들이지만, 하나의 시험은 교실에서 모든 학생들을 위해서 근거가 확실하지 않을 것이다. 복잡하고 참된 과제들은 복잡하고 참된 평가의 형태를 요구한다. 그리고 이들은 다양한 형태를 취하여야만 한다. 예를 들면 이 장에서 서술된 프로젝트를 위하여 티나는 일화기록과 공식적인 점수 주기 가이드라인(scoring guideline) 둘 다에 의존하였고, 학생들에게 다양한 형태로 자신들의 학습

평가의 목적은 교수와 학습을 증진시키기 위한 것이다.

Alleman & Brophy (1998)

참된 과제는 다양한 형태의 평가를 요구한다.

을 표현하는 기회를 제공해 주었다.

티나는 이 프로젝트 전체를 통하여 실제로 자신이 가르치는 내내 일화기록을 사용했다. 티나는 항상 가까이에 연필과 메모 용지첩을 가지고 있었고, 학생들이 개별적으로 작업을 할 때, 그룹으로 과제를 토론할 때, 혹은 그녀와 일대일로 상호작용을 할 때 학생들을 대상으로 한 그녀의 관찰은 과제들의 요구에 대한 그들의 이해에 풍부한 통찰력을 제공한다. 예를 들면 "나의 역사" 프로젝트를 하는 동안 어떤 학생이 과거의 사건들이 현재 그녀의 삶에 어떤 영향을 미쳤는지를 설명할 수 있었을 때 티나는 학생들을 위해 가지고 있던 평가 폴더에 추가하려고 한 장의 종이 위에 그것을 썼다. 다른 학생들이 과거 사건의 영향을 이해하는 것처럼 보였지만 분명하게 그것을 표현하는 데 어려움을 가졌을 때 티나는 스캐폴딩을 제공했고("만약 이것이 일어나지 않았다면 나는...했을 것이다."라고 말하기를 시도해 보라), 그리고 티나는 자신이 말 만들기를 도와 줄 때 학생이 설명을 제공할 수 있었다는 사실을 기록했다. 그리고 몇몇 학생들을 위해 과거가 그들의 삶에 영향을 미친 모든 방법에서 어떤 예들도 줄 수 없었다는 사실을 관찰하였다. 마찬가지로 티나는 다양한 자료들을 참고했던 학생들과 오직 하나의 자료에만 의존했던 학생들을 주의했고, 또한 연표에서 날짜들을 사건들과 쉽게 맞추는 학생들과 그녀 자신 혹은 그들의 동료로부터 도움을 필요로 했던 학생들을 주목했다. 이러한 모든 관찰들은 교실활동을 학생들이 완성하는 과정 동안 자연스럽게 제기되었다.

이처럼 일화기록들은 점수로 귀결되지는 않았다. 즉 일화기록들은 학생들의 학습에 정보로 귀결되었다. 그것들은 티나가 개별 학생들이 필요로 했던 것이 어떤 도움인지를 알도록 도와주었고, 그녀가 제공해야만 하는 계속적인 교수와 도움이 어떤 종류인지를 결정하기 위한 토대를 제공했다. 그녀의 일화기록을 토대로 하면서 일부 학생들은 과거와 현재의 연결을 설명하는 데 더 이상의 많은 도움을 필요로 하지 않았고, 다음 번에 그녀는 역사적 의미를 지닌 다른 측면으로 (이 프로젝트 혹은 다음 프로젝트 동안) 학생들이 진행할 수 있다는 것을 알았다. 즉 과거 사건의 다중의 인과관계 혹은 상호작용이다. 마찬가지로 그녀는 하나의 자료만 참고했던 학생들은 앞으로 더욱 더 많은 자료의 활용을 생각하도록 할 필요가 있고, 그들이 그렇게 하기 위해서는 추가적인 도움을 필요로 할 것이라는 사실도 알았다. 이처럼 일화기록은 티나에게 중요한 역사 기능들의 다양함에 대한 학생들의 진보를 개인적으로 추적하도록 하는 수단을 제공해 주었다. 그리고 그녀는 교수 계획하기, 그들과 함께 학생들의 성취 검토하기, 그리고 학생들 성적표의 서술 부분을 완성하기 위해 이 정보를 활용했다. 그녀가 학생들의 포트폴리오의 부분으로서 자신의 일화기록을 포함하지 않았음에도 불구하고 그녀는 학생들과 함께 포트폴리오의 내용을 검토하는 동안 토론을 위한 토대로서 그것들을 활용했다.

또한 "나의 역사" 프로젝트의 몇몇 측면은 보다 공식적인 점수 주기 가이드라인을 통하여 학생들을 평가하는 데 적합하도록 해 주었다. 예를 들면 모든 학생들은 그들 삶에 관하여 이야기 에세이를 써야만 했다. 그리고 이것들은 학생들의 포트폴리오의 중요한 부분이었다. 티나는 주 전체의 평가 프로그램으로부터 제시된 가이드라인을 이용함으로써 이러

> 일화기록은 교실 활동 동안 진행하는 평가를 위한 기회를 제공한다.

> 평가는 교사들이 진행하는 교수와 도움을 위한 계획을 도와준다.

> 일화기록은 학생들이 개인별 학생들의 진보를 추적하도록 허용해 준다.

점수 주기 가이드라인 혹은 루브릭은 복잡한 학생 수행을 평가하기 위한 준거를 제공할 수 있다. Popham (1997)

한 작문들을 평가했다(도해 4.2를 보라). 가끔씩 루브릭으로 언급되는 그와 같은 점수 주기 가이드라인은 학생들의 복잡한 수행을 평가하기 위한 객관적인 준거를 제공하는 방법으로써 점차 보편적이 되고 있다. 루브릭 그 자체는 매혹적인 힘을 가지고 있지 않지만 잘 사용될 때 그것들은 학생들이 기대하는 것을 이해하도록 도울 수 있고, 자신의 작업에 그들의 기대들을 통합하도록 도울 수 있다. 이 과제에서 루브릭은 쓰기 작문의 특징들에만 초점을 맞출 수 있다. 루브릭은 다음 장들에서 발견되는 역사 탐구의 다른 측면들과 더욱 더 직접적으로 제휴되었다. 그러나 교실에서 그것의 활용은 루브릭이 지닌 어떤 역할의 중요한 특성들을 반영했다.

교사들은 학생들이 성취 기준들을 이해하도록 도와야만 한다.

점수 주기 가이드라인을 유용하게 만드는 데 있어 티나의 주요한 과제는 각 구성요소의 의미를 학생들이 이해하도록 돕는 것이다. 도해 4.2에서 루브릭은 주 과제 프로그램의 일부였고 다양한 쓰기 장르를 평가하기 위해 활용되었기 때문에 루브릭(에서 활용되는 용어)은 많은 점수 주기 가이드라인들에서 발견되는 것보다 어느 정도 더 일반적이었다. 티나는 학생들이 준거의 확실한 이해를 가졌고 그것들을 자신의 쓰기에 적용할 수 있었다는 사실을 확실하게 하기 위해서 지속적인 교수시간을 할애해야만 했다. 그녀는 구성요소의 각각에 미니 수업들을 수행함으로써 시작했다. 예컨대 그날의 국어(영어) 부분의 시작은 보통 효과적인 소개, 상세한 것의 활용, 문장 구조, 그리고 구두법의 다양한 측면들과 같은 논제들에 관한 간단한 교수와 연습으로 시작했다. 학생들은 분리된 기능들에 관한 학습지를 완성하는 것이 아니라 국어(영어)와 내용영역 둘 다를 정확하게 쓰면서 이들 미니 수업들을

Goodrich (1996/1997)

뒤이어 계속했다. 학생들이 루브릭에서 요구하는 기능들을 적용하고 있었다는 사실을 확실하게 하기 위하여 티나는 개인적으로 일상의 기초 위에서 그들과 협의를 하였다. 이것을 협의하는 동안 그녀는 학생들이 자신들의 작업을 평가하는 것을 돕기 위해 점수 주기 가이드라인을 활용했다(국어(영어)와 내용영역 둘 다). 그녀는 학생들이 얼마나 많은 상세한 내용을 활용했는지에 관하여 그들에게 이야기했다. 예컨대 그들이 **왜냐하면 · 그 후 · 그렇다면** 등과 같은 접속사를 사용했는지, 그들 독자들의 관심을 어떻게 이끌어냈는지 등이다. 루브릭의 이용에서 핵심 목표는 학생들이 성취의 표준들을 내면화하는 것이다. 그리고 티나는 직접 교수, 의미있는 쓰기, 그리고 개인적인 협의의 결합을 통해서 이것을 성취했다.

학생들은 다양한 형태로 그들의 이해를 전시할 기회를 필요로 한다.

이 프로젝트에서 구성적 평가의 최종 특징은 그들의 발표를 위한 다양한 형태들로부터 선택하는 학생들의 능력이었다. 모든 학생들은 내러티브 쓰기를 요구받았고, 자신들의 발표하기에 앞서 이 과제를 완성해야만 했다. 그와 같은 작문들은 주(state)에서 요구한 평가체계의 부분이었다. 그리고 대부분 사람들과 마찬가지로 티나는 학생들이 학교에서 배울 필요가 있는 중요한 부분이 될만한 이러한 종류의 쓰기를 고려했다. 그러나 티나는 쓰기가 지식을 보여주는 유일한 방법이라는 사실, 혹은 아직 잘 쓰지 못하는 학생들은 역사를 배울 수 없다는 사실을 가정하지는 않았다. 에세이를 쓰도록 요구받았음에도 불구하고 학생들은 자신들의 발표, 즉 포스터 만들기 · 사진 이용하기 · 비디오 녹화하기 혹은 오디오 카세트 녹음하기 등을 위해 많은 다른 형태들을 선택했다. 모든 학생들이 동일한 방법으로 배우지 않는다는 사실은 흔히 관찰되고 있다. 티나는 많은 학생들이 쓰기보다 다른 형태들에

서의 정보 활용하기로부터 이익을 얻을 것이고, 자신들이 하려는 것에 관하여 스스로 선택할 수 있을 것이라는 사실을 인정했다. 티나는 어떤 하나의 "스타일" 혹은 "강도"에 학생들을 참여시키려고 노력하지 않았다. 예를 들면 대부분 학생들은 연표·사진, 그리고 삽화의 설명문을 가진 포스터 만들기와 말로 자신들의 작업을 학급에 설명하는 것을 선택했다. 이것은 구두와 문자언어뿐만 아니라 시각적이고 수학적인 이해의 활용을 요구했다. 일부 학생들은 보다 더 시각적으로 될 것이고, 다른 학생들은 더욱 더 만져서 알 수 있게 될 것이다. 그리고 그 밖의 것을 수행함에도 불구하고 모든 학생들은 이해의 다른 유형들을 결합

학생들은 하나의 학습 "스타일"에 제한되지 않아야 한다. Caine & Caine (1994)

켄터키(Kentucky)의 교육부에 기초한 가이드라인(1999)				
	신참자	초심자	숙달된 사람	뛰어난 사람
청중	청중들에 대한 제한적인 인식 그리고/또는 목적	특별한 목적으로 청중과 약간의 의사소통. 약간의 실수	목적에 집중하게 함. 청중과 의사소통. 분명한 목소리 그리고/또는 적절한 크기	목적의 설립과 명백한 시선을 유지. 청중을 향한 강한 인식. 특유의 자신있는 목소리와 적절한 크기
아이디어 개발	적은 아이디어 개발. 제한적인 그리고/또는 세부적인 것과 연결되지 않음	아이디어 개발과 세밀한 부분의 반복에 대해 고심한 흔적이 없다	아이디어 개발을 깊이 함. 공들이고 관련된 세부사항에 의해서 뒷받침되고 있음	잘 뒷받침되는 깊고 복잡한 언어, 그리고/또는 적절한 세부사항. 분석과 숙고의 증거, 통찰력
구성	무작위 그리고/또는 약한 구성	구성 그리고/또는 통일성에 실수	논리적이고 통일성 있는 구성	주의 깊음 그리고/또는 치밀한 구조
문장구조	틀림 그리고/또는 효과적이지 못한 문장구조	단순함 그리고/또는 서투른 문장구조	조절된 많은 문장구조	다양한 문장의 구조, 그리고 길게 강화하는 효과
언어	틀림 그리고/또는 효과적이지 못한 언어	단순함 그리고/또는 부정확한 언어	적용가능하며 효과적인 언어	정확함 그리고/또는 고급스런 언어

도해 4.2 작문 점수 주기 가이드라인

할 기회를 가질 때보다 더 잘 배운다.

참된 과제들은 학생들에게 선택을 허용한다.

학생들에게 발표를 위한 형태들의 선택을 주는 것 또한 과제를 보다 참된 것으로 만들었다. 우리 사회에서 책들과 기사들은 역사적 정보의 중요한 자료이고, 박물관·다큐멘터리, 그리고 구두 설명들 역시 그렇다. 학생들의 발표를 위해 이용될 수 있는 형태들은 그들을 역사 지식 발표하기의 다른 방법들과 몇몇 독특한 특징들로 안내했다. 예를 들면 사진들의 인기는 과거에 대한 시각적인 접근이 얼마나 흥미로울 수 있는가를 보여주었다. 학생들 또한 그같은 한계에 관하여 배웠다. 그들은 자신들이 포함하기를 원했던 많은 사건들의 사진을 가지지 못했다는 사실들을 발견했다. 결과적으로 그들은 자신들의 삶을 어떻게 표현할까에 관하여 선택을 해야만 했다. 몇몇은 그들이 가지고 있던 어떤 사진조차 포함했고, 그 다음 의미에 관한 자신들의 판단을 수정했다. 그들의 삶에서 가장 중요한 사건들은 자신들이 가졌던 사진들로부터 선택된 것으로 판명되었다. 다른 학생들은 다른 접근을 가졌다. 즉 학생들은 이용할 수 있는 사진들을 활용했지만, 그들의 삶에 있어서 자신들이 다른 사건들을 표현했던 방법들을 설명했다. 예를 들면 방학의 사진은 그녀가 그림에서 아직 어렸기 때문에 여동생의 출생을 실제적으로 설명할 수 있을 것이다. 다시 말해 그것은 정확히 역사가들이 하는 것이다. 즉 그들은 이용할 수 있는 자료원이 자신들의 이야기를 하기 위해 어떻게 사용될 수 있는지를 결정한다. 여러 해 동안 역사가들은 그들의 많은 작업을 편지·일기, 그리고 외교문서들에 의거했다. 결과적으로 그들은 이들 종류의 문서를 남겨놓지 않은 사람들은 생략할 수밖에 없었기 때문이다. 최근에 많은 역사가들은 과거 사람들의 삶을 표현하기 위해 다른 자료들인 유언·법정진행·세금기록 등을 발견하려고 노력해 왔다. 마찬가지로 티나의 학생들 몇몇은 중요성에 관한 그들의 아이디어를 쉽게 이용할 수 있는 자료들에 의거했던 반면 몇몇은 간접적인 발표로서 다른 준거와 자료들을 활용했다.

다양한 모형을 이용하는 것은 학생들이 역사 해석과 설명에 관하여 배우도록 도와준다.

전거들의 선택은 이야기될 수 있는 스토리들의 종류에 영향을 미친다.

이들 발표들은 "조기에 마친 학생들(early finishers)"을 위한 단순히 풍부한 연습 혹은 활동이 아니었다는 사실을 주목하는 것 또한 중요하다. 너무 자주 표준에서 쓰기 과제를 잘하는 학생들만 창조성·문제해결, 혹은 학습의 다른 형태들을 포함하는 과제들로 옮겨가게 된다. 그러나 티나의 학급에서 모든 학생들은 두 종류의 과제를 완성하기 위한 시간과 지지가 주어졌다. 물적 자료원의 준비는 티나의 교수적 도움만큼 중요하였다. 학급은 넓은 범위의 사회경제적 배경들에서 온 학생들을 포함하고 있다. 많은 학생들은 집에 그들의 비디오 카메라와 카세트 녹음기를 가지고 있었지만, 단지 포스터를 만들기 위해 자료들을 구입하는 다른 학생들에게는 어려웠을 것이다. 학생들의 학업이 그들 가족들의 경제적 지위를 반영하도록 하기보다 오히려 학교는 그들이 필요로 했던 모든 비품을 공급해 주었다. 우리들은 모든 학교가 학생들이 자신들의 최고 작업을 할 필요가 있는 기술 혹은 재고품을 가지고 있지 않다는 사실을 인정한다. 다행스럽게도 티나는 학교들이 비싼 교과서들을 억지로 그들에게 사도록 강제하는 규정에 의해 속박되기보다 오히려 그들의 제한된 자료원을 사용하는 방법을 결정하는 데 유연성을 가진 주(state)에서 가르치고 있다. 학생들에게 어떤 사건에 적합한 자료원에 대한 접근을 제공하는 것은 공정하고 효과적인 교육의 필수적인 부분이다.

모든 학생들은 다양한 과제에 참여하기 위한 시간과 지지가 주어져야만 한다.

다양한 배경에서 "나의 역사"

흥미롭게도 자신들의 과거가 현재에 어떻게 영향을 미쳤는지를 가장 쉽게 묘사할 수 있는 학생들은 종종 이혼해서 재혼한 부모를 가진 학생들이었다. 즉 그들은 변화한 집, 양자가 된 것, 혹은 새로운 형제를 얻은 것이 그들의 삶에 어떤 영향을 미치고 있는지를 설명할 준비가 상당히 되어 있다. "나의 역사"를 발표하는 것은 그런 학생들에게 무한한 수행 경험이 될 수 있다. 즉 우리는 그들이 자신의 배경을 확인하기 위해서 이러한 활동을 활용할 수 있고 급우들에게 자신들의 삶을 자랑스럽게 발표할 수 있는 방법에 감명을 받았다. 우리는 그에 못지않게 가족생활의 차이점에 관하여 듣고 그 가치를 평가하려는 그들 급우들의 준비성에 감동을 받았다.

개인 역사들은 학생들이 그들 자신의 삶에 자부심을 가지는 것을 허용한다.

　학문적 기능처럼 이들 가치들을 개발하는 것은 대개 학생들이 교사를 얼마나 잘 모방하는가에 달려 있다. 학생들과 그들의 가족들 사이의 차이를 자연스러운 것으로 받아들이고, 학생들의 독특함에 진정한 흥미를 보여주는 교사는 많은 학생들이 똑같이 행동한다는 사실을 발견할 것이다. 그러나 몇 가지 추측된 기준에서 일탈된 결손으로 여기거나 혹은 그와 같은 차이를 무시하려고 노력하는 교사는 심지어 기본적인 관용조차 보여주는 학생들을 가질 수 없을 것이다. 교사가 교실에서 지지할만한 관심있는 환경을 개발할 때 "다양성을 축하하는 것"은 슬로건 이상이 될 수 있다. 그리고 개인적인 역사를 조사하는 것은 어린이들에게 그들의 배경들이 어떻게 함께 모아지고 다른가를 알도록 도울 수 있다.

학생들 사이에 다양성을 진정으로 소중히 여기는 교사는 차이를 결손으로 여기지 않는다.

Mizell, Benett, Bowman, & Morin (1993), Richards (1993)

　그럼에도 불구하고 이 같은 과제의 목적은 어린이들의 개인적인 삶을 파고드는 것이 아니다. 대부분 학생들과 그들의 가족들은 그들 삶에 있어서 중요한 사건들에 관한 질문에 기꺼이 답할 것이지만, 다른 사람들은 논제를 알리는 것을 거절할 것이다. 학생들은 그들에게 영향을 가지고 있던 몇몇 사건들을 공유하기를 원하지 않을 것이다. 예를 들면 가족 구성원에 의한 학대, 혹은 사랑한 사람을 잃어버리는 것 등이다. 다른 경우들에서 부모들은 이러한 과제에 참가하는 것에 분개할 것이다. 예를 들면 불법이민자는 종종 개인적인 질문들이 국외 추방 혹은 가족을 위한 서비스의 거절로 이를 것이라는 사실을 두려워하고, 근본주의자의 신앙을 가진 많은 사람들은 학교들이 학교 밖의 어린이들의 삶에 관하여 질문을 하지 말아야만 한다고 믿는다.

일부 가족들은 개인적 정보를 노출하는 것을 거절한다.

　이러한 딜레마들—우리는 이것을 "문제꺼리"라고 부르기를 거부한다. 왜냐하면 우리는 이에 대한 이유를 인식하고 수용하기 때문이다—에 대한 해결책은 개인사에 관한 과제를 피하는 것도 아니며, 몇몇 학생들을 제외시킴으로써 그 어린이들이 생각하는 것을 부정확한 것으로서 부각시키는 것도 아니다.

　오히려 교사들은 매우 다양한 사회에서 학생들과 그들의 가족들 사이의 합법적인 차이를 수용할 정도로 그와 같은 과제를 충분히 유연하도록 해야만 한다.

과제는 다양성을 수용하도록 유연해야만 한다.

　이를 위해서 교사들은 자신들이 원하지 않는 것을 학생들(그들 혹은 학급과 함께)에게 공유하도록 결코 요구해서는 안 된다. 본질적으로 "나의 역사"는 어떤 종류의 절대적인 의미에서 가장 의미있는 것이 아닌 어린이들이 공유하기를 원하는 가장 중요한 사건들을 포

학생들은 개인적 정보를 공유하도록 요구되지 않아야만 한다.

함해야만 한다. 더욱이 교사는 반드시 학생들에게 그들 자신보다 다른 어떤 사람의 삶을 조사하는 것에 대한 의견을 주어야만 한다. 결국 과제의 목적은 전시에 학생들을 참여하도록 억지로 밀어 넣으려는 것이 아니라, 과거가 현재에 영향을 미치는가를 발견하려는 것이기 때문이다. 그들 자신에게 관심을 불러오기를 원하지 않는 사람들은 다른 교실에서 친구, 학교에서 교사, 혹은 지역사회에서 어떤 다른 사람의 역사 학습하기의 선택을 해야만 한다. 유쾌하지 못한 과제에 억지로 참여하도록 하기보다는 오히려 그들은 그 때에 어떤 다른 사람의 생활에 관하여 배우는 풍부한 경험을 갖게 된다. 그리고 급우들은 어떤 다른 것보다 이들 발표에 변함없이 더욱 더 관심을 가지고 있다. 그러나 교사들이 필요하다고 생각하는 바로 그들이 아닌 모든 학생들에게 이들 의견들이 주어져야만 한다는 사실을 명심하는 것이 중요하다. 그렇지 않으면 단순한 대안의 존재는 마치 원래의 과제만큼 유쾌하지 못한 것처럼 보일 수도 있다.

> 모든 학생들은 과제들에서 선택을 필요로 한다.

확 장

"나의 역사"와 같은 프로젝트는 역사적 질문들을 묻고 답하는 보다 나은 경험들을 개발하기 위해 여러 가지 방법으로 확장되어질 수 있다. 분명히 뒤이은 활동은 학생들의 생활에 대한 개인적인 과거의 영향을 조사하기 위해 역사적 전기를 활용하도록 하는 것이다. 그와 같은 전기들은 역사 문학의 경우 가장 보편적으로 이용되는 형태들 중의 하나이다. 그것들은 어린 아동들을 위해 적합한 책들, 곧 『디에고』(*Diego*), 『메리 베튠』(*Mary Bethune*), 『말콤 X』(*Malcom X*), 그리고 『마지막 공주: 하와이 카인라니 공주의 이야기』(*The Last Princess: The Story of Princess Ka'inlani of Hawaii*)와 같은 것으로부터 중학생에 더욱 적합한 책들인 『엘리노아 루스벨트: 발견의 삶』(*Eleanor Roosevelt: A Life of Discovery*), 『로사 팍스: 나의 이야기』(*Rosa Parks: My Story*), 그리고 『쿠아나 파커: 코만치의 위대한 추장』(*Quanah Parker: Great Chief of the Comanches*)과 같은 것(더 완전한 목록은 이 장의 마지막에 있다)까지 걸쳐 분포하고 있다. 이처럼 문학을 이용하는 것은 학생들이 자신의 경험을 넘어서 가도록 하고 그들에게 인종·민족·성·사회경제적 계급, 혹은 육체적 능력이 그들 자신과는 매우 다른 사람들의 삶을 검토할 기회를 준다.

> Winter(1991), Greenfield(1997), Adoff(1970), F. Stanley(1991), Freedman(1993), Parks(1992), Gonzales(1987)

> 전기들은 학생들이 그들 자신의 경험을 넘어서 가도록 허용한다.

교사들은 종종 학생들에게 전기를 읽고 그 다음에 "리포트를 써라"고 과제를 낸다. 즉 우리들의 동료 한 사람이 한 때 지적했던 것처럼 우리들 대부분이 앉아서 읽었던 책에 관해 리포트를 썼던 것은 오래되었다. 독후감상문들은 우리 사회에서 진정한 장르가 아니다. 즉 그것들은 학생들이 자신들의 작업을 잘 했는지를 평가하기 위해 바로 전통적으로 할당하는 수단(그리고 전통적으로 무시된)이다. 학교 밖에서 사람들은 독후감상문을 읽은 다른 사람들과 토론을 할 것이고, 아니면 그들은 읽지 않은 사람들에게 독후감상문을 추천할 것이며, 그리고 많은 교사들은 이러한 보다 참된 과제들에 맞도록 교실을 꾸민다. 예를 들면 학생들에게 문학 반응 그룹에 참가하도록 하거나 선전 혹은 그들이 읽었던 책들을 위한 다른 추천을 하도록 배당하는 것이다. 그와 같은 과제들은 리포트를 쓰기보다

> 모든 과제들과 같이 책 보고서들은 분명한 목적과 청중을 필요로 한다. Scheurman & Newmann (1998)

는 보다 참된 방법으로 어린이들의 언어 기능들을 개발하지만 분명한 목적이나 청중을 가지고 있지 않다.

학생들이 어떻게 보다 구체적인 역사 방법으로, 학문 탐구의 활용을 모방하는 방식으로 전기들을 이용할 수 있을까? 확실히 토론 집단 혹은 다른 그와 같은 과제와 연결하여 그들을 활용하는 것은 잘못된 것이 아니고, 동일한 방법으로 어떤 문학도 이용될 수 있다. 사람들은 기쁨을 위해 역사 전기를 읽고 토론하며, 그리고 그것들을 다른 사람들에게 추천하기 때문이다. 그러나 추가적으로 이 장에 있는 것들과 같은 프로젝트들과 함께 전기들을 활용하는 것은 특별히 학생들의 관심을 역사 장르의 성격에 초점을 맞출 수 있다. 역사가들은 전기를 읽지 않고, 전기에 관한 리포트를 쓴다. 오히려 역사가들은 두 가지 일 가운데 하나를 한다. 즉 그들은 스스로 그와 같은 작품들을 쓰거나 혹은 다른 사람들이 쓴 것들을 평가한다. 두 가지 과제들은 초등과 중등 학년들에 있어, 어린이들의 능력 내에서 더할 나위 없이 좋다.

예를 들면 학생들은 유명한 사람의 인생에서 중요한 사건의 연표를 만들고, 그 다음에 글로 쓴 내러티브 혹은 다른 종류의 발표들로 이것들을 구성하기 위하여 출판된 전기·백과사전·CD-ROM, 그리고 심지어 구두 기억들 혹은 민담을 활용함으로써 자신들의 설명을 쓸 수 있다. 그들이 자신들의 역사를 가지고 했던 것만큼 이러한 강조는 사람의 인생에 관한 사건들의 영향을 확립하고, 그런 사건들이 결코 일어나지 않았다면 일들이 어떻게 달라졌는가를 설명하는 데에 중점을 둘 것이다. 6살짜리는 14살짜리보다 매우 다른 작품을 만들겠지만, 둘 다 "리포트를 쓰기"보다 더욱 더 목적적인 과제에 참여할 것이다. 즉 그들은 역사적 질문하기, 정보의 수집과 해석하기, 그리고 자신들이 발견한 것을 반성할 것이다. 이런 방법으로 역사 설명을 창조하기 위해 다중적인 자료들을 사용하는 것은 역사적 사건과 보다 더 비평적이고 해석적인 만남에 대한 역사적 이야기의 단순한 회상을 넘어서 가도록 하는 데 있어서 중요한 단계이다. 게다가 교사들을 이들 학생들이 만든 전기를 위한 유일한 청중으로 하는 대신에 학급은 그들의 발견들을 편집하고 비교할 수 있었다. 예를 들면 그들이 조사했던 인물 중에 누가 현대사회에 가장 큰 영향을 미치고 있는지 토론할 것이다. 즉 개인에 대한 사건의 영향을 이해하는 것을 사회에 대한 개인의 영향까지 확대하는 것이다.

학생들은 3장에서 초등 어린이들이 자니 애플씨드를 가지고 했던 것처럼 출판된 전기들 혹은 저자들의 주장들을 위한 토대를 검토함으로써 다른 설명들을 비평적으로 평가할 것이다. 어떤 진술문들이 증거에 토대를 두고 있는가? 증거는 어떻게 좋은가? 어느 것이 단순히 민담 혹은 전설로부터 추출되는가? 우리들은 "나의 역사"를 수행하는 데 있어서 학생들이 그들에게 일어났던 모든 것이 아니라 공유하기를 원하는 것을 요구해야만 한다. 얼핏 보면 그것은 분명히 참된 것이 아닌 것처럼 보일 것이다. 즉 확실히 역사는 모든 것을 다루는 것이 아니고 진실에 대한 것이다. 그러나 1장에서 설명한 것처럼 어떤 역사는 몇몇 일들을 고려하지 않는다. 즉 그것은 바로 역사 설명의 본질이다. 자신의 전기에 무엇을 포함하고 무엇을 포함하지 말아야 할지를 결정해야만 하는 학생은 그때 동일한 일을 하는 유명한

문학 반응 그룹들에서 학생들은 그들이 읽고 있는 작품들을 분석하기 위해서 함께 만난다. Daniels (2002), Smith & Barton (1997), Keegan & Shrake (1991)

학생들은 전기를 창조하기 위해 다양한 정보의 전거들을 이용할 수 있다.

Mayer(1998), Perfetti, Britt, & Georgi(1995), Rouet, Marron, Perfetti & Favart (1998)

학생들은 출판된 전기들을 비평적으로 평가할 수 있다.

사람에 대한 책들(교사의 도움으로)을 인정할 것이다. 그리고 교사는 다른 학생들이 논제를 간과하는 동안 몇몇 조지 워싱턴의 전기에서 왜 그가 수백 명의 노예를 소유했던 사실을 주목하는지를 설명하려고 노력할 수 있다. 학생들은 동일한 사람의 다른 전기를 비교할 수 있고 역사가들이 하는 것처럼 진실성과 신뢰성의 등급을 매길 수 있다.

학생들은 역사 쓰기의 관례가 시간이 지나면서 어떻게 변화되어 왔는지를 검토할 수 있다.

좀더 나이 많은 학생들은 심지어 역사 전기 쓰기가 시간이 지나면서 어떻게 변화되어 왔는지를 검토할 수 있다. 우리의 대부분은 아마 어린시절부터 보통 전기 시리즈들을 기억한다. 그리고 학교 도서실에는 아직까지 전기의 책장모서리가 접힌 사본들로 가득하다. 중학교 학생들은 보다 더 현대적인 설명들을 비교할 수 있었고, 어떤 전기적인 관습들이 변화되어 오고, 어느 것이 그대로 남아 있으며, 그리고 사회에서 어떻게 이들 변화들이 보다 큰 변화와 관련되는지를 설명하려고 노력할 수 있었다. 예를 들면 1950년대부터 전기들은 교과의 실패에 대한 어떤 고려도 거의 포함하지 않았다. 교과들의 목적은 애국심과 적절한 행동의 전형들이었던 인물의 역할 모델을 제공하기보다 실제적인 역사적 인물들에 관하여 훨씬 적게 가르치기 때문이다. 한편 많은 현대 전기들은 더욱 더 균형잡힌 방법으로 교과들을 취급한다. 교과들이 아직까지 역할 모델을 제공하려는 목적에 기여함에도 불구하고 그것들은 이전 세대들의 모델과는 확실히 매우 다른 모델들이었다.

Wilton (1993)

물론 대부분 인기 있는 전기들은 유명한 사람들에게 초점을 맞추지만, 많은 현대적인 역사 쓰기는 역사의 계속성과 변화의 중요한 측면들을 강조하기 위해서 보통 사람들의 삶을 활용한다. 그리고 학생들은 동일한 일을 할 수 있다. 유명한 사람들에 관한 정보를 약간의 작업으로 한층 더 기꺼이 이용할 수 있음에도 불구하고 교사들과 학생들은 특히 자신들의 지역사회로부터 일상 사람들의 전기를 구성하기 위해서 필요한 1차 자료를 찾아낼 수 있다.

결론

Ravitch & Finn (1987),
Whittington (1991)

5학년부터 대학까지 역사는 교육과정에서 가장 안전하게 확립된 교과들 중의 하나이다. 그리고 이 나라에서 대부분 학생들은 적어도 세 차례 미국사에 대한 동일한 개관을 가질 것이다. 보통 5학년·8학년·11학년, 그리고 만약 그들이 대학에 간다면 네 차례이다. 그러나 이들 강좌들로부터 그들이 보유하는 정보의 양은 국가시험과 개관들이 50년 이상 보여준 것처럼 놀라울 정도로 적다. 학생들이 학습한 것과 배운 것 사이에 어떻게 그와 같은 부조화가 있을 수 있을까? 티나는 문제의 부분이 전통적인 학교 역사 내용의 부적합성에 있다는 사실을 제시한다. 교사들이 그들 교육과정의 큰 유연성과 통제력을 가지고 있는 학교에 있어서조차 4학년에서 "주의 역사"와 같은 논제들을 가르치도록 하고 역사교과서 혹은 교육과정 가이드라인의 내용을 반영하는 방법으로 그렇게 하도록 하는 엄청난 압력이 있다. 즉 학생들에게 주가 연방에 들어갔을 때 첫 번째 주지사는 누구인가 등을 배우도록 하는 것이다.

Brophy, VanSledright,
& Bredin (1993)

대학의 연구자들은 4학년에서 주 역사를 가르치는 것은 어린이들을 혼란시킨다는 사실을 제안해 왔지만, 티나의 비평은 여전히 강하다. 즉 "학생들이 심지어 역사가 무엇인지,

그것이 무엇을 의미하는지의 감각을 가지고 있지 않을 때 주의 건설에 관한 책 읽기를 빼지 않고 다 하는 것은 우스운 일이다. 역사가 무엇인가에 관한 모든 것을 알지 못하면 그것의 나머지는 바로 학생들의 머리 위를 지나가 버릴 것이다." 우리들은 동의한다. 그들 학교 경험의 몇 가지 점에서, 즉 희망적으로는 초등학교의 학년들에서. 그러나 만약 필요하다면 후에, 학생들은 역사가 무엇인가에 관한 모든 것, 그들이 자신들의 역사를 가지고 있고 자연 세계에 있는 것처럼 역사 속에 있다는 사실을 배워야만 한다. 이 장에서 활동들은 단순하게 보일 수 있지만, 교사들은 학생들에게 역사와 역사 내에서 그들의 역할에 대한 이해를 가르친다.

더욱이 이들 활동들은 다원론적 민주주의에 학생들의 참여를 위한 토대를 놓도록 도와준다. 이러한 활동들에는 거창한 사회적·정치적 이슈들에 대한 토론도, 공공정책과 공익에 관한 논쟁도 포함되지 않았음에도 불구하고 개인 전기들은 그러한 참여의 중요한 요소들을 학생들에게 소개한다. 전체 장을 통하여 강조해온 것처럼 전기들을 개발하는 것은 증거의 선택·해석·제시를 요구하는데 이것들은 공공을 위한 배려를 위해 필수불가결한 것이다. 정보를 찾는 방법과 그것을 어떻게 다루는지를 배움으로써 학생들은 학교에서 뿐만 아니라 자신들의 삶 전체를 통하여 자신들이 다양한 사회적 이슈들을 고려할 때 증거를 활용하는 데 있어서 보다 잘 준비되어야만 한다. 게다가 그들은 다른 사람들이 증거를 어떻게 활용해 오고 있는가와 특별한 선택들·해석들·설명들을 보다 더 잘 알게 되도록 하여야만 한다. 물론 4학년에서 일련의 수업들은 그것을 성취할 수 없겠지만, 만약 교사들이 시종일관 그와 같은 시작 단계 위에 구축한다면 역사에 대한 학생들의 이해와 민주주의는 무한히 증가될 것이다.

역사가 의미심장하게 되기 위해서 학생들은 역사의 의미 뿐만 아니라 역사에서 자신들의 위치를 이해해야만 한다.

어린이와 청소년의 문학

Personal History, Memory, and Identity

Alexander, S. H. *Mom Can't See Me*. Simon & Schuster, 1990.

Bahr, M. *The Memory Box*. Albert Whitman and Company, 1991.

Belton, S. *McKendree*. Greenwillow, 2000.

Bonners, S. *The Wooden Doll*. Lothrop, Lee, and Shephard, 1991.

Bunting, E. *Once upon a Time*. Richard C. Owen, 1995.

Cha, D. *Dia's Story Cloth: The Hmong People's Journey of Freedom*. Museum of Natural History, 1996.

Clifford, E. *The Remembering Box*. Hought-on Mifflin, 1985.

Garza, C. L. *Family Pictures-Cuadros de familia*. Children's Book Press, 1990.

Giovanni, N., Ed. *Grand Mothers: Poems, Reminiscences, and Short Stories about the Keepers of Our Traditions*. Holt, 1994.

Greenfiled, E. *African Dream*. Crowell, 1989.

Johnson, A. *Tell Me a Story, Mama*. Orchard, 1989.

Johnston, T. *Any Small Goodness: A Novel of the Barrio*. Scholastic, 2003.

Littlechild, G. *This Land Is My Land*. Children's Book Press, 1993.

Matas, C. *Sparks Fly Upward*. Clarion, 2002.

Myers, W. D. *Brown Angels: An Album of Pictures and Verse*. HarperCollins, 1993.

Nodar, C. S, *Abuelita's Paradise-El paraiso de Abuelita*. Whitman, 1992.

Pomerantz, C. *The Chalk Doll*. Lippincott, 1989.

Ringgold, F. *Tar Beach*, Crown, 1991.

Say, A. *The Bicycle Man*. Houghton Mifflin, 1982.

Schwartz, A. *Mrs. Moskowitz and the Sabbath Candlesticks*. Jewish Publication Society of America, 1983.

Shea, P. D. *The Whispering Cloth: A Refugee's Story*. Boyds Mill Press, 1995.

Stevenson, J. *When I was Nine*. Greenwillow Books, 1986.

Biographies

Adler, D. *A Picture Book of Helen Keller*. Holiday, 1990.

Adoff, A. *Malcolm X*. Harper and Row, 1970.

Brown, M. M. *Susette La Fleshe: Advocate for Native American Rights*. Chidren's Press, 1992.

Bruchac, J. *Crazy Horse's Vision*. Lee& Low Books, 2000.

Cedeno, M. E. *Cesar Chavez: A Migrant Family*. Lerner, 1992.

Codye, C. *Vilma Martinez*. Raintree, 1990.

Coil, S. M. *Harriet Beecher Stowe*. Franklin Watts, 1993.

Cooney, B. *Eleanor*. Viking, 1996.

David A. *A Picture Book of Sojourner Truth*. Holiday, 1994.

Delano, M. F. *Inventing the Future: A Photo-biography of Thomas Alva Edison*. National Geographic, 2002.

Faber, D., & Faber, H. *Mahatma Gandhi*. Julian Messner, 1986.

Fox, M. V. *Bette Bao Lord: Novelist and Chinese Voice for Change*. Shildren's Press, 1993.

Freedman, R. *Eleanor Roosevelt: A Life of Discovery*. Scholastic, 1993.

Garza, H. *Frido Kahlo*. Chelsea House, 1994.

Gleiter, J., & Thompson, K. José Marti. Raintree, 1990.

Gonzales, C. T. *Quanah Parker: Great Chief of the Comanches*. Eakin Press, 1987.

Green, C. *Elizabeth Blackwell: First Woman Doctor*. Children's Press, 1991.

Green, C. *Mark Twain: Author of Tom Sawyer*. Children's Press, 1992.

Greenfield, E. *Mary McLeod Bethune*. HarperCollins, 1977.

Greenfield, E. *Paul Robeson*. HarperCollins, 1975.

Greenfield, E. Paul *Rosa Parks*. Harper, 1973.

Grimes, N. *Talkin' about Bessie: The Story of Avitor Elizabeth Coleman*. Orchard Books, 2002.

Haskins, J. *I Have a Dream: The Life and Words of Martin Luther King, Jr.* Millbrook, 1992.

Haskins, J. *Thurgood Marshall: A Life for Justice*. Henry Holt, 1992.

Kent, Z. *The Story of Geronimo*. Children's Press, 1989.

Klausner, J. *Sequoyah's Gift: A Portrait of the Cherokee Leader*. HarperCollins, 1993.

McDonough, Y. Z. *The Life of Nelson Mandela*. Walker & Co., 2002.

McKissack, P. C., & McKissack, F. *Sojourner Truth: Ain't I a Woman?* Scholastic, 1992.

Medearis, A. S. *Princess of the Press: The Story of Ida B. Wells-Barnett*. Lodestar, 1988.

Meltzer, M. *Dorothea Lange: Life Through the Camera*. Puffin, 1986.

Miller, W. *Frederick Douglass: The Last Day of Slavery*. Lee & Low, 1995.

Myers, W. D. *Malcolm X: By Any Means Necessary*. Scholastic, 1993.

Neimark, A. *Che! Latin America's Legendary Guerilla Leader*. HarperCollins, 1989.

Parks, R. *I Am Rosa Parks*. Dial, 1998.

Pinkney, A. D. *Dear Benjamin Banneker*. Harcourt Brace, 1994.

Roberts, M. *Cesar Chavez and La Causa*. Children's Press, 1986.

Sabin, L. *Roberto Clemente: Young Baseball Hero*. Troll, 1992.

Say, A. *El Chino*. Houghton Mifflin, 1990.

Selvin, D. F. *Eugene Debs: Rebel, Labor Leader, Prophet*. Lothrop, Lee and Shephard, 1966.

Selvin, D. F. *The Thundering Voice of John L. Lewis*. Lothrop, Lee and Shephard, 1969.

Simon, C. *Wilma P. Mankiller: Chief of the Cherokee*. Children's Press, 1991.

Stanley, D., & Vennema, P. *Bard of Avon: The Story of William Shakespeare*. Morrow, 1992.

Stanley, D., & Vennema, P. *Shaka: King of the Zulus*. Morrow, 1988.

Stanley, F. *The Last Princess: The Story of Princess Ka'inlani of Hawaii*. Four Winds Press, 1991.

Thompsom, K. *Sor Juana Inés de la Cruz*. Raintree, 1990

Turner, R. M. *Mary Cassat*. Little, Brown 1992.

Uchida, Y. *The Invisible Thread*. Simon & Schuster, 1991.

Walker, A. *Langston Huges: American Poet*. HarperCollins, 2002.

Wepman, D. *Benito Juárez*. Chelsea House, 1986.

Winter, J. *Diego*. Knopf, 1991.

너 자신에 관하여 말해줄래

가족사를 통해 어린이들을 과거에 연결하기

학생들이 자신들의 개인사 프로젝트들을 마친 후에 티나 레이놀즈(Tina Reynolds) 교사는 한 소녀와 어머니가 가족의 과거에 대해 할머니의 누비이불〔퀼트〕이 "이야기를 말해주는" 방법으로 그 의미를 찾아내는 책, 즉 『짜깁기 세공 누비이불』(The Patchwork Quilt)을 읽으면서 가족사에 관한 단원을 시작한다. 티나는 학생들에게 그들의 친척이 자신들에게 과거에 관한 이야기를 이전에 들려준 적이 있는지를 묻자 학생들 대부분이 그렇다고 대답했다. 어떤 소년은 "전쟁 중"에 있었던 그의 삼촌에 관한 이야기를 한다. 또 어떤 소녀는 할머니가 소장한 오래된 골동품에 관해 어떻게 이야기하는지를 설명한다. 다른 학생은 근처 박물관에 그의 할머니의 2차 세계대전 공장의 배지가 전시되어 있다고 설명한다. 단원의 나머지 부분은 "세대"의 개념에 초점을 맞추었다. 예컨대 친척들이 그들 자신의 세대인지, 부모님 또는 기타의 세대인지 등에 관해서이다. 다음 날 티나는 학생들에게 그들 조부모님과의 인터뷰에 바탕을 둔 가족사를 만드는 새로운 과제를 소개한다. 비록 학생들이 선택과제로서 "가족사 차트(Family History Chart)"를 만들 수 있을지라도 그들의 일차적인 과제는 그들 조부모님들의 삶과 자신들의 삶 사이의 차이점에 초점을 둔 발표를 하는 것이다. 티나는 학생들에게 그들과 인터뷰를 하기 위해 필요한 몇 가지 질문들을 제시하고, 그들 스스로 더 많은 여러 가지 질문을 개발해 내도록 그들과 함께 작업을 한다. 그녀는 또한 면담을 수행하는 방법뿐만 아니라 필기하는 방법을 모델링하는 데 전체적인 수업을 보냈다. 이러한 면담의 결과를 통해 학생들을 자신들이 배운 가능한 많은 것들을 공유하도록 느끼게 하는 데 며칠이 걸린다.

레베카 발부에나는 1910년 10살 때 뉴욕으로 이민 온 라트비아 사람인 그녀의 할아버지를 묘사함으로써 이민에 관한 단원을 시작한다. 그녀는 교실 곳곳에 그의 사진을 걸어두고, 테이프 재생기로 라트비아 음악을 틀며, 그가 미국으로 온 이유와 여기에서 발견한 것을 설명한다. 그의 삶에 관한 질문에 대답한 뒤에, 그녀는 학생들에게 그들 자신의 가족, 즉 거의 모든 최근의 이민자들이 왜 미국으로 건너왔는지에 관해 질문한다. 그들은 재빨리 다양한 이유로 일자리를 찾기 위해서, 친척들과 함께 있기 위해서, 정치적 자유를 위해서, 전쟁으로부터 벗어나기 위해서 등(가장 흔한), "보다 더 나은 삶을 영위하기 위해서" 등의 목록을 만든다. 이 토의는 이민자들과 인터뷰를 하는 단원의 첫 과제로 이끈다. 한 학급이 함께 작업하면서 그들은 이민자에게 묻고 싶은 중요한 질문들의 목록인 어느 나라에서 왔습니까? 왜 이민을 오게 되었나요? 당신이 여기 처음 왔을 때 어떤 어려움을 겪었습니까? 미국은 당신이 기대한 그대로였나요? 등을 개발할 수 있게 해 준다. 그리고 학생들은 그것은 얼마나 걸렸나요? 라고 묻는다. 며칠 후 학생들은 자신들의 인터뷰에 기초해 구두 보고서와 글로 된 보고서를 작성하고, 역사적으로 다른 이민자, 가령 1800년대 중반에 동부 해안에 있는 아일랜드인이나 1800년대 후반 서부 해안에 거주한 중국인들의 경험에 대해 자신이 발견한 것을 비교한다. 매일 수업의 마지막에 레베카는 『누가 여기에 속하는가?』 (*Who Belongs Here?*), 『강이 흐르는 곳』(*Where the River Runs*)과 같은 이민자에 관한 다른 책을 큰 소리로 읽고, 학생들은 이민자들의 감정과 경험을 토론한다.

어린이들에게 역사를 가르치는 데 있어 가장 결정적인 도전들 중의 하나는 교과를 그들의 사전 지식과 연결짓는 일이다. 2장에서 논의했던 것처럼 사람들은 새로운 경험을 그들이 이미 알고 있는 것과 비교할 때에만 비로소 이해할 수 있다. 그러한 연결이 없다면 어린이들은 학교에서 자신들이 배우는 역사를 이해할 것 같지 않다. 하지만 바로 그 연결을 만드는 방법이 반드시 분명한 것은 아니다. 왜냐하면 확실히 전통적으로 역사 교과서 안에 포함된 많은 논제들은 학생들 자신의 경험과 분명한 관련을 가지고 있지 않고, 텍스트들은 그러한 논제들이 어떻게 적절한가를 거의 제시하지 못하기 때문이다. 그 때 교사들을 위한 도전은 학생들의 삶의 요소와 어울리는 중요한 역사 내용의 측면이 어떤지를 결정하는 데 달려 있다. 그 연결고리를 찾는 것은 학생들이 자신들의 경험을 넘어서 역사의 이해를 넓혀주는 핵심이고, 가족사는 그것을 하는 가장 유용한 방법들 중의 하나를 제공한다. 티나와 레베카의 수업은 역사에서 학생 가족들의 삶이 중요하고 의미있는 논제들에 그들을 어떻게 안내할 수 있는지를 보여준다.

> 교사들은 학생들의 경험을 중요한 역사 내용에 연결하는 방법을 결정해야만 한다.

중요한 역사 주제에 학생들을 연결하기

> Pappas 등(1999)

가끔 수업은 "교사 중심" 또는 "학생 중심"이 되고 있는 것으로 묘사되지만, 우리들 대부분은 학생들이나 교사들의 관심에 초점이 맞추어지는 것이 아니라 교과서에 있는 무엇에 초점이 맞추어진다는 사실을 발견한다. 그러나 중요한 역사 내용을 어린이들의 배경지식에 연결하기 위해서 텍스트 제일주의는 교수 내용에 관한 선생님들 자신의 결정으로 대치되어야만 한다. 주(state) 학업 표준들의 구조 내에서 작업을 할 때 조차도 교사들은 학생들에게 그것을 제시하는 방법에 관해서 뿐만 아니라 그들이 가르칠 특정한 내용에 대해서 무수한 결정을 해야만 한다. 우리의 관점으로 볼 때 가르칠만한 가치가 있는 역사 내용과 그것을 하기 위한 가장 좋은 방법을 제공하는 학생들 경험의 측면들을 결정하는 것은 교사에 달려 있다.

> Thornton (1991)

레베카의 수업은 그러한 접근의 분명한 사례를 제공한다. 학교의 교과서는 1800년대 아일랜드인과 중국인의 이민을 현대 이민과 비교하면서 시작하지 않는다. 대부분의 교과서들과 마찬가지로 그들은 미국 원주민의 생활과 초기 유럽 탐험가로서 시작하고, 철저한 연대기적 순서로 진행하기 때문이다. 논제에 할애할 수 있는 한정된 시간을 고려할 때 다루어야 할 많은 자료가 주어지면 그들의 교수를 교과서들에 기초하는 5학년 교사들 중에서 미국 혁명 이상의 것을 얻을 수 있는 교사는 거의 없다. 과거 수백 년의 사건들에 역사를 한정시키는 것은 실제적으로 학생들이 그들 자신의 경험에 연결하기 위한 기회를 거의 가질 수 없을 것이라는 사실을 확실하게 한다. 하지만 레베카는 텍스트 안에 있는 것으로 시작하지 않고 역사와 학생들에 관한 그녀의 지식으로 시작한다.

> 교수는 학생들의 흥미와 경험으로 시작해야만 한다.

레베카는 사람들의 이주가 미국과 세계사를 통해서 가장 중요한 주제들 중의 하나라는 사실(1장 표 1.1을 보라)과 학생들은 일년 내내 그것으로 돌아갈 것이라는 사실을 알았다. 예를 들면 그들이 미국 원주민과 유럽 정착인들의 만남에 대해 학습했을 때, 혹은 아프리카인들의 노예를 학습했을 때이다. 게다가 레베카는 이민에 대해 있는 그대로의 사실들에만 초점을 맞추는 것이 아니라 학생들이 이들 사람들의 다른 이수, 즉 "무엇이 사람늘로 하여금 이주하게 하였나", "그들은 그들이 기대한 것을 찾았나?"와 같은 질문들을 비교하도록 하는 문제에 초점을 맞추었다. 중요한 주제에 관한 학습으로 그 해를 시작함으로써 가령 학생들은 교과서를 통해 연대순으로 진행했던 것보다 그 해의 논제들이 어떻게 관련되는지를 보다 잘 볼 수 있었다.

> 참된 역사는 중요한 주제들에 초점을 맞춘다.

> 역사에 대한 주제적 접근은 학생들이 시간과 장소를 가로질러 연결을 하도록 격려한다.

레베카는 또 그것은 어린이들이 그들의 가족과 연결할 수 있도록 했던 분명한 방법이기 때문에 이 논제를 선택했다. 거의 모든 그녀의 학생들은 최근에 미국으로 이주해 왔다. 예컨대 일부는 멕시코에서, 일부는 중앙아메리카에서, 일부는 동남아시아에서. 그래서 그들과 그들의 가족들은 이민과 이주 결과에 대한 동기화에 직접적으로 친숙했다(다른 교실에서 학생들은 다른 나라에서 이민을 오지 않았을 것이지만, 그들의 가족은 여전히 한 곳에서 다른 곳으로, 그리고 몇몇 동일한 이유들인 일자리를 찾기 위해서, 친척들과 함께 있기 위해서 등이다). 그러나 이것은 모든 교사들이 이민이라는 논제로 시작해야 하고, 그들이 이주해 온 이유에 관하여 그들의 친척과 면담을 해야만 한다는 사실을 말하는 것이 아니다. 즉 우리의 의도는 초등학교 역사수업의 전통적인 시작(초기 탐험자들)을 새로운 것(이민)으로 대체하자는 것이 아니다. 역사를 가르치는 것은 어떤 논제가 모든 교실의 어린이들에게 가장 적합하다고 다른 누군가가 결정해 놓은 요리책에 의존하는 것을 의미하지 않는다. 오직 선생님들만이 이것을 할 수 있고, 역사와 그들의 학생들 둘 다를 잘 아는 것으로써만 이것을 할 수 있다.

> 교사는 역사와 그들 학생들 둘 다를 잘 알아야만 한다.

예를 들면 티나는 또한 가족사와 더불어 그녀의 "나의 역사" 프로젝트들(4장을 보라)을 따랐지만, 프로젝트들은 이민과 아무런 상관이 없었다. 티나의 학생들은 안정적인 주거 지역에 거주했으며, 그들 가족 중 몇 명은 몇 세대에 걸쳐 같은 마을에 살고 있었다. 그들의 친척을 면담하는 것은 사람들이 이사하게 된 이유와 그들이 이사할 때 알게 된 것이 무엇인지에 관한 정보를 거의 주지 못한다(비록 그녀 반의 학생들이 이민에 대해 학습했음에도 불구하고 그것은 학년도 후반에 올 것이고, 주로 아동 문학에 바탕을 두고 있다). 대신에 티나의 학생들은 과거 생활이 어떻게 다른지를 알아내기 위해 그들의 조부모님들을 인터뷰하였다. 그들은 자신들의 조부모님들이 어렸을 때 어떤 허드렛일을 하고, 어떤 놀이를 했는지 등을 알아냈다. 티나 반에서 이것은 학생들에게 미국 역사에서 이민에 대해서가 아니라 지난 세기에 걸쳐 어떻게 물질적·사회적 생활이 바뀌어 왔는지의 학습에 대한 안내를 제공했다(또 7장과 11장을 보라). 논제에 있어서 차이가 있음에도 불구하고, 티나와 레베카는 자신들의 교육과정을 동일한 방식으로 개발했다. 즉 그들은 중요한 주제들을 선택하였고, 가족사의 활용을 통해 학생들이 그것들의 이해를 넓힐 수 있도록 도와주었다.

가족사들은 학생들의 배경을 중요한 역사적 주제들에 연결할 수 있다.

상상적 진입 : 역사를 개별화하기

2장에서 논의했듯이 어린이들은 그들 주위 세계의 인간을 이해하려고 노력한다. 레베카는 학생들이 실제 인류의 존재에 교과가 어떻게 관련되고 있는지를 알도록 그들을 돕는 것, 즉 학생들을 위한 역사 개별화하기의 중요성을 강조하였다. 이민 단원에 대한 그녀의 소개는 완전한 사례이다. 즉 티나의 학생들이 4장에서 그녀의 개인적인 연표를 읽는 데 흥미로워 했던 것처럼, 레베카의 학생들은 그녀가 학생들에게 그녀의 할아버지의 외모에 대해 이야기하고 학생들을 위해 그의 경험을 설명했을 때 열중하여 듣고 있었다. 그러한 발표에서 역사는 어느 정도 먼 지점에서 몇 가지 불분명한 이유로 이주해 온 이름을 알 수 없는 이민 집단에 관한 것이 아니다. 즉 역사는 이름을 알 수 없는 이민자집단이 학생들과 같은 어린 이였을 때 미국에 온 교사의 할아버지에 관한 것이다.

학생들은 역사의 개인적·인간적 요소들에 흥미를 가지고 있다.

레베카 발표의 다중 감각적 측면 역시 중요하다. 학생들은 단지 이민자에 관하여 듣거나 읽기만 하지 않고 그들의 사진을 보았고, 그들이 옷을 입은 방식을 보았으며, 그리고 심지어 그들이 들었던 종류의 음악도 들었다.(심지어 그들 자신의 가족으로부터의 정보를 가지지 못한 교사들을 위해 이민자들의 사진은 미국사에서 자료가 풍부한 시기였기 때문에 쉽게 얻을 수 있다). 학생들은 또한 이민자의 경험을 재현해 보는 데도 참여할 수 있다. 예를 들면 티나는 『이민자 아이들』(Immigrant Kids)과 『만약 당신의 이름이 엘리스 아일랜드에서 바뀌었다면』(If Your Name was Changed at Ellis Island)이라는 책을 읽고 난 후에 이민자 가족과 정부 관리들 사이의 만남을 계획해서 재현하였다. 시각적 이미지·음악·유물, 그리고 역할놀이는 영어를 모국어로 말하지 않는 학생들을 다루는 교사들 누구에게 있어서나 부차적이지만, 역사를 가르치는 데 있어서 이러한 전략들은 모든 교사들의 레퍼토리의 일부분이 되어야만 한다. 학생들이 이용할 수 있는 과거에 대한 방법이 많으면 많을수록 그들은 자신들이 이미 알고 있는 것과 관련을 더욱 더 잘 만드는 것 같다.

Freedman(1980), Levine(1993)

교사들은 역사에 들어가는 진입의 많은 통로를 제공할 수 있다.

역사를 개별화하기 위한 가장 중요한 방법 중의 하나는 학생들이 자신들의 가족들과 연결할 수 있도록 돕는 것이다. 예를 들면 지난 3세대에 걸쳐 생활이 어떻게 변화해 왔는지를 학생들에게 알아내도록 간단히 과제를 배정하는 것은 많은 흥미를 고무할 것 같지는 않다. 하지만 그들의 조부모님과 인터뷰를 하도록 함으로써 티나는 학생들이 개인적으로 관련된 시간에 대한 변화의 논제를 발견할 것이라는 사실에 좀더 확신할 수 있었다. 실제로 학생들은 여러 쪽의 노트를 가지고 이들 면담에서 돌아와서 학급의 나머지 학생들과 자신들의 이야기를 열심히 공유하였다. 학생들은 학급에서 개발했던 질문들의 목록에만 자신들을 한정하지 않았지만, 그들 가족들의 과거에 대한 보다 더 개인적이고 광범위한 토론을 수행했다는 점은 곧 명백해졌다. 또한 학생들은 단지 역사에 관한 것이 아니라 각각 다른 학생들의 조부모님들에 관하여 그들이 듣고 있었기 때문에 학급 친구들의 발표에 흥미를 가지고 있었다.

마찬가지로 레베카의 첫 번째 목적은 학생들이 이민의 동기와 그 결과에 대한 이해를 개발하는 것이지만, 시간과 장소에서 먼 경험을 가지고 시작해서 이후에 앞으로의 작업을 하는 대신에 그녀는 학생들이 이미 알고 있는 것, 곧 자신들의 가족이 이민 온 이유, 그리고 이들 이유들이 전체 역사에 걸쳐서 사람들을 동기화했던 것들과 얼마나 많이 동일한지를 가지고 시작했다. 학생들이 학급 내에서 발견한 동기의 목록을 작성함으로써 전체 역사에서 다른 이민자들의 동기와 비교하는 것을 자신들이 이미 이해하고 있다는 사실을 출발점으로 하고 있었다. 마찬가지로 학생들이 가족 구성원을 면담했을 때 그들이 미국에 처음 와서 가졌던 문제들의 종류가 무엇인지를 발견하였다. 예컨대 일자리를 구하는 것, 살 장소를 찾는 것, 언어를 말할 수 없다는 것 등이다. 그리고 이것은 학생들에게 다른 이민자의 경험과 비교할 수 있는 더욱 더 다른 토대를 마련해 주었다.

문학 또한 학생들이 역사에 개인적인 연결을 만들도록 돕는 매우 효과적인 방법을 제공한다. 불행하게도 그림책과 큰 소리로 읽기 위한 다른 작품들은 아마 그것들이 너무 쉽게 보이거나 혹은 큰 소리로 읽는 것이 반드시 만질 수 있는 산물의 생산에 학생들을 참여시키지 않기 때문에 간혹 초등학교 시절 이후 중도에서 포기된다. 하지만 거의 모든 어린이들은 읽어주는 것을 좋아한다. 즉 큰 소리로 읽기 위한 시간이 되었을 때 "네", "좋아요"라는 소리가 레베카의 교실에 가득했다(심지어 8학년 교사들은 학생들이 큰 소리로 읽기를 시작할 때 학생들의 긍정적인 반응에 매우 놀랄 것이다). 물론 어른으로서 레베카는 학생들보다 훨씬 더 많은 표현력을 가지고 읽을 수 있었고, 교사는 가능한 한 진짜처럼 책에 나타난 목소리들과 방언들을 만들기 위해 노력했다. 결과적으로 학생들은 영어로 유창하게 읽는다는 것이 무엇인지를 들었다. 한편 문학은 티나의 학생들이 이민을 학습하는 데 절대적으로 필요하다. 논제와 관련된 개인적인 경험이 거의 없을 때 그녀의 학생들은 『별들이 나타나는 것을 보라』(*Watch the Stars Come Out*)와 『미국을 향하여 출발하면서』(*Leaving for America*)와 같은 단편 작품들 혹은 『리프카로부터 온 편지들』(*Letters from Rifka*)과 같은 장편 작품들과 더불어 그들에게 이민자들의 경험의 개인적 차원에 대한 이해를 제공해 주는 책들을 활용하였다.

결국 티나와 레베카 둘 다 어린이들이 가장 잘 알고 있는 것, 즉 일상생활에 관심을 관련시킴으로써 역사를 개인적으로 만들었다. 4학년 학생들이 자신들의 조부모님들에게 경제학이나 사회와 같은 추상적인 논제들에 관하여 직접적으로 묻도록 하는 것은 효과적이 아닐 것이다. 왜냐하면 어린이들은 그러한 개념들에 관한 기초적인 이해만을 가지고 있기 때문이다. 그러나 허드렛일·오락·학교 등에서 변화에 관해 물어봄으로써 학생들은 그것들을 자신의 경험에 관련시켜 사회와 경제적 변화에 대한 이해를 발전시켰다. 또한 이민을 학습했을 때 티나의 학생들은 실질적인 문제에 관해 알기를 원했다. 즉 토론은 이민선에

(여백 주석)

학생들은 보통 그들 가족사에 관한 학습에 흥미를 가지고 있다.

학생들은 가까운 과거로 시작해서 먼 과거로 거슬러 올라가서 작업을 함으로써 역사를 학습할 수 있다.

가족사들은 학생들이 그들의 배경 지식 위에서 구축하도록 도와준다.

문학은 학생들이 역사에 개인별 연결을 하도록 도와준다.
O'Brien(1998)

초등과 중학생들은 읽어주는 것을 즐긴다.

Levinson (1985), Hesse (1992), Bresnick-Perry (1992)

추상적인 개념에 관한
학습은 구체적인 사례
들을 가지고 시작한다.

있을 때 그들이 무엇을 먹었는지, 어떻게 화장실에 갔는지 등의 질문에 초점을 맞추었기 때문에 레베카의 학생들은 티나의 학생들이 궁금해 했던 이민의 역경에 쉽사리 일체감을 가질 수 있었음에도 불구하고 외견상으로 이민의 일상적 세부사항인 이민의 금전적 비용에 관한 그들의 관심을 증언하는 데에도 또한 흥미있어 했다.

정보 수집하기와 해석하기

가족 구성원에 대한 역사 조사를 수행하는 것은 4장에서 논의했던 것과 같은 많은 동일한 이점들이 있다. 친척들과 면담하는 것은 학생들이 자신들의 경험을 뛰어넘도록 하기 위한 접근하기 쉽고 편리한 방법이며, 또한 그들로 하여금 설명들이 어떻게 다른지, 신뢰성의 측면에서 얼마나 자료가 다양한지, 일치하지 않는 설명들이 어떻게 조화될 수 있는지를 알도록 한다. 티나는 이 프로젝트의 가장 강력한 이점들 중의 하나는 학생들이 배운 것이 책에서만 나오는 것이 아니며, 사람이 역사 조사를 위해 귀중한 자료원이라는 사실을 알았다는 것이다. 학생들은 자신들이 사람들로부터 많은 정보를 얻을 수 있었다는 사실에 놀랐다.

가족사는 학생들을 역
사 탐구의 중요한 측면
들에 소개한다.

하지만 우리들이 이전에 강조했고, 앞으로 강조하는 것처럼 아무리 자료가 친숙한 것일지라도 학생들이 정보를 모으고 해석하는 방법을 학습하는 데는 명백한 도움을 필요로 한다. 레베카와 티나 두 사람은 학생들에게 면담을 수행하는 방법을 가르치는 데 전체 수업을 보냈다. 예를 들면 티나는 학생들에게 어떠한 논제들이 어떻게 개인적으로 민감해질 수 있는지, 어떻게 그들의 조부모님들께서 자신들에 관한 이야기를 하고 싶어 하지 않거나 조부모들이 이야기할 때 감동하는지에 관하여 이야기했다. 그녀는 할머니가 2차 세계대전에 관한 이야기를 할 때마다 운다고 설명했다. 심지어 보다 더 중요하게 그녀는 학생들에게 면담을 수행하는 방법에 관한 모델을 제공했다. 즉 그녀는 마치 그녀가 면담에 응하는 조부모님처럼 자신의 질문들을 학생들에게 묻도록 함으로써 학생들로 하여금 면담에 관한 연습을 시켰고, 다른 학생들은 그녀가 말했던 것을 메모하도록 했다. 메모하기는 학생들에게 매우 도전적임이 드러났다. 즉 학생들은 그녀가 말하는 모든 단어를 써 내려가기를 원했고, 그녀는 인터뷰 후에 그들이 재구성하는 것을 도와 줄 단어들과 구들을 써 내려가는 방법을 설명해야만 했다. 특히 그 수업은 학생들에게 시각을 열어주는 것이었다. 즉 그들은 문장과 단락을 완성시키기보다 다른 어떤 것을 쓰도록 허락되었다는 사실에 충격을 받았다. 우리는 비록 어른들처럼 다른 언어의 사용은 다른 습관을 필요로 한다는 사실을 인정함에도 불구하고 어린이들은 이것들을 사용할 때 분명한 교수를 필요로 한다.

교사들은 학생들이 정
보 모으기를 배우도록
도와야만 한다.

학생들은 다양한 목적
을 위해 언어 사용하는
것을 배울 필요가 있다.

레베카 또한 인터뷰를 수행하는 것에 관해 학생들과 함께 작업을 했지만, 언어의 개발은 티나 수업에서보다 그녀의 학급에서 훨씬 더 중요하게 작용하는 교수의 측면이었다. 레베카의 학생들은 모국어로서 영어를 말할 수 있는 사람은 거의 없었다. 그래서 그 단원의 모든 측면에서 어휘의 사용에 관심을 가지도록 요구했다. 예를 들면 그녀가 할아버지를 묘사할 때 레베카는 학생들이 단원의 핵심어인 이주민·이주해 오다·동기 등을 포함하고 있는 어휘카드들에 관심을 집중하도록 요구했다. 학생들이 이민자들의 경험을 비교해서 쓰는 것을 더 잘 할 수 있을 것이라는 사실을 확실히 하기 위해서 레베카는 인과관계를 표현하기 위해 **때문에·비록……일지라도·언제·전·후**와 같은 단어를 포함하고 있는 문장 사용의 모델을 만들었다. 진정한 맥락에서 이러한 어휘 단어들과 기능들의 분명한 모델링은 학생들이 자신들의 개념적 이해를 더욱 유창한 산문으로 변형시키도록 도와주었다.

학생들이 정보를 수집하고 해석하도록 가르치는 데 있어 중요한 부분은 그들에게 배우는 통로를 따라 가도록 하는 방법을 제공해 주는 것인데 그래픽오거나이저는 티나와 레베카 두 사람의 교실에서 중요한 역할을 하였다. 때때로 그래픽오거나이저는 개별적으로 학생들이 정보를 조직하도록 도와준다. 예를 들면 4장에서 개인적 역사를 위해 티나가 제공했던 연표들이다. 다른 경우 그래픽오거나이저들은 학생들이 수집하는 정보에서 나타나는 주제들에 대한 학생들의 관심을 불러오는 방법으로서 유용하나. 예를 들면 학생들이 조부모님으로부터 배운 것을 발표할 때 티나는 기술·노동·여가·학교와 같은 제목을 지닌 표가 그려진 차트지에 정보를 기록했다. 이러한 방법으로 기록된 정보를 봄으로써 학생들은 여가와 기술 같은 개념의 의미에 대해 좀더 폭넓은 통찰력을 얻을 뿐만 아니라 면담에서 나오기 시작한 형식들을 보다 더 잘 식별할 수 있었다(도해 5.1을 보라). 마찬가지로 레베카의 학생들은 전체 역사를 통하여 이민자들을 학습하였고, 각 집단의 동기와 이민의 결과를 확인하는 표에 자신들이 배운 것을 기록했다. 다시 시각적으로 조직된 방법으로 배열된

> 그래픽 오거나이저들은 시각적으로 하나의 정보 조직하기의 수단이다.

> 벽 차트는 학습의 단원들이 계속되고 있는 동안 학생들이 모은 정보를 추적하도록 도와준다.

여가	**일**
보드 게임	많은 허드렛일
야구	요리
인형들	잔디 깎기
영화 보러 가기	동물 먹이주기
낚시	잡초 뽑기
꼬리표	

옷	**기술**
청바지	VCR을 가지고 있지 않다
드레스	흑백 TV
앙고라 스웨터	컴퓨터가 없다
남자 양말	수직안전판을 가진 큰 차
작업바지	석탄 아궁이
바지멜빵 꼬리표	마이크로웨이브가 없다
	아이스박스
	자전거

도해 5.1 조부모 인터뷰에 토대를 둔 벽 차트

정보들을 봄으로써 학생들은 자신들이 배운 경험들에 근거해서 유사성과 차별성을 보다 더 쉽게 구분할 수 있었다. 결국 일년 내내 이러한 차트들을 벽에 남기는 것은 학생들이 차트들을 마주칠 때마다 새로운 정보를 추가하도록 하는 것이다. 그래서 학습의 분리된 단원으로서 보다 지속되고 있는 중요성의 문제로 논제들을 볼 수 있도록 하였다.

학생들은 참 역사 발표를 창조하기 위해 정보를 사용할 수 있다.

또한 두 교실에서 학생들은 정보를 수집하는 것보다 더 많은 일을 했다. 즉 그들은 실제 역사 발표를 창안하기 위해 자신들이 배웠던 것을 사용했다. 예를 들면 티나는 매일 학생들이 그들의 조부모님에 대해 알아낸 것들을 공유할 시간을 남겨 두었고, 레베카의 학생들은 이민자들과의 면담에 바탕을 둔 공식적인 발표를 발전시켰다. 두 교사는 또한 작문 과제를 부과했다. 즉 티나 학급의 학생들은 조부모님들이 어린이들이었을 때 그들 조부모님의 관점에서 모의일기를 썼다. 그리고 레베카 학급의 학생들은 그들의 면담 노트들을 에세이로 바꾸어 썼다. 이들 교실에서 역사 탐구는 학생들이 연설과 작문을 통해 의사소통하는 능력을 발전시키는 중요한 기회를 제공했고, 두 교실에서의 역사 탐구는 모두 우리 사회에서 역사 정보의 이용에 기본적인 것이다. 결국 역사 발표의 "참된 장르들"은 급진적인 교육개혁이 아니다. 즉 대중 앞에서 말하는 방법과 독자들을 위해 글 쓰는 방법을 배우는 것인데, 이것은 가장 전통적인 학습 목표들 가운데 하나이며, 앞으로 오랜 시간 동안 중요할 것 같다.

참된 과제들은 청중을 위한 쓰기와 말하기를 포함한다.

평가와 피드백

티나와 레베카는 수업에서 4장에서 서술한 방식과는 어느 정도 다르게 학생들을 평가했다. 일화기록들은 티나 평가의 계속적인 부분이지만, 이 경우에 그녀는 단원의 끝에 학생들의 성취를 판단하기 위해 형식적인 루브릭을 사용하지 않았다. 4장에서의 평가들과 같은 점수 주기 가이드라인들은 다양한 과제나 수행 모두에 적용하는 평가하기 기능으로서 매우 유용하다. 학생들이 참여하는 모든 과제에 대한 전반적인 루브릭을 만들려는 시도는 불필요한 시간낭비가 될 것이고, 많은 경우에 있어서 교사들은 학생들이 중요한 기능이나 이해를 하도록 돕는 데 거의 기여하지 못할 정도로 지나치게 특수한 과제의 가이드라인으로 귀결될 것이다. 도해 4.2에 있는 점수 주기 가이드라인의 유용성은 다양한 환경에서 학생들이 그것들을 반복해서 마주치게 되고, 시간이 지나면서 그들은 자신들의 쓰기에 그들 표준들을 적용하는 데 점점 숙달된다는 사실에 있다. 하지만 교사들이 학생들의 평가를 특정한 프로젝트에 대해서 좀더 구체적인 요구에 결합하는 것을 원할 때 체크리스트(checklist)는 좀더 유용한 평가도구가 될 수 있다.

공식적인 점수 주기 가이드라인들은 다양한 과제에 적용하는 기능들을 평가하기 위해 가장 유용한 것이다.
Popham (1997)

체크리스트들은 많은 다양한 형식을 취할 수 있지만, 도해 5.2에 있는 것은 구체적인 과제의 역사적 측면에 관한 학생들의 성취를 평가함으로써 그들을 평가하는 한 방법을 보여준다. 그들의 발표 동안 레베카 학급에서 학생들은 다음의 네 가지 일을 하도록 되어 있다. 즉 학생들이 면담했던 이민자의 경험에 관해 그들이 이르렀던 세 가지 결론을 설명하라. 면담으로부터 얻은 증거들로 각 결론을 뒷받침하라. 옷·유물·소품 등을 통해서 사람을 표

체크리스트들은 과제의 구체적인 역사적 측면의 평가를 안내할 수 있다.

현하라. 크고 분명하게 말하라. 루브릭에서처럼 과제의 다른 요소들은 평가 양식의 좌측을 따라서 목록화하지만, 각 성취에 대한 구체적인 수준 대신에 그 양식은 교사들에게 학생들이 바람직한 목표를 얼마나 잘 성취했는지에 바탕을 둔 요점들의 범위를 선정하도록 한다. 각 요소에 대한 가능한 요점들의 다른 수는 교사들이 각각의 상대적인 중요성을 명확히 하는 것을 쉽게 한다. 비록 루브릭은 이러한 방법에 보다 더 무게를 둘 수 있지만, 다양한 요점 가치들의 사용은 학생들이 과제의 어떤 측면이 가장 중요하고, 노력의 초점을 어디에 맞추어야 하는지를 보다 분명하게 알도록 도와준다. 티나 학급에서 학생들이 쓴 일기장은 결론에 대한 학생들의 설명과 증거에 대한 이용뿐만 아니라 과거에 살았던 누군가의 관점을 띠기 위한 자신들의 능력과 관련된 구성요소들이 포함된 유사한 체크리스트에 따라서 평가될 수 있다.

도해 5.2에 있는 체크리스트는 학생들의 수행에 관한 교사들의 논평을 교사들이 쓸 수 있는 공간을 포함하고 있다는 사실을 주목하라. "코멘트"란은 평가 체크리스트들의 필수 불가결한 특성이다. 그것은 교사들에게 학생들이 어떠한 수행 특징이 잘 되고 있는지와 어느 것이 향상을 필요로 하는지에 관해 정확하게 구분하는 공간을 제공하기 때문이다. 4장에서 주목했듯이 이러한 종류의 비평적인 피드백, 즉 학생들로 하여금 자신들이 잘 해낸 것과 아직 향상시켜야 할 것이 무엇인지를 알도록 하는 것은 스캐폴딩의 중요한 형태이다. 만일 학생들이 단순히 아무런 논평이 없는 숫자 혹은 "훌륭해요" 또는 "좀더 노력이 필요합니다"와 같은 모호한 메모만 있는 글자 점수만 받는다면 그들은 계속해서 해야 할 것과 바꾸어야 할 것을 알지 못할 것이다. 교사들은 자주 "좋은 작품이에요"("맞았어요!" "훌륭해요!" "굉장해요!")와 같이 말하는 100가지 방법의 목록을 만나지만, 100가지 방법 중 어느 것도 학생들의 성취를 향상시킬 것 같지는 않다. 왜냐하면 그러한 글로벌적인 칭찬은 교사들이 학생을 인정한다는 것 이외에 학생들에게 유용한 정보를 제공하지 못하기 때문이다. 피드백이 효과적이기 위해서는 성취와 관련된 측면들을 구체화해야만 한다. "'내가 배웠던 첫 번째 일…'은 청중들이 여러분의 발표에 따르도록 도움을 주는 좋은 방법이었다와 같은 문구들 사용하기"처럼 그와 같은 논평들을 레베카가 사용하는 것은 "엄청나군요"와 같은 수천 가지의 애매한 감탄사보다 더 많이 학생들이 배우도록 하는 데에 귀결될 것 같다. 이들 체크리스트들을 포트폴리오에 포함하는 것은 교사들·학생들·학부모들에게 학생의 성취와 향상에 관하여 이야기해 주는 구체적인 방법을 제공해 준다.

또한 도해 5.2에 있는 체크리스트들은 오직 문자 혹은 구두 발표의 일반적인 면보다 오히려 구체적으로 역사 기능의 평가에 학생들을 안내한다는 사실을 주목하라. 이들 프로젝트들을 하는 동안 레베카와 티나 두 사람은 좀더 일반적인 결론에 도달하기 위해 다른 증거자료 모으기를 강조하였다. 그들은 또한 이들 결론들을 위한 증거가 나오게 된 곳을 분명하게 구체화하도록 하는 것의 중요성에 주목했다. 이들은 역사적 사고와 이해의 결정적인 요소들이다. 비록 학업을 위한 표준은 시간이 지나면서 변화되어 왔을지라도 오늘날 어떤 역사학자도 무엇보다 중요한 주제 혹은 결론에 자료들을 모으려고 하는 노력없이 일련의 분리된 증거자료들을 단순히 목록화하지는 않을 것이다. 다른 증거자료들을 종합하고

효과적인 피드백은 성취와 관련된 측면들을 구체화한다. Good & Brophy (1999)

역사 설명은 증거의 다양한 조각들의 종합과 해석을 포함한다.

해석하는 것은 역사 설명에 증거자료들의 의미를 부여하는 것이다. 마찬가지로 오늘날 어떤 역사학자도 자료출처를 확인하지 않고서 증거로 사용하지는 않을 것이다. 분명한 인용은 청중들이 결론의 타당성을 판단하는 데 필요한 것이기 때문이다. 하지만 학생들 사이에서 역사적 사고의 그러한 측면을 평가하는 교사들은 거의 없다. 비록 교사들이 독해 기능·수학적 추론, 혹은 작문과 같은 중요한 요소들에 대한 학생들의 이해를 평가하는 데 있어서는 매우 지각력이 있지만, 대부분의 교사들은 역사와 사회과학에 있어서 자신들의

이름 메르세데스		점수	35/40
	가능한 점수	획득한 점수	코멘트
분명한 목소리로 말하고, 눈을 마주친다	5	3	당신은 더욱 더 나아지고 있지만, 그러나 당신의 청중을 보고 큰 소리로 분명하게 말하는 것을 기억하라. 우리들은 모두 당신 편이야!
인터뷰한 사람들을 표현하기 위해 소품 혹은 유물을 사용한다	5	5	너의 아주머니의 스카프와 보석의 멋있는 사용- 매우 참되다!
인터뷰한 사람의 경험에 관하여 3개의 결론을 설명한다	15	15	너의 아주머니가 왜 이주했는지와 우리들이 그녀의 경험을 이해하는 것처럼 우리들이 느끼도록 만든다고 그녀가 발견한 것이 무엇인지에 대한 너의 설명. 나는 너에게 그녀에게 이야기하는 데 오랜 시간을 보냈다고 말할 수 있다. "내가 배운 첫 번째 일"과 같은 문구들을 사용하는 것…은 청중들이 너의 발표를 따르도록 돕는 좋은 방법이었다.
인터뷰로부터 인용구 혹은 다른 정보를 가진 결론을 지지한다	15	12	너의 발표에서 많은 상세한 내용을 사용했고, 그것은 우리들이 네가 너의 결론에 어떻게 이르렀는지를 이해하도록 도와주었다. 나는 너의 아주머니가 너에게 말했던 일 혹은 네가 과제 이전에 이미 알았던 일들을 언급하고 있었는지를 반드시 확신할 수 없었다-네가 정보를 배운 곳을 확실히 분명하게 하라.

도해 5.2   "이민자 인터뷰" 발표의 평가를 위한 체크리스트

평가를 사실적 정보의 보유 혹은 읽기 이해력 중의 하나에만 한정한다. 그러나 이것들은 충분하지 않다. 만약 학생들이 역사를 하도록 교사들이 도우려고 하면 교사들은 독해 지문에 관한 질문들에 답하기 위해 단지 학생들의 기억 혹은 능력만이 아니라 역사 기능의 사용에 관심을 집중해야만 한다. 학생들이 결론을 얼마나 잘 도출하고, 그것을 뒷받침하기 위해 얼마나 제대로 증거를 사용하는가에 대한 레베카의 평가는 이들 이슈들을 알리려는 최초의 시도를 보여주었다. 역사 기능에 대한 좀더 나은 평가는 다음 장들에서 하기로 한다.

교사들은 더욱 더 포괄적인 기능에 추가하여 학생들의 역사적 사고를 평가할 필요가 있다.

학생들을 보다 큰 내러티브에 연결하기

학생들을 이들 논제에 안내하기 위해 왜 가족사를 사용했을까? 그것은 단순히 학생들에게 과거를 개별화하는 방법을 제공해 주며, 역사적 정보를 수집하는 방법을 배우도록 하는 쉬운 방법을 제공해 주기 때문이다. 이것들은 중요한 고려사항이지만, 가족사들은 또한 좀더 큰 목적의 역할을 한다. 우리는 우리 사회에서 역사의 중추적 역할이 과거가 현재를 어떻게 만들어 냈는지를 설명하는 능력에 있다는 사실을 주장해 왔다. 4장에서 논의된 개인사들은 학생들이 자신들 스스로의 역사를 가지고 있다는 것을 이해하도록 돕겠지만, 학생들의 역사는 그것들과 다른 이야기들인 학생들 자신의 삶보다 보다 더 넓은 내러티브들에서 참여자로서 자신들을 보도록 연결될 때 좀더 큰 의미를 지니게 된다.

역사는 그들 자신의 삶보다는 보다 큰 이야기(narratives)의 부분으로서 학생들이 그들 자신을 알도록 도와준다.

과거에 관해 가족들이 말하는 이야기들은 어린이들을 역사로 안내하는 가장 중요한 방법 중의 하나이다. 많은 가족들은 이런 이야기들을 말한다. 인종·민족 배경·계급, 그리고 지리적 지역을 뛰어넘어 어린이들은 이전에 그들 가족에게 어떤 일이 있었는지와 자신들의 그러한 모습이 조화되어 왔던 곳에 관하여 배운다. 티나의 학생들이 과거에 대해 설명하려는 열정과 레베카의 학생들이 자신들의 가족이 이주해 온 이유를 공유하려는 준비성을 가지도록 고려하라. 이것들은 학생들에게 거의 새로운 논제가 아니었다. 즉 학생들은 이전에 자신들의 가족들과 이들의 일에 관하여 이야기해 왔다. 한 종류 혹은 다른 종류의 가족사를 전하는 것은 많은 문화적 전통의 기본적인 부분이다. 그래서 교수의 한 방법으로 가족사를 활용하는 것은 진정함의 높이를 보여준다. 즉 그것은 학생들이 학교 밖에 존재하는 역사 이해의 종류에 정확하게 참여하도록 한다.

Barton (2001b), Levstik & Barton (1996), Seixas (1993b)

대부분의 논제와 마찬가지로 똑같은 교실에서 학생들은 이러한 목적의 자각과 이해의 다른 수준을 발전시킬 것이다. 예를 들면 티나의 학급에서 몇몇 학생들은 자신들의 조부모들보다 훨씬 쉽게 자신들의 것을 가졌다는 사실을 알았고, 그래서 자신들이 가졌던 것에 감사해야만 한다. 그러나 다른 학생들의 경우 그들이 살았던 방식은 이전부터 내려온 것에 직접적으로 의존하고 있었다는 사실을 인식했다. 예를 들면 어떤 학생은 "나는 항상 호기심이 왕성하고, 우리가 어떻게 여기에 이르게 되었을까?"와 같은 무수한 질문들에 역사가 틀림없이 답을 하기 때문에 자신은 역사가 흥미롭다는 것을 발견했다고 설명하였다. 마찬가지로 레베카는 이민에 관한 단원이 학생들에게 이민자들의 국가 내에서 자신들의 위치

역사는 "우리들이 어떻게 여기에 왔는가?"를 설명하도록 도와준다.

를 이해하고, 근본적으로 그들이 다른 미국인들과 마찬가지로 어떻게 같았는지를 알도록 도왔다는 사실을 발견했다. 그것은 그들에게 항상 분명한 것이 아니었다. 즉 다양성을 거의 존중하지 않는 문화에서 학생들은 자신들을 미국인의 이상에 미치지 못하는 존재로서 생각할 것이다. 게다가 학생들은 종종 다른 사람들에 대해 유사한 위치를 부인함으로써 사회에서 자신들의 위치를 주장할 준비가 되어 있다. 예를 들면 레베카는 학교에서 학생들은 이민자들에 대한 일반적인 편견을 만나고, 다른 학생들에게 경멸적인 인종 용어들, 즉 자신들이 몇 년 전에 불렸을 이름들로서 언급된다는 사실을 주목한다. 기본적으로 관용적이지 못한 문화에서 학생들이 그와 같은 편견의 개인적이고 정치적인 영향을 동시에 이해하도록 기대할 수는 없다. 하지만 레베카는 역사 전체를 통하여 이민을 학습하고 사람들의 경험을 비교한 후 학생들이 자신들과 학급 친구들이 어떻게 똑같은지를 좀더 잘 이해할 것 같다는 사실을 발견하였다. 역사는 학생들에게 미국 사회에서 자신들의 위치, 그리고 다른 사람들의 위치에 관한 확대된 관점을 제공해 주었다.

역사는 학생들이 사회에서 그들 위치에 관한 확대된 관점들을 제공할 수 있다.

다양성의 배경에서 가족사

4장에서 다양성에 대한 우리 추천들의 대부분은 여기에서도 적용된다. 일반적으로 가족사의 목적이 학생들에게 자신들 혹은 자신들의 가족을 전시하는 것이 아니라 의미있는 방식으로 역사 내용을 학습하도록 하기 위한 것이라는 사실을 명심하는 것이 중요하다. 예를 들면 티나는 학생들에게 만약 그들이 좋아한다면 자신들의 조부모와 같은 나이의 누군가와 인터뷰하도록 했다. 마찬가지로 레베카는 단순히 학생들에게 이민자와 인터뷰하도록 허용하였다. 비록 대부분의 학생들이 자신들의 부모를 선택했더라도 대신에 일부 학생들은 다른 친척이나 이웃들을 인터뷰했다. 두 교사는 다양성을 인정하고 존중하는 것이 중요한 것처럼 이들 과제들에 접근했다. 예를 들면 "세대"를 구성했던 것이 무엇인가를 토론하는 동안 티나의 학생들은 자신들이 가족 구성원들과 어떻게 관련되어 있었는지를 정확하게 학습하는 데 흥미를 가지게 되었다. 즉 많은 학생들은 무엇이 어떤 사람을 삼촌·조카 등으로 만들었는지를 알기 위해서 막 공부를 시작하고 있었다. 이 토론은 자연적으로 생물학적이고 위계적인 관련성에 대한 질문으로 바뀌었다. 예컨대 그들은 무엇이었는지, 그들에게 어떻게 언급할 것인지 등이다. 티나는 다양한 가족의 존재는 완전히 정상적이었다는 사실을 강조했다. 즉 그녀는 두 명의 친부모와 함께 살지 않는 사람들이 늘 많이 있지만, 과거의 사람들은 그것을 부끄러운 일로 여기던 때가 간혹 있었다는 사실을 설명했다. 그녀가 사용했던 "가족사 도표"(도해 5.3을 보라)는 이러한 접근의 훌륭한 사례이다. 즉 전통적인 가계도의 형태를 취하기보다는 오히려 각각의 두 사람이 오직 두 명의 부모가 되는 것에서 가족들은 세대로 분화하게 된다. 그래서 만약 학생들이 원한다면 한 명의 부모와 살 수도 있고, 또는 두 명·세 명·네 명의 부모와도 살 수 있을 것이다. 티나가 우리 사회를 특징짓는 가족 관계의 다양성에 대한 존중을 모델로 삼았기 때문에 그녀의 학생들은 부끄러움 혹은 비웃음에 대한 두려움 없이 자신들의 가족을 자유롭게 토론하였다. 물론 일부 어린이들

학생들은 가족 구성원들보다 다른 사람으로부터 정보 모으기의 선택이 주어질 필요가 있다.

가족사 차트는 비전통적인 가족 구조를 고려할 수 있다.

세 대		
당신의 (당신, 형제, 사촌)	당신의 부모 (부모, 고모, 아저씨)	당신의 조부모 (조부모, 대고모/종조부)
이름 _____ 출생장소 _____ 출생일 _____ 결혼일 _____	이름 _____ 출생장소 _____ 출생일 _____ 결혼일 _____	이름 _____ 출생장소 _____ 출생일 _____ 결혼일 _____
이름 _____ 출생장소 _____ 출생일 _____ 결혼일 _____	이름 _____ 출생장소 _____ 출생일 _____ 결혼일 _____	이름 _____ 출생장소 _____ 출생일 _____ 결혼일 _____
이름 _____ 출생장소 _____ 출생일 _____ 결혼일 _____	이름 _____ 출생장소 _____ 출생일 _____ 결혼일 _____	이름 _____ 출생장소 _____ 출생일 _____ 결혼일 _____
이름 _____ 출생장소 _____ 출생일 _____ 결혼일 _____	이름 _____ 출생장소 _____ 출생일 _____ 결혼일 _____	이름 _____ 출생장소 _____ 출생일 _____ 결혼일 _____

도해 5.3 가족사 차트

은 여전히 공개적으로 그러한 논제를 공유하는 것을 원하지 않았다. 그래서 그녀는 그들에게 그렇게 하도록 요구하지 않았다.

레베카는 학생들의 가족 배경을 위한 유사한 존경의 모형을 만들었다. 학생들의 가족들 절반 가량은 불법 이민자들이었지만, 레베카는 이민을 위한 공식적인 허가를 받은 가족들과 그들의 경험들 사이에 구별을 하지 않았다. 확실히 어느 학생도 자신들의 배경에 대해 수치심을 느끼도록 하지는 않았다. 결과적으로 그들은 공개적으로 토론하였고, 차 뒤편에서 담요 밑에 숨어 있으며, 친구의 여권을 이용하고, "국경선"을 넘어 달리면서, 혹은 어쨌든 잡혔을 때에만 밀입국자 안내인인 코요테에게 300달러를 지불한 그들의 경험에 관하여 썼다. 그럼에도 불구하고 티나의 학급에서처럼 어떤 학생도 그와 같은 개인적인 세부 내용을 공유하도록 강요받지는 않았다.

불행하게도 모든 사람은 그와 같은 다양성을 받아들이지 않는다. 레베카는 만약 그것이 수행되었더라면 불법 이민자들에 대한 정부의 공공 서비스가 부인되었을 주 정부 차원의

가족 경험의 다양성을 존중하는 교사들은 차이를 결손으로서 다루지는 않는다.

국민투표 통과 직전 몇 달 동안 여기에 서술된 단원을 간접적으로 가르쳤다. 이민자에 대한 반대 감정의 분위기는 일부 학생들이 그 과제를 완성하는 것을 주저하게 했다. 그의 가족이 최근의 이민자가 아닌 어떤 학생은 자신의 어머니가 이민자와 면담하는 것이 금지되었기 때문이다. 즉 그녀는 자신의 아들이 "곤경에 처하지 않을까" 하고 두려워했다. 더욱 중요한 점은 레베카 자신이 다시 똑같은 방법으로 이 단원을 결코 가르칠 수 없을 것이라는 사실을 깨달았다. 왜냐하면 국민투표는 교사들에게 불법 이민자들을 보고하도록 요구하거나(그래서 그들이 학교에서 추방될 수 있도록 하기 위해서) 혹은 그녀의 자격증이 취소당하게 될 것이기 때문이다. 그러한 어찌할 수 없는 선택에 직면하기보다 오히려 레베카는 학생들이 어떻게 미국에 오게 되었는지에 관한 정보를 제공할 어떤 상황을 피하기 위한 계획을 세웠다. 비록 다양한 국가에서 이주해 온 화자들을 초청인사로 데려와 학급에서 학생들이 그들을 면담하도록 함으로써 레베카가 여전히 이민에 관해 가르칠 수 있다 하더라도 더 이상 똑같은 방식으로는 가족사를 이용할 수 없었을 것이다.

정치적 환경은 간혹 교사들에게 강제로 과제를 수정하도록 한다.

확 장

이처럼 역사에 있어서 이민은 중요한 주제이기 때문에 그 논제에 관하여 확장할 만한 많은 가능성이 있다. 예를 들면 미국으로의 자발적인 이민을 학습하는 것에 덧붙여 학생들은 억압당해 온 이민들을 검토해 볼 수 있다. 즉 우리 자신의 과거에서 분명한 예들은 아프리카 노예무역, 2차 세계대전 기간의 일본계 미국인 재배치, 그리고 눈물의 여행(Trail of Tears)을 포함한다. 학생들은 또 미국의 지하철 혹은 여기와 전 세계에 걸친 정치적이고 경제적 피난민의 이동(이 장의 마지막에 있는 문학 목록을 보라)과 같은 탈출의 수단이 되어온 이민을 학습할 수 있었다.

학생들은 아일랜드인, 중국인, 현대의 이민자들(그들이 레베카의 반에서 했던 것처럼)뿐만 아니라 독일·일본·이탈리아·러시아·폴란드, 혹은 많은 어떤 다른 나라로부터 온 이민자들의 경험을 역시 비교할 수 있다. 그러한 조사는 지역사에 의미있는 연결고리를 제공할 수 있다. 예를 들면 신시내티(Cincinnati) 근처의 학생들은 1차 세계대전 동안 독일 사람들에 의해 직면하게 된 폭력과 차별대우를 검토해 볼 수 있다. 캘리포니아에 있는 학생들은 대공황 때 멕시코계 미국인들의 강제 송환 혹은 19세기 일본인과 중국인 근로자들에 대한 편견에 관하여 배울 수 있다. 그리고 남부 지역에서 학생들은 이 세기의 초반에 자신들의 공동체에서 아프리카계 미국인들의 강제적인 제거를 학습할 수 있다.

역사에서 중요한 주제들에 초점을 맞추는 것은 주와 지역사의 학습을 보다 더 의미심장하게 만든다.

이들은 단지 몇 가지 분리된 예들이다. 가족사의 위력은 학생들이 지역적 환경에 적응될 수 있느냐의 방식에 달려있기 때문이다. 대부분의 학생들은 어떤 한 시점(종종 4학년에서)에서 자신들의 주 역사를 학습하도록 요구받지만 불행하게도 논제는 보통 초기 정치적 지도자들 혹은 다른 "영웅들"의 이름을 일시적으로 암기하는 데 지나지 않는다(그리고 아메리카 인디언들처럼 다른 시각에서 볼 때 이들 지도자들은 종종 결코 영웅일 수 없다). 더구나 주 역사의 학습은 일반적으로 역사는 진보와 같은 뜻이라는 오개념을 강화시킨다. 즉 과거는 합의와 부의 증가에 의해서 특징지어진다. 주 역사는 학생들에게 지속적인 영향을 가져온 갈등을 거의 알려주지 않는다. 만일 주 역사가 이민과 이민의 결과처럼 실제적으로 현재를 설명하는 데 도움을 주는 논제들에 초점이 맞추어진다면 논제는 훨씬 생동감 있고, 흥미로우며, 유의미할 것이다.

주와 지역사는 현재에 영향을 미쳐온 갈등들을 포함해야만 한다.

마찬가지로 만약 그것이 학생들이 살고 있는 지역사회에서 이민에 대한 조사에 참여시키는 것이라면 3학년에서 지역공동체와 같은 논제도 "미국의 어떤 도시"에 관하여 학습하는 것보다 훨씬 의미 있을 것이다. 모든 지역사회가 레베카의 학급처럼 최근 이민자가 높은 비율을 차지할 만큼 충분히 운이 좋은 것은 아니지만, 사람들은 어느 곳에서나 이주를 한다. 학생들은 자신들·부모님·조부모님들이 그들의 생애 동안 했던 이동에 관한 정보를 수집할 수 있고, 다양한 질문에 답하기 위해 그 자료들을 사용할 수 있다. 예컨대 대부분의 사람들은 평생 동안 한 장소에서만 살아왔는가? 더욱 더 많은 사람들은 한 도시에서 다른 도시로, 또는 한 주에서 다른 주로, 한 나라에서 다른 나라로 이주를 했는가? 사람들은 왜 이주를 하는가? 그 다음에 학생들은 다른 지역사회 사람들의 이주에 관한 유사한 정보를 수집하기 위해 인터넷(혹은 우편을 통해서 펜팔에게 연락)에 질문을 게시할 수 있다. 일반적인 지도에서 우체국을 찾는 방법에 관한 연습을 하는 것보다 지역사회의 학습은 학생들에게 전체 미국에서 지역사회들이 얼마나 비슷하고 다른가에 관한 이해를 발전시키는 것을 도와줄 수 있다(지역사회 학습에 관한 좀더 상세한 설명을 원한다면 8장을 보시오).

지역사회 학습은 특수한 지역들의 역사 발전에 대한 관심을 포함해야만 한다.

티나의 학생들이 했던 것처럼 역사에 관하여 배우기 위해서 가족 구성원들을 활용하는 것은 또한 확장을 위한 무한한 가능성을 가지고 있다. 비록 학생들이 일상생활의 측면에 초점을 맞추고, 좀더 광범위한 정치적 혹은 경제적 문제에 연결을 거의 하지 못했을지라도 중학교에서 교사들은 학생들에게 놀라울 정도로 풍부한 자료원으로 증명된 그들 친척의 경험을 통해서 국가적이고 세계적인 사건에 관하여 학생들이 배우도록 도와 줄 수 있다. 예를 들면 20세기 노동의 변화하고 있는 형태에 관해서 학습하고 있는 학급에서 어느 8학년 학생은 자신의 가족들이 논제에 관해 거의 통찰력을 가지고 있지 않을 것이라고 가정했다. 놀랍게도 그들은 많은 것을 알았다. 즉 그녀의 할아버지는 아직까지 국제 담배 근로자 연맹의 회원카드를 가지고 있었고, 그녀의 증조할아버지 역시 가족 성경 안에 카드를 넣어두고 있었다. 그녀의 할머니는 2차 세계대전 중에 화학 공장에서 일하기 위해 농장을 떠났다. 왕고모는 그녀의 스크랩북에 1940년대부터 찬성노조와 반대노조에 관한 팸플릿들을 모아 놓았다. 친척들에 대한 개인적 통찰력과 영감을 받아 보다 더 발전된 학생들의 조사연구는 교과서가 자극할 수 없을 참여의 수준까지 이끌었다. 마찬가지로 어떤 학급에서 학생들은 자신의 학교와 지역사회에서 그들에게 국가적으로 중요한 사건을 비교한 "인종차별 폐지 연표"를 만들기 위해 조사연구를 시작했다. 후자에 관한 정보는 지역 거주민들과의 면담을 통해 직접적으로 수집하였다.

가족사는 학생들을 국가적이고 세계적인 사건들에 연결할 수 있다.

이러한 종류의 정보를 수집하는 것은 또한 학생들이 역사의 증거에 의거하고 해석적인 성격을 보다 완전하게 이해할 수 있도록 도와줄 수 있다. 우리는 마지막 장에서 어린이들이 자신들의 부모들에게 질문을 할 때 사람들이 과거에 대해 의견이 일치하지 않았음을 즉

구술사와 가족들의 경험은 현대사에 관한 배우기에 동기를 제공한다. Crocco (1998)

각 알게 되었다는 점을 주목했다. 학생들이 진정으로 중요한 문제를 조사하고 있는 것(어떤 사람이 자전거 타기를 처음으로 배웠을 때보다 오히려)은 보다 더 근본적인 의견 불일치에 직면할 것이다. 그 다음 중학년에서 학생들은 베트남·시민권 운동·여성의 역할 변화에 관한 가족 구성원들의 관점들을 비교하고, 이를 교과서 혹은 미디어에서 발견되는 설명들과 대조할 수 있다. 학생들이 텔레비전 혹은 영화에서 역사 해석을 볼 때 자신들이 본 것을 무비판적으로 수용하거나 혹은 무비판적으로 거부하거나 둘 중의 하나를 선택할 것이다. 하지만 그들이 이러한 해석과 가족 구성원의 해석을 비교하는 기회를 가질 때 비로소 역사가 얼마나 복잡한 것인가를 더 잘 이해한다. 학생들은 더 많은 역사를 아는 것뿐만 아니라 역사가 어떻게 해석되고 표현되는가를 좀더 잘 이해하게 된다.

중학교 학생들은 또한 구술 역사와는 달리 역사적 증거에 관하여 배우기 위해 자신들의 가족을 활용할 수 있다. 예를 들면 몇몇 8학년 학생들은 통지 초안·이동 순서·신문 오려내기·가스 배급형태·공장 식별 배지를 가진 2차 세계대전에 그들 가족들의 참가를 광범위하게 문서화했다. 이것들을 그들이 수행했던 면담들과 결합함으로써 학생들은 역사적 증거의 광범위한 수집을 조합한다. 학급에서 다른 학생들은 그들 부모의 학교생활의 역사를 만들기 위해 성적표·학교연감·신문기사 오려낸 것을 사용했다. 두 경우 모두에서 학생들은 역사 설명들이 근거를 둘 수 있는 자료들의 다양성에 관하여 배웠다.

물론 가족들을 포함하고 있는 어떤 논제에 대한 것처럼 교사들은 선택의 가능성을 제공해야만 한다. 모든 가족들이 전쟁·노동조합, 혹은 어떤 다른 단일 논제와 관련한 경험을 가지고 있을 것이라는 사실을 기대하기보다 오히려 교사들은 각 가족의 경험이 다를 것이라는 사실을 인정해야만 한다. 몇몇 학생들은 교과서에서 발견되는 정치적 사건에 그들 친척들의 참여를 조사할 수 있을 것이지만, 많은 다른 학생들은 사회사에 보다 더 밀접히 관련된 다른 논제를 살펴보는 것에서 더 많이 배울 것이다. 가족 구성원들 포함하기의 요점은 단순히 학생들이 교과서 내용에 관하여 좀더 많이 배우기 위한 몇 가지 장치를 제공하는 것이 아니라 과거가 현재를 어떻게 만들어냈는지를 배우기 위해 역사가 어떻게 쓰여지고 해석되는지를 그들이 이해하도록 하기 위한 것이다.

가족 의견의 불일치는 학생들에게 역사를 논쟁의 여지가 있고 해석적인 것으로 알도록 도와준다.

가족들은 풍부한 역사적 전거 자료들을 가지고 있을 것이다.

가족들은 다른 역사적 경험을 가지고 있다.

결 론

얼핏 보면 역사는 언어·수학·과학과 같은 교과들보다 학생들의 경험과 좀더 떨어져 있는 것처럼 보인다. 어린 아동들조차 말하기·셈하기·자연에 친숙하지만, 과거의 세계는 본래 좀더 추상적이고 먼 것처럼 보인다. 일부 교육자들조차 역사가 어린이들의 경험에서 너무 멀리 떨어져 있어서 고등학교 이전까지 역사를 학습할 준비가 되어 있지 않다고 주장하여 왔다. 그래도 가족사는 만약 학생들이 교과서에서 읽기를 통해서 알게 된다면 좀더 접근하기 어려울 논제에 구체적인 연결고리를 만들도록 도와준다. 그들 가족이 이사한 경험이나 그들의 조부모님이 어렸을 때 살았던 방식에 관하여 학습함으로써 학생들은 자신들이 이미 가지고 있는 정신적 스키마 위에 둘 다를 구축하고 시간과 공간에서 보다 더 멀리 떨어진 사람들을 움직이기 시작한다. 티나는 이 장에서 설명된 활동들의 가장 중요한 이점들 중의 하나로서 이것을 지적한다. 즉 "학생들은 그들 자신·친구·옷·풍선껌보다 다른 어떤 것에서 흥미를 갖기 시작한다."

1장에서 주목했던 것처럼 역사가 민주적인 참여에 공헌하는 방법들 중의 하나는 학생들을 격려함으로써 학생들이 자신들보다 다른 삶의 방식들에 관하여 생각하도록 하는 것이다. 이민을 학습함으로써 레베카의 학생들은 다른 나라로부터 온 사람들, 그들의 환경이 자신들과는 다르고, 다른 아이디어·태도, 그리고 신념을 가졌던 사람들의 삶을 고려해야만 했다. 그들은 과거와 현재 사이의 유사성을 주목함으로써 시작하지만, 또한 차이점들을 점점 더 탐구했다. 마찬가지로 티나의 학생들은 자신들의 친척들이 많은 면에서 그들과 같았다는 것을 알았지만, 그들의 가족사 프로젝트들 또한 자신들이 어떻게 달랐는가, 즉 자신들이 입었던 패션, 놀았던 게임, 사용했던 기술 등을 이해하도록 도와주었다. 우리는 이후의 장들에서 관점 인지의 보다 더 복잡한 형태들을 토론할 것임에도 불구하고 여기에 서술된 활동들은 역사 이해와 민주 참여의 기본적인 요소, 즉 우리 두 사람은 다른 사람과 유사하기도 하고 다르기도 하다는 사실과 둘 다 서로서로의 이해에 중요하다는 사실에 대해 인정하도록 학생들에게 소개했다.

가족들에 초점을 두는 것 역시 학생들과 부모들에게 똑같이 굉장한 동기를 부여하는 것이다. 티나의 학생들은 자신들의 조부모님과 면담을 하고 학급에서 그들의 이야기를 말하는 것에 흥미로워 하였다. 어떤 소녀가 지적했던 것처럼 "내가 알지 못했지만 할머니가 했던 일들을 배웠어요. 당신은 지금 자신이 가지고 있는 것을 알지만, 그들이 이전에 가졌던 것들을 당신은 알지 못하고 있어요." 또 레베카의 학급에서 학생들은 그들 가족의 배경에서 나온 무수한 유물들을 함께 공유하였고, 부모들은 학생들이 자신들의 보고서와 발표에 포함하도록 사진의 복사본을 보내주었다. 성공적인 학교들은 학생들 가족의 중요성을 인식하고, 그들이 학교에서 편안하게 느낄 수 있도록 하기 위해 노력한다. 즉 가족사 프로젝트들은 가족의 경험을 교수의 한 부분으로 만듦으로써 한 단계 더 나아간 인식을 갖는다. 로다 콜만(Rhoda Coleman)이 지적한 것처럼 "부모님들은 그것을 좋아하고, 그들은 학교와 가정 사이의 상호작용을 좋아한다. 한 번은 이 10살짜리가 그들의 삶에 관하여 그들에게 질문하고 있는 것이다. 그들의 어린이는 '당신 자신에 관하여 나에게 이야기 해 주세요'라고 부모들에게 요구하고 있었다."

> 학생들은 시간과 공간을 가로질러 유사한 점과 다른 점 둘 다를 이해할 필요가 있다.

어린이와 청소년들의 문학

Family History

Arrington, F. *Bluestem. Philomel*, 2000.

Belton, S. *May' naise Sandwiches & Sunshine Tea*. Four Winds, 1994.

Cross, V. *Great-Grandma Tells of Threshing Day*. Whitman, 1992.

Flournoy, V. *The Patchwork Quilt*. Dial Books for Young Readers, 1985.

Greenfield, E., Little, L. J. *Childtimes: A Three-Generation Memoir*. HarperCollins,

1993.

Hicylimaz, G. *Smiling for Strangers*. Farrar, Straus & Giroux, 2000.

Howard, E. F. *Aunt Flossie's Hats (and Crab Cakes Later)*. Clarion, 1991.

Igus, T. *When I Was Little*. Just Us Books, 1992.

Johnson, A. *Tell Me a Story, Mama*, Franklin Watts, 1989.

Kurtz, J. *Faraway Home*. Gulliver, 2000.

Lasky, K. *Night Journey*. Viking, 1986.

Levoy, M. *The Hanukkah of Great-Uncle Otto*. Jewish Publication Society of America, 1984.

McDonald, M. *The Potato Man*. Orchard Books, 1991.

MacLachlan, P. *Three Names*. HarperCollins, 1991.

Peck, R. *A Year Down Yonder*. Dial, 2000.

Radowsky, C. *Jenny and the Grand Old Great-Aunts*. Bradbury Press, 1992.

Stevenson, J. *Don't You Know There's a War On?* Greenwillow Books, 1992.

Stolz, M. *Go Fish*. HarperCollins, 1991.

Weber, J. E. *Melting Pots: Family Stories and Recipes*. Silver Moon Press, 1994.

Migratin to the United States

Anastos, P., & French, C. *Illegal: Seeking the American Dream*. Rizzoli International Publishers, 1991.

Anzaldna, G. *Friends from the Other Side/Amigos del otro lado*. Children's Book Press, 1993.

Ashabranner, B. *An Ancient Heritage: The Arab-American Minority*. HarperCollins, 1991.

Ashabranner, B. *Still a Nation of Immigrants*. Dutton, 1993.

Atkinson, M. *Maria Teresa*. Lollipop Power, 1979.

Avi. *Beyond the Western Sea: Book One-Escape from Home*. Avon, 1996.

Avi. *Beyond the Western Sea: Book Two-Lord Kirkle's Money*. Avon, 1996.

Bartone, E. *Peppe the Lamplighter*. Lothrop, Lee, & Shepard, 1993.

Beatty, P. *Lupita Mañana*. William Morrow & Company, 1981.

Bial, R. *Tenement: Immigrant Life on the Lower East Side*. Houghton Mifflin, 2002.

Bode, J. *New Kids on the Block: Oral Histories of Immigrant Teens*. Franklin Watts, 1989.

Breckler, R. K. *Hoang Breaks the Lucky Teapot*. Houghton Mifflin, 1992.

Bresnick-Perry, R. *Leaving for America*. Children's Book Press, 1992.

Brown, T. *Hello Amigos*. Holt, 1986.

Brown, T. *Lee Ann: The Story of a Vietnamese-American Girl*. G. P. Putnam's Sons, 1991.

Bunting, E. *A Day's Work*. Clarion, 1994.

Bunting, E. *Going Home*. HarperCollins, 1996.

Cazet, D. *Born in the Gravy*. Orchard, 1993.

Chetin, H. *Angel Island Prisoner*, 1922. New Seed Press, 1982.

Coerr, E. *Chang's Paper Pony*. Harper, 1988.

Cohen, B. *Make a Wish, Molly*. Doubleday, 1994.

Choi, S. N. *Halmoni and Picnic*. Houghton Mifflin, 1993.

Crew, L. *Children of the River*. Delacorate, 1989.

Fisher, L. E. *Across the Sea from Galway*. Four Winds Press, 1975.

Fisher, S. E. *Ellis Island: Gateway to the New World*. Holiday House, 1986.

Freedman, R. *Immigrant Kids*. Scholastic, 1980.

Garrigue, S. *The Eternal Spring of Mr. Ito*. Bradbury Press, 1985.

Graff, N. P. *Where the River Runs*. Little, Brown, 1993.

Gundisch, K. *How I Became an American*. Cricket, 2001.

Harik, E. M. *The Lebanese in America*. Lerner, 1988.

Harvey, B. *Immigrant Girl: Becky of Eldridge Street*. Holiday House, 1987.

Hesse, K. *Letters from Rifka*. Henry Holt, 1992.

Hoobler, D., & Hoobler, T. *The African American Family Album*. Oxford, 1996.

Hoobler, D., & Hoobler, T. *The German-American Family Album*. Oxford, 1996.

Hoobler, D., & Hoobler, T. *The Japanese-American Family Album*. Oxford, 1995.

Hoobler, D., & Hoobler, T. *The Irish-American Family Album*. Oxford, 1995.

Howlett, B. *I'm New Here*. Houghton Mifflin, 1993.

Hoyt-Goldsmith, D. *Hoang Anh: A Vietnamese-American Boy*. Holiday House, 1992.

Katz, W. L. *The Great Migrations*, 1880s-1912. SteckVaughn, 1993.

Kidd, D. *Onion Tears*. Orchard, 1991.

Knight, M. B. *Who Belongs Here? An American Story*. Tilbury House, 1993.

Kraus, J. H. *Tall Boy's Journey*. Carolrhoda Books, 1992.

Kuklin, S. *How My Family Lives in America*. Bradbury, 1992

Lech, J. *My Grandmother's Journey*. Bradbury, 1991.

Leighton, M. R. *An Ellis Island Christmas*. Viking, 1992.

Levin, E. *If Your Name Was Changed at Ellis Island*. Scholastic, 1993

Levine, E. *I Hate English!* Scholastic, 1989.

Levinson, R. *Soon, Annala*. Orchard Books, 1993.

Levinson, R. *Watch the Stars Come Out*. Dutton, 1985.

Levitin, S. *Silver Days*. Atheneum, 1989.

Lim, G. *Wings for Lai Ho*. East West Publishing Company, 1982.

Maestro, B. *Coming to America: The Story of Immigration*. Scholastic, 1996.

Meltzer, M. *The Chinese-Americans*. Crowell, 1980.

Meltzer, M. *The Hispanic-Americans*. Crowell, 1982.

Mohr, N. *Felita*. Dial, 1979.

Moscinski, S. *Tracing Our Jewish Roots*. John Muir Publications, 1993.

Moss, M. *In America*. Dutton, 1994.

Moss, M. *Hannah's Journal: The Story of an Immigrant Girl*. Silver Whistle, 2000.

Murphy, E., & Driscoll, T. *An Album of the Irish Americans*. Franklin Watts, 1974.

Na, An. *A Step from Heaven*. Front Street, 2001.

Naff, A. *The Arab Americans*. Chelsea House, 1989.

Namioka, L. *Yang the Youngest and His Terrible Ear*. Little, Brown, 1992.

O'Connor, K. *Dan Thuy's New Life in America*. Lerner, 1992.

Paek, M. *Aekyung's Dream*. Children's Book Press, 1988.

Polacco, P. *The Keeping Quilt*. Simon & Schuster, 1988.

Poynter, M. *The Uncertain Journey: Stories of Illegal Aliens in El Norte*. Atheneum, 1992.

Rosenberg, M. B. *Making a New Home in America*. Lothrop, Lee, &Shepard, 1986.

Sagan, M. *Tracing Our Jewish Roots*. John Muir Publications, 1993.

Sandler, M. W. *Immigrants*. HarperCollins, 1995.

Say, A. *Grandfather's Journey*. Houghton Miffin, 1992.

Shefelman, J. *A Peddler's Dream*. Houghton Mifflin, 1992.

Siegel, B. *Sam Ellis's Island*. Four Winds Press, 1985.

Stanek, M. *I Speak English for My Mom*. Albert Whitman, 1989.

Surat, M. M. *Angel Child, Dragon Child*. Scholastic, 1989.

Temple, F. *Grab Hands and Run*. Orchard, 1993.

Waters, K., & Slovenz- Low, M. *Lion Dancer: Ernie Wan's Chinese New Year*. Scholastic, 1991.

Woodruff, E. *The Orphan of Ellis Island: A Time Travel Adventure*. Scholastic, 1997.

Yee, P. *Roses Sing on New Snow: A Delicious Tale*. Macmillan, 1991.

Yee, P. *Tales from Gold Mountain: Stories of the Chinese in the New World*. Macmillan, 1989.

Yep, L. *Dragonwings*. Harper, 1975.

Forced Migration, Refugees, and the Underground Railroad

Barboza, S. *Door of No Return*. Cobblehill, 1994.

Bealer, A. W. *Only the Names Remain: The Cherokees and the Trail of Tears*. Little, Brown, 1972.

Beatty, P. *Who Comes with Cannons?* Morrow, 1992.

Bergman, T. *Along the Tracks*. Houghton Mifflin, 1991.

Bial, R. The Underground Railroad. Houghton Mifflin, 1995.

Fradin, D. B. *Bound for the North Star: True Stories of Fugitive Slaves*. Houghton Mifflin, 2000.

Fritz, J. *China's Long March: 6000 Miles of Dange*r. Putnam's 1988.

Haskins, J. *Get on Board: The Story of the Underground Railroad*. Scholastic, 1993.

Hopkinson, D. *Sweet Clara and the Freedom Quilt*. Knopf, 1993.

Johnson, D. *Seminole Diary: Remembrance of a Slave*. Macmillan, 1994.

Kushner, A. *Falasha no More: An Ethiopian Jewish Child Comes Home*. Shopolsky, 1986.

Levine, E. *If You Traveled on the Underground Railroad*. Scholastic, 1992.

Lois, R. *Steal Away Home*. Macmillan, 1994.

Mikaelsen, B. *Red Midnight*. RAYO, 2003.

Muñoz, R. P. *Esperanza Rising*. Scholastic, 2000.

Rappaport, D. *Escape from Slavery: Five Journeys to Freedom*. HarperCollins, 1991.

Rappaport, D. *Freedom River. Jump at the Sun*, 2000.

Schur, M. R. *When I Left My Village*. Dial, 1996.

Wilkes, S. *One Day We had to Run! Refugee Children Tell Their Stories in Words and Paintings*. Millbrook Press, 1994.

나는 콜럼버스가 지옥에 갔다고 생각해요!

세계사에서 탐구 시작하기

이름: _____

이 면담을 통해 당신의 아이를 도와주세요.

면담 받은 사람: _____GUS_____

어떤 사람은 왜 유명하게 되는가?

　　그들은 사람을 위해 특별한 일을 한다.

당신은 누가 유명한 미국인이라고 생각하는가? 왜?

　　대통령 클린턴. 그는 대통령이고 많은 유명한 일들을 하기 때문에.

내가 유명해질 수 있을까?

　　예

당신이 유명할 때를 어떻게 아는가?

　　당신이 유명할 때 당신이 말한 사람들이 그렇게 말하기 때문에.

당신이 한번 유명하면 계속 유명한가?

　　가끔은 그렇다. 하지만 원치 않는다면 유명함을 유지할 필요는 없다. 그러나
　　대개는 유지된다.

22명의 유치원생들과 1학년 학생들은 흥미롭게 자신들의 숙제를 공유한다. 그들은 가족 구성원들·이웃들, 그리고 친구들을 면담했다. 그들 가운데 일부는 개별적으로 자신들의 반응을 기록했다. 반면에 다른 학생들은 자신들을 도와주는 어른이 있었다. 그들은 사람들이 어떻게 유명하게 되었는지를 찾아내려고 노력하고 있었다. 면담자들 가운데 몇몇은 당신이 부자였거나, 혹은 무엇인가 정말 좋은 것을 했거나, 놀랄 만하거나, 일상적인 것에서 벗어난 것을 했을 때 유명하게 되었다고 생각하였다. 유명한 미국인들에 대한 그들의 목록에는 클린턴 대통령·마이클 잭슨·미스 아메리카·샤킬 오닐·지미 카터·아브라함 링컨·다니엘 분 등이 포함되었다. 그들의 조사는 유명함을 유지하는 것은 확실하지 않았다고 자신들이 결론을 내리는 것을 도와주었다. "때때로" 미나 게일(Minna Gayle)은 "당신은 정말로

구술사는 가장 어린 학생들에게조차 이용될 수 있다.

Crook (1988), Penyak & Duray (1999), K. A. Young (1994)

그것을 떠벌릴 수 있어요"라고 단언하였다.

미국 전역의 교실에서 어린이들은 유명한 사람을 공부한다. 그러나 그들은 어떻게 유명한 사람 혹은 어떤 다른 사람들이 유명해졌는지, 혹은 "명성"이 진정으로 의미하는 것이 무엇인지를 거의 고려하지 않는다. 교사들은 간혹 어린 아동들이 몇몇 역사적 인물들 혹은 사건들을 둘러싼 논쟁들을 다루는 것을 이해할 수 없을 것이라고 걱정한다. 다른 교사들은 어린 아동들은 보다 먼 시대와 장소들에 있는 사람들을 학습할 준비가 되어 있지 않다고 걱정한다. 리앤 피츠패트릭(LeeAnn Fitzpatrick) 교사는 이들 관심들을 공유하였고, 또한 글을 모르는 자신의 많은 학생들이 학문적 탐구에 어려움을 가지고 있을지 모른다고 걱정하였다. 그 때 다소 망설이면서 그녀는 학생들과 함께 이 접근을 시험하려고 결정하였지만, 친숙한 것과 친숙하지 않은 것 사이의 많은 연결고리를 제공할 방법에 따라 접근하기로 결정하였다.

처음에 리앤은 유명한 사람의 가치·신념·이상·탐험이 미국에 영향을 미쳤거나 혹은 변화시켰던 많은 사람을 소개하려고 계획했다. 그녀는 명성이 자신의 학생들 대부분에게 친숙한 개념일 것이기 때문에 유명한 사람들을 통해 수업을 시작하려고 결정했다. 그녀는 이러한 친숙한 것에 근거해 수업을 시작하는 것은 훨씬 멀리 떨어져 있는 사람들과 사건들을 이해하기 위한 틀을 제공한다고 생각하였다. 그러나 그녀가 계획을 시작하면서 다양한 개인들에 대한 학습은 어린 아동들과 함께 하는 학문적 탐구에서 자신의 첫 시도를 위해서 너무 복잡하다는 사실이 명백해졌다. 적절한 수준의 어려움에서 자료가 충분하지 못하였고, 활용할 만한 자료는 그녀가 희망했던 사람들의 다양성을 보여주지 못했다. 결국 그렇게 많은 개별학습들을 절묘히 다루는 것은 힘에 겨운 것처럼 보였다. 리앤은 초점을 맞추려는 사람들 중에서 한 개인만을 조사하기 시작하였다.

이 무렵 지방 뉴스는 다가오는 콜럼버스 기념일(Columbus Day)을 둘러싸고 일련의 항의들을 다루기 시작하였다. 여기에는 분명하게 미국에 영향을 주었거나 변화를 초래한 유명한 사람들이 있었는데 이들은 아동들에게 아마 어느 정도 친근한 사람들이었다. 그것은 확실히 아동들의 관심을 불러일으키기에 충분했다. 사실 리앤이 해야만 했던 모든 것은 하나의 신문기사와 몇몇 토착 미국인들이 콜럼버스를 악인으로 본 반면에 일부 이탈리아계 미국인 집단들은 그를 영웅으로 여겼다는 사실을 지적하고 있는 어떤 만화를 교실에 가져오는 것이었다. 콜럼버스에 대한 논쟁은 현실적이고 중요하며 공적이라는 점에서 신뢰할 만하다. 더욱이 그것은 아동들에게 접근할 수 있는 대화와 다른 관점들을 불러일으킬 정도로 충분히 잘 알려져 있고, 여기에는 적당한 수준의 풍부한 자료들이 있었다. 콜럼버스는 유명함과 영웅주의가 동의어라는 것에 대해 생각하는 것과 좋은 의미의 유명함과 나쁜 의미의 유명함 사이의 차이점을 생각해 보도록 하는 양쪽 측면에 있어 뛰어난 출발점으로 보였다. 지역의 논쟁은 콜럼버스와 콜럼버스가 살았던 시대를 알 수 있도록 학생들을 도와주는 다른 친밀한 것과 현재의 관련성을 제공해 주었다.

콜럼버스의 개척이 시작될 무렵 미국·유럽, 그리고 아프리카로부터 온 사람들 사이의 문화적 접촉은 그들이 만났던 사람들과 자신들이 왔던 곳의 대륙을 변화시켰다. 리앤은 콜

심지어 어린 아동들도 역사 논쟁들을 다룰 수 있다.

Evans 등(1999), Levstik(2000), Sosniak & Stodolsky(1993), Thornberg & Brophy (1992)

새로 독립한 독자들은 학문적 탐구를 수행할 수 있다.

이 논제의 전거에 관한 더 많은 것을 위하여 1장 표1.1 "주제들과 질문들"을 보라.

다루기 쉬운 논제들을 확실히 선택하라. 또는 Pappas 등(1999)을 보라.

논쟁은 흥미를 발생하고 현존하는 스키마에 도전하도록 한다.

Newmann 등(1995), Trout(1982)

지역 이슈들은 학생들을 글로벌 이슈들에 연결할 수 있다.

럼버스를 학습하는 것이 이처럼 보다 더 글로벌적 관점으로부터의 역사를 소개하는 기회를 제공해줄 것이라고 생각하였다. 그와 같은 관점은 두 가지 이유 때문에 중요하다. 첫째, 그것은 학생들이 세계사를 보다 잘 이해하도록 도와준다. 둘째, 전통적인 역사 교육과정은 너무 자주 미국의 역사를 미국을 제외한 여타의 세계와 거의 전적으로 관련이 없는 것으로 제시한다. 국제적인 연구에서 역사가들은 미국의 역사가 너무 편협하고 내부 지향적이며 국제적이지도 혹은 충분히 비교적이지도 않다고 불평을 하였다. 과거에 우리는 국가사들이 종종 마치 각 국가가 역사적이고 지리적인 진공 속에서 존재했던 것처럼 진술되었다는 사실을 주장했다. 비록 몇몇 국가들이 이들 방법으로 역사를 진술하는 것이 사실이라고 할지라도 이것은 이따금 강자들의 특권이다. 더 작은 국가들은 종종 편협을 허용할 수 없다. 그들의 생존은 좀더 분명히 다른 국가들의 행위들에 의존한다. 예컨대 세계은행이 큰 손해를 주는 부채를 탕감하거나, 유럽공동체에서 회원자격이 보류되거나, 경제적인 보이콧이 부과되거나, 무역이 금지되거나, 혹은 난민이 국경을 넘어서 몰려들거나 하는 등의 일이다. 세계사는 대부분의 국가들에게 일상의 현실이다.

Anderson (1990)

글로벌적 맥락은 국가사를 이해하도록 도와준다. *Merryfield(1995), Merryfiled & Wilson (2004)*

Barton & McCully (2005), Chua (2003), Levstik & Groth (2004), Levstik (2000), Thelen (1995), Willinsky (1998)

이 책에 나오는 많은 교사들은 국가사와 세계사를 연결하기 위해 능동적으로 작업을 한다. 자네트 그로스 교사가 인도와 미국 식민지에 있어서 독립운동 사이의 관계를 명백하게 만든 3장을 기억하라. 그녀는 인도로부터 시작하였고, 그 다음에 더욱 친숙한 미국 역사에 사건들을 연결하였다. 리앤 피츠패트릭은 미국 공휴일 전반에 관한 논쟁이라는 현재의 사건으로 시작했고, 그곳에서부터 미국·유럽·아프리카 역사의 뿌리와 관련지우는 것으로 이동하였다. 이들 연결들은 우연히 발생하지는 않는다. 차라리 그것들은 교사들이 아래와 같이 하기를 요구한다.

글로벌적 연결을 만드는 것은 교사 도움을 요구한다.

- 지역적 사건과 글로벌적 사건들 사이의 관계를 명확히 하라.
- 그림·지도·차트·픽션·논픽션·수학·쓰기 등의 다양한 상징적인 형태들의 이용을 통하여 훨씬 먼 시간과 장소에 대한 학생들의 이해를 위한 스캐폴딩을 만들어라.
- 역사인 과거 사건과 역사를 만들어 가는 현재 사건 사이의 관계를 명확히 하라.

Anderson (1990), Levstik (1995), National Council for the Social Studies (1994)

지역적으로 시작해서, 글로벌적으로 연결하라

크리스토퍼 콜럼버스

크리스토퍼 콜럼버스는 산타 마리아호로 불려지는 범선을 탔다. 그는 물결이 배를 덮쳤을 때 배 위에 서 있었다. 그 배는 침몰했고 그는 육지까지 헤엄을 쳤다. 그는 인디언들에게 가짜 보석을 주었고 그들은 그에게 진짜 황금을 주었다. 그는 대양을 가로질러 스페인까지 인디언들을 데리고 돌아왔다. 왕과 왕비는 그에게 다른 여행을 하도록 돈을 주었다. 그는 옥수수·감자·콩, 그리고 담배 등과 같은 음식물을 가져왔다. 그는 황금도 가져왔다. 그는 유명해졌다.

-돈테 모간(Donte Morgan), 6세

Blythe (1989), Brophy & VanSledright (1997), Downey & Levstik (1991)

세계사는 심지어 어린 아동들에게 조차 "이해" 될 수 있다.

Barton (1997a)

경험·토론, 그리고 실재적인 질문들을 연결하는 것은 학생들을 탐구로 이끈다.

전통적으로 어린 아동들에게 세계사는 별로 강조되지 못하였다. 어느 정도까지 이것은 앞서 언급된 민족중심주의라는 문제와 관련되어 있다. 그러나 보다 일반적으로 세계사에 대한 관심의 결여는 어린 아동들이 직접적인 경험과 시간과 장소에서 가장 밀접한 일들을 가장 잘 배울 수 있다고 가정하는 이론들 탓일 수도 있다. 일찍이 언급한 것처럼 인간인지에 관한 최근 연구는 이러한 가정들이 그 근거가 확실하지 않다는 사실을 제안한다. 이해라는 것은 물리적인 근접의 문제라기보다는 아동들이 학습하는 어떠한 역사라도 그들이 아는 정도까지이다. 돈테는 그의 이야기 속에서 분명히 콜럼버스와 미국 원주민들과의 상호작용으로부터 흥미로운 인간 이해를 기술한다. 그의 여러 동료들이 그러하였듯이 돈테는 콜럼버스가 공정함의 기본 규칙들을 위반했다고 확신하였다. 즉 콜럼버스는 가짜 보석과 진짜 황금을 교환하였고, 왕과 왕비에게 보여주기 위해서 그들의 가족들로부터 그들을 데리고 왔다. 그 수업은 리앤이 그녀 이웃들은 그녀가 하루 종일 했던 일을 이해하지 못하였기 때문에 그녀의 집에 "시범학교 어린이들(sample school children)"을 데려가야 한다고 말하는 그녀와 함께 그들 수업의 이 부분을 실행하였다. 그녀는 어린이들에게 만약 그녀가 그들 가운데 일부를 데리고 있기로 결정한다면 그들이 어떻게 느꼈는지를 물었다. 그들은 집으로 돌아갈 수 없었다. 그들은 다른 사람들의 관찰을 위해 전시되어야 할는지도 모르며, 아마도 그들은 이러한 새로운 장소의 어떠한 언어 혹은 풍습을 이해할 수 없었다. 이것은 어린이들을 분명하게 이해하도록 해주는 이슈였다. 배경이 시간과 공간에서 멀리 떨어져 있다는 것은 문제가 아니었다. 사람들은 결코 기념품이 되어서는 안 되고 그들의 고향에서 억지로 데려가서도 안 되기 때문이다. 콜럼버스는 역사적인 잘못을 저질렀다. 다섯 살 된 제임스가 단언했던 것처럼 "나는 콜럼버스가 지옥에 갔다고 생각해요."

심지어 어린이들이 자신들의 인터뷰에서 콜럼버스가 불공평한 행위를 했음을 발견하기에 앞서 그들의 공부는 명성이라는 친근한 개념들에 토대하고 있었다. 물론 처음에 조사는 어린이들에게 자신들 주변의 다른 사람들이 유명하다는 것을 어떻게 보고 있는지를 조사하라고 요청했다. 이러한 질문들은 수업뿐만 아니라 집에서도 관심과 대화를 촉발하였다. 학생들은 조사 질문에 대한 자신들의 반응은 물론 인터뷰하여 그 차이점을 가지고 논의를 했을 때 겪은 반응들과 비교하였다. 예를 들면 왜 그렇게 많은 사람들은 운동가·여성 정치인, 그리고 어린이들은 가수·배우 등을 언급하였는지? 그리고 모든 신문에서 기사화 되었음에도 불구하고 어느 누구도 크리스토퍼 콜럼버스를 언급하지는 않았다. 과연 그가 유명하지 않다는 의미인가? 혹은 아마 그가 매우 중요한 사람이 아니었던 것은 아닐까? 토의는 30분에 걸쳐서 계속되었다. 그리고 리앤이 어쩌면 학생들이 콜럼버스에 관해 보다 많이 공부하며 이러한 질문들에 대답할 수 있을 것이라고 제시했을 때 학생들은 열광적이었다. 이러한 견지에서 그녀는 학생들이 어떻게 500년 전 스페인에서 시작된 항해가 오늘날 자신들의 삶과 연결되는지를 생각하게 해주는 일련의 질문을 소개하였다.

- 우리는 왜 콜럼버스 날을 기념하는가?
- 콜럼버스는 유명한가?

- 만약 크리스토퍼 콜럼버스가 결코 없었다면 미국에서 오늘 여기에 있는 우리들은 어 떠했을까?
- 너희들은 500년 전의 삶이 어떠했을 것이라고 생각하는가?
- 그 당시에 사람들은 어떻게 여행했을까?
- 그 당시 커다란 바다를 가로질러 여행하기 위해서 사람들이 필요로 했던 것이 무엇인 가?
- 1492년 10월 12일은 얼마나 오래 전인가?
- 콜럼버스가 아메리카까지 항해를 하면서 소요된 시간은 얼마인가?

글로벌적으로 출발해서, 지역적으로 연결하라

지금까지 친근한 개념인 명성과 콜럼버스 날을 기념하는 지역 논쟁을 가지고 수업을 시작하면서 글로벌적인 연결들을 소개하는 것을 지켜보았다. 비록 이것은 효과적인 기술이지만, 지역의 사건과 세계의 사건 사이에 있어서의 명백한 연결을 제공하는 유일한 방법은 아니다. 예컨대 남아프리카의 아파르트헤이트에서부터 넬슨 만델라(Nelson Mandela)가 구성한 연합정부로의 과도기에 관한 월트 키츠(Walt Keets) 교사의 7학년 수업을 생각해 보라. 리앤 피츠패트릭이 했던 것과 마찬가지로 월트는 식민주의와 인권에 대해 깊게 뿌리 박힌 역사적 논쟁뿐만 아니라 그와 관련된 현재의 주제를 가지고 있었다. 더욱이 남아프리카의 역사는 외교정책상의 쟁점과 아파르트헤이트에 관련된 투쟁 양자를 통해 미국 역사와 연결되어 있다. 월트는 현재 미국 남부의 그가 맡은 7학년들과 세계 저 너머에 있는 남아프리카의 투쟁이 연결되기를 원했다. 식민주의와 사실적이고 정당한 분리주의로부터 남북전쟁과 시민권까지에는 명확한 고리들이 있었으나 월트는 그의 학생들이 아파르트헤이트에 관한 인간의 이해에서 출발하기를 원했다. 그는 영화 『소리쳐라, 자유를』(*Cry, Freedom*)을 보여주기 위해 그의 팀 교사들과 시간의 블록을 조정함으로써 시작했다. 1960년대 남아프리카가 배경인 이 영화는 반인종차별주의자인 스티븐 비코(Steven Biko)와 스티븐 비코에 우호적이며 추방에서부터 비코의 생애와 남아프리카 정부의 손아귀에 있는 살인자에 관한 글을 썼던 신문발행인의 이야기를 들려준다. 몇몇 부모들이 일부 장면과 폭력성 때문에 그 영화를 반대할지도 모른다고 예상하여 월트는 또한 영화를 볼 수 없는 그의 학생들을 위하여 대안적인 읽을거리들의 목록을 준비했다. 『요하네스버그 여정』(*Journey to Jo'burg*)과 속편 『연쇄 방화』(*Chain of Fire*) 양자는 한 주에 읽을 수 있기에 충분히 짧았고, 주거 제한법(homeland laws)(장 끝에 있는 문헌목록을 보라) 때문에 생긴 가족 분리 문제를 다루었다. 더욱이 소설은 흑인인 남아프리카인들의 관점에서 서술된 반면에 영화는 백인 편집자들의 관점에서 묘사되었다.

영화와 책은 월트의 학생들에게 흥미로운 반응을 촉발시켰다. 어떻게 사람들은 여전히 이러한 일들이 발생하는 것을 그냥 두는가? 어째서 흑인들은 떠나지 않는가? 어째서 누군가 가서 이러한 일들을 멈추게 하지 않는가? 그런데 학생들은 너무 어려서 자신의 나라에

McGinnis (n.d.)

보다 나이가 많은 학생들은 역사 논쟁들을 이해할 필요가 있다.

Boner (1995),
Cuthbertson (1995)

Naidoo (1986, 1989)

필름과 책들은 탐구를 개시하고 다양한 관점을 표현할 수 있다.

서 유사한 형태의 합법적인 차별들을 기억할 수 없었다. 비록 그들은 인종이 때로는 불화가 되는 쟁점(그들 자신의 지역사회에서 인종적인 긴장이 있다)이라는 사실을 잘 이해하고 있었지만 대부분의 학생들은 남북전쟁이 미국에서 합법적인 차별을 끝냈다고 확신하였다. 이런 점을 염두에 두고 월트는 20세기 미국의 인종과 시민권을 다루고 있는 몇몇 증거들을 발췌하여 보여주었다. 월트는 말하기를 "자, 나는 여러분에게 질문이 있다. 넬슨 만델라와 신흥 남아프리카가 직면한 쟁점 가운데 하나는 어려우면서도 종종 역사의 무서운 부분인 과거에 대해 할 수 있는 것이 무엇인가 하는 것이다. 만델라의 아프리카민족회의는 어느 정도 우리가 이미 공부한 누렘베르그(Nuremberg) 재판과 같은 '진실위원회'를 구성할 것을 제안해 왔다. 국민당은 이것은 개혁이라기보다는 복수를 초래할 것이라고 주장한다. 그들은 이것이 진실위원회를 장악하는 것이 아니고, 아파르트헤이트의 이야기를 말하는 것도 아닌, 즉 '과거를 관통하는 악'을 끌어낸다는 것을 제안하였다. 남아프리카의 사람들은 우리가 다루어 온 이러한 종류의 이슈들을 어떻게 바라보아야 하는가를 위해 세계의 여타 나라들을 보았다. 결국 이것은 단지 남아프리카인이 아닌 인간의 문제이다. 당신은 남아프리카의 사람들에게 무슨 충고를 할 수 있는가? 그들은 아파르트헤이트의 역사를 배워야만 하는가, 아닌가?"

진정한 질문들을 탐구할 가치가 있다.

이것은 학교용으로 만든 질문이 아니다. 그것은 하나의 분명한 답이 있는 질문도 아니다. 대신에 그것은 남아프리카인에 의해서 요구되는 진정한 질문으로서 역사의 정치·사회적 이용에 관계한다. 이것을 학생들의 학습에 중심 관점으로 가져옴으로써 월트는 자신의 학생들이 어째서 역사가 논쟁적인지, 그리고 그것이 왜 중요한지를 더욱 잘 이해할 수 있게 되기를 희망하였다. 비록 이 질문이 명확하게 연구할 만하고, 현실 세계에 적용되지만 논쟁적인 속성과 일종의 연구에 필요한 자료원인 스캐폴딩, 즉 교사의 중재는 절대적으로 필수적인 것이 되어야 한다.

Allen (1999),
Newmann 등. (1995),
Wells & Chang-Wells (1992)

먼 시대와 장소로의 탐구에 스캐폴딩하기

Pappas 등(1999)

어린 아동들은 일반적으로 "조사연구"가 무엇을 의미하는지를 조금도 알지 못하고, 우리 대부분이 너무 잘 기억하는 것처럼 나이 든 학생들에게 조사연구는 종종 초라하게 꾸민 표절과 숨막힐 듯한 지루한 보고서를 의미한다. 조사연구는 학생들의 탐구를 도와주기 위한 구체적인 스캐폴딩을 필요로 한다. 부분적으로 이러한 종류는 나이와 학습자들의 경험에 달려 있지만, 또한 요구되는 질문과 활용되는 자료에도 달려 있다. 일반적으로 여러분은 학문적 탐구에 필요한 것으로 스캐폴딩의 다음 요소들을 고려해야만 한다.

스캐폴딩의 특정한 측면들은 깊은 탐구를 위해 필요하다.

- 일련의 공통적인 경험을 구축하기
- 자료의 해석과 자료에 관한 다양한 관점의 모델을 제공하는 사전 지식에 대한 도전에서 구축하기
- 수업에서 자료들을 선별하고 수집하며 조직하는 데 있어서 구체적인 도움을 제공하기
- 실제의 청중들에게 어떻게 보고할 것인지에 대해 구체적인 도움을 제공하기

공통의 경험 세우기

리앤 피츠패트릭과 월트 키트는 학생들이 이미 습득한 지식이 무엇인지를 결정하는 것과 그들의 수업에서 일련의 공통적인 경험을 수립하는 데에 신중하였다. 비록 어린이들이 모든 종류의 역사적 정보를 알고서 학교에 올지라도 어떤 특별한 논제에 대해 자신들이 가지고 있는 충분한 사전 지식이나 혹은 많은 열정들 중 하나에만 의존할 수 없다. 학생들이 탐구를 하거나 혹은 수행하기에 앞서 교사들은 역사에 대해 관심을 촉발시키고 학생들이 작업하는 지식 토대를 수립하도록 도와주어야 한다. 이처럼 지속적으로 증가하는 지식으로부터 질문들이 만들어지고 그것에 비추어 답들을 테스트할 수 있다. 리앤과 월트 두 사람은 "학습을 활성화시키기 위해" 토론을 활용했다. 리앤은 KWL 진행절차를 사용했다. 그녀는 왜 콜럼버스 날이 있었는지에 대해서 학생들이 이미 알고 있는 것을 질문함으로써 수업을 시작하였다. 어린이들이 이야기했을 때 리앤은 차트지 위의 표제 "아는 것(Know)" 아래에 그들의 언급을 기록했다. 얼마 뒤에 조사할 질문들은 차트지 위의 표제 "알기를 원하는 것(Want to Know)" 아래에 기록했고, 학습의 결론을 내리는 토론은 "배운 것(Learned)"이라는 표제 아래에 기록했다. 결과적으로 모든 어린이들이 참고할 수 있었던 학생 대화의 공적이고 계속적인 기록이었다.

Harste & Short(1988), Hepler(1991), Jorgensen(1993), Ogle (1986), Reardon (1988)

다른 한편 월트는 영화가 상당한 토론을 촉발할 것이라는 사실을 가정했다. 모든 어린이들이 전체 수업에 누구나 참가할 수 없을 것이라는 사실을 걱정해서 그는 학급을 각 3~5명의 반응 조로 나누었다. 각 조는 세 가지 질문을 토론하도록 되어 있었다. 즉 영화(혹은 책)에 대해서 여러분을 가장 놀라게 한 것은 무엇인가? 여러분은 이 영화 혹은 책이 왜 남아프리카 밖으로 유포되었다고 생각하는가? 여러분은 이 영화(혹은 책)에서 무슨 이슈들이 학급에서 더 토의되어야만 한다고 생각하는가? 다음으로 학급은 원 모양으로 둥글게 모여 앉아서 모든 어린이들이 다른 참여자들을 볼 수 있었다. 월트는 대화를 주도하려는 여러 남학생들 때문에 화자로부터 화자로 "이야기 지팡이(talking stick)"(나무로 된 바통)를 전달하면서 전체 학급 토론을 위한 보다 더 공식적인 모델을 활용했다. 학생들은 자신들의 차례가 되었을 때 이야기하는 대상을 선정할 수 없었을지라도 모든 어린이들은 토론 동안 적어도 하나의 실제적인 언급을 하도록 요구되었다. 그는 또한 언급을 각각 3분으로 해서, 반응하기 전에 생각할 시간을 학생들에게 주려고 침묵을 위해 종종 그의 손을 들면서 제한하고 간섭을 금지하였다. 이러한 방법으로 학급토론을 이끌어 나가면서 월트는 남학생들이 대화를 독점하지 않았고, 일반적인 토론에서 거의 언급을 하지 않던 여러 여학생들은 자신들의 차례가 되었을 때 훨씬 더 잘 이야기하고 있음을 발견하였다.

반응 그룹들은 토론을 조직하는 것을 도와준다.

Sadker & Sadker (1994), Schuster & VanDyne (1998), Streitmatter (1994), Weikel (1995)

교실 대화에 대한 리앤과 발트 두 사람의 접근은 학생들이 이미 알고 있던 것을 확립하고 가까이에 있는 논제에 관하여 그들이 생각하는 것을 도와주었다. 지역적 관련을 분명하게 하는 것 또한 각 교사가 학생들의 관심을 사로잡는 것을 도와주었다. 이들 초기 토론을 따르면서 각 교사는 탐구를 모양짓고 자극하기 위한 충분한 배경지식을 학생들에게 제공하기 위해서 일련의 경험을 제안한다. 예를 들면 어린 아동들과 더불어 "명성"이라는 개념

토론은 학생들에게 이용될 수 있는 사전지식이 무엇인지 확립하는 것을 도와준다.

교사들은 데이터 수집하기의 본을 보여준다.

Atwell (1987)

에 대한 작업 정의가 필요했다. 어린이들에게 자신들의 조사를 수행하도록 함으로써 리앤은 자료를 수집하고 전시하는 한 가지 방법의 모형을 만들었고, 게다가 그녀 또한 사람들은 동일한 개념에 관하여 다른 아이디어를 가질 수 있다는 사실을 분명하게 했다. 그녀는 학생들이 콜럼버스에 대한 자신들의 해석을 개발하는 것에 관해 편안하게 느끼고 사람들은 다른 견해를 가질지 모른다는 사실을 그들의 동료들이 기대하도록 하기 위한 기초를 놓았다. 단원의 시작부터 학생들은 명성을 구성하는 것에 관하여 다른 사람은 다른 아이디어를 가졌다는 사실을 알도록 도움을 받고 있었다. 다른 한편으로 월트는 약간 다르게 열심히 일을 하였다. 학생들에게 아파르트헤이트의 개념을 정의하기보다 아파르트헤이트는 무엇이며 남아프리카인들이 어떻게 느끼는지를 알도록 하기로 결정하였다. 영화와 소설은 학생들이 해결하려고 고심해야 할 개념의 정서적인 비중에 주목하였고, 시각적으로 이념과 감정의 충돌을 묘사했으며, 새로운 남아프리카에서 역사의 장소에 관한 조직적인 질문을 위한 배경을 수립했다.

다양한 데이터 전거들은 보다 풍부한 배경 정보를 제공한다.

Downs (1993), Greene (1995)

　리앤은 또한 필름을 활용하였으나, 소리나 이야기가 없는 낡은 영상슬라이드를 선택하였다. 그녀는 "콜럼버스에 관한 많은 자료들에 있는 전문용어들은 초등학교 저학년 학생들이 이해하기에는 너무 어렵다. 그래도 만약 당신이 줄거리를 바꾸어서 설명한다면 슬라이드들은 학습에 대한 좋은 안내가 된다."라고 설명하였다. 영상슬라이드는 시대와 장소에 대한 시각적인 이미지를 콜럼버스와 미국 원주민들의 대면에 관련된 일부 사람들에게 제공했다. 이제 학생들은 다른 사람들이 다른 아이디어를 가질 수도 있다는 것을 일부 이해할 뿐만 아니라 자신들이 새로운 아이디어들을 시험할 수 있는 것에 대비하여 정보를 소유하였다. 게다가 리앤은 학습을 통해 나타나는 화물·항해·탐험·만남, 그리고 교환과 같은 용어들 및 국가들과 그 지도자들의 이름들을 소개할 수 있었다. 새로운 단어들이 토론됨에 따라 그것들은 큰 차트지 위에 기록되었고 어린이들은 자신들의 쓰기와 편집에서 그것들을 활용할 수 있었다. 어린이들 또한 그들 개인의 한 주 동안의 스펠링 숙제를 위하여 이들 단어들 중에서 여러 개를 선택하였다.

어휘 구축하기에 대한 관심은 학생들의 역사적 스키마를 풍부하게 하는 데 있어서 중요하다.

Temple, Nathan, Temple, & Burris (1993)

기준선 데이터를 개발하는 것은 학생들의 탐구를 지지하는 것에 결정적이다.

　이러한 도입 활동들은 어린이들이 논제에 대해서 사전 지식이 거의 없을 때 특히 중요한데, 세계사를 다룰 때 흔히 그러하다. 이들 활동들은 보통 어휘를 수립하고 토의를 불러일으킨다. 그러나 학습의 기초가 되는 자료는 계속해서 만들어지는 것이지 손대지 않은 채 보존되는 것이 아니다. 그것은 새로운 아이디어들이 심어지고, 이식되며, 가꾸어지고, 혹은 잡초가 제거되는 모판으로서 역할을 한다. 그리고 이를 통해 처음에는 잡초처럼 보였을지도 모르던 것이 꽃 혹은 반대의 것이 될 수 있다는 점이 드러날지도 모른다. 최선의 경우 반성적이고 학문적으로 훈련된 탐구는 학생들이 역사에 대해서 알고 있다고 생각하는 것을 구축하기도 하고 그에 도전하기도 한다. 그렇다면 새로운 정보가 마지막이 아닌 시작으로서 제시되고 교사들은 "알려 진" 것이 도전으로 끌어올려지도록 주의 깊게 스캐폴딩하는 것이 필수적이다.

Newmann 등(1995), VanSledright (1997/1998)

알려진 것에 도전하라 : 다원적 관점과 변화하는 해석

우리 모두는 특히 우리 자신의 국가에 대한 역사를 부분적으로 안다고 생각한다. 물론 우리는 항상 더 배울 수 있다고 인식을 하지만 이미 안다고 생각하는 그러한 것들의 증거를 대개 찾아보지 않는다. 그래서 알고 있다고 생각했던 것이 도전을 받았을 때 그것은 혼란스럽다. 때때로 우리는 새로운 정보가 잘못이다! 라고 하면서 도전을 거부한다. 간혹 우리는 이러한 도전에 대해 무슨 증거가 있느냐고 하면서 증거를 원한다. 그리고 이따금 우리는 내가 이전에 놓친 것이 무엇인가? 라고 하면서 많은 정보를 찾는다. 우리가 알고 있다고 생각하는 것에 대한 도전은 역사에서 언제나 일어난다. 때때로 도전들은 새로운 정보의 결과로서 온다. 우리는 갑자기 다른 역사적인 관점으로부터 어떤 것을 볼 것을 요구받기 때문에 도전은 훨씬 자주 올 것이다. 즉 브레이브스(Braves) 혹은 레드스킨스(Redskins) 같은 스포츠 팀의 이름에 대한 논쟁을 생각해 보라. 그리고 그 이름에 따라 다니는 상징들, 미국 원주민들에 대한 틀에 박힌 이미지, (인디언들의) 손도끼, 기타 등을 통한 논쟁에 대해 생각해 보라. 혹은 당신이 리틀 빅 혼(Little Big Horn)의 전투를 어떻게 해석할 수 있는지를 생각해 보라.

리틀 빅 혼 전투 국가 유적지는 몬타냐에 있는 역사적 장소이며 박물관이다. 당신은 그것을 "쿠스터(Custer)의 마지막 저항(Last Stand)" 의 장소로서 기억할는지도 모른다. 1876년부터 1976년까지 그 장소는 그와 같이 해석되었다. 곧 쿠스터와 일곱 번째 그룹의 기사(Seventh Cavalry)는 미국 서부의 이주민을 위협한 인디언들과 맞서 싸우면서 최후의 필사적인 전투를 맞이했다는 것이다. 이 지역의 방문객 센터는 쿠스터가 죽은 곳과 밀접하게 위치해 있었고 방문객들은 기사의 관점에서 전장을 참관하였다. 인디언 마을 지역으로 갔거나 전쟁에 대한 미국 원주민들의 관점을 소개받은 극소수의 방문객들도 거의 없었다. 그러나 1960년대가 시작되면서 미국 공원 관리국은 그곳의 해석을 변화시키기 시작하였다. 무슨 일이 일어났는가? 글쎄, 미국 원주민들의 항의와 더 포괄적인 역사에 대해 변화되고 있다고 생각하는 사람들은 리틀 빅 혼을 달리 "보도록" 만들었다. 이 새로운 견해는 낡은 생각에 도전을 하였는데, 그래서 리틀 빅 혼은 그다지 큰 학살이 아니고 보다 큰 전투가 되었고, 서부로 향하는 문명의 의기양양한 행진이 아니라 문화에 대한 좀더 큰 충돌이 되었다. 많은 정보는 그 동안 줄곧 그곳에 있었지만, 그 의미는 극적으로 변화했다. 결과적으로 학자들은 다른 질문을 하였고, 다른 자료를 찾았으며, 새로운 정보를 발견했다. 예를 들면 1983년에서 1994년 사이 리틀 빅 혼에서 작업을 하고 있던 고고학자들은 물리적인 증거인 유물들을 다양한 전투원으로부터의 목격자 보고서와 비교하는 것을 시작했다. 종합적으로 그들은 미국 원주민 보고서들이 물질적인 증거와 밀접히 일치한다는 사실을 발견했다. 결과적으로 그 장소의 현재 역사는 이 새로운 정보를 고려해야만 한다.

여러분이 알 수 있는 것처럼 "알려진 것" 에 대한 도전은 단지 인지적으로만 건전한 수업이 아니다. 그것은 또한 역사 학습하기를 위한 참된 학문 분야로서의 모델이다. 우리가 이미 주목했던 것처럼 어린이들의 스키마는 질문들을 촉발하면서, 그리고 가설을 시험하는

역사는 항상 "진행중" 에 있다.

Appleby 등. (1994), Novick (1988), Todorov (1984)

Linenthal (1994), Welch (1994)

재해석은 종종 낡은 가정과 고정 관념에 도전한다.

Holt (1990a)

Fox (1993), Scott, Fox, Connor, & Harmon (2000)

리틀 백 혼에서 고고학적 직업과 해석적인 노력에 대한 흥미있는 묘사는 http://www.custerbattle.com을 보라.

과정을 통해서 발전한다. 똑같은 것이 역사가들에게도 해당된다. 존재하는 인지구조에 대한 도전이 없다면 그들이 할 수 있는 것은 아무 것도 없기 때문이다. 만일 리틀 빅 혼의 이야기가 1876년에 끝났다면 그 지역이 해석되는 방법이 다시 생각되고, 현재의 역사가들이 더 풍부하고 더 참된 해석을 위해 갈등이 될 만한 설명에 대한 조정 시도는 이루어질 필요가 없었을 것이다. 그러나 이야기는 끝나지 않았고 앞으로도 끝날 수 없다. 비록 무엇이 발생했는가에 대한 갈등이 있는 설명은 없다고 하더라도 역사가들은 왜 발생했는가에 대한 해석을 계속할 것이다. 때때로 이러한 해석적인 재구성을 하는 것은 즉, 풍부하게 하는 것이지만 현재의 인지구조를 의미있게 바꾸는 것이 아니다. 다른 경우 이는 인지구조에 대한 주요한 재구성을 촉발한다. 우리가 콜럼버스의 신세계 발견의 이야기를 말하는 것을 중지하고 문화접촉, 교환과 투쟁에 대해 논의를 시작했을 때처럼 어린이들과 역사가들의 과거에 대한 정신적 모델은 지속적으로 재구성된다. 즉 단지 더 많은 역사적 정보에 대한 학습에 의해서가 아닌 정보들이 무엇을 의미하는가, 다른 관점들이 가능한가, 그리고 새로운 역사 지식들이 현재의 사건들에 미친 영향이 무엇인가를 정기적으로 생각해 보는 것을 통해서 재구성된다.

리앤 피츠패트릭과 월트 키트 두 사람은 자신들의 학생들이 관점 혹은 견해가 어떻게 역사 해석에 영향을 미치고 논쟁에 이르는가를 숙고해 보기를 원했다. 두 사람은 다른 방법으로 이 과제에 접근하였다. 리앤은 콜럼버스 날을 둘러싼 논쟁을 학생들이 이해하도록 도와주기 위한 한 방법은 그들에게 콜럼버스 이야기의 다른 번역서를 소개하는 것이라는 결론을 내렸다. 그녀는 세 권의 그림책을 뽑았다. 그리고 그녀와 보조교사, 학생교사는 반을 세 조로 나누어 각 조는 콜럼버스에 관한 다른 책들에 귀를 기울였다. 이어진 교실논쟁에서 학생들은 비교 차트 위에 정보를 기록하였다. 당신이 표 6.1을 읽어보면 알 수 있듯이 책에는 일치하지 않거나 혹은 다른 책이 주지 못한 정보를 어떤 책이 주는 여러 곳이 있었다.

월트는 보다 나이 많은 학생들과 함께 작업을 하고 있었다. 그래서 그는 학생들에게 아프리카 민족회의와 민족주의자들의 위상을 제시하여 주고 그 다음에 의견 차이의 뿌리를 밝히기 위해 때 맞춰 되돌아갈 것을 요구하면서 시작하였다. 학생들이 역사적인 사건 뒤의 역동적인 감정들과 관점을 인식하는 것을 더 잘 돕기 위해 그는 그래픽오거나이저(도해 6.1)를 활용했다. 이러한 관점들의 상징적인 묘사는 새로운 연합정부가 직면했던 딜레마를 이해하기 위해서 연구되어야 할 필요한 관점이 무엇인지에 관하여 학생들이 생각하도록 도와주었다. 그것은 또한 탐구 조들을 조직하기 위한 하나의 방법으로써 역할을 하였다. 남아프리카의 각각에 배당되어진 한 조는 그래프 위에서 설명하였다. 조금 더 큰 조는 미국·칠레·아르헨티나가 인권 위반의 이슈들과 이들 사건의 국가적인 기억을 어떻게 다루었는지를 조사하는 과제가 주어진 학생들의 짝들과 더불어 세계사의 관점을 제공하는 것이 할당되었다. 그 학급은 2차 대전과 누렘베르그 재판의 영향을 이미 학습한 까닭에 자신들의 현재 학습에 토대를 두기 위한 것에 몇 가지 역사적 사전 지식을 가지고 있었다. 칠레와 아르헨티나의 역사는 대규모 인권 침해에 따르는 주요한 정치적 변화에 직면한 국가들의 보다 더 최근의 사례들을 제공한 반면에 미국 비교는 학생들에게 남북전쟁의 영향과 시

비교적인 세계사는 역사적 관점을 개발하는 것을 도와준다.

	표 6.1 책 비교			
책명과 저자	콜럼버스는 왜 대양을 항해 했는가?	사람들은 세계가 어떠하다고 생각 했을까?	이미 미국에 살고 있었던 사람에게 어떤 일이 일어났 을까?	콜럼버스가 성취 한 것은 무엇인 가?
크리스토퍼 콜럼버스, 당 신은 어디로 가고 있다고 생각하는가? 지안 프리츠 (Jean Fritz) 지음	인도로 가는 지름길(중국 혹은 일본) 금을 원했다. 사람들은 크리 스찬이 되기를 원했다.	"지구는 공처럼 둥글다"는 데 동 의했다. 지구가 얼마나 큰 지에 대해서는 동 의하지 않았다. 인도에 금·보석· 향료가 있다고 생 각했다.	구슬과 콩을 금과 앵무새와 거래했 다. 인디언들은 우호 적이었다. 첫 여행에서 스페 인에 6명을 데려 갔다. 노예로 팔기 위해 500명을 데려갔다. 금을 얻기 위해 인 디언을 죽였다.	바다가 크다는 것 을 증명했다. 일본이나 중국을 찾지 못했다. 그가 길을 잃었다 는 것을 알지 못 했다. 약간의 금을 발견 했다. 스페인에서 유명 했다. 섬에 이름을 부여 했다.
크리스토퍼 콜럼버스 앤 맥거번 (Ann McGovern) 지음	서쪽으로 가서 동방에 도달하 기를 원했다. 스페인을 위한 금을 원했다.	대부분의 사람들 은 지구가 평평하 다고 생각했다. 소수의 사람이 지 구가 둥글다고 생 각하였다.	유리구슬을 거래 했다. 인디언들은 젊잖 고 우호적이었다. 첫 여행에서 스페 인에 10명을 데려 갔다.	그는 스페인에서 는 영웅이었다. 그는 길을 잃어버 린 것을 알지 못 했다. 그는 신세계를 찾 기를 원하지 않았 다.
콜럼버스 이 야기 앨리스 댈그 리쉬(Alice Dalgliesh) 지음	스페인을 위한 금을 원했다.	멀리에 "어둠의 바다"가 있었다.	인디언들은 콜롬 버스가 천국에서 왔다고 생각했다. 종·구슬·모자를 금과 거래했다. 인디언들은 젊잖 고 우호적이었다. 몇몇 인디언들을 스페인으로 데려 갔다.	그는 모든 땅이 스페인에 속해 있 다고 말했다. 최초로 바다를 횡 단했다.

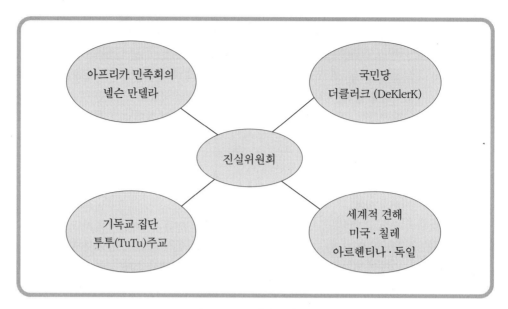

도해. 6.1 그래픽오거나이저

민권과 테러리즘에 관해 지속되고 있는 관심사 속에서 자신들의 나라가 직면했던 것에 관하여 생각하도록 용기를 북돋우었다.

자료 선택하기 · 수집하기 · 조직하기

Foster & Yeager(1999), Freeman & Person(1992), Hyde & Bizar(1989), Pappas 등 (1999), Wells (1994)

모든 학생들이 도전할 뿐만 아니라 성공할 수 있도록 역사 탐구를 조직하라.

리앤과 월트 두 사람은 학생들에게 교실이나 학교도서실에서 이용할 다양한 자료원을 제공하였다. 두 사람은 학생들의 작업에 대한 독립심이 각기 다를 것이라고 가정했다. 두 교사는 학생들의 나이와 경험을 고려하면서 조사자로서 자신들의 학생이 성공할 수 있도록 돕는 적절한 방법들을 선택했던 것이다. 리앤의 첫 번째 문제는 그녀의 학생들 중 그 누구도 이전에 학문적인 조사와 관련이 없었다는 것이다. 리앤의 학생들은 아직 독립적인 독자가 아니었다. 그녀는 이 시점에서 학습자료의 선택에 초점을 맞추지 않기로 결정했다. 오히려 그녀는 자신이 제공한 자료로부터 정보를 선택하고 조직하며 그들의 동료에 의해 이용 가능한 방법으로 그것을 의사소통하는 활동을 구성했다. 게다가 통합된 교육과정 모델의 사용은 수학과 같은 학문영역이 그녀의 수업에 합쳐지는 방법을 자신이 찾을 수 있도록 했다. 그녀는 어떠한 과제가 그 집단에서 해결 가능해 보이는지에 기초해서 학급을 다섯 개 조로 나누었다.

1조: 글로벌 관점. 리앤은 커다란 세계 백지도 · 지구(본) · 평면지도를 제공하였다. 학생들은 자신들이 이미 개발한 비교 차트를 참고하고 아래의 질문에 답하기 위해 지구본과 평면지도를 사용했으며 정보를 백지도에 옮겼다. 그 다음에 그들의 지도는 좀더 심도있는 토론을 위해서 참고용으로 교실에 걸렸다. 질문은 세계지도에서 다음을 찾는 것을 포함했다.

1. 콜럼버스가 재정지원을 요청했을 때 거절한 왕이 살았던 나라(영국 · 프랑스 · 포르투갈)

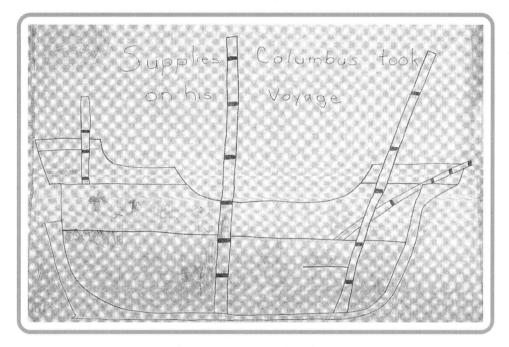

도해 6.2 배의 횡단면

2. 콜럼버스에게 항해비용을 제공하기 위해 돈을 준 나라(스페인)

3. 콜럼버스가 여행하고 싶어 했던 나라(인도·중국·동인도·일본)

4. 아메리카에 도착하기 위해서 콜럼버스가 따라간 길

2조: 좁은 장소에서의 생활. 리앤은 배·줄·자·기타 등의 커다란 횡단면 그림을 제공했다. 콜럼버스 배의 크기를 재보고 적정한 길이(90피트)로 줄을 자른 뒤에 어린이들은 이전의 화물(음식·장작·물·와인·로프·항해용품)을 알아보기 위해서 자신들이 이전에 사용한 비교 차트·책·그림을 사용했다. 배의 횡단면(도해 6.2를 보라)에 그들은 콜럼버스가 필요하다고 생각한 화물을 그렸다. 후에 놀이터 위에 배의 윤곽을 표기했다. 그래서 아동들은 배를 알맞게 활용할 수 있었다. 아동들은 그렇게 긴 시간 동안, 그렇게 좁은 장소에서, 그렇게 많은 사람들과 함께 배에서의 생활이 어떠했는가에 대해서 생각하도록 요구받았다.

3조: 변화의 씨앗. 이 조의 과제는 유럽인들에게 친숙하지 않은 어떤 종류의 새로운 식물이 아메리카에서 발견되었는가를 찾아내는 것이었다. 다시 리앤은 어린이들이 과일·채소·먹을 수 없는 식물로 범주화한 차트와 함께 적절한 책을 제공했다. 어린이들은 각 범주에 식물 그림을 그리고, 그 다음에 그들의 삽화에 라벨을 붙였다. 도해 6.3을 보라.

4조: 날짜 계산하기. 4조와 5조에는 가장 어린 아동들이 몇몇 있었는데, 그들에게 시간의 개념은 상당한 지원과 시각적인 강화가 필요했다. 4조의 과제는 콜럼버스의 항해가 얼마나 오래 지속되었는지를 보여주는 연대기를 만드는 것이었다. 그들은 8월에서 10월까지의 달력을 가져와서 그것들을 잘라 연표 위에 놓고 주들(weeks)의 수를 표기하고 여행에 소요된

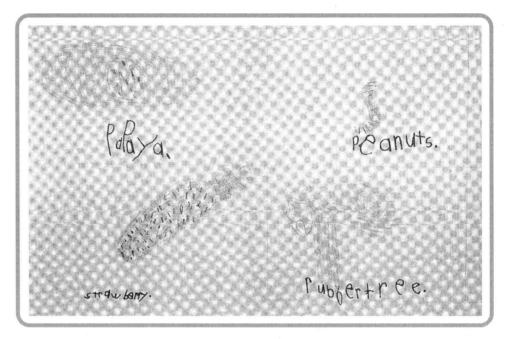

도해 6.3   새로운 식물의 세계

날을 계산했다.

5조: 한 세기는 얼마나 긴가?   이 조 또한 시간에 대한 시각적인 표현을 개발하는 것이었으나 그들의 과제는 지금부터 1492년까지는 몇 백 년이었는가를 보여주는 연대기를 만드는 것이었다. 그들은 10단위로 연결정육면체(unifix cubes)[6]를 첫 번째 덩어리로 묶은 다음 100년의 기간을 표시하기 위해 10의 10개 그룹(10단위를 기준으로 한 10묶음)을 뒤에 표식함으로써 100년 단위의 증가마다 시간을 표시했다. 연대기가 커지면서 그것은 교실에 휘어 구부러졌고 어린이들이 콜럼버스 시대에서 떨어진 것이 얼마나 오랜 시간 간격인지에 대한 인상적인 시각화를 제공했다.

월트의 문제는 다소 달랐다. 그의 학생들은 자료를 선택하고, 작성하며, 적절하게 인용하는 것 등에 있어서 어느 정도의 경험이 있었다. 그러나 논쟁적인 논제를 조사하는 데는 경험이 적었다. 특히 그들은 단순히 의견을 발표하는 것 이상으로 "무슨 의미인가? 근거는 어디에 있는가? 그것은 바로 그의 의견이에요!"라는 등 의견의 문화적·역사적 뿌리를 밝히고자 하는 시도로 나아가는 데 어려움을 느꼈다. 즉 견해의 문화적이고 역사적인 근원을 밝히기 위해서 노력하는 것이다. 월트는 현재 관점들에 관한 역사 자료들에 대해서 학생들이 생각하도록 돕기 위해 여러 기술들을 시도해 보기로 결정했다.

자료 묶음.   월트는 학생들이 인구통계학적인 데이터·신문·잡지·만화·비디오테이프와

학생들은 논쟁의 여지가 있는 논제들을 조사하는 데 있어서 특별한 도움을 필요로 한다.

Allen (1999), Carlisle (1995), Dickinson (1993), McGinnis (n.d.), Shemilt (1987)

---

6) unifix cubes는 정육면체에 암수가 있어서 연결할 수 있는 것을 말한다. 수학에서 유형화·그룹화·분류하기·셈하기·숫자들·더하기·빼기·곱하기·나누기를 위해 활용되고 있으며 다른 교과에서도 사용된다.(역자 주)

같은 새로운 어떤 자료들을 사용하는 방법을 그들에게 학습시키기 위해 1차 자료와 2차 자료·남아프리카·칠레·아르헨티나에 관한 배경지식을 같이 준비했다. 각 묶음은 나이·인종·교육 등에 관한 인구통계학·차트·신문과 잡지기사의 사진복사물·사진·소설 등을 포함했다. 그는 남아프리카에서의 몇 가지 행사를 다룬 비디오테이프, 아르헨티나의 후안과 에바페론에 대한 약간의 필름, 칠레 민주주의의 붕괴 이후의 사진을 구할 수 있었다. 각 항목에 그는 학생들이 자료를 사용하고 비평하는 데 도움이 될만한 간단한 안내 질문을 붙였다.

Pappas 등(1999)

2단 저널(Double Entry Journals).

각 조가 자신들이 연구하는 관점에 따라 데이터를 모으기 위해 자료집을 사용하기 시작하면서 월트는 그들에게 2단 저널을 쓰라고 요청했다. 학생들은 각 단위에 정보의 자료를 나열했다. 그 입장에 정반대되는 첫 번째 칼럼에서 학생들은 반대되는 논쟁이 무엇이라고 생각하는지에 대해서 기록했다. 예컨대 진실위원회가 복수를 초래할 것이라는 더클러크(deKlerk)의 입장과 몇몇 사람들은 이미 악명 높은 국가정책에 대해서 공공재판을 요구하고 있고, 만약 이러한 일들이 일어난다면 군대지도자들은 연합정부를 전복시키겠다고 위협했다는 첫 번째 칼럼에서 서술된 제기될 만한 반격을 학생들이 인용하는 것이다. 두 번째 칼럼에서 학생들은 만델라와 아프리카민족회의(ANC)가 만일 과거의 잔혹 행위들을 비밀에 붙이기로 한다면 그 나라 정책의 희생자였던 사람들과의 관계를 유지할 수 없을 것이라고 생각했다. 이러한 기술을 사용하면서 월트는 학생들이 자신들의 입장을 좀더 명확하게 하거나(또는 강요하거나 하기 위해서) 그들이 어떠한 지원이 필요한지에 대해서 생각하도록 도와주기를 원했다. 그는 "결국 사람들은 자신들의 신념을 위해 정부를 조직하고 체포하며, 다른 사람들에게 형을 집행하고 추방시키며, 자신들의 삶을 희생한다"라는 사실을 학생들에게 생각나도록 했다.

Atwell (1987)

저널들은 조사연구를 조직하도록 도와준다.

저널들은 학생들이 입장들을 지지하도록 도와준다.

Boner(1995),
Cuthberston(1995)

주요 인물과 사건을 도표로 그리기.

월트는 또한 학생들에게 다른 관점을 나타내는 사람들의 자취를 더듬어보는 방법으로 그래픽오거나이저의 범주 안에서 중요한 이름들을 기록하라고 요구했다. 그 때 다른 학생들은 자신들이 어디에서 반대되는 관점을 찾았는지를 기록할 수 있었다. 학급의 연대기는 학생들에게 정보를 연대 순으로 정리하는 것을 도와주었고, 원인과 결과의 관계에 대해서 생각하는 것을 더욱 쉽게 해주었다.

학생들이 개개인의 정보를 남아프리카 역사의 보다 큰 틀에 연결시킬 수 있도록 도와주기 위해서 월트는 정기적으로 전체 집단을 대상으로 경험을 제공했다. 그는 새 연합정부에 대해서 이야기해 줄 연사를 초청했다. 그는 또한 각각의 학생이 남아프리카가 배경인 소설한 권(독서목록을 보라)을 선택해서 읽을 것을 요구했고, 그 소설에 대한 소집단 토론을 시켰으며, 학생들에게 남아프리카의 식민지·보어전쟁·인종차별정책의 근원에 대한 배경자료를 읽도록 했다. 1시간 동안에 그는 남아프리카의 정치적인 자료지도를 제공했고, 그 나라의 지역적인 차이점에 대한 토론으로 이끌어갔다. 학생들은 토론에 참가하면서 자신들 연구의 결론에 도달하는 것을 기대하였다.

숙제로서보다는 오히려
수업에서 조사연구를
안내하는 것이 결정적
이다.

비록 각 수업에서 일부 숙제는 교실 밖에서(조사를 하거나 책을 읽는 것) 행해진다 하더라도 연구(수업)활동의 대부분은 교실 내에서 행해진다는 것을 기록하는 것은 중요하다. 이것은 학생들에게 특별한 조사기술을 가르쳐 주는 기회만큼이나 큰 형평성의 문제이다. 교실 내에서 연구활동을 한다는 것은 집에서 이용할 자료가 적은 학생들에게 불이익이 없다는 것을 의미한다. 게다가 그것은 학교에서 조사연구를 하는 것과 비교해 볼 때 집에서 조사연구를 하는 방법을 학생들에게 가르치는 데 결코 교육적 부담을 주지 않는다. 최종적으로 교실 내에서 조사활동을 하는 것은 교사가 학생들로 하여금 다른 청중들과 함께 그들이 학습하는 것에 대해 의사소통을 위한 적절한 형태에 대해 생각해 보도록 도와 줄 수 있게 해준다.

발표하기 : 청중은 누구인가?

월트와 리앤의 교실에서 개발되고 있는 것들과 같은 탐구 공동체가 성장하면서 그들은 일을 공유하고 평가하기 위한 전략을 개발할 필요가 있다. 상당히 실질적인 탐구를 해온 학생들은 자신들의 공부를 종결짓기 위해 최종시험 이상을 요구한다. 왜냐하면 그들은 자신들이 학습한 것을 대중들이 이해하도록 하기 위한 기회를 필요로 하기 때문이다. "대중에게 가는 것"은 학생들이 다른 사람들에게 발표하기 위해서 조사하는 과정에서 알게 된 것을 조직화하는 것을 의미한다. 여러분이 단순히 시험을 위해 학습할 때와 반대로 어떤 교과를 가르치면서 얼마나 많이 공부했는가를 생각해 볼 때 탐구의 이러한 부분의 중요성을 깨닫게 될 것이다. 4장에서 티나의 경험을 회상해 볼 때 학생들은 종종 자신들의 학습에서 중요한 것을 가려내어 그 정보를 특정 청중을 위해 조직화하는 데 어려움을 가지고 있다. 그러한 "표상적인 말하기"는 훈련과 교사로부터의 실질적인 지지가 필요하다. 리앤의 학생들은 표상적 말하기에 거의 경험이 없었기 때문에 그녀는 학생들이 자신들의 조에서 사용했던 다른 그래픽오거나이저를 사용할 수 있는 조그만 학급 내에서의 많은 발표를 통합했다. 그래서 두 조는 차트를 언급했고, 지도는 세 번째 조에게 중점사항을 제공했으며, 마지막 두 조가 연대기를 사용하였다. 각 조가 학습한 것을 설명한 후에 리앤은 동료로부터 질문과 코멘트를 하려고 토론을 시작했다. 뒤이은 토론에서 그녀는 조 전체가 자신들의 학습 결과를 심도 있게 종합할 수 있도록 학생들을 도왔다. "우리는 모든 조의 프로젝트를 보았기 때문에 비교차트로 돌아가서 아직까지 우리의 의견이 일치하지 않는 정보가 있는지를 살펴보자"라고 그녀가 말했다. 그리고 나서 토론에서 학생들은 다른 자료에서의 정보가 어떤 곳에서 동의했거나 혹은 동의하지 않았는지를 주목했다. 그들은 어떤 몇몇 자료는 이사벨라 여왕이 콜럼버스의 항해 비용을 위해 그녀의 보석을 팔았는지 아닌지에 대해 달랐고, 모든 자료가 토착 아메리카인을 유럽으로 데려갔다고 언급한 것은 아니었다는 사실을 발견했다.

선행 작업의 하나로 많은 토론과 논쟁을 하면서 리앤은 학생들을 다시 첫 번째 질문으로 이끌고 갔다. 즉 크리스토퍼 콜럼버스는 유명했는가? 그리고 만약 그렇다면 그는 왜 유명했는가? 그녀는 학생들에게 역사학자들이 과거에 대해서 사람들에게 어떻게 말하는지를

Atwell (1987), Flack
(1992), Graves (1983),
Jorgensen (1993)

Pappas 등(1999)

기억할 수 있는지를 물으면서 "자 이제 여러분은 역사학자가 되어 우리가 질문한 문제에 대해 대답할 기회를 가지게 될 것이예요."라고 말했다. 학생들은 책·영화·연설 등의 몇 가지 제안을 했고 마침내 콜럼버스에 관한 책을 쓰기로 결정을 했다. "역사학자들은 과거에 대해 각자 다른 아이디어를 가지고 있지만 자신들은 사실을 사용해야 한다는 것을 기억하세요."라고 리앤이 설명했다. "역사학자들은 또한 누가 자신들의 책을 읽을지를 생각하고 자신들의 독자가 잘 이해할 수 있도록 사실을 설명한다. 누가 우리 책을 읽을까?" 학생들은 자신들의 부모와 친구들이 처음 조사를 도와주었기 때문에 자신들이 학습한 것을 읽는 데 관심이 있을 것이라고 결정했다. 그 학급은 10월 말에 특별한 크리스토퍼 콜럼버스 발표회에서 그들의 책을 부모와 함께 공유하기로 결정했다. 관객을 마음 속에 염두해 두고 서술된 장르인 전기가 선택되었고, 그들 학습의 결과물도 교실 곳곳에 전시되었으며 학생들은 글을 쓸 준비가 되어 있다. 작가들의 워크숍 동안 학생들이 글을 쓰고 편집하여 출판하기 위해 매일 시간을 마련해 두었으며, 혼자 글을 쓰는 작가들인 어린이들은 "크리스토퍼 콜럼버스가 영웅이었나?"와 같은 질문에 답해 줄 크리스토퍼 콜럼버스의 전기를 시작했다. 다른 학생들은 그들의 이야기를 어른들에게 받아쓰게 했다. 약 2주 정도의 시간이 지나서 어린이들은 글을 쓰고 어른이나 동료들과 토론하고 편집하며 분명히 설명하고, 이후 그들의 책을 출판했다. 편집장으로서 리앤은 출판에 앞서 각 어린이들 이야기의 역할에 대한 하나의 제안과 메시지의 구성요소에 대한 하나의 제안을 했다. 콜럼버스의 발표회에서 아래의 사실들을 포함하면서 아동들은 그들의 전기들을 공유했고 프로젝트를 발표했으며 학습한 것을 토론했다.

역사가들은 사실들을 이용해야만 한다.

학생들은 적합한 역사 장르를 선택할 수 있다.

"동일한 주제에 관한 책들은 당신에게 다른 정보를 줄 수 있다."

"당신에게 어떤 것을 말해주기 위해서 다른 지도는 다른 색깔을 사용할 수 있다. 대양은 보통 파란색이지만 갈색일 수도 있으며, 그리고 이탈리아는 노란색이거나 분홍색일 수도 있다."

"우리는 프랑스·포르투갈·스페인·영국·이탈리아·인도·중국·일본이 어디에 있는지를 알았다. 또한 아프리카·대서양·태평양·인도양·지중해도 어디에 있는지 알았다. 그리고 미국과 카리브해 군도들도 어디에 있는지를 알았다."

"당신은 500년 전에 했던 것처럼 오늘날에도 바다 항해에서는 많은 양의 똑같은 물건들을 가져갈 필요가 있다."

"우리는 현재의 삶이 콜럼버스의 시대와 비교해서 더 편리하다는 것을 학습했다."

"다른 나라는 다른 종류의 음식을 재배한다."

"만약 당신이 10단위로 100까지 카운트 한다면 500까지 카운트하는 것은 더 쉽다."

"콜럼버스는 인디언들을 공정하게 다루지 않았다. 그런데 그는 왜 영웅으로 생각되고 대양의 제독으로 생각되는가? 그는 유명했다."

리앤이 그녀의 학급을 위해 정한 방법에서 모든 조사들이 외부 청중을 필요로 하는 것은 아니다. 월트의 수업에서 학생들은 동급생 청중을 더 좋아하는 경향이 있었고, 그는 개개인들이 대중적인 이슈에 대해서 어떻게 행동을 취하는가에 초점을 맞추기를 원했다. 게다

평가는 주 요구사항과
탐구 관점 둘 다와 조화
될 수 있다.

가 그가 속한 주(state)의 평가체계는 성취평가를 요구했고 월트는 학생들이 사회과 포트폴리오와 같은 개인적이고 평가 가능한 결과물을 필요로 한다는 것을 알았다. 그 결과 그는 세 가지 다른 수준에서의 "보고서 쓰기(reporting out)"를 조직했다.

원탁 협상(Round-table Negotiations). 월트는 학생들이 남아프리카인들의 "진실위원회"에 관한 다른 입장에서 그들의 조사연구를 완성했을 때 의견 합의에 대한 학급훈련 기간을 가졌다. 그리고 나서 그는 한 명의 중재인 학생과 각 원형 탁자마다 문제에 관한 각기 다른 관점을 대표하는 학생을 선발했다. 중재자는 그 과정에서 협상을 하는 한편 시간 기록계원의 역할을 하기로 되어 있었다. 일단 모든 학생들이 원탁에 배정되면 그들에게는 각자의 입장에서 주요 논쟁을 펼칠 수 있도록 수업의 남은 시간이 주어졌다. 다음 수업 동안에는 협상이 시작되었다. 학생들은 진실위원회의 조직과 기능에 관해서 그들의 집단 내에서 어떤 합의점에 도달할 수 있는지를 알아보도록 되어 있었다. 학생들은 과제로 자신들 조의 결과에 대한 그들의 이해를 요점 정리하는 간단한 진술문을 쓰도록 요구받았다. 어떤 동의점이 있었는가? 어떤 동의하지 못한 점이 있었는가? 다음 시간에 다시 칠판에 입장을 도표로 표시했으며, 동의하는 부분과 동의하지 않는 부분들은 토론하였다.

McGinnis (n.d.)

편지 쓰기(Letter Writing). 원탁 협상에 이어 학생들은 그들 조사연구의 결과로 어떤 행동을 취할 수 있을지를 생각해 보라는 요구를 받았다. 그들이 자신의 견해를 가지고 있기 때문에 그 견해들은 어떤 목적으로서의 역할을 할 수 있을까? 처음에는 교실에 조용한 침묵이 있었다. 결국 한 학생이 제안을 하기 위해 "의회나 어떤 사람"에게 편지 쓰기를 제시했다. 월트는 그들의 견해가 수록되어야 할 장소의 목록을 만들기 시작했다. 예컨대 지역신문사·뉴스 잡지·의회대표단·넬슨 만델라·데스몬드(Desmond) 교황에게로의 편지 등이다. 각 원탁 조는 여러 선택 사항들 가운데 하나를 선택해서 이를 지지하는 데이터와 함께 그들의 견해와 제안을 요청하는 편지를 썼다.

NCSS(1994)

입장 보고서(Position Papers). 마지막으로 월트는 학생들에게 학습에서 뒤로 물러서서 자신들의 생각이 학습을 시작할 때와 얼마나 변화되었는지 생각해 보라고 요청했다. 그는 학생들에게 자신들의 학습 노트와 대화일지를 일일이 조사해 보고 남아프리카에 대한 자신들의 요구가 그들에게 어떤 종류의 역사적 인물들을 학습할 필요가 있다고 이야기해 주었는지 생각해 보라고 요청했다. 짧은 토론 후에 월트는 두 개의 기사를 주었다. 하나는 KKK(Ku Klux Klan)와 같은 문제들을 생각하기 위해 학교 역사를 비판하는 기사였고, 다른 하나는 학교 역사가 과거에 있었던 문제들을 너무 자주 무시한다고 불평하는 기사였다. 그는 "이제 너희들 자신의 나라에서 이 문제에 대해 태도를 취하는 것은 너희들의 차례야"라고 설명했다. "이 두 기사에 대해 너희들이 비평하는 것에 도움이 되기 위해서 남아프리카에 관해 너희들이 배운 것을 사용하라. 미국 학생들은 우리 자신의 과거에서의 문제에 대해 알기 위해서 무엇을 알아야 하는가?" 이러한 문제에 대한 답을 구하는 기준으로 월트는 한 학생이 취하게 될 특별한 입장보다는 오히려 각 입장에 대해 지지하기 위한 특성들이

학생들이 참된 방법으로 학습한 것을 이용하도록 격려하라.

Newmann 등(1995)

평가의 기본이 되어야 한다고 강조했다.

리앤과 월트 두 사람이 세계의 다른 곳에서 일어난 일과 어린이들이 역사의 뒷마당에서 일어난 일을 연결하려고 애쓰면서 그 지역과 전 세계를 왔다 갔다 했다는 것을 주목하라. 리앤은 어린이들에게 우리가 콜럼버스 날을 축하해야 하는지 아닌지를 생각해 보라고 요구했다. 월트는 학생들에게 자신들이 생각하기에 남아프리카에 좋은 것이 똑같이 미국에서도 적합한지를 물었다. 어린이들을 더 멀리 떨어진 시대와 장소로 연결시키거나 또한 친숙하지 않은 것을 친숙한 것으로 연결시키는 많은 다른 방법들이 있다. 한 방법은 국제적인 연사들이나 여행가를 교실로 초대하는 것이다. 예컨대 루비 예신(Ruby Yessin)의 수업에서 1학년 학생들은 스코틀랜드와 영국을 학습했다. 왜냐하면 교사가 두 나라를 여행하면서 학급에 엽서를 보내고 나서 여행을 마친 뒤에 그 학급을 방문한 어른 한 분을 정했기 때문이다. 그 손님은 현재의 영국과 스코틀랜드, 그리고 역사적인 영국과 스코틀랜드 양자를 나타내는 유물을 가져왔다. 즉 동전·놋쇠 닦는 장비·경찰관 모자·바이킹 정착촌 건물을 나타내는 방향 표시등 등이다. 어린이들은 그 유물을 잘 살펴보고 동전을 헤아려보며 동전 탁본에 사용된 상징에 대해 토론하는 것을 즐겼다. 또한 그들은 자료 속에 그려진 몇몇 빌딩들이 얼마나 오래되었는가를 토론하면서 삽화가 그려져 있는 자료원에 매료되었다.

Levstik (1993)

다렌(Darren):	이들 가운데 일부는 진짜로 새것입니다. 그들은 단지 그것들이 진짜 섬처럼 보이게 만들었어요.
연사:	글쎄. 우리나라에서도 그렇게 해요. 그렇지 않나요. 당신이 보고 있는 저것은 꽤 새것입니다. 그것은 이제 겨우 150년 되었어요.
카트리나(Catrina):	150년! 오래되었군요!
미첼(Mitchell):	바이킹들은 그것보다 더 오래되었어요.
교사:	바이킹들은 얼마나 오래 전인가요? 누구 기억하고 있나요?
	아무도 회상을 할 수 없었다. 그들은 그것이 "오래 오래 전에, 그들이 그런 배를 가지고 있었을 때까지 거슬러 올라간다"라고 생각한다.

이 대화는 학생들이 바이킹 필체를 써보고 바이킹 마을의 모형을 만들어 보면서 바이킹에 대해 더 많은 관심을 이끌어냈다. 그들은 또한 요크(York) 지방에 있는 바이킹 유물 발굴에 대한 일련의 슬라이더의 세밀한 부분에 관해 질문하면서 한 시간의 상당 부분을 보냈다. 그들은 그 마을에 얼마나 오래 전에 사람들이 살았는지를 계산했고, 바이킹들이 어떻게 콜럼버스와 같은 유럽 탐험가들이 되었는지에 대해서 이야기했다. 그들은 바이킹들이 동물가죽·뿔·기타 등을 사용했던 방법을 토의하기도 했다. 한 어린이는 노르웨이식 이름으로 자신의 모든 숙제를 제출하기조차 했다.

어린이들이 알고 있는 사람(초청 인사)과 아동들이 우편엽서에서 보았던 장소에서 가져온 유물을 가지고 수업을 시작함으로써 학생들의 관심을 끌 수 있었다. 그들은 일시적인 흥미 조를 형성하고 다시 형성하면서 더 많은 정보를 찾았고, 슬라이더와 책들이 제공할 수 있는 정보에 각별히 주의하였다. 초청인사는 학생들이 학습하는 지역 사이의 개인적인 관련을 가질 수 있도록 도와주었다. 그 결과 영국과 스코틀랜드는 알기 쉬운 장소가 되었

흥미 그룹들은 일반적으로 임시변통의 구성들이다.

다. 즉 익숙한 어떤 사람들과 함께 그 곳에 가는 것도 가능하였고, 또한 학생들이 그 곳에 가는 것도 가능하였다.

Wilson (1983)

월트 키트 또한 국제적인 초청 인사를 활용했다는 것을 당신은 기억할 것이다. 그는 원탁협의의 결과를 학생들과 토론하기 위해서 남아프리카 대학생을 초대했다. 다시 한 번 초청 인사의 존재는 교실에서 학습하고 있는 문제를 더 심도 있게 개인화시켜 주었고, 남아프리카를 보다 현실적으로 만들었다. 결국 초청 인사는 아파르트헤이트를 겪으면서 더 포괄적인 민주주의로의 변환기를 직접 보았고, 또한 학생들이 차이점과 유사점을 알 수 있게 도와 줄 만큼 충분히 미국에 대해 알고 있었다. 이것은 역사에 있어 좀더 세계적인 관점을 발전시켜 나가는 장점들 중의 하나이다. 물론 다른 나라에 대해 학습하는 것은 그 자체로 흥미롭다. 그러나 그것은 또한 우리들에게 우리 자신의 문화를 새로운 눈으로 보게 해준다.

이러한 접근이 문제가 없는 것은 아니다. 다른 문화간의 탐구를 격려하는 것은 전통적인 해석에 도전하는 것이고 지속된 신화에 의문을 가져온다. 다른 교사들은 이런 접근에 반대할지도 모른다. 새로운 해석이 국가 자존심을 위협한다고 생각할 수도 있다. 몇몇 부모들은 또한 자신들의 다섯 살짜리 자녀가 콜럼버스가 아메리카를 발견한 것이 아니었고 유럽인들은 또한 토착 아메리카인을 잘 대접하지 않았다고 배우는 것이 혼란스럽다는 것을 알게 될지도 모른다. 다른 사람들은 미국의 인종문제와 세계 다른 지역에서의 인종문제 사이에 명백한 비교를 하는 것을 원하지 않을지도 모른다. 교사들은 이런 잠재적인 문제들을 무시할 수는 없다. 그러나 당신은 미리 계획을 해서 이러한 도전에 재치있게 대응할 수 있어야 한다. 명백하며 이용 가능한 증거와 무엇이 현재의 학술을 대표하는가를 강조하면서 가능한 한 균형잡힌 방법으로 논쟁적인 이슈를 제공하라. 『Social Education』, 『Social Studies and the Young Learner』, 『The Social Studies』, 『The History Teacher』와 같은 학술지들은 이런 판단을 하는 데 있어 도움을 줄 수 있다. 게다가 『사회과를 위한 NCSS 교육과정 표준: Expectations of Excellence』와 『National History Standards』 같은 문서들은 근거가 확실한 해석을 구성하는 것을 결정하는 데 도움을 줄 뿐만 아니라 이 책에 서술된 접근법에 대해 뒷받침할 수 있는 것을 제공한다. 크라우스(Kraus) 국제 출판사들 역시 K-12 사회과목 교육과정의 안내를 만들어 내는데 『Social Studies: Curriculum Resource Handbook』과 같은 것이 있고, 이것은 사회과(역사를 포함한)에 있어 다양한 관점의 소개를 결정하고 방어하는 데 보다 많은 도움을 제공한다.

K. Young (1994)

논쟁적인 이슈들에 관한 관심에 반응하기 전에 계획하라.

Kraus (1992), National Council for the Social Studies (1994), National History Standards Project (1994a, 1994b)

최종적으로 역사를 제시하는 것이 "진실"에 대한 하나의 버전이라기보다는 오히려 해석의 과정으로 보여준다면 여러분은 관련된 동료나 학부모들에게 그런 접근법에 대한 근거를 설명할 수 있어야 한다. 역사적 사고의 마지막 결과물이 되는 어떤 하나의 설명을 가지도록 요구하기보다는 학생들이 근거가 확실한 해석을 발전시켜 나가도록 도와주기 위해 여러분이 노력하고 있다는 것을 설명하는 것은 종종 도움이 된다.

당신 자신의 교육과정 선택을 위한 근거를 알아라.

우리와 같이 일했던 대부분의 교사들은 자신들의 학생들이 역사학습에 즐거워하면서 관심을 가질 때 대부분의 동료교사들이나 학부모들이 기뻐하고 지원해 주었다는 것을 알게 되었다. 역사적 신화에 대한 이런 도전적인 접근에 있어서 자주 교사들이 매우 심각한 문제로 보고하는 것은 더 넓은 문화권에 있는 신화들의 영속성이다. 예컨대 포카혼타스 (Pocahontas)가 이미 인기 있는 애니메이션 영화로 소중히 되어져 완구(장난감)와 상업적 광고로 재생산된 시점에서 포카혼타스를 둘러싸고 있는 신화에 도전장을 내는 것은 어려운 일이다. 똑같은 것이 콜럼버스가 지구가 둥글다는 것을 입증했다는 신화의 지속성에도 적용된다(물론 지구가 둥글다는 것은 그 당시 교육을 받은 모든 사람들에게는 단지 알려진 하나의 정보였다).

학생들이 충분히 참여해서 그들의 학습에 관하여 열심일 때 종종 부모들도 그렇다.

Burton (1991)

역사적 신화의 지속

크리스토퍼 콜럼버스는 1492년 10월 12일 아메리카를 발견했다. 해적들은 그에게 덤벼들었다. 그의 배는 침몰했지만 그는 다른 것을 뒤로 하고 떠나야만 했다. 왜냐하면 다른 배들의 선상에는 자리가 충분하지 않았다. 침몰한 그 배는 산타마리아호로 불려졌다. 그것은 항해하는 데 최고의 배였다. 콜럼버스는 생존했고 자신의 일을 계속 진행했다. 그는 살아 남았다. 콜럼버스의 모든 친구들은 세계가 평탄하다고 생각했다. 크리스토퍼 콜럼버스는 그렇게 생각하지 않았다. 항해는 그가 옳았음을 증명했다. 항해는 그를 영웅으로 만들었다.

-스티브(Steve), 나이 5세(구술한 이야기)

학문적 탐구에서 그녀의 첫 시도를 되돌아보건대 리앤은 그녀 학급 학습의 여러 측면들이 자신을 놀라게 했던 사실을 주목했다. 무엇보다도 그녀는 학생들의 열정의 수준과 자신의 학급에 있는 다른 연령 집단들이 프로젝트에 대해 함께 작업한 방법에 기뻤다. 소그룹에서 작업하면서 아동들은 함께 작업하는 것을 배워야만 했다. 그들은 자신들의 정보를 사진을 보면서 찾아내야만 했다. 조금 나이를 먹은 아동들은 글을 읽을 줄 모르는 아동들과 자신들이 나눌 수 있고 나누었던 정보를 읽었다. 그래서 그들의 프로젝트는 완성되고 이해될 수 있었다. 프로젝트를 마쳤을 때 모든 아동들은 자긍심과 성취감을 발전시켰다. 그러나 역시 문제들도 있었다. 먼저 프로젝트는 리앤이 예상했던 것보다 더 많은 시간이 소요되었다. 그녀의 팀 교사들은 그녀의 학급이 크리스토퍼 콜럼버스에 관한 학습을 마치기 이전에 다른 논제들로 옮겨야만 했다. 둘째, 하루 혹은 이틀 이상을 결석한 아동들이 학습에 다시 참여한다는 것은 매우 어려웠다. 어떤 어린이는 1주일 이상을 그의 부모와 여행하기 위해 학교 밖에 있었다. 비록 리앤이 어린이들은 무엇을 작업하고 있는지에 대해 설명하고 그 소년의 부모는 어린이가 콜럼버스에 대해 학습하는 것을 도와주겠다고 동의하였지만, 그것은 학급이 경험한 일부가 아니었고, 그의 마지막 책은 그의 참여가 부족하다는 것을 보여주었다. 책에는 단지 2줄 정도의 이야기가 있었지만 명성에 대한 질문을 다루지는 못했다. 다른 부모들은 아동들의 과제에 대해서 매우 좋아했고, 일부 부모들은 이 과제가 그 해 자기 아이(아이가 작성한)의 최고의 작문노력이라고 논평했다.

깊은 탐구는 시간을 필요로 한다.

Blythe (1989), Newmann 등(1995), Pappas 등(1999)

리앤은 또한 어린이들이 자신들의 책에서 심사숙고했던 이슈에 관심이 있었다. 거의 모

신화들은 심화 탐구에
도 불구하고 존속할 수
있다.

Pappas 등(1999)

든 학생들은 콜럼버스가 가짜 보석을 가지고 진짜 금과 교역했다는 점을 기록했다. 그들
가운데 과반수 이상은 콜럼버스가 인디언들을 스페인으로 데리고 돌아갔다는 점을 기록했
다. 다른 한편으로 리앤은 학급이 토론에서 분명히 받아들이지 않았다고 생각한 신화의 지
속에 의아해 했다. 설명상에서 모순을 지적했던 비교 차트를 개발하는 것에 관해서 작업을
해 왔음에도 불구하고 스티브(Steve)를 포함한 몇몇 어린이들은 콜럼버스가 아메리카를 발
견한 것, 지구가 둥글다고 증명한 것에 관하여 썼다.

  몇몇 역사적으로 잘못된 개념이 지속되고 있다는 사실은 놀랄 일이 아니다. 일찍이 언급
하였듯이 학교는 어린이들이 그의 역사, 특히 문화적으로 우상이 되는 역사적 위인들과 접
촉하는 유일한 장소가 아니다. 콜럼버스 날에 앞서 단지 나타난 콜럼버스의 모든 이미지에
대해 생각하라. 발견을 강조한 지역 TV의 광고, 지구가 둥글다는 콜럼버스의 증명을 익살
스럽게 하는 광고 등과 같이 콜럼버스 날을 상품화하는 것이 있다. 게다가 어린이들이 읽
었던 몇몇 이야기들은 사실로서 신화를 보여준다. 정반대의 논의에도 불구하고 일부 어린
이들은 더 많은 대중적인 이야기의 부분에 초점을 맞추며, 교사들은 그들이 해결하려는 것
을 도와주려고 노력하고 있던 특성을 놓쳐 버린다. 비록 가르칠 때마다 모든 학생들이 이
해한다면 좋겠지만 우리는 그것이 일어나지 않을 것을 안다. 가끔씩 신화들은 어린이들에
게 보다 강하게 어필하기 때문에 지속된다. 6살의 제이크(Jake)는 "다른 사람들은 바다 괴
물과 큰 파도가 있다고 생각했지만 콜럼버스는 가장 용감했어요. 콜럼버스는 유명했어요"
라고 썼다. 바다를 괴물처럼 용감하게 하는 것과 다른 사람들의 잘못을 증명하는 것의 이
야기에는 강한 흥미를 돋우는 무엇이 있다. 이것이 또한 출발점이다. 결국 이들은 5살과 6
살이다. 그들은 다시 콜럼버스를 만나게 될 것이다. 역사적 사고력의 발전에는 시간과 경
험이 수반되는 것을 기억하는 것이 중요하다. 비록 학문적인 탐구에 대한 한번의 경험은
없는 것보다는 확실히 더 낫겠지만 널리 퍼져 있는 신화를 반격하기 위한 다양한 경험을
가질 것 같다. 이것은 만약 그들의 이야기들이 일체화의 어떤 의미, 예를 들면 콜럼버스의
이탈리아 국적 혹은 단순히 "새로운 세계"에 정착하고 있는 용감한 조상들의 아이디어와

Barton & Levstik
(2004)

관련된다면 특별히 그럴 것이다. 만일 학생들이 탐구를 통해 역사와의 만남을 계속한다면
그들은 역사의 다른 관점들을 설명하기 위하여 자신들의 스키마를 바꿀 것이다. 다른 한편
으로 만일 역사가 계속해서 신화나 전설을 통해 제시된다면 초기의 역사에 대한 스키마는
본래대로 남아 있을 것이다.

역사 결과들 평가하기

평가는 교사들이 학생
들을 위해 보다 더 효과
적인 경험들을 계획하
도록 도와준다.

역사를 통해 재미있고 도전적인 경험들을 마련해 주는 것이 학생들의 역사적 사고에 성장
을 가져올 것이라고 단순하게 믿는 것은 분명 충분하지 않다. 학생들에게 가장 효과적인
경험을 계획할 수 있도록 하기 위해서 교사들은 학생들의 발달을 평가할 필요가 있다. 지
금까지 말할 수 있는 것처럼 리앤과 월트 두 사람은 역사적 사고력에 있어서 학생들의 향
상을 단순히 측정하는 것에만 의존한 것은 아니다. 그들의 학생들이 "보고서 쓰기"를 하는

시간까지 두 교사는 학생들의 조사와 해석적인 기능에 대해 다양하고도 광범위한 정보를 가지고 있다. 그렇지만 역사공부가 학생들의 아주 많은 읽기·쓰기·말하기에 포함되어 있기 때문에 문장력을 평가하는 데 초점을 맞추고 학생들의 연구의 구체적인 역사적 목적들을 배제하기 쉽다. 리앤과 월트에게 세계사에 대한 그들 학생들의 역사적 측면에서의 조사는 다른 통계자료를 가지고 작업하고 다른 시각에서 인식하며 지역사와 글로벌 역사 사이의 연관성을 만들어 보고 가설에 기초한 역사 해석을 구축해 보는 것을 포함한다. 그들이 학생들과 함께 했던 과제를 다시 보면 여러분은 각 활동이 교사들에게 있어 학생들이 이러한 목표의 일부를 달성했는지 아닌지를 평가할 수 있게 해 준다는 것을 알게 될 것이다. 예컨대 리앤의 학생들이 세계지도를 완성하자마자 그녀는 학생들이 콜럼버스 이야기의 중요한 부분을 어떻게 개념화했는지에 관한 정보를 가지고 있었다. 비록 학생들이 콜럼버스에게 원조를 하지 않았던 국가, 콜럼버스가 마침내 원조를 받았던 국가, 콜럼버스가 여정을 끝내기를 희망했던 국가들을 정확하게 구별할 수 있었을지라도 학생들은 또한 콜럼버스가 실제로 도착한 곳을 표시하기 위해 알래스카를 포함하고 있는 현재의 미국에 색칠을 하면서 아메리카와 미국을 혼동했다. 이에 리앤은 1492년 아메리카가 어떠했었는지에 대해 토론을 하면서 시간을 보냈다. 후에 학생들이 비교 차트를 작성해 갈 때 리앤은 다른 통계자료에서 학생들이 학습한 것을 평가한다. 이와 마찬가지로 월트의 3단계의 "보고서 쓰기"는 학생들이 역사적 논쟁을 구성해 가는 데 있어서 증거를 어떻게 사용하는지에 관한 상세하고 개인적인 정보를 더 많이 제공해 준다. 월트는 이런 많은 과제에 대한 교사의 기대를 학생들이 이해하는 데 도움을 주려고 교사 스스로에게 특별한 활동에 관한 자신의 목표를 상기시키면서 글로 쓰여진 일련의 기준을 사용한다. 학년 초에 월트는 그 기준을 스

Yell (1999)

포괄적인 루브릭들을 이용하는 것에 대한 더 많은 토론을 위해 4장을 보라.

교사들은 특별히 탐구의 역사적 측면을 평가할 필요가 있다.

입장 보고서(position paper)

쟁점문제: 미국 학생들은 그들 나라의 과거의 문제에서 무엇을 배워야 하는가?
5~10 쪽의 입장 보고서를 제출하시오. 이 보고서는 이 문제의 입장에 대해 설득력 있게 하는 단어·그림·그래프, 그리고 다른 형태의 삽화들을 결합시킨 것을 가지고 있을 것이다. 이 보고서는 다음의 기준에 따라 평가될 것이다.

- 글쓴이는 역사를 배우는 목적이라고 생각하는 것을 분명히 설명하고 있다.
- 글쓴이는 남아프리카·칠레·아르헨티나·미국에서의 역사적인 상황에 있어 유사점과 차이점의 이해를 분명하게 보여주고 있으며 독자들에게 말이나 삽화(차트·그림 등)를 사용해서 그 차이점을 분명하게 하는가?
- 저자는 세계의 다른 지역에서 일어난 일과 미국에서 일어난 일을 분명하게 연결한다.
- 저자는 입장을 정리해서 그들의 학습 동안에 사용된 최소한 4개의 다른 자료로부터 정확한 정보로 그것을 지지하고 각각에 대해서 도서목록의 정보를 제공한다.
- 저자는 그녀/그의 입장에 반대되는 주요 주장을 서술하고 반박한다.

도해 6.4 입장 보고서

쓰여진 준거는 학생들이 그들의 작업을 위한 표준들을 이해하도록 도와준다. Nickell (1999)

스로 작성한다. 일단 학생들이 이 양식에 익숙해지면 교사는 학생 스스로의 작업에 대해 기준을 개발하는 데 도움이 되도록 학생을 참여시킨다. 도해 6.4는 입장 보고서에 대해 함께 만든 기준을 보여준다. 도해 6.5는 한 단원의 끝에 사용되는 교사와 학생의 평가항목을 보여준다.

통합평가는 월트에게 각 학생들과 함께 하는 학습의 특정한 양상을 토론할 수 있는 기회를 제공해 준다. 이 평가항목을 처음 개발했을 때 그는 이것이 그의 학생들로부터 중요한 정보를 도출해 내기를 희망했다. 예컨대 그는 수업에서 사용된 역사학습의 언어, 즉 관점·

Hart (1999), Jorgensen (1993)

1차·2차 사료·기타 등을 학생들이 얼마나 잘 이해하는지 알기를 원했다. 그는 또한 학생들의 관점에서부터 그들이 학습한 것을 이해하기를 원했다. 월트는 즉각적으로 통합평가, 특히 교사의 목표와 기대치에 대해서 그의 학생들에게 중요한 정보를 제공해 주었다는 것을 발견했다. 또한 시간이 지나면서 통합평가는 학생들이 자신들의 학습에 대해서 좀더 자

학생/교사 평가

학생 이름_____ **날 짜**_____

남아프리카/아파르트헤이트 학습

학생들은 이 평가의 왼쪽 면을 완성하고 교사는 오른쪽 면을 완성하게 될 것이다. 그 이후로 우리는 너희들이 한 것을 토론하여 강조해야 할 부분을 구분하고 개선되어야 할 필요가 있는 부분을 결정하겠다.

O=뛰어남	S=만족스러움	N=개선이 요구됨

학생 평가	**교사 평가**
—나는 교과를 학습하기 위해 다양한 관련된 도전적인 자료들을 사용했다.	_____
—나는 역사적인 자료들을 평가하는 내 능력에 자신감을 가지게 되었다.	_____
—나는 나의 주제를 학습하기 위해 1·2차 자료 둘 다를 사용했다.	_____
—나는 설득력 있는 역사 논쟁을 구성할 능력을 향상시켰다.	_____
—나는 다른 역사적 관점을 식별할 수 있는 능력을 향상시켰다.	_____
—나는 내가 동의하지 않는 아이디어를 토론할 수 있는 능력을 향상시켰다.	_____
내가 학습한 것으로부터 배운 가장 중요한 것은 다음과 같다:	

도해 6.5 교사/학생 평가

신을 반성해 볼 수 있도록 도와주었다. 그러나 이것은 시간을 보내는 과정이었기 때문에 월트는 매 단원의 지도가 끝난 후에 통합평가를 실시하는 것은 실용적이지 않다는 것을 발견했다. 대신에 그는 통합평가를 학생들의 주기적인 발달의 기준으로 삼기로 결심했다. 특히 자신의 학생들과 서로 논쟁적인 논제를 보고하도록 하는 기회로 이용하려고 결심했다.

통합평가는 논쟁의 여지가 있는 논제들을 보고하도록 도와준다.

여러분은 아마도 리앤과 월트의 평가전략은 시간이 지나면서 향상했다는 점을 주목할 것이다. 그들은 몇 가지 기술을 시도해 보았고 그것들은 특별한 상황과 학생들에게 맞추려고 조절되었으며 사용상의 효율성을 평가했다. 이러한 접근의 기본은 특별한 종류의 학습 집단을 만들겠다는 각 교사의 바람이었다. 비록 역사를 배운다는 것이 교수의 일차적인 목표인 것은 분명하다고 하더라도 이것만이 교사가 학생들에게 원하는 것은 아니다. 교사는 또한 탐구를 방해하는 것이 아니라 탐구에 공헌할 수 있는 평가를 원한다. 오로지 한 가지 정답만 가능하게 하는, 또는 다른 누군가가 생각한 것이나 말한 것에 대해서 보고하는 것에 초점을 맞춘 전통적인 시험문제는 이런 종류의 조사 집단을 잘 육성해 주는 것 같지 않다. 또는 권위있는 구성적 평가, 즉 여러 가지 수용 가능한 대답을 가진 질문이나 문제는 조사를 변화시키거나 수정하는 동안, 또는 학생들이 어떻게 그러한 조사과정에서 발전해 가는지에 대한 데이터를 제공하는 동안 학생들을 새로운 무엇인가에 기여할 수 있도록 이끈다. 구성적 평가는 학생들에게 그들이 무엇을 생각하고 아는가와 어떻게 생각하고 아는가가 중요하다는 것을 학생들에게 신호한다. 과제에 접근하고 보고하는 방법뿐만 아니라 과제의 관점에서 선택권을 제공해 주기 위해 이른바 과제를 구별함으로써, 또는 학생들이 과제의 복잡성을 습득하도록 도움을 주기 위해 적절한 구조를 제공해 주는 이른바 과제를 스캐폴딩함으로써 교사는 역사를 아는 것과 하는 것에 대한 강력한 방법의 모형을 만든다.

Wertsch (1998), Yell (1999)

Barton & Levstik(1996), Levstik & Barton (1996)

결론

일찍이 언급했듯이 세계사는 실제로 미국 초등학교에서는 나타나지 않고 그로 인해 주목받지 못한다. 이러한 방식은 학교 바깥의 박물관·대중매체·그 밖의 다른 자료들을 통해 보강되고 있다. 사실 청소년기의 미국 학생들은 이러한 양식을 잘 내면화시켜 와서 세계사를 민족사보다 상당히 의미 없는 것으로 보았다. 그러나 리앤과 월트와 같은 교사들의 경험은 세계사를 향한 조사가 학생들의 역사 이해력을 증진시키는 데 중요한 공헌이 되고 있음을 보여준다. 예컨대 남아프리카의 아파르트헤이트에 관한 월트의 수업은 미국에서 학생들의 인종에 대한 견해에 심각한 충격을 불러일으켰다. 남아프리카의 인종주의와 분리주의의 조사는 미국 내에 있는 비슷한 이슈에 관한 사고에 새로운 관점들을 초래하였다.

아마 가장 의미심장할 정도로 세계사 학습은 신념·가치·경험·지식을 달리하고 있는 사람들의 깊은 역사적 영향을 더욱 분명하게 한다. 이러한 몇몇 차이점을 인식하는 것은 틀에 박힌 사고를 반대하는 것과 서로 다른 문화 사이의 의사소통을 높이기 위한 토대를 놓으면서 인간사회의 성장과 발전에 대한 학생들의 가정에 도전한다. 뿐만 아니라 세계사 학습은 넓은 배경에서 국가사, 즉 국가의 정체성을 곁들이고 현재의 지역과 국가의 관행에

Davis 등(2001), Gaddis (2002)

NCSS(1994), Peace
Corps World Wise
Schools(1998)

대안을 제시하고 있다. 어느 정도까지 그런 학습은 지구의 다른 부분들에 대한 학생들의
관련을 명확하게 하는 한편 학생들이 점차 서로 연결된 세계 속에서 시민으로서 요구되는
일종의 결정에 참여하기 위한 준비를 보다 용이하게 한다.

어린이와 청소년의 문학

Different Perspectives on Columbus

Adler, D. *A Picture Book of Christopher Columbus*. Holiday House, 1991.

Ceserani, G. P. *Christopher Columbus*. Random, 1979.

Conrad, P. *Pedro's Journal*. Caroline House, 1991.

Fritz, J. *Where Do You Think You're Going Christopher Columbus?* G. P. Putnam's, 1980.

Jacobs, F. *The Tainos: The People Who Welcomed Columbus*. Putnam's. 1992.

Landau, E. *Columbus Day: Celebrating a Famous Explorer*. Enslow, 2001.

Levinson, N. *Christopher Columbus: Voyager to the Unknown*. Dutton, Lodestar, 1990.

Maestro, B., & Maestro, G. *The Discovery of the Americas*. Lothrop, 1991.

Meltzer, M. *Christopher Columbus and the World Around Him*. Watts, 1990.

Pelta, K. *Discovering Christopher Columbus: How History is Invented*. Lerner, 1991.

Roop, P., & Roop, C. *Christopher Columbus(In Their Own Words)*. Scholastic, 2001.

Roop, P., & Roop, C. (Eds.). *I, Columbus—My Journal*. Walker, 1990.

Weil, L. *I, Christopher Columbus*. Atheneum, 1983.

Yolen, J. *Encounter*. Harcourt, 1992.

Books on South Africa

Angelou, M. *My Painted House, My Friendly Chicken, and Me*. Clarkson, 1994.

Biko, S. *I Write What I Like*. HarperCollins, 1979.

Ferreira, A. *Zulu Dog*. Frances Foster, 2002.

Gordon, S. *The Middle of Somewhere: A Story of Sourth Africa*. Orchard, 1990.)

Gordon, S. *Waiting for the Rain: A Novel of South Africa*. Orchard, 1987.

Harris, S. *South Africa: Timeline*. Dryad, 1988.

Krog, A. *Country of My Skull: Guilt, Sorrow, and the Limits of Forgiveness in the New South Africa*. Three Rivers Press, 2000.

Mathabane, M. *Kaffir Boy: The True Story a Black Youth's Coming of Age in Apartheid South Africa*. Macumillan, 1986.

McKee, T. *No More Strangers Now: Young Voices from a New South Africa*. DK Ink, 1998.

McKee, T. *No More Strangers Now: Young Voice from a New South Africa*. DK Publishing, 2000.

Meisel, J. D. *South Africa at the Crossroads*. Millbrook, 1994.

Naidoo, B. *Chain of Fire*. Lippincott, 1989.

Naidoo, B. *Journey to Jo'burg: A South African Story*. Harper, 1986.

Naidoo, B. *The Other Side of Truth*. Amistad, 2002.

Naidoo, B. *Out of Bounds: Seven Stories of Conflict and Hope*. HarperCollins, 2003.

Odendall, A., & Chilane, F. *Beyond the Barricades: Popular Resistance in South Africa*. Aperture, 1989.

Rochman, H. (Ed.). *Somehow Tenderness Survives: Stories of Southern Africa*. HarperCollins, 1988.

Sacks, A. *Beyond Safe Boundaries*. Dutton Lodestar, 1990.

Sparks, A. *Beyond the Miracle*. University of Chicago Press, 2003.

Stock, C. *Armiens' Fishing Trip*. Morrow, 1990.

Thompson, L. *The History of South Africa, 3rd Edition*. Yale University Press, 2001.

Williams, M. *Into the Valley*. Philomel, 1993.

병원의 쥐들

역사박물관 만들기

4학년 학생들이 가족사 프로젝트를 완성한 후 에이미 리(Amy Leigh) 교사는 어떻게 지난 100년 이상의 생활이 변화되어 왔는지에 관한 전시물 만들기라는 다음 조사로 그들을 소개한다. 단원의 첫째 날, 그녀가 학생들에게 설명한 물건은 약 백 년 전에는 일상적인 도구였다는 것을 보여준다. 대부분의 학생들은 재빨리 손으로 잡는 드릴이라는 것을 알아차리고, 몇몇 지원자들은 그것이 어떻게 사용되었는가를 보여준다. 그것이 현재의 드릴들과 어떻게 다른지를 토론한 후 학생들은 교사가 『나는 가족들과 할머니 집에 간다』(*I Go with My Family to Grandma's*)라는 책을 읽는 동안 에이미 앞의 바닥으로 모였는데, 교사가 설명한 것은 역시 거의 백 년 전의 시간에 관한 것이었다. 에이미는 학생들이 책에서 오늘날과 다른 것을 아무거나 지목하게 한다. 그리고 에이미는 벽에 붙어 있는 한 장의 차트지에 학생들이 관찰한 것을 기록한다. 책을 토론한 후에 학생들은 지난 세기 동안의 변화에 대해 보다 잘 관찰하기 위해서 역사사진들을 가지고 짝 활동을 했으며, 그 날 마지막에 학우들에게 이것들에 대해 발표시키고 차트에 새로운 항목들을 추가한다.

다음 며칠이 지나서 학생들은 옛날 시계들, 지갑들, 도구들, 옷들, 그리고 기구들 등 에이미가 가져온 유형의 유물들을 검토한다. "유물 생각지들"에 의해 안내되면서 그들은 이것들을 오늘날의 유사한 물건들과 달리하는 방법들을 기록한다. 모든 사람들이 여러 대상물들을 통해 작업을 마친 후, 학생들은 다시 자신들이 발견한 것을 요약하고 기술, 옷들, 수송 등 일반적인 변화의 카테고리에 관한 목록을 발전시키기 위해서 함께 모였다. 그 다음에 각 학생들은 그것에 관하여 더욱 많은 것을 발견하기 위해서 둘 혹은 세 개의 카테고리를 선택했다. 일반 참고도서, CD-ROM, 그리고 백과사전 등의 도서관 자료들을 가지고 며칠 동안 탐구를 한 후 학생들은 파트너를 선택하고 더욱 깊이 있는 조사를 위해 하나의 논제를 선택했다. 각 조는 그들이 대답하려는 일련의 구체적인 질문을 발전시켰고, 인쇄물과 전자 자료원은 물론 유물, 인터뷰, 그리고 사진들을 사용하면서 정보들을 수집한다. 프로젝트 과정상의 조사 단계에서 에이미는 학생들이 보고서들과 전시를 준비하기 위해 정보를 찾아내고 사용하는 것을 도와주려고 각 조와 함께 작업한다. 그 이후 학생들은 수업에서 역사박물관을 위한 전시물을 만든다. 학생들이 최종적인 실행을 하는 동안, 자신들의 박물관을 답사하는 다른 학급들과 부모들, 조부모들을 위해 그들의 전시물들을 설명한다.

어떤 수준에서 사회과를 가르치는 데 있어서 가장 보편적인 제안들 가운데 하나는 학생들에게 "조사연구를 하도록 하는 것"이다. 이제껏 우리들이 주목해 온 것처럼, 단순히 학생들을 그처럼 모호한 활동에 스스로 참가하도록 보내는 것은 거의 적극적이고 생산적인 어떤 것을 초래하지 못한다. 좀더 나이 어린 아동들은 그들이 하려고 하는 것에 대해 어떤 아이디어도 가지지 못하고 있는 반면, 좀더 나이 많은 어린이들은 우리들이 학교에 있을 때 거의 우리 모두가 했던 것 즉 도서관에 가서 백과사전에서 어떤 것을 복사할 것이다. 근래와 같은 전자 자료원의 시대에, 많은 학생들은 단순히 인터넷 탐색을 하면서 질문을 하고 자신들이 필요로 하는 모든 해답들이 하나의 사이트에서 해결되기를 희망한다. 이러한 전략들은 학생들이 과거 혹은 탐구를 수행하는 데 관해서 배우는 것을 도와주지 못한다. 그와는 대조적으로 에이미 학급의 학생들은 양자를 배웠다. 즉 학생들은 시간이 지나면서 사물이 어떻게 변화되어 왔는지를 조사할 뿐만 아니라, 정보를 모으고, 결론을 이끌어내며, 지금 그들이 발견했던 것을 질문하는 것에 대해 배웠다.

Lipscomb(2002), Milson(2003)

때때로 과제들은 힘이 들어서 학생들은 과제를 하는 것을 좋아하지 않는다. 다른 경우에, 학생들은 스스로 즐기지만 그 활동들은 그들에게 너무 쉬워서 실제로 배우는 것이 많지 않다. 그러나 교사들은 그들이 쉽게 할 수 없는 숙제들을 즐겁게 하면서 어떤 것에 대해 무엇인가를 배우고 있음을 안다. 에이미의 학급에 있어 "역사박물관" 프로젝트는 그러한 과제의 완벽한 사례이다. 즉 학생들은 그것을 엄청나게 즐겼지만, 그 어떤 것도 쉽게 다가오지 않았다. 그들은 활동을 하면서 거의 한 달을 보냈는데, 거의 매 순간 에이미는 학생들이 정보를 찾기 위해 자료를 사용하고 관찰한 것을 기초로 결론에 이르고, 노트한 것들을 보고서와 발표문으로 전환시키도록 돕기 위해 피나는 노력을 하였다. 종래 과정의 기회를 가져보지 못했거나 혹은 사전 경험이 없었던 학생들은 프로젝트 수업이라는 과정을 하면서 수많은 장애물들을 만났다. 결과적으로 에이미가 학생들에게 조사 연구하는 것을 말해줄 수 없었기 때문에 그녀는 그들을 가르쳐야만 했다. 이 장은 우리에게 그녀가 어떻게 학생들이 역사적 질문을 하고 또 대답하도록 가르치는 도전에 마주치는가를 보여준다.

교사들은 학생들이 탐구를 어떻게 행하는가를 배우도록 도와주어야 한다.

상상적 진입

학생들이 시간을 통한 변화라는 논제에 흥미를 가지도록 하는 것은 에이미의 일 가운데서 가장 쉬운 부분이다. 5장에서 티나 교사의 학생들과 마찬가지로, 에이미의 수업은 그들이 아동이었을 때 생활이 어떻게 달랐는지를 조부모들에게 물음으로써 가족사 프로젝트를 마쳤다. 결과적으로, 시간을 통한 변화의 논제는 학생들의 마음 속에서 새로웠는데, 그들은 학교에서 자신들이 만났던 정보와 비교하는 구체적인 사례들을 위해 이러한 경험들을 떠올릴 수 있었다. 더구나 물질적인 문화 속에 있어서 변화들은 학생들이 가장 잘 아는 역사적 논제들 중의 하나이다. 예컨대 유치원부터 6학년까지의 아동들과 가진 인터뷰 과정에

가족사는 더욱 깊은 역사적 조사를 안내한다.

서, 우리는 가장 나이 어린 아동들조차도 의복과 수송이 과거와 다르다는 사실을 알고 있었고, 좀더 나이 많은 아동들은 비교적 시간에 대한 변화에 관해 나무랄 데 없는 일반적인 정확한 정보의 목록을 가질 수 있다는 점을 발견했다. 앞에서 기술한 프로젝트 동안, 학생들은 자주 학교 밖에서 역사적 변화들, 예를 들면 지방 이발소에서 옛날 면도용 컵과 솔을 보거나 책에서 전원주택의 사진을 보는 것에 관하여 배워 왔음을 지적했다. 2장에서 주목했던 것처럼, 교수는 학생들이 이미 아는 것을 가지고 시작해야만 한다. 그래서 에이미는 정치학, 경제학, 혹은 사회학과 같은 추상적인 논제들보다는 오히려 드릴, 면도용 컵, 지갑 등과 같은 일상생활의 세세한 것들을 가지고 시작했다(그녀는 했지만, 그러나 궁극적으로 이들 논제에 도달한다. 11장을 보라).

물질문화는 역사적 조사의 시작을 제공한다. Barton & Levstik (1996), Hickey (1997), Levstik & Barton (1996)

역사의 시각적 측면은 또한 학생들이 특히 태어나기에 앞선 어떤 시기의 과거가 어떠했는지를 이해하도록 돕는 데 있어서 중요하다. 그래서 에이미는 『나는 가족들과 할머니 집에 간다』, 『래그타임 텀피』(*Ragtime Tumpie*), 『증조모가 어린 소녀였을 때』(*When Great-Grandmother was a Little Girl*)와 같은 책들을 가지고 단원을 시작했다(전 단원을 통하여 여러 다른 수업들뿐만 아니라). 대부분의 수업들을 하면서 그녀는 언어나 책의 주제적 내용에는 관심을 가지지 않았다. 『나는 가족들과 할머니 집에 간다』라는 책은 어린 초등학생들을 위해 쓰여졌는데, 단지 가장 기본적인 줄거리를 가졌지만 사진들이 제공한 역사적 변화에 관한 정보를 포함하고 있었다. 또한 에이미는 막연하거나 애매한 사진들의 측면들에 학생들의 관심을 불러일으키는 데 주의를 했는데, 그녀는 학생들에게 그것들이 사진들과 어떻게 다른지에 주의를 기울이도록 요구했다.

우리들은 아동들과 함께 시각적인 이미지들(특히 사진들) 사용의 중요성을 과장할 수 없다. 시각적 자료들은 활자화된 텍스트나 혹은 구두적인 토론보다 배경적인 지식의 보다 넓은 영역 속으로 들어가서 우리를 깨운다. 에이미의 수업에서 사진들은 단원의 인기 있는 부분이었는데 학생들은 그 사진들을 큰 관심과 열정을 가지고 검토했고, 자주 친구들을 불러서 특이하거나 놀라운 세부 내용들을 보라고 했다. 그들은 백 년 전과 오늘날 사이의 차이들의 목록을 발전시키기 위해 사진들을 사용하는 데 어려움이 없었고, 열심히 그들 학급의 나머지 동료들과 자신들이 발견한 것을 공유했다(에이미는 스칼라스틱 책 서비스의 미국의 경험 시리즈로부터 일련의 사진들을 사용했으나, 유사한 세트들은 사회과 자료들의 다른 출판물들을 통하거나 CD-ROM, 혹은 인터넷을 통해서, 혹은 의회도서관 혹은 국가 기록보관소에 의해서 만들어진 것들과 같은 사이트들에서 이용 가능하다).

시각적 이미지는 학생들이 과거에 대해 배울 수 있도록 도와 줄 수 있다. Blythe (1988), Harnett (1993,1995), Foster & Hoge (1999)

사진만큼이나 중요한 것은 에이미가 가져온 유형의 유물들이었다. 첫 번째 수업에서 옛날 드릴의 모습은 학생들에게 흥미로운 것이었고, 그들 모두는 수업이 끝나기 전에 그것을 만져보며 가지고 놀았다는 것을 확신할 수 있었다. 그들의 유물 생각지(도해 7.1)에 관하여 작업을 하는 동안 학생들은 끊임없이 물건들을 가지고 놀았다. 즉 그들의 피부에 면도용 크림 브러시 비비기, 앞뒤로 체리 까기의 손잡이 털기, 옛날 카메라를 가지고 그것이 어떻게 작동하는지를 보기 위해 안절부절하기, 종이에서 주름 만드는 기계 사용하기(다시 그리고 다시 그리고 다시) 등이다. 종종 학교과제들이 온전히 문자 언어에 의존하기 때문에 물건을

학생들은 역사적 유물들을 다루는 것을 즐긴다.

교실 전체에 전시된 과거의 많은 유물들이 있다. 5개 유물들의 각각에 대한 단락을 쓰시오. 당신의 단락은 이들 질문들 모두에 답해야만 한다.

  a. 그것의 목적을 말하는 이 유물을 위한 이름을 만들어라. 만약 당신이 그것의 기능을 더 잘 설명하기를 좋아한다면 바로 이름 이상으로 더 많은 것을 쓸 것이다.
  b. 물건들의 어떤 부분이 그것의 목적을 위한 단서들을 당신에게 주는지를 설명하라.
  c. 물건들이 언제(1800-1849, 1850-1899, 1900-1949, 혹은 1950-지금) 사용되었다고 생각하는지를 말하고, 그것이 사용되었던 때를 당신이 어떻게 결정했는지를 말하라.
  d. 이 유물 대신 우리들이 지금 사용하고 있는 물건들의 이름을 지어라.

여러분은 그것에 관하여 글을 쓰는 각각의 유물에 대해 여러분이 쓰는 단락 옆에 유물의 숫자를 쓰시오. 여러분은 단지 조별로 완성된 유물 생각지를 필요로 한다.

도해 7.1 유물 생각지

갖고 다루는 것에 대한 학생들의 몰입은 관찰자들에게 "과제를 하지 않는다."라는 선입견을 줄 수도 있다. 그럼에도 불구하고 학교 밖에서 부모들은 오랜 시간 어린이들이 끝까지 조용히 앉아 있기를 바라지 않을 것이다. 우리는 학교에서 아동들이 활동하는 방향으로 타고난 충동 속에서 그들이 몰두할 기회가 거의 없다는 바로 그 점 때문에 아동들의 행동이 흔히 "관리"가 필요한 것으로 나타난다는 듀이(Dewey)의 의견에 동의한다. 그들에게 물건을 다루고 사용하도록 격려함으로써 에이미는 아동들을 억압하려고 하기 보다는 오히려 학생들의 성향에서 수업을 구축했다. 결과적으로 그들은 여러 날 동안 물건들에 흥미를 가졌고 그것들이 어떻게 사용되어질 수 있는지에 관한 분명한 아이디어들을 발전시켰다. 물론, 많은 교사들은 그들 스스로 학생들이 어느 정도로 단조로이 몸을 움직이기를 싫어하는가에 대해 비명시적 혹은 명시적으로 평가했던가를 발견하고, 주름 만들기를 위해 사용하는 기구를 가지고 놀이를 하는 것이 왜 8세 된 아동들에게 보다 적절한지를 설명할 준비가 되어 있어야 할 것이다. 다행스럽게도, 에이미의 교장 댄 켈리(Dan Kelly)는 에이미의 교실에서 손으로 조작하는 여러 종류의 수업에 도달할 수 있도록 용기를 북돋아 주었다. 그는 심지어 이 프로젝트가 진행되는 어느 날, 교실로 들어가서 고의로 "어이, 어떤 학습도 여기서 진행될 수는 없겠군. 그들은 너무나 많은 놀이를 하고 있구나!"라고 농담을 했다.

역사박물관 프로젝트에 대한 에이미의 도입은 학생들의 관심을 발전시키기 위해 근본이 되는 몇몇 원리를 보여주었다. 첫 번째, 그녀는 일상생활의 측면에 초점을 맞추고 학생들의 이전 가족사 프로젝트에 관한 논제에 연결함으로써 그들이 이미 알고 있었던 것에 논제를 연결시켰다. "쿠키 자르는 칼" 계획은 오히려 분리되어 있기보다, 그것은 학생들의 배경지식과 그들이 이미 수년 동안 조사를 해온 이슈들로부터 자연스럽게 흘러갔다. 두 번째, 에이미는 구두와 문자 언어에만 의존하기 보다는 학생들이 논제 속으로 들어가는 다양한 수단을 가지고 있음을 확신하였다. 문학, 사진, 그리고 유형의 유물들은 학생들에게 더

Dewey (1956)

행정가들은 탐구를 지원하고 독려할 수 있다.

역사적 탐구는 학생들의 관심과 경험으로부터 일어난다.

욱 구체적인 과거 속에서의 삶의 이해를 제공하였고, 학생들이 논제에 대한 관심을 자극하도록 도왔다. 아마도, 가장 중요한 것은 이 프로젝트가 신뢰성이라는 중요한 요소를 가졌다는 사실이다. 학교 밖에서, 사람들은 정말로 상황이 시간을 거치면서 어떻게 변화되어 왔는가 하는 점에 관심을 가진다. 사람들은 유물과 사진들을 구하고, 그 다음 그들은 자신들의 자식과 손자들에게 과거의 일들이 어떻게 달랐는가를 말한다. 역사적인 변화를 이해한다는 것은 각 개인의 삶의 기본적인 부분이고, 그러한 이해는 이따금 가족을 통해 전해져 왔다. 이러한 프로젝트에 대한 학생들의 흥분은 실제로 에이미가 우리 사회에서 역사가 가지고 있는 의미와 목적을 얼마나 많이 일깨우는가를 나타낸다. 몇 주 동안 학생들은 자신들의 유물을 찾아서 시각적인 연표를 가져오거나 추가하기 위해서 그들의 집과 다락(그리고 그들의 조부모의 집과 다락)을 구석구석 뒤졌다. 그들의 관심은 어떤 소녀가 그녀의 부모와 함께 그녀가 살았던 빅토리아 시대의 집에 대한 여행을 비디오테이프로 만들기 위해 작업하고, 또 다른 학생에게는 그녀의 할머니가 조상 전래의 가보 사진과 목록을 만드는 것을 도와주도록 동기를 부여했다. 에이미 자신의 조부모들조차도 학생들을 위해 그녀가 가져온 다양한 유물을 어떻게 이용할 것인지를 설명하는 것에 대해 흥분하였다. 하나의 프로젝트가 이러한 종류의 세대 간 의사소통을 자극할 때 그것은 분명히 단순하게 교사를 즐겁게 하거나 혹은 점수를 얻는 것을 뛰어넘는 목적을 지니고 있다.

> 교사들은 역사적 논제 속으로 들어가는 다양한 방법을 제공할 수 있다.
>
> Barton (2001b)

> 참된 프로젝트는 학교 밖에서도 학습하는 것을 포함한다.

조사할 수 있는 질문에 관심 돌리기

에이미가 이 단원을 가르쳤던 첫 해에 그녀는 도입학습에서 학생들이 답변을 하고 싶어했던 일련의 질문들을 개발하는 것으로 직접 나아갔다. 얼핏 보면 그것은 하나의 논제에 관해 이미 어떠한 것을 알고 있는 더 많은 관심과 열정을 가진 학생들이 앉아서 배우기를 결정하는 데 아무런 문제가 없는 것처럼 보였다. 그러나 사실 과제는 엄청나게 어려웠다. 에이미는 학생들이 선정한 논제에 대해서 KWL 차트를 개발하도록 하였고, 대부분의 학생들은 자신들이 "알기를 원하는" 항목에 이르렀을 때 벽에 부딪히고 말았다. 많은 학생들은 단순히 실행하던 작업을 멈추었고, 뚜렷하게 무엇을 적을 것인지에 대한 아이디어가 없었다. 다른 학생들은 자신들의 연필 묶음을 깎거나 혹은 책상을 재정리하는 것이 편리한 것처럼 보였다. 혹은 그들은 차트들의 형태적 배열을 가능한 한 매력적으로 만드는 것에 자신들의 힘을 쏟았다. 심지어 에이미의 도움과 격려가 있었음에도 불구하고, 대부분의 학생들은 자신들이 알기를 원했던 것이 무엇인지를 확신하지 못했고, 결국 모든 것을 썼던 학생들은 날짜에 대한 단순한 질문에 그들 스스로를 국한시켰다. 즉 자동차가 언제 발명되었을까? 사람들이 언제 테가 들어난 셔츠 입는 것을 멈추었을까? 우유가 언제 병 안으로 들어가는 것이 멈추었을까? 대부분의 학생들은 질문의 목적을 제대로 이해하지 못한 것처럼 보였다. 그들은 바로 도서관으로 가기를 원했고 어떤 것을 복사하기 시작했다.

> 학생들은 질문을 만들어내는 것에 익숙하지 않다.

　학생들이 이러한 질문 개발활동과 같은 것으로부터 많은 것을 얻어내지 못했다는 점이 분명해졌을 때 에이미는 그들에게 지시를 하기 위해서 전체 학급구성원 모두를 뒤로 모았

교사의 스캐폴딩은 학생들이 더욱 의미 있는 질문들을 개발하는 것을 도와 줄 수 있다.

다. 그녀는 칠판 위에 **어디서, 무엇을, 왜, 누가,** 그리고 **어떻게**와 같은 단어들을 적고 그들이 각각의 단어들을 가지고 시작하는 두 가지의 질문을 떠올릴 필요가 있다고 말했다. 그이후 그녀는 학교라는 논제를 가지고 그것을 어떻게 하는지에 관한 모델을 계속 진행하였다. 그것은 그들이 수업에서 논의해 왔지만 학생들이 프로젝트에서 조사하면서 선택하지 않았던 주제였다. 이것은 일종의 문제에 대한 일시적인 해결책이었지만, 학생들에게 자신들의 조사를 시작하는 데 충분한 구조를 제공하였다. 그러나 그것은 여전히 학생들이 조사를 수행함에 있어서 질문의 역할을 충분히 이해하는 데 실패하였다는 점을 분명히 했다. 예컨대 몇몇 질문은 에이미의 질문을 단순히 몇 가지 핵심단어들을 변화시킴으로써 그들자신의 차트 위에 베끼려고 시도하도록 했다. 그것이 제대로 이루어지지 않았을 때 그들은 그것이 행해질 수 없었다고 항의를 하였고, 에이미가 질문들은 개별 논제에 대해 다를 수 있을 것이라고 설명했을 때 충격을 받았다. 다른 학생들은 조사를 진행하기에 앞서 그들이 어째서 질문을 따라가야 하는지를 이해하지 못하였고, 어떤 학생들은 "우리들이 이러한 질문에 우리 스스로가 답을 해야 합니까?"라고 의심스러운 듯이 물었다. 조사를 위한 자신들의 질문을 개발하는 데 거의 사전 경험을 학생들이 해 보지 못함으로써 활동은 학생들에게 거의 이해되지 못했다.

그 다음 해 에이미는 조사의 이러한 측면을 도와주기 위해 더욱 많은 준비를 하였다. 여러분들이 이 장의 시작에 있는 표현에서 볼 수 있듯이, 에이미는 그들이 구체적인 질문들을 개발하는 것을 기대하면서 학생들의 관심을 불러일으키는 것으로부터 바로 건너뛰지 않았다. 대신 에이미는 그들을 며칠 동안 유물을 조사하는 데 끌어들였다. 그들이 관찰을 하는 과정에서 학생들은 자신들이 궁금했던 많은 것, 예컨대 사람들이 이러한 종류의 다리미를 사용해서 어떻게 옷이 더러워지는 것을 방지할 수 있었을까? 사람들은 어떻게 다리미를 뜨겁게 유지했을까? 모든 사람들이 이것을 사용했는가, 혹은 단지 부자들만이 사용했는가? 등을 찾았다. 유물의 관찰과 토론에 대한 경험은 학생들이 유물에 관해 더욱 알기를 원했던 구체적인 질문들을 따라가는 것과 자연스러운 상황에서 그렇게 할 수 있는 기회를 제공하였다. 게다가 에이미는 학생들에게 그들의 논제 혹은 질문 목록의 경우와 마찬가지로, 구체화하는 것을 요구하기에 앞서 도서관 자료들을 조사할 목적에서 며칠을 주었다. 비록 에이미가 그들의 관심을 둘 혹은 셋으로 좁히도록 하였을지라도 (그래서도 그들의 에너지가 완전히 초점이 맞추어지지는 않을 것이다) 에이미는 학생들이 질문하려고 했던 것을 발견하기 위하여 이용 가능한 자료들을 가지고 실제로 여기저기서 활동할 수 있는 기회를 가지기를 원했다. 이것은 그들이 학습하고 있었던 것에 대해 에이미와 학생들이 서로서로 이야기하면서 흥분하여 도서관 주변에서 허둥대도록 함으로써 굉장히 인기있는 활동임이 드러났다. 학생들은 종종 그들이 발견한 차이점에 매우 놀랐다. 예를 들면 의학으로 인한 변화를 조사하고 있는 어떤 조는 병원이 과거에는 지금 만큼이나 위생적이지 않았다는 것을 발견하고 그것에 매료되었다. 그 아이들은 관심을 보이는 누구한테나 말했다. "100년 전에 만약 당신이 병원에 입원했다면, 깨어났을 때 네가 병실에서 쥐를 보았을지도 모른다는 것을 아니? 지금 같으면 기껏해야 거미나 볼 수 있을 거야. 그것도 운이 좋아야."

역사적 유물의 관찰과 토의는 구체적인 질문들을 이끌어낸다.

이 때 학생들이 조사하려고 한 질문들은 부족하지 않았다. 과학 혹은 수학 자료들을 이용할 때 학생들은 보다 체계적이거나 혹은 교사의 지도방식에 따라 그들과 함께 학습하기에 앞서 탐색을 요구한다. 그렇지 않다면 학생들은 아직까지 보다 더 구체적인 목적을 위해 그것들을 사용하도록 예상되어 있는 데도 불구하고, 여전히 물건들을 가지고 놀기를 원할 것이다. 마찬가지로 학생들은 역사적인 조사를 시작하면서 탐색할 시간이 필요하다. 그들에게 유물을 조사하기 위해 며칠을 주고, 그 이후 도서관자료를 검토하기 위해 며칠 이상을 주는 사이, 에이미는 학생들이 알고자 했던 것이 무엇인지를 인식할 더 많은 기회를 그들에게 가지도록 했다. 일단 그녀가 그들에게 조사하고자 했던 질문들의 목록을 추적해 볼 것을 요구하면 학생들은 자신들이 앞서 행했던 것과 같은 것에 집착하지 않는다. 심지어 이러한 탐색시간 동안에도 학생들은 과거에 대한 정보뿐만 아니라, 역사적 자료들로부터 관찰하고 결론을 이끌어내는 과정의 역사에 대해 상당히 많은 것을 학습하고 있었다.

하지만 그것은 질문을 개발하는 것이 에이미로부터 더 이상의 도움을 필요로 하지 않다고 말하는 것은 아니다. 그들이 탐색에서 구체적인 질문들로 옮겨갈 때 에이미는 조사 연구에서 학생들이 배우기를 원하는 것이 무엇인지 알아보기 위해 반 학생들을 불러모았다. 학생들이 조사할 질문들을 제안했을 때 에이미는 그들이 시간의 변화에 대한 "큰 아이디어"(그녀가 종종 되돌아가서 언급한 개념)를 겨냥하여 더욱 명백하게 초점을 맞춘 그러한 방법으로 질문을 바꾸도록 그들을 도왔다. 예를 들면 그녀는 집이라는 논제를 조사하고 있었던 학생들에게 하나의 표본 질문을 요구했다. 그들은 제안했다. "사람들은 무엇을 밟고 다녔는가, 먼지, 나무 마루, 카페트?" 이것은 그 자체로 무척 단순한 답이었을 것이고, 아마 단지 한 시기에 초점을 맞춘 하나의 질문이었다. 에이미는 "그래, '지난 100년에 걸쳐 바닥이 어떻게 변화되어 왔을까?'"라고 응답했다. 이것은 학생들이 알기를 원했지만 또한 상당히 (학생들의) 폭을 넓혀준 그런 질문이었다. 몇몇 비슷한 사례들 이후, **철도**를 택한 2인조의 학생 가운데 한 명은 "제임스 와트(James Watt)에게 무엇이 일어났을까요?"라고 제안했는데, 에이미는 그가 중요한 질문을 고려했는지를 물었고, 그의 동료는 "아니요, 그렇지 않습니다, '어째서 기차는 전기로 달리지 않았을까요? 혹은 왜 그들은 전기기차를 만드는 것을 멈출까요?'"라고 말했다. 에이미는 "기차를 위해 사용한 동력은 어떻게 변화되어 왔습니까?"라고 제안함으로써 더욱 더 질문을 확대했고, 그들이 제임스 와트에 대해 포함하기를 원하는 정보는 그들의 그러한 질문에 관한 답의 일부일 것이라는 것을 지적했다.

사람들은 종종 용납되지 않는 반대쪽의 견지에서 교육을 생각한다. 예컨대 학생들은 교사가 그들에게 말한 것을 하거나 혹은 그들은 무엇이든 자신들이 원하는 것을 한다. 2장에서 논의했던 것처럼, 우리는 지적으로 지지할 수 없는 이러한 방법들을 양자에서 발견한다. 학생들은 이들 두 방법으로부터 중요한 어떤 것을 배울 수 있을 것 같지 않다. 한편으로, 그들의 질문을 개발하는 과정에서 에이미가 학생들에게 제공했던 도움은 명백한 스캐폴딩의 사례였다. 그녀는 그들이 무엇을 할 것인가를 말하지 않았고 그들의 첫 노력을 무비판적으로 받아들이지도 않았다. 그녀는 학생들의 프로젝트가 그들 자신의 흥미와 관심

조사를 위한 시간은 더 좋은 질문을 이끌어낸다.

교사들은 학생들이 질문들을 개발하고 다듬는 것을 도와줄 수 있다.

으로부터 일어나야만 한다는 사실을 알았다. 그래서 그녀는 학생들이 하고자 했던 것에 대한 아이디어를 개발하기 위해 며칠을 주었다. 그러나 그녀는 또한 모든 질문들이 동등하게 의미있는 것이 아니라는 사실을 알았다. 즉 그녀는 학생들이 다른 질문보다 일부 질문으로부터 더 많은 것을 배우게 될 것이라는 사실을 알았다. 그래서 그녀는 학생들이 시간이 지나면서 변화라는 더 큰 이슈의 맥락에서 자신들이 알고 싶어하는 것을 발표하기 위해 그들의 탐구를 바꾸어 말하도록 도왔다. 요컨대, 그녀는 학생들 자신이 오직 혼자서 했을 때보다는 더 많은 것을 배우도록 도움을 주었다.

> 학생들은 그들 스스로 했을 때보다 교사의 도움과 지원을 통해 더 많은 것을 배운다.

질문에 대한 해답 찾기

온갖 함정들에 비추어 볼 때, 학생들의 질문 개발을 돕는 것은 그들이 그러한 질문들에 대한 답들을 찾도록 도와주는 것과 비교해 볼 때 단순한 문제였다. 에이미가 직면한 첫 번째 도전 가운데 하나는 이용할 만한 정보를 학생들이 찾도록 도와주는 것이었다. 가장 단순한 수준에 있어서, 이것은 그들이 이용할 수 있었던 자료들의 종류를 실제로 재조사하는 것을 의미했다. 학생들은 즉각적으로 백과사전을 정보에 대한 주된 자료로서 인식했지만, 에이미는 또한 그들이 교과서, CD-ROM, 그리고 학교 밖의 자료원인 친척, 지역사회의 다른 사람들, 그리고 심지어 비디오들을 이용할 수 있음을 강조했다. 더욱 중요한 과제는 학생들이 그러한 자료원들 속에서 정보를 찾는 방법을 이해하도록 도와주는 것이었다. 예컨대, 많은 학생들은 자신들의 첫 번째 간단한 시도로 도서관에 다녀와서는 "그곳에는 아무런 것도 없어요" 혹은 "백과사전에는 수송이 어떻게 시간을 거치면서 변화되었는지에 대해 어떤 것도 갖추고 있지 않아요"라고 불평하면서 되돌아왔다. 학생들의 좌절에 대한 이유는 즉각 명백했다. 그들 가운데 거의 모두는 "수송이 어떻게 시간을 경과하여 변화해 왔는가." 혹은 "마루에 까는 것들이 시간을 경과하면서 어떻게 변화되었는가."라는 제목이 붙여진 책 혹은 백과사전의 표제어들을 찾기를 기대했다. 그들은 그런 것들이 하나도 없다는 것을 알았을 때 자신들의 논제에 대해서 아무런 정보가 없다고 결론을 내렸다.

> 탐구 프로젝트에 대한 정보는 다양한 자료에서 나온다.

학생들의 어려움은 부분적으로 참고자료에서 정보를 찾는 사전 경험의 부족에서 생기는 것일지 모른다. 비록 초등학교의 학생들이 흔히 "참고자료 활용하기"(그리고 지침이 된 시험들에 대한 재능이 평가된다고 하더라도)에 관한 위와 같거나 혹은 작업지를 할당받는다고 하더라도 그런 연습들은 종종 허술하게 고안된다. 학생들에게 한 질의 백과사전(혹은 연감의 동일한 내용 목록)의 측면을 보여주고, **말**이나 **화산** 혹은 **개구리**들에 관한 정보를 찾아볼 권 수(혹은 쪽 번호)를 밝혀보도록 했다. 불행하게도 그러한 질문들은 사람이 실제로 백과사전들 혹은 책들을 이용하는 방식과는 거의 관련을 가지고 있지 않다. 그것들은 의심할 여지없이 일들이 어떻게 시간을 통해 변화해 왔는가를 학생들이 조사하는 것을 도와주는 데 있어서 도움을 제공하지 못한다. 결과적으로 에이미의 많은 노력들은 실제로 참고문헌을 이용하는 방법을 그들에게 가르치는 데 공헌하도록 하였다.

> 학생들은 흔히 질문에 답하기 위해 참고자료를 사용한 경험이 거의 없다.

부분적으로 이것은 정보를 찾아내는 데 있어 활용할 낱말들과 구들의 목록을 개발하기

위하여 전체 학급과 조들이 함께 작업하는 것을 의미했다. 예컨대 한 조가 **엔터테인먼트**를
조사하고 있는 것을 알고서, 에이미는 『여러분은 어렸을 때 무엇을 했습니까? 과거의 놀
이』(*What Did You Do When You were a Kid? Pastimes from the Past*)라는 제목의 책을
한 권 가져왔다. 그러나 학생들은 색인과 내용목록을 보고서도 역시 엔터테인먼트라는 단
어를 찾지 못하고 나서 이 책에는 관련된 정보가 없다고 결론을 내렸다. 다소 놀라서 에이
미는 책 전체가 엔터테인먼트에 대한 것으로, 놀이가 엔터테인먼트이며 엔터테인먼트라는
단어만을 찾기보다는 다른 구체적인 종류의 엔터테인먼트(영화, 텔레비전, 음악, 춤)를 찾
아봄으로써 자신들의 논제에 관한 정보를 찾을 수 있을 것이라고 설명했다. 마찬가지로 한
조는 백과사전에서 의약이라는 단어를 조사하여 겨우 현재의 의약에 관한 정보를 발견하
였다. 에이미는 그들이 그 항목의 끝부분에서 "관련된 표제"의 목록을 보도록 제안하였다.
그들은 **의사의 치료, ~의 역사** 아래 따로 표시된 항목이 있음을 보았고, 그 때 역사적 정보
가 표제 아래에서 발견될 수 있다는 말이 학급 전체에 빠른 속도로 퍼졌다. 각 조에게 에이
미는 그들이 찾고 있었던 주요 단어들의 가능한 대안적인 단어들을 개발할 수 있도록 도움
을 제공해야만 하였다. 예컨대 수송 조가 **자동차, 철도, 배, 비행기**를 찾도록 도와주는 것,
그리고 조의 구성원들이 **옷, 보석, 머리모양**들을 찾도록 도와주는 것 등이다.

일단 학생들이 관련된 책들 혹은 백과사전의 표제어를 찾으면, 에이미는 또한 그들이 그
것들을 효과적으로 활용하도록 도와주어야만 하였다. 대부분의 학생들은 처음에 자료를
읽기 시작하였고, 지루할 때까지 문자 그대로 한 단어 한 단어씩 읽어가는 것을 계속했다.
그것은 대개 빨랐다. 에이미는 이런 식으로 그들의 질문에 가장 적합할 것 같은 타이틀이
나, 이름이 있는 것으로 추정되는 자료의 부분과 만약 그들이 정말로 관련이 있는가를 찾
기 위해 그러한 부분들을 처음부터 끝까지 훑어보는 방법을 학생들에게 보여주어야만 했
었다. 비록 이 기능에 대한 학급 전체를 대상으로 한 교수가 일반적인 측면에서 그 아이디
어를 학생들에게 분명하게 하는 것처럼 보이기는 했지만, 그녀는 여전히 학생들의 작업을
위해 개별 혹은 짝들과 다방면으로 학습을 해야 했다. 특히 그들 조사의 초기 단계 동안, 에
이미는 자료의 유용성 예컨대 학생들과 함께 하나의 자료를 보는 것과 **초기 병원들,** 즉 그
것은 의약이 시간을 경과하면서 어떻게 변화되어 왔었는지에 관한 정보를 가지고 있을 것
같은가?" 그리고 "만약 여러분이 이 자료에서 철로에 대한 어떤 정보가 있는지 알고자 한
다면, 여러분이 그것을 훑어보면서 어떤 단어들을 찾아볼 겁니까?"와 같은 질문들을 요구
하면서 평가하는 이러한 과정에 학생들의 관심을 유도하는 데 그녀의 대부분의 시간을 보
냈다. 참고문헌을 읽으면서 이러한 종류의 분명한 도움이 없다면, 학생들이 자신들의 조사
를 통해 지금까지 해왔던 것은 크게 도움이 되지 않았을 것이다.

흥미롭게도 백과사전들은 근본적으로 학생들에게 겨우 최소한의 정보를 제공하였다. 조
사의 초기 단계에서 많은 학생들은 거의 전적으로 백과사전에 초점을 맞추었으나, 대부분
의 학생들은 즉각 참고문헌들이 보다 더 이용할 수 있는 형태로 정보를 제공하는 사실을
발견했다. 최종적으로 대부분의 학생들은 다른 어떤 것보다도 더욱 진지하게 일반 참고도
서에 의존하였는데, 그들이 가장 유용하다고 발견한 책들의 종류는 형태상에 있어서 비슷

Conrad (1991),
Freedman (1983)

하였다. 학생들은 일련의 텍스트 가운데 몇 장에 포함된 어떤 책 예컨대『대초원의 비전: 솔로몬 부처의 생애와 시대』(*Prairie Visions : The Life and Times of Solomon Butcher*) 혹은『서부 황야의 어린이들』(*Children of the Wild West*)은 거부했다. 그런 책이 아무리 많은 정보를 가지고 있다 할지라도, 대부분의 학생들은 단순히 알기 위해 자신들이 필요로 하는 것을 찾으려는 목적으로 그것을 구석구석 읽지는 않을 것이다. 대신에 거의 모든 학생들은 자신들이 알기 위해 필요한 것들을 수행할 목적에서 각 페이지 위에 나타난 풍부한 삽화와 그에 관한 간단한 설명문들이 포함된 책들에 의존했다. 자동차, 스포츠, 의상 등 유사한 형태를 지닌 다른 시리즈가 있었음에도 불구하고(이 장의 끝에 있는 책 목록을 보라) 가장 흔하게 사용된 그와 같은 책들은 목격자 시리즈에 있는 것들이다. 어떤 소녀가 "그들은 보다 잘 그 지점에 도착해요."라고 언급한 것처럼 그와 같은 책들의 이점은 분명히 학생들의 시각적인 매력과 학생들이 필요로 했던 정보를 찾을 수 있는 용이함이라는 두 가지 측면에 있었다.

Hammond (1988),
Rowland-Warne
(1992), Sutton (1990)

가장 유용한 참고자료는 풍부한 시각적 정보와 짧은 설명이 있는 텍스트를 가지고 있다.

사람, 즉 지역사회에 있어서 친척과 다른 사람들 역시 정보에 관한 중요한 자료를 제공한다. 일부 학생들은 처음 시작할 때부터 자신들의 프로젝트를 위해 사람들을 인터뷰하겠다고 결정했다. 예컨대 집에서 변화를 조사하고 있는 어떤 소녀는 그녀의 옆 집에 사는 인테리어 디자이너에게 말할 것을 계획했고, 수송에 관한 프로젝트를 맡은 한 소년은 지방 증기선의 선장을 알았다. 그들은 이미 자신들의 가족사 프로젝트를 위해 친척들을 인터뷰하였으며, 그리고 에이미는 인터뷰에 대비하여 그들과 함께 어떻게 질문을 계획할 것인지를 재검토했다. 왜냐하면 학생들의 질문 가운데 몇몇은 매우 분명했기 때문에 에이미는 또한 인터뷰 대상이 되는 사람들이 질문을 알지 못했을 때 학생들이 하려고 하는 질문을 계획하도록 도와주어야만 했었다. 예를 들면 한 조는 옛날 돈에 대해 질문하기 위해 지역 은행에 전화할 계획을 하였다. 에이미는 그들이 "나는 몰라요."라고 대답했을 때, 그들이 할 일이 무엇인지를 물었다. 다른 한편으로 대부분의 학생들은 처음에 자신들의 가족사 프로젝트에도 불구하고 그들의 논제들에 관해 사람들이 중요한 정보자료가 되지 않는다고 여겼으나, 일단 학생들이 전시장소에 대한 계획을 시작하자 사람들에 관한 새로운 흥미를 발전시켰다. 학생들 대부분은 옛날 옷, 가구들, 돈 등과 같은 조사 대상물을 전시하기를 원했고, 그들이 사람들로부터 이러한 것들의 수집을 시작했을 때 자신들의 보고서와 발표에 있어서 중요한 새로운 정보를 학습했다.

사람들은 역사적 정보의 중요한 자료로서의 역할을 할 수 있다.

결론에 도달하기

역사에서 결론은 증거에 기초를 두고 있다.
Barton (1997a), Barton
& Levstik (2004)

역사적인 탐구를 수행하는 데 있어 기본적인 원리는 결론이 증거에 토대해야 한다는 것이다. 정말로 이 같은 단순한 명제는 다른 학문은 말할 것도 없이 모든 사회과 영역과 심지어 일반적으로는 민주적 시민성의 지적인 근본을 형성한다. 학생들이 어떤 것을 안다는 것이 무엇을 의미하는지를 이해하기 위해서 그들은 지식이 근본적으로 신념이나 단순한 맹목적인 견해와는 다르다는 것을 이해해야만 한다. 역사라는 것이 빈약한 근거로부터 만들어지는 것도 아니고 우리가 믿기를 바라는 것, 혹은 그 동안 우리에게 밝혀져 왔던 것들에 기초한 것도 아니다. 즉 그것은 증거에 토대를 두고 있다. 비록 대부분의 경우에 있어 다른 결론들이 똑같은 증거로부터 도출될 수 있음에도 불구하고, 증거에 토대하지 않은 결론들은 무엇이라도 역사, 사회과, 혹은 공개토론에서 설 자리가 없다. 그러나 증거에 근거한 결론들은 에이미의 학생들이 질문을 하거나 혹은 데이터를 수집하는 것보다 훨씬 쉽게 일어나지 않았다.

에이미가 직면한 첫 도전 가운데 하나는 어느 한 장소에 자신들의 질문 각각에 대한 답이 있다는 학생들의 믿음, 그리고 만약 그들이 그 장소를 더듬어 내려가기만 하면 답을 베낄 수 있고 자신들의 전시 작업을 시작할 수 있다는 신념과 부딪히는 일이었다. 이 점에 있어서 에이미의 학생들은 확실히 교과서 장의 끝에 있는 질문들에 답하면서부터, 그들의 관점을 발전시켜 왔던 수백만의 학생들이 견지한 것과 같은 동일한 이해를 보여주었다. 우리모두는 대부분의 그러한 질문들이 유일하고 직접적인 답을 제공하는 장에서 문장을 찾음으로써 대답될 수 있다는 것을 안다. 사실 우리들 대부분은 처음 장을 읽지 않고서도 답을발견할 수 있다는 사실을 깨달았다. 그러나 교과서 정보라는 앞뒤가 뒤바뀐 세계 밖에서그와 같이 단순하고 직접적인 답들을 가진 질문들은 거의 없었다. 표 1.1과 이 프로젝트에서 학생들이 개발했던 것과 같은 유의미한 역사적 질문들은 많은 정보의 조각들을 통합하도록 요구한다. 아무리 몇몇 다른 입장으로부터 정보를 수집하고, 그들 자신의 방법으로정보를 구성하는 데 대한 아이디어라 할지라도, 학생들이 처음부터 자신들이 할 수 있을것이라고는 예상하지 않았다. 얼마 있어 학생들은 자신들의 질문에 관한 간단한 해답이 틀리지는 않았지만, 자신들이 발견한 정보에 근거해서 답들을 만들어야 한다는 것을 깨달았다(교과서 숙제가 미친 영향은 또한 학생들이 어떤 특정한 순서에 따라 질문에 답해야만하는 것이 아니라는 점을 찾았을 때 학생들이 당혹해 하는 것을 보여주었다).

에이미가 이 문제를 알려준 하나의 방법은 학생들이 조사를 통하여 자신들의 논제에 대한 벤다이어그램을 그리도록 하는 것이었다. 그녀는 학교라는 논제로 이것을 하는 방법을보여줌으로써 시작했다. 그녀는 칠판 위에 다이어그램을 그렸고, 한 쪽 측면에는 "100년전" 그리고 다른 측면에는 "오늘" 이라는 라벨을 붙이고, 학생들에게 무슨 종류의 정보가 각각의 여백 가운데 들어갈 수 있는지를 물었다. 조사를 수행할 때 학생들은 자신들의 다이어그램에 새로운 정보를 기록하였다. 이러한 접근은 학생들이 전시를 위한 창의적 활동과그들의 보고서를 작성하는 방향으로 움직일 때 그 유용성을 입증하였다. 학생들은 다양한자료로부터 정보를 수집하였으며, 더욱이 벤다이어그램은 학생들로 하여금 하나의 공간에정보를 합쳐볼 수 있도록 하였다(벤 다이어그램을 이용하는 결점은 그들이 지난 세기의 과정을 통한 변화의 실제적인 과정보다는 오히려 시간의 두 시기 사이의 차이들에만 주의를끌었다는 것이었다). 학생들은 다른 자료들로부터 정보를 종합하는 것이 익숙하지 않았기때문에 에이미는 다이어그램이 어떻게 그들을 도울 수 있을까를 위해 본보기를 보여주었다. 다시 학교에 대한 그녀의 다이어그램을 활용하면서, 그녀는 학생들이 도달할 수 있는결론이 무엇인가를 물었다. 즉 100년 전에 아이들은 학교에서 책상에 앉아 있었다. 그런데

학생들은 종종 역사적 질문에 어떻게 답을 찾을지에 관한 매우 단순한 아이디어를 가지고 있다. Ashby & Lee (1998), Barton (1997a)

중요한 질문들은 단순하거나 직접적인 해답을 거의 가지고 있지 않다.

벤다이어그램은 유사점과 차이점에 대한 정보를 구성하는 방법을 제공한다.

교사들은 증거로부터 결론을 이끌어내는 방법의 모델을 만들 필요가 있다.

지금 우리는 탁자에 앉아 있다. 100년 전에 학생들은 학교 갈 때 정장을 했다. 그런데 이제 우리는 평상복을 입고 있다. 학급 토론에 이어서, 그녀는 이러한 방법으로 그들 자신의 벤 다이어그램들을 이용하도록 학생들을 돕기 위해 각 조와 함께 작업을 했으며, 특히 시간의 흐름에 따른 그러한 변화들을 표현하는 법, 즉 중문(重文)을 작성하고, **그때**, **지금**, 그리고 **세기** 같은 단어들을 사용하는 법에 초점을 맞추었다.

어쩌면 에이미가 학생들이 결론에 이르는 데 도와주면서 직면한 가장 놀랄만한 도전은 학생들이 자신들의 조사와 전시 및 보고서들 사이의 관련성을 알아내도록 하는 것이었다. 학생들은 자주 10분 혹은 16분의 작업을 한 이후 에이미에게 와서 "우리는 마쳤어요."라고 말하였다. 왜냐하면 학생들은 결론을 이끌어내는 데 도움을 주는 정보의 종류를 수집하는 것에 익숙해 있지 않았기 때문에 자신들이 정보를 충분히 확보했는지, 정보의 활용을 끝내지 않았는지에 대해 거의 알지 못하였다. 예컨대 **일**을 조사하고 있는 한 조는 그들이 해야 할 필요가 있는 모든 조사를 마쳤다고 에이미에게 말하였다. 에이미는 그들이 작성한 질문 목록을 검토하고, 그 가운데 하나였던, "그들이 구두를 만드는 방법이 어떻게 변화되어 왔을까요?"라는 질문을 찾았다. 그에 대답해서, 그들은 **구두쟁이**라는 단어를 작성했었고, 현재의 논제에 대해서 그 이상의 어떠한 정보를 수집할 필요가 없음을 확신하였다. 에이미는 만약에 전시를 하거나 또는 보고서를 쓰기 위해 자신들이 알 필요가 있는 것을 그들에게 말했는지 여부를 물었다. 학생들은 에이미의 목소리에서 그것으로 충분하다고 생각하지 않다는 것을 읽어낼 수 있었지만, 다른 무엇이 필요한지는 확신할 수 없었다. 에이미는 그들의 관심을 프로젝트(도해. 7.2를 보라)에 대비한 채점 가이드라인에 둘 것을 요구하였는데, 특히 "상세한 내용의 활용"을 다루는 부분과 **구두쟁이**라는 단어가 그들의 보고서 혹은 발표에서 자신들이 이용할 수 있는 어떤 상세한 내용을 줄 수 있는가를 물었다. 그들은 그렇지 않다는 것을 알았고, 그때 에이미는 그들이 어려움에서 벗어나는 방법을 제공하였다. 곧 "이것이 너희들의 조사니"하고 에이미가 물었고, "또는 단지 너희들의 브레인스토밍이니? 나는 이것이 단지 너희들의 브레인스토밍이라고 생각한다. 그래서 너희들은 여전히 다루어야 할 상세한 설명을 찾아내기 위해서 더 많은 조사를 해야 할 필요가 있단다." 비록 학생들은 여전히 전시를 시작할 준비가 되지 않았다는 사실에 다소 실망을 했음에도 불구하고 적어도 과제를 완성하기 위해서는 더 많은 정보가 필요했었다는 것을 알았다.

마찬가지로 학생들이 자신들의 조사를 끝내고 프로젝트의 다음 단계로 옮겨갈 때 대부분의 학생들은 자신들이 작업해 왔던 메모를 무시했다. 학생들은 단순히 조사를 하는 동안 자신들이 배웠던 것에 관한 어떤 참고문헌도 만들지 않고 보고서 작업을 시작하였다. 예를 들면 수업도중 일에 관한 변화를 조사하고 있는 다른 조에 속한 학생들은 그들 스스로 협력하여 논제를 토의했고, 그리고 나서 "좋은 직업을 가진 사람들은 하루에 1달러를 벌어들일 것이고 좋은 직업을 가지지 못한 사람들은 하루에 1페니 정도 벌 것이다"라고 기술하였다. 이것은 그들이 발견했던 것과 완전히 연결되지 않은 진술문이었다. 그들은 즉시 토론 과정 속에서 그것을 해결하였다. 거의 모든 조의 학생들은 동일한 과정을 반복하였다. 그들은 변화에 대해서 스스로 발견했었던 것에 관한 참고문헌을 만들지도 않으면서 "그것이

학생들은 본래의 질문에 정보가 어떻게 관련되어 있는가를 아는 데 도움이 필요하다.

	가능한 점수	받은 점수	코멘트
이름 _____		점수 _____	
물리적인 환경: 매력적인 전시, 분명한 이름들과 표제들, 여러 역사적 유물 혹은 그림들을 포함한다.	25		
증거의 사용: 전시와 글로 쓴 보고서에서 적어도 4개의 다른 자료들, 그들이 어디에서 왔는지 정확하게 일람표를 만든다.	25		
상세한 내용의 사용: 역사적 항목들과 그 항목들이 어떻게 사용되었는지에 대한 분명하고 구체적인 묘사들.	25		
구두 발표: 전시의 효과적인 표현; 청중들의 흥미를 끌고 질문들에 답하기	25		

도해 7.2 역사박물관 전시와 보고서 평가를 위한 체크리스트

보다 좋기 때문에" 혹은 "사람들이 단지 그것을 더 좋아했었기 때문에"라고 하면서 일이 어떻게 변화되었는지에 관해서 기술하였다. 다시 에이미는 학생들이 결론을 이끌어내기 위해서 어떻게 메모를 이용할 것인지와 보고서를 작성하면서 이러한 것들을 어떻게 조직할 것인가를 위한 모델을 만들어야만 하였다.

> 교사들은 결론을 이끌어내고 보고서를 구성하기 위해 메모의 사용을 모델화할 필요가 있다.

평가와 자기 주도적 학습

우리들이 주목했던 것처럼, 평가 목표 가운데 하나는 학생들이 성취의 표준들에 대한 이해를 개발하도록 도움으로써 자신들이 그것들을 학습에 적용할 수 있도록 하는 데 있다. 실제 일반적인 교수의 가장 중요한 목표들 중의 하나는 학생들이 학습을 주도하도록 격려하는 것이다. 그들이 무엇을 할 것인가와 어떻게 할 것인가의 상세한 내용 모두를 선생님들이 말해주는 학생들은 후일의 학습이나 혹은 학교 밖의 생활 둘 다에 대해서 서툴게 준비할 것이다. 성공적인 학생들, 그리고 성공적인 시민들은 호기심으로 그들 주변의 세계에 접근하고, 그들은 자신들의 학습에 책임을 진다. 그들은 자신들이 해야 하는 것이 무엇인지를 말하기보다는 성공적인 수행으로 보이는 것이 어떠한 것인지의 예들을 제공하는 전거 속에서 그것들을 찾는다. 6장에서 월트 키트(Walt Keet)의 평가지들이 보여주는 것처럼 평가는 스스로 동기화되고 자기 주도적인 학습자들을 발전시키는 과정에서 중요한 도구가 될 수 있다. 과제의 시작에 앞서 분명한 표준들이 확립될 때 교사들과 학생들은 그들의 목

> 학생들은 그들 자신의 학습을 계획하고 조정하는 것을 배워야 한다.

적에 도달하기 위해 함께 작업할 수 있다. 그리고 교사들의 역할은 그것을 지시하기 보다는 오히려 학생들의 학습을 지지하는 한 수단이 된다.

이러한 종류의 자기 주도적 학습은 에이미의 학급에서 이루어진 역사박물관 프로젝트의 중요한 한 부분이었다. 학생들이 직면한 함정들에 대한 우리들의 강조는 이것이 다소 따분하거나 흥미 없는 프로젝트라는 인상을 줄 수도 있겠지만, 아무 것도 진실로부터 더 멀어질 수는 없을 것이다. 학생들은 시종일관 과제에 머물러 있고 작업을 완성하기 위해 끊임없는 진보를 할 것이며, 항상 방문자들과 그들이 발견하고 있는 것을 서로서로 공유할 준비가 되어 있었다. 탐구의 목적과 성격에 관한 학습에서 학생들이 직면한 많은 장애물에도 불구하고 교실의 "느낌"은 끊임없이 개방적이었으며 편안했다. 학생들이 이러한 과정을 편안하게 느꼈던 이유는 학습에 대해 자신들이 책임지도록 에이미가 위치지운 데 따른 결과였다. 프로젝트의 시작에서부터 에이미는 상세한 평가 체크리스트를 나누어 주었고(도해 7.2를 보라), 학생들이 에이미가 수립했던 표준들을 성취하는 방법을 배우도록 기대했다. 그들의 실행이 짧게 느껴졌을 때 예컨대 구두쟁이라는 단어를 쓴 후에 그의 조사를 완성했다고 어떤 학생이 생각했다. 에이미는 학생들을 비평하거나 그들에게 나쁜 점수를 주지 않고, 그들 작업을 발전시키는 방법을 보여줌으로써 그것이 더욱 더 평가 체크리스트와 밀접하게 일치되도록 하였다. 프로젝트의 모든 과정을 통해 학생들은 자신들의 학습에 책임이 있고, 자신들을 돕기 위해 에이미가 거기에 있다는 사실을 분명히 했다. 이처럼 매일매일 에이미는 학생들에게 자신들이 조사하고 있는 프로젝트가 무슨 단계인지, 다음에 할 일은 무엇인지, 그리고 계획했던 작업을 할 수 없다면 그들의 대안은 무엇인지를 물었다. 6장에서 강조했던 것처럼 학생들은 자신들이 성취하려고 노력하고 있는 것(그리고 이유)을 알도록 하기 위해서 성취를 위한 표준들을 내면화할 필요가 있고, 에이미는 그러한 종류의 메타인지적 이해를 학생들이 발전시키는 것을 돕는 데 상당히 성공적이었다. 예컨대 프로젝트가 거의 종료될 무렵 에이미는 학생들과 더불어 단락의 구조를 재검토하고 있었고, 만약 한 단락의 주요 아이디어를 지지할 정도로 충분히 상세한 내용들을 학생들이 가지고 있지 않다는 것을 발견했을 때, 그들이 해야 하는 것이 무엇인지를 물었다. 바로 2주 전에는 그들에게 완전히 어색하였을 것 같은 개념인 "더욱 더 연구하라"에 학생들은 동의했다.

그럼에도 불구하고 일련의 점수 주기 가이드라인들을 단순히 이해하는 것은 학생들에게 배우기를 동기화하지 못할 것이라는 사실을 인정하는 것이 중요하다. 학생들은 일련의 표준들의 의미를 분명히 통찰할 것이고 아직 그것들을 성취하는 데 흥미를 가지고 있지 않다. 만약 과제가 너무 어렵거나 너무 쉽고, 혹은 너무 의미 없다면 학생들은 어떤 종류의 자기 주도적 학습에도 흥미를 느낄 것 같지는 않다. 분명한 표준들을 설정해서 학생들이 그것들을 성취하도록 돕는 것은 오직 표준들이 의미있고 참된 과제들에 연결될 때에만 이해된다. 예를 들면 이 장에서 학생들이 흥미를 가지고 참가하는 가장 중요한 이유들 중의 하나는 학생들이 그들의 최종 수행, 즉 자신들의 역사박물관을 위한 전시에 대해 구축된 활동들을 알았다는 사실이었다. 이들 전시들은 분명히 그들 조사들의 가장 좋아하는 부분이었고, 학생들은 그것들을 만들어내는 데 면밀한 관심을 쏟았다. 즉 그들은 시각적으로 호

구체적인 체크리스트는 학생들에게 평가기준을 분명하게 해줄 수 있다.

평가체크리스트는 학생들이 자신들의 성취를 모니터하는 데 도움을 줄 수 있다.

소하고 있었고 쉽게 이해된다는 것을 확실히 하는 것, 그리고 흥미로운 유물로 가득 차 있다는 것을 확실히 하는 것이다. 그리고 학생들은 다른 학급들과 자신들의 부모님들, 조부모님들에게 전시회에서 설명할 것이기 때문에 이들 발표들을 하기 위해서 충분히 자신들의 논제들을 이해하고 질문들에 답해야만 한다는 사실을 알았다. 비록 교사들이 종종 특정한 학생들에게 청중들을 위해 글을 쓰거나 혹은 말을 하고 있다는 사실을 상상하도록 요구하지만(보통 혼합된 성공), 에이미의 학생들은 청중들을 위해 실제로 준비를 하고 있었다. 학생들은 누군가가 자신들의 논제에 관하여 아무 것도 몰랐다는 사실을 상상하기 보다는 진정으로 아무 것도 몰랐던 초등학생들을 위해 설명을 준비하고 있었다. 그들 기대들의 진지함은 학생들로 하여금 실물 전시와 "이들은 무엇을 위해 사용되었는지 너는 아느냐?"와 같은 질문과 직접 손으로 만지고 다루는 공개수업을 하면서 청중에게 분명한 설명의 발표를 계획하도록 하였다.

> 과제는 참된 목적과 청중들을 가지고 있어야 한다. Scheurman & Newmann (1998)

시간과 연대기의 이해력 기르기

전통적인 역사교수법은 때때로 끊임없이 연대들을 암기하는 것처럼 틀에 박힌 양식이다. 이 책에서 이러한 점 때문에 우리들은 논제에 관한 우리들의 사고방식이 매우 다르다는 사실이 분명해지기를 바란다. 그러나 시간을 이해하는 것이 역사 이해의 통합적 요소라는 것을 부인하기는 어렵다. 몇몇 중요한 방식에 있어서 시간과 역사 사이의 관련성은 철자법과 쓰기 사이의 관련성과 유사하다. 철자법은 목적, 어조, 혹은 구성만큼이나 쓰기에서 거의 중요한 것으로 여겨질 수 없고, 작문의 의미 중심 구성요소 만큼이나 철자법에 많은 시간을 보내는 교사는 거의 없을 것이다. 그러나 교사들 역시 학생들의 작문은 만약 그들이 결국 철자 쓰기 방법을 배운다면 더욱 효과적일 것이라는 사실을 안다. 마찬가지로 역사적 증거, 해석, 매개체, 의미 등과 같은 문제들에 대한 비교에서 시간의 중요성은 희박하지만 학생들의 역사적 이해는 만약 일이 일어난 시기를 그들이 안다면 보다 더 완전해 질 수 있을 것이다. 철자법이 쓰기에 있어 작지만 중요한 부분인 것처럼 시간은 작지만 역사의 중요한 부분이다.

> 역사를 배우는 것은 연대를 암기하는 것을 의미하지 않는다.

> 시간을 이해하는 것은 역사에 있어 작지만 중요한 부분이다.

    그럼에도 불구하고 시간에 관하여 학생들에게 가르치는 것의 한 가지 단점은 논제의 다른 측면들을 혼란스럽게 하기 쉽다는 것이다. 역사적 시간을 이해하는 것은 적어도 두 가지의 분리된 구성요소를 포함한다. 즉 시간적으로 어떤 시기의 순서를 정할 수 있다는 것(이따금씩 연대기로 알려져 있는 것)과 시간적으로 특정한 시대에 어떤 시기를 연결시킬 수 있다는 것이다. 비록 처음에는 날짜들이 비슷하게 보일지라도 어린이들은 실제로 처음에 더욱 더 숙련하게 된다. 우리 자신의 조사는 유치원 어린이조차도 포장마차의 그림이 자동차가 있는 그림보다 더 오래 전 시간을 언급하고 있음을 알고 있었다는 것이다. 초등학년 학생들은 훨씬 더 복잡한 구분도 해낼 수 있다. 학생들은 나이가 들어가면서 과학기술, 패션, 그리고 사회적 역할들에 담겨있는 단서들을 기초로 역사적 그림들을 순서대로 배열·정리하는 데 점점 익숙해졌다. 어린이들의 연대기적인 지식, 즉 사회적이고 물질적

> 다음의 토론을 위한 조사의 기초는 아래에서 찾아볼 수 있다. Barton (1994, 2002), Barton & Levstik (1996), Downey (1994), Foster & Hoge (1999), Thorton & Vukelich (1988)

인 삶의 양상들이 변화해 온 순서에 대한 어린이들의 이해는 사전 지식의 매우 인상적인 영역을 나타내준다.

연대기에 대한 지식에도 불구하고, 아동들의 연대와 다른 틀에 박힌 시간 표시 예컨대 "대공황", "식민지 시기" 등의 사용능력은 보다 발전하지 못한다. 저학년 어린이들은 날짜들이 무엇인지를 알고 보통 올해가 몇 년도인지를 알지만, 그들은 역사상의 일정 시기를 어떤 특정 연도와 거의 관련시키지 못한다. 즉 그들은 역사적 사진들을 순서대로 위치지울 수 있지만, 그것들을 연대들과 연결시키지 못한다. 4학년이 될 무렵 많은 어린이들은 매우 분명하게 "1950년대"와 "1960년대"(이 시기는 일반적으로 푸들스커트시대부터 [회색모직 바탕에 푸들 강아지 그림이 붙여진 1950년대 유행한 치마-역주] 나팔 바지까지의 시기들을 상호 순환적으로 언급한다) 그리고 "1800년대"(개척자, 남북전쟁, 그리고 옛 서부를 포함하는 넓은 범위의 시간을 의미)의 몇몇 구체적인 연대들을 사용하기 시작했다. 5 · 6학년이 될 무렵, 모두는 아니지만 일부 학생들은 이 세기에서 10년의 범위 내의 그림들을 분별할 수 있고, 알맞은 세기를 사용하면서 1700년대와 1800년대 그림을 연관시킬 수 있다. 가끔이 나이 무렵의 학생들은 "빅토리아시대"와 같은 용어들을 사용한다. 이들 명칭들은 주로 물질적이고 사회적 생활에 근거한 단서들에 계속 기초를 두고 있다. 나이가 보다 많은 학생들조차도 전쟁이나 정치적인 발전들과 같은 사건들의 연대들을 거의 알지 못한다.

그래서 시간의 이해와 연대를 동등하게 여기는 것은 심각할 정도로 학생들의 능력을 낮게 평가하는 것이다. 나이가 더 적은 어린이들은 구체적인 연대들에 관한 지식을 거의 가지고 있지 못하고 나이가 많은 어린이들조차도 학교에서 보통 중요한 것으로 여기는 사건들과 관련지어서 연대를 쉽게 알지 못하기 때문에 그들은 시대를 이해하지 못한다고 결론을 내리기 쉽다. 그러한 관찰들은 때때로 초등 교육과정으로부터 역사를 생략하기 위한 정당화로서 사용되고 있다. 그러나 사실상 대부분의 어린이들은 역사적 시간에 대한 광범위한 이해를 가지고 있지만, 즉 그들은 단지 아직까지 구체적인 연대들을 배우지 않았다. 아동들의 사고에 대한 이러한 측면들은 두 가지의 중요한 의미를 함축하고 있다.

첫 번째, 연대들과 상투적으로 시간을 표현하는 어구("식민지시대"와 같은 것) 들은 5학년 이전의 대부분 학생들에게는 어떤 구체적인 연관성을 불러올 것 같지는 않다(혹은 5학년 이후의 많은 학생들에게도 역시 아니다). "18세기," "1920년," 혹은 심지어 "약 30년 전"에 어떤 일이 일어났다고 말하는 것은 그러한 표현들을 그들이 시각화할 수 있는 어떤 것과 연결짓지 못하기 때문에 대부분의 어린이들에게 있어 그 어떤 것도 의미하지 않는다. 예를 들면 학년 초에 에이미는 1980년에 텔레비전이 있었다고 생각하는지 학생들에게 우연히 물었다. 대부분의 학생들은 있었다고 생각했다. 그 다음에 그녀는 그들이 1970년에 텔레비전이 있었다고 생각하는지를 물었다. 학급은 정확하게 반으로 갈라졌다. 최종적으로 에이미는 1960년에는 텔레비전이 있었는지를 물었고, 이에 학생들은 그렇게 오래 전에는 그런 현대적인 어떤 것도 없었다고 의견일치를 보았다. 연대에 대한 학생들의 지식이 그리 발전되지 못했을 때 교사들은 연대를 사용하는 것이 어떤 일이 언제 일어났는지를 학생들이 알게 하는 데 도움이 될 것이라는 것을 기대할 수는 없다.

아동들은 연대나 이름을 그 시대에 정하는 것보다 역사적 시기를 일정한 순서로 배열하는 것에 더 능숙했다.

훨씬 더 나이 많은 학생들조차도 정치적 발달이나 전쟁의 연대를 거의 알지 못한다.

일반적으로 연대는 학생들이 언급한 시대를 시각화하도록 하지는 않는다.

연대를 학습하는 것은 학생들이 어떤 일이 일어났을 때를 알도록 하는 데 도움이 된다는 점을 전제하는 대신, 교사들은 발달되어야 할 개념들로서 연대에 접근해야만 한다. 즉 교사들은 학생의 시각적인 역사적 이미지들을 그에 상응하는 연대들과 관련짓도록 도와야만 한다. 에이미의 학생들은 1960년대에 텔레비전들이 있었다고 생각하지 않았음에도 불구하고, 그들은 1950년대와 1970년대 사이에 1960년대의 사진을 쉽게 배치할 수 있었다. 그 다음 그녀 목표 가운데 하나는 학생들이 다른 시기들의 이미지들에 연결시켰던 연대들을 사용하는 것을 배우도록 하는 것이었다. 부분적으로 이것은 학습 중인 논제들과 관련된 연대들에 끊임없이 학생들의 주의를 끌어들이고 다양한 발전들이 일어난 시기를 그들이 생각할 때 되풀이해서 물어보는 것을 말한다(예를 들면 도해 7.1의 유물 생각지를 보라). 보다 중요한 것은 교실 벽 위에 붙여 놓은 "시각적인 연표"의 사용이었다.

연표는 모든 역사 텍스트 속에서, 그리고 많은 교실의 벽에서 발견될 수 있다. 그러나 우리들은 대부분의 연표가 사전 지식과의 연관성을 보여주지 않기 때문에 학생들의 이해를 거의 발전시키지 못한다는 사실을 믿는다. 연표는 전형적으로 학생들이 잘 알지 못하는 어떤 것, 즉 연대를 그들이 잘 알지 못하는 다른 것 곧 전쟁 및 정치와 연결시킨다. 대부분의 사람들이 연대를 잘못 연결지어 기억하고 있는 것은 필시 연대도, 그 연대와 함께 하는 사건도 아무런 의미가 없다는 바로 이 결점에서 오는 것이다. 연표가 효과적이기 위해서는 학생들의 사전 지식 즉 사회적이고 물질적인 생활에서의 변화에 대한 시각적인 이해 위에서 구축되어야만 한다. 예를 들면 에이미의 교실에서 두 개의 벽은 시각적인 연표로 채워져 있었다. 이것은 1895년부터 현재까지 벽 위에 적절한 지점에 그림을 두고 10년 단위로 표시하는 표식들로 구성되었다. 그 학년 내내 학생들이 자신들의 유물과 사진들을 가져왔던 것처럼 그들은 역시 연표에 그것들을 추가했다. 에이미가 연표를 붙인 후 즉시(그리고 에이미가 심지어 학생들에게 그것을 설명하기 전에) 주목할 만한 현상이 일어났다. 에이미가 연대를 언급할 때마다 어떤 배경에서도 학생들의 머리는 연표를 향해 방향을 돌렸다. 그들은 연대가 의미하는 것이 무엇인지를 찾기 위해 1910 혹은 1940 등에서 그 때 사람들은 어떤 종류의 기계를 가지고 있었는지, 옷을 어떻게 입었는지를 스스로 알아보기 위해 연표를 사용하고 있었다. 그것은 학생들이 **오 그것은 1940년이야!** 하고 그들 자신들에게 말하고 있는 것 같았다. 이 시각적인 연표는 우리들이 여기에서 옹호하고 있는 목적에 정확히 도움이 되었다. 그것은 학생들이 이미 알고 있는 것에 연대를 연결시키는 역할을 하였다. 그런 연표들은 세계지도들 혹은 독서 코너들만큼이나 초등교실에서는 필수불가결한 것이 되어야만 한다. 만약 학생들이 끊임없이 연대들과 시각적인 이미지들과의 관련성을 보여준다면 "2차 세계대전은 1945년에 끝났다"와 같은 말을 그들이 이해할 수 있게 하는 연대 개념을 이해시키기를 시작하지 않을 이유가 없다. 교사들이 잘못 생각하고 있는 이 진술은 교사들에게처럼 같은 방식으로 학생들에게도 의미가 이해된다.

역사적 시간에 대한 학생들의 사전 지식은 두 번째 중요한 의미를 가지고 있다. 곧 교수의 중요한 목적 중의 하나는 "지금에 가까운", "오래 전에", 그리고 "정말로 오래 전에"와 같은 넓은 시기들을 더욱 더 잘게 상세화한 특징들로 자세히 분석하기 위해 역사적 시간에

교사들은 학생들이 그들의 역사의 시각적 이미지에 상응하는 연대와 연결시키도록 도와줄 수 있다.

대부분의 연표는 학생들이 그들의 사전 지식과 연결시키도록 하지는 않는다.

시각적 연표는 교실의 필수적인 부분이다.

대한 그들의 카테고리를 더욱 더 구별짓도록 학생들을 돕는 것이어야만 한다. 학생들은 이미 사회적이고 물질적인 삶의 몇몇 측면들에 대한 기본적인 이해를 가지고 있기 때문에 이들은 수업을 위한 완벽한 출발점이 된다. 이 장에서 역사박물관 프로젝트는 시간이 흐르면서 변화에 대한 더 완전하고 보다 함축적인 이해를 위해 학생들이 이미 알고 있는 것을 사용하고자 하는 시도의 분명한 사례이다. 부분적으로, 시간에 대한 학생들의 이해를 돕는 것은 "1800년대"라는 하나의 넓은 카테고리 속으로 그들 모두를 하나로 묶어주는 대신에 그들에게 남북전쟁 전, 남북전쟁, 그리고 옛 서부 사이를 구분하도록 돕는 것이다.

그와 같은 교수의 한 목표는 특히 어린이들의 연대기적 사고, 즉 착실히 발전해가는 역사적 발달에 대한 그들의 추측에 초점을 맞추어야 한다. 미국 어린이들은 역사적 발전은 정확한 순서에 따라 진행된다고 생각한다. 즉 한 가지 일이 일어나고 그러면 역사상의 시기는 끝나고 그리고 모든 것이 변한다. 예를 들면 그들은 도시들이 생기기 전에 정착자들이 왔고, 첫 번째 대통령 이전에 이민들이 왔다는 등으로 생각한다. 그들은 다른 지역들에서 사람들이 개척지에 정착하고 있을 무렵의 시기에 국가의 몇몇 지역들에 도시들이 있었고, 유럽인들이 미국 식민지에 처음으로 정착한 후 수백 년 동안 이민자들이 계속해서 도착했다는 사실을 인정하는 데 실패한다. 연표들(그리고 연표를 활용하는 수업)은 지나간 시기에 다양한 사람들의 삶이 어떠했는지를 알 수 있도록 도움이 되면서 비교할 수 있어야 한다. 학생들이 미국사의 연표에서 하나의 연대를 보았을 때 그들은 하나의 이미지보다 더 많은 것을 보아야만 한다. 즉 그들은 여러 지리적인 영역들과 다양한 인종적 · 민족적 집단들, 여자와 남자, 그리고 부자들뿐만 아니라 노동자들의 경험으로부터 나온 그림들을 보아야만 한다. 학생들로 하여금 자신들의 역사적 시간에 관한 지식을 분별할 뿐만 아니라 다양화하도록 도와주는 것은 대단히 중요한 데도, 흔히 간과되는 교수목적이다.

확 장

이들 역사박물관 프로젝트들을 확장하는 하나의 분명한 방법은 다루어지는 시기들을 다양화하는 것이다. 에이미는 학생들이 먼저 지난 백 년 동안을 조사하도록 하는 것을 선택했다. 왜냐하면 그것이 학생들의 가족들이 정보를 제공할 가장 긴 시기일 것으로 생각했기 때문이다. 많은 가족들은 유물들을 가지고 있고, 어린이들의 증조부모들의 시간까지 거슬러 올라가는 이야기들을 말해 주었다. 그러나 초등학교 어린이들은 그들이 태어나기 전 삶이 어떠했는가에 관하여 너무 자주 혼란을 일으키기 때문에 교사는 지난 50년 혹은 보다 적은 년도들에 걸쳐 일어난 변화들을 중심으로 단원을 쉽게 계획할 수 있다. 우리들이 아는 초등학교 교사는 역사 보여주며 말하기를 위한 시간을 남겨둔다. 매일 매일 한 학생은 "옛날 것"을 가지고 와서 에이미가 그것에 관하여 배웠던 것을 이야기 한다. 그들이 가져온 품목들의 연도는 19세기 자수 표본으로부터 5년된 소프트볼까지 매우 다양하다. 이 활동은 역사박물관처럼 광범위하거나 체계적이 아님에도 불구하고, 이것 역시 역사적 시간에 대한 학생들의 이해를 발전시킨다. 교실에서 물건들을 토론하고 유물 연대기 위에 그것들을 위치시킴으로써 학생들은 과거의 다양한 시기들의 삶에 대한 이해를 높일 수 있다(학생들이 깨달아야 하는 첫 번째 일들 중의 하나는 "오래된 것을 보는 것"은 낡아빠진 소프트볼처럼 나이를 직접적으로 표시하는 것은 아니라고 하는 사실이다). 에이미의 학생들이 그랬던 것처럼 이 교실의 학생들은 시간의 경과에 대한 이해를 발전시키고 과거를 "오래 전"이라는 구별되지 않은 시기로 생각하지 않는다.

중학교 학생들은 흔히 세계사(혹은 특히 고대 문명)를 학습하고, 시간의 흐름에 따른 변화에 관한 전시를 개발하는 것은 분명히 그러한 논제들과 잘 들어맞는다. 만약 학생들이 미국사에서 몇몇 시기들을 충분히 구별하지 못하면 세계사에서의 구별은 더욱 더 애매하게 된다. 어떤 4학년 학생은 식민지 이전 시대 전체를 "하나님이 존재했고 하나님이 모든 것이었던 때"의 시기라고 기술했다. 이러한 인상은 사람들 사이의 인종이나 교과서에 나오는 사건들을 학생들이 역사상 다른 시기에 살았던 사람들의 생활방식에 익숙해지지 않은 채 가르침으로써 강화되고 있다. 고대세계, 중세시대 혹은 근대 초기에 있어서 일상의 삶에 대한 변화들을 조사함으로써 학생들은 자주 성급하게 대충 봐왔던 문명에 대해 더욱 세련된 이해를 발전시켜 나갈 수 있다. 이런 종류의 프로젝트들은 그 자체로 비교적인 연표에 적합한데, 이 연표에서 학생들은 중국, 말리(Mali), 짐바브웨(Zimbabwe), 메소아메리카(Mesoamerica), 유럽 등의 문명에서 삶이 변화하는 방식을 비교한다. 이와 비슷하게 주 역사를 공부하고 있는 학생들은 초기 정치 지도자들에 관한 상세한 내용이나 주기(State Flag)를 받아들이거나 혹은 암기하려고 노력하는 것보다는 그들의 주에 있어서 역사적 변화를 드러나도록 하는 것을 만들어 냄으로써 더 많은 도움을 받을 것이다.

> 세계사 학습은 일상생활에 초점을 맞추어서 보면 이점이 있다.
>
> Passe & Whitley (1998)

중학교 학생들 역시 에이미 학생들에 의해서 거의 간과된 역사적 변화의 두 측면에 보다 분명한 관심을 드러냈다. 그녀 수업에서 대부분의 발표는 물질적인 문화의 측면들에 초점이 맞추어졌다. 학생들은 가끔씩 사회적 관계들, 예를 들면 어린이 노동에 대한 토론이 포함된 노동자 집단과 여성들의 외모에 있어서 바뀌고 있는 기대들에 대해 이야기한 패션 조와 같은 문제들을 다루었지만, 주요 초점은 항상 사진들과 유물들로부터 제시된 물질적인 변화에 있었다(이것은 놀랄 일이 아니다. 왜냐하면 우리들이 지적해 왔던 것처럼 초등학생들은 시간에 따른 변화의 어떤 다른 측면보다 이들에 관하여 더욱 더 많이 아는 경향이 있다). 중학교 학생들은 선택한 것으로부터 다른 일련의 논제들을 제공받을 수 있었을 것이다. 물질적인 문화에서 변화들을 조사하는 대신, 그들은 시간에 따라 사회적 관계들이 변화되어온 방식을 조사할 수 있다. 논제들은 여성, 소수자들, 어린이, 가난한 자, 전쟁, 가족구조, 종교, 노동, 법률, 혹은 환경에 대해 변화하는 태도들을 포함할 수 있다. 에이미의 수업에서처럼 이들 논제들은 질문하기, 인쇄된 자료에서 뿐만 아니라 사람들에게서 정보 모으기, 결론 이끌어내기, 발표의 형태에 관한 의사결정하기 등에 학생들을 몰두시킬 것이다.

> 중학교 학생들은 변화하는 사회적 관계들에 초점을 맞출 수 있다.

중학생들 역시 역사박물관 프로젝트에서 대부분 간과된 변화의 다른 측면, 즉 변화의 이유와 같은 것에 관심을 집중할 수 있었다. 에이미의 수업에서 학생들은 거의 기술, 유행, 노동, 혹은 다른 것들이 시간에 따라 변화되어 온 이유들을 설명하는 데 어떤 관심도 드러내지 않았다. 에이미가 설명을 위해서 그것들을 무리하게 사용할 때마다 학생들은 변화를 자

> 학생들은 역사적 변화의 이유에 초점을 맞출 수 있다.

학생들은 종종 옛날 사람들이 지식이 부족했기 때문에 과거사회는 다르다고 생각한다.
Barton (1996a), Lee & Ashby (2000)

명한 향상("그들은 그것을 바로 이해했다")으로 여기거나 변화가 일어난 이유("내가 추측하기에 그들은 그런 방식으로 하는 것에 지친 것 같았다")에 대해 전혀 알아내지 못하거나 둘 중의 하나인 것처럼 보였다. 그렇지만 만약 학생들이 4학년 혹은 5학년 때 에이미와 같은 교사가 있어서 시간에 따른 변화의 성격에 대한 이해를 발전시킨다면, 이후의 학년에서 그들의 경험들은 그러한 변화들이 어떻게 일어나는지, 특히 문화, 경제, 혹은 사회에 있어서 보다 넓은 변화들에 자신들이 관련되는 방식을 이해하는 데 도움이 되는 방향으로 초점이 맞추어질 수 있다.

결 론

이 장에서 서술한 프로젝트들은 1장과 2장에 배열된 역사적 방법들과 교수적인 원리들의 몇몇 중요한 요소들을 설명한다. 첫 번째, 일상의 삶에 있어서 변화들을 조사하는 것은 학생들이 보통 가장 잘 아는 역사적 논제들을 토대로 구축한다. 어린 아동들조차도 이미 기술, 유행, 그리고 그들의 친척들로부터 사회적 역할, 미디어, 일반적으로 대중적인 문화에 있어서 변화들에 관하여 배웠다. 이러한 논제들을 보다 깊게 조사하는 것은 학생들에게 익숙하고 편안한 내용을 다루면서 그들의 이해의 깊이와 뉘앙스를 추가해 주도록 한다. 두 번째, 그와 같은 프로젝트들은 학생들에게 진정한 역사적 탐구에 몰두하도록 한다. 아직 읽기 기능을 배우고 있는 어린 아동들이 몇몇 종류의 기록된 1차 자료들을 사용하는 데 어려움을 가질 수 있다. 특히 더욱 멀리 떨어진 시기에 대해서는 그러하겠지만, 사진들과 유물들을 분석하는 것은 그들에게 믿을만한 방법으로 중요한 역사적 자료들을 사용하도록 해준다. 그 동안에 학생들이 개발한 질문들은 계획된 것이 아니지만, 자연스럽게 자신들의 조사로부터 나오고 그들에게 다양한 다른 자료들을 사용하도록 이끈다. 마지막으로 진짜 청중들을 대상으로 그와 같은 프로젝트들을 하도록 하는 것은 발표 혹은 전시들이 요구하는 깊이 있는 이해를 발전시키도록 학생들을 동기화한다.

물론 이 장에서 분명하게 한 것처럼 그와 같이 참된 학문적 탐구는 쉽지 않다. 교사들은 과정의 모든 단계에서 학생들을 안내하고 지원해야만 한다. 즉 학생들의 흥미 자극하기, 그들이 질문을 발전시키도록 돕기, 정보를 모으기 위한 절차들을 설계하기 등이다. 그러나 교사들과 학생들이 이러한 프로젝트들을 그렇게 자발적으로 몰두하고 있다는 사실은 의미있는 역사학습에 학생들을 참여시킬 수 있다는 가능성을 보여준다.

Barton & Levstik (2004)

이들 프로젝트는 또한 학생들에게 두 가지 중요한 면에서 참여 민주주의를 준비하게 한다. 먼저 이 장에서 계속 보아왔듯이 학생들은 자신들의 질문에 대한 정답을 간단히 찾을 수 없다. 그들은 연관성 있는 정보를 찾고 거기서 자신들의 결론을 이끌어내야 한다. 이것은 민주적 참여에서 가장 근본적인 요구 가운데 하나이다. 시민들은 증거에 대한 주의 깊은 고려에 토대하여 아이디어들을 발전시켜 나갈 수 있어야 한다. 다른 사람들과 깊이 토의하기 위해서 우리는 권위, 전통, 또는 무분별한 견해에만 의존할 수 없다. 왜냐하면 다른 사람들도 자신들만의 권위, 전통, 견해가 있을 것 같기 때문이다. 비록 학생들(어른들도)은 종종 그렇게 하기를 좋아하지만 우리는 단순히 일을 그렇게 만들어 갈 수는 없다. 조의 일원으로서 함께 심사숙고할 때 우리는 우리의 입장에 대한 이유가 있어야 하고 이런 이유들은 증거에 근거해야 한다. 그렇지 않다면 우리는 토론할 것이 아무것도 없고 우리들 사이의 간극을 연결시켜 줄 방법이 없기 때문이다. 역사박물관 프로젝트에서 학생들은 정확하게 그렇게 하는 것, 즉 자신들의 주장을 증거에 근거하는 것, 그들이 어떻게 결론에 도달했는가를 분명하게 하는 것을 배우고 있었다.

이러한 프로젝트의 민주적 참여에 대한 두 번째 기여는 다소 명백하지 않을 수 있지만, 그것은 전형적인 교실 활동을 넘어서는 중요한 진전을 나타낸다. 예를 들면 종종 학생들은 수업이나 퀴즈에서 질문에 답하고 혹은 성취도 검사 시험을 통해서 자신들의 역사 지식을 나타내 보이도록 요구받는다. 그러나 이런 식의 보여주기는 보통 책무의 목적을 위해서만 만들어졌다. 즉 학생들은 이 장을 읽었는가? 학생들은 그들의 학습한 것을 기억할 수 있나? 학교는 필수내용을 다루고 있나? 이러한 보여주기는 역사교수에 별로 이로움이 없다. 그리고 그와 같은 전시들에 참여하는 학생들에게도 특별한 이로움이 없다. 그러나 대부분의 사회에서 역사적 보여주기인 전시는 흔하고 박물관, 역사 유적지, 역사적 재현 등에서 많은 사람들은 그런 전시를 즐긴다. 이 장에서 묘사된 그런 프로젝트들은 학교 내에서의 역사 보여주기가 학교 밖에서의 그런 보여주기와 더욱 비슷해지는 한 방법이다. 역사박물관 프로젝트에서 학생들은 다른 사람들, 즉 학급 친구들, 다른 반 친구들, 친척들의 이익을 위해서 정보를 전시하고 있었다. 이것은 우리 사회에서 사람들이 역사에 참여하는 기본적 방법들 중의 하나이다. 그들은 이미 과거에 관한 정보를 그것에 대해 알고 있지 않은 다른 사람들에게 제공한다. 이것은 역사적 지식을 보여주는 것에 의미와 목적을 부여한다. 즉 그것은 책무의 목적만을 위해 행해지는 것이 아니라 다른 사람들이 배울 수 있도록 돕는 것이다. 이러한 방식으로 정보를 공유하는 것은 민주적 참여를 더욱 풍부하고 완전하게 해 준다.

Barton (2001b), Barton & Levstik (2004)

어린이와 청소년의 문학

Aliki. *A Medieval Feast*. Thomas Y. Crowell, 1983.

Bender, L. *Invention*. Alfred A. Knopf, 1991.

Bisel, S. C. *The Secrets of Vesuvius*. Scholastic, 1990.

Brooks, F. *Clothes and Fashion*. EDC Publishing, 1990.

Brooks, F., & Bond, S. *Food and Eating*. EDC Publishing, 1989.

Cahn, R., & Cahn, W. *No Time for School, No Time for Play: The Story of Child Labor in America*. Julian Messner, 1972.

Clare, J. D. *Living History: Pyramids of Ancient Egypt*. Harcourt, Brace, Jovanovich, 1992.

Cobb, V. *Brush, Comb, Scrub: Inventions to Keep You Clean*. Harper Trophy, 1989.

Cobb, V. *Snap, Button, Zip: Inventions to Keep Your clothes On*. Harper Trophy, 1989.

Conrad, P. *Prairie Visions: The Life and Times of Solomon Butcher*. HarperCollins, 1991.

Cook, L. W. *When Great-Grandmother was a Little Girl*. Holt, Rinehart, & Winston,

1965.

Edom, H. *Home and Houses Long Ago*. Usborne Publisher, 1989.

Edom, H. *Travel and Transport*. Usborne Publishers, 1989.

Fisher, L. E. *The Schoolmasters*. Franklin Watts, 1967.

Fix, P. *Not So Very Long Ago: Life in a Small Country Village*. Dutton, 1994.

Freedman, R. *Children of the Wild West*. Houghton Mifflin, 1983.

Freeman, R. *Kids at Work: Lewis Hine and the Crusade Against Child Labor*. Clarion Books, 1994.

Fradon, D. *The King's Fool: A Book about Medieval and Renaissance Fools*. Dutton Children's Books, 1993.

Giblin, J. C. *From Hand to Mouth: Or, How We Invented Knives, Forks, Spoons, and Chopsticks and the Table Manners to Go with Them*. HarperCollins, 1987.

Giblin, J. C. *Let There Be Light: A Book About Windows*. HarperCollins, 1988.

Gumby, L. *Early Farm Life*. Crabtree Publishing Company, 1992.

Hamilton, V. *The Bells of Christmas*. Harcourt, Brace, & Jovanovich, 1983.

Hammond, T. *Sports*. Knopf, 1988.

Hart, G. *Ancient Egypt*. Knopf, 1990.

Hart, R. *English Life in Chaucer's Day*. G. P. Putnam's Sons, 1973.

Hart, R. *English Life in the Eighteenth Century*. G. P. Putnam's Sons, 1970.

Hart, R. *English Life in the Nineteenth Century*. G. P. Putnam's Sons, 1971.

Hart, R. *English Life in the Seventeenth Century*. G. P. Putnam's Sons, 1971.

Hart, R. *English Life in Tudor Times*. G. P. Putnam's Sons, 1972.

Haywood, J. *Work, Trade, and Farming Through the Ages*. Lorenz Books, 2001.

Hernández, X. *San Rafael: A Central American City through the Ages*. Houghton Mifflin, 1992.

Jackson, E. *Turn of the Century*. Charlesbridge, 1998.

Jackson, E. *Turn of the Century: Eleven Centuries of Children and Change*. Charlesbridge, 2003.

James, S. J. *Ancient Rome*. Alfred A. Knopf, 1990.

Kalman, B. *Early Settler Life* (series). Crabtree Publishing Company, 1991-1992.

Kalman, B. *Historic Communities* (series). Crabtree Publishing Company, 1992-1994.

Katz, W. L. *An Album of the Great Depression*. Franklin Watts, 1978.

Kentley, E. *Boat*. Alfred A. Knopf, 1990.

Kurjian. J. In *My Own Backyard*. Charlesbridge, 1993.

Lasker, J. *Merry Ever After: The Story of Two Medieval Weddings*. Viking Press, 1979.

Lauber, P. *What You Never Knew about Fingers, Forks, and Chopsticks*. Simon & Shuster, 1999.

Lessem, D. *The Iceman*. Crown Publishers, 1994.

Levinson, R. *I Go with My Family to Grandma's*. Dutton, 1992.

Loeper, J. J. *Going to School in 1876*. Atheneum, 1984.

Moser, B. *Fly! A Brief History of Flight Illustrated*. HarperCollins 1993.

McGovern, A. *If you lived 100 years ago*. Scholastic, 1999.

Nahum, A. *Flying Machines*. Alred A. Knopf, 1990.

Parker, S. *53 ¹/₂ Things That Changed the World and Some that Didn't*. Millbrook, 1995.

Perl, L. *Blue Monday and Friday the Thirteenth*. Clarion Books, 1986.

Perl, L. *From Top Hats to Baseball Caps, from Bustles to Blue Jeans: Why We Dress the Way We Do*. Clarion, 1990.

Platt, R. *Film*. Alfred A. Knopf, 1992.

Rowland-Warne, L. *Costume*. Alfred A. Knopf, 1992.

Sanchea, S. *The Luttrell Village: Country Life in the Middle Ages*. Thomas Y. Crowell, 1982.

Schroeder, A. *Ragtime Tumpie*. Little, Brown, 1989.

Steele, P. *Clothes and Crafts in Victorian Times*. Gareth Stevens, 2000.

Sturner, F. *What Did You Do When You Were a Kid? Pastimes from the Past*. St. Martin's Press, 1973.

Sutton, R. *Car*. Alfred A. Knopf, 1990.

Tanner, G., & Wood, T. *At School*. A & C Black, 1992.

Tanner, G., & Wood, T. *Washing*. A & C Black, 1992.

Unstead, R. J. *See Inside a Castle*. Warwich Press, 1979.

Weaver, R., & Dale, R. *Machines in the Home*. Oxford University Press, 1992.

Wilkes, A. *A Farm Through Time: The History of a Farm from Medieval Times to the Present Day*. DK Publishing, 2001.

Wilson, L. *Daily Life in a Victorian House*. Puffin, 1993.

저는 이런 경험이 없어요!

통합 사회과 설정에 있어서 역사 탐구

오전 10시, 무척 상쾌한 1월의 어느 날. 한쪽 벽 일군(一群)의 창들이 햇빛을 받아들인다. 몇몇의 아이들이 교실이 너무 덥다고 불평했을 때 데헤아 스미스(Dehea Smith) 교사가 창문을 열자 미풍이 교실에 모인 학생들에게 들어왔다. 데헤아의 3학년 학급의 21명 아이들이 다양한 과제를 작업하고 있다. 세 조 가운데 한 조는 몇몇 지리 자료를 가지고 작업을 하고, 2명의 어린이들은 학교 텔레비전 뉴스 프로그램을 위해 그들이 작업할 무대디자인에 관한 회보 표제를 타이핑하며 컴퓨터에서 작업을 하고 있다. 다른 아이들은 그 해의 첫 학기 동안 수업을 통해 수집한 몇몇 유물들을 구성할 "세계의 박물관" 전시에 관해서 작업을 하고 있다. 또 다른 아이들은 보통 수학이나 문학에서 배우는 그들의 "아침 목표"를 완성하고 있었다. 교실은 좁아서 아이들로 붐볐다. 아이들은 세 명으로 이루어진 조로 앉아 있는데, 책상은 서로 마주보고 있고 두 개의 둥그런 탁자가 교실의 가운데에 있다. 아이들은 각 조에 하나씩 Radical Red Rovers, Chkemy, Brown-eyed Tigers 등과 같은 새로운 조의 이름을 적은 표시를 걸어 놓았다. 학기 초에 학생들은 협동적으로 학습하면서 어려워했다. 첫 학기 동안 데헤아는 동료들을 배정해 주고, 때때로 몇몇 과제를 위해 더 큰 조를 만들었다. 그들은 새 학기가 시작된 이래 세 명으로 구성된 조로 활동을 하고 있다. 아동들이 자신들의 일을 마쳤을 때 데헤아는 "『정부는 또한 아이들을 위해서도 존재한다!』(Government is for Kids, Too!)"라는 제목의 소책자를 나누어 주었다.

데헤아:	우리는 시간적으로 멀리 있거나 혹은 위치적으로 멀리 있는 대상을 공부해 왔어요. 혹은 둘 다를! 우리가 공부했던 것 가운데 멀리 있는 위치는 어떤 것인지 생각나는 것이 있나요?
몇 몇 어린이들의 목소리:	열대우림요!
데헤아:	그래요, 열대우림은 여기서 멀리 떨어져 있지요. 그렇다면 우리가 공부했던 것 가운데 시간적으로 먼 것은 어떤 것이 있나요?
릴리(Lily):	옛날 토착 미국 원주민들입니다.
데헤아:	맞아요. 우리에게서 멀리 떨어진 것들을 공부하는 것은 흥미로운 일이지만, 좀더 가까운 것들에 대해 무엇인가를 아는 것도 중요하지요. 이 학습에 대해 달라질 다른 어떤 것이 있어요. 우리가 열대

우림에 대해 공부할 때, 나는 우리가 배울 많은 것들을 선정했어요. 그리고 토착 미국 원주민들에 대해 공부할 때에도 암스트롱 양(Ms. Armstrong)〔교생〕이 우리가 조사할 질문에 관하여 많은 결정을 하였지요. 그러나 이제부터는 여러분들이 이런 대부분의 결정을 해야만 해요.

케이라(Kayla): 그러면, 우리가 선생님처럼 하는 거네요?

데헤아: 음, 여러분들은 분명히 선생님들이 종종 하는 것들을 하게 될 거예요.

저스틴(Justin): 알겠어요!

마샬(Marshall): 우리가 그 문제에 대해 결론에 도달해야 하나요?

데헤아: 맞아요. 그러나 원하는 질문의 답을 알기 위해서 우리가 이미 무엇을 알고 있는지 찾아내는 것이 좋아요. 여러분들이 렉싱턴(Lexington)에 대해 어떤 것들을 알고 있는지 궁금하네요. 예를 들면 렉싱턴보다 큰 도시에는 얼마나 많이 가봤죠? 〔더 큰 장소에 대한 일반적인 토론〕 렉싱턴보다 더 작은 곳을 알고 있나요?

레나(Rena): 니콜라스빌(Nicholasville)입니다.

데헤아: 그곳에 몇 번 가봤죠?

저스틴(Justin): 저도 거기 가 본 적이 있으나, 저는 정말 거기가 더 작은지는 잘 모르겠어요. 그래 보이기는 하는데, 확신은 못하겠어요.〔더 작고 큰 곳에 대한 이야기가 계속된다.〕

데헤아: 흠, 여러분들 가운데 얼마나 중심가를 가 본 적이 있나요? 차를 타지 않고 걸어간 적 말이에요(대략 11명 정도가 손을 들었다. 학교는 시내에서 가까웠지만 대부분의 아이들이 다른 곳에서 버스를 타고 다닌다). 좋아요, 우리가 이미 알고 있는 것들에 대해 브레인스토밍을 해봅시다. 내가 종이를 나누어 주는 동안 방금 나누어 준 소책자를 훑어보세요.

태드(Tad): 우리가 궁금한 점을 적어야만 하나요?

데헤아: 아! 좋은 생각이네요! 질문을 쓰세요.

아멜리아(Amelia): 우리가 조사 폴더를 활용해도 되나요?

데헤아: 그것도 좋은 생각이네요. 조사 철을 활용하세요(그녀는 칠판에 큰 차트지를 붙이고 학생들이 책자를 훑어보도록 몇 분을 기다렸다. 아이들이 책자를 보며 최소한 한두 질문을 적을 때까지 교실을 돌아다니며 과정을 지켜보았다). 좋아요, 책을 덮으세요(학생들은 의자를 돌려 차트지를 향해서 데헤아가 지시하기를 기다리고 있었다). 중심가에 대해서 당신이 새로 알고 있었던 몇몇 장소는 무엇입니까?

아이들은 경기장, 영화관, 오페라하우스, 도서관, 박물관, 호텔, 공원, 은행, 큰 건물과 같은 장소의 목록을 받아쓰기 시작한다. 데헤아는 이러한 많은 장소들이 어떤 공통점이 있다는 생각을 하면서 학생들이 작성한 노트와 목록을 살펴본다. 그녀는 학생들에게 2분을 주고 이들 중심가에서 그들이 생각하는 공통점을 찾아 적어 보도록 한다. 그들이 작업을 할 때 그녀는 학생들의 어깨 너머로 살펴보며, "몇몇 친구들이 새로운 걸 알아냈군요", "계속 그런 방향으로 생각해 보세요", 또는 "정말 재밌죠? 이것들은 나에게 여러분이 이 모든 것 뒤에 있는 것을 배울 준비가 되어 있다고 말해 주네요"라고 언급하며 학생들 사이를 왕래한다. 다음에 그녀는 "이제 만약 누가 이미 자기 목록에 있는 것을 말한다면 그것을 체크로 표시하세요"라고 언급하면서 그들의 아이디어를 모은다. 아이들은 은행과 빌딩들을 제외한 모든 것들이 엔터테인먼트와 관련이 있고, 아이들에게 잘 알려져 있으며, 활동이나 재미를 포함하고 있다고 말한다. "그래요," "그것들은 아이들을 유도하는 곳이네요. 그것들은 여러분이 오도록 초청하네요. 그러나 중심가에는 다른 곳도 많아요. 우리는 이런 곳을 알게 해 줄 질문을 만들어야겠어요"라고 데헤아가 동의한다. 그녀는 학생들에게 그들의 질문을 적는 "속기"[노트 작성의 한 형태로 앞서 구분하기 위해 소개된 용어를 이용하라고 말한다. 그 첫 번째 질문은 크기와 수에 관한 것이다. 즉 창문은 몇 개나 있는가? 가장 큰 건물은 어느 것인가? 가장 오래된 건물은? 그러나 아이들의 질문은 곧 이렇게 변해간다. 시장은 왜 필요한가? 세금은 왜 내는가? 데헤아는 또한 이러한 질문들을 하기 위해 끼어든다. "나도 세금이 **뭔지** 궁금했어요." 또한 한 학생이 중심가가 얼마나 큰가를 물은 후 그녀는 "왜 **그곳에** 중심가가 있을까요" 하고 물어본다. 그 다음 그녀는 5분 동안 학생들이 동료와 작업을 공유하면서 자신들이 생각했던 모든 질문들을 써 내려가도록 한다. 다음에 어린이들은 자신들의 질문을 범주화하는데 이 때 데헤아는 자신의 코멘트를 적고 학생들에게 각 범주를 묘사하는 핵심 단어들, 예컨대 정부, 역사, 건축물, 엔터테인먼트, 사람들, 지리, 도시계획, 고용 등을 질문하면서 데헤아가 언급한 논평을 받아 적게 한다. 애나(Anna)가 이들 카테고리들의 몇몇은 중복한다는 사실을 언급하자 데헤아가 동의한다.

비록 학교에서 사회과와 같은 통합 영역보다는 오히려 역사와 같이 분리된 학문들을 가르쳐야 한다고 비평가들은 종종 주장했지만, 역사를 사회과라는 보다 큰 맥락 속에서 가르치는 데 대해서는 확실한 인지적·학제적 근거가 있다. 무엇보다도 학문의 범위가 점점 더 모호해지고 있다. 현대 학자들은 역사가·인류학자·정치학자 등으로 순수하게 규정되는 대신에 자신의 연구 또는 그들이 내세우는 문제나 이슈로 자신을 동일시하는 경향이 잦아지고 있다. 전통적인 학문 분야를 가로지르는 이렇게 많은 이슈들 때문에 통합 사회과 접근은 종종 역사연구를 위해서는 보다 참된 맥락이다. 이미 1장에서 주목했듯이 그런 맥락들은 역사 속에서 학생들의 이해를 지지해준다. 나아가 참된 맥락은 활동과 분리된 역사라기보다는 활동하는 역사의 사례를 제공한다. 즉 학생들은 현실 세계로부터 역사적 사고가 어떻게 성장하며, 어떻게 문제 해결에 공헌하는지를 볼 수 있다.

통합 사회과 접근은 역사를 배우는 데 있어 참된 배경을 제공할 수 있다.

National Council for the Social Studies (1994)

학문적이며 반성적인 탐구는 통합 사회과 맥락에서 나타난다.

　이 장은 통합 사회과 단원의 맥락에서 학문적이며 반성적인 탐구를 하는 데 초점을 두고 있다. 우리는 일반적으로 3학년 사회과의 논제로 우리가 공통적으로 초등학교 시절부터 배웠던 "지역사회", 조금 더 나아가 "지역사회의 일꾼들"로 시작하였다. 우리는 대개 소방서를 방문했고 의사와 치과의사·경찰·안전요원들에 대해 배웠지만, 대부분 그 이상을 넘지 못했다. 이 장을 연 비네트의 교사 데헤아 스미스 역시 공동체라는 개념에 초점을 맞추기로 하되 그들이 공동체에 대한 일련의 장기적인 탐구로 학생들을 참여시킬 보다 실질적

평가를 위한 켄터키의
핵심 내용(1997)

교사들은 지방, 주, 그
리고 국가 표준을 조정
할 수 있다.

핵심 단어들은 학생들
이 데이터를 분류하고
구성하는 것을 도와준
다.

인 방법으로 하기로 하였다. 데헤아는 시민으로서 그들의 역할에 근거한 분야의 "하위 학문의 개념과 내용을 이해하고 적용"하는 "헌신적이고 정보에 밝은 시민"을 발전시킴으로써 사회과교육의 목표를 규정한 주와 지역교육청의 장학지침에 교육과정을 일치시켜야만 했다.

이들 목표를 달성하기 위하여 교수와 평가는 민주주의의 원리, 정치, 사회, 그리고 경제적 체계의 구조와 원리, 인간과 지리간의 상호관계, 문화의 다양성, 역사적 관점에 초점을 맞추도록 예정되어 있다. 비록 이것이 과도한 것처럼 보일지라도 만일 여러분이 비네트로 돌아간다면 바로 첫날에 데헤아 수업의 탐구는 거의 모두 사회과의 이러한 측면들을 다룬다는 사실을 알 것이다. 이것은 특히 학생들이 그들의 처음 질문들을 보다 넓은 카테고리로 조직화하는 방식에 있어서 분명해진다. 오랜 시간의 논의와 토론 후에 학생들은 **정부, 역사, 건축물, 지리, 고용**과 같은 이름표를 선택한다. 예를 들면 그들은 건물들은 구조물로서 범주화될 수 있고, 고용과 엔터테인먼트, 정부와 역사적 관심의 장소로서도 기능한다는 점을 주장한다. 데헤아가 차트의 각 종이에 카테고리의 표제를 붙일 때 학생들로 하여금 자신들이 각 카테고리에 무엇을 넣기로 결정하였는지 기억하는 데 도움이 될 만한 **핵심단어**들을 제안한다. 이들 핵심 단어들은 또한 학생들이 자신들의 학습에서 각 카테고리를 어떻게 이해하는지에 대한 많은 정보를 제공해 주고, 보다 큰 교수적인 강조점을 어디에 둘 것인지에 대한 아이디어를 데헤아에게 준다. 예를 들면 **역사** 카테고리는 가장 오래된 건물 혹은 거리를 찾는 데 초점을 두고 있는 몇 가지 질문만으로 시작했다. 이러한 일들의 의미나 현재 문제의 전거들, 혹은 일반적으로 도시가 시간이 지나면서 어떻게 변했는지에 관한 질문은 없었다. 다른 한편으로 학생들로 하여금 현재뿐만 아니라 역사적으로도 다룰 수 있게 하는 "세금은 무엇인가?", "시장은 왜 필요한가?", "시의 모습을 누가 결정하는가?" 등의 많은 정부 및 도시계획에 관한 질문들도 있다.

모든 질문들이 동등하게 만들어지는 것은 아니다 : 피상적인 것을 넘어서 나아가기

중요한 질문들에 학생
들을 집중시키는 것은
어느 연령의 집단에게
나 어려울 수 있다. 예
컨대 다음을 보라.
Levstik & Groth (2004),
Levstik, Henderson &
Schlarb (2005),
VanSledright (2003)

만약 데헤아가 처음 일련의 질문에서 멈췄다면, 학생들은 어쩌면 그들의 조사를 금방 끝내버릴 수 있었을 것이다. 이들 첫 질문 가운데 많은 것들은 피상적이었다. 교실에서 흔히 일어나는 한 유형의 반응은 도미노효과를 촉발시킬 수 있다. 줄리(Julie)가 "중심가에는 얼마나 많은 창문이 있을까"라고 물었을 때 마틴(Martin)이 "글쎄, 그렇다면, 중심가에는 얼마나 많은 벽돌이 있을까"라고 하며 끼어들었다. 7장에서 에이미가 그랬던 것처럼, 데헤아는 학생들에게 좋은 질문은 종종 "어떻게" 그리고 "왜"로 시작한다는 점을 상기시켜 주었고, 다른 학생이 "시장이 누구인가?"라고 제안한 후에 "우리는 시장이 왜 필요합니까?"라는 질문을 했는데 이것은 몇몇 학생들을 도와주었다. 이러한 접근방식은 아이들로 하여금 본질적인 질문을 구성하도록 고민하게 했을 때 나오는 일반적 반응인 것처럼 보였다. 이러한 상황에 대한 질문개발의 전형인 다른 반응은 질문의 개별화이다. 즉 **"지역사회**는 왜 시장

Blythe (1989)

을 필요로 합니까?"보다는 "**우리들**은 왜 시장이 필요 합니까?" 이다. 물론 이러한 질문은 학생들 자신의 지역사회에 대한 학습, 예컨대 열대우림에 대한 단원과는 반대되는 것으로 소유권에 관한 진술들을 이끌어내는 경향이 있다.

우리가 이미 언급하였듯이 질문을 만드는 것은 지적으로 힘든 작업이다. 그래서 데헤아는 일이 진행되어 가는 방법에 만족하지 못했다. 즉, "지난 번 프로젝트에 관한 사실들을 수집하는 데 모든 시간을 보냈기에 아이들이 그런가 보다."라고 그녀는 결론 을 내렸다. 대신에 그녀는 이 조사에서 갈등은 어떻게 해결되었고, 3학년 학생들조차 그들이 도시 공동체에 참여할 수 있을까?와 같은 도시에서의 지속성과 변화를 강조하는 데 관한 계획을 세웠다. 그녀는 다른 질문 만들기 기술을 시도하기로 결정했다. 처음에 그녀는 학생들에게 숙제를 주었다. 즉 집에서 사람들을 인터뷰하고 누군가가 렉싱턴(Lexington)에 관해서 배우기를 원하는지의 여부를 묻기 위해 그들에게 좋은 질문을 제의하도록 요구하는 것이다. 학생들은 이들 질문들 가운데 어떤 것이 그들이 이미 개발한 카테고리와 어울리는가를 결정하기로 되어 있었고, 그들이 필요로 하는 어떤 새로운 카테고리들을 분별하기로 되어 있었다.

Short & Armstrong (1993)

사회과 접근은 참여를 강조한다(예컨대 National Council for the Social Studies, 1994를 보라).

다음 날 데헤아는 이미 개발된 카테고리의 이름표와 설명들을 표제어로 한 차트지들을 가지고, 그것을 교실 주변의 각 작업 테이블에 하나씩 놓고 학급을 조별로 나누어서 각 조를 다른 카테고리에 배당했다. 그들의 과제는 **어떻게** 와 **왜**의 질문들을 강조하면서 이미 구성한 질문의 목록을 편집하는 것이었다. 다음에 그녀는 학생들의 숙제 인터뷰에 의해서 만들어진 모든 새로운 질문을 차트에 추가하고 테이블들을 통해 돌아가라고 학생들에게 말했다. 다시 학생들은 복사본을 점검하기로 되어 있었고 이미 목록화 되어 있는 질문들을 쓰지 않았다. 마지막으로 학생들은 **잡동사니**라는 하나의 새로운 카테고리를 만들었다. 작업 기간이 끝나면서 학생들은 각 카테고리에 있는 질문들의 수를 기록했고 전체를 계산했으며, 그 다음에 카테고리 전체를 추가함으로써 계산을 확인했다. 그들은 204개의 질문을 만들었다.

학생들은 어떻게, 그리고 왜라는 질문을 강조하면서 그들 자신의 질문들을 편집한다.

학생들이 이만한 양의 질문을 만들었을 때 그들은 실제적인 탐구에 몰두하기 보다는 오히려 사소한 것에 쉽게 빠져들 수 있다. 아동들이 여러 질문들을 하나로 만드는 것, 혹은 학생들에게 "가장 중요한" 일련의 질문들에 관해 결정하도록 하는 것을 포함하면서 보다 더 잘 다룰 수 있는 크기로 조사의 범위를 좁히기 위한 여러 기술들이 있다. (다른 아이디어에 대해서는 7장을 보라). 데헤아는 질문의 수를 제한하지 않기로 했다. 대신 그녀는 일부 질문들은 쉽게 대답할 수 있다는 점을 주목하였다. 즉 그녀는 학생들이 이미 교실에 있는 자료를 이용해서 그들이 얼마나 많은 질문에 대답할 수 있었는가를 알아보기 위해 그날 조사의 나머지 시간을 학생들이 가질 것을 제안했다. 그녀는 또한 그들에게 자신들의 기록을 계획하도록 상기시켰다. 곧 "먼저 여러분의 답을 어떻게 기록에 남기기를 원하는지 생각해 보세요. 그 후에 여러분의 아이디어를 동료들과 공유하세요."

Dickinson (1993)

사고에 대한 사고인 이러한 종류의 메타인지는 교실의 상시적인 요소였다. 데헤아는 각자가 자신의 생각을 어떻게 가장 잘 조직할 수 있는가를 고려하도록 하기 위해서, 학생들이 자신들의 생각과 계획을 동료들과 공유하게 하기 위해서 그리고 이 장의 뒷부분에서 보게 되듯이 은유의 개발이 아동들의 과제의 시각화를 돕게 하기 위해 조사계획을 전체 학급

Hyde & Bizar (1989)

이 검토하는 시간을 따로 마련했다. 학생들이 자신들의 조사를 계획한 이후 그들은 질문들을 통해서 분류하기 시작했다. 데헤아는 학생들이 사용할 수 있는 자료로서 어떤 종류의 식당들이 중심가에 있는지 찾아내기 위한 전화번호부책을, 주요한 지리적 표식을 알려주는 지도들, 그리고 법원이 어디에 있는지 찾아낼 수 있는 『렉싱턴 안내서』를 제시했다. 조사 기간이 종료되어 가면서 한 조는 그들의 목록에 있는 두 개의 질문을 제외한 모든 질문을 해결했고, 대부분의 다른 조는 실질적인 향상을 하였다. "이건 좋은 정보네," 데헤아가 그들에게 말했다. "이제, 우리가 어떤 질문들을 남겨두고 있는지 보자." 다음 몇 분 내에 단지 몇 가지에 더욱 노력을 집중하면서 학생들은 일부 카테고리를 지울 수 있다는 사실을 결정했다. 그들은 또한 각 카테고리는 아래와 같은 몇몇 다른 유형의 질문들을 포함한다는 것을 주목하였다.

- 학교 도서관에 대한 현장견학을 요구한 질문들
- 도서관 조사 및 학교 밖으로부터의 전거를 요구한 질문들
- "우스꽝스런" 질문들

우스꽝스런 질문들은 어떻게 많은 벽돌들 혹은 창문들이 중심가에 있는지를 찾아내는 것을 포함했다. "그렇게 하는 데는 오래 걸릴 거야!"라고 제이슨(Jason)이 큰 소리로 말했다. "이건 정말 우스꽝스런 질문이에요!" 일단 그들이 카테고리에 이름을 붙이면 학생들은 몇몇 이들 질문에 "단지 재미로" 대답할지도 모르고, 아니면 그들은 그것들에 많은 노력을 기울이지 않을 것이다. 그들은 또한 두 가지의 **우스꽝스런** 질문을 편집했고 그것들을 더욱 다루기 쉽게 하면서 이들 질문들을 역사와 구조의 카테고리 가운데로 옮겼다. 예를 들면 창문이나 벽돌에 관한 질문들은 **얼마나** 많은 창문 혹은 벽돌들이 있는가에서 렉싱턴에서 찾을 수 있는 창문과 건물들의 **다른 스타일이 무엇인가**로 바뀌었다. 역사 조의 구성원들은 창문의 스타일이 시간의 경과에 따라 어떻게 변화했는지를 볼 수 있을 것이라는 사실을 결정했다. 건축물 조의 구성원들은 창문의 스타일에 영향을 미친 건물의 용도를 볼 수 있을지도 모른다고 생각했다.

그런 다음 비교적 짧은 시간에 이들 3학년 학생들은 다룰 수 있는 실질적인 목록을 만들기 위해 자신들의 질문을 다듬었다. 그들은 처음에 흥미있는 것처럼 보였지만 별로 의미가 없었던 몇몇 질문을 즉시 버리고, 다음으로 보다 중요하다고 판단한 다른 질문들에 초점을 맞출 수 있었다. 이 정도 도달하기까지에는 시간과 인내가 요구되었지만, 마침내 대부분의 학생들은 자신들이 조사하려고 하는 것이 무엇인지를, 그리고 어떻게 그들의 질문을 지역사회라는 큰 주제에 맞추는지에 대해서 분명한 이해를 했다. 기회와 충분한 스캐폴딩이 제공된다면 이들 학생들은 피상적인 질문과 실질적인 질문을 구별할 수 있었다. 데헤아는 그들에게 질문을 가지고 작업을 할 수 있는 시간, 그것들을 분류하고 범주화할 수 있는 시간, 질문의 장점에 대해서 논쟁하고 토론할 시간, 약간의 첫 조사를 할 수 있는 시간, 그리고 마지막으로 그들 자신들이 학습하고 있는 카테고리를 명확하게 이끌어내는 시간을 학생들에게 제공함으로써 학생들의 노력을 지원했다. 다음 조사 기간까지 학생들의 탐구는 보다 더

은유는 학생들이 과제를 시각화하도록 도와준다.
Lexington Answer Book (연대 미상)

질문들을 범주화하는 것은 조사가 초점을 맞추게 해준다.

시간을 보내면서 학생들은 생산적이지 않은 질문들을 구별해 낼 수 있다.

학생들은 어떠한 질문들이 역사적인 중요성을 가지는지에 관해 생각하는 데 도움이 필요할지도 모른다.(예컨대 Jorgensen, 1993을 보라)

학습을 시작하면서 질문을 개발하는 시간을 가지는 것은 나중의 시간을 절약해 준다.

초점을 가지게 되었고, 시간을 통한 변화라는 주제가 의미있는 이슈로 부각되면서 현장견
학과 초청인사에 대해 생각할 시간이 되었다.

유연성은 필수적이다 : 학생들의 발견 위에서 만들기

설링(Suling)과 제이슨이 렉싱턴과 구(county) 주변의 지도들을 공부하면서 그 지역에 사
람들을 모여들게 했을지도 모르는 수자원의 위치를 찾으려고 시도하고 있을 때 그들은 두
가지 흥미로운 정보를 찾아낸다. 첫 번째, 그들은 그 지역에 처음으로 백인이 정착했던 장
소는 아마 자신들의 학교에 가까운 샘이었다는 사실을 알아낸다. "와!" 하며 "우리가 견학
해야 할 곳이야!"라고 설링이 소리친다. 도서관의 사서는 제이슨이 렉싱턴의 사진 역사책
에 있는 오래된 샘의 사진을 찾을 수 있도록 도와주고, 설링과 제이슨은 그들이 만약 샘을
방문한다면 "이전" 사진을 복사할 수 있고, "그 후"의 사진을 찍을 수 있다는 것을 결정한
다. 그들의 두 번째 발견은 중심가 일부 지역 지하에 수로가 흐르고 있다는 사실이다. 왜
사람들은 이 수로를 묻었을까? 이것은 어디에서 나오는가? 그들은 이것에 대해 누구에게
물어볼 수 있을까? 그들은 조사할 공책에 새로운 질문들을 목록으로 만들어 선생님에게
물으러 간다.

학생들이 자신들의 탐구를 수행하고 발견을 하면서 그들은 가급적이면 자료를 찾기 위해
많은 기회가 필요하다. 교사들은 학습이 나아갈 모든 방향을 예상할 수 없기 때문에 유연
성과 수업계획은 필수적이다. 예를 들면 데헤아는 이 지역사회 조사를 시작하기에 앞서 그
녀가 실행할 수 있는 현장견학과 초청인사에 대비하여 접촉할 사람들의 목록을 작성해 두
었다. 분명 학교는 현장견학과 외부 전문가에게 무제한으로 접근 가능한 것이 아니다. 선
택은 행해져야만 하고 이 선택은 필요한 때에 접근할 수 있도록 충분하게 미리 만들어져야
한다. 데헤아는 단원 시작에 앞서 그녀가 접촉하는 여러 명의 사람들에게 전화를 걸었고,
그래서 어떤 준비가 필요한지를 알고 있었다. 그녀는 또한 학급이 현장답사를 위해 대중교
통을 이용해야 할 것이라고 결정했다. 이것은 두 가지를 수반하였다. 첫째로, 운송은 지역
사회의 의미있는 부분이었다. 그것은 장애를 가진 통행인들을 위한 버스노선과 서비스를
제거할 예산 삭감에 대한 지역사회 논쟁의 일부였다. 두 번째, 버스회사는 반 전체를 태우
기 위해서 기껏 하루 만에 통보할 것을 요구했고, 반면에 학교버스는 매 학기 초에 계획을
잡아야 했다. 그 때 데헤아는 몇몇 가능성을 준비했다. 그렇지만, 그녀는 계획이 공동 작업
이 되어야만 한다고 강하게 느꼈다. 그녀는 학생들의 사고가 의도적으로 이루어질 수 있기
를 원했다. "결국," 그녀는 "아이들 스스로 이것을 하도록 배울 수 있는 유일한 방법이죠."
라고 설명했다. 어느 날 그녀는 몇몇 학생들이 조사를 멈추고 구성할 프로젝트를 선택하고
싶어 초조해 하는 것을 보았다. 데헤아는 수업을 중단하고 "렉싱턴의 모델을 만들어 보
자!"라고 하면서 학생들에게 "우리의 작업에 대해 우리가 생각하는 것을 도와주는 은유"
가 필요했다는 점을 말해 주었다.

데헤아는 칠판에 하나의 은유, 질문의 밭, 그리고 토양 밑에는 정보를 그리는 것으로 시
작을 하였다. 그리고 그 은유는 지식을 캐내서 그 정보를 배낭에 쌓아 넣고, 그것을 "지식

*유연성과 사전계획은
학생들의 탐구를 용이
하게 한다.*

K. A. Young (1994)

*탐구를 위한 계획은 교
사와 학생들에 의해서
공동으로 행해져야 한
다 (예컨대 Oyler, 1996;
Wells & Chang-Wells
1992; K.A. Young 1994
등을 보라)*

Albert(1995)

의 집"으로 가져와서 구성하여 질문하는 데 이용하는 연구자이다. "지금 우리가 공부하고 있는 것은 어느 부분인가요?"라고 그녀가 물었다. 학생들은 연구 초기의 파헤치는 단계에서 단지 자신들의 가방을 채우기 시작하고 있다는 것에 동의하였다. "지식의 집을 정말로 채우기 위해 여러분의 가방에 있는 것이 충분한가요?"라고 그녀가 물었다. 다시 대부분의 학생들은 그들이 어떤 것을 만들기에 앞서 더 많은 정보가 필요하다는 것에 동의하였다. 데헤아는 학생들의 과제를 상기시키기 위해 그들의 조사 공책에 은유를 그려보라고 하였다. 그 후 조사의 매 단계마다 그녀는 학생들이 이 은유로 돌아가라고 언급하였다. 은유를 발전시키는 것은 학생들에게 반성적인 탐구의 다단계 과제를 시각화하는 데 도움을 주었다.

> 학생들은 어떻게 자신들의 조사 시간을 할당할 것인가를 결정하는 데 있어 도움이 필요하다.

어느 시점에서 데헤아는 학생들이 조사를 멈추고 어떻게 자신들의 남아 있는 시간과 자료를 가장 잘 할당할 것인지를 결정하라고 요청했다. "여러분이 필요한 자료의 목록을 만드세요"라고 그녀가 말했다. "만약 사람들에게 이야기하고 혹은 중심가를 방문할 필요가 있다면 우리는 사전에 계획을 해야만 해요. 그리고 많은 질문들의 답을 위해 한번은 현장답사를 해야만 해요. 여기에는 많은 계획과 전화연락이 필요해요." 그때 하나의 집단으로서 전체 학급은 표 8.1에 열거된 계획들을 짰다(그리고 각 학생들의 조사 공책에 기록하였다).

> 지역사는 풍부하고 다양한 지역 자료에 근거해 찾을 수 있다.

비록 렉싱턴에 위치한 최초의 백인 정착지인 맥코넬 스프링스(McConnell Springs)로의 현장견학은 매우 좋았지만 시내버스는 그곳에 가지 않았다. 대신에 학생들은 "우리의 샘을 구하자"라는 단체의 대표가 수업에 와서 샘의 슬라이드를 보여주고 그것의 역사에 관해서 이야기하며 그 지역을 자연적이고 역사적인 공원으로 바꾸기 위해 노력하면서 직면했던

표 8.1 지역사회 조사의 일부를 위해 학급이 구성한 작업 계획	
3월 3일 : 중심가에 대한 버스 답사 목적:	
	1. 도서관에서 켄터키 컬렉션(Kentucky Colletion)에 대해 연구(신문, 지도, 사진, 주와 지역사에 관련된 등등의 모음) 2. 중심가로 도보 답사. 건축물과 역사적인 장소 사진 찍기
4월13일: 시 의회 회기에 대한 버스 답사 목적:	
	1. 시 정부가 어떻게 운영되는지 알아보기 2. 시 의회가 해결해야 할 문제들에는 어떤 것들이 있는지 찾아내기 3. 정부 건물 견학하기
시장과의 만남(사전 방문 약속 필요) 맥코넬 스프링스 방문(사전 방문 약속 필요)	

몇몇 문제들을 설명해 줄 것을 요청했다. 비록 초대에 승낙하는 연사가 없었지만, 그들은 학생들이 이용할 수 있는 자료들을 가득 담은 상자들을 보내주었다. 여러 측면에서 이것은 상자 속에 있는 분류되지 않은 자료들을 학생들이 그들 자신의 해석을 발달시키는 데 필요했기 때문에 데헤아의 수업목표의 견지에서는 보다 생산적이었다.

데헤아는 어떤 갈등이 그들의 지역사회를 형성시켰는지에 관한 몇 가지 방법을 학생들이 이해하기를 원했다. 지역 정부가 역사와 자연환경 양자를 보존하는 데 있어서 가졌던 책임이 무엇인지에 대한 갈등은 하나의 가능성으로 보였다. 게다가 일부 학생들은 지역사회의 범죄와 날씨에 관련된 문제에도 관심을 가졌다. 이것은 데헤아가 예상하지 못한 논제들이었다. 예를 들면 렉싱턴에서 범죄가 증가하고 있는지 여부를 조사하는 과정에서 한 조는 그 시에서 공개적인 교수형을 보도하는 기사를 우연히 발견했다. 이 기사는 다른 젊은이들에게 "과음과 총기"를 피하라고 간청하며 희생된 살인자의 교수대 연설을 포함하고 있었다. 렉싱턴에 왜 토네이도와 허리케인이 거의 없는가에 대해 궁금해 하는 두 번째 조는 그 지역 기상청에 편지를 쓰면서 그 중에서도 특히 그들의 도시가 "토네이도의 통로"의 동쪽 가장자리에 위치해 있어서 역사적으로나 현재에도 홍수가 훨씬 더 일반적인 문제라는 것을 찾아냈다. 현재의 주된 갈등은 배수시설을 새롭게 하는 것과 관련되었고, 그것은 중심가에 범람했던 1932년 홍수에 관한 사진을 2명의 학생이 발견할 때까지는 특별히 흥미가 없는 듯했다. 비록 그날 폭우가 있었지만 그 홍수는 충분하지 않은 배수시설에 크게 기인했다. 두 조 모두는 시장에게 물어볼 새로운 질문들을 추가했다.

갈등은 어떤 지역사회의 역사에 있어서도 중요한 요소이다.

McGinnis (n.d.)

초점 유지하기

데헤아는 학생들에게 조사 공책을 꺼내라고 하였다. 그러자 몇몇 아이들이 볼멘소리를 한다.

"힘든 만큼" "값진 결과를 얻을 수 있을 거예요."라고 그녀가 말한다.

"그럼 좋아요." 체이엔(Cheyenne)이 말한다. "조사연구요!"

학생들이 그들의 공책을 회수했을 때 평소와 마찬가지로 웃는 학생들도 있다. 데헤아는 특히 일주일의 잦은 수업 중단 후 조들 가운데 몇몇 학생들이 수업에 흥미가 떨어지고 있음을 주목하였다. 동기가 사라진 것처럼 보여서 그녀는 학생들의 조사 과제에 대해 급우들이 다시 초점을 맞추기를 원했다.

"오늘 아침은 과거로 돌아가 볼 거예요."라고 그녀는 학생들에게 말했다. "여러분은 필기를 해야 해요. **맥코넬 스프링스에 대한 조사**라고 공책에 제목을 쓰세요." 몇몇 학생이 놀라 고개를 들었다. 맥코넬 스프링스는 그들 학습의 일부이다.

"나는 그곳이 어딘지 알아요." 제이슨이 말했다.

데헤아는 아이들의 흥미가 되살아나는 것에 미소를 지었다. "이제, 우리의 기억을 새롭게 해 봅시다. 우리가 어떻게 필기를 했었죠? 채드(Chad), 너는 어떻게 필기를 하지?"

"그들이 말하는 것을 다 적으면 안돼요."

"구로 써야 해요."

"축약해서 써야 해요."

데헤아는 "학생들의 기억을 격발하도록 할" 정도로 충분히 경고를 던지고 다른 학생들은 사진들이 단서를 줄 수 있다는 사실을 추가한다.

"단지 한 가지 사실에만 집중하면 안돼요." 켈리(Kelly)가 덧붙인다.

데헤아는 비디오를 튼다. "만약 네가 비디오를 멈추기 위해서 나를 필요로 한다면 우리는 그것을 다시 볼 수 있어요. 모두 준비됐나요? 선생님도 노트를 준비했어요, 선생님도 쓸 거예요."

비디오 내용은 짧았다. 그것은 맥코넬 스프링스의 발견과 정착에 관해 7분 정도로 재상연된 것이었다. 그것이 끝났을 때 데헤아는 학생들이 자신들의 노트를 공유하도록 한다.

"너무 짧아요!" 칼라(Karla)가 소리쳤다. "저는 단지 두 개밖에 못 적었어요."

"그것을 다시 볼래요?" 데헤아가 묻는다. 학생들이 다시 보고 싶어 해서 데헤아는 사진에 주목하도록 한다. "대부분의 노트들은 주로 사진에서 나오죠!"

비디오를 두 차례 상연한 후 학생들은 그들이 무엇을 배웠는지에 대해 토의하기 시작한다. 이때 그들은 공유를 통해 더 많은 노트를 하였고, 그리고 데헤아는 그들이 비디오에서 그것이 그 해의 어느 때인가를 구별할 수 있는지를 학생들에게 묻는다. 처음에 일부 학생들은 그것이 가을임에 틀림없다고 확신했다. 그들은 또한 맥코넬 형제가 이곳에 정착한 것이 아니라 단지 방문했다고 생각하는 것처럼 보였다. "흠." 데헤아가 중얼거린다. "우리는 이것을 토론할 필요가 있겠어요!" 뒤 이어지는 토론에 모든 아이들이 참여한다. 한 아이가 너무 오랫동안 침묵하고 있으면 데헤아는 그 아이의 생각을 물어 보고 다른 사람이 말할 때 방해하지 못하게 하는 규칙들을 강화시킨다. 마침내 켈리가 "저는 그들이 그 땅이 자기들 것이라고 주장한다고 해서 돌아오고 있다고는 생각하지 않아요. 그들은 봄에 왔어요. 그래서 땅을 깨끗이 하고 추위가 오기 전에 집을 지을 수 있었어요"라고 말했다.

"예." 제이슨이 동의했다. "행운에 의지할 수는 없어요. 준비를 해야만 해요."

"그들은 정착할 시간이 필요했어요"라고 설링이 덧붙인다.

이 때 데헤아는 맥코넬 스프링스 주변 지역의 등고선지도를 그 지역이 어떻게 성장하고 변화했는지를 보여주는 여러 장의 겹쳐 쓰는 투명 피복지도와 함께 제시하는데, 여기서 맥코넬 스프링스는 현재 그 도시 지하로 흐르는 수로, 즉 타운 브랜치를 따라 동쪽으로 이동하고 있다. 어린이들은 앞으로 몸을 기울여 지도를 보고 강의 흐름을 추적하면서 자신들이 시내 견학을 통해 알아본 빌딩들이 지도상에 나타났을 때 환호성을 질렀다.

잦은 중단은 학생들의 흥미를 약화시킬 수 있다.

조사는 시간이 걸리고 교실에서의 작업은 종종 중단되었기 때문에 탐구를 계속하는 것이 문제가 될 수도 있다. 예를 들면 데헤아는 봄 방학으로 한 주를 쉬었고, 주 주최의 시험으로 또 한 주를 쉬었으며, 과학전시회로 또 며칠을 쉬었고, 교내 행사 등 비슷한 여러 행사들로 수업을 쉬게 되었다. 마치 학생들이 깊게 집중할 때마다 하나씩 방해가 생기는 것 같았다. 흥미롭게도 이런 시간도 필요할 때가 있다. 이렇게 정기적으로 연구를 중단하는 것은 때때로 학생들이 흥미를 잃었을 때 다시 집중하게 하는 효과가 있다. 데헤아는 정기적인 반 전체 발표와 토론이 과제를 계속해 나가도록 흥미를 돋우는 데 도움을 준다는 사실을 알았다. 그녀는 이런 각 활동이 학급의 연구에 다각적으로 영향을 준다는 것에 초점을 맞추었다. 앞선 발췌문에서 그녀는 메모하는 과정뿐만 아니라 초기 정착민들과 그들의 환경 사이의 상호작용에 초점을 맞추었다. 이와 마찬가지로 정부의 역할에 대한 토론도 시장과의 만남보다 먼저 이루어졌다.

Pappas 등(1999)

어쩌면 이러한 토론들의 가장 놀랄 만한 측면들 가운데 하나는 그들이 최근 축적해 왔던 데이터에 토대한 해석과 전체 조의 경험들의 각각에 제시된 정보를 학생들이 구축하도록 하는 데 데헤아가 할애한 시간이었다. 예컨대 학생들에게 최초의 백인 정착민들이 봄에 왔다고 단순하게 말해주는 것이 훨씬 더 빨랐을 것이다. 대신에 그녀는 무리하게 만든 결론, 곧 계절에 관한 학생들의 가정을 뒷받침해 줄 수 있는 지루한 증거의 분석(30분)에 매달렸다. 예를 들면 "왜냐하면 그들은 따뜻하게 옷을 입었지만, 눈도 없었고 나무에는 나뭇잎이 약간 있었어요"라는 점을 뒷받침해 주는 증거에 따라 "나는 그것이 초봄이라고 생각해요" 및 이를 근거로 "만약 너희들이 봄에 그곳에 간다면 겨울 동안 먹을 음식을 비축할 시간을 가질 수 있어요"라고 한 해석이었다.

역사적 데이터에 토대한 해석 만들기는 특히 나이 어린 학생들에게 있어서는 시간을 요구한다.

또한 데헤아는 아동들과 함께 작업을 하면서 그녀가 그 아이들이 배우기를 원했던 절차를 모델화하고 그런 다음 아이들 자신들이 한 작업을 공유했던 것처럼 그녀의 작업도(아동들과) 공유했음을 주목하라. 예컨대 비디오가 상연될 때 그녀는 손에 클립보드를 들고 눈에 띄게 노트를 하면서 옆에 서 있었다. 자신이 노트에 적은 것을 학생들이 함께 공유했을 때 그녀는 "오! 그래. 나 또한 그것을 썼어", 혹은 "오, 나는 그것을 놓쳤어", "나도 내 노트에 그것을 추가해야 한다고 나는 생각해"라고 말하곤 했다. 다른 경우에 그녀는 "구형 라디오의 사진이 있는 책을 가진 사람이 있니?"라고 칠판에 필기를 하곤 했으며, 학생들은 그녀의 질문 옆에 자신들의 이름을 써서 반응했다. 그 다음 프로젝트가 끝날 무렵 칠판은 교사와 학생들이 다른 조의 활동에 방해하지 않고 노트를 할 수 있는 의사소통의 중심이 된다.

Jorgensen (1993), Lindquist (1995)

조사 기간의 끝 무렵에 데헤아는 질문에 답하기, 메모하기, 자료 반환하기 등을 확실하게 하면서 칠판의 메모를 대강 훑어보았다. 그 이후 그녀는 칠판을 지웠다. 다른 교사들은 좀더 지속적인 의사전달의 중심으로서 커다란 색깔 있는 종이를 사용한다. 어느 쪽이던 그러한 시스템을 가지는 것은 학생들이 거의 간섭없이 자신들의 과제에 초점을 맞추도록 도와주고 교사들에게는 조 안에서나 조들 사이의 현재 이슈들에 대한 지속적인 기록을 제공한다.

Lindquist (1995)

자, 그것이 의미하는 바가 무엇일까요?

인터뷰하는 사람: 여러분 안녕하십니까? 켈리 제임스(Kelly James)입니다. 오늘은 유명한 범죄자인 윌리엄(William)과 함께 자리 하였는데요, 우리가 당신의 일생을 살펴보기 전에 1800년대의 일반적인 삶에 대한 몇 가지를 알아봅시다. 당신이 어린아이였을 때 보거나 들었던 곳은 어떤 것이 있나요?

윌리엄: 매인 스트리트(Main Street)에는 깁니(Gibney)와 캐셀(Cassell)이라는 회사가 있었습니다. 이것은 깁니와 윌리엄 H. 캐셀이 운영하고 있었어요.

인터뷰하는 사람: 예. 오래 지나 이곳은 파셀(Parcell)의 백화점이 됩니다. 그곳은 1970년대 후반에 해체되었죠.

윌리엄: 그랬나요?(놀라며)

인터뷰하는 사람: 예. 이곳은 사무실과 호텔 건물이 되었습니다.

윌리엄: 제가 **똑똑히** 기억하는 한 장소는 네 번째 파이에트 카운티(Fayette County) 법정입니다. 제가 거기서 재판을 받았죠. 그 법원은 1883~1884년에 지어졌어요. 토마스 W. 보이드(Thomas W. Boyd)가 디자인을 했죠.

인터뷰하는 사람: 그 건물은 1897년에 불타버렸어요. 조엘 T. 하트(Joel T. Hart)의 값진 유화와 조각들이 그 화재로 소실되었죠. 이때 렉싱턴은 매우 바쁜 시기였어요. 윌리엄, 이제 당신의 삶에 대해 좀 들어보도록 하죠.

윌리엄: 내가 9살 때, 저는 부모님을 떠나야만 했고, 그때부터 나는 범죄 인생을 시작했죠. 나는 그저 살아남기 위해 훔쳐야만 했어요!

인터뷰하는 사람: 당신이 그런 끔찍한 짓을 했다는 것은 놀랄 일이 아니군요.

윌리엄: 교수형을 당하기 전에 연설을 했어요. 그 연설은 젊은이들에게 총기와 술을 멀리하라는 경고였죠. 그것은 내 삶을 엉망으로 만든 것을 보여 주었어요.

인터뷰하는 사람: 당신에게 있어 유년시절은 나쁜 경험이었기에 이 경험이 어른이 되었을 때 어떤 영향을 미쳤나요?

윌리엄: 나는 마치 미래가 없는 것처럼 느꼈어요. 그래서 내가 어떻게 살든지 아무 상관이 없었어요.

여러 면에 있어서 조사자들은 적어도 그들의 조사에 대해 잠정적인 결론을 내려야만 하였다. 데헤아의 3학년 학생들은 일련의 희극을 통해 자신들이 발견한 것을 부모님과 공유하고 싶어한다고 스스로 판단하였다. 각 조는 "렉싱턴에 대해 학습했던 것 가운데 몇몇 가장 흥미 있는 것 보여주기"라고 쓰여 있는 응답지를 받았다. 이것은 조사의 가장 도전적인 측면이라는 것이 드러났다. 학생들은 많은 "사실"을 모았고 대부분은 그들의 질문에 대한 답들을 찾았지만 어떤 정보가 서로 조화를 이루는지, 그것들 가운데 어떤 것이 누군가에게 흥미롭고 중요한지를 결정하는 것도 어려웠다. 그러나 그것이 판명되었을 때 학생들이 가장 꺼리는 것은 스크립트를 작성하는 것이었다. 이것은 학생들이 이미 학기 초에 열대우림에 관한 인형극을 위해 스크립트를 써 보았고, 다른 종류의 이야기나 보고서도 써 보았기 때문에 다소 놀랐다. 소년들 가운데 어떤 아이가 이렇게 말했다. "우리는 인형극을 위해 모든 스크립트를 써 보지는 않았어요. 어떤 사람은 줄거리를 쓰고 어떤 사람은 정보를 모으는 이런 식이었죠. 전체를 다 쓰는 것은 해본 적이 없어요." 그의 동료도 연극을 해본 적 없고 스크립트에 어떤 내용을 넣어야 할지도 모르겠다고 하며 이에 동의했다.

한 주의 작업이 끝날 때 대부분의 아이들은 여전히 애를 쓰고 있었다. 그들은 말하고 싶었던 이야기가 무엇인가를 알았으나, 자신들이 그렇게 힘들여 모았던 모든 정보를 빠뜨린 채 줄거리만 말하는 경향이 있었다. 1832년의 홍수에 관한 것을 알아낸 동료들은 "홍수다!"라고 소리치고, 생명을 구하기 위해 수영을 했던 것을 포함하고 있는 반 쪽 분량의 원고를 초안했다. 비록 그것은 분명 생생한 것이었지만, 학생들의 초기의 흥미를 끌었던 현재의 관련성과 정확성이라는 역사적 정보는 부족했다. 예컨대 홍수는 단지 깊이가 3피트밖에 되지 않았고, 그것의 주된 위험은 익사라기보다는 장티푸스였다. 이와 마찬가지로 렉

[왼쪽 여백]

학생들은 그들이 학습한 것을 공유하는 방법에 있어서 다양한 레퍼토리를 발전시킬 필요가 있다.

Cope & Kalantzes (1990), Jorgensen (1993), Lindquist (1995), Newkirk (1989)

초안은 종종 정보의 개요일 뿐이다.

싱턴 지역에서의 범죄를 조사하고 있는 조의 첫 번째 초안은 범죄자 윌리엄과의 인터뷰로 구성되었다. 그런데 이 인터뷰에서 그는 "가장 행복한 때〔그의 삶에서〕는 교수형에 처해졌을 때이다."라고 설명했다. 비록 윌리엄이 교수대에서 한 연설에서 실제로 이렇게 말했다고 하더라도, 학생들의 원고는 그 진술에 대한 정황을 내놓지 않았다. 다른 두 조들은 렉싱턴의 발견과 시 정부와 관련된 좀더 실재적인 초안을 썼다.

데헤아는 학생들의 초안을 살펴보고 각 줄이 논제에 관한 중요한 정보를 포함하고 있다는 것을 확실하게 하기 위해 그들의 원고를 편집할 것을 제안하였다. "오," "우리는 각 줄에 사실이 필요해요."라고 샤이엔이 말했다. 스크립트의 각 줄에 사실을 붙여 놓는다는 이 생각은 학생들에게 의미가 많이 통하는 것처럼 보였다. 이 부분의 시작에 있는 세 번째 초안의 스크립터에서 볼 수 있는 것처럼 살인자와의 인터뷰는 완전히 새로운 차원을 띠게 되

> 때때로 학생들은 그들의 쓰기에서 다루지 못한 정보가 포함되고 있다는 사실을 상기하는 것이 필요하다.
> VanSledright (2000)

지리: 홍수 207쪽

      타운 브랜치   주된 사물들

      날씨 조사

      시의 규모   부수적 사물들

      홍수는 어디에 있는가

스키트(Skit): 홍수

      하수구에 대한 토의

      렉싱턴이 어떻게 변화되었는가?

요구되는 것: 가짜 물

      이야기 : 홍수에서 누군가

      라디오 리포터가 홍수에 대해 사람들에게 말하고 있다.

      스크립터: (주 아이디어) 리포터가 본 것: 비상! 홍수! 경고!

      여전히 무엇을 써야할지 난처해 하고 있으면서 학생들은 그들의 대본을 위해 아래와 같은 도입을 쓰는 것이 도움이 된다는 것을 알아냈다.

나레이터:

어디에: 우리는 여기 렉싱턴의 중심가에 있다.

그것은 모습이 어떠한가?: 이곳에는 타운 브랜치라고 일컬어지는 아름다운 수로가 있었습니다. 그러나 지금 그 수로는 땅 속으로 사라졌습니다. 그것은 언젠가는 러프 광장(Rupp Arena)이 되는 렉싱턴 시내의 지하를 통과하여 흘러갈 것입니다(타운 브랜치의 지도를 보여준다).

왜 우리는 여기 있는가?: 우리는 타운 브랜치 수로에 관한 이야기와 렉싱턴이 결국 어떻게 배수시설을 가지게 되었나를 말하기 위해 여기에 있습니다. 우리와 함께 1932년 8월 2일 아침으로 돌아가 보시죠. 우리는 렉싱턴 시내에 있는 메인 스트리트(Main Street)의 로버트 E 맥켄지(Robert E. Mackenzie)와 그의 어머니 앨리스 맥켄지(Alice Mackenzie)의 집에 있습니다.

도해 8.1   켄터키, 렉싱턴의 1932년 대홍수에 관한 스크립트를 위한 개요

었고, 청중들에게 "1880년대의 일상생활"을 소개하고 그런 다음 "윌리엄, 당신의 삶에 관한" 보다 구체적인 정보를 소개하였다.

홍수에 대해 공부한 두 명의 학생들은 한동안 애를 쓰더니 결국 개요를 구성하고 도해 8.1에 있는 도입부를 받아 쓸 학급의 지원자와 함께 작업을 하였다. 이 시점에서 동료들은 그 글을 나름대로 받아들여서 왜 홍수가 폭풍보다 더 빈번한 문제였는가를 설명하고, 1832년에 렉싱턴은 어떤 모습이었는가를 묘사하고, 장티푸스에 의한 죽음을 언급하고, 한 인물이 시청으로 내려가 보다 나은 관개시설을 요구하는 것으로 끝을 맺었다.

Barton & Levstik (1996), Thornton & Vukelich (1988)

그러나 그들이 지닌 데이터가 여전히 불완전했기 때문에 다른 조는 사건의 계열을 이해하는 데 어려움을 겪게 되었다. 그들은 자신들의 스크립터에 붙여 넣은 몇몇 사건을 증언하기 위해 주요 인물이 생존해 있어야 할지의 여부를 찾아내는 것이 필요했다. 그들은 서둘러 어떤 내용을 언제 스크립트에 넣어야 하는지를 알려줄 연표를 만들었다. 다른 조는 그들의 스크립트에 필요한 상세한 내용들을 보태기 위해 충분히 주목하고 있지 않았음을 알았다. 이것은 그들이 장면에 대해 결정하고 있었을 때 특히 분명했다. 만약 한 인물이 문을 열기로 되어 있었다면 그들은 그 문이 어떻게 생겼는지를 알고 싶었다. 또 만약에 한 어떤 인물이 오두막 안에 있기로 되어 있었다면 그들은 내부에 어떤 가구와 도구들이 있었는지를 알 필요가 있었다. 왜냐하면 그것은 참평가였기 때문에 발표를 종합한다는 것은 학생들에게 그들 조사의 어떤 측면들을 그들이 올바르게 이해해야 하는지, 데이터의 어느 부분에 허점이 있는지, 어떤 종류의 정보가 특정한 관점에 유리한 논쟁을 확신하게 하는지를 분명히 해주었다.

연표는 학생들이 사건들의 순서를 시각화하는 데 도움을 준다.

참된 평가는 학생들이 알고자 한 것이 무엇인가를 결정짓는 데 도움을 준다. Levstik & Groth (2004)

반성과 평가를 위한 시간

3학년인 레인(Laine)은 같은 반 친구와 일주일 내내 인터뷰한다. 그녀는 낱장의 종이에 질문의 목록을 작성하여 클립보드에 붙여놓았다.
"인터뷰할 준비가 됐니?" 그녀가 제이슨과 설링에게 묻는다.
"그래."
"답을 찾는 데 제일 오래 걸렸던 질문은 뭐니?"

레인의 인터뷰는 얼마 동안 계속된다. 그녀는 렉싱턴을 대상으로 한 조사 프로젝트에 대한 기사에 활용할 응답들을 수집하고 있었다. 그녀가 각 조를 인터뷰할 때마다 학생들은 무슨 일이 어려웠는지, 무엇이 가장 재미있었는지, 또는 렉싱턴에 대해 가장 잘 알게 해준 것이 무엇인지를 결정하기 위해 잠시 멈춘다. "스크립트 쓰는 것이 가장 어려웠어," 제이슨이 말했다. "그리고 나는 이전에는 결코 문장을 외워 본 적이 없거든." 또 다른 아이들의 경우, 시장을 만나고 중심가를 현장답사 한 것 등이 가장 기억할 만하다고 했다. 앨라나(Alana)는 자신의 동료들과 같이 작업하는 것이 얼마나 어려웠는지를 설명한다. 비록 그들의 최종 프로젝트가 꽤 야심찼고 첼시 클린턴(Chelsea Clinton)을 렉싱턴으로의 가상여행에 데려가는 것을 포함하고 있었더라도 "우리는 모든 것에 대해서 다른 의견을 가지고 있었어요!"라고

초보(Novice)	개발(Developing)	능숙(Proficient)	탁월(Distinguished)
학생들은 하나의 이야기를 제공한다. 그것은 역사적 대상이 거의 없거나 혹은 단순히 사건의 연대기를 제공하는 것을 포함한다. 학생들은 사건들 사이의 인과관계를 거의 만들지 않는다. 이야기는 시대착오적인 것을 가지고 있거나 현재의 가치관에 기초한 판단을 가지고 있다. 학생들은 줄거리를 진행시키기 위해서 사건을 연대적으로 재배열한다.	학생들은 해석을 뒷받침할 만한 몇 가지 상세한 내용을 포함하고 있지만 시대착오적인 것을 포함하고 있거나 현재의 가치관에 근거한 판단을 하고 있다. 사실들은 상호간에 또는 디 큰 해석적인 틀과 일관성 있게 관련되지 않는다. 인과관계가 묘사되지만 역사적으로 근거를 둔 풍부한 상세한 내용에 의해 뒷받침되지 않는다.	학생들의 해석은 분명하고 논리적이며 참신하다(즉 다른 자료에서 복사한 것은 아니다). 그것은 학생들의 해석을 뒷받침해 주는 상세한 내용을 포함하고 있다. 해석은 시간과 장소가 묘사되어 그럴듯하고 이용 가능한 정보와 학생들의 경험의 수준이 주어져서 나타난 역사의 관점에서는 믿을 만하다. 텍스트는(구두이건, 쓰여졌건, 시각적이든)역사적 결과를 가능한 원인에 연결시키면서 사실들이 학생들의 더 큰 해석적인 틀에 어떻게 관련되는가를 보여준다.	학생들의 해석은 분명하고 일관성이 있으며 독창적이다(즉 다른 자료에서 복사한 것이 아니다). 그것은 학생들의 해석을 뒷받침해 주는 상세한 내용의 종류에서는 풍부하다. 헤석온 시간과 장소가 묘사되어 실제와 같고 나타난 역사의 관점에서 신뢰할 만하다. 그것은 이용 가능한 정보와 학생들의 어느 정도의 경험이 주어진 실제적인 역사적 자료에 근거를 두고 있다. 교재는(구두, 쓰여진 것, 시각적인 것) 사실들이 서로서로에게 그리고 역사적 결과를 가능한 원인에 연결시키면서 학생들이 더 큰 해석적인 틀에 어떻게 관련되는가를 보여준다. 학생들은 역사적 기록의 간극을 인정한다.

도해 8.2   역사적 해석을 위한 장기간의 루브릭

그녀는 말한다. 테일러(Taylor)는 그가 사건들과 관련된 중요한 연대를 적는 것을 확실하게 할 것이라는 사실을 주목한다. "그래서 나는 일을 더 잘 추적할 수 있어요. 나는 그가 심지어 태어나기도 전에 일어난 사건을 기억하고 있는 사람과 있어!" 마침내 스튜어트(Stuart)는 "어떤 일이 변화했어요." 그러나 많은 문제들은 "늘 그 자리에 있는 것처럼 보여요."라고 그가 배웠던 것을 설명한다.

자기반성은 다른 방법으로 된 탐구 프로젝트에서 만들어질 수 있다. Hart (1999)

레인의 인터뷰가 진전되면서 학우들은 자신들의 최근 학습이 도전적이라는 사실을 발견한 반면 그들 대부분은 또한 그것이 가치 있고 즐길 만한 것이라는 것을 발견했다는 것은 분명해진다. 레인이 설명하는 것처럼 "조사연구는 어떤 것을 배우는 것이에요. 그것은 정보를 단지 베끼기만 하는 것이 아니에요." 이들 3학년들은 내년에 그들이 여러 방면에서 향상되기 위해 계획한다는 점을 주목하면서 그들 역시 초보자라는 사실을 인식한다. "나는 쓰기에 대한 증진을 위해 계획함으로써 내가 설명이 필요한 질문들에 답을 할 때 나는 상세한 설명을 해요."라고 아마라(Amara)가 발표했다. 여러 그녀의 급우들은 "더 재미있게 쓰기 공부"와 "내가 생각하는 것을 쓸 수 있도록" 연습하려고 한다. 그들의 언급은 해석을 하려는 그들의 노력을 반영한다. 한 학생이 주목한 것처럼 "많은 사고와 쓰기가 요구된다. 여러분은 또한 단지 하나의 사건을 이해하기 위해서 많은 장소를 가 보아야만 한다. 여러분은 많은 카테고리와 목록을 만들어야만 한다." 그리고 물론 일단 이러한 카테고리와 목록이 만들어졌다면 학생들은 자신들이 생각하는 것이 모두 무슨 의미인지를 써야 한다. 이것은 한 번의 사건이라기보다는 장기간의 프로젝트이다. 게다가 하나의 교수 단원 동안(예컨대 9장의 제안을 보라) 하나의 역사적 해석을 만들어가는 학생들의 수행 외에도 시간이 지나면서 그들의 진전을 고려하는 데 도움이 된다. 도해 8.2는 지지받을 만한 해석을 발전시키는 데 있어서 학생들의 향상에 대한 보다 장기간의 평가를 위한 하나의 가능한 루브릭을 제공한다. 11장에서의 루브릭(도해 11.4)과 마찬가지로 이것은 개개인의 숙제를 평가하려고 의도하는 것은 아니다. 대신에 예를 들면 학생들의 노트 표본과 더불어 풍자를 위한 원고, 자기 평가, 그리고 최종 결과물인 비디오처럼 학생들이 구성한 해석의 여러 사례들은 루브릭 위에서 학생들을 위치지우기 위한 증거를 제공할 것이다. 이 정보는 데헤아가 학생들이 개인적으로나 집단적으로 어떻게 향상하고 있는지를 이해하는 데 도움을 줄 뿐만 아니라, 학생들이 지지할 만한 역사적 해석을 만드는 것을 배울 때 그녀의 학생들이 어떠한 경험이 더 필요할까에 관해서 그녀가 생각하도록 도와준다. 이것은 우리가 의미하는 구성적 평가의 주요 부분이다. 즉 교수·학습을 단순한 사건으로서보다는 장기간의 큰 계획으로서 생각하는 것이다.

Levstik & Smith (1997)

역사 해석은 장기간의 프로젝트이다. Gerwin & Zevin (2003), Levstik, Henderson & Schlarb (2004), VanSledright (2003)

결론

데헤아는 지역사회 학습의 초점을 보다 더 흔한 전통적인 역사적 접근인 "개척자" 단원으로 좁혀야만 했을 것이다. 그녀의 수업은 NCSS 표준 문서에서 개괄한 몇몇 원리들의 준수를 반영한다.

- 교수와 학습은 교육과정을 뛰어넘는 통합이다. 역사, 지리, 정치학과 같은 사회과 학문의 통합 이외에 학생들은 주기적으로 수학과 언어 교과, 그리고 특히 발표단계에서는 예술을 끌어들인다. 학생들이 조사자로서 그들의 경험을 반성할 때 이들 3학년 학생들은 자신들의 많은 카테고리들이 중복된다는 사실을 주목했다. "가끔 어떤 것이 역사인지 혹은 정부와 같은 형태인지, 혹은 건축물인지를 결정하는 것이 힘들었어요."라

고 한 여학생이 말했다. 사회과를 구성하는 다양한 분야들의 학자들과 함께 학생들은 진정한 이슈에 대한 심화학습이 종종 학문적 경계를 뛰어 넘는다는 것과 각 학문이 시작하고 다른 학문이 끝나는 곳을 표시하는 것이 어렵다는 사실을 발견했다.

- 학생들은 학교 안팎에서 유용하다는 것을 알게 될 지식, 기술, 신념, 태도 등의 연결된 망을 배운다. 프린트 자료에서 얻을 수 있는 정보를 배우는 것에 덧붙여서 학생들은 인터뷰, 구성된 환경, 다른 형태의 지도를 사용하는 법을 배웠다. 그들은 탐구의 과정을 깊이 생각하는 것뿐만 아니라 지식의 연결된 네트워크를 만들어내는 경험과 그들의 발표를 한 데 묶는 기술을 터득하였다.

- 교사들은 목표의 진지함과 탐구에 대한 사려 깊은 접근(법)을 모형으로 만들어서 학생들로부터 유사한 특성을 이끌어내고 지지해 줄 수 있도록 하기 위해 고안된 교수전략을 사용한다. 이 단원 전반을 통해서 데헤아는 학생들이 배우고 사용하기를 원하는 연습을 모델로 만들었다. 그녀는 또한 학생들이 이런 기능들을 행동으로 옮길 수 있는 많은 기회가 있음을 분명히 했다. 예를 들어 필기를 하는 것은 나중에 사용하기 위한 연습은 아니었다. 그것은 그것이 필요로 하는 배경에서 학습되었다. *Newmann 등(1995)*

  기능은 맥락 속에서, 그리고 교사의 모델링을 통해 학습된다.

- 교사들은 학생들의 생각에 관심과 존중을 보여주지만, 적절한 사고와 신뢰성 없이 말하는 의견보다는 이치에 잘 맞는 주장을 요구한다. 지역사회 조사 전반에 걸쳐 줄곧 유의한 것은 "너의 견해를 뒷받침하기 위한 사실과 추론"을 제시하기를 강조하는 것이었다. 게다가 학생들은 개개인을 공격하는 것보다 다듬어진 토론에 동의하고 반대하는 방법을 교육받았다.

  학생들은 자신들의 아이디어를 토론하고, 동의하고, 불찬성하고, 지지하는 것을 배울 필요가 있다.

분명히 역사는 교실의 학습에서 근본적인 초점이었다. 사실 조들의 발표 가운데 하나를 제외한 모든 것은 역사적이었다. 그러나 한 시기에 관한 공부와는 다르게 이 조사는 과거와 현재 사이를 왕복했다. 때때로 이것은 시간관념이 희박한 아동들에게 문제를 불러일으켰지만, 우리는 좋은 점이 상당했다고 생각한다. 무엇보다도 학생들은 변화뿐만 아니라 그들의 지역사회에 있어서의 지속성을 인지하였다. 그들은 지금까지 계속되는 홍수와 같은 확실한 문제를 발견했다. 그들은 또한 범죄 및 처벌과 같은 현재와 역사적 이슈들 사이에서 그것을 비교할 수 있었다. 이것은 현재의 논쟁적인 이슈들을 역사적 맥락 속으로 들어갈 수 있도록 도와주었다. 과거와 현재 사이에 계속되는 비교는 또한 한 사건이 후일에 미치는 영향에 기초해서 최소한 어느 정도는 역사적인 중요성을 학생들이 결정짓는 데 도움이 되었다. 최종적으로 우리는 역사적, 그리고 현재적인 양자의 논쟁적인 이슈 사이에서 만들어진 연관성을 생각하고, 학생들 자신과 타인들이 시민의 행동을 역사를 만드는 힘인 역사적 동력으로 볼 수 있도록 학생들에게 용기를 북돋아 줄 것 같다. 다음 장은 역사수업에서 갈등, 의견일치, 그리고 역사적 동력의 문제를 더욱 분명하게 다루고 있다.

역사 조사는 학년에 걸쳐 연대기적으로 조직될 필요는 없다.

역사 조사는 현재의 이슈들을 역사적 맥락 속에 둔다.

역사적 이슈와 현재의 이슈를 연관짓는 것은 학생들이 매개체의 개념을 발달시키도록 도울 수 있다.

어린이와 청소년의 문학

Art and Architecture

Gaughenbaugh, M., & Camburn, H. *Old House, New House: A Child's Exploration of American Architectural Styles*. Preservation, 1994.

Manning, M. *A Ruined House*. Candlewick, 1994.

Wyeth, S. D. *Something Beautiful*. Delacorte, 1998.

Community Issues

Anderson, J. *Earth Keepers*. Gulliver Green, 1993.

Grossman, P. *SaturdayMarket*. Lothrop, 1994.

Kent, P. *Hidden Under the Ground: The World Beneath Your Feet*. Dutton, 1998.

Nichelason, M. G. *Homeless or Hopeless?* Lerner, 1994.

Showers, P. *Where Does the Garbage Go?* HarperCollins, 1993.

Communities Through Time

Ayoub, A., Binous, J., Gragueb, A., Mtimet, A., & Slim, H. *Umm El Madayan: An Islamic City Through the Ages*. Houghton, 1994.

Dorris, M. *Guests*. Hyperion, 1994.

Fix, P. *Not So Very Long Ago: Life in a Small Country Village*. Dutton, 1994.

Hall, D. *The Farm Summer, 1942*. Dial, 1994.

Levine, A. A. *Pearl Moscowitz's Last Stand*. Tambourine, 1994.

Millard, A. *A Street Through Time: A 12000 Year Walk Through History*. DK Publishing, 1998.

Polacco, P. *Pink and Say*. Philomel, 1994.

Provensen, A., & Provensen, M. *Town and Country*. Browndeer, 1994

Ray, M. L. *Shaker Boy*. Browndeer, 1994.

Sigerman, H. *Laborers for Liberty: American Women, (1865-1890)*. Oxford, 1994.

Sneve, V. D. H. *The Seminoles*. Holiday, 1994.

Wilson, K. *Earthquake!: San Francisco, 1906*. Steck-Vaughn, 1993.

Wilson, L. *Daily Life in a Victorian House*. Preservation, 1994

People in Communities Around the World

Ancona, G. Barrio: *Jose's Neighborhood*. Harcourt Brace, 1998.

Ancona, G. *Pablo Remembers: The Fiesta of the Day of the Dead*. Lothrop, 1993.

Binch, C. *Gregory Cool*. Dial, 1994.

Calmenson, S. *Hotter Than a Hot Dog!* Little, 1994.

Carling, A. L. *Mama and Papa Have a Store*. Dial, 1998.

Chapman, R. *A Gift for Abuelita: Celebrating the Day of the Dead*. Rising Moon, 1998.

Chin, S. A. *Dragon Parade*. Steck-Vaughn, 1993.

Graff, N. P. *Where the River Runs: A Portrait of a Refugee Family*. Little, Brown, 1993.

Griffin, P. R. *The Brick House Burglars*. McElderry, 1994.

Jakobsen, K. *My New York*. Little, Brown, 1994.

Jenness, A. *Come Home With Me: A Multicultural Treasure Hunt*. New, 1994.

Keller, H. *Grandfather's Dream*. Greenwillow, 1993.

Kendall, R. *Russian Girl: Life in an Old Russian Town*. Scholastic, 1994

Krull, K. *City Within a City: How Kids Live in New York's Chinatown*, 1994. Lodestar.
  (See also *The Other Side: How Kids Live in a California Latino Neighborhood*.)

Levinson, R. *Our Home Is the Sea*. Dutton, 1988.

Morris, A. *When Will the Fighting Stop? A Child's View of Jerusalem*. Atheneum, 1990.

Patrick, D. L. *The Car Washing Street*. Tambourine, 1994.

Roberts, D. *All Around Town: The Photographs of Samuel Roberts*. Holt, 1998.

Thiebaut, E. *My Village in Morocco: Mokhtar of the Atlas Mountains*. Silver Burdett, 1985.

Wright, D. K. *A Multicultural Portrait of Life in The Cities*. Cavendish, 1994.

9

교과서에는 왜 그것이 없나요?

픽션, 논픽션, 그리고 역사적 사고

제니퍼(Jennifer)가 문을 열고 들어오면서 오늘 사회과 질문에 대답하는 팀 연습이 있었다고 말한다. 각자 아이들은 미국혁명에 대한 일련의 질문들을 만들었는데, 이 질문들은 다섯 팀의 콘테스트의 일부로 사용되었다. 제니퍼의 팀이 맨 먼저 동점이 되었다. "하지만 이 단원은 그렇게 좋지 않아. 우리 모두가 했던 것은 몇몇 전쟁에 대해 배웠고, 차트를 채웠던 것 뿐이야. 난 훨씬 더 전부를 알고 싶어!" 그녀는 유난히 성을 냈다. 왜냐하면 수업에서 그녀가 배워왔던 많은 내용들은 그녀 혼자서 읽은 것들과 모순되거나 읽었던 이야기의 일부분만 주는 것이기 때문이다.

"텍스트는 조지 워싱턴(George Washington)이 그의 군인들에게 얼마나 잘 대해 주었는지에 관해서 말해 주고 있었다. 그 내용에는 군인들을 위해 따뜻한 양말을 뜨고 있는 마르다 워싱턴(Martha Washington)에 대해 언급하는 부분도 있었지만, 내가 읽은 책 가운데 어떤 책에는 밸리 포지(Valley Forge) 전투에서 워싱턴은 탈영병들을 사살하게 했다고 쓰여 있었다. 왜 교과서에는 그런 내용이 없지? 교과서를 만드는 사람들은 단지 학생들이 워싱턴이 완벽했다고 생각하는 모양이지."

이것은 역사적 내러티브와 역사 텍스트들의 차이에 대한 제니퍼의 첫 만남이 아니다. 올해 초 소모임 토의 과정에서 그녀는 청교도들이 "잔인하고 어리석었다."고 생각했던 점을 발표했다. 그 이야기에 충격을 받은 그의 반 친구 윌리엄(William)은 선생님을 불렀고, "제니퍼가 생각하고 있는 것을 아십니까?"라고 물었다.

"아니" 베인브릿지 선생님(Mrs. Bainbridge)이 대답했다.

"그녀는 청교도인들이 어리석다고 생각해요." 윌리엄은 입에 침을 튀기며 말했다.

"그래?" 베인브릿지 여사는 미소를 지어 보이며 말했다. "그거 참 흥미롭구나. 왜 그렇게 생각하게 되었니, 제니퍼?"

초기 정착과 식민시대의 주술을 다루고 있는 두 권의 소설을 읽고 청교도들이 사람들을 죽이고 고문한 점에 대한 변명으로 종교를 이용했다면 사악함이 틀림없다고 제니퍼는 말했다. "청교도들은 자신들이 벗어나려고 했던 것만큼이나 그들의 종교를 나쁘게 만들었어요. 그것은 잘못된 것이어요. 왜냐하면 그것을 결정할 수 있는 사람은 그들이 아니어요. … 왜냐하면 어떤 사람이 동의하지 않는다는 것이 그 사람을 죽여야 할 이유가 되지 못하기 때문이어요. 그런데 그들을 믿지 않더라도 마치 그들처럼 행동해야 되고 그렇지 않으면 곤경에 처하게 될 것이에요. 그들은 무고한 사람들을 재판에 회부했는데, 설령 그 사람들이 악마였다 하더라도 죽이지 말아야 했어요. 이 사람들은 알다시피 하나님을 믿는 사람들이에요. 아주 독실하지요. 그리고 하나님은 사람을 죽이지 않아요."

제니퍼는 나아가 "교과서는 청교도들에 대해서 아무런 흥미로운 것을 이야기하지 않았다. 사람들은 청교도들이 종교를 보다 순수하게 만들기를 원했던 매우 종교적인 사람들이라고 말했으며... 그들이 어떤 나쁜 짓을 했는지에 대해서는 아무 말도 하지 않고, 그저 그들은 지도자와 더불어 많은 추종자들이 오랫동안 질서 있게 살아왔던 사람들이었음을 전해주었다."라는 사실을 계속해서 주장하였다.

앞에서 언급했듯이 역사적 스토리들은 강력한 문화적 힘을 가진다. 역사적 스토리들은 기억할 만한 형식으로 역사적 해석을 제시한다. 역사적 스토리는 또한 아이들의 역사적 사고에 중요한 영향을 준다. 역사적 사건에 맞추어 사람들의 반응에 대해서 강조한 스토리가 역사이해의 출발점이라고 주장하는 역사교육의 옹호자들의 주장을 듣는 것은 흔한 일이다. 더욱이 많은 사람들은 역사를 가르친다는 것이 대개 "잘 짜인 스토리"의 문제라고 주장한다. 분명히 내러티브는 교과서보다 제니퍼의 역사적 사고에 더욱 강력한 영향력을 가진다. 사실 그녀는 수업 중의 활동이나 교과서 속에서의 역사적 해석을 그녀 혼자 읽었고 내러티브 역사에 반대되는 판단을 한다. 그녀 혹은 다른 어떤 사람들도 이렇게 한다는 것은 놀랍지 않다. 결국 스토리들은 교과서보다 더욱 강력한 읽을거리가 된다. 몇 세기 동안 역사가들은 과거의 사건에 대한 인과관계를 지적하고 정렬하면서 내러티브 방식과 내러티브 도구를 이용해 왔다. 그러나 제니퍼의 경험은 내러티브, 역사, 그리고 역사의 이해 사이의 관계는 잘 서술된 스토리의 감상보다 더욱 복잡하다는 사실을 보여준다.

무엇보다 우선 내러티브에 의해 의미된 것을 정의하는 것은 도전 과제이다. 물론 내러티브들은 특별한 사회문화적 맥락에서 만들어지고 이해된다. 그래서 내러티브에 대한 정의들은 장소와 개인, 시대에 따라 다양하게 변화한다. 그러나 일반적으로 역사적 내러티브는 전통적인 역사서와 전기, 자서전과 같은 사실적 서술과 소설적 설명들에 어떤 요소들을 공유하는 것으로 생각된다. 역사적 내러티브들은 실제든 허구든 간에 과거의 경험을 반영한다. 이들 내러티브들 속에서의 사건들은 몇몇 측면 또는 결론에서 관련성이 있는 것으로 여겨진다. 이것은 아주 단순해 보인다. 하지만 제국의 성쇠를 나타내는 웅장한 내러티브 및 제니퍼와 다른 사람들이 그렇게 호소력 있다고 생각하는 개별 출판사에서 출간한 내러티브 사이에, 혹은 심지어 현재 출판되는 내러티브 교과서들 사이에는 여전히 꽤 많은 차이점이 있다. 그리고 모든 내러티브들은 특정한 사회문화적 맥락 속에서 구성되기 때문에 어떤 역사적인 내러티브(혹은 그 문제에 관한 어떤 다른 장르)도 독자들에게 "그것이 실제 있었던 방식"이라고 말할 수는 없다. 대신에 내러티브들은 특정한 문화 속에 그것들을 끼워 넣고, 가끔씩은 그것들을 현재와 직접적으로 대비되도록 할만 한 것으로 만들면서 과거의 삶과 생활 및 사건들을 형상화하고 해석한다. 예를 들면 세계 제2차 대전 중에 히로시마 참사를 둘러싸고 그 사건들을 어떻게 이야기로 만들어내는지 생각해 보라. 아마도 여러

Barber (1992), Blos (1993), Ehlers (1999), Levstik (1993), Olwell (1999)

Egan (1983, 1986), Egan & Nadaner (1988)

역사는 잘 짜여 말해지는 이야기 이상의 것이다.

Barton (1996a), Levstik (1995), VanSledright (1992)

Tunnell (1993)

이 문제에 대한 보다 심도 있는 토론을 위해서는 다음을 보라.
Bruner (1986), Geertz(1983), Kermode (1980), Rabinowitz (1987), Traugott & Pratt (1980), Toolan (1988), White (1980)

모든 이야기들은 사회문화적인 틀 안에서 만들어진다.

분에게는 엘리노어 코에르(Eleanor Coerr)의 저서 『사다꼬』(Sadako)가 친숙할 것이다. (당신은 이전 판 『사다꼬와 천 마리 종이학』(Sadako and the Thousand Paper Caranes)을 읽어봤을지도 모른다.) 코에르는 사건들을 배열해서 기술하지는 않는다. 그녀는 독자들이 어떻게 해석해야 할지를 생각하도록 한다. 대신에 그녀는 현재의 관련된 주장의 정당함을 보여주기 위해 어떤 아이의 삶과 죽음에 관한 상세한 내용으로 스토리의 방향을 조심스럽게 맞추어 나간다. 이 스토리에는 "이것이 우리의 울부짖음이오, 이것이 우리의 기도로서 세상에 평화를"이라고 하는 분명한 도덕적 교훈을 가지고 있다. 이것은 과거에 의미를 주는 것처럼 현재에도 영향을 미친다. 이것을 역사교과서에 대한 제니퍼의 경험과 비교해 보자. "사회과 책들은 그녀에게 많은 상세한 내용을 설명해 주지는 못해요. 그 책들은 마치 사람인 것처럼 그것이 행동하지 못하고 있기 때문에 당신 자신이 그곳에 있다고 상상할 수 없어요." 우리가 함께 공부했던 많은 아이들처럼 제니퍼에게 있어 이야기는 역사를 상세하게 말해 주는 한편 의인화함으로써 "마치 그것이 사람인 것 같은" 역할을 한다. 엘리노어 코에르는 "만약 당신이 사람들에게 히로시마 원자 폭격의 결과로써 200,000명이 죽었다고 말한다면 그것은 어린 한 소녀에 관한 스토리만큼 큰 영향력을 가지지는 못한다"라고 설명한다.

역사교과서나 "전쟁들과 차트에 채워 넣기" 같은 것들로는 사람이 한 것처럼 해주는 것과 같은 이해는 가질 수 없다. 교과서에 종종 인용되는 비인간적이고 딱딱한 목소리를 들어보자. "봉건제도 안에서, 도시 무역이 성장하기 시작할 때 마다…, 그때 봉건제도는 자본주의에 자리를 내준다." 이런 종류의 언어는 봉건주의에서 자본주의로의 이동을 비인간화시킬 뿐만 아니라 또한 그것을 전혀 문제화하지 않는다. 다시 한번 역사는 외견상 인간의 통제를 초월한 냉혹한 힘의 결과로서 제시된다. 저 딱딱한 어조를 카렌 쿠쉬만(Karen Cushman)의 『버디라고 불리는 캐서린』(Catherine, Called Birdy)이라는 저서의 표현과 비교해 보자. 그것은 다음과 같이 동일한 기간 동안의 중세 장원을 묘사하고 있다.

> "오늘은 1/4 빌린 날이다. 탐욕스런 나의 아버지는 우리의 임차인이 아버지에게 지불한 비료 몇 차와 은전 몇 닢, 거위로부터 얻은 기쁨으로 말하는 것을 재미있어 한다. 그는 임대료를 모으면서 기분 좋게 웃고 맥주를 벌컥벌컥 마시며 그의 배를 탕탕 두드린다. 나는 탁자 근처에 앉아 있는 것을 좋아했는데…마을 사람들이 임차료를 내면서 나의 아버지에 대해 불평하는 것들을 듣는다. 나는 온갖 모욕적인 말들과 최상의 맹세하는 말들을 가지고 있다."

이 구절 속에서 내러티브의 어조는 확실히 개인적이다. 쿠쉬만은 중세 장원의 경제논리뿐만 아니라 탐욕, 폭음, 부정, 분노, 위엄에 대한 요구, 공포와 기쁨에 대한 수용능력 등과 같은 보편적 특성들을 다루지만, 그것들을 인간의 의도된 틀 안에 존재하게 한다. 예를 들면 『버디라고 불리는 캐서린』이라는 책의 이야기가 진행됨에 따라 당신은 캐서린의 아버지가 그의 임차인들을 대하듯이 탐욕스럽고 입담 좋은 재치로 그녀를 상대한다는 사실을 발견하게 된다. 그는 "최고로 높은 가격에 팔리는 치즈"처럼 그녀를 결혼시키고 싶어 한다. 그는 그의 사윗감으로 상인이 최고의 선택일 것이라고 생각한다. 왜냐하면 새로이 개발되

Coerr (1994)

이야기는 종종 과거와 현재의 도덕적이고 윤리적인 딜레마를 연결시켜 준다.

Levstik (1989)

Coerr (1994)

Bruner (1986), Saul (1994)

Megill (1989, p.633)

자기화 되지 못한 언어는 역사의 문제를 제기할 수 없다.

Cushman (1994, p.7)

Cushman (1993, p.7)

고 있는 도시들은 작은 규모의 장원보다 재정적으로 더 부유하기 때문이다. 반면에 버디는 그의 재정적인 이익을 위해 그녀의 인생을 조정하려고 하는 아버지의 시도를 뒤집어 엎어 버리려고 계획한다. 이런 작은 인간 드라마는 봉건주의에서 자본주의로의 이동에 대한 많은 요소들을 포함하고 있다. 하지만 그의 소작인들이 고통을 겪고 있는 동안 맥주를 폭음하고, 가장 높은 가격의 입찰자에게 그의 딸을 팔아넘기려는 탐욕스런 아버지에 대한 내러티브적 묘사는 텍스트의 뒤처지고 딱딱한 설명보다 더욱 직관적인 감각을 만들어 낸다(그리고 그것이 훨씬 재미있다!).

물론 모든 역사적 내러티브들이 허구적이거나 특별히 인간적인 것은 아니다. 서서히 어린이를 위한 유익한 서적들이 생생하게 내러티브(그리고 비내러티브) 형식으로 역사를 제시한다. 예를 들면 이민 온 어린이들, 옛 서부의 어린이들에 대한 러셀 프리드먼(Russell Freedman)의 서적들을 비롯한 이러한 종류의 서적들은 확실히 내러티브 형식이다. 그 책들은 미국 역사에 관한 하나의 스토리(혹은 스토리들)이다. 그러나 그 서적들은 전기 혹은 역사적 픽션이라는 방식으로 일련의 인물들에 대해 특별히 초점을 두지는 않는다. 대신 프리드먼은 단지 독자들이 잠시 만날지도 모르는 사람들의 삶으로 그의 스토리를 엮는다.

Person & Cullinan (1992), Saul (1994)

Freedman (1980, 1983)

밀튼 멜츠(Milton Meltzer) 역시 독자들의 관심을 사로잡을 열정으로 허구적이지 않은 내러티브 역사를 쓴다. 그는 마치 그가 토마스 제퍼슨(Thomas Jefferson)의 몬티첼로(Monticello)의 못 공장에서 아이들의 작업에 대해 묘사할 때 그의 내러티브들을 인간적인 설명을 통해 뒷받침해 준다. 공장은 10살에서 16살에 이르는 12명의 젊은 노예들에 의해 돌아가고 있었다고 그는 말한다. "그들은 일주일에 6일, 하루 12시간의 노동을 했다…노동자 착취 공장에서 몇몇 남자아이들이 자유를 찾아 도망쳤을 때 제퍼슨은 무자비하게 그들을 추적하여 잡았고, 잡혔을 때는 채찍질을 해댔다." 비록 이것은 단순히 한 아이 혹은 단순히 한 가족에 대한 스토리가 아닐지라도 확실히 "그 이야기가 어떤 사람의 이야기인 것처럼 우리에게 말해 준다." 다시 말해서 멜츠와 프리드먼의 작품들은 상황을 설명하는 차원을 넘어선다. 즉 "실제 그대로의 세상을 어린 독자들에게 이해시키는 것을 돕기 위해, 그리고 우리가 직면한 세상을 받아들일 필요가 없다는 것을 깨닫게 하기 위해…보편적인 인간성"의 이야기를 말해주고 있는 스토리가 되도록 사실들을 차례대로 배열한다. 비록 역사적 사건들의 전환점이 불가피한 것일지라도 그런 이야기들은 때때로 젊은 독자들이 경제·정치·사회적 힘이 개인의 선택을 압도할 수 있다는 점을 파악하도록 도와줄 수 있다.

잘 서술된 참 스토리들은 목소리와 열정이 있다.

Meltzer (1994a, p.24)

Meltzer (1994b, p.21)

역사적 사건들은 개인의 선택 이상의 것에 의해 영향을 받는다.

우리가 말해 왔듯이 내러티브들이 지닌 호소력의 한 요소는 이러한 책들이 교훈을 가진다는 것이다. 이것은 아마 다음과 같은 이유 때문일 것이다. 학생들이 역사를 이해하는 데 집중하기 위해 취할 수 있는 가장 손쉽게 이용할 만한 스키마는 "인간행동"의 스키마이기 때문이다. 그 스키마 내에서 도덕성 혹은 적어도 공정함이 종종 주요한 관심사가 된다. 또한 손쉽게 이용 가능한 것에 덧붙여 이런 스키마는 특히 어린 아동들에게 있어서 가장 완전히 발전된 스키마들 중의 하나이다. 더욱이 그런 스키마들은 인간 행동, 그리고 흔히 어린이 행동의 특성에 기초하고 있기 때문에 자서전, 전기, 역사적 픽션을 이해하는 데 있어서 특히 적절하다. 불행하게도 이런 스키마는 역사교과서를 해석하는 과정에서 똑같이 유

Bardige (1988)

Barton (1997a), Brophy & VanSledright (1997), Carretero, Jacott, Limón, Manjón, & León (1994), Jacott, López-Manjón, & Carretero (1998), Levstik & Pappas (1987),

용하게 사용되지는 않지만, 역사교과서에서 인간 개개인의 의도와 동기는 종종 정치적·경제적 분석에 의해 대체된다. 그 결과 학생들은 상당한 도움 없이는 이런 분석적인 역사 설명들을 확인하고 상기하는 것이 매우 어렵다는 사실을 발견하게 될지도 모른다.

그러나 어린이들은 어떤 형태의 역사적 내러티브를 해석하는 데 있어 보다 쉽게 이용 가능한 스키마를 가지고 있기 때문에 이런 책들이 어린이들이 읽어야 할 유일한 텍스트라는 것을 의미하는 것도 아니고 어린이들이 내러티브들의 자연스러운 비평적 독자라는 것을 의미하는 것도 아니다. 사실 내러티브는 학생들에게 이용 가능한 유일한 역사 장르인 것은 아니다. 그리고 바로 그 내러티브들의 접근성이 비평적 읽기를 가로막을 수 있다. 만약 내러티브가 직관적으로 옳다면 그 기저의 역사적 해석이 비평을 이끌어 낼 것 같지는 않다. 게다가 우리가 이제까지 언급했던 내러티브들의 윤리적이고 도덕적인 배경은 작가의 역사적 관점에 엄청난 무게를 더해 준다. 『사다꼬』 혹은 『버디라고 불리는 캐서린』과 같은 책의 독자들은 특별한 사람들이 매일의 삶을 사는 방법과 하나의 관점 이상이 존재했다는 것을 이해하는지도 모른다. 그러나 독자들은 주인공의 관점에 공감하거나 적어도 그 관점을 이해하도록 강요된다. 제니퍼가 『사라 주교』(Sarah Bishop)와 『블랙버드 폰드의 마녀』(The Witch of Blackbird Pond)를 읽었을 때 그녀는 확실히 각 책의 주요 인물인 사라와 키트를 자신과 동일시했다. 비록 그녀는 그 사건들에 대한 또 다른 관점이 가능하다는 것을 인식하기는 했지만 그녀는 여전히 그런 견해는 "끔찍한 스토리가 될 것이고, 어쩌면 그 마녀들(사라와 키트는 마법 때문에 비난받는다)은 끔찍하게 보이도록 만들어 낼 것이라"고 확신했다.

다른 말로 하면 또한 어린 독자들이 스토리를 믿게 할 정도로 책에는 "실제 일어났던 일을 말하는 것"처럼 기술되어 있다. 제니퍼가 이야기하는 것처럼 "비록 그것이 모두 사실이 아닐지라도 그것은 충분히 사실이었을 수도 있고 그것처럼 일어날 수도 있어요." 이것은 내러티브적 해석들의 분리를 어렵게 할 수 있는데 특히 동등한 호소력을 지닌 경우가 대안적인 관점으로 만들어지지 않는다면 그러하다.

다른 소설들을 읽었을 때 제니퍼는 미국혁명에 대한 다양한 역사적 관점들을 만났다. 콜리어(Collier) 형제들의 소설인 『나의 형제 샘은 죽었다』(My Brother Sam is Dead)에서 영국인과 왕당파의 지지자들, 그리고 미국 반란군들이 만행을 자행하는데 그들 사이에 선택의 여지는 거의 없다. 진 프리츠(Jean Fritz)의 『이른 천둥』(Early Thunder)에서 선과 악은 왕당파 지지자들과 미국 반란군 양 진영 모두에게 존재한다. 그리고 양심 있는 사람들은 자신들의 생각에 따라서 최고의 선이 존재하는 곳을 선택한다. 에스더 포브(Esther Forbe)의 『자니 트레매인』(Johnny Tremain)은 반란군의 대의명분에 대해 명확한 주장을 제시한다. 캐티(Katie)의 『트렁크』(Trunk)는 심술적인 약탈자로서 반군을 제시하고 있다. 제니퍼에게 교과서 버전이 충분하지 못했다는 사실은 분명하였다. 그녀의 주장에 의하면 교과서는 "미국인들은 정당했지만, 당신에게 왜 그들이 정당했으며, 혹은 왜 영국인들이 투쟁했는지에 대해 명확히 설명하지 못한다."라고 쓰여 있다고 말한다. 그녀는 역사가 해석적이고 도덕적인 이슈를 포함하기를 기대하고 원했다. 그녀는 양 진영이 왜 싸웠는지를 이해하

Riviere, Núñez, Barquero, & Fontela (1998)

어린이들은 선천적으로 역사 이야기에 비판적이지 않다.

이야기의 교훈적인 내용은 그들의 역사적 관점에 무게를 더한다.

Coerr (1994), Cushman (1994)

O'Dell (1980), Speare (1958)

Levstik (1989)

잘 서술된 이야기에서 이끌어낸 해석들을 제거하는 것은 매우 어렵다. Levstik (1995)

Collier & Collier (1974), Forbes (1967), Fritz (1967), Turner (1992)

너무 자주 교과서는 복잡성을 다루는 아동들의 능력을 과소평가한다. Ehlers (1999), Mayer (1999), Olwell (1999)

사건의 개요는 학생들에게 거의 기억할 만하거나 설득적이지 않다.

Degenhardt & McKay (1988)

이야기는 역사로의 견문 있고 훈련된 상상적 점입을 지지할 수 있다.

교사들은 아동들이 다른 역사적 관점에 대응하는 데 있어 더욱더 분석적이도록 도와주면서 진실을 찾는 아동들의 조사를 존중해 줄 수 있다.

Bardige (1988)

Trease (1983)

려고 노력하는 데 관심이 있었지 중립적 태도에는 크게 관심이 없었다. 여러분은 어쩌면 교과서가 정확히 그러하다고 생각할지도 모른다. 교과서는 반란과 군 전투로 이어지는 사건들의 개요를 그려준다. 즉 대표자 없는 과세, 식민 경제에 대한 영국의 통제, "양도할 수 없는 권리들에 대한 생각들"이 그것이다. 이런 이유들은 역사가들에게는 강력한 것일지 모르나, 학생들에게는 충분히 설명이 되지 않는다. 제니퍼의 관점에 근거해서 보면 그런 설명은 설득적이거나 명백하게 중요하지도 않다. 왜냐하면, 그런 설명들은 우리가 지금까지 논의해 왔던 인간행동의 스키마를 무시하기 때문이다.

제니퍼는 그녀의 교과서에서 알게 된 한 관점, 즉 미 반란군이 정당했다고 하는 관점을 받아들였다는 사실에 화가 났었다. 그녀는 책을 읽으면서 이미 다른 관점에 직면했고, 더욱 완벽한 이야기를 기대했다. 그녀는 역사로부터 멀어지기 보다는 오히려 역사에 몰두하고 싶어했다. 불행하게도 중립적이고 "객관적인" 관점을 유지하려고 애쓰면서 더욱 더 위대한 추상적 관념을 강조하는 설명적인 교재는 학생들을 역사로부터 멀어지게 한다. 반면 잘 서술된 역사적으로 건전한 내러티브들(픽션뿐만 아니라 논픽션)은 사건들에 많은 정보를 가진 학문적 상상의 진입을 뒷받침해 줄 수도 있고 학생들로 하여금 설명적인 텍스트에 대해 보다 잘 이해할 수 있도록 만들어 줄 수도 있다. 이것은 역사라는 학문적인 쓴 알약에 설탕을 입히는 것이 아니고 역사를 하나의 거대한 스토리텔링 영역으로 바꾸는 것도 아니다. 우리가 생각하기에 학생들의 도덕적 감성을 명백하게 다루는 것은 역사를 교과과정의 필수 요소로 만들 가능성이 높다. 그러나 이것은 역사적 진실에 대한 어린이들의 탐구를 존중하는 것과 다른 시대에 다른 사람들이 세상을 다르게 보았던 그들의 인식, 즉 단지 우리로부터 나온 것이 아니라 각각의 관점에서 나온 인식을 발전시키는 것 사이의 세심한 균형을 필요로 한다. 학생들은 역사적 내러티브의 "진실성"에 가치를 두는 경향이 있고, 다른 역사적 정보가 평가되었던 것에 반대되는 표준으로서 내러티브 해석을 이용하는 경향도 있다. 그렇다면 우리가 제안하고 있는 것은 다양하고 훌륭한 문학이 사려 깊은 교사의 촉진과 결합함으로써 다중적인 역사적 관점들이 윤리적인 민감성과 충동을 희생시키지 않고 암시하는 복잡한 문제들을 학생들이 보고 이해할 수 있도록 도와 줄 수 있다는 것이다.

좋은 내러티브 역사 선택하기

분명히 역사적 내러티브의 어떤 것도 다른 작품과 같지 않다. 사실 20세기 전반에 나온 많은 역사적 픽션을 읽는다면, 여러분은 그 역사적 내러티브들이 "실제 일어났던 것"과 도대체 **어떤** 관련이 있는지 당연히 궁금하게 여길 것이다. 역사소설의 저자 제프리 트리즈(Geoffrey Trease)는 1950년대 어린이들의 역사소설에 적용했던 단지 몇 가지의 금지사항, 예를 들면 술 금지, 초자연 현상 금지, 권위를 위태롭게 하지 않는 것, 심각한 결함이 없는 부모님, 현실적인 노동 계급 말투(가장 부드러운 욕설을 포함해서) 금지, 그리고 막 싹트는 연애 금지 등을 목록으로 만들었다. 마치 이런 제약들이 충분히 소멸되지 않고 있다는 듯이 텍스트들은 역사적으로 진실된 인물보다는 역사적으로 회화된 인물들을 만들어내는 "바라건대", "~라 생각된다" 따위들로 섞여져 있다. 뉴베리 아너 상(Newbery Honor)을 수상한 『버디라고 불리는 캐서린』이라는 작품을 만들어낸 그런 종류의 역사적 리얼리즘은 아동문학에는 상대적으로 새로운 출현이다. 불행히도 역사소설이 지닌 문제는 과거에만 국한되는 것이 아니다. 몇몇 보다 최근의 픽션들은 또한 (그 내용 면에서) 지나칠 정도로 부정확하고, (독자들을) 미로 속의 시각으로 (끌어들여) 괴롭히며 낭만주의의 수렁으로 몰아넣는다. 다른 책에서 역사적 사건들은 재배열되거나 논쟁을 피하기 위해 사실들이 생략된다. 예를 들면 앤드류 잭슨(Andrew Jackson)의 전기는 체로키(Cherokee)족이 강제로 추방된 점에 대해서 거의 언급하지 않는다. 반면 콜럼버스에 관한 책들은 종종 "신세계"의 주민들에 대한 탐구의 영향을 무시한다.

이 책의 여러 곳에서 교사들은 정보를 주는 책뿐만 아니라 역사적 픽션에도 많이 의존하고 있다. 처음에 대부분의 선생님들은 역사적으로 정확하고, 잘 서술된 문학을 선택해야 한다는 의무감에 깊은 부담을 느꼈다. 사실 그들 모두가 역사 전공자는 아니었고 최근의 학문에 대해서 항상 잘 알고 있는 것도 아니었다. 그러나 수년 간에 걸쳐, 그들은 자신들에게 효과가 있는 선택기준을 개발했다. 다음의 지침들은 이들 선생님들이 유용하다고 하는 몇 가지의 고려사항을 보여준다.

- 책은 좋은 스토리를 말할까? 학문은 역사적 픽션을 전달하기에 충분하지 않다. 만약에 내러티브가 잘 드러나지 않는다면 최상의 문서화된 역사조차도 문제되지 않을 것이다. 여러분이 고려하고 있는 책이 그 자체로 흥미있는 이야기를 말하는지, 사실과 허구를 섞고 있는지, 그래서 역사적 배경은 스토리에 본질적인가를 스스로에게 물어보라. 마가리 킹 미첼(Margaree King Mitchell)의 『제드 삼촌의 이발소』(*Uncle Jed's Barbershop*)에서 1920년대의 격리된 남부에서의 삶은 미루어진 꿈과 실현된 꿈뿐만 아니라 가족에 대한 헌신의 스토리를 위한 배경이다. 그러나 그 배경은 그 이야기를 위해 통합된다. 인종차별과 경제적 붕괴는 다음에서 보듯이 이야기가 전개되고 있는 무대이다.

  > 비록 내가 무의식이었지만, 의사는 그들이 모든 백인 환자들의 검진을 마칠 때까지 나를 보지 않을 것이다…
  > 나의 아버지는 그만큼의 돈을 가지고 있지 않았다. 그리고 의사들은 그들이 돈을 마련할 때까지 수술을 하지 않을 것이다.

- 그것의 역사적인 상세한 내용에 있어 역사적 배경과 잘 알려진 사건들을 포함한 스토리는 정확하고 확실한 근거가 있는가? 게다가 정확성과 신뢰성에 대한 이들 관심은 스토리의 가치를 떨어뜨려서는 안 된다. 대신에 역사의 상세한 내용들은 단지 물질적 문화의 이용과 묘사는 물론이고 그 시대의 정신과 가치에서 스토리가 현실처럼 들리도록 해야만 한다. 카렌 쿠쉬만(Karen Cushman)이 언급했듯이 과거와 현재의 차이점은 과거 사람들이 무엇을 먹었고, 어디에서(혹은 언제) 목욕을 했으며, 누가 누구와 결혼

아동문학에 있어서 역사적 리얼리즘은 이 분야에 상대적으로 새로운 것이다.

Cushman (1994)

Huck, Kiefer, & Hepler (2004)

책은 훌륭한 문학작품이며 훌륭한 역사이어야 한다.

Mitchell (1998)

아동들의 픽션은 역사적 정확성에 논픽션과 같은 관심을 받을 가치가 있다.

Cushman (1994, p. 165)

하기로 결정했느냐 라는 것보다는 더 깊은 내면에 흐르고 있다. 역사적 인물들은 "우리가 결코 갈 수 없는 장소에서 그들이 가치를 두는 것, 그들이 생각하는 법, 그리고 그들이 믿는 것이 진실하고 중요하며 가능하다는 것을 구축하며" 살았다.

아동들의 역사소설에 있어 완전할 정도의 참된 언어는 거의 불가능하다. 그 시대의 향기를 찾아보라

- 언어가 그 시대에 진정 부합하는가? 이것은 도전적인 기준이다. 무엇보다 과거의 언어, 영어조차도 오늘날 세계에서 이용되고 있는 영어가 아니다. 그 때는 완벽한 신뢰성을 갈구하는 것 대신에 그 시대의 향기를 담고 있는 언어를 추구했다. 예를 들면 숙어는 역사적 기간과 등장인물 둘 다에게 그럴 듯한 것이어야 한다. 『버디라고 불리는 캐서린』이라는 책의 재미있는 장면 가운데 하나는 버디가 악담을 실험하는 대목이다. 그녀의 오빠는 그녀에게 왕은 더 이상 "평범한 민중들이 하듯이" "신이여!" 혹은 "성체"라고 말하지 않는다고 말한다. 대신 왕은 "하나님의 호흡(God's breath)!"을 사용한다. 그녀의 오빠는 "하나님의 발(God's feet)"을 사용한다. 과장하지 않고, 버디는 매일 다른 말을 시도한다. 처음에 그녀는 "하나님의 얼굴(God's face)"이라고 하고, 그 다음에 "하나님의 귀(God's ears)", 그리고 마지막에는 "하나님의 엄지(God's Thumb)"로 정한다. 왜냐하면 엄지는 중요한 것이면서 손쉽게 사용할 수 있는 것이기 때문이다.

지나칠 정도로 낭만화 되어버린 역사적 픽션을 피하라.

Conley (1992)

- 역사 해석은 건전한가? 지나치게 낭만화된 구식의 해석은 비교를 하는 데 유용할 수도 있지만 수업중에 사용되는 문학의 핵심에는 유용하지 않다. 다른 관점에 근거해 주제를 이야기하는 몇몇 책을 선택해서 각각의 관점이 주제에 대해 현재 알려진 것을 지지하는가를 확인하라. 이러한 해석에 따라서 등장인물들이 행동한다는 것을 확인하라. 로버트 콘리(Robert Conley)의 『니카잭』(Nickajack)에서 체로키 민족은 전투하는 무리들로 나뉘었고, 어떤 사람들은 그들의 조국을 빼앗아 가버린 조약에 대한 저항을 지지했으며, 다른 이들은 협력과 재배치를 원했다. 콘리는 즉시 『눈물의 길』(Trail of Tears)에서 그 기간에 관한 최근의 학문적 성향에 그의 스토리의 토대를 두었다. 최소한 부분적으로 그 영향은 계속되는 복수, 즉 주요 비극의 냉혹함 때문에 온다. 그 책의 마지막 문단에서 어떤 인물은 죽은 채 누워 있고, 그의 아내는 주저앉는다. "살인자의 얼굴은 그녀의 마음에 확고히 새겨졌다. 그녀는 결코 잊지 못할 것이다. 이것은 끝이 아니다."

Conley (1992, p. 182)

그 사건의 참여자가 누구였을지 고려해보고 그런 관점을 대표할 문학작품을 선택하라.

- 누구의 목소리가 사라지고 있는가? 문학은 이렇게 영향력이 있기 때문에 역사적으로 가능한 많은 다른 건전한 관점을 선택하는 것이 중요하다. 그 사건의 참가자가 누구였는지, 이 참가자들이 그들의 스토리를 어떻게 서술해 가고 있는지에 대해 곰곰이 생각해 보라. 예를 들면 서부로의 이주(Westward Movement)에 관한 전통적 스토리는 종종 동부에서 서부로 이주해 간 백인 선구자의 관점에서 언급된다. 그러나 더욱 최근에는 여성들, 미국 원주민, 스페인 사람들에게 초점을 맞춘 문학이 나타나기 시작했다. 즉 잔 허슨(Jan Hudson)의 『달콤한 초원』(Sweetgrass)과 『새벽에 말 타는 사람』(Dawn Rider), 리츠 소네본(Liz Sonneborn)의 『미국 서부: 삽화로 보는 역사』(The American West: An Illustrated History), 쥬리우스 레스터(Julius Lester)와 제리 핀크니

(Jerry Pinkney)의 『흑인 카우보이』(*Black Cowboy*), 『야생마』(*Wild Horses*) 및 솔라스 홀츠(Sollace Holtze)의 『깨지지 않은 원』(*A Circle Unbroken*)과 같은 역사는 미 서부에서 문화적 충돌의 영향력에 대한 통찰력을 제시하는 것으로서 현재 이용 가능한 몇몇 책들의 예이다.

Hudson (1989, 1990), Cornel (1993), Holtze (1988), Wright (1995), Burks (1998)

• 책이 과거 이슈뿐만 아니라 현재의 문제에 대한 통찰력과 이해를 제시하고 있는가? 우리가 첫 장에서 언급했듯이 역사는 단지 과거 사람들에 관한 것일 뿐만 아니라 사람들이 어떻게 현재의 상황에 이르게 되었으며, 또 어떻게 미래를 만들어 갈 것인가 하는, 즉 과거와 현재 사이의 연관성에 관한 것이다. 잘 서술된 역사적 내러티브는 이런 각각의 조건을 말하고 있다. 우리가 집합적인 역사와 타협하려고 애쓰면서 과거의 다른 양상들을 되돌아보고 우리 자신들과 다른 사람들에 대해 새로운 스토리들을 말해보는 것은 더 이상 당연한 일이다. 예를 들면 대륙을 가로지르는 철도의 건설에 대해서 이야기 한다는 것은 더 이상 황무지를 정복하는 유럽계 미국인의 단순하고 단편적인 스토리가 아니다. 대신 그것은 중국인과 아일랜드 이주민에 대한 이야기, 추방된 아메리칸 인디언의 이야기, 영토 확장에 수반되는 공포와 인종주의에 관한 이야기이다. 그 결과 로렌스 옙(Lawrence Yep)의 『용의 문』(*Dragon's Gate*) 또는 진(Yin)과 손트피에트(Soentpiet)의 『쿠리』(*Coolies*)는 단지 철로 위에서 노역하고 있는 어린 중국인 소년의 경험에 대한 것이 아니라 새로운 개척지에서 살아 남으려는 많은 이주민들의 투쟁에 관한 이야기이다.

잘 씌여진 역사 이야기는 과거에 대해서 뿐만 아니라 현재에도 이야기 한다.

Yep (1994), Yin & Soentpiet (2003)

이 책을 통해 강조해 왔듯이 역사를 공부하는 학생들은 다양한 역사의 장르를 경험할 필요가 있다. 픽션은 확실히 이러한 장르 가운데 하나이다. 하지만, 정보(혹은 논픽션)를 준다는 점에서 문학도 그와 같다. 때때로 어른들은 학생들이 논픽션보다는 픽션을 좋아한다고 생각하지만 우리는 이것이 사례가 될 것이라는 사실을 발견하지 못하였다. 학생들은 그들의 세계에 대한 정보를 갈망할 뿐만 아니라 전문적인 지식을 간절히 원하고 있다. 모든 학급의 학생들이 운동, 컴퓨터, 음악, 자동차 등에 관해서 전문가라고 생각하라. 많은 학생들은 정기적으로 여가 추구를 옹호하기 위해 정보적 근거를 찾는다. 논픽션이 주요한 방법으로 이용되는 학급에서 학생들은 적어도 그들이 픽션을 선택하는 빈도만큼 논픽션을 선택한다. 게다가 탐구가 역사에 기본적 접근인 곳에서 정보를 많이 주는 문학은 필수적으로 교실 자료원이다.

학생들은 다양한 픽션과 논픽션을 필요로 한다.

Dayton-Sakari & Jobe (2003), Duke & Bennett-Armistead (2003), Kristo & Bamford (2004), Pappas (1991)

루비 예신(Ruby Yessin) 교사는 종종 그의 1학년 학급에서 논픽션을 토의하고 읽음으로써 수업을 시작한다. 이러한 시간 동안 삽화가 논의되고 사실이 검토되며, 정보의 신뢰성에 대한 질문이 제기된다. 예를 들면 역사적인 범선에 관해 (공부할 때) 펼치면 그림이 튀어나오는 책은 그녀의 학생들을 매혹시키고 콜럼버스에 대한 책들이 정확히 니나호(Niña), 핀타호(Pinta), 그리고 산타 마리아호(Santa Maria)를 나타내는지 여부를 알아보기 위해서 그들이 콜럼버스에 관한 다른 책을 찾아보도록 만든다. 루비의 학급에서 어떤 어린이는 더 나은 정보를 얻기 위해 도서관 사서에게 확인해 보라는 요청을 받을 수도 있고, 정보를 주

Levstik (1993)

는 책을 읽다가 발생하는 질문에 답하기 위해 교실에 있는 참고서적 가운데 한 권을 사용해 볼 것을 요청받을 수도 있다. 어린이들은 이 책들을 그들의 책상에 넣어두고, "자유 독서시간" 동안 그 책을 읽게 된다. 사실 몇몇 학생들은 집에서 읽기 위해 정보가 많은 책들을 찾아내는 것을 선호한다.

많은 이러한 정보서적들은 루비의 학생들에게 어렵지만, 학생들은 가급적 많이 읽고 이해하지 못한 부분은 선생님, 그들의 동료, 혹은 다른 어른들의 도움을 받는다. 이 학급에서 중국 혹은 셰이크 교도들에 대해 알려고 하는 의향이 있는 1학년 학생들을 위해 정보서적을 읽어주도록 방문자에게 부탁하는 것은 흔히 있는 일이다. 루비는 그녀의 정보문화의 광범위한 사용이 그녀와 아이들이 만들고 있는 "의미망"의 일부분이라고 설명한다. 그녀의 수업에서 "발견하기"는 매우 높게 평가되고 있어 논픽션을 사용하는 것에 대해서는 많은 보상이 있다. 다행스럽게도 모든 연령대가 이용할 만한 질 높은 논픽션이 점점 더 많아지고 있다. 그러나 마치 픽션처럼 주의 깊은 선택이 중요하다. 비록 루비는 그녀 스스로 많은 책을 선택하지만, 그녀 또한 학교 도서관의 사서나 동료들의 추천에 의존한다. 일반적으로 루비는 다음의 선택 기준을 이용한다.

보통 픽션에 일치되는 논픽션이 일종의 관심을 받을 때, 학생들은 열정적으로 반응한다.

픽션과 논픽션의 광범위하고 집중적인 사용은 수업에서 의미의 망을 만든다.

"발견하기"는 탐구 지향적인 수업에서 가치 있는 활동이다.

- 저자의 자질이 어떻게 되는가? 책 혹은 책의 겉표지 위에 "저자에 관한" 페이지에 대한 신속한 점검이 일반적으로 당신에게 저자가 어떤 자질을 가지고 있는지를 알려준다. 때때로 저자는 논제에 대한 전문가가 아니지만 저자는 책에서 그들에게 정보를 주는 사람들과 상담을 한다. 예를 들면 제리 스탠리(Jerry Stanley)는 세계 제2차 대전 동안 일본의 수용생활에 대한 배경에 대해 상당량을 알고 있던 역사 교수이다. 그러나 그의 책 『나는 미국인이다: 일본인 억류에 관한 진실이야기』(*I Am an American : A True Story of Japanese Internment*)는 시 노무라(Shi Nomura)와 다른 이전의 피수용자들과의 인터뷰에 많이 의존하고 있다. 이런 직접적인 회고의 결과로서 스탠리의 책은 그가 스스로의 힘으로 제공할 수 있었던 것보다 더 많은 감수성과 신뢰성을 가지고 있다.

Stanley (1994)

- 사실이 얼마나 정확하고, 완전한 것인가? 역사 논픽션에서 가장 두드러지게 잘못된 점은 사실에 대한 잘못에 관계된 것이라기보다 생략된 것과 관계되는 경우가 더 많다는 것이 우리의 경험이다. 예를 들면 원주민 아메리카 인디언들에 관한 책들은 너무도 자주 개척자들의 생활을 다루면서 모든 원주민들을 인디언이라고 하는 하나의 무정형적인 집단으로 묶어버린다. 전통적인 영웅들에 대한 책은 에이브라헴 링컨(Abraham Lincoln) 혹은 마틴 루터 킹 쥬니어(Martin Luther King, Jr.)와 같은 그런 복합적 사람들에 대해 편향된 자화상을 제시할지도 모른다. 왜곡이나 생략이라는 실수를 하지 않도록 하는 한 방법은 학생들이 자료의 출처가 다른 곳을 주목하고, 가장 지지할 만한 사실들을 찾기 위해 조사하면서 역사적 인물과 사건들의 다른 버전들을 비교하게 하는 것이다. 『사회교육』(*Social Education*)과 『혼북』(*Hornbook*)은 주제별로 아동 문학에 대해 해마다 문학평론을 출판한다. 그리고 『사회교육』은 특히 사회과 주제와 관계

사실이 정확할 때조차 중요한 정보나 관점들을 놓치지 않았는가를 점검하라.

되는 서평으로 국한한다. 하지만 『혼북』은 사회과학·역사·가족·기술·기타 등에 대한 일반적 지침을 제공한다.

- 책이 최근의 것인가? 한 초등학교의 수업에서 언젠가 인간은 달 위를 걷고 있을지도 모른다는 결론에 유의하면서 어린이들은 우주여행의 역사를 토론했던 전집 속에서 하나의 책을 발견한다. 사람들이 달에 이미 다녀왔으며, 몇 번이나 왕복한 사실을 모두 알고 있는 어린이들이 이 책을 재미있다고 하는 것을 발견했더라도, 그들은 다른 실수에 대해서는 모르고 지나갈 가능성이 더 많다. 예를 들면 한 집단 전체를 검약하거나 혹은 폭력성이 있는 사람으로 규정짓는 포괄적인 일반화를 인식하지 못할 것이다. 삽화는 또한 정보를 잘못 제시할 수도 있다. 예를 들면 추수감사절에 관한 엄청 많은 책들이 순례자들을 만나고 있는 인디언들을 잘못 보여주고 있다. 이와 비슷하게, 선사시대 사람들의 그림들은 성별에 따른 역할을 보여준다. 예를 들면 남자는 석기를 만들거나 또는 동굴벽화를 그리고 있다. 그런데 이 시대에 성별에 의한 역할이 주어졌다는 인류학적 증거는 없다. 책의 출판 날짜를 점검해 보는 것도 이 책이 상대적으로 현대적인지 아닌지를 확실하게 하는 좋은 출발점이 될 수 있다. 또한 시대에 뒤떨어진 상투적인 그림인지를 관찰해 보는 것도 도움이 된다. 그럼에도 불구하고 몇몇 책들에서는 허위진술이나 실수를 완전히 모르고 지나갈 것이다. 그런 책들을 버리지 말라. 예산 삭감과 제한된 자원의 시대에서 이런 허접한 책들도 그 자체의 유용성은 가지고 있다. 학생들에게 모든 그런 종류의 사실과 소설 읽기에 비평적 안목을 발휘하도록 격려하는가? 이런 책들은 교사의 조정이 필요하다는 것을 기억하라. 리앤(LeeAnn)의 수업에서 콜럼버스를 공부할 때 리앤이 했던 것처럼 한 주제에 대해 다른 표현 방법들을 대조해 가면서 교사는 학생들이 잘못을 알아볼 수 있도록 도와주어야 한다.

- 저자는 사실과 추측을 구별하고 있는가? 이에 대한 최고의 사례 가운데 하나가 진 프리츠의 『포카혼타스의 이중생활』(*The Double Life of Pocahontas*)이다. 간단한 구출 스토리를 말하는 책들과는 달리 프리츠는 그 책 전체를 통해 우리가 포카혼타스에 관해 아는 많은 사실들이 입증될 수 없다는 것을 인정한다. 사실 그녀는 포카혼타스가 존 스미스(John Smith)의 생명을 구했다는 증거가 거의 없다고 설명한다. 거의 유사한 방식으로 캐시 펠타(Kathy Pelta)의 『크리스토퍼 콜럼버스 발견: 역사는 어떻게 만들어지는가』(*Discovering Christopher Columbus : How History is Invented*)라는 이 스토리는 시간이 지나면서 변화되는 방법과 이유, 어떤 정보들이 현존한다고 알려져 있는지를 설명하며 콜럼버스의 이야기를 체계적으로 파괴한다. 러셀 프리드먼을 포함한 몇몇 저자들은 정보제공의 출처를 포함한 포괄적인 주석, 다른 관점에서의 해석의 논의, 그리고 학생들이 같은 논제에 대해 읽고 싶어하는 다른 책들의 제목을 제공한다. 과거에 대해 지나치게 낭만적이거나 너무 좋은 것만 나와 있어 진실이라고 믿기 어려운 묘사가 있는 듯한 책들은 특히 조심하라. 너무 자주 이런 것은 작가가 훌륭한 역사를 쓰기 위해서 출처를 비평적으로 분석하기보다는 오히려 전통을 무비평적으로 받아들였다는 것을 의미한다.

Fritz (1983)

Pelta (1991)

Freedman (1993, 1994)

추가 정보의 자료를 위해서 작가의 노트를 점검해 보라.

당신이 선택한 논픽션을 독자들이 어떻게 사용할지를 생각하라.

- 책이 얼마나 잘 구성되었는가? 일반적으로 작가의 목적의식과 관점은 책이 어떻게 구성되었는지를 독자들이 파악하는 데 도움을 준다. 상당량의 논픽션은 책의 처음부터 마지막까지, 혹은 적어도 첫 장부터 뒷장까지 차례대로 읽히지 못할 것이다. 그 대신 논픽션의 독자들은 종종 특별한 설명 혹은 정보를 찾으면서 띄엄띄엄 책을 읽는다. 삽화들은 이런 조사에서 매우 중요하며 텍스트에 있는 정보를 보완하고 확장시켜 주어야 한다. 설명문은 독자들로 하여금 명확하고 생생한 언어로 그들이 보고 있는 것이 무엇인지를 알게 해 준다. 점차적으로 정보를 제공하는 책의 저자와 출판업자들은 특히 독자들과 책이 서로 작용하도록 다루고 있다. 예를 들면 『희망의 여행: 미국으로 가는 아일랜드 이민의 이야기』(*Journey of Hope: The Story of Irish Immigration to America*)는 추가되는 정보를 접어서 끼워 넣은 페이지와 함께 편지, 지도, 사진과 같은 접어 넣은 페이지 형식의 1차 자료를 가지고 있다. (따라서) 독자들이 이 책을 이용하는 방법에 대해 곰곰이 생각해 본 후 이용할 만한 색인과 목차를 체크해 보라.

Miller & Miller (2003)

Saul (1994)

- 그 책은 어떤 문학적인 특색을 가지는가? 좋은 문학작품은 저자의 개인적 스타일을 드러낸다. 밀튼 멜츠가 언급하듯이 작가가 냉담하고 지루하며 어리석고 혹은 기계적이라면 이런 스타일이 작품 속에 묻어난다. 물론 책에 사실이 있어야 하지만 작가의 어조와 비전도 있어야 한다. 작가는 사실을 구체화시키고, 그 과정에서 몇몇 사실들은 다른 사실보다 좀더 중요하도록 만든다. 예를 들면 멜츠는 토마스 제퍼슨의 못 공장에서 일하고 있는 어린 소년들에게 주어진 임무를 단순하게 기술할 수도 있었을 것이다. 그런 일에 대한 인건비 문제는 제쳐두고 말이다. 대신 호소력 있는 작가의 목소리가 이들 젊은이들의 좌절을 보다 생생하게 만든다. 곧 "그 작업은 너무 반복적이고 지루하며, 무미건조함은 물론 보상도 거의 없어서 그들은 가능한 일을 거의 하지 않았고 … 몇몇 소년들은 자유를 위해서 그 노동력 착취공장에서 도망을 쳤다 …." 대개 독자들도 논제에 관심을 가지는 것처럼 문학적 차별이 있는 작품에서 작가들은 종종 논제에 신경을 쓴다. 이런 종류의 책을 발견하는 데 도움이 되기 위해 어린이들을 위한 정보를 제공하는 책의 안내서인 『개안자 2: 그들 주위 세계에 관한 어린이들의 질문에 답하기 위한 아동도서들』(*Eyeopeners II: Children's Books to Answer Children's Questions About the World Around Them*)과 국제 아동문학을 특별히 다루고 있는 『북버드』(*Bookbird*)라는 잡지를 체크해 보라.

Meltzer (1994)

Kobrin (1995)

Bookbird는 IBBY(the International Board on Books for Young People)에 의해 3개월마다 한번씩 출판된다.

좋은 책을 선택하는 것이 충분한 것은 아니다. 그것들의 이용을 조직화하는 것이 매우 중요하다.

물론 우량도서를 선택하는 것은 좋은 출발이다. 책들을 조직적으로 잘 이용하는 것은 학생들이 문학작품을 역사적 해석에 따라 읽을 때 책을 이해하는 데 도움이 되는 중요한 역할을 한다. 책을 지정하는 것은 학생들이 하나의 관점을 뛰어넘을 수 있는 데 도움이 된다는 것을 몇몇 선생님들은 발견한다. 책 세트는 보통 쿠쉬만의 『버디라고 불리는 캐서린』, 그리고 프레쉬만(Fleischman)의 중세학습용인 『채찍질하는 소년』(*The Whipping Boy*)과 같은 픽션들을 짝지어 선택하는 것과 어쩌면 아리키(Aliki)의 『중세 결혼』(*Medieval Wedding*), 맥컬리(Macaulay)의 『성곽』(*Castle*), 맥도널드(McDonald)의 『당신이라면 중세 시기에 어떻게 살았겠는가』(*How Would You Survive in the Middle Ages*), 그리고 샌차(Sancha)의 『러트럴 마을: 중세의 시골생활』(*The Luttrell Village : Country Life in the Middle Ages*) 과 같이 난이도가 다른 정보를 주는 책 몇 권씩을 포함하고 있다. 애비 모트(Abby Mott)의 학급에서 그녀는 학생들이 적어도 한 번씩 소리내어 읽었던 지정한 책들을 포함시켰다. 예를 들면 중세 단원에서 그녀는 맥킨리(McKinley)의 『셔우드의 무법자들』(*The Outlaws of Sherwood*)을 선택했다. 그 책은 로빈(Robin)과 마리안(Marian)에 의해 연출된 역할을 재해석하는 로빈 후드(Robin Hood)의 전설을 재구성하는 이야기다. 때때로 학생들은 짝지어 놓은 책들 가운데 한 권을 읽기만 하거나 애비가 크게 읽어주는 책은 대조해 보고 만다. 그러나 중세 세트에서 두 권의 책은 상대적으로 분량이 얼마 되지 않아 그녀는 학생들이 두 권 모두를 읽도록 요구했다.

애비는 단순히 책 읽을거리를 할당하는 것이 항상 동기를 부여해 주지 않는다는 점을 일찍이 파악했다. 2년 동안 다른 기술을 시도한 후에 그녀는 역사적 견해를 논의하는 데 있어 그녀의 학생들이 전념할 수 있는 것처럼 보이는 몇 가지를 결정지었다. 첫 번째 그녀는 대화일지가 학생들의 읽을거리에 대한 개별적 반응을 토의하는 중요한 기회를 제공했다는 것을 알아냈다. 대화일지에서 애비와 그녀의 학생들은 학생들이 읽거나 들은 책에 대해 글로 서술된 대화를 계속해 나갔다. 때때로 애비는 학생들에게 "여러분은 여러분의 삶과 버디의 삶 사이에 가장 중요한 다른 점은 무엇이라고 생각하나요?"와 같은 특별한 질문에 대한 답을 묻는다. 이런 질문은 『버디라고 불리는 캐서린』을 읽는 것 외에는 요구하는 것이 거의 없고 시간이 지나면서 청소년들의 생활이 어떻게 변화되는지를 생각하도록 요구한다. 다른 경우에 그녀는 다음과 같은 질문을 한다. "쿠쉬만과 프레쉬만의 중세에 대한 묘사가 얼마나 정확하다고 여러분은 생각하는가?" 그리고 "이 질문에 여러분이 대답할 수 있게 도움을 준 정보의 출처는 무엇인가?" 이런 질문들은 역사해석을 구성하는 데 있어서 더 많은 주의를 필요로 하며 학생들이 그 책에서 논픽션의 자료를 이용하도록 격려한다. 애비는 또한 동년배 친구들과의 토의가 그 책에 대한 학생들의 첫 인상을 뛰어넘게 만든다는 것도 알아냈다. 모든 학생들이 반드시 동시에 같은 책을 읽는 것이 아니기 때문에 그녀는 세 명에서 다섯 명에 이르는 두 종류의 반응 조를 만든다. 첫 번째는 같은 책을 읽고 있는 학생들을 위한 토의 기회다. 애비는 학생들이 읽고 있는 책의 참고문헌을 요구할 몇 가지 질문이나 문제, 학생들이 읽고 있는 책의 문학적 측면과 역사적 측면 양자에 초점을 맞춘 두 개의 질문이나 문제로 그 조의 활동을 시작할 것이다. 예를 들면 한 조에서 그녀는 학생들에게 책을 읽어가는 과정에서 버디가 어떻게 변화하는지를 보여주는 세 개의 구절을 선택하라고 요구한다. 다른 조에서는 학생들이 장원에서의 생활과 마을에서의 생활의 차이점을 잡아내주는 구절을 조사한다. 세 번째 조는 정보를 주는 책들 가운데에서 증거로 뒷받침해 줄 수 있는 역사적 묘사 부분을 버디에서 선택한다. 조는 서로 중복되지 않아야 한다는 것을 주의하라. 대신에 각각의 조는 조직화되어 있고, 그 결과 각 조는 반응 조들 간에 뒤이어 하는 토론에 요긴한 어떤 특별한 것을 얻게 될 것이다.

두 번째 형태의 반응 조는 다른 책을 읽은 학생들을 혼합해 놓았다. 그런 조의 임무는 아이 양육에 대한 중세 규칙을 목록화하기, 현재와는 다른 중세의 결혼 관습 써보기, 중세사회의 다른 계급의 역할을 비교하여 차트화 시키기, 책에 서술된 각 장소를 찾아내는 이야기 지도 만들어 보기 등과 관련이 있다. 한 수업에서 어린이 양육 관습에 대해 토의하는 조는 어린이들의 뜻에 반하여 행해지는 폭력의 수준에 간담이 서늘해졌다. 그들은 어린이 학대에 대한 현재의 정보를 수집했고, 어린이 노동착취에 대한 다른 책들을 찾아보고 "어린이에게 우호적인 세계"를 만들기 위한 필수 요건들을 차트로 만드는 것으로 마쳤다. 애비는 그때 유엔 어린이헌장 선언의 복사본을 학생들에게 주었고, 그들에게 유엔헌장과 학생들이 만든 권고사항을 비교해 보도록 요청했다.

여러분이 볼 수 있듯이 이런 종류의 활동은 대화일지의 도입부를 쓰는 것처럼 상대적으로 짧은 기간이다. 반면에 예를 들어 다른 활동들은 어린이 양육 관습처럼 심화학습이 된다. 학생들은 그들이 생각하는 것과 그들의 선생님이나 동료들의 소모임이 생각하고 있는 것을 공유할 기회를 가지게 되었다. 이 작은 소모임에서 대부분의 공감대가 대화에서 생겨난다. 그러나 모든 학생들은 이것이 그들이 아는 것을 공유하는 가장 효과적인 방법이라는 것을 알지 못하고 가장 지지적인 환경에서조차 모든 학생들이 똑같이 대화에 참여하지는 않는다. 우리가 13장에서 토의했듯이 학생들이 다르게 아는 방식을 존중해 주는 것이 어떤 다른 인지영역에서 만큼이나 역사에서도 중요하다.

애비는 그녀의 교수 경력 초기에 학생들에게 다양한 매체를 이용하여 그들이 읽은 것에 대해 반응할 기회를 만드는 것이 더욱 풍부한 역사적 사고로 연결된다는 것을 발견했다. 그들의 중세 학습 동안, 그녀의 7학년 학생들이 (읽은 책에 근거해서 만든) 독자의 영화제작, 곧 『렌트 데이』(Rent Day)를 상영했다. 그 영화는 귀족과 그의 소작인의 삶이 병렬적으로 그려진 아리키의 『중세 결혼』에 부분적으로 기초를 두고 있다. 그리고 『버디라고 불리는 캐서린』, 『러트렐 마을』의 그림들, 학생들의 다른 책을 통한 연구 등에 부분적인 기초를 두고 있다. 『렌트 데이』에서 중세 영토에 살아가고 있는 다른 인물들은 그들의 삶에 대한 감정은 물론 함께 살아가는 사람들, 영주에게 빌린 돈 갚는 행위에 관해 기술한다. 또 다른 조는 노르망디 정복을 묘사하는 것 대신에 새로 조성된 상업도시의 삶과 봉건장원에서의 생활을 대조시켰다는 점을 제외하고 베이오(Bayeaux) 직물 벽걸이를 본 딴 벽화를 만들어냈다. 음악 선생님의 도움으로 또 다른 조는 중세의 성에서 들을 수 있었던 레코더 음악 콘서트(recorder music concert)를 공연했다. 가장 흥미 있는 발표 가운데 하나는 교황 면죄부 판매와 관계되어 있다. 일부 학생들은 수도원의 기록실에서 일하고 있는 수도승인 버디의 오빠 에드워드(Edward)에게 영국을 떠나라고 강요받은 유대인들에 대한 묘사, 버디의 집과 마을 시장에서의 종교적 활동에 초점을 두고 있었다. 그들의 조사에서 그들은 수도승과 성직자가 때때로 일정 시기 동안 저질렀던 치명적인 죄를 교황이 용서할 수 있는 면죄부를 판다는 사실을 알아냈다. 학생들은 각 책에 나오는 등장인물들에 대한 채색 "면죄부"를 만들어냈다. 그 면죄부는 학생들이 읽은 책들에 대한 분석에 기초해 각 등장인물들이 용서해야 할 필요가 있는 죄에 관한 묘사뿐만 아니라(그 시대 채색 사본의 진품으로 인정된) 지옥의 고통과 천국의 기쁨에 대한 그림을 담고 있었다.

학생들이 다른 책을 읽을 때, 토론은 지원할 수 있는 논쟁뿐만 아니라 비교와 대조를 중점적으로 다룬다.

Gardner & Boix-Mansilla (1994)

역사에 반응하는 다양한 방법들을 장려하라.

Aliki (1983), Cushman (1994), Sancha (1990)

학생들은 이러한 프로젝트에 관해 작업을 하면서 자신들을 독서로 되돌려보내는 질문들을 떠 올렸다. 때때로 새로운 정보가 주목을 받을 때 논쟁은 재현되기도 했다. 주제와 반복해서 만나는 기회를 구축함으로써 애비는 공동체적 구성을 위한 의미적 맥락을 제공했다. 학생들은 텍스트 혹은 선생님의 평에 대한 반응에서 뿐만 아니라 그들 친구들과의 상호대화에 입각해서 생각을 조정했다. 더구나 애비는 정보의 다른 출처에 대한 참고서적을 장려했다. 역사적 정보의 정확성에 관한 논쟁이 제기될 때 그녀는 학생들을 시켜 저자의 자격을 검토하도록 함으로써, 그리고 학생들로 하여금 정보에 대한 확증이나 부당성을 찾아보도록 도서관에 보냄으로써 논쟁을 조정했다. 이런 방식을 통해서 그녀는 학생들이 예술, 1차 자료, 교과서 등 다른 역사의 장르로 시선을 돌리게 한다.

마지막으로, 애비는 문학을 더욱 깊이 있는 심화 탐구를 위한 출발점으로 사용했다. 자신들의 독서에 기초하여 학생들은 조사하기 위해 다른 논제를 선택했다. 학생들은 일반적으로 관심을 보이는 중세 기사, 갑옷, 아더 왕, 로빈 후드 외에 어린이 양육, 일반적 봉건의 관습, 사람들이 어른이 되었을 때 하는 일의 종류들 따위에 큰 관심을 가졌다. 이러한 것들이 다른 학년의 학생들과 부모님들이 참석한 중세 전시회에 발표될 개인 프로젝트, 그룹 프로젝트가 되었다. "그게 내가 버디에 대해 당황스럽게 했던 거야." 혹은 "나는 그녀가 퍼킨(Perkin)과 함께 도망가지 말아야 한다고 생각해"라고 한 것처럼 비록 어린이들이 대화에 개인적 반응을 가지고 시작하지만 어린이들은 대화를 넘어서도록 장려되어야 하고 진정으로 그런 것이 요구된다는 것을 명심하라. 그들의 흥미는 잘 서술된 이야기에 의해 매혹될지 모른다. 하지만 그들의 반응은 광범위한 다양한 장르에 의해 교육된다.

"나는 겁에 질리지 않았어요" : 역사 내러티브 만들기

1862년 4월 6일
"쾅!" 대포 소리가 하늘을 갈랐다. 그것이 피로 얼룩진 날에 일어났던 일이다. 지금도 함대의 대포가 하늘을 가른다. 부상한 사람들의 울부짖음이 들리지만 그 누구도 감히 그들을 도울 수 없다. 나는 참담한 전투에 대한 얘기를 들어왔지만 이번만큼은 처참하지 않았다. 사람들이 내 주위에서 쓰러져 갔지만 나는 당황하지 않았다. 상황은 잔인하지만 우리는 버틸 것이다. 비록 셔먼(Sherman) 장군이 이전에는 잘못했지만, 지금은 그가 우리를 이끌어 어려움을 극복하게 해 주고 있다.
그래서 우리 양키들은 아직 패배당하지 않는다!

-휴그 B. 맥케이(Hugh B. McKay)

모든 글은 이전에 나온 문학을 바탕으로 한다. 이것은 출판된 저자의 쓰기처럼 여러분 학생의 쓰기에도 적용된다. 이전의 일기 항목을 위한 자료들을 고려하라. 이 글을 작성한 5학년은 『게티즈버그의 천둥』(*Thunder at Gettysburg*)과 『실로의 북치는 소년』(*The Drummer Boy of Shiloh*)을 듣고 그 시기부터 쓰여진 실제의 일기를 읽었다. 1차 자료와 역사적인 이야기에 크게 의존하면서 그와 그의 학생들은 실로 전투에서 부상당한 연합군의

Bickmore (1999), Levstik & Smith (1996), Wells & Chang-Wells (1992), Wilhelm (1998)

지적인 논쟁을 없애기 보다는 오히려 중재해 주라.

Levstik (1998), Zarnowski (1998)

문학은 역사 공부의 끝이 아니다. 그것은 많은 것들 중의 한 가지 자료이다.

Gauch (1974), Clarke (1974)

삶을 재구성했다. 비록 학생들 또한 책들로 넘쳐나는 교실 안에 있고, 다양한 장르의 글쓰기를 기대한다고 할지라도 그들은 1차 자료를 활용한 사전 경험이 거의 없었다. 그럼에도 불구하고 방언과 1인칭 화법의 사용을 포함하는 대화체의 고안은 그들에게 친숙하고 편안한 문학적 도구이다. 쓰기는 그와 그의 학급 친구들이 역사적인 해석을 구성하는 중요한 방법이다. 마찬가지로 문학에 빠져본 적이 없는 학생들은 문학적 내러티브를 읽을 때 이를 만들어낼 가능성이 적다. 하지만 모든 학생들은 역사적 내러티브들을 만드는 기회를 가져봄으로써 유익함을 얻을 수 있을 것이다.

모든 아동들은 그들 자신만의 역사이야기를 써보면서 이익을 얻을 수 있다.

파멜라 배촌(Pamela Vachon) 교사의 5학년 학생들은 다가오는 남북전쟁에 대한 학습을 열렬히 기대했다. 이전 여러 해 동안의 학습은 실로(Shiloh) 전투에 대한 재연을 포함하고 있었다. 저장함에는 파멜라의 전임자가 역사적인 지역을 방문했을 때 얻은 모자와 깃발을 포함한 매혹적인 군용 비품 수집품들이 있었다. 불행히도 파멜라가 걱정한 것은 학생들이 기대한 것처럼 보였던 중요한 것으로, 깃털로 만든 꽃모양의 모표, 금빛 장식 술, 마분지로 만든 총금의 로맨스였다. 그녀는 특히 많은 학생들이 남부 연합군이 되고 싶어한다는 것에 놀랐다. 결국 그들은 북부 연방 주와 그 연방 주를 위해 싸우도록 많은 사람들을 파견했던 지역에 있었다. 밝혀졌듯이 남부 연합의 호소는 "상실한 명분"에 대한 동정심과는 거의 관계가 없었다. 대신 제이콥(Jacob)처럼 그녀의 학생 가운데 한 명은 "남부 연합군의 유니폼이 더 멋있어요. 그 큰 깃털이 멋져요"라고 설명하였다. 비록 그 전투의 재연을 피할 어떤 방법도 없었지만, 그것은 그녀가 그 학교로 오기 오래 전부터 시작된 관습이며 그 지역에 있는 5학년생 모두와 관련이 있었다. 파멜라는 그녀의 학생들에게 전쟁의 비용과 역사적 맥락을 이해시켜 주기 위해 더 준비하기로 결심했다.

모든 연령대의 학생들에게 큰 소리로 읽어주어라.
Clarke (1974)

파멜라의 학생들은 역사적 픽션을 좋아한다. 특히 그들에게 소리내어 읽어줄 때 더욱 그러했다. 그들은 또한 문학작품의 활기찬 토론에 익숙했다. 그녀가 아더 C. 크라크(Arthur C. Clark)의 『실로의 북치는 소년』(The Drummer Boy of Shiloh)을 소개했을 때 학생들은 기대에 찬 눈으로 자리에 앉았다. 그녀가 이야기를 끝내고 학생들이 자신들의 반응을 토론했을 때 파멜라는 학생들이 역사적 픽션에 대해 이전에 공부해 왔던 일련의 질문에 학생들을 주목시켰다.

학생들은 다른 역사 장르에 대비하여 토론 질문들을 만들 수 있다.

- 이 이야기를 쓰기 위해 너는 무엇을 알 필요가 있는가?
- 너는 필요한 정보를 어디서 찾을 수 있는가?
- 저자는 등장인물이 느끼는 것을 네가 이해하는 데 어떻게 도움을 줄 수 있는가?
- 인물이 이 시대와 환경에 어떤 다른 선택권을 주었나?
- 이야기가 다른 관점에서 진술될 수 있는가?
- 만약 이야기가 우리 시대와 우리가 살고 있는 곳이 배경이 된다면 이야기는 어떤 점에서 달라질 것인가?

도입단계로 크라크의 실로에 대한 생생한 이미지를 보여주면서 파멜라는 실물 화상기를 통해서 나타나는 초상화를 주의 깊게 분석하도록 했다. 이것은 오하이오의 작은 마을 출신의 한 남자의 사진이라고 그녀는 설명했다. 학생들은 이 사람이 살았을 그 시대까지 어떤 단서를 발견할 수 있을까? 학생들은 이 그림에서 그가 부자라고 생각했을까? 가난한 사람이라고 생각했을까? 학생들이 관찰을 하고 있을 때 파멜라는 차트지에 그것들을 기록했다. 다음으로 그녀는 학생들에게 1차 자료에 근거해서 부상에 대한 군의관의 보고서를 보여 주었다. 이 자료는 그 그림 속에 있는 사람의 신원을 학생들이 이해할 수 있도록 돕는 하나의 증거라고 그녀는 학생들에게 말했다. 하나의 학급으로서 학생들은 새로운 정보와 제기되는 새로운 질문들을 목록화하면서 그 자료를 토론했다.

　다음 며칠간의 과정을 거치면서 파멜라는 아래와 같은 서류철에서 그녀가 수집하고 정리한 다양한 종류의 자료들을 소개했다:

- 공공 문서 : 군사 기록, 군의관의 보고서, 그리고 국가자료보관소에서 입수할 수 있는 연금신청서
- 가족 기록 : 사망자 약력, 휘그 가족을 포함하는 구(county) 역사, 그리고 사진. 그 사진은 가족 소장품으로부터 얻었다. 나머지 자료들은 지방 도서관과 지역의 역사연구회로부터 구했다. 몇몇 수집물은 또한 사진을 갖고 있다.
- 신문 : 휘그의 고향 문서에서 발췌한 견본은 농장소식, 사탕수수와 버터에 대한 요리법, 충고, 시 그리고 지역 정치뿐만 아니라 남부 11개 주의 연방탈퇴에 관한 이야기를 포함한다. 파멜라의 지역 도서관은 마이크로필름으로 만들어진 오래된 신문을 갖고 있었다. 몇몇 지역에서 이러한 것들은 주와 지역의 역사연구회, 또는 대학교 도서관들에 보관되어 있다.
- 개인 쓰기 견본 : 다른 사람들은 휘그가 살아오면서 겪은 사건들을 목격했다. 몇몇 일기와 편지 수집품들은 『삽화가 있는 남북전쟁 시대』(*Civil War Times Illustrated*) 같은 정기 간행물에서 뿐만 아니라 주 역사연구회의 필사본 원고 수집물에서 입수할 수 있었다.
- 다른 자료들 : 지도, 그림, 사진, 그리고 1861년 4월부터 1865년까지 사건의 시간 순서적 나열은 다른 1차 자료에 대한 도식적 구조를 제공했다. 파멜라는 남북 전쟁사의 사진이 복사된 그림과 교과서에서 자료들을 이용했다.

　매일 매일 해야 하는 일은 학생들이 가지고 작업하는 자료들과 관련된 일련의 질문들을 체계화시키는 것이었다. 예를 들면 휘그 어머니의 사망 기사에 대해 학생들은 휘그가 얼마나 많은 형제자매들이 있으며 1898년까지 그들에게 무슨 일이 일어났는지에 대해 질문을 받았다. 파멜라는 또한 학생들이 고대의 글자를 해독하는 것을 도와주거나 탐구하는 질문을 하면서 조들 사이를 왕래했다. 이 서류가 특정한 해석에 대한 충분한 증거인가? 남쪽으로 행군하면서 신참 군인들의 느낌은 보통 어떠했을까? 비록 각 조는 같은 자료를 가지고 작업을 하지만 그들의 해석은 종종 엄청나게 다르다. 그리고 그 활동시간의 마지막에 하는 토론은 활기찼다. 파멜라는 그녀가 가치있는 논쟁과 토론에 대한 규칙이 필요했음을 알아차렸고, 마침내 다음과 같은 "지지할 만한 해석" 에 대한 기본 규칙을 만드는 데 시간을 보

학생들은 논쟁과 토론을 위한 명백한 규칙이 필요하다. O'Reilly (1998)

냈다.

- 증거는 믿을 수 있는 자료로부터 도출되어야 한다. 출판일, 저자, 가능한 편견을 체크하라.
- 해석은 그 시대의 가치와 사회적 규칙에 조금도 어긋남이 없이 정확해야 한다. 지금이 아니라 **그때** 그 당시에 사람들이 어떻게 생각했는지를 생각해 보라.
- 너는 너의 해석에 딱 맞추기 위하여 역사적 사건을 움직일 수 없다. 너는 사실을 설명해야 한다.

파멜라는 비록 지지할 만한 해석이라 할지라도 역사가들이 비슷한 주장을 가지고 있고 동의가 요구되는 것은 아니라는 사실을 학생들에게 상기시켰다. 그녀는 또한 비록 학생들이 1차 자료를 읽으면서 "해석" 하는 것을 즐길지라도 몇몇 자료는 좌절감을 만들어낸다는 것을 발견했다. 이것을 어떻게 다룰 것인가를 결정함에 있어 그녀의 학생들은 특정 시기 동안의 글 곧 손으로 쓴 원고의 공통된 형태를 보여줌으로써 "1차 자료의 핵심"을 발전시킬 것을 제안했다. 또한 파멜라는 다음 번에 가장 어려운 자료 가운데서 다른 몇 가지를 번역해야겠다고 마음먹었다.

몇몇 기본 자료들은 번역되어야 할 필요가 있지만, 대부분은 그대로 사용되어야 한다.

매일 매일의 일과 후에 파멜라는 학생들이 휘그에 관해 배워왔던 것에 기초한 편지나 일기 표제를 쓸 것을 요구했다. 쓰기는 학생들이 알고 있고 지지할 수 있는 것들에 관해 생각하도록 격려한다. 쓰기는 또한 몇 가지 의미있는 방법으로 정보를 조직화할 것을 요구한다. 앞선 예에서 학생 저자는 다른 군인들로부터의 일기 내용을 읽은 결과 얻게 된 전투에 관한 상세한 내용들을 포함했다. 그는 또한 다른 군인이 쓴 편지에 기초하여 셔먼(sherman) 장군의 평가를 통합했다. 또 다른 학생은 실로에서 야전병원이 이용되었다는 것을 알아냈고 휘그의 부상에 대한 군의관의 보고서로부터 파악한 상세한 내용들과 함께 그녀의 스토리 속에 그 정보들을 반영했다.

Fulwiler (1982), Hartse & Short (1988), Short & Hartse (1996)

일기에게

오늘 나는 손에 총상을 입었다. 내 손이 거의 못쓰게 되었다. 내 중지는 완전히 날아가 버렸다. 나는 야전 텐트로 갔다. 의사들은 더 심한 환자들이 있어 내게는 아무 것도 해주지 않았다. 나는 이 일기를 쓰지 않고 있다. 나의 제일 친한 친구가 쓰고 있다. 나는 그에게 무엇을 써야 할지를 말해주고 있다.

쓰기는 학생들이 이미 알고 있는 것과 알아야 할 것을 발견하는 데 도움이 된다.

이러한 형태의 쓰기는 분명히 교사에게 학생들이 얼마나 1차 자료를 잘 이해하고 있는가에 관한 단서를 주지만, 또한 그것은 전쟁을 낭만적으로 생각하는 것에 도전하도록 한다. 휘그의 이야기, 또는 다른 자료에서 깃, 기병대, 황금 장식에 관한 것은 거의 없다. 대신 군인들의 편지와 일기는 비와 진흙, 공포, 부상, 그리고 죽음을 묘사한다. 어떤 생생한 일기 서두에서 한 젊은 군인이 비가 억수같이 내릴 때 잠을 잘 장소를 찾기 위해 분투하고, 야전병원에서 잘려진 팔 다리가 버려져 쌓인 더미에 기대어 자면서 밤을 보냈음을 아침에 알았다는 것을 묘사했다. 이에 대한 반응으로 한 학생은 1862년 4월 7일에 대해 다음과 같이 썼다.

> 오늘은 내 생에 최악의 날이다. 내 모든 친구들이 죽은 것 같다…우리는 포도나무 넝쿨에
> 서 떨어지는 포도처럼 잡아 뜯겨지고 있다.

비록 파멜라가 학생들에게 일기를 쓰게 하고 집에 편지를 쓰게 함으로써 그녀의 주요 목표
는 달성되었다고 느꼈지만, 1차 자료를 사용해 온 다른 교사들은 학생들이 좀더 포괄적이고
최종적인 내러티브를 써보는 경험에서 많은 것을 얻게 된다는 사실을 발견한다. 이것은 시간
은 물론이고 그들의 프로젝트 동안 줄곧 학생들이 사용해 온 모든 자료에 대한 접근이 필요
하다. 6학년 교사는 학생들이 조사해 온 자료에 근거해서 역사적 픽션을 쓰도록 했다. 그 인 _Kiefer (1995)_
물은 실존인물일 필요는 없으나 역사적 배경은 진짜여야만 한다. 이런 활동은 학생들로 하여
금 그 시대나 상황에는 충실하면서도 역사적 기록에 있어서 틈새를 보충하도록 해준다.

비록 어린 아동들이 글로 서술된 몇몇 1차 자료를 그다지 이용하지 못했지만, 어린 아동
들은 현존인물들에 기초한 전기를 쓰고 설명하기 위해서 미술, 유물, 그리고 인터뷰를 완
벽하게 사용할 수 있었다. 어린이들의 그림책은 종종 전기를 창작하는 데 쓰기 위한 다른
기술들을 제시한다. 예를 들면 어떤 1학년 학생은 독일에 주둔하고 있는 군인인 그녀 삼촌
의 이야기를 들려주기 위해 우편엽서를 만들어냈다. 그 우편엽서에 대한 아이디어는 그녀
의 선생님이 읽어준 『명랑한 우체부』(_The Jolly Postman_)에서 얻었다. _Ahlberg & Ahlberg_
_(1986)_

학생들의 역사 내러티브 분석하기

파멜라가 학생들과 함께 역사적 이야기의 창작에 대한 계획을 세웠을 때 그녀는 그들의 작
품을 평가할 다른 방법들을 생각했다. 비록 그녀가 문법적 구조, 철자 등의 구사능력과 같 _씌여진 작품의 매개 요_
은 학생들이 작문과정에서 표현하는 어휘를 어떻게 선택하는지, 어떻게 쓰는지, 혹은 그들 _소와 평가 내용에 관해_
이 말하는 것이 없는지 등을 평가하려는 의도였지만 파멜라의 주된 관심은 학생들 작품의 _더 많은 것을 원한다면_
메시지나 **내용**의 구성요소들이었다. 이러한 것들은 학생들의 해석을 지지하기 위한 자료 _Pappas 등 (1999)을 보_
의 사용, 해석의 완성도, 사건의 계열성, 그리고 해석들이 시기에 어느 정도 적합한지 뿐만 _라._
아니라 편지와 읽기 장르의 활용을 포함하고 있었다. 당신이 이 책에서 이미 만나온 많은
선생들과 함께 파멜라는 학생들이 작성한 작품을 **쓰기**로 평가한 경험이 있다. 그러나 그녀 _학생들은 그들 쓰기의_
는 **역사적** 쓰기를 평가하는 방법을 찾아내는 것에 대해 걱정했다. 파멜라는 그녀가 몇 가 _문학적 측면뿐만 아니_
지 읽고 쓰기 전략을 역사에 적합하게 맞추어 사용할 수 있었다고 결론을 내렸다. 그녀는 _라 역사적 측면에 대해_
학생들과 더불어 이미 발전시켜 온 "기본 원칙들"로 시작했다. 도해 9.1은 파멜라가 그녀 _서도 피드백이 필요하_
의 학생들 중 한 명인 안드레아(Andrea)의 작품에 관한 그녀의 논평과 함께 개발한 분석지 _다. Marcello (1999)_
를 보여준다. 안드레아 글의 예는 도해 9.2에서 보여준다.

이들 분석지는 학생들, 부모들, 그리고 보호자들과의 회의에서 가장 유용하다는 점을 입
증했다. 때때로 파멜라는 학생들을 소모임으로 조직했다. 가끔 그녀는 특히 학생들이 휴그
맥케이의 삶을 재구성하는 것과 같은 특별한 측면에서 어려움을 겪었을 때 학생들과 개별

학생 : 안드레아(Andrea)	날짜
질문	**분석/관찰**
학생은 자신이 시도한 장르를 얼마나 잘 통제할까?	첫 번째 항목은 반성이라기보다는 오히려, 현재 시제로 행동에 옮긴다. 두 번째 항목은 좀더 일기 같다. 즉, 우리가 지난주에 읽었던 남북전쟁일기와 아주 유사하다. 그녀는 "나의 친애하는 밀리에(Millie)", 그리고 "의연한 여성이여" 같은 몇 가지 언어를 선택했다. 여전히 사막과 디저트는 혼란스러운 것 같다. 표준적이지 않은 철자는 다른 일기에서 발췌한 것일까, 학생 자신이 잘못 사용한 것일까?
자료는 역사적인가? 독자는 서술된 시대·사건·문제들을 확인할 수 있을까?	안드레아는 각 항목에서 1차 자료들을 잘 사용하고 있다. 그녀는 각 부분의 시작에 날짜를 기록하는 것뿐 아니라, 독자들에게 시간을 나타내는 북서부 지역의 시작, 남부 연합군이 모여들고 있는 것 등을 제공해 준다. 그녀는 그 시대의 느낌을 잡으려고 애쓰고 있다. 즉 그녀는 그 시대 사람들이 느끼고 생각하고 걱정하는 것에 대해 생각해 보는 것을 도와주는 1차 자료들을 아주 잘 이용하고 있는 것처럼 보인다.
정보는 의미가 통하도록 정리가 되어졌는가? 그 순서는 역사적으로 정확한가?	나는 일기의 첫 항목에 있는 탈주 시나리오를 점검해 볼 필요가 있다. 안드레아는 이것에 대한 증거가 있을까? 이 전쟁에서 탈영이 큰 문제가 되기에는 너무 이른 것 같아 보인다. 나는 우리 자료들 가운데 어디에서도 이것을 본 기억이 없다. 아마 그녀는 전쟁 뒷부분에서의 자료를 사용하고 있는 것 같다.
해석을 하기 위해 학생은 이용 가능한 자료들을 얼마나 잘 사용하고 있는가?	안드레아는 감동하기 쉬운 부분의 읽기 자료에는 능한 것처럼 보이나 역사적 세부사항을 이야기하기 위해 이것들을 항상 사용하는 것은 아니다. 그녀는 그 "장군"의 이름을 거명하지도 않고 이 전투가 왜 그렇게 힘들었는지도 많이 이야기하지 않는다. 아마도 이것은 그녀가 읽어왔던 어떤 종류의 실제 일기를 반영한 것이다.

(계속)

교사를 위한 제의	학생회의
1. 학생들의 글쓰기에 있어 좀더 많은 역사적 상세한 내용을 결합하게 하는 방법을 실제로 보여주면서 한 학급 단위로 하나의 일기를 쓴다.	1. 어떤 상세한 내용들이 역사적으로 근거가 있고 어떤 것들이 추론한 것인지 토론해라.
2. 연대기에 대해 토론한다. 즉 전쟁에서 이렇게 빠른 시점에 탈영이 이슈가 될 수 있을까? 자료의 연표를 만들어라.	2. 진짜 일기 몇 가지를 보고 이 시기 동안 보통 사람들에게 일어난 일을 이해하기 위해서 역사학자들은 이 일기들을 어떻게 이용할지 토론해라. 그 일기들은 어떤 문제에 답하는 것을 도울 수 있을까? 그것들은 어떤 것들을 우리에게 말해주지 않는가? 왜 그럴까?
3. 학생들에게 일기의 항목은 사건이 진행되는 동안보다는 사건이 발생한 후에 더 자주 쓰여진다는 것을 상기시켜라. 당신은 공격 받는 중에 앉아서 일기를 쓰고 있지는 않을 것이다.	

도해 9.1　역사 쓰기에 대한 평가 가이드라인

적으로 작업을 했다. 몇 년에 걸쳐 그녀는 이러한 프로젝트를 평가하기 위해 다양한 방법으로 실험을 했었다. 그 평가지는 일기 작성에 대해 유용함을 입증했다. 그러나 파멜라는 학생들이 한걸음 뒤로 물러서서 보다 큰 역사적 배경에서 휘그의 경험을 볼 수 있도록 도와줄 어떤 방법이 필요하다고 결정했다. 당신은 파멜라가 개발한(도해 9.3) 질문인 "최종 시험"을 볼 때 이 질문이 학생들에게 어떤 것을 요구하는지, 그리고 어떤 스캐폴딩이 학생들로 하여금 성공할 수 있도록 하는 데 필요한 것인지를 생각하라. 무엇보다도 그 일은 학생들이 역사를 **그려보도록** 요청할 것이다. 파멜라는 학생들이 세 가지 장면을 만들어내기 위해 다른 매체를 사용하도록 격려했다. 어떤 학생들은 콜라주를 이용했고, 어떤 학생들은 그들의 장면을 그림으로 그렸으며, 또 어떤 학생들은 3차원의 축소 세트를 만들어냈다. 이런 활동은 학생들을 그들이 줄곧 사용해 왔던 자료들로 돌려보낸다. 그러나 그들이 휘그보다는 지리, 휘그 주변 사람들의 배치, 야전병원, 강 위에 있는 함포, 실로 전투 이전과 이후 삶의 배경에 보다 초점을 맞추도록 요구했다. 파멜라는 또한 그들에게 각 장면들이 왜 의미 있고 신뢰할 수 있는지에 관한 역사적 주장을 제공할 것을 요청했다. 그 결과 학생들은 역사적으로 그럴듯하거나 혹은 정확한 장면인가의 여부에 대한 것이 아니라 역사적으로 중요한 이유에 대해 더욱 주의 깊게 생각했다.

이런 종류의 평가는 역사적으로 생각하기 위한 학습의 통합 부분이다. 이것은 역사하기의 과정과 내용에 관한 반성을 향상시킴으로써 학생과 교사 모두에게 이익이 된다. 또한 이것은 몇몇 학생의 편에서 자기평가와 자신감의 수준을 북돋운다. 역사적 이야기를 만드

평가과제는 종종 신중한 스캐폴딩을 요구한다.

역사적 논쟁은 해석이 왜 중요하고 신뢰할 만해야 하는지를 설명한다.

Alleman & Brophy (1999)

1863년 4월 3일

일기에게

사방에서 지금 나에게 총을 쏘고 있다. 지난 밤의 비로 여전히 안개가 짙다. 나는 결코 전쟁을 좋아하지 않는다. 나는 지금 전쟁이 매우 나쁜 것이라고 깨닫고 있는 중이다. 하지만 나는 북군을 위해 싸워야만 한다. 이미 탈영한 사람들이 많다. 나는 나 스스로 탈영에 대해 생각해 보고 있다.

상황이 더욱 나빠지고 있다. 내 친구 자니(Johnny)는 사망했고 시신은 많은 부상병들과 함께 운구되었다. 나는 부상병들이 도와달라고 소리치는 것을 들을 수 있다. 장군은 나의 연대를 부르고 있다. 나는 나가야 할 것 같다. 그날 밤 남부 연합군들이 다가오고 있다. 그렇지만 나는 더 이상 싸울 수가 없다. 나는 지금 일기를 쓴다. 왜냐하면 나는 수술에서 살아남지 못할지도 모르기 때문이다. 총알이 내 손을 관통했다. 아마 내 손가락 하나가 없어진 것 같다. 어쩌면 나는 운이 좋은 것 같다.

1888년 11월 29일

일기에게

오늘 나는 내가 사랑하는 밀리에와 결혼할 것이다. 밀리에는 의연한 여인이다. 그녀는 그녀의 첫 번째 남편 사망 이후 네 명의 아이들을 양육했다. 어쩌면 그것은 그녀의 개척자 가족 때문일지도 모른다. 그녀의 가족은 북서부 지역이 처음 개방되었을 때 여기로 이사왔다. 그녀는 어려운 시기를 직면해 나가면서 아주 작은 것도 가장 잘 이용하는 방법을 안다. 군에서 집으로 돌아온 이후 나 역시 그러해야 했다. 나는 콜로라도에서 화물업에 종사하면서 약간의 돈을 저축했다는 점에서 운이 좋았다. 나는 밀리에와 그녀 자녀들에게 풍족한 삶을 살게 해 줄 수 있다고 생각한다.

도해 9.2   학생의 역사적 쓰기 표본

휘그 맥케이(Hugh McKay)를 관점에 두기

휘그 맥케이의 일생에 기초한 새로운 연극이 만들어졌다. 당신은 무대 디자이너이다. 당신이 생각하기에 연극을 보는 사람들이 휘그의 경험에 대한 역사적 배경을 이해하는 데 도움이 되는 중요한 세 장면을 예증해 보라. 여러분이 왜 각각의 장면을 선택해 왔는지에 대해 설명해 보라. 여러분의 설명은 여러분이 휘그가 살았던 역사적 시대를 이해한다는 증거를 제시해야만 한다.

도해 9.3   휘그 맥케이 프로젝트의 최종 평가

는 근거가 보다 명백해졌을 때 학생들은 그들 자신과 다른 사람들의 작품, 즉 7장에서 논의된 자기 주도적 학습의 장점을 판단하기 위한 기준을 더 잘 수립할 수 있게 된다.

마지막으로 이런 종류의 평가는 학부모와 보호자들에게 학생의 진보를 설명하기 위한 자료의 다양한 출처를 제공한다. 체크리스트, 루브릭, 그리고 분석지가 학생들에게 학습의 지침을 명확하게 하는 것처럼 그것들은 또한 학부모와 보호자들이 그들의 아이들이 몰두하고 있는 일에 대한 어떤 것을 알게 해 준다. 평가의 기대치나 근거에 대한 의문들을 제기할 때 교사들은 다양한 학습샘플과 그 샘플에 수반되는 기준과 관련하여 학생들의 진보를 설명한다. 교사들은 그 기준과 학생의 학업과의 관계를 분명히 설명할 수 있고, 학습의 향상이 이미 이루어진 부분과 아직 남아 있는 곳에 대하여 학부모와 보호자들이 이해하는 것을 돕는다.

결 론

나는 여러분에게 …스토리들에 관해 무엇인가를 말할 것이다.

그것은 단순한 흥미꺼리가 아니다. *Takaki (1993)*

어리석게 굴지 마라.

레슬리 마몬 실코(Leslie Marmon Silko)

성숙된 역사이해의 발전과정에서 학습자들이 수정 가능한 주제를 통해 역사를 해석해 가고, 다양한 장르를 거치며 표현된 인간의 진취적 기상으로 보는 것은 중요하다. 내러티브의 구조는 독자들이 역사의 인간적인 국면을 인지하도록 격려하고, 약간의 도움으로 역사의 해석적인 측면과 잠정적인 측면을 더욱 잘 이해할 수 있도록 도와준다. 게다가 이야기는 학생이 지적 실행으로서 역사의 추상성과 계속적인 관객 참가 드라마로서의 역사 사이의 균형 유지를 도울 수도 있다. 그러나 이야기는 단지 퍼즐의 한 조각일 뿐이다. 왜냐하면 역사는 이야기 이상의 어떤 것이기 때문이다. 또한 이것은 형상화하고 해석하기 전에 증거들을 분별하는 것을 배우는 것이다. 이것은 시간과 공간을 더 넓은 관점으로 설정하고 점진적으로 역사적인 것들을 선택하면서 자신을 보는 것이다.

> 역사는 다양한 장르에서 표현된다. 그리고 학생들은 가능한 한 많은 경험이 필요하다.
>
> *Levstik (1995)*

　교사의 임무는 이야기에 나타나는 해석을 학생들이 판단할 수 있도록 도와주고 양자택일의 관점에서 분별할 수 있도록 하며, 신중하게 역사적 판단을 하도록 하는 것이다. 이러한 맥락에서 제기된 사실과 해석에 대한 의문들은 역사적 탐구를 시작하는 데 이용될 수 있고 이야기가 아닌 장르의 충분한 배열을 포함한 다른 자료들을 학생들에게 언급할 때 사용될 수 있으며, 학생의 해석을 발표하기 위한 공개토론을 하는 데도 사용될 수 있다. 우리가 생각하기에 이것은 역사를 생각하고 배우는 데 중요하지만 흔히 간과된 요소들이다. 이런 유형의 심사숙고는 또한 역사의 문학적 구성에 대해 무비판적으로 받아들이는 것을 방어해 준다. 내러티브의 힘이 진짜 좋은 것만은 아니다. 이전에 본 것처럼 좋은 스토리는 나쁜 역사를 가릴 수 있고 학생들에게 다른 해석들에 대한 판단력을 잃게 할 수도 있다. 만약 내러티브가 어찌할 수 없는 강제적인 힘이 있다면 아이들은 나쁜 이야기를 믿을 수도 있고, 내러티브가 재미없다면 좋은 역사를 알지 못할 수도 있다. 지금 추천하는 역사교수, 즉 잘 만들어진 스토리(종종 하나)는 가르칠 때 주의할 사항이 되어야 한다. 내러티브 혹은 스토리텔링에 주로 토대를 두고 있는 역사 교육과정이 좋은 교수 혹은 좋은 역사 둘 중에 하나라는 사실에 관한 증거는 없다. 자네트 그로스의 학생 가운데 한 명이 주목했듯이 다른

> 교사의 일은 학생들이 씌여진 다른 여러 장르의 문학적 측면과 역사적 측면을 이해하도록 도와주는 것이다.
>
> *Levstik (1997), Mayer (1998), Olwell (1999)*

> 다른 장르는 다른 역사적 통찰력을 제공하고 다른 사회적 · 문화적 목적을 다룬다.

Albert (1995), Olwell (1999), Mayer (1999)

장르들은 다른 역사적 통찰력을 제공한다. 텍스트는 "정확한 날짜, 장소, 이름 등을 말해 주었다. 다른 자료들은 어떤 일이 일어난 이유나 누군가가 유명해진 이유에 대한 더 많은 설명들을 제공한다. 그것들은 실질적인 추론과 심지어 느낌에 대한 좀더 세부적인 것을 제시한다. 예를 들어 나는 누가 그리고 왜 주들이 분리되기를 원했는지에 대하여 **사정**을 잘 안다"고 그녀는 설명한다. 여러분이 이 책 전체를 읽을 때 비록 교사들이 픽션과 논픽션 둘 다의 형태로 내러티브를 이용할지라도 교사들은 또한 학생들이 역사에서 생각하고 배우는 많은 다른 방법들을 제공한다는 사실을 알아차릴 것이다.

어린이와 청소년의 문학

Aliki, M. *Medieval Wedding*. HarperCollins, 1983.

Bruchac, J. *The Winter People*. Dial Books, 2002.

Burks, B. *Walks Alone*. Harcourt Brace, 1998.

Chaikin, M. *I Should Worry, I Should Care*. iUniverse, 2000.

Clarke, A. C. Drummer boy of Shiloh. In D. Roselle (Ed.), *Transformations II: Understanding American History Through Science Fiction* (pp. 13-23). Fawcett, 1974.

Coerr. E. *Sadako*. Putnam, 1994.

Collier, J., & Collier, L. *My Brother Sam is Dead*. Four Winds, 1974.

Conley, R. J. *Nickajack*. Doubleday, 1992.

Cornell, K. *These Lands Are Ours: Tecumseh's Fight for the Old Northwest*. Steck-Vaughn, 1993.

Curtis, C. P. Bud, *Not Buddy*. Yearling, 2002.

CushMan, K. *Catherine, Called Birdy*. Clarion, 1994.

Fleischman, P. *Whipping Boy*. HarperCollins, 1992.

Forbes, E. *Johnny Tremain*. Houghton Mifflin, 1943.

Freedman, R. *Confucius: The Golden Rule*. Arthur A. Levine, 2002.

Freedman, R. *Kids at Work: Lewis Hine and the Crusade Against Child Labor*. Clarion, 1994.

Freedman, R. *Eleanor Roosevelt: A Life of Discovery*. Clarion, 1990.

Freedman, R. *Franklin Delano Roosevelt*. Clarion, 1990.

Freedman, R. *Children of the Wild West*. Clarion, 1983.

Freedman, R. *Immigrant Kids*. Dutton, 1980.

Fritz, J. *The Double Life of Pocahontas*. Putnam, 1983.

Gauch, P. L. *Thunder at Gettysbugs*. Coward, McCann & Geohegan, 1974.

Haskins, J. *Black, Blue, & Gray*. Simon & Schuster, 1998.

Hesse, K. *Witness*. Scholastic, 2003.

Holtz, S. *A Circle Unbroken*. Clarion, 1988.

Hudson, J. *Sweetgrass*. Philomel, 1989.

Hudson, J. *Dawn Rider*. Philomel, 1990.

Hurmence, B. *Slavery Time When I Was Chillun*. Putnam, 1997.

Lester, J. *Black Cowboy, Wild Horses: A True Story*. Dial, 1998.

Macaulay, D. *Castle*. Houghton Mifflin, 1977.

McKinley, R. *The Outlaws of Sherwood*. Berkeley Publishing Group, 1989.

McKissack, P., & McKissack, F. *A Long Hard Journey: The Story of the Pullman Porter*. Walker, 1994.

Meltzer, M. *Cheap Raw Labor: How Our Youngest Workers are Exploited and Abused*. Viking, 1994.

Meltzer, M. *There Comes a Time: The Struggle for Civil Rights*. Random House, 2002.

Mitchell, M. K. *Uncle Jed's Barbershop*. Simon & Schuster, 1993.

O'Dell, S. *Sarah Bishop*. Houghton Mifflin, 1980.

Paulsen, G. *Soldier's Heart: A Novel of the Civil War*. Delacorte, 1998.

Pelta, K. *Discovering Christopher Columbus: How History Is Invented*. Lerner, 1991.

Parker, D. L. *Stolen Dreams: Portraits of Working Children*. Lerner, 1997.

Phillips, N. (Ed.). *In a Sacred Manner I Live: Native American Wisdom*. Clarion, 1997.

Rappaport, D. *We Are the Many: A Picture Book of American Indians*. HarperCollins, 2002.

Sancha, S. *The Luttrell Village: Country Life in the Middle Ages*. Crowell, 1990.

Sonneborn, L. *American West: An Illustrated History*. Scholastic, 2002.

Speare, E. G. *The Witch of Blackbird Pond*. Houghton Mifflin 1958.

Stanley, J. *I Am An American: The True Story of Japanese American Internmet*. Crown, 1994.

Turner, A. *Katie's Trunk*. Macmillan, 1992.

Wright, C. C. (1995). *Wagon Train: A Family Goes West in 1865*. Holiday House.

Yep, L. *Dragon's Gate*. HarperCollins, 1994.

Yin & Soentpiet, C. Coolies, Puffin, 2003.

Viola, H. J. *It Is a Good Day to Die: Indian Eyewitnesses Tell the Story of the Battle of Little Bighorn*. Crown, 1998.

Zeinert, K. *Those Courageous Women of the Civil War*. Millbrook, 1998.

10

오, 좋아! 우리는 논쟁하게 되었어

맥락에 갈등 넣기

오하이오 주에서 온 8학년 교사인 빅토르 코맥(Viktor Komac)은 어느 연사가 미국 어린이들이 공공의 갈등을 다루는 전략이 거의 없었다고 말한 전문가 회의에 참가했다. 그의 반 학생들이 바로 이 같은 어려움이 있다는 것을 알고, 그는 역사의 논쟁적 성격을 강조하는 한편 학생들이 갈등처리 기능을 개발하는 것을 도와줌으로써 그 해를 시작하기로 결정했다. 그는 각 학생에게 현재의 지방, 국가, 혹은 세계적인 갈등에 관한 신문기사를 가져오도록 요구함으로써 시작했다. 그는 네 개의 칼럼 즉 **갈등, 관점, 해결, 변화**로 구성된 커다란 게시판을 준비했다. 학생들이 확인한 갈등들을 분류한 후 빅토르는 그들에게 기사를 전체적으로 읽도록 하고 만약 그들이 각 갈등에서 적어도 두 개의 측면을 확인할 수 있는

찬성	반대
더 값싸고, 더 깨끗한, 더 강한	사고의 위험
새로운 일자리 제공	작업이 위험하다
광업보다는 더 안전하고	학교와 집이 너무 가깝다
안전장치 보유	주택의 낮은 재산가치
천연 자원을 절약한다	핵폐기물을 없애는 안전한 방법이 없다

가능한 결과들

원자력이 있으면	원자력이 없으면
1. 모두 "찬성"하는 일이 일어난다	1. 우리는 모두 다 써 버릴 때까지 현재 자원으로 계속 사용한다
2. 신시내티는 체르노빌과 같아진다	2. 자원이 부족하기 때문에 연료비가 계속 상승한다
3. 핵폐기물은 지하수를 오염시킨다	3. 과학자들은 자원이 바닥나기 전에 더 안전한 동력원을 찾는다
4. 다른 발전소들은 폐업하거나 보다 적게 판다	

도해 10.1 논쟁 : 원자력 발전소는 가동되어야만 하는가?

지를 파악하도록 요구한다. 다음에 학생들은 편집자, 사설, 그리고 이들 관점을 나타내고 있는 기사에서 문서를 자른다. 소모임은 각 갈등을 중심으로 형성되었다. 첫째 과제는 학생들의 교과서가 어떤 배경 정보를 줄 수 있는지의 여부를 보는 것이었다. 예를 들면 반인종차별법의 개정에 관한 갈등을 조사하는 조는 그들의 교과서상의 민권운동에 관한 부분이 유용하다는 것을 발견한다. 예술을 위해 자금을 삭감하는 것을 토론하는 다른 조는 NEA(미국교육협회)와 NEH(국립인문기금) 같은 정부기관 창설에 관한 정보가 유용하다는 것을 알게 되었다. 그러나 대부분의 경우, 그들의 교과서에는 자신들의 논제에 관해 거의 서술하지 않거나 혹은 아무 것도 없었다. 대신에 그들은 다른 자료에서 특히 신문이나 정기 간행물에 의지해야만 했었다.

빅토르는 학생들이 어려운 자료를 다루려고 노력하면서 그들의 활동을 기록하는 데 도움이 필요하다는 것을 알았다. 지난 몇 해를 보내면서 그는 논쟁이 되는 문제에 대해서 학생들이 다른 관점들을 추적하도록 돕는 여러 가지 기술을 만들었다. 도해 10.1은 근처의 원자력 발전소의 가동에 대해 공부하는 조가 사용한 토론 망을 보여준다. 이 사례는 발전소가 이미 세워졌고, 논쟁은 그것의 건설이 아니라 가동에 있었다. 그 결과 학생들은 발전소를 만들기 위한 결정이 어떻게 이루어졌고 발전소의 건설에 반대하여 만들어진 최초의 주장은 무엇인지를 찾기 위하여 오래된 신문으로 거슬러 올라갈 수 있었다. 그 때 그들은 과거의 발전소에 찬성했던 주장과 현재의 원자력 발전소의 가동을 비교할 수 있었다.

빅토르는 또한 현재 갈등의 역사적 의미에 대하여 학생들이 생각하도록 돕기 위해 두 개의 다른 양식을 채우도록 각 조에 요구했다. "무엇이 갈등을 야기시켰나?"라는 제목의 페이지에서 학생들은 처음으로 갈등을 찾아냈고, 그 다음 그들이 생각하기에 갈등을 일으킨 무엇에 대해 최상의 조사에 토대한 추측을 썼다. "이게 무엇을 의미할 수 있을까?"라는 제목의 다른 페이지는 현재 갈등의 결과로 내일은 무엇이 달라질 수 있을지를 학생들에게 설명하도록 한다. 이들 두 가지 형태는 학생들이 역사적 원인과 일어날 수 있는 현재의 결과 양자를 추론하도록 요구했다. 나중에 그들은 이들 가설들을 이용했던 실제의 결과에 비추어서 가설들을 비교했다. 갈등이 해결된 것처럼 보일 때 그들은 그 해결법을 열거했고, 절충안을 토론하며, 누구의 견해가 이겼는지 등을 토론했다. 게시판에 있는 **변화** 칼럼에서 그들은 갈등, 또는 변화를 만들어낸 해결 가운데 하나인 증거를 목록으로 만들었다. 예컨대 논쟁이 되는 예술 쇼(art show)가 끝났을 때, 인종차별 반대법이 고쳐졌을 때, 혹은 새로운 노조 협약이 서명되었을 때 그것은 어떤 차이점을 만들었는가? 마지막으로 빅토르는 미래를 조사하는 데 도움이 되기 위해서 두 양식 모두를 사용하도록 학생들에게 요구했다. 각 조는 50년 후의 미래 사람들에게 **마치 그들이 역사가인 것처럼** 갈등을 설명하기 위해 10분 동안 발표를 했다. 자신들의 발표에서 그들은 두 가지 관점, 즉 그 사건 당사자의 관점과 미래 역사가의 관점에서 공부했던 갈등의 역사적 의미를 설명하기로 되어 있었다. 이 갈등은 우리 시대에는 어떻게 보이는가? 나중에 시간이 지나서 어떤 역사적 의미를 가지게 될 것인가?

Evans 등 (1999),
Levstik (2000), Penyak
& Duray (1999), White
(1997)

많은 교사들은 이와 같은 쟁점적인 논제에 학생들을 참여시키는 것을 두려워한다. 그들은 학생들이 갈등을 다룰 수 없을 것이고, 만약 학생들이 갈등을 다루려고 한다면 부모님과 다른 사람들이 그들을 공격하게 될 것이며, 교사들의 과제가 학생들로 하여금 "한 방향으로 몰리도록" 도와주게 될까 걱정한다. 놀랄 일이 아니지만, 조화롭지 못한 배경 속에서 조화를 얻으려고 애쓰는 교사들은 종종 논쟁보다는 일련의 공유된 가치관, 즉 의견일치를 갈망한다. 1940년대와 1950년대의 미국 동일 이념학파(consensus school)의 역사가들 또한 그들이 주장한 인종적, 그리고 계급적 차이를 무시했던 널리 공유된 일련의 가치관들을 폭로하는 데 초점을 맞추려고 노력했다. 최근 다문화교육의 비평가들처럼 이들 역사가들은 다양한 사회를 통일할 수 있는 무엇인가를 찾았다. 그들은 또한 다양성이 분열을 야기할 수도 있으며 의견일치보다 갈등을 강조하는 것은 냉소주의와 시민생활 참여를 위한 시민들의 실패로 이끌 수 있다는 점을 걱정했다. 책임과 반론 같은 반향은 사회과 교육과정에 근거해 볼 때 역사의 모든 부분에서 현재의 토의에서 지속적으로 듣게 된다.

이 책에서 빅토르와 다른 몇몇 교사들처럼 우리는 반대의 입장을 주장한다. 갈등은 공적이고 사적인 우리 생활의 구조 속에서 이루어진다. 민주주의는 갈등적인 모델 안에서 뿌리를 내리게 된다. 미국의 독립선언은 그들의 권리를 침해한 정부를 전복하는 사람들의 권리에 대한 이론적 근거를 열거하고, 권리장전은 반대의 말을 할 수 있는 것을 포함한 언론 자유의 보장으로 시작한다. 세계 속의 민주주의는 비슷한 토대를 가지고 있다. 민주주의 정부는 일반적으로 일치하지 않는 상반된 아이디어들, 의견차이, 논쟁, 협상, 소송까지도 기초로 하고 있다. 우리가 투표할 때 다수가 이긴다. 우리는 모든 사람들이 동의하는 것을 기다리지는 않는다. 우리는 또한 소수 권리를 보호할 목적으로 다수결 원칙을 법으로 제한한다. 그리고 우리는 분쟁을 판결하기 위해 사법제도를 사용한다. 게다가 우리 자신의 일상적 삶은 우리가 세계에서 갈등의 실제를 인식하도록 강요한다. 국내에서의 테러리즘인지 해외에서의 테러리즘인지, 민족 전쟁이 유럽에서인지, 아프리카에서인지, 불어를 말하는 캐나다 권에서의 분리요구 문제, 미국에서 학교 내에서의 기도에 관한 논쟁, 또는 환경 문제에 관한 의견 불일치이든지 간에 우리 자신은 매일 세상에서 갈등의 실제를 인정하면서 산다. 즉 유럽이나 아프리카에서 민족 전쟁이 있든지, 프랑스어를 말하는 캐나다에서 분리를 요구하든지, 미국 학교에서 기도에 관하여 논하든지, 녹색 공간 보호에 대하여 반대하든지 간에. 우리는 논쟁하기 좋아하는 세상에서 살지만, 조사는 미국 학생들이 우리 정치체계에 있어 갈등 부분보다는 의견일치 부분을 더 잘 이해하고 있고, 그 갈등이 어떻게 다루어지고 해결되어야 할지, 갈등상태로 남아 있으면 어떤 일이 일어날지를 확실하게 알지 못하고 있다는 것을 보여준다.

여러분이 볼 수 있는 것처럼 갈등은 피하는 어떤 것이라고 가정하는 것은 민주주의의 기초와 세계의 많은 것들의 특성 둘 다를 잘못 이해하고 잘못 나타내는 것이다. 우리는 갈등과 합의 둘 다에 대해서 학생들에게 더 정직하기를 제안한다. 이것은 역사교육의 주안점을 매일 매일 모든 면에 있어 우리는 점점 더 좋아지고 있다는 즉 "발전"을 지나치게 단순화시켜 강조한 것으로부터 현재와 다른 시대의 집단이나 개인들이 공적·사적으로 권력을 행사하는 법, 사회가 질서와 항의 사이에서 경쟁하는 주장을 다루는 방법, 정치적·사회적 의미가 개개인과 집단에 전해지는 방법들에 대한 심화학습으로 옮겨 갈 것을 요구한다. 이것은 확실히 역사 교육과정이 더 복잡하다는 것을 의미하지만 그것이 분리된다는 것을 의미하지는 않는다. 대신에 그 초점은 주류의 이야기를 말해주는 것에서 인간 집단 사이의 관계

우리는 의견 일치를 갈망하고 있지만, 우리는 갈등 속에서 산다.

Hertzberg (1989), Levstik (1996), Lybarger (1990)

Engle (1970), Gordon (1990), Gutmann (1987), Hess (2002b), Novick (1988), Parker (1991a), Zinn (1994)

갈등은 민주주의의 근본이 된다.

Avery (2002), Bickmore (2002), Evans 등 (1999), Parker (1991a, 1991b)

McGinnis (n.d.)

Gabaccia (1997), Gerstle (1997), Hollinger (1997)

를 연구하는 것, 그들이 가진 사회적 현실의 다른 개념을 인식하는 것, 그 연구에 기초해서 지지할 수 있는 해석을 발전시켜 나가는 것으로 옮아간다. 이것이 NCSS의 표준과 실제적인 공통적 근거를 같이 나누는 관점이다. NCSS 표준을 만든 저자들은 학생들이 "그들의 의사결정 과정을 알려줄 도구"가 필요하다고 주장했고, "대개의 이슈들은 두 개 혹은 그 이상의 다른 관점으로부터 평판이 있을 때 반대 견해에 대한 한 가지 견해의 즉각적인 논쟁보다는 오히려 더 폭넓고 더 합리적인 토론을 허용해야 한다"고 주장한다. 우리는 이에 동의하지만, 합리적인 토론은 그것이 학생들의 편안한 지적 레퍼토리의 한 부분이 되기에 앞서 상당한 스캐폴딩을 요구한다.

Gordon (1988), Gutmann (1976), Hess (2002a, 2002b), Sklar (1995), Takaki (1993)

이야기해 보자 : 합리적인 토론 준비하기

학생들이 말을 하는 것을 도와주어서는 안 되는 것처럼 보일지 모르지만, 만약 우리가 염두해 둔 논쟁적인 이슈들에 대한 합리적 토론에 참여하고자 한다면 그들이 실제로 필요로 하는 것은 말로서 도와주는 것이다. 불행하게도 이런 유형의 토론은 학교에서는 거의 일어나지 않는다. 대신에 질문-반응-평가라는 IRE양식이 널리 행해지고 있다. IRE에서 교사는 질문을 하고(시작), 학생은 대답하며(반응), 그리고 교사는 그 대답을 수용하거나 정정해주거나 둘 중 하나(평가)를 한다. 어쩌면 게임 쇼와 법정을 제외하고 이런 종류의 이야기를 요구하는 "현실 세계"는 많지 않다. 사람들이 사친회에서 복장규정 부과를 토론하고, 토지의 보호 혹은 개발을 위한 구역설정위원회에 간청하며, 시의회에서 담배 금지의 상대적인 이점들을 논쟁하고, 혹은 몇몇 다른 각종 위원회에서 봉사할 때 그들은 이런 식으로 어리 둥절하게 되기를 기대하지 않으며, 만약 그런 일이 일어난다면 정당하게 화를 낼 것이다. 다른 한편으로 우리들 가운데 더 많은 이들이 한 입장을 지지해 주는 증거를 사용하는 것을 배운다면, 다른 사람들이 우리와 의견이 다를 때 정중하게 들어준다면, 사람을 공격하는 광고를 피한다면, 의견일치를 위해 일을 해나간다면, 의견불일치와 함께 살아가는 것을 배운다면, 시민생활은 확실히 이익을 얻게 될 것이다. 이 책에 나오는 대부분의 교사들은 **토론으로, 토론을 위한** 교수를 통해 바로 이러한 종류의 경험을 위해서 신중하게 계획을 세운다.

Cazden (1988)

토론을 수단으로서 뿐만 아니라 목적으로서 가르쳐라.

　　토론을 **활용한** 수업에서 교사들은 토론을 어떤 다른 목적의 서비스를 위한 수업기술로서 사용한다. 예컨대 교사들은 좋은 토론을 증진시키기보다는 오히려 학생들이 또 다른 역사적 순간에 다른 참가자들의 관점을 이해하도록 돕기 위해 일본인 억류에 대한 토론에 학생들을 참여시킬 수 있다. 대부분의 교사들은 이런 종류의 토론이 학생들의 흥미를 유발시키고 그들 교수법의 레퍼토리 가운데 한 부분이 되어야 한다고 생각한다. 조쉬 엘리어트(Josh Elliott)는 교사가 된 첫해에 그의 4학년 수업을 위한 필수 주 역사 교육과정의 일부를 토론에 사용하기를 원했다. 물론 그는 토론이 학생들에게 흥미롭고 기분 좋은 것이라고 생각했다. 그러나 그는 또한 그의 이질적인 학생들을 좀더 응집력 있는 탐구 공동체로 바꾸기 위해 토론을 사용할 생각이었다. 불행하게도 그의 4학년 학생들을 토론에 몰두하게 하려는 조쉬의 처음 몇 가지 시도들은 실패했다. 그의 학생들이 이야기하는 것을 좋아하지 않는 것은 아니었다. 교사가 학생들이 배우기로 되어 있는 주 역사에 대한 토론을 정리하고 나서야 그들은 모든 것들에 대해서 토론했다. 그는 질문을 했다. 끔찍한 침묵이 계속되었다. 그는 세밀히 조사했다. 학생들은 중얼거리고 그들의 자리를 이동했다. 몇몇 학생이 종잡을 수 없는 대답들을 했다. 심각한 관리문제가 터지기 전에 조쉬는 그 동안 잘못된 것이 무엇인지를 생각하면서 부과한 숙제를 다시 보는 시간으로 활동을 옮겨갔다.

조쉬의 경험이 드문 것은 아니다. 그는 토론을 **위한** 수업을 시작하기 위해 약간의 시간과 실험 작업을 거쳤다. 그 결과 그는 토론에 의한 수업을 더 잘할 수 있었다. 이 장과 이 책 전반에 걸쳐 많은 면에서 교사들이 질 높은 학술적 토론을 지지하고는 있지만 조쉬는 토론을 다음과 같이 구성했다.

- **토론 논제의 신중한 선택하기.** 제6장에서 데헤아 스미스가 탐구를 위한 모든 질문이 동등하게 유용하지 않다는 것을 알게 된 것처럼 조쉬는 모든 논쟁이 토론할 만한 가치가 있는 것은 아니라는 점을 재빨리 알아차렸다. 어느 한 시점에서 그의 학생들은 새로운 주 자동차 번호판에 대한 논쟁을 토의해 보기를 원했지만 조쉬는 자동차 번호판을 사례로 토의하는 것은 역사적 내용과 깊은 관련성을 촉진할 것 같지 않아 염려되었다. 반면에 무엇보다도 특히 자동차 번호판에 지역이 표시되는 방법을 토론하는 것은 몇 가지 교육과정 목표를 충족시켰다. 조쉬는 주 전체에 관한 평가는 정치 풍자만화에 관한 질문을 포함하고 있다는 것을 알았다. 그는 또한 그의 학생들이 현 상황에서 영화나 텔레비전에 나오는 지역 모습의 역사적 근원과 반향을 이해하기를 원했다. 그는 학생들이 지역적 고정관념을 토론함으로써 이익을 받을 것이라고 생각했다. 왜냐하면 그런 역사적 뿌리를 가진 관행이 그들에게 영향을 미치고 계속 그렇게 되어 갈 것이기 때문이다. 자동차 번호판에 있어야 할 것을 토론하기 보다는 오히려 학생들은 지역의 전형적인 것들의 역사적·현재적인 표현들을 조사하고 그것이 자신들의 주와 지역에 미치는 영향을 토론했다.

- **논제와 관련된 1차 자료와 2차 자료 준비하기.** 토론 참가자들이 어느 정도의 배경지식을 제공해 줄 충분한 자료가 부족하면 토론은 별 의미가 없다. 조쉬가 즉각 알게 된 것처럼 지역적으로 틀에 박힌 토론을 지지하는 데는 많은 1차와 2차 자료가 있다. 그는 만화와 잡지 삽화, 영화와 텔레비전에 나오는 자막, 광고, 대공황기 고용촉진부(W.P.A.)와 농업부(F.S.A.)의 후원 하에 찍은 멋진 사진들을 발견했다. 다행스럽게도 이 많은 자료들은 미국 기억(American Memory) 웹사이트에서 인쇄할 수 있었다. 토론 논제와 관련된 자료원들의 활용성은 교실이든지 혹은 다른 공공장소에서의 토론이든지 간에 질 높은 토론을 하기 위해서는 매우 중요하다. 많은 논제들은 상당한 열기를 이끌어냈지만 지적인 토론을 지지해줄 만한 충분한 자료가 없다면 빛도 없고 학습도 없으며 이해도 거의 없다.

- **소모임을 위해 사전에 하는 배경 작업의 기회 제공하기.** 처음에 조쉬는 학급 토론에

Hess (2002a, 2002b),
Parker & Hess (2001)

지역적인 전형을 반박하는 미국 동부지역에 관한 최근의 학문을 알고자 하면 다음을 참고하라. Buck (2001),
Weise (2001)

앞서 그가 학생들에게 배경 자료들을 제공함으로써 소중한 시간을 절약할 수 있기를 희망했다. 그런데 이것은 효과가 없었다. 학생들은 이 자료들을 어떻게 이용할지를 정확하게 확신할 수 없었기 때문에 그들은 자료들을 신중하게 볼 의향이 없거나 또는 전혀 보고 싶어하지 않았다. 그 결과 조쉬는 선택된 자료들을 재검토하도록 하기 위해 학생들을 소모임으로 편성했다. 그는 학생들에게 하나의 제안을 제시하면서 시작했다. 즉 지역의 틀에 박힌 생각이나 인습은 사람들이 다른 지역의 단체나 개개인을 존중하는 것을 어렵게 했다. 그는 학생들에게 소모임으로 그의 제안에 찬성하는 증거나 반대하는 증거를 찾도록 조사해 보라고 요구했다. 먼저 학생들은 지역을 나타내는 것을 찾아 나섰다. 어떤 조는 틀에 박힌 유형으로 일련의 만화를 분류했고, 다른 조는 한 세트의 어린이 도서에서 전형적인 이미지를 찾았고, 세 번째 조는 그들이 읽은 기사에 기초해서 틀에 박힌 문제의 목록표를 만들었으며, 네 번째 조는 미국의 다른 지역과 관련된 그들의 생각에 대해서 부모님과 다른 학생들을 조사했다. 학생들이 자신들의 동료들과의 토론에 참여하기에 앞서 그들은 그 때 최소한의 논제와 제안에 관한 다른 관점을 이해하기 시작하는 것뿐만 아니라 이를 이용할 풍부한 배경지식을 가지게 되었다.

Hess (2002a)

배경학습은 토론을 할 수 있도록 학생들을 준비시킨다.

주장에 근거한 증거를 발전시켜 나가는 것은 특히 보다 어린 학생들에게 해볼 만한 것일 수 있다.

- **최소한 하나의 잠정적인 입장을 만들 시간 주기.** 조쉬는 각 조에게 그의 처음 제안에 대한 반응으로 하나의 입장 진술문을 쓰도록 요구했다. 지역에 관한 틀에 박힌 어떤 증거를 학생들이 찾을 것이며, 이 틀은 사람들이 지역을 보는 방법에 영향을 미칠 수 있는 어떤 증거를 가지고 있을까? 만약 어떤 조가 하나의 일치된 의견에 도달할 수 없다면 그들은 자신들의 반대를 명백하게 해 줄 어떤 정보와 함께 그들의 반대 견해를 서술하기로 되어 있었다. 이런 활동은 그의 학생들에게 가장 도전적인 과제가 되는 것으로 드러났다. 그들은 전형적인 것들을 확인할 수 있었지만, 그것들이 사람들의 생각에 영향을 끼칠 수 있는 사례를 알아내는 데는 어려움을 겪었다. 그들은 자신의 입장에 대한 증거를 보여주는 데는 익숙하지가 않았고, 반대되는 견해에 대해 논쟁을 하는 것을 가끔씩 꺼려했다. 조쉬는 입장 보고서에 관한 미니수업을 하는 것을 끝냈다. 그는 처음에 학생들이 가지고 있는 문제들을 나타내는 예시문을 준비했다. 학교 컴퓨터실에서 수업하면서 그는 스크린에 복사된 예시문을 투사했고 그것을 편집하기 위해 학생들과 작업을 같이 했다. 그는 각 학생들에게 그들이 나중에 할 작업을 안내하기 위해 처음 안과 최종 안의 복사본을 주었다. 이것은 대부분의 학생들에게 도움이 되는 것으로 판명되었다.

그 해의 교육과정을 통해 조쉬는 신중하게 구성된 소모임 토의들이 더욱 풍부한 전체 학급 토론의 길을 닦았다는 것을 알게 되었다. 소모임은 또한 전체 학급 토론보다 더욱 많은 학생들을 일관성 있게 참여시키는 이점이 있었다. 또한 학생들은 소모임에서 자신감을 쌓았기 때문에 그는 전체 학급 토론에서 더 많은 학생들이 말했다는 사실을 알았다.

den Heyer (2003)

질 높은 학문적 토론은 학생들에게 민주적인 논쟁과 협상을 위한 참여를 준비시킬 뿐만 아니라, 역사적 동력의 더 나은 이해를 포함한 역사적 사고의 중요한 면을 지지해 준다. **동력**은 행동하는 힘을 가리킨다. 이미 언급했듯이 우리는 모두 현재 진행되고 있는 역사 드라마의 참가자들이다. 우리는 역사의 실체이면서 역사의 주체이기도 하다. 우리는 우리 시대의 되풀이 되는 딜레마와 일시적 딜레마 둘 다에 참여하는 것을 포함한 우리 생활의 총체적 활동에 의해서 역사를 만든다. 불행히도 역사교육은 가끔 정확하게 동력에 대한 이러한 감각을 상실한다. 우리가 역사를 종결되도록 하기도 하고 피할 수 없는 것으로 보이게도 만드는 만큼 학생들은 자신들의 동력, 즉 역사를 만들어내는 힘을 가지고 있다고 보기는 어렵다. 역사에 있어서 갈등과 지속적인 이슈들에 관한 학문적이고 반성적인 탐구에 초점을 맞추는 것은 사회과 표준이 제안한 것처럼 학생들이 그러한 딜레마를 둘러싸고 있는 주장과 증거를 토론하는 데 있어서 연습을 제공하지만, 그것은 또한 학생들이 그들 자신을 동력으로 보는 데 보다 더 도움이 될 것 같다. NCSS 표준이 다양한 관점에서 이슈들을 보는 것에 대한 중요성을 주장한다는 사실을 주목하라. 자신만의 동력에 대한 이해를 개발시키는 부분은 취할 수 있는 선택 가능한 대안적 입장과 대안적 행동이 있다는 사실을 인식하는 것이다. 여러분의 손자들에게 현재 미국의 정치 정세를 설명하기 위해 노력한다는 사실을 상상해 보라. 어떤 관점에서 설명해야 하나? 만약 대부분의 갈등들이 두 가지의 관점들만 가지고 있다면 그것들은 해결하기가 더 쉬워질 것이다. 최소한 투표를 해서라도 해결하는 것은 더 쉬워 보이지만 다른 나라의 군사개입, 소수민족 우대정책 입법에서의 변화, 적자 지출과 같은 이슈를 보는 것에는 두 가지 이상의 방법이 분명히 있다. 광범위한 선택과 견해들은 이들 이슈들의 각각에 대해 반응하는 데 있어서 시민들에게 이용되고 있다. 역사 교사가 직면하고 있는 도전들 가운데 하나는 학생들이 시민성과 역사적 동력이라는 양자를 개발하기 위해 복잡한 이슈를 다루는 것이다.

Hahn & Tocci (1990), Kelly (1996)

초보 역사교사들이 직면한 특별한 도전에 관해 더욱 많은 것을 원하면 다음을 보라. Barton & Levstik (2003), Grant (2003), Seixas (1998, 1999), VanSledright (2002)

지금 당장 일어나고 있다 : 현재의 사건을 가지고 시작하기

현재의 해결되지 않은 이슈들을 조사하는 것은 역사공부에서 흔히 부재하는 즉시성의 의미를 지니고 있다. 현재의 이슈들이 해결되어 있지 않기 때문에 어떻게 갈등이 끝나게 될까에 대해 학생들이 깊이 생각하도록 독려하고 있다. 그리고 다른 역사적 갈등을 분석하기 위한 틀을 제공한다. 학생들은 특별한 시간과 장소의 참가자에게 이용 가능한 선택권과 어떤 특정한 선택권이 채택될 가능성, 그리고 그 결과로 생기게 될 가능한 결론에 관하여 생각하도록 배운다. 그들은 의사결정자를 찾는 방법을 배운다. 즉 누가 권한을 가지고 있으며, 그리고 그것이 어떻게 행사되는지? 사람들은 당면한 위기에서 멀어지기 위해 무엇을 할 수 있는가? 그러한 사람들은 과거에 어떻게 반응했는가? 등이다. 다른 한편으로 만약 학생들이 역사를 끝난 것으로서 인식한다면, 그것은 역사적 논쟁거리를 재고하도록 학생들을 참여시키는 것이 어려워질 수 있고, 논쟁들이 학생들 자신의 생활과 관련될 수 있다는 것을 생각하는 것은 더욱 더 어려울 수 있다.

그 때 역사교수를 위한 한 가지 선택은 여전히 해결되지 않은 논쟁으로 시작하는 것이

현재의 갈등은 많은 원인과 가능한 결과에 관한 깊은 생각을 촉진한다.

Bennett & Spalding (1992), Foster (1999), Foster & Yeager (1999), Levstik, Henderson & Schlarb (2004)

다. 이것은 분명히 데헤아 스미스(제6장)의 접근방식이었고, 그녀가 통합 사회과 구조에서 역사를 가르치는 것을 더 좋아하는 이유들 가운데 하나이다. 그녀는 갈등이 그들의 지역사회를 어떻게 변화시키는지, 그리고 집단과 개인들이 변화에 어떻게 영향을 끼치는지를 학생들이 알도록 돕기 위해 현재의 사건을 사용했다. 지금 논쟁거리가 되고 있는 녹지공간의 개발은 관찰하기 쉽고, 그 자체 역사적 관련성의 구실을 한다. 학생들은 녹지공간의 축소를 보여주는 실례의 **이전**과 **이후**의 모습을 전개시킬 수 있고, 그들은 건설이 자신들의 지역사회를 얼마나 많이 변화시키는지 알 수 있으며, 또 그들은 개발이 지연되어야 하는지, 중단되어야 하는지, 자유롭게 놔둬야 하는지에 관해 토의할 수 있다. 게다가 공공도서관 사서는 렉싱턴이 과거에 비슷한 논쟁을 어떻게 극복했는지를 보여주는 지도, 사진, 신문기사들, 청사진에 접근하는 방법을 어린이들에게 보여 주었다. 역사적 보존을 위한 지역의 보관위원회는 1차 및 2차 자료 상자들, 지도, 사진, 아동문학 슬라이드, 그리고 그 지역에서 첫 번째 마을 부지의 개간이 시도되는 것을 보여주는 비디오테이프를 제공한다. 학생들은 그들의 첫째 질문을 토의하기 시작할 때까지 이미 대량의 정보를 축적했다. 데헤아는 바닥에 학생들을 원형으로 모았다.

> "누구든지 볼 수 있고 보일 수 있도록 충분히 넓게 원을 만들어라." 데헤아는 그녀의 학생들에게 상기시킨다.
>
> "오, 좋아, 우리는 논쟁하게 되었어!" 소년 중의 하나가 크게 말한다.
>
> "그래, 우리는 아마 여기서 논쟁이 필요한 것 같아. 그러나 이것은 특별한 논쟁이라는 것을 기억해라."고 데헤아는 말한다. 그 때 차례로 돌기, 예의바른 반대 형식, 전체 참여의 필요를 다시 한번 검토해 보았다. [모두 벽에 붙여진 연분홍 포스터 위에 똑똑하게 열거했다.]
>
> 다음 25분 동안 학생들은 렉싱턴의 최초의 정착을 둘러싼 이슈들을 토의하고 토론한다. 데헤아는 학생들의 시야가 가려지지 않도록 원으로 돌아가 앉도록 학생들에게 상기시키기 위하여 중간에 두 번 끼어든다. 그녀는 또한 그들의 독서에 기초한 정보를 제공하기 위해 여러 학생에게 묻고, 한 학생에게는 지식을 제공해 주는 텍스트에서 한 구절을 읽게 하고 비디오의 관련 있는 부분을 보여준다. 토론이 더 오래 지속될 수 있었다는 사실은 분명하지만, 점심시간 종이 울렸다.

데헤아의 3학년 학생 대부분은 "논의하기를 좋아해요."라고 주장했다. 그리고 데헤아는 건설적인 방법으로 그들이 그렇게 하도록 돕기 위해 열심히 작업했다. 그들은 아이디어에 대하여 의견이 맞지 않을 수 있다. 그리고 다양한 의견은 "우리가 시작하기 전에 다른 의견을 생각나게 하는 데 도움이 되기" 때문에 언제나 다양한 의견을 구하려고 한다고 그녀는 말했다. 그러나 학생들은 사람들을 비난할 수 없고 그들의 생각을 놀려댈 수는 없다. "만약 우리가 그렇게 한다면 아무도 터놓고 이야기를 하지 않을 것이고, 다음에 우리는 함께 작업할 많은 좋은 아이디어를 얻지도 못할 것이다." 데헤아는 한 아이디어가 "어리석다"고 말한 한 학생을 상기했다. 비록 일반적이지만 학생들은 그들에게 두 가지의 토론 모형(母型)을 이용하였다. 첫째 모형은 "나는 _____ 때문에 _____에 찬성하거나 반대한다"는 어린이의 말로 시작했다. 이것은 찬성 또는 반대에 대한 확실한 이유를 제공할 수 있어야

교사들은 학생들이 다른 유형의 자료에 접근하는 것을 돕기 위해 도서관 사서와 다른 역사적 관심을 가진 집단과 같이 작업할 수 있다.

건설적인 논쟁은 역사적 사고에 있어 중요한 기능을 한다.

Hahn & Tocci (1990),
O′Reilly (1998),
National Council for
the Social Studies
(1994)

한다는 데 상당한 강조를 두었다. 두 번째 모형은 학생들이 누군가의 아이디어의 일부분에 동의하지만 다른 부분에는 동의하지 않거나 수정하도록 허용한다. 따라서 문장은 "나는 _____에 대하여 _____에게 동의하지만, 나는 _____ 때문에 _____에 대해 동의하지 않는다."라고 시작할 수 있다. 이러한 모형들은 학생들이 토의 규칙을 위반했을 때 그 위반을 재빨리 상기시킬 수 있도록 사용되었다. 원형으로 앉는 것은 누구나 서로를 볼 수 있고, 데헤아가 모두 참석했다는 것을 확인할 수 있기 때문에 도움이 되었다.

좀더 나이 많은 학생들은 때때로 그런 틀이 짜여진 논쟁에서 농담을 하며 만약 그들이 논쟁을 공식적으로 다루어본 경험이 거의 없다면 특히 까다로울 수 있다. 빅토르는 논쟁의 역사적 중요성을 강조하는 것을 오히려 좋아했다. 학생들이 비록 확실히 토의에 참가하더라도 그들의 작업은 대개 논쟁이 미래에 어떤 역사적 중요성을 지닐까와 관련하여 논쟁이 시대에 어떻게 보일까를 비교하는 것을 중심으로 조직되었다. "그것은 '뜨거운' 논제에서 약간 거리가 멀어지게 한다"고 그는 설명한다. "나는 역사가들이 이 논쟁을 어떻게 설명하는가? 혹은 다른 문화권의 사람에게 이것은 어떻게 보일까? 라고 그들에게 묻는다. 그 질문은 학생들을 멈추게 하고 생각하게 만든다. 아마 그들의 마음은 바뀌지 않는다. 그러나 적어도 최소한 다른 관점으로 어떻게 볼 수 있는지를 숙고한다."

데헤아와 빅토르의 지역갈등에 관한 학습은 둘 다 다양하고 많은 자료들을 쉽게 이용할 수 있는 이점이 있다. 그러나 학생들은 여전히 현재적이지만 더 거리가 먼 갈등들을 공부할 수도 있다. 이것은 종종 학생들이 탐구하는 데 사용되는 자료들의 종류를 다시 생각하도록 요구한다. 학생들이 보스니아에서의 전쟁을 이해하는 데 도움을 줄 책임을 지고 있는 6학년 교사인 빌리 데이비스(Billie Davis)는 그녀의 학생들에게 적절한 프린트 자료가 비교적 거의 없다는 것을 알게 되었다. 그녀의 6학년 학생들은 세계의 지역에 대해, 특히 보스니아의 이슬람교도에 관한 사전 지식이 거의 없었고 약간의 오해를 가지고 있었다. 그녀는 사라예보에 살고 있는 그들 또래의 어린이인 즈라타(Zlata)를 학생들에게 소개함으로써 시작하기로 결정했다. 『안네 프랑크의 일기』(*The Diary of Anne Frank*)와 다소 유사한 책인 『**즈라타의 일기**』(*Zlata' s Diary*)는 역사적 비극에 인간적인 모습을 담는다. 학생들은 **안네 프랑크**보다 **즈라타의 일기**에 나오는 이름과 장소가 그다지 친숙하지 않기 때문에 빌리는 학생들에게 일기의 일부분을 소리내어 읽기로 결정했다. 학생들은 소리내지 않고 다른 지문들을 읽으며 그 다음 또 다른 지문들을 낭독극[1]으로 공연하였다. 낭독극을 하는 동안에 학생들은 즈라타의 생활 혹은 전쟁의 특별한 양상을 보여준다고 생각하는 지문들을 선택했다. 그리고 가끔 일제히 소리내어 읽는 것에 변화를 주도록 혼자 목소리를 사용해서 그것을 드라마틱하게 읽는다. 이 다양한 읽기와 이런 발표에 요구되는 시간 조절, 강조하기, 발음의 주의는 학생들의 텍스트에 대한 이해력을 향상시키는 것처럼 보였다. 그럼에도 불구하고 어떤 학생들은 여전히 즈라타의 고향의 지리를 그리는 데 어려움을 가졌다. 빌리

논쟁과 토론을 위한 모형(母型)은 학생들이 건설적인 토의를 조직적으로 할 수 있도록 도와준다.

역사적 관점은 학생들이 현재의 논쟁에 더 넓은 관점을 발전시키도록 도와준다.

자료들이 조직화되는 방법은 자료들의 효과에 영향을 미칠 수 있다.

Filipovic (1994), Frank (1989)

Pappas 등(1999)

---

1) 교실수업에서 청중들을 대상으로 아동문학이나 교과와 관련해서 읽었던 경험을 연기를 통해 효과적으로 재현하는 하나의 활동이다. 이를 통해 학생들은 어휘는 물론 이해와 유창한 읽는 능력을 진전시킬 수 있다. 그러므로 학생들의 읽기 능력을 향상시키기 위한 교수전략의 하나인 셈이다.

는 게시판에 이전의 유고슬라비아의 큰 지도를 걸었다. 그들이 그 일기를 읽을 때 학생들은 지도에서 관련된 장소의 위치를 찾아냈다. 그것들은 또한 전쟁에 관한 신문과 잡지기사를 모았고, 그것들을 지도 위의 장소에 연결시켰다.

『즈라타의 일기』는 역사적 동력임이 크게 느껴지지 못한 채 역사적 객체가 되는 것의 분노를 분명하게 보여준다. 전쟁 전에 즈라타는 음악수업을 받았고, 학교에 갔으며, 음악 텔레비전을 좋아했다. 그리고 사라예보 주변의 산에서 스키도 탔다. 일단 전쟁이 시작되자 그녀의 세상은 좁고 두려운 장소가 된다. 그녀가 "아이들"이라고 부르는 정치가들은 그녀의 거리에 포탄을 던지고, 그녀의 친구를 죽이며, 쥐가 들끓는 지하실에서 밤을 보내야 했다. 물과 전기가 끊겼다. 세르비아인들이 포격을 위해 학교를 목표로 했을 때 학교는 문을 닫았다. 빌리의 학생들 대부분은 즈라타의 이야기의 힘에 쉽게 사로잡혔고, 누군가 왜 그 미친 행위를 멈추게 하지 않는지 이해할 수가 없었다. 어린이들이 자주 과거의 사람들은 어리석다는 생각으로 시작하는 것과 마찬가지로 이 6학년생들은 단지 어리석음만이 세르비아인들의 행위를 설명할 수 있다고 확신했다.

처음에 학생들은 즈라타의 범위를 넘어서고 싶어하지 않았다. 그들은 그곳이 그녀를 위해 행복한 종말이 되기만을 원했다. "그 신문 기자들은 그곳에서 그녀를 나오게 해야 해요!"라고 한 학생이 선언했다. 우리가 생각하기에 이 반응은 역사적 사고의 중요한 구성 요소이다. 너무 자주 학생들은 분석을 위해 과거 감정을 뛰어넘도록 요구받았다. 이것은 학생들의 흥미를 둔하게 할 수 있고 불의에 대하여 건강한 분노감을 차단시킬 수 있다. 빌리는 즈라타를 끌어넣은 갈등에 대한 학생들의 강한 감정적 반응을 차단하기보다는 그들의 감정을 위한 배출구를 제공하였다. 그 해 초에 그녀는 전기적인 시들을 소개했다. 이번에는 즈라타에 관한 시를 쓰기 위해 학생들이 사용했고 학생들에게 질문했던 양식을 상기시켰다(도해 10.2를 보라). 그 후에 학생들은 그들의 시(도해 10.2를 보라)를 공유했고, 빌리는 사라예보 어린이들의 시집인 『나는 평화를 꿈꾼다』(*I Dream of Peace …*)와 2차 대전 중 테레진(Terezin) 강제 수용소에 수용된 어린이들이 그린 시와 그림인 『나는 다시 나비를 보지 못했다』(*I Never Saw Another Butterfly*)라는 시의 일부를 읽었다.

자신들의 시를 쓰고 함께 공유하며 다른 친구들의 시를 듣는 것은 더 깊이 있는 대화를 만들어냈고 학생들이 즈라타와 그녀의 가족을 넘어서서 생각하도록 만들었다. 이제 그들은 자신들의 처음의 감정적 반응에서 다소 물러나 인종적이고 민족주의자들의 갈등의 역사적·현재적인 표출을 공부할 준비가 많이 되어 있었다. 왜 이 사람들이 그렇게 오랜 세월 이후 서로를 증오하기 시작했을까? 무엇보다도 어떻게 하나의 나라로 끝을 맺게 되었는가? 국제연합은 왜 전쟁을 멈출 수 없었을까? 누군가 도울 수 없었나? 양 진영의 좋은 사람들이 힘써 노력했지만 그들에게 일어나고 있는 사건을 멈추게 할 만한 힘, 즉 주도력이 전혀 없었던 것 같다. 왜 그랬을까?

그들을 안내해 줄 이런 질문들과 더불어 학생들은 교사가 수집했던 배경 자료를 이해할 준비가 되었다. 불행하게도 이용할 수 있는 자료원의 대부분은 6학년들에게 다소 복잡한 것이었다. 다른 계파 지도자들과의 인터뷰, 잡지, 신문 기사, 뉴스 취재를 통해서 만든 비디

문학은 다른 멀리 떨어진 사람들 사이를 강하게 연결시켜 줄 수 있다.

Barton (1996a), Lee & Ashby (2000)

역사적 사고에 있어 감정과 이유의 분기점에 관한 더욱 심도 있는 토론을 알고자 한다면 다음을 보라. Barton & Levstik (2004), Bardige (1988), Kerber (1993); Foster (1999), Lee (1978), Lee & Ashby (2000), Levstik (2000a), Portal (1987, 1990), Shemilt (1984), VanSledright (2000)

Garfield (1991)

Children of Yugoslavia Staff (1994), Statni Zidovske Museum, Prague (1984)

Ashby, Lee & Dickinson (1997)

Jolliffe (1987)

지시

당신이 맡은 인물의 첫 이름을 써라

그 사람을 묘사하는 네 가지 형용사를 써라

아들, 딸, 혹은 형제...

좋아하는 것(세 가지 이름)

두려워하는 것(당신이 두려워하는 세 가지 항목 이름)

보기를 좋아하는 사람(세 곳의 이름)

거주자(도시, 국가)

당신의 인물의 마지막 이름을 써라

S. 가필드 (S. Garfield)(1991)

즈라타의 일기를 기반으로 한 전기적인 시

즈라타

"평화"

사랑스럽고, 친절하고, 희망적이고, 의기소침한

일기쓰기, 평화, 편지를 좋아하는 사람

항상 「평화」가 있어야 한다고 믿는 사람

자유, 가족과 함께 있기, 「평화」를 원하는 사람

연필, 일기, 그리고 밈미(Mimmy)에게 편지쓰기를 위해 두
뇌를 사용하는 사람

사랑, 밈미, 세상에게 하는 그녀의 말을 주는 사람

누가 말했지, 내 어린 시절이 내게서 벗겨지고 도둑 맞았지

필리포빅(Filipovic)

도해 10.2   전기적인 시

오테이프들이 있었지만 특별히 어린 청소년을 위한 책이나 기사는 거의 없다. 게다가 빌리의 학생들은 보스니아에 대해 확실한 **공부**를 원하는 것뿐만 아니라 그것에 관하여 어떤 것을 **하기**를 원했다. 그들은 즈라타에 관하여 다른 사람들도 알기를 원했다. 이것은 많은 학습에서 민감한 측면일 수 있다. 중학교 학생들이 바라는 아주 직접적인 의미에서 무엇을 하는 것이 항상 가능한 것은 아니다. 그러나 이 경우에 빌리는 학생들이 아침마다 방영되는 학교용 텔레비전 쇼 프로그램을 준비할 것을 제안했다. 이것은 대부분의 학생들, 그리고 나중에 교장으로부터 열광적인 동의를 받았다. 빌리는 장기적으로는 그 뉴스 프로그램이 보스니아의 위기에 대해 학교 전체 차원의 반응을 촉진시키고 단기적으로는 그녀가 그런 행동에 선행되어야 한다고 믿는 일종의 조사에 추가적인 초점을 제공해 주어 기뻤다. 방송국의 리포터로서 학생들은 "조사 보고서", 그리고 "예비 브리핑" 둘 다를 요구하는 역할놀이를 했다. 빌리는 그의 학생들을 위해 "브리핑" 한 묶음을 개발했다. 이것은 그녀가 교육자료정보센터(ERIC: Educational Resources Information Center)를 통해 이용할 수 있

Cox (1993)

는 자료로부터 각색된 두 쪽 분량의 개요인 "보스니아 헤르체고비나의 사례"를 포함했다. 그녀는 각 리포터들에게 추가 자료 목록표를 주었다. 그러면서 그 목록표를 다양하게 했다. 그 결과 다른 학생들은 다른 분야에서 전문 지식을 가질 수 있고 적당한 프린트나 시각 자료에 연결할 수 있었다. 빌리는 또한 유럽의 슬라브 민족을 전공한 교수로부터 두 번의 방문을 약속받았다. 학생 리포터들은 그들의 전문가 손님들에게 할 질문을 준비하기 위해 브리핑 묶음을 사용했다.

마지막 텔레비전 프로그램인 『어린 시절의 끝: 즈라타의 사라예보』(*The End of Childhood: Zlata's Sarejevo*)는 인터뷰 자료, **즈라타 일기**의 발췌, 학생들 자신의 시집, 안네 프랭크와 나치 홀로코스트와의 비교를 결합시켰다. 프로그램의 마지막 부분에 학생들은 그들이 잊혀지지 않았다는 것을 사람들이 알도록 하기 위해 학교 친구들에게 사라예보로 카드와 편지를 보내는 데 도와 줄 것을 요청했다. 학생들은 역사적 사건을 해석했을 뿐만 아니라 보스니아와 그들 이웃의 운명에 대한 국제적인 논쟁에 자신들의 목소리를 추가하면서 역사적 주체로 행동했다.

만약…이라면 어찌될 것인가? 그것은 달라질 수도 있었을 텐데

Gordon (1988),
Gutman (1976),
Loewen (1995), Sklar
(1995), Takaki (1993),
Thompson (1963)

역사적 동력은 학생들이 그들 스스로를 역사적인 행위자로 보도록 도와주는 역사적 사고의 측면이기 때문에 중요한 개념이다. 과거를 살았던 사람들의 행동이 역사를 만들어낸 것처럼 역시 오늘과 내일의 학생들의 행동도 역사를 만든다. 역사는 실제이고 현재형이다. 불행하게도 교과서는 너무 자주 역사적 갈등의 결과물을 필연적인 것처럼 보이게 한다. 남북전쟁의 세 가지 원인, 1차 세계대전을 일으킨 주요 사건들을 암기했던 모든 시간들을 생각해 보라. 이런 방법으로 가르친다면 역사는 이론의 여지가 없는, 즉 다른 사람이 고안한 철도를 따라 움직이는 열차처럼 보인다. 그러나 역사의 매력적인 측면 가운데 하나는 사건들이 다른 방법으로 얼마나 쉽게 진행될 수도 있다는 것이다. 만약 링컨이 극장에 가지 않았다면, 혹은 케네디가 달라스에 가지 않았다면 어찌될 것인가? 만약 아프리카계 미국 부모가 그들의 아이들을 증오심과 괴롭힘에 직면하도록 하기 보다는 집에 놔뒀더라면? 만약 넬슨 만델라가 오랜 투옥에 굴복했거나 혹은 슬로보단 밀로세비치(Slobodan Milosevic)가 세르비아와 그의 이웃 사이에서 평화 공존을 위해 일했다면?

Novick (1988)

지금쯤이면 의심이 드는 것처럼 역사를 위한 기차 은유는 돌이켜 볼 때만 효과가 있는 말이다. 어떤 역사적 순간에도 모든 종류의 힘이 작용하기 시작한다. 예컨대 경제는 침체되고, 반이민 열병은 상승하며, 테러리스트의 공격은 평화적 협상을 위협하고, 홈 컴퓨팅, 이메일, 팩스의 발달은 일자리의 조직 방법을 변화시키며, 흡연에 대한 태도 변화는 사회적·경제적 관계를 수정한다. 또한 학생들이 현재의 갈등들이 계기에 의해 어떻게 변화될 수 있는가를 알 필요가 있는 것과 마찬가지로 역사적 갈등들이 다르게 결말이 날 수도 있었다는 것을 인식할 필요가 있다. 갈등은 인간의 상호작용에 있어 피할 수 없을지도 모른다. 그러나 그 결과는 인간의 동력에 달려 있다. 흑인해방국(Freedman's Bureau)은 남북전쟁이 발발했을 때 토지차용제도를 지지하는 대신에 미국 남부지역의 토지를 재분배할 수

Holt (1990)

만약…이라고 하면 어찌될 것인가?

- 많은 사람들이 원했던 것처럼 조지 워싱턴이 왕위에 올랐다면?
- 유엔이 만들어지지 않았다면?
- 미국 헌법의 평등권 개정이 통과되었다면?
- 텔레비전이 발명되지 않았다면?
- 콘스탄틴이 그리스도인이 되지 않았다면?
- 남아프리카의 인종 차별 정책 보이콧이 없었다면?
- 미국 헌법에 헌법 수정 조항 제1조가 없었다면?
- 미국에 노동조합이 결코 형성되지 않았다면?
- 무어 사람들이 이사벨라와 스페인의 페르디난드에 의해 패배되지 않았다면?
- 유럽 사람들이 아메리카인들을 정복하지 않았다면?

도해 10.3 역사에서 대안적 결과에 관하여 숙고하기

도 있었다. 이전 리베리아 대통령인 찰스 테일러(Charles Taylor)도 내전보다는 오히려 리베리아에 평화와 경제적 안정을 증진시킬 수 있었을 것이다. 사람들은 혼자서 선택하기도 하고 집단으로 선택하기도 한다. 그들은 때때로 엄청난 장애물에 반대하는 태도를 분명히 한다. 그들은 가장 기본적인 자극에도 굴복한다. 그들은 딜레마에 대한 합리적인 해결책이 어디에 있는지를 확신하지 못한다. 그러나 결국 이 각각의 선택은 역사를 만든다. 현재 갈등의 결과에 대한 사색은 확실히 학생들이 그러한 결정의 잠재적인 영향력을 알 수 있도록 도와준다.

개인적인 선택을 포함해서 다양한 요소들이 역사적 결과에 영향을 미친다.

"만약…이라면 어찌될 것인가?"라는 활동은 학생들이 과거 속에 있는 갈등, 발명, 사건들의 영향력을 보다 신중하게 생각하는 데 도움을 주는 또 다른 방법이다. 도해 10.3의 목록을 보고 학생들이 각 질문에 가져올 배경 지식의 종류와 보다 좋은 근거가 있는 추론을 위해 해야 할 필요가 있는 조사의 종류를 생각하라. "만약…이라면 어찌될 것인가?"라는 활동은 또한 역사적 딜레마의 수명을 생생하게 만들 수 있다. 짐 파렐(Jim Farrell)의 8학년 생은 흥미로운 방식을 통해 가상 헌법 제정회의에 참가함으로써 이것을 발견했다. 그 학급은 이미 선거인들이 수용할 수 있는 헌법을 만들기 위해 행해진 논쟁과 타협에 근거해 (헌법)제정을 학습했었다. "이제" "최초의 토의에서 배제된 발언권이 무엇인지, 그리고 그 발언권들의 차이점이 무엇인지를 생각하라. 만약에 여자들, 혹은 원주민, 아프리카계 미국인 혹은 비토지소유자들이었다면 어찌 되었을까?"라고 파렐은 학생들에게 물었다. 학생들의 조는 이 토론에 기초하여 여러 가지 다른 역할을 배정받았다. 몇 명은 선거권을 박탈당한 인종을 대표한다. 다른 사람은 대표회의의 최초 구성원을 대표한다. 규칙은 제정되었고(의사 진행 방해는 허락되지 않았다) 토의는 시작되었다.

대안적인 결과들에 대한 심사숙고는 학생들이 특정 사건들이 필연적인 것이 아니라는 것을 인식하는 데 도움이 된다.

역사적 딜레마는 종종 오래된 것이다.

때때로 학생들은 그 시대에서 벗어나지 않고 1787년에 표출되었을지도 모르는 주장들을 활용하는 데 어려움을 느꼈다. 우선 그들은 이런 이슈들 가운데 일부는 대단히 현재적이라는 것을 발견했다. 성별이 가장 격렬한 것으로 드러났다. 왜냐하면 성별은 매일의 학교생

현재의 이슈는 학생들이 과거와 현재에 대해 다르게 생각하도록 도전시킨다.

활에서 학생들이 부딪히는 문제들을 건드리고 있기 때문이었다. 헌법은 평등권 개정이 필요했을까? 만약 1787년에 그런 일이 있었다면 미국에서의 생활이 어떻게 바뀌었을까? 토의가 진행되면서 학생들은 이런 이슈들이 자신들의 삶에 얼마나 힘든 상태로 남아 있는지를 알고는 놀라워했다. 사실 몇몇 학생들은 그 시뮬레이션이 혼란스럽고 가끔은 위협적이라는 사실을 발견하였다. "과거에 대해 말한다는 것은 느낌이 없어요"라고 한 학생이 성(性)에 관한 열띤 토의를 한 후에 발표했다. "나는 경기에서 편을 짜는 것을 좋아하지 않는다. 사람들은 다시 한번 모두 열광하게 된다. 우리는 지금 모두 동등하다. 이제 이것을 그만두자."라고 했을 때 다른 학생이 "아직 우리 학교에, 그리고 우리 학급에 문제가 있다. 어쩌면 그것은 우리가 다룰 수 있도록 드러내야 할 것이다."라고 반격했다. 유사한 논쟁이 자주 과거와 현재를 왔다 갔다 하는 대화체로 인종과 계급에 관한 이슈들을 중심으로 소용돌이쳤다. 한 학생은 누구나 본질적으로 비슷하기 때문에 누가 배제되었는지는 중요하지 않다고 선언했고, 마지막으로 "우리에게 정보를 이야기해 주세요. 논쟁이 되는 이 소재를 살펴보는 것이 혼란스럽게 하네요."라고 교사에게 물었다.

학생들의 반응과 때로 그들이 드러내는 강한 불쾌감은 특별한 것이 아니다. 오히려 그것들은 역사 공부가 얼마나 힘이 넘치는지를 보여주는 지표가 된다. 지능을 필요로 하는 어려운 활동은 특히 현재의 민감성 영역을 다룰 때 편안하지 않다. 그러나 그것은 어쩔 수 없이 기억할 만한 것일 수 있다. 한 학생이 인종차별과 성차별에 대하여 썼던 것처럼 "나는 항상 그때의 사람들은 아무것도 모른다고 생각했다. 하지만 그들은 알고 있었다. 우리도 역시 그러하다. 그러나 우리는 또한 그것에 대하여 아무것도 하지 않는다."

논쟁에서 물러서서 "단지…정보를 이야기 해보시오"라고 한다면 짐(Jim)은 쉬웠을 것이다. 그가 만약에 그렇게 했더라면 그의 학생들은 단지 과거뿐만 아니라 현재 자신의 삶에서 역사적 동력의 이슈들을 힘써 해결하려고 노력할 기회를 상실할지도 모르겠다. 확실히 학급토론이 현재의 사회적 문제를 치유하지는 못했지만 금기시되어 온 몇몇 이슈들은 지금은 널리 알려졌고 학생들은 그 이슈들을 기술하고 반응하는 데 사용할 언어를 가지게 되었다. 게다가 그러한 이슈들이 사회문제와 관련이 없다고 가정하거나 지속적인 딜레마에 간단한 정답이 있을 수 있는 척하는 것은 역사를 잘못 전하고 짐의 교수 목표를 손상시킨다. 짐의 목표는 미국 역사에서 끊임없이 문제를 바라보도록 학생들을 준비시키는 것이었다. 즉 학생들은 그 문제를 그들 자신의 것으로 만들고 그들 가운데 일부는 그 과정 속에서 개인적 동력의 정도를 찾아냈다.

아직 끝나지 않았다 : 당신은 차이를 만들 수 있다

우리가 말했던 것처럼 역사적 동력의 한 특징은 과거 일들이 다르게 될 수도 있었다는 것이다. 즉 똑같이 중요한 관점은 역사는 마지막이 아니라는 것이다. 어떤 일은 아직까지 끝나지 않았을 수 있다. 확실히 이전의 유고슬라비아의 학살은 오래도록 억압된 증오들이 되살아 날 수 있다는 증거다. 다른 사례들에서 한 때 통과된 법률들, 즉 "분리되어 있지만 평

여백 주석:

Avery, Bird, Johnstone, Sullivan & Thrallhamer (1992), Bunton (1992), Kelly (1986), Sadker & Sadker (1991)

역사가 우리의 세계관에 도전해 오면 그것은 불안하고 위압적일 수 있다.

Calclasure (1999), Evans 등 (1999), Gerwin & Zevin (2003), Levstik & Groth (2002), Parker (1991), Wade (1994)

과거에 이루어진 결정은 현재에 변화될 수도 있다.

등한" 혹은 아파르트헤이트와 같은 법률들은 폐지될 수도 있다. 그리고 아마 더 근본적으로 태도와 신념, 곧 여자들의 분리된 사회적 지위나 어린이 노동의 타당성에 대한 태도나 신념 등이 변할 수도 있다. 선택은 좀처럼 끝나지 않는다. 자네트 그로스의 8학년 미국사 수업에서 학생들은 권리장전을 공부한다. 평가에서처럼 자네트는 헌법 제1 수정조항 10개 중의 하나는 아직 그들의 생활에 직접적인 영향력을 가진다는 것을 증명하는 과제를 학생들에게 부여한다. 첫 번째 수정조항을 부과받은 한 조는 모의 뉴스 보고서로 시작하는 비디오를 만들었다. 앵커맨이 뉴스를 말하기 시작하자 방해물이 나타났다. 다음과 같은 메시지가 스크린에 확 나타났다. "대통령은 국가적인 비상사태를 선언했다. 권리 제1 수정조항은 모두 일시 정지한다!" 앵커맨은 그의 책상에서 위를 올려다보았다. "자, 그것은 우리가 방송하지 않는다는 뜻입니다!" 스크린이 컴컴해졌다. 잠시 후에 비디오는 제1 수정조항이 없는 삶에 대한 일련의 비네트를 보여주었다. 예컨대 교회에 가야만 한다고(가야 할 교회가 어느 것인지까지) 명령받는 사람들, 감옥으로 끌려가는 항의자 등이다. 각각의 예로 피해자들이 반대했던 것처럼 그들은 제1 수정조항이 더 이상 적용되지 않는다는 것을 상기하도록 해 준다. 비디오가 끝날 때에 학생들은 미국 국기 앞에 서서 천천히 제1 수정안을 읽었다. 학생들의 비디오는 매우 설득력이 있었고 미국 전체에서 뿐만 아니라 그들의 생활 속에서도 작용하고 있는 언론의 자유로운 표현에의 가능한 제한들을 많이 토론할 수 있도록 해주었다.

McGinnis (n.d.), National Council for the Social Studies (1994), Parker, Mueller & Wendling (1989)

Keller & Schillings (1987)

맥락에서 갈등 평가하기

학생들은 가끔 갈등에 대한 토론이 불편하다는 것을 알기 때문에 그들이 학습하고 있는 것을 곰곰이 생각하는 기회를 제공하는 것은 특히 중요하다. 단지 다른 관점에 대한 존중이 아니라 사려 깊고 지지할 만한 주장과 해석에 대한 존중을 강화하는 방식으로 반성할 수 있도록 학생들의 기회를 만들어 보는 것도 똑같이 중요하다. 이제껏 보아온 것처럼 이 책에서 교사들은 이런 종류의 토론과 의견 차이를 다루는 데 있어 학생들에게 도움이 되는 방법들을 찾는 도전에 진지하게 응했다. 그들은 특히 평가가 얼마나 쉽게 지적인 위험 감수를 억누를 수 있는지를 의식하고 있다. 그 결과 교사들은 마치 학생들이 아이디어, 혹은 의견들이 공격받고 있다는 느낌을 주지 않고 학생들의 발전에 대한 평가를 제공하는 많은 방법들을 개발해 냈다. 자네트 그로스는 이 점에 있어서 특히 성공적이었다. 사실 한 해에 그녀의 중학교 학생들은 그녀의 테스트가 "가장 재미있는 것"이라는 투표를 했다. 이것은 자주 시험으로 싫증난 청년들로부터 얻은 매우 놀라운 신임투표였다. 자네트가 그녀의 학생들에게 부과한 아래의 두 가지 도전을 바라보라.

Bickmore (1999)

- 학생들은 미 대륙에서 초기 문화접촉에 대한 8학년 단원 끝에 있는 이러한 과제에 응답한다. 당신은 지방 텔레비전 교육 방송(KET)의 역사 프로 대토론회에 참가하도록 초청받았다. 준비 과정에서 당신은 미국 원주민을 도와주려고 애쓰는 데 있어서 바르톨롬(Bartolome)은 이익보다는 해를 더 많이 끼친 것인지 아닌지를 생각해 보라는 요

청을 받았다. 이 문제에서 당신의 입장을 옹호하는 짧은 기사를 써라. 그리고 나서 역사상 이 시기가 오늘날 당신의 생활에 어떻게 영향을 미치는지를 설명하라.

- 다른 학급에서 홀로코스트를 수업하고 있는 학생들은 다음에 오는 시나리오를 상상하도록 요구받는다. 즉 당신은 연회 단체에 객원 연설자로 초청되었다. 당신은 홀로코스트와 오늘날 반유대주의에 초점을 맞추기로 결정했다. 당신의 연설은 무엇을 포함해야 하는가? 우리가 수업한 것이 이 주제에 대한 당신의 생각을 어떻게 넓혀 주는가?

여러분은 각 과제가 학생들이 공부했던 역사에 대해 다른 관점을 표현하는 범위를 제공하고 있다는 것을 알아차릴 것이다. 각 질문은 또한 과거와 현재 사이의 관계를 만들도록 학생들에게 요구한다. 예를 들면 역사상의 어떤 시기가 오늘날 생활에 어떻게 영향을 주었는가? 특별한 공부는 학생들의 사고를 어떻게 넓히는가? 학생들의 반응은 자신들이 맡았던 이슈의 입장에 근거해서 평가되는 것이 아니라, 그 입장을 옹호하기 위해 그들이 정리한 지지 자료들의 질에 근거해서 평가된다고 자네트는 조심스럽게 설명한다.

비록 학생들이 역사적 대립과 논쟁들에 대해 자신들이 알고 있고 이해하는 것을 표현하는 데는 많은 방법이 있지만, 그것은 다른 관점에서 표현하고 의견을 말하는 데 사용되는 몇 가지 사회적 형태를 그들에게 소개하는 데 도움이 된다. 때때로 자네트는 역사적 대립에서 특별한 입장이나 엇갈리는 입장을 설명하는 데 시사만화, 비디오테이프, 그림, 그리고 사진과 같은 이런 장르를 사용하도록 학생들에게 요구한다. 그녀는 자기 학생들이 전달하려고 하는 것이 무엇인지를 분명히 이해하기 위해서 만화 혹은 사진의 뒷면에 핵심어를 제시하게끔 한다. 그녀는 핵심어가 자신들의 요점을 제시하는 데 도움을 준다고 하더라도 그 핵심어를 제시하는 데 학생들이 신경을 쓰지 않는다는 것을 발견한다. 학생들은 일반적으로 자신들이 알고 있는 것을 가장 잘 보여줄 수 있게 해주는 매체를 선택할 수 있는 기회에 대해서 좋게 생각하며, 자기들이 시도하는 요점들을 선생님과 동료들이 온전히 이해하는지를 확인하고 싶어한다. 자네트는 또한 학생들이 동료들과 작업을 함께 하는 데 있어 학생들의 흥미를 이용한다. "내 수업시간에서 양식"은 "창조적이고 발표하며 토론하는 것이다."라고 그녀는 설명한다. 학생들이 그들의 작업을 설명하기 위해 반복되는 기회, 즉 이러한 양식의 "발표하고 토론하는" 측면은 학생들이 자신들의 아이디어를 분명하게 하는 데 도움이 된다. 그들이 그렇게 할 때 자네트는 그들 사고의 진행에 대한 풍부한 데이터를 수집한다. "창조"적 측면에서 그녀는 비공식적으로 학생들의 작업을 관찰하고 질문을 하며 진행 방법과 내용에 관해 제안을 하기도 한다. 관찰과 질문은 또한 어떤 종류의 미니 수업을 가르칠 필요가 있는지를 교사가 결정하는 데 도움이 된다. 예컨대 학생들이 어떤 특정 자료를 가지고 애쓰고 있다면, 자네트는 그 자료를 학생들이 더 잘 분석하고 사용할 수 있도록 도움이 되는 방향으로 교수법을 계획할 수 있다. 마찬가지로 그녀는 요점을 뚜렷하게 하고, 새로운 질문을 제기하며, 혹은 다른 관점을 제시할 수 있는 다른 자료를 확인할 수도 있다. 이런 종류의 형성평가는 역사 탐구의 결정적인 부분이다. 어떤 교사도 깊은 탐구가 취급할 수 있는 다른 변화를 모두 예언할 수는 없다. 이런 변화에 대한 주의 깊은

학생들은 논쟁이 될 만한 이슈에 근거해 토론과 논쟁에 적극 참여할 수 있는 사회적 양식을 배울 필요가 있다.

Seixas (1999)

형성평가는 교사들이 학생들과 함께, 그리고 학생들을 위해 계획을 세우는 데 도움이 된다.

관찰이 없다면 학생들은 좌절될 수 있고 흥미를 잃어버릴 수도 있다. 교사들이 주의 깊게 관찰하면 학생들의 요구를 더 잘 예견하고 학생들이 역사탐구에 전념하도록 더 잘 스캐폴딩할 수 있다.

발표와 토론의 측면들은 창조의 측면만큼이나 자네트의 교실에서 중요하다. 일단 학생들이 결과물을 가지면(역사적 해석 혹은 분석의 어떤 형태) 그 결과물을 친구들에게 발표하도록 하는 기회는 결과물의 질에 더욱 신중한 주의를 기울이도록 격려한다. 그러나 이것은 만약 발표자가 그들의 발표에서 실제적인 피드백을 가지고 관객들이 그 발표를 진지하게 받아들일 이유가 있을 때에만 효과가 있다. 자네트는 관객 참여를 극대화하고 발표자들에게 유용한 피드백을 제공하기 위해 발표들을 조직한다. "나는 언제나 귀 기울일 무엇인가를 그들에게 준다."라고 그녀는 설명한다. "때때로 우리는 평가 가이드를 함께 편집한다. 가끔 우리는 칠판에 어떤 것을 나열하기만 한다. 그러나 우리는 그들이 동료들에게 관심을 가지고 있다는 것을 확실하게 하기 위해 물론 사람 개인에의 관심이 아닌 그들의 작업에 초점을 맞출 수 있는 무언가를 가지고 있다." 학생들이 동료들의 발표를 들을 때 그들은 기록을 한다. 이러한 노트들은 다시 다음의 토론을 위한 기초를 형성한다. 토론하는 동안 발표자는 전문가이다. 즉 그들은 질문에 답하고 요점을 분명하게 해 주며 더 나은 정보를 찾을 수 있는 장소를 제한하도록 기대되어진다. 다음에 그들은 동료들로부터 자신들의 발표에 대해 글로 작성한 피드백을 받는다(도해 10.4를 보라). 이 피드백은 내용과 발표 스타일에 관한 논평을 담고 있다. 학생들은 피드백을 제공하고 받는 적절한 방법을 토론한다. 그리고 자네트는 양자를 모니터하고 모형을 만든다. 이러한 방법으로 학급에서의 평가는 교사와 학생이 과거에 대한 공유된 이해를 구축하기 위해 함께 작업을 하는 데 있어서 지속적이고 실질적인 대화의 일부분이 된다.

Larson (1999)

발표 기준	발표 평가
학습 단원과 연결시키는 것	
내용을 똑똑히 말하기	
흥미롭고 정확하게 관련된 항목을 제공하기	
자료 확인하기	
긍정적인 방법으로 관중의 주의를 끌기	

도해 10.4 동료 피드백 양식

결 론

역사적 사고의 기능들 가운데 하나는 개인적인 일을 증진시킬 뿐만 아니라, 공익을 증진시키는 정보에 밝고 합리적 의사결정을 학생들이 할 수 있도록 돕는 것이다. 개인들이 그런 결정을 할 때 그들은 속임수의 대상이 될 가능성은 더 적어지고 타인에 대한 존중과 품위 있는 자신들의 삶을 만들어갈 가능성은 더욱 높아진다. 그러나 개인적인 결정은 진공상태에서는 만들어지지 않는다. 현재 미국 문화에서 학생들은 종종 폭력을 갈등 해결과 자기중심적 경쟁 때문에 거부된 문제해결의 첫 번째 수단의 하나로 모델화한 것으로 본다. 이런 양식들을 바꾸는 것이 항상 쉽거나 편안한 것은 아니다. 그러나 그 노력은 가치가 있다고 우리는 생각한다. 1장에서 주장했듯이 만약 역사가 근본적으로 논쟁적이라면 우리는 학생들이 논쟁에 지적으로 인지하고 응답하도록 도와줄 책임이 있다. 게다가 만일 민주주의가 대립적인 의사결정 모델을 만드는 데 토대가 된다면, 그리고 만약 우리의 많은 공적인 갈등들이 역사적 근거를 가진다면, 그 같은 갈등들이 역사적으로 어떻게 끝이 나는지, 그런 갈등에 대한 토론에 학생들이 어떻게 참여하는지를 더욱 잘 이해하도록 도와주는 것이 훨씬 더 중요하게 된다. 최종적으로 만약 역사적 동력을 연습하는 것이 우리가 갈등과 그에 대한 의견 일치에 반응하는 방법을 깊이 새기게 해준다면 갈등을 분석하기 위해서 뿐만 아니라, 미래를 만들어 가기 위한 이성적이고 신중한 조치를 취할 수 있도록 학생들을 격려해 줄 또 다른 강력한 주장을 가지게 된다.

역사적 동력은 우리가 갈등과 의견일치에 어떻게 반응하는가에 영향을 미친다.

이 장은 역사적 사고라는 두 개의 관련된 관점에 초점이 맞춰져 있다. 그것은 대립과 합의의 영향을 인지하는 것, 그리고 역사적 동력을 이해하는 것이다. 데헤아의 수업에서 이러한 측면들은 **지역사회**라는 사회과 학습의 주제적 단원이라는 배경에서 다루어지고 있었다(이 단원에 관한 더욱 자세한 내용은 8장을 보라). 학생들이 그들의 지역사회에서 대립과 합의의 영향을 이해하도록 도와주기 위해서 그녀는 공적인 갈등의 처리를 교실의 규율에 분명하게 관련시켰다. 그녀의 메타인지에 대한 강조, 즉 과제를 묘사하는 은유법을 성립시키는 것, 진행절차 모형 만들기, 그리고 그것들을 분석하도록 학생들에게 요구하기, 그들의 "좋은 주장"에 대한 지침의 개요를 그리면서 혼자 말해보기 등의 논쟁적인 이슈는 새로이 탐구하는 학생들을 위한 인식의 시금석을 제공하였다. 게다가 수업은 학생들이 어디서나 관련된 사람들과 인터뷰할 수 있고, 지방공무원에게 편지를 쓸 수 있으며, 결정을 하는 참여자들을 살펴볼 수 있는 지역사회에서의 논쟁에 초점을 맞추었기 때문에 그녀의 학생들은 시민 참여자의 역할에 대해 배울 수 있었다. 그들은 다른 사람들이 역사적 동력의 역할을 한다는 것을 배웠을 뿐만 아니라 스스로도 동력이 되는 것을 연습했다.

짐 파렐의 학생들은 시간적으로 더 오래된 문제로 시작했지만 일부 이슈들은 현재에까지 영향력을 뻗치고 있다는 것을 알았다. 역사적 문제에 대한 현재의 표현에 부담스러워 하면서 일부 학생들은 역사적 주체의 역할을 거절했다. 반면 다른 학생은 그것을 받아들였다. 과거의 역사적 행위자처럼 그들은 그런 이슈들이 자신들의 삶 속에서 어떻게 끝이 날지에 대한 선택을 했다. 자네트 그로스의 학생들은 권리장전을 선택했고 그것이 그들의 생활에 일상의 영향력을 미치고 있는 살아 있는 기록이라는 점을 발견했다. 빅토르와 빌리의 수업에서 뿐만 아니라, 이들 각 학급에서 이루어진 학문적이고 반성적인 탐구는 역사적 사건의 의미와 갈등이 다루어지는 방법들에 관한 개인적이고 집단적인 동력, 즉 사회적 참여의 영향을 학생들이 확립하는 데 도움을 주었다. 비록 모든 학급에서 이루어지는 현재 또는 역사적 논쟁들이 그런 광범위한 취급을 요구하는 것은 아니라 하더라도 일부 이슈, 논쟁 혹은 질문들은 모든 역사적 탐구의 핵심에 있다. 논쟁도 질문도 해결되지 않고 어떤 관점들도 이해되지 않는다면 역사는 생명이 없는 것이다. 즉 점점 더 상호의존적이고 복잡하며 논쟁적인 세상에 대해 우리에게 말해줄 것이 거의 없는 그런 것이다.

> 역사적 동력은 적극적인 시민의 참여를 내포한다.

어린이와 청소년의 문학

Nonfiction on Historical Controversies

Aaseng, N. *You Are the Supreme Court Justice*. Oliver, 1994. (Look for other titles in the "Great Decisions" series.)

Altman, L. J. *The Pullman Strike of 1894: Turning Point for American Labor*. Millbrook, 1994. (Look for other titles in the "Spotlight on American History" series.)

Ashabranner, B. *A New Frontier: The Peace Corps in Eastern Europe*. Cobblehill, 1994.

Children of Yugoslavia Staff. *I Dream of Peace*. HarperCollins, 1994.

Clinton, C. *The Black Soldier: 1942 to the Present*. Houghton Mifflin, 2000.

Colman, P. *Mother Jones and the March of the Mill Children*. Millbrook, 1994.

Filipovic, Z. *Zlata's Diary*. Viking, 1994.

Frank, A. *Anne Frank: The Diary of a Young Girl*. Doubleday, 1967.

Frank, A. *The Diary of Anne Frank: The Critical Edition*. Netherlands State Institute for War Documentation & Doubleday, 1989.

Freedman, R. *Kids at Work: Lewis Hine and the Crusade Against Child Labor*. Clarion, 1994.

Fritz, J. *The Double Life of Pocahontas*. Putnam, 1983.

Gay, K. *The New Power of Women in Politics*. Enslow, 1994. (Look for other titles in the "Issues in Focus" series)

Hart, A. *Who Really Discovered America? Unraveling the Mystery and Solving the Puzzle*. Williamson, 2003.

Hoose, P. *We Were There, Too! Young People in History*. Farrar Straus & Giroux, 2001.

Howard, T. A., & Howard, S. *Kids Ending Hunger: What Can We Do?* Andrews & McMeel, 1992.

Knight, M. B. *Who Belongs Here? An American Story*. Tilbury, 1993.

Kuklin, S. *Iqbal Masih and the Crusaders Against Child Slavery*. Holt, 1998.

Lorbiecki, M. *Sister Anne's Hands*. Dial, 1998.

Meltzer, M. *Never to Forget: The Jews of the Holocaust*. Harpers, 1976.

Meltzer, M., & Cole, B. *The Eye of Conscience: Photographers and Social Change* (with 100 photographs by noted photographers, past and present). Fawcett, 1974.

O'Neill, L. A. *Little Rock: The Desegregation of Central High*. Millbrook, 1994. (Look for other books in the "Spotlight on American History" series.)

Robinet, H. G. *Forty Acres and a Mule*. Atheneum, 1998.

Springer, J. *Listen to Us: The World's Working Children*. Groundwood, 1998.

Statni Zidovske Museum, Prague. *I Never Saw Another Butterfly*. McGrawHill, 1964.(See also Bernstein, L. *Chichester Psalms: I Never Saw Another Butterfly*. Musicmasters, 1990.)

Sullivan, G. *The Day the Women Got the Vote: A Photo History of the Women's Right Movement*. Scholastic, 1994.

Weisbrot, R. *Marching toward Freedom, 1957-1965: From the Founding of the Southern Christian Leadership Conference to the Assassination of Malcolm X*. Chelsea, 1994. (Look for other books in the "Milestones in Black American History" series.)

내 생각에
그것은 또 다시 일어날 수 있어요 **11**

시간의 경과에 따라 태도와 신념이 어떻게 변했는가?

그 해 내내 에이미 레이(Amy Leigh) 교사는 시간이 경과함에 따라서 아이디어·태도·가치관·신념이 변화하는 방식에 그녀의 4학년 학생들이 관심을 갖게 한다. 예를 들면 그 해의 시작 초반에 그 수업은 이름의 변화를 조사한다. 자신들의 이름에 대해 토론한 후 학생들은 그들의 부모·조부모 세대의 이름에 대한 정보를 수집한다. 즉 어떤 이름들이 다소 공통적인가, 어떻게 이름들의 길이가 변화하였으며 이름을 선택하는 이유가 어떻게 변하게 되었는가에 관해서이다. 학생들은 조별로 수집한 자료를 기록하고 분석하기 위해 작업을 한다. 그들은 학급의 잔류자들에게 조사 결과를 발표한다. 좀더 과거 시대의 이름들에 관한 정보를 얻기 위해 근처 공동묘지를 방문하며 또한 저들 집단들 사이에 이름을 짓는 유형에 관한 정보를 위해 체로키 인디언족과 노예가 된 아프리카인들의 19세기 인구조사 기록을 검토한다.

그 해 후반에 에이미는 시간의 경과에 따른 사회관계의 변화에 대한 단원을 시작한다. 이 수업은 인종·지역·성 차이에 대한 태도에 중점을 둔 문학작품, 즉 『팀메이트』(Teammates), 『할아버지 팔에 있는 숫자』(The Number on My Grandfather's Arm), 『팔찌』(The Bracelet), 『블루머』(Bloomers!) 등과 같은 책을 읽고 토론을 한다. 그리고 학생들은 모의일기나 기록된 대화와 같은 활동을 통하여 반응한다. 이러한 단원을 통해 에이미 교사가 중점을 둔 것은 사람들이 그들 자신과 다른 사람의 차이에 대처하는 방식과 그러한 대처에 기초를 이루는 태도이다.

그 해 후반에 식민지 미국에서의 삶에 관한 단원을 공부하고 학생들은 '세이럼 마녀재판'에 대해 학습한다. 에이미는 마을 사람들의 직업과 공동체에 대한 종교적 신념 및 아이디어가 그들 각자의 태도에 어떻게 영향을 미치는지에 대한 설명으로 수업을 시작한다. 다음 2주에 걸쳐 학생들은 마을 사람들의 역할을 맡아서 마법에 걸렸다는 혐의를 가진 마녀를 재판하는 모의재판을 계획한다. 학생들은 그들의 행동과 진술을 과거 사람들의 신념에 바탕을 두고 계획해야 한다. 예를 들면 목격자들은 어떤 증거가 당시의 사람들에게 납득이 가는 것이었는가를 결정하고, 배심원은 어떤 증거가 현재 사람들이 아닌 당시 사람들을 납득시켰는가를 판결한다.

역사적 사고는 과거 사람들의 관점을 이해하는 것과 관련이 있다. Lee(1978), Lee & Ashby(2001), Portal(1987), Shemilt(1984)

Jennings(1975), Jordan(1968)

역사가들은 현대적 태도가 과거의 사람들에게 있다고 하는 생각을 피한다.

Barton(2002), Barton & Levstik(1996), Levstik & Barton(1996)

많은 어린이들은 인종과 성에 대한 태도가 과거에는 달랐다고 생각한다. Barton(1994)

Lee & Ashby(2001)

과거 사람들의 관점을 인식할 수 있게 되는 것은 의미 있는 역사 이해를 위한 요구조건이다. 당시의 사람들이 했던 것처럼 행동한 이유를 이해하기 위해서 그들의 사고를 형성하는 문화적 배경과 친밀해져야 할 필요가 있다. 역사 속에서 사람들의 사고나 태도·가치관·신념 등에 대한 검토가 없다면 학생들의 행동은 의미가 없다. 예를 들면 영국이 지배한 북미 지역에 있어서 인종적 노예제의 발전은 아프리카인과 영국인 사이의 차이에 대한 영국인의 아이디어를 참고해야만 이해할 수 있다. 즉 문명을 구성했던 것이 무엇인가에 관한 아이디어를 참고함으로써 미국 원주민의 정복을 이해할 수 있는 것과 같다. 비록 순수하게 역사수업에 '사실적' 접근을 옹호하는 자들은 때로는 과거 사람들의 생각속으로 들어가는 것이 불가능하다고 주장한다. 그래서 학교에서는 이것을 가르칠 수 없다. 그러므로 아무것도 진실로부터 더 나아갈 수는 없다는 것이다. 대부분의 역사 해석은 사람들의 동기를 설명한다. 그리고 역사학자들은 현대의 태도에 기초를 둔 아이디어와 과거 사람들에게 영향을 주었을지도 모르는 아이디어를 조심스럽게 구분한다. "과거 속의 현재를 읽는 것", 즉 현재를 기준으로 역사적 사건을 설명하는 것은 역사학자들의 가장 중요한 죄악이다. 즉 중세 농노와 주군, 그리고 18세기 일본 상인, 혹은 1890년대 텍사스 여성 농부들의 행동을 그들은 모두 20세기 후반 유럽계통의 중산 계급 미국인들이라고 주장함으로써 설명할 수는 없다. 그들의 세계관·정신관, 그리고 사상은 현대 사람들의 그것과는 다르다. 그리고 이러한 차이는 설명되어야 한다. 그렇지 않으면 그들의 행동은 바로 어리석어 보일 수 있다. 예를 들면 기독교주의 농부들의 하나님, 악마, 일, 공동체 등에 대한 세이럼 마을인들의 행동을 이해하지 않으면 그 사람 혹은 그녀가 마녀인지 아닌지를 결정하기 위해 누군가를 물 속에 빠뜨리는 관행은 논리적으로 결점이 있는 것처럼 보인다. 우리들 중 대부분은 마녀가 없다는 데 동의할 것이며, 만약 있다고 해도 그들을 물 속에 빠뜨리는 것으로 그 사실을 증명할 수는 없다. 우리의 기준을 세이럼 마을 사람들에게 적용한다면 그들은 모두 정신적으로 결함이 있어 보인다.

그리고 사실상 그것을 과거 사람들의 관점에 관해 더 깊게 공부하기 전까지 라는 사실을 어린이들은 정확하게 생각한다. 우리는 학생들이 시간이 지남에 따라 물질적 삶이 어떻게 변하는지에 대해 이미 무엇인가를 알고 있는 상태로 학교에 온다는 점을 강조해 왔다. 예를 들면 그들은 역사 속에 나오는 의복이나 기술들에 대해 빨리 인지하고 비교적 정확하게 연대순으로 놓을 수 있다. 그러나 아이디어에 있어서 변화에 대한 학생들의 이해가 매우 정교하지는 못하다. 그들은 논제에 관한 몇 가지 일들을 안다. 학생들은 사람들이 과거에 여성이나 소수자에 대한 차별적 태도를 가졌던 것을 가끔 인정한다. 그리고 그들은 유럽 이민자들이 토착 미국인들과 동등하게 생각하지 않았다는 것을 배웠을지도 모른다. 그러나 학생들은 일관된 신념의 체계, 즉 그들 자신의 것과는 다른 것들의 일부로서 이러한 태도들을 보는 기회를 잘 갖지 못했다. 대신 학생들은 이질적이고 납득이 가지 않는 착오들로서 자신들을 생각하는 경향이 있다. 그리고 그들은 일반적으로 과거 사람들이 우리들처럼 영리하지 못하다고 결론을 내린다(10장에서 빌리(Billie) 교사의 6학년 학생들이 세르비아인들의 침략을 단지 어리석음으로써 설명할 수 있었다고 가정한 방법과 비슷하다). 비록 사람들이 과거에는 사물을 왜 다르게 생각했는지에 대한 이유를 지속적으로 학생들에게 질문함으로써 에이미는 학생들이 시간의 경과에 따라 어떻게 사고가 변화했는지에 대해 보다 더 복잡한 이해를 발전시킬 수 있도록 돕는다.

이름에 있어서의 변화

과거 사람들의 어리석음에 대한 학생들의 믿음은 가끔 충격적이다. 예를 들면『이민 아동』(*Immigrant Kids*)을 읽는 동안 티나 레이놀즈(Tina Reynolds) 교사의 수업에서 학생들(5장)은 그 당시 사람들이 옷을 어떻게 세탁했는지에 대한 토론을 하였다. 몇몇 학생들은 예전에도 세탁기가 없었기 때문에 싱크대에서 세탁을 했다고 생각했지만, 어떤 학생은 예전에도 세탁기가 있었으나 과거 사람들이 너무 어리석어서 그것을 사용할 줄 몰랐다고 믿었다. 의복 형태에서도 비슷한 생각을 나타냈다. 예를 들면 티나 교사는 과거 사람들이 자신들의 패션이 촌스럽다는 것을 깨닫고 어느 날부터 제대로 옷을 입기 시작했다고 학생들이 때때로 주장했다는 사실을 발견했다. 그리고 가족사 프로젝트를 하는 중에 여러 학생들은 1970년대 그들 부모의 고등학교 시절 앨범을 가지고 와서 부모들이 왜 이렇게 촌스럽게 옷을 입었는지를 알고 싶어했다. 분명 그렇게 매력이 없는 옷을 입는 1970년대 사람들의 경향은 여러 학생이 그들은 그날이 사진 찍는 날이라는 것을 몰랐음에 틀림없다고 결론을 내리게 했다. 시간의 경과에 따라 사고가 변하는 방식을 체계적으로 탐색하지 않았기 때문에 학생들이 완전히 무시하는 것 외에, 폴리에스테르 레저용 옷을 설명할 방법이 없었다.

과거 사람들이 자신들은 어리석고 촌스럽다고 생각하지 않는다는 사실을 이해하지 않고는 역사에 대해 많이 이해하는 것은 어렵다. 만약 학생들이 과거 사람들에게 세탁기 사용 방법을 보여주어 사용하거나 그들이 얼마나 촌스러운지 알려줘서 그것을 고친다고 학생들이 생각한다면 이러한 과거 사람들에 대한 연구는 쓸데없는 연습임에 틀림이 없다. 그것이 보여주는 모든 것은 그들이 어떤 감각을 얻기 전까지 당시 뒤처진 사람들은 깨우칠 필요가 있다는 것이다. 다행히 에이미는 학생들의 역사적 무지에서 초기의 믿음을 바꾸는 것이 쉽다는 것을 알았고, 과거 사람들이 스스로 촌스럽지 않고 그 당시에는 평범하다고 생각했다는 것을 깨닫도록 하기 위해 도와주었다. 즉 그들은 우리들과 보는 관점이 다르기 때문이다. 이름 프로젝트는 그녀가 학생들에게 이러한 역사 이해의 측면을 소개하는 한 수단이다.

전체 프로젝트는 학생들에게 인기가 있었고, 또한 그것은 그들 개인과 가족사로부터(4·5장에서 기술한 것과 비슷하다) 7장에서의 역사박물관 프로젝트에 좋은 전이를 제공하였다. 학생들은 자신들의 이름에 대해 말하기를 좋아했고, 보통 그것에 대해 많은 대화를 했다. 에이미는 윌프리드 고든 맥도널드 파트리지(*Wilfrid Gordon McDonald Partridge*)라는 '한 소년이 네 가지 이름을 가진 어떤 누나를 친구로 만난다는 내용'의 책을 읽게 함으로써 단원을 시작했다. 책에 관해 토론하면서 에이미는 그들의 이름에 관해 질문하였다. "너희 중 이름을 네 개 가지고 있는 사람이 있니?" "별명을 가진 사람이 있니?" "너는 너의 이름

Freedman (1980)

어린이들은 때로는 과거의 사람들은 오늘날의 사람들만큼 지혜롭지 못하다고 생각한다. Barton(1996) Lee & Ashby(2001)

Fox(1985)

문학과 개인적 관계는 역사 주제에 대한 공부에 입문을 제공할 수 있다.

을 어떻게 갖게 되었는지 알고 있니?" 학생들의 반응은 열정적이었다. 그들은 자리에 간신히 앉아 있을 수 있었다. 학생들은 자신의 이름에 관해 알고 있는 사실과 그들이 자신의 이름을 좋아하는지, 그리고 어떤 이름을 가지기를 바랐는지 등에 대해 이야기 나누는 것을 매우 흥미로워했다. 숙제로 각 학생들이 자신의 이름에 관한 추가적인 사실 세 가지, 예를 들면 누가 그들의 이름을 지었고, 만약 성별이 바뀌었다면 어떤 이름이 지어졌을지와 같은 것들을 알아오게 하였으며, 이를 다음 날에 서로 의사교환하기로 하였다. 학생들은 이러한 정보를 그들의 쓰기 포트폴리오의 한 부분인 에세이의 기초로 사용했다.

이러한 논제에 관한 흥미를 발전시키면서 에이미는 이후 프로젝트의 매우 명확한 역사적 측면으로 이동했다. 그녀는 학생들에게 더 이상 흔한 이름이 아닌 과거의 사람들이 사용한 이름이 있었다고 생각했는지 하지 않았는지에 대해서 물었다. 그리고 비록 학생들의 예가 다소 확신은 부족하지만 대부분의 학생들은 그레이디스(Gladys)·마벨(Mabel)·델마(Thelma)·노라(Nola) 등과 같은 여러 가지 이름을 쉽게 생각할 수 있었다. 그리고 그들은 또한 오늘날에 흔한 티파니(Tiffany)·엠버(Amber)·크리스탈(Crystal) 등과 같은 이름이 있었다고 생각했다. 그것은 과거에는 잘 사용되지 않았다. 대부분의 학생들이 제시한 이름들은 여자의 이름이었고, 에이미는 학생들에게 남자의 이름보다 여자의 이름이 시간의 경과에 따라 더 많이 바뀐다고 생각하는지를 물었다. 비록 다시 학생들은 그다지 확신하지 않지만 아마도 그렇다고 생각했다. 끝으로 에이미는 이름이 선택된 이유가 과거와는 다르다고 생각하는지 아닌지를 물었다. 학생들은 자신들의 이름에 관한 이유에 흥미가 있었지만 대부분의 학생은 이름의 이유에 대해서 확고한 의견을 가지지 못했다. 소수의 학생들은 더 많은 사람들이 오래 전 가족 구성원에게서 이름을 따왔다는 것을 제시했다.

그래서 에이미는 이 문제를 더욱 체계적으로 조사하도록 하는 과제를 학생들에게 소개했다. 그녀는 각 학생들에게 자료 수집 시트지(도해 11.1)를 주었고, 학생들은 자신들의 조부모·부모, 그리고 그들 자신의 세대의 이름에 관한 정보를 수집하기로 예정되어 있었다. 다음 날 학생들에게 자신들이 조사한 것에 대해 얘기를 나눌 수 있게 한 후 그녀는 학생들을 조로 나누어서 각 조에 대해 다음과 같은 대답할 질문을 주었다.

- 남자의 이름이 시간의 경과에 따라 바뀐 이유는?
- 여자의 이름이 시간의 경과에 따라 바뀐 이유는?
- 오직 한 세대에만, 또는 모든 세대에 걸쳐 발견되는 일부 남자의 이름이 있는가?
- 오직 한 세대에만, 또는 모든 세대에 걸쳐 발견되는 일부 여자의 이름이 있는가?
- 남자의 이름은 점점 짧아지는가? 길어지는가?
- 여자의 이름은 점점 짧아지는가? 길어지는가?

학생들은 역사적 결론을 도출하기 위해 수학적 방법을 사용할 수 있다.

다음 한 주 동안 학생들은 이 질문들에 대답할 그들의 데이터 시트들을 사용하고 발견들을 의사소통하기 위해 전시를 디자인하려고 조로 나누어서 작업했다.

이 프로젝트의 탐구 지향적인 측면은 명확하다. 그러나 그것은 과거 사람들의 관점을 인지하는 것과 더불어 무엇을 해야 하는가? 사실 이 프로젝트는 과거 지식의 부족에 대해 학생들의 선입견을 바로잡도록 도와주는 것이었다. 학생들이 이 프로젝트를 실행하고 있을 때 자신들이 발견한 더 많은 특이한 이름에 대해 자주 말하고, 특히 그들 조부모 세대의 이름에 대해 언급했다. "오팔(Opal), 난 이 이름이 좋아." 또는 "클레아투스(Cleatus), 난 누구

세대

본인 세대 (본인, 형제, 사촌)	부모 세대 (부모, 삼촌, 숙모)	조부모 세대 (조부모, 대숙부, 대고모)
이름_____ 선택된 이유 : ____좋게 들리기 때문에 ____친, 인척 관계 ____유명인사 ____모른다 ____기타 _____	이름_____ 선택된 이유 : ____좋게 들리기 때문에 ____친, 인척 관계 ____유명인사 ____모른다 ____기타 _____	이름_____ 선택된 이유 : ____좋게 들리기 때문에 ____친, 인척 관계 ____유명인사 ____모른다 ____기타 _____
이름_____ 선택된 이유 : ____좋게 들리기 때문에 ____친, 인척 관계 ____유명인사 ____모른다 ____기타	이름_____ 선택된 이유 : ____좋게 들리기 때문에 ____친, 인척 관계 ____유명인사 ____모른다 ____기타	이름_____ 선택된 이유 : ____좋게 들리기 때문에 ____친, 인척 관계 ____유명인사 ____모른다 ____기타 _____
이름_____ 선택된 이유 : ____좋게 들리기 때문에 ____친, 인척 관계 ____유명인사 ____모른다 ____기타	이름_____ 선택된 이유 : ____좋게 들리기 때문에 ____친, 인척 관계 ____유명인사 ____모른다 ____기타	이름_____ 선택된 이유 : ____좋게 들리기 때문에 ____친, 인척 관계 ____유명인사 ____모른다 ____기타 _____
이름_____ 선택된 이유 : ____좋게 들리기 때문에 ____친, 인척 관계 ____유명인사 ____모른다 ____기타	이름_____ 선택된 이유 : ____좋게 들리기 때문에 ____친, 인척 관계 ____유명인사 ____모른다 ____기타	이름_____ 선택된 이유 : ____좋게 들리기 때문에 ____친, 인척 관계 ____유명인사 ____모른다 ____기타 _____

도해 11.1 자료 수집 차트

도 더 이상 이런 이름을 쓰지 않는다는 것을 알아." 이러한 언급이 언제든지 일어난다면 에이미는 왜 그런 이름이 더 이상 쓰이지 않는지에 대한 이유를 물었다. 학생들의 초기 반응은 과거 사람들이 무엇이 더 나은지를 알지 못하기 때문이라는 예전의 아이디어를 가끔 드러냈다. 당신이 정말로 귀여운 소년을 갖지 않기를 원한다면 '올리버(Oliver)' 라는 이름을 짓고, 참으로 귀여운 소녀를 갖기를 원한다면 '펄(Pearl)' 이라는 이름을 지어라. 심지어 한 학생은 과거 사람들이 알파벳의 모든 글자들을 말할 수 있을 정도로 충분한 교육을 받지 못해서 우리가 지금 발음할 수 있는 이름을 발음하지 못했기 때문이라고까지 말했다. 그러나 대부분의 학생들이 이러한 제안을 하자 곧 다른 학생들도 그 당시의 이름은 재미있게 들리지 않았고, 오히려 평범하거나 심지어 높은 톤으로 들리기까지 했다는 지적을 통해 수정하였으며, 다른 학생들도 즉시 동의했다.

아마도 이 논제가 이름같이 단순한 것이기 때문이거나 혹은 학습되고 있는 사람들이 그들의 부모나 조부모들이었기 때문에 학생들은 과거 사람들이 얼마나 어리석었는지를 알수 없었던 것이 아니라 유행이 변하기 때문에 어떤 것들이 변한다는 사실을 이해하기 시작했기 때문일 것이다. 이 프로젝트를 마치고 수업에서 학생들은 언제든·누구든 역사 속에서 얼마나 어떤 특이하고 당혹시키는 무엇이 보이는가를 언급했을 때 다른 학생들은 그에 대한 의견을 끼워 넣을 수 있었다. 그러나 이것은 우리들이 그것에 익숙하지 않았기 때문에 그것은 그들의 방식으로 보이지 않고 우리들의 방식으로 보인다. 더욱이 학생들은 이런 이해의 변화에 대해 전적으로 지각하고 있으며 심지어 자랑스러워한다. 그들은 자신들이 했던 것을 예전이나 지금이나 잊지 않는다는 것을 알고 있었다. 게다가 역사 탐구과정의 모든 이점은 이 프로젝트가 학생들에게 과거 사람과 자신들의 관점이 어떻게 다른지, 즉 역사 이해의 근본 특성을 처음으로 보도록 도와주었다.

학생들은 과거 사람들의 관점은 그들 자신의 것과는 다르다는 것을 이해할 수 있다.

사회 관계에 있어서의 변화

물론 시간이 지나면서 관점에 있어서 더욱 심각한 변화가 있다. 가장 중요한 몇 가지는 사람들이 그들과 다른 사람들을 대하는 방식과 관련된다. 지역·종교·성의 차이에 대한 태도들은 많은 역사 속에서 가장 지속적이고 드라마틱한 투쟁에 대한 책임이 있다. 7장에서 주목했듯이 에이미의 학생 중 누구도 역사박물관 프로젝트 동안 사회 관계에서의 변화를 탐구하지 않았다. 대신에 학생들은 그들의 생활에서 가장 잘 아는 일상생활의 측면, 즉 장난감·옷·자동차 등에 중점을 두었다. 에이미는 학생들에게 사회 관계에 대한 관점 변화를 이해하는 능력을 키우는 데 책임이 있다는 것을 알고 있었고, 이를 위해 그녀는 아동 문학 작품에 주로 의존하였다.

에이미는 학생들에게 만약 학생 중 누군가가 어떤 것을 하기를 원하지만 그것이 허락되지 않는다면 어떻게 할까? 라는 질문을 함으로써 단원을 시작했다. 모든 학생들이 이러한 사례를 당연히 가지고 있고, 에이미는 학생들이 원했지만 가능하지 못했던 이유와 함께 칠판에 사례들을 적었다. 그녀는 학생들에게 무엇이 공정하고 무엇이 그렇지 않다고 생각하는지의 이유에 대해 질문했다. 대부분의 학생들은 자신들이 그것들에 동의할 수 없을지라도 몇 가지 이유들은 공평하다는 것을 알았다. 예를 들면 자신이 언니 나이가 될 때까지 파자마 파티를 할 수 없다든지, 위험하기 때문에 오토바이를 타지 못하게 하는 것 등이다. 반면에 다른 학생들은 다음의 사항은 완전히 불공평하다고 생각했다. 즉 여자아이이기 때문에 축구를 할 수 없다든가, 한편으로는 친구가 공용주택에 살았기 때문에 남자아이는 친구 집에 밤새도록 머물 수 없었다는 것 등에 대해서이다.

에이미는 첫 수업 내내 시간을 공정과 불공정 대우의 개념에 대한 단순한 조사와 행동이 어떻게 각각의 사람들의 대우에 영향을 미칠 수 있는지에 관해 얘기하는 것에 전부 할애했다. 토론 도중 한 학생이 말했다. "이 문제는 편견과 차별처럼 들리네요." 몇몇 학생들은 그의 의견에 동의했고, 에이미는 대부분의 기회를 역사 속에서 사람들이 불공평한 대우를 받았던 시기에 대해 알고 있는지를 학생들에게 질문하는 것으로 만들었다. 한 여학생은 최근에 『별 헤아리기』(*Number the Stars*)와 『안네의 일기』(*The Diary of Anne Frank*)라는 책을 읽었고, 그녀는 유대인이 전쟁 동안 불공평한 대우를 받았었다고 말했다. 다른 학생들은 노예가 그들의 피부색 때문에 불공평한 대우를 받았다고 덧붙였다. 이미 『토파즈로의 여행』(*Journey to Topaz*)이라는 책을 읽은 학생은 중국인 역시 유대인처럼 나쁜 대우를 받았었다고 말했다. 학생들은 또한 링컨과 케네디가 암살당했기 때문에 불공평한 대우를 받았다고 제안했다. 그리고 수업은 개인에 대한 직접적인 행동과 전체 조에 대한 행동 사이의 구별을 토의하였다. 즉 다른 사람들이 싫어하는 것을 그들이 했던 특별한 사건 때문에 학생들도 과거의 이러한 이슈들을 쉽게 생각할 수 없다. 학생들은 개인적 경험이나 미디어를 통해 현재의 인종적이고 성적인 차별에 대해서 많은 사례들을 알고 있다.

이러한 토론은 어린이들이 얼마나 많은 역사 지식을 갖고 있는지를 보여준다. 4학년이 되어 그들 중 많은 사람들은 해리에트 투브만(Harriet Tubman)에 대해 공부하는 동안 노예 논제를 접하였고, 마틴 루터 킹 목사에 대해 공부할 때 편견과 차별에 대해 들었으며, 공식 수업 외의 자료들은 보다 광범위한 정보를 제공한다. 학생들은 종종 스스로 역사 픽션을 읽었으며, 『별 헤아리기』를 읽은 소녀가 홀로코스트에 대해 들어본 유일한 학생이 아니다. 몇몇 다른 학생들은 최근에 이것들의 기념식 등에 대해 텔레비전 뉴스 리포트를 보았다고 했다. 또한 학생들은 때때로 여성과 소수자에 대한 차별에 대해서 학교 밖에서도 친척이나 다른 어른들에게 배우기도 한다. 물론 이러한 정보들은 맥락과 정교함에서 부족하다. 그리고 학생들은 60년 전에 일어났던 제2차 세계대전 동안 수용소에 갇혀 있었던 일본계 미국인("중국인"이 아닌) 홀로코스트 포로와 재배치에 대한 학습에 있어서 이익을 얻을 것이다. 비록 학생들이 편견의 개념과 특별한 역사적 사례에 대해 이미 친숙하다는 사실은 논제에 관한 새로운 정보를 그들이 검토하는 것을 훨씬 쉽도록 만든다.

다음 몇 주 동안 에이미는 수업 중에 인종·민족·정치·성 때문에 차별대우를 받은 사람들에 대한 다양한 책들을 소리내어 읽었다. 즉, 『팀 메이트』(야구의 인종차별 폐지에 관한 내용), 『백합 찬장』(*The Lily Cupboard*)과 『할아버지 팔에 있는 숫자』(*The Number on My Grandfather's Arm*)(유태인 학살에 관한 내용), 『팔찌와 야구가 우리를 구했다』(*The*

개인적 경험은 역사적 주제에 서론을 제공할 수 있다.

Lowry(1990), Frank(1967), Uchida(1985)

학생들은 때때로 편견과 차별이 현대의 문제라는 것을 인식한다.

학생들은 학교·친척· 미디어, 그리고 그들 자신의 독서에 의해 역사를 배워왔다.
Barton(1995, 2001b), Levstik & Barton(1996) Seixas(1993b)

Golenbock(1990),
Oppenheim(1992)
Adler(1987),
Uchida(1993),
Mochizuki(1993),
Blumberg(1993),
Turner(1987),
McKissack &
McKissack(1994),
Turner(1992)

벽 차트는 학생들이 계속되는 단원의 공부로부터 획득하는 정보를 줄곧 얻도록 도와준다.

독서와 토론을 통해서 학생들은 태도와 사회적 관계를 보는 것을 시작할 수 있다.

학생들의 사회적 배경은 그들의 사회적 관계에 대한 그들의 이해에 영향을 미칠 수 있다.

Bracelet and Baseball Saved Us)(제2차 세계대전 동안 일본계 미국인에 대한 인종차별), 『불루머』(*Bloomers!*)(19세기 여성의 권리 활동에 관한 내용), 『네티의 남쪽 여행』(*Nettie's Trip South*)과 『큰집에서의 크리스마스』(*Christmas in the Big House*), 『숙사에서의 크리스마스』(*Christmas in the Quarters*)(미국 남부 지역의 노예에 관한 내용), 『캐티의 트렁크』(*Katie's Trunk*)(미국 독립혁명 당시의 왕당파 가족에 관한 내용) 같은 책들이다. 에이미는 이 단원 동안 학생들이 두 가지를 이루길 원했다. 즉, 과거의 이러한 불공평한 대우를 이끌어 낸 행동과 신념에 대한 이해와 이러한 대우에 대해 사람들이 반응하는 몇 가지 방법을 설명하는 것이다. 거의 모든 책은 직접적으로 태도를 말하기 때문에 그래서 벽 차트에 이 정보에 대한 계속적인 수업기록을 유지하는 것은 비교적 쉬웠다. 예를 들면 『불루머』에서는 19세기 남성들이 그들의 아내가 남편의 말에 복종하기를 바란다는 것을 설명하고 있고, 『백합 찬장』과 『할아버지 팔에 있는 숫자』는 많은 독일인이 유대인을 모든 국가문제에 대해 비난받고 있었다고 생각한다는 사실을 설명했다. 많은 경우 학생들은 책이 말하는 것을 간단히 기록하고 차트에 그 정보를 추가했다. 몇몇의 경우 그들은 이러한 설명에 공을 들인다. 예를 들면 몇몇 백인 남부 사람들이 인종주의자라고 생각했다. 다른 학생들은 여자에 대한 남자의 태도가 매우 같은 방식으로 설명될 수 있다고 제안했다(한 학생이 말한 것처럼 그들은 집에서 어떤 일을 하는 것도 바라지 않는다). 비록 학생들의 이해가 아직은 단순하지만 그들의 설명은 이해할 수 없는 특성으로서의 인종주의·성차별주의의를 생각하기보다는 신념과 더 넓은 사회적 배경 사이의 관계를 그들이 보기 시작하고 있었다는 사실을 보여주었다.

　　흥미 있게도 인종과 성에 대한 태도는 학생들에게 다른 편견보다 이해하기 더 쉬운 것으로 보였다. 아마 이는 오늘날에도 중요한 이슈로 계속되기 때문이거나 이미 예전에 이러한 것에 관해 배웠기 때문에 태도에 대해 질문하는 학생들은 적었다. 그들은 노예의 특성과 일본계 미국인들이 수용소에서 어떻게 대우받았고, 과거의 여성들이 무엇을 할 수 있었으며, 무엇을 할 수 없었는지에 대해 흥미로워했다. 그러나 학생 가운데 어느 누구도 이러한 대우를 혼돈하여 이해하지 않았다. 그들은 이 이슈에서 과거 사람들의 신념이 현재 자신들과 다르다는 것을 알고 있었다. 그러나 홀로코스트와 미국 독립혁명 당시의 왕당파들에 대한 대우 등은 학생들에게 많은 질문을 하도록 했다. 학생들은 왜 독일의 나치가 침략을 위해 종교를 선택했는지 뿐만 아니라 그들이 유대인과 비 유대인을 어떻게 확실히 구분했는지에 대해서도 이해하지 못하는 듯했다. 그리고 비록 학생들은 『캐티의 트렁크』(미국 독립전쟁 당시의 왕당파들에 관한 내용)라는 책에 관심이 있었지만, 그들은 누가 어느 편이고 어떤 다른 점을 만드는지를 확신하지는 못하였다. 회고해 볼 때 에이미는 그들의 어려움이 놀라운 것이라고 생각하지는 않았다. 왜냐하면 역사에서 이 에피소드의 이해는 그들이 가지길 좋아하는 것보다 더 큰 배경지식의 수준을 요구하기 때문이다. 더욱이 우리는 종교와 같은 이슈들이 지역사회의 다양성의 보다 더 두드러진 부분을 형성하는 지역에서 학생들은 그러한 정체성의 측면을 수반할 수 있는 편견을 보다 쉽게 이해할 수 있을 것이라는 사실을 의심한다.

에이미가 그녀의 수업에서 읽어준 책들은 사람들이 학대에 반응하는 방법을 비교하는 기회를 제공했다. 예를 들면 『팀메이트』를 읽은 후에 학생들은 재키 로빈슨의 주된 반응은 팬과 다른 선수들의 모욕을 참고 그의 일을 계속하는 것이라고 지적했다. 또한 에이미는 후에 로빈슨은 내셔널리그에서 그 자신을 확고히 한 후 인종차별에 대해 공공연히 말하기 시작했다는 것을 설명했다. 수업은 그들이 『불루머!』를 읽었을 때 벽 차트에 이러한 반응을 기록했다. 그들은 여성의 반응이 로빈슨과 비슷하다고 보았다. 즉 그들은 모욕을 참고 자신들이 원한 것을 계속하면서 공개적으로 말했다. 몇몇 다른 책에서 주요 반응은 숨거나 도망가는 것이었다. 이것은 환경이 다른 사람들보다 더 현명한 행동의 한 과정을 만드는 것에 대한 토론으로 이끌었다. 유사하게 몇몇 책은 사람들의 반응이 학대에 의해 바로 영향을 미치지는 않는다고 말했다. 예컨대 『팀메이트』에서의 피위리즈나 『네티의 남쪽 여행』(Nettie's Trip South)의 네티와 그의 오빠 등이다. 그리고 학생들은 차별을 목격한 자가 그것에 대해 할 수 있는 것이 무엇인지를 토론했다. 이 이슈를 공부하는 것은 사회와 국가 표준의 핵심 요소를 형성하는 시민의 이상과 연습에 관계된다.

National Council for the Social Studies(1994)

책들의 대부분에 대한 학생들의 초기 반응은 분노였다. 즉 학생들은 누군가 자신들의 지역·종교·성을 이유로 다른 사람을 학대했다는 것에 화를 냈다. 에이미는 그녀와 같은 행동이 얼마나 잘못되었는지에 대한 판단에 대해서 그들을 격려했다. 그러나 처음 그녀는 학생들의 도덕적 반응이 너무 강해서 과거 사람들의 관점을 취하는 데 진정 실패했다는 것을 염려했다. 수업을 위해서 그녀가 계획했던 많은 활동은 이들 에피소드에 학생들 자신을 참여하도록 요구했는데, 예를 들면 그들이 2차 세계대전 동안 집에서 유대인 어린이들을 숨겨주려고 노력했을지 아닌지와 같이 무엇을 할지에 대한 의사결정을 하도록 요구했다. 처음에 학생들은 그렇지 않으면 달리 했을 것으로 생각할 이유를 알지 못했다(그리고 자주 네덜란드에서 모든 유대인 어린이들을 숨겨줄 수 있고 모든 노예들을 자유로 이끌 수 있는 초자연적인 힘이 부여된 자신들을 상상한다). 그들은 모든 사람은 동일하다는 사실을 모르기 때문에 사람들이 어리석다고 주장했다. 그리고 그들이 만약 당시에 있었다면 그렇게 어리석지는 않았을 것이라고 확신했다.

이러한 반응은 올리버와 같은 이름에 대해 반응하는 것과 비슷하다. 왜 그들은 더 잘 몰랐을까? 오히려 과거 사람들의 동기를 이해할 수 없는 초기의 무능력으로의 복귀를 암시하는 것보다는 차라리 에이미는 결국 학생들이 공부하고 있던 신념으로부터 스스로 멀어지려는 그들의 방식을 설명했다고 판단했다. 학생들은 스스로 도덕적·윤리적 감성을 증명하기 위한 확신을 필요로 하는 듯 보였다. 한 번 학생들이 자신들의 초기 토론을 하고 나면 역사 속 사람들의 관점을 취하기 위해 더욱 더 세련된 경향을 나타냈다. 예를 들면 『백합 찬장』(The Lily Cupboard)을 읽은 후 학생들은 둘이 한 쌍이 되어 유대인 가족이 숨는 것에 대한 이유와 그에 반대하는 이유를 목록으로 만들고, 의사결정 차트(도해 11.2를 보라)를 완성하기 위해 작업을 했다. 비록 모든 학생들이 가까스로 결정한 것이지만 자신들이 초기에 했던 것보다 더 복잡한 이유가 제시되었고, 왜 그들은 잠재적인 위험보다 가치 있다고 생각했는지를 설명하는 데 조심스러웠다. 합리적인 사람들이 피할 수 없는 상황을 분명한

또한 Bardige(1988)과 Levstik(1986b)을 보라.

질문 :

| 찬성 이유 : | 반대 이유 : |

결론 :

도해 11.2   의사결정 차트

의사결정 차트는 학생들에게 행동의 과정에 찬성과 반대에 대한 이유들을 기록하도록 허용한다. 다른 의사결정 차트의 사례는 Alverman(1991)을 보라.

결정으로 보기보다는 그들은 그것을 예전의 결정보다는 제시하기 어려운 것으로 생각하게 되었다. 비슷하게 학급의 모든 여학생들은 처음에 자신들이 19세기 여성의 권리를 위한 옹호자라고 확신했다. 그러나 심사숙고한 후에 일부 학생들은 여성으로서 자신들에 대한 태도가 19세기 당시에는 달랐을 것이라는 것을 깨달았다. 한 여학생이 말했던 바와 같이 "만약 내가 과거로 돌아가고 있었다면 나는 여성의 권리를 위해 맞서 싸웠을 것이다. 그러나 만약 내가 그 당시의 여성이었다면 나는 그 당시 사람들의 생각이 매우 두려웠을 것이다."

모의 일기에서 학생들은 과거 사람들의 관점에 의해 일기 형식의 항목을 쓴다.

에이미의 그래픽오거나이저의 이용은 학생들이 이들 이슈에 대해 더욱 세련된 방법으로 생각할 수 있도록 도와주는 중요한 부분이다. 예를 들면『팀메이트』를 읽은 후 학생들에게 잭키 로빈슨 혹은 피 위 리즈 둘 중 하나의 관점으로부터 모의일기를 써 보도록 하는 과제가 부여되었다. 비록 그것을 하기 전에 로빈슨과 리즈(도해 11.3을 보라) 둘을 위한 망을 완성했다. 학생들은 인물의 특성을 이 쓰기에 써 넣어야 했다. 단순한 무릎 반사와 같은 응답보다 학생들은 그들이 확인한 인물의 특성을 반영시켜 일기를 만들어야 한다. 이 망은 학생들이 자신들과는 다른 누군가의 관점으로부터 어떻게 그들이 쓸 수 있는지를 분명하게 하는 데 도움을 주었다. 유사하게 일본계 미국인들과 그들을 억류했던 정부 관리 사이의 대화를 쓰기 전에 학생들은 이들 각자의 목표가 무엇인지, 그리고 그 목표에 이르기 위해 어떻게 행동했는지 등을 확인해야 했다. 선과 악의 화신으로서 인물을 판박이 하기보다 학생들은 1차적으로 아마 그 당시의 해결과 관련된 사람들로 그들 인물들을 보기 시작했다. 어느 분별 있는 일본계 미국인이 폭력적인 대치를 시작했다고 생각하는 대신에 학생들은

주인공 웹에서 학생들은 신체적 특징, 개성의 특색, 그리고 다른 특성을 기록한다.

기록된 대화에서 학생들은 두 역사적 주인공 사이의 상상적 대화를 만들기 위해 짝을 지어 작업한다.

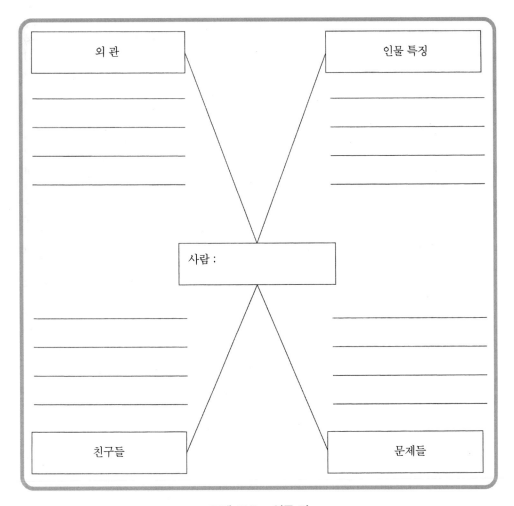

도해 11.3 인물 망

왜 많은 사람들이 그 문제가 해결되리라는 희망으로 어떤 일을 계속 하는지를 이해하였다 (그들이 처음에 확신했을 때 그들은 스스로 완수했던 것이다). 그것은 에이미가 사용한 그 래픽오거나이저였는데, 학생들이 비역사적으로 결론짓는 대신에 학생들이 알았던 것을 그 들에게 멈추고 생각하며 조직하도록 요구하였다.

그래픽오거나이저는 보 다 사려깊은 기록된 반 응으로 인도할 수 있다.

우리는 에이미가 그녀의 학생들에게 취하도록 요구한 관점의 종류에 대해 유의했음을 지적해야 한다. 그녀는 자신이 비난했던 행위를 한 사람의 위치에 학생들 자신들을 두도 록 결코 학생들에게 요구하지는 않았다. 학생들은 나치의 병사들, 인종주의자 야구팬, 혹 은 노예주가 되는 것을 자처하려고 하지 않았다. 비록 저들의 관점을 취하도록 그들로 하 여금 노력하도록 함에 있어서 역사적 장점이 있었다 하더라도 그녀는 그러한 활동이 너무 조작적이라고 생각했다. 그리고 우리는 동의한다. 많은 교사들은 한 반의 학생들을 눈의 색깔(혹은 약간 다른 임의의 특징)로 나누는 시뮬레이션을 좋아하는 것처럼 보인다. 그리 고 한 조는 하룻 동안 타인을 학대하도록 하였다. 즉 의도적으로 그들이 차별을 직접 경험 하게 될 것이다. 그러나 우리는 학생들이 윤리적으로 혐오스러운 방식으로 행동하도록 격 려하는 데에서 가치를 보지 못한다. 학생들이 학대를 목격하고 있다고 상상하도록 요구하

Noddings (1992)

는 에이미의 방식은 차라리 그들 스스로 그것에 관여하는 것, 즉 역사적 관점 인식의 효용성을 여전히 유지하면서도 보살핌의 윤리를 훨씬 더 많이 개발하는 것이라고 우리는 생각한다.

이들 반응 활동들은 또한 교사들이 어떻게 문학을 무시하는 유혹을 피할 수 있는가를 보여 준다. 비록 많은 학교가 현재 일반 참고도서를 수업용으로 구입하지만 교사들은 가끔 학생들이 그 책으로 무엇을 할 수 있을까에 대해서 난감해 했다. 전통적 교과서 프로그램은 계속하여 여러 시간 동안 학생들을 바쁘게 잡아 둘 수 있는 방대한 양의 보조 자료들을 갖추고 있다. 그러나 그들이 소설의 한 장을 읽고 난 후 무엇을 해야 할지는 항상 분명하지 않다. 출판업자들은 이 공백을 채우려고 노력했다. 그리고 교사들은 많이 잘 알려진 일반 참고도서를 구비하기 위해 같은 종류의 책이나 중요한 명작을 구입할 수 있다. 이들 자료들은 지나칠 정도로 번번이 가장 나쁜 교과서 프로그램의 특징을 모방하고 있다. 교사들은 학생들에게 어휘의 정의를 카피하도록 요구하거나 괄호 메우기, 그리고 제시된 문제에 답하도록 요구한다. 이러한 행동을 하면서 학생들은 교과서를 읽는 것을 싫어하는 것만큼 좋은 문학 작품을 읽는 것을 싫어하는 것을 배울지도 모른다.

학생들은 그들 자신과 세계에 대하여 배우기 위하여 문학작품을 읽는다.

대화일기에서 학생들은 문학에 대하여 반응한다. 그리고 교사들은 학생들의 관찰에 반응한다.

자유로운 질문은 대화 일기에서 학생들의 반응을 자극할 수 있다.

대조적으로 에이미의 수업에서 학생들은 자신들이 읽은 내용을 생각하도록 요구받는다. 학생들은 자신들과 세계에 대하여 배우기 위해 문학작품을 읽는다. 학생들이 동일한 책을 모두 읽었을 때 그녀는 학생들이 대화를 하도록 하고 가벼운 풍자를 연기하며 혹은 모의일기를 쓰게 한다. 즉 자신들이 배운 것을 자기 것으로 해야 하고, 그것을 새로운 형태로 제시함으로써 그들의 이해력을 넓히는 모든 활동이다. 한편 혼자 독서를 하는 동안 학생들은 독서하고 있는 작품에 반응하는 대화일기를 쓴다. 왜냐하면 학생들은 가끔 일기 과제가 완전히 구축되지 않을 때 무엇을 쓸지 모르기 때문에 많은 교사들은 학생들이 자신들의 반응을 명확히 하는 데 있어서 학생들이 사용하도록 하기 위해 초점이 있지만 열린 질문을 과제로 낸다. 로다 콜만(2장과 12장을 보라)은 각 장을 읽은 후 다음 질문 가운데서 학생들이 선택하도록 했다.

- 이 장에 있는 사건과 단어들에 대한 자신의 반응은 무엇인가?
- 저자 혹은 인물에 대해 자신은 어떤 질문을 가졌는가?
- 저자 혹은 인물에게 무엇을 말하기를 원하는가?
- 다음에 무엇이 일어날 것인가에 대해서 자신은 어떤 예측을 할 수 있는가?
- 이 장은 어떻게 자기 자신의 경험에 관계되어 있는가?

문학작품에 대한 참된 반응은 만족을 가지고 하는 참여를 요구한다.

상업적으로 동일한 종류의 책과는 달리 에이미와 로다의 활동은 학생들이 참된 방법으로 문학에 관심을 가지도록 하는 것을 도와준다. 사람들이 읽을 때 그들은 앉아서 정의를 카피하거나 음절을 계산하지 않는다. 그들은 읽고 있는 것에 대해 생각한다. 즉 작가들은 그들이 했던 것을 왜 글로 쓸까? 등장인물들은 왜 그처럼 행동할까? 내 스스로의 경험과 어떤 연관이 있을까? 학생들은 독서가 의미있는 이슈를 다루기 위한 방법이지 쉽게 등급이 매겨지는 학교 과제의 서막은 아니라는 것을 배운다.

이 단원은 또한 학생들이 역사 자체를 중요하게 보도록 격려한다. 우리는 가끔 사람들이 어린이들에게 홀로코스트나 노예 등과 같은 그러한 폭력에 대해 어린이들이 배울 수 없을 만큼 너무 순진하다고 생각하며 망설이는 경우를 듣게 된다. 그러나 우리의 경험으로 볼 때 대부분의 어린이들은 폭력적인 만화·영화·TV방송 프로그램 등에 지속적으로 노출되면서 성장해 왔고, 현대의 테러주의나 전쟁 등의 처참한 묘사 등은 일반적으로 잘 알려져 있다. 학생들이 매일 대중매체를 통해 보는 폭력에 비해 문학작품은 정말 재미가 없다. 그러나 대부분의 학생들은 사람들에게 무엇이 다른 사람들에게 학대하도록 하고, 그러한 행동을 막을 수 있는 방법에는 무엇이 있는지에 대해 노출되지 않았다. 에이미가 제시한 종류의 반성이 없다면 학생들은 폭력을 자연스럽고 필연적인 것으로 생각할지도 모른다. 그러나 이 단원에서 학생들은 사람들이 자신들의 행동에 대해 의사결정을 하는 것을 본다. 즉 그들은 타인을 학대하는 것을 선택하거나, 아니면 그러한 학대를 비난하거나 저항하는 것을 선택한다. 이러한 이해로 무장되면 학생들은 미래에 자신의 의사결정을 하기 위하여 훨씬 잘 준비되어진다.

> 역사는 현대적 사회문제를 분석할 수 있도록 어린이들을 돕는다.

세이럼의 마녀 재판

세이럼의 마녀 재판에 대해 배우면서 학생들은 자신들의 신념과는 극적으로 다른 형태의 신념과 대면하였다. 에이미는 이 논제에 대하여 사회 관계를 연구할 때 가졌던 방법과 매우 유사한 방법으로 시작했다. 학생들을 교실 앞 카페트에 앉도록 하고, 그녀는 만약 그들 중 누군가가 자신들이 하지 않는 것에 대해 죄를 뒤집어 썼는지를 질문했다. 말할 필요도 없이 학생들은 발표의 많은 예를 가졌고, 불공평한 고발과 그 고발에 대해 어떻게 반대하는지에 대한 토론으로 첫 수업시간의 대부분을 소비했다. 이 토론의 대부분은 어떤 사람이 고발된 이유와 그러한 고발을 지지하거나 반박하는 데 필요한 증거들에 초점이 맞추어졌다.

> 개인적 경험은 역사적 주제에 대한 서론을 제공할 수 있다.

다음 날 에이미 (스스로를 1692년 세이럼의 마녀 재판으로 교수형에 처해진 레베카 너스 (Rebecca Nurse)의 자손임을 밝혔다)는 학생들에게 17세기 세이럼 마을의 마녀 재판에 대해 학생들에게 설명하기 시작했다. 그녀는 주로 마을 사람들의 종교적 신념, 즉 마녀는 실제로 존재했을 뿐만 아니라 게으름은 악마에 의해 사로잡힌 어떤 사람을 나타냈다는 신념에 초점을 두었다. 그녀는 또한 물리적 재해(천연두의 확산과 가축의 죽음 같은...)와 사회적 긴장감(지역 교회 주위를 돌기)의 결합이 어떻게 사람들로 하여금 자신들의 문제를 비난하는 특정인을 바라보게 하는지에 대해 설명했다. 종전 수업에서와 마찬가지로 학생들은 이런 고발에 대해 비난하고 싶어했다. 즉 마녀가 실제로 존재하지 않는다는 것과 그러한 게으름이 "당신 안에 악마가 있는 것을 의미하지는 않는다"는 점을 지적하면서 많은 사람들은 마녀 재판과 종교 사이의 관계에 특별히 당황한 기색을 보였다. 왜냐하면 그들은 마녀를 기독교 신앙의 반대적인 존재로서 확신했기 때문에 성경을 참고함으로써 자신들의 고발을 정당화한 것은 비난받을 만한 사실이라는 것을 발견했다(우리의 경험으로 볼 때 학생들은 기독교 신앙이 시간이 지남에 따라 많이 바뀌었고, 심지어 간혹 교단과 교단에 따

> 학생들은 그들이 불공정하다고 생각하는 역사적 행위로부터 그들 자신들을 멀리한다.

라서 신앙이 다르다는 것을 이해하지 못하는 부분도 있었다).

　다시 말하면 이런 반응은 학생들이 배우고 있었던 사람들로부터 그들 스스로 거리를 두게 하는 방법처럼 보였다. 그들은 자신들의 조상보다 더욱 논리적(신학적으로 순수한)인 만족을 갖는지를 증명하기 위해 세이럼 마을 사람들의 사고방식으로 더욱 완전히 들어갈 준비가 되었다. 그리고 단원의 중요 활동인 가상의 마녀 재판을 고안하기 위해 필요한 관점이었다. 에이미는 학생들에게 다양한 역할, 즉 피고인과 원고인·검찰관·변호사·피고와 원고측의 증인, 그리고 판사의 역할을 할당하였고, 그들의 역할에 맞는 일반적 배경 지식을 제공하였다(왜냐하면 에이미의 목적은 학생들에게 재판 과정의 전개보다는 과거 사람들의 관점에 대해 배우게 하는 것이었고, 이런 역할들은 17세기 재판 과정보다 현대의 법정과 더 가깝게 닮았기 때문이다).

　이 재판에는 대본이 없었다. 그들의 증인을 부르기 위한 과정 등의 설명을 제외하고 에이미는 재판의 전개를 학생들에게 맡겼다. 다음 며칠 동안 학생들은 자신들의 역할과 무엇이 필요한지에 대해 토의하기 위해 소모임으로 만났다. 배심원들은 그들이 들은 증거들을 결정했고, 증인들은 그들의 피고인의 지식으로 진술서를 썼으며, 변호사는 전략을 수립했다. 물론 에이미도 이 기간 동안 가만히 있지는 않았다. 그녀는 학생들의 완벽한 계획을 돕기 위해 그들을 자주 만났다. 그녀가 제공한 1차와 2차 자료, 그리고 다른 자료의 읽기와 그녀와의 토론을 통해서 학생들은 과거 사람들의 관점과 현재 사람들의 관점을 충분히 구분해 낼 수 있었다. 예를 들면 배심원들은 피고인 몸의 표시를 단서로 판단했고, 변호사들은 피고인의 무죄의 증거로써 피고인에게 주기도문을 암송하도록 준비하였다.

　재판 그 자체는 크게 인기가 있었다. 몇 달 후 대부분의 학생들은 그것이 그 해의 가장 재미있었던 활동이었다고 말했다. 많은 학생들은 자신이 맡은 역할의 옷을 입기 위해 노력했고(때때로 실수로 판사는 망토 비슷한 검은색 스웨터를 입었다), 몇몇 학생은 과거 당시의 언어 중 알고 있는 것들을 사용했다(변호사는 증인에게 왜 피고인을 "찰흙덩이(slimeball)"이라고 생각하는지에 대해 물었을 때와 같이). 그 사이에 피고인은 재판 동안 몇 번이고 분노를 일으켰다. 학생들의 열의와 재능에도 불구하고 그들의 학습 대부분은 이 시점 이전에 이루어졌다. 즉 점차 그것으로 유도되었던 토론과 계획 동안이다. 학생들은 그 시기에 대해서 매우 활동적으로 학습에 임하는 것은 무엇을 말하고, 무엇을 질문하며, 무엇을 들을지를 준비하는 것이었다.

　의미있는 학습경험이 되기 위한 이러한 종류의 활동을 위해서 학생들은 그 당시 이슈에 대한 자신들의 조사를 기초로 연극을 만들어야 할 책임이 주어져야 한다. 조지 워싱턴의 역할놀이를 위해 학생들에게 말해 주는 것은 대안적인 해석을 위한 심화학습이나 숙고는 일으키지 않도록 할 것 같다. 만약 그들이 미리 결정된 대본으로 공연을 한다면 학생들은 연기가 무엇인가를 배울지는 모르겠지만 공부를 했던 역사기간에 대한 통찰력은 거의 얻지 못할 것이다. 대본이 있으면 대사가 있고 인물의 특성과 테마가 이미 잡혀 있다. 따라서 학생들은 자신들의 맡은 바를 위해 연기만 하면 된다. 그들이 연극을 만드는 데 몰두할 때 분명히 더욱 활기차게 역할을 맡을 것이다. 사건의 다른 구성이나 해석을 나타낼 기회로써 역할놀이·시뮬레이션을 하는 것은 역사적 관점을 취하는 것을 발전시킬 수 있다. 이러한 연극은 학생들이 자신들의 질문을 다듬고, 질문을 참고하며, 응답의 범위를 고려하고, 가능한 것들을 시험해 보고 결과를 도출하는 등의 역사 탐구를 요구한다. 이러한 탐구 없이 학생들은 연기를 훌륭히 수행해 낼 수는 없다. 학생들은 무엇을 말해야 하는지를 생각하지 못하고서는 예상치 못한 질문에 대답할 수 없으며, 그들이 어디를 가고 있으며 그 곳에 도달하기 위해서 어떻게 해야 하는지를 알지 못할 것이다.

효과적인 드라마는 탐구에 있어서 학생들과 관계가 있다. Fine & Verrier(1974)

역사 기능의 장기 평가

이 책에서 강조한 것처럼 교사들은 학생들이 특별히 역사적 현상에 중점을 두고 공부한 역사를 얼마나 이해하는지를 평가해야 할 필요가 있다. 4장에서 6장까지에서 교사들은 학생들에게 '인과관계·증거·의미' 등 역사적 개념에 대한 학생들의 이해를 강조했다. 7장에서 9장까지 학생들은 보다 복잡한 역사 프로젝트를 해결하려고 노력하였다. 그리고 평가는 그들의 역사 해석의 건전성에 초점을 맞추었다. 즉 그 프로젝트들은 단지 인과율·증거·의미에 대한 관심을 포함할 뿐만 아니라 학생들의 시간 경과에 따른 변화의 설명, 역사적으로 정확한 세부 설명의 사용을 포함한다. 10장과 이번 장 둘 다에서 우리는 '관점 인식'이라는 역사 해석에 대한 다른 측면의 중요성을 강조했다.

교사들은 학생들의 작품의 특별한 역사적 측면을 평가할 필요가 있다.

대부분의 역사 기능과 같이 자신과는 다른 사람의 관점을 인식하는 것은 오직 연속성에 따라서만 측정할 수 있다. 이것은 학생들의 곱셈 능력처럼 하루는 없고 다음 날에는 있는 그런 기능이 아니다. 어느 학구나 주의 교육과정 가이드라인이 일련의 분리된 목표들로써 쓰여져 있을 때 그것은 일종의 체크리스트로서 여기기 쉽다. 월요일은 시간 이해에 대해 가르치는 것이고 화요일은 증거를 알아보는 것이며 수요일은 '관점 취하기'를 가르치는 것이다. 그러나 대부분의 중요한 기능들처럼 '관점 인식'은 또한 일곱 단계 수업 중 한 과정에서만 가르치고 연습하여 터득할 수는 없는 것이다. 이것은 많은 수업 과정, 많은 단원, 여러 해를 통해서 다양한 배경에서 지속적인 주의를 필요로 한다. 예를 들면 성인으로써 우리는 노예를 풀어주고 '만인은 평등하다'고 말할 정도로 지각 있는 사람들 또는 독실한 기독교인이 누군가 그들 자신과 다른 것을 믿고 따른다는 이유로 어떻게 그들을 고문하고 학대할 수 있는지를 이해하기 위해 여전히 노력한다. 그 다음 '관점 인식'에 대한 학생들의 능력을 평가하는 것은 한 과제에 대해 20점 중에 18점이라는 점수를 주는 것의 문제가 아니라 세련된 역사 이해의 어렵고 복잡한 요소에 대한 학생들의 점진적 진보를 평가하는 것이다.

대부분의 역사 기능은 오직 연속성에 따라서 측정될 수 있다.

이러한 복잡한 기능을 평가하는 데에는 하루 동안의 숙제, 매주의 시험 같은 내용에서 일반적으로 찾을 수 있는 것보다 더욱 장기적인 접근을 요구한다. 도해 11.4에 있는 점수 루브릭은 학생들의 '관점 인식'의 진보에 대한 하나의 사고 방법을 설명한다. 8장의 루브릭처럼 그것은 개인의 숙제를 평가하는 데 사용되지 않는다(비록 그것은 그 목적을 위해 적용된 것은 아니지만). 반대로 개인 과제의 다양성은 루브릭에서 학생들의 위치를 위해,

증거를 공급하기 위해 사용할 수 있다. 그 해 일 년 동안의 과정에 있어서 에이미의 목표는 그녀 학생들의 역사적 항목들에 적어도 '숙달자'가 되는 것이다. 그들이 그렇게 되었는지를 평가하기 위해 학생들이 했던 관련된 과제물들을 증거로써 모두 모은다. 즉 '이름'에 관한 프로젝트, 문학 반응 태도, 세이럼 마녀 재판 등과 같은 것들이다. 이런 증거에는 일화기록, 점수가 매겨진 과제물들, 포트폴리오 항목이 포함된다. 이 모든 것들의 결과는 과제의 평가뿐만 아니라 학생의 평가이기도 하다. 즉 이는 숫자상 평균의 형태를 띠지 않고 학생들의 역사 이해에 대한 이야기식의 보고서 형태이다.

평가는 한 학년도 이상 확장되어야만 한다.

이와 같은 장기간 과정의 사용은 평가의 다른 중요한 특성을 설명한다. 즉 한 학년보다 더 오랫동안 확장되어야 할 능력을 설명한다. 비록 학교는 전통적으로 조직과 의사소통에 대한 프리미엄을 두지 않지만 오랜 기간에 걸친 학생들의 경험을 조정할 필요성을 깨닫고 있다. 예를 들면 일부 학교는 '순환고리' 프로그램을 실험 중인데 이것은 교사들이 계속 학년을 바꾸면서 같은 반 어린이들과 2단계 이상의 과정을 함께 하며 평가하는 것이다(우리

수준	지표
수준 4 탁월	학생들은 수업시간에 제시되었던 가치관·태도·신념·경험 등을 참조하여 역사 속의 사람들의 행동을 설명한다. 서로의 충돌과 가치관의 변화나 신념의 변화 등을 포함한 다양한 요소들이 긴장을 야기한 것도 포함한다. 시간 경과에 따른 행동의 변화와 연결한다. 특수하고 비 공통적인 구어체나 속어 등을 포함한 인증된 언어를 사용한다. 과거의 가치관에 바탕을 둔 판단과 현재의 가치관에 바탕을 둔 판단을 비교하고 그 차이점의 이유를 제시한다.
수준 3 능숙	학생들은 수업시간에 제시되었던 가치관·행동·신념·경험 등의 조회로써 역사 속의 사람들의 행동을 설명한다. 시간 경과에 따라 변화된 가치관, 신념 등의 행동 변화를 연결한다. 그 시대의 구체적 특성과 언어를 사용한다. 그 시대의 가치관에 바탕을 둔 판단을 한다.
수준 2 발전	학생들은 가치관, 행동, 신념, 경험 등의 역사적 차이점을 인지하지만 이러한 행동 변화를 완벽히 연결하지 못한다. 약간의 구체적 특성과 언어를 사용한다. 약간의 시대 착오적 성향을 보이며 현 시대 가치관에 바탕을 둔 판단을 하지만 과거 사람들이 현 시대의 가치관을 공유하지 않는다는 것은 인지한다.
수준 1 초보	학생들은 그들 스스로의 가치관, 태도, 신념, 경험에 대해 조회를 통해 과거 사람들의 행동을 설명한다. 왜 과거 사람들이 현재 사람들과 다르게 행동하는지 이유를 알지 못한다. 현 시대의 구체적 특성과 언어를 사용한다. 현 시대 가치관을 바탕으로 판단을 한다.

도해 11.4 관점 인식을 위한 장기 루브릭

는 유치원에서 8학년까지 같은 세트의 학생을 유지하는 교사를 알고 있다). 다른 학교들은 교수팀으로 교사를 나누어 오랜 기간 동안 학생들의 학습을 지도하기 위해 공동으로 작업을 하게 한다. 비록 교사들 개인은 매년 같은 학년을 계속 맡을지도 모르지만 그들은 초등·중학교, 또는 고등학교에서 활동하면서 학생들의 한 조에 대하여 공동의 책임을 가진다. 두 모델에서 교사들은 학생들을 더 잘 알기 위해 얻는 이점과 그들의 종전 학습 과정의 더욱 발달된 지적 감각을 가지는 이점을 보고한다. 도해 11.4와 같은 장기적 과정의 루브릭은 이러한 노력에 연속성을 더하는 데 도움을 줄 수 있다. 예를 들면 학교와 집단의 구조에 의존하면서 4학년에서 6학년, 또는 6학년에서 8학년까지 만약 이런 루브릭들이 팀의 모든 교사에 의해 사용된다면 교사들은 학생들의 성취에 대한 기대감을 더욱 일관된 형태로 발전시킬 수 있고 장기간 동안 학생들의 진보를 추적할 수 있다. 교사들은 이러한 채점 지침의 공동 개발이 학생들에게 기대한 것에 대해 더욱 명확하게 생각하도록 도와준다고 보고한다.

> 한 학년 이상을 교차하는 학교 조직은 교사들에게 학생들과의 장기적 관계성과 그들의 성취에 대한 보다 좋은 통찰력을 발전시킬 수 있게 한다.

확 장

이 장을 통해 우리는 학생들이 과거 사람들의 관점에 대한 통찰력을 얻는 것을 돕는 것이 중요하다는 것을 강조했다. 연극 활동·모의 일기, 그리고 역사 문학에 대한 기타의 반응들은 학생들을 역사와의 상호작용에 더 깊게 참여시키는 데 특별히 유용하다. 그리고 이것들은 광범한 역사 논제·사건·사람으로 쉽게 확장시킬 수 있다. 비록 역할놀이 등이 수업에 항상 필요하지는 않지만 약간의 이점은 있다. 무엇보다도 문학은 일반적으로 등장인물의 머리 속으로 들어가는 것을 시도하고, 읽는 사람은 과거 사람들의 동기에 대해 적어도 약간의 생각이나 감정을 이해한다. 게다가 역사 문학작품은 종종 성격 묘사를 풍성하게 하는 특성들을 통합한다.

> 문학작품은 역사적 인물에 대한 아이디어와 동기를 부각시킨다.
> O'Brien(1998)

이를테면 폴 플레쉬만(Paul Fleischman)의 『불런』(*Bull Run*)은 불런 전투의 다른 입장을 묘사하는 모놀로그 형식으로 이루어져 있다. 한 남부 장교는 섬터(Sumter) 요새에서의 첫번째 포성을 기억한다. 어린 소년은 군인이 되기에 너무 어려서 북치는 사람이 되었다고 말하고, 미네소타의 한 여인은 그녀의 동생을 전쟁으로 보낸 아버지의 가혹함에 슬퍼하며, 다른 어린 소년은 남부 연합에 가입하면 말을 준다는 달콤한 말에 넘어가기도 한다. 이 책은 연극 공연에 생생하게 도움이 된다. 예를 들면 디 헬라우(Dee Hellau) 교사의 5학년 수업에서 그녀는 학생들에게 플라이쉬맨의 책 속 인물들의 역할놀이를 요청한다. 그녀는 반에 말한다. "이들은 서로 전혀 만나지 않은 사람들이냐", "네가 그들 각자에 대해 읽는다면 무슨 말을 해줄 수 있겠니?", "그들은 서로에게 무슨 질문을 할까?", "넌 그들에게 어떤 질문을 하고 싶니?" 세 명의 학생이 선택되었고 역할을 맡았다. 그들은 교실 앞으로 나와서 학급 학생들과 세 명 각자가 볼 수 있도록 탁자에 앉았다. 디(Dee) 교사는 반의 나머지 학생들에게 인물들을 위해 3×5인덱스 카드에다 질문을 적게 하였다. 그녀는 이것들을 섞은 다음 몇 가지 질문을 뽑는 등 계속되는 역할놀이의 조정자로서 역할을 한다.

> Fleischman(1993)

학생들은 질문에 응답하기 위하여 특정 주인공에 대해 그들이 아는 것을 이용한다.

학생들은 단순히 특정한 인물처럼 '연기하도록' 요구받지 않는다는 것을 주목하라. 대신 그들에게 자신들이 맡은 인물이 반응을 보일 것같이 생각되는 것처럼 문제를 해결하기 위한 구체적 과제가 주어진다. 학생들은 그 책을 참조하였지만 플라이쉬맨의 작품을 통해서는 몇 가지 질문들만의 답을 찾을 뿐이었다. 대신 그들은 특정한 사람들의 동기가 무엇이고, 어떠한 시간과 상황이 주어졌는지, 그리고 "만약 당신이 과거로 돌아간다면 그래도 남부 연합이나 연방에 가입할 것인가?" 또는 "이 전쟁에 얼마나 많은 노예들이 관련되었다고 생각하는가?"와 같은 질문에 사람들이 어떻게 대답하는지 등을 생각해 봐야 한다. 학생들이 그들의 배역 대신에 인물의 입장에 대한 반응을 보임에 따라 디 교사는 정기적으로 중단시키고 학생들에게 책에서 주어진 특정 반응에 찬성할 수 있는지에 대해 물었으며, 학생들은 각각 다른 제안을 제시하도록 요구받았다. 게다가 디 교사는 가끔 역할을 바꾸어서 학생들 모두 책 속 등장인물의 관점을 취하고 그것에 대해 질문할 기회를 갖도록 한다.

역사적 원탁회의에서 학생들은 역사로부터 특정의 개인에 대한 역할을 취한다.

Sebestyen(1985),
Selvin(1969), Balson &
Sayles(1987),
Kopple(1976)

일부 교사는 역사적 원탁을 사용해서 학생들이 역사 속의 특정 개인의 역할을 맡고 다른 학생들은 그들을 인터뷰하는 리포터 역할을 맡게 한다. 원탁회의는 광부·가족·조합원·자영업자·비조합원, 그리고 핑커턴 탐정(조합 활동 붕괴를 위해 고용된)까지도 포함할 수 있다. 『불길』(On Fire)과 『존 L. 루이스의 천둥같은 목소리』(The Thundering Voice of John L. Lewis) 같은 책, 『메이트완』(Matewan)과 『미국 하란 카운티』(Harlan County U.S.A.)와 같은 영화를 사용하여 학생들은 이러한 개인들 각자의 동기를 부여하게 한 개인적이고 정치적인 목표와 그들의 행동을 억제하는 실질적인 관심사, 그리고 그들이 선택한 행동의 방향 등을 조사할 수 있다. 이러한 원탁회의는 또한 구체적인 사건보다 대략적인 테마를 체계화할 수 있다. 어떤 원탁회의는 간디(인도)·지나(파키스탄)·만델라(남아공)·볼리바르(남아메리카)·샘 애덤스(미국) 사이의 독립운동에 대한 대화를 포함한다. 세이럼 마녀 재판 연극처럼 학생들은 이러한 계획을 수행할 수 있도록 다양한 관점에 대한 철저한 이해가 필요하다.

결 론

과거 사람들의 관점을 이해하는 것은 역사 이해의 기본 측면이다. 그러나 학생들은 가끔 그 논제에 관해서는 별로 생각을 하지 않는다. 예를 들면 사람들이 남을 학대하는 것이 더 좋다고 알만큼 어리석다거나 그들의 자녀에게 오팔(Opal) 같은 이름을 지어주는 것 등을 가정하면서 말이다. 그러나 문학작품을 읽고 토론함으로써, 그들 자신의 경험을 비교하고 모의신문이나 다이얼로그 쓰기, 다이얼로그 저널, 그리고 연극 등과 같은 반응활동에 참여함으로써 학생들은 과거 사람들의 행동의 밑받침이 되는 신념과 태도·아이디어들을 이해할 수 있고 이것들을 더 넓은 사회적 맥락의 한 부분으로써 볼 수 있다.

이러한 학습 프로그램은 단지 학구적 연습뿐만 아니라 학생들이 역사를 의미있고 적절한 것으로 보도록 도와주는 중요한 수단이다. 사람들은 여전히 이 장에서 다루었던 문제들과 대면한다. 즉 어떻게 다른 배경으로부터 온 사람들과 잘 지내는지, 사회적 문제를 어떻게 설명할까? 그리고 전쟁에의 참가 여부 등이다. 이러한 의사결정에 영향을 미치는 동기에 초점을 두는 것은 학생들이 역사를 필연적인 것이 아닌 인간 이성에 대한 복종으로써, 그리고 현대 문제의 원인에 적용하는 방법으로써 역사학습을 볼 수 있도록 도와준다. 에이미의 학생들 중 많은 학생들이 사실상 정확한 결론을 도출했다. 그들은 사람들이 미래에 하면 안 되는 것에 대해 알려고 역사를 공부한다고 생각했다. 그들은 아프리카계 미국인과 여성들·유대인들 또는 이민자들을 학대하지 않는 것을 알기 위해 역사를 공부하는 것은 가치 있는 것이라고 일관되게 지적했다. 비록 일부 초등학생들은 현재의 인종주의·차별·편견에 대해 제한된 지각을 갖고 있지만 다른 학생들은 대중매체나 그들 스스로의 경험을 통해 이 문제들이 사회적으로 매우 지속적인 화제라는 것을 알고 있다. 예를 들면 그녀가 사람들의 행동이 과거에 비해 달라졌다고 생각하는지에 대해 질문했을 때 인종적으로 혼합된 도시지역에 사는 한 6학년 소녀, 즉 이 아이의 학급은 홀로코스트에 관한 문학작품을 읽었고, 이웃의 스킨헤드, 쿠 클럭스 클란과 '다른 열성분자'를 가리키면서 많이 바뀌는 않았다고 결론지었다. 그녀는 "내 생각에는 다시 일어날 수 있다"고 말했다.

다른 한편 그것이 시도일지라도 열성분자들처럼 다른 사람들을 배척하기보다는 참여민주주의를 하는 사람들이 많다. 사실 그들의 인종·국적·종교, 혹은 성별 때문에 다른 사람들에 대한 편견을 가진 사람들은 열성분자들처럼 우리들의 나머지를 배척하기 쉽다. 다행스럽게도 이들 편견의 일부분이 기초한 차별은 불법이다. 그러나 우리 모두는 그것이 편견을 예방하지는 않는다는 것을 안다. 그것은 새로운 문제가 일어날 때 많은 지도를 제공하지는 않는다. 민주주의적 배려는 그의 관점이 자신과는 다른 사람들과 우리가 의미있게 관계할 것을 요구한다. 그리고 이것은 만약 우리가 다른 세계관을 가진 사람들이 그들의 신념을 위한 이유를 가질 수도 있다는 가능성을 받아들일 때만이 가능하다. 때때로 우리는 마치 우리가 세이럼 마을 사람들의 마법에 대한 신념을 우리 자신의 것으로 받아들이지 않아도 이해할 수 있는 것처럼 비록 우리가 다른 사람들과 의견을 같이 하지 않아도 그들의 관점을 이해할 수 있다. 다른 경우에 우리는 결코 타인의 신념을 충분히 이해할 수 없을 수도 있다. 그러나 민주주의에서 우리가 여하튼 참여할 수 있는 그들의 권리를 수용해야 한다. 즉 우리는 우리와 견해를 달리하는 사람들과 함께 일할 수 있도록 배워야 한다. 그리고 그들도 우리와 함께 일하는 것을 배워야 한다. 이 장에서 학생들은 이러한 인식을 개발하기 시작했다. 즉 그들은 과거의 사람들이 그들 자신들보다 열등하지 않았고, 오히려 무엇이 도덕적이며 바람직하고 정의로운가에 대한 다른 시각을 가진 지적인 사람들이었음을 배웠다. 우리는 그들이 이러한 인식을 현재의 사람들에 적용할지 어떨지에 대해서는 모른다. 혹은 만약 그들이 적용할 때 그 충격이 어떠할지는 모른다. 그러나 우리는 이러한 이해가 우리들의 민주주의에 반대의 시각을 가진 사람들 사이의 경쟁을 넘어 움직이도록 도울 수 있을 것으로 희망한다. 즉 우리는 상호이해에 대한 노력이 우리 모두가 함께 살아갈 수 있는 미래로 이끌 것이라는 사실을 희망한다.

태도와 신념에 초점을 맞추는 것은 역사공부의 핵심에서 지속되는 인간의 딜레마에 관심을 갖게 한다.

Barton & Smith(1994)

Barton & Levstik(2004), Parker(2003)

어린이와 청소년의 문학

Women's Roles in Society

Blumberg, R. *Bloomers! Bradbury Press*, 1993.

Chang, I. *A Separate Battle: Women and The Civil War*. Lodestar, 1991.

Clinton, S. *The Story of Susan B. Anthony*. Children's Press, 1986.

Coleman, P. *Rosie the Riveter*. Crown, 1995.

Colman, P. *Where the Action Was: Women War Correspondents in World War II*. Crown Books, 2002.

Cullen-DuPont, K. *Elizabeth Cady Stanton and Women's Liberty*. Facts on File, 1992.

Dash, J. *We Shall Not Be Moved: The Women's Factory Strike of 1909*. Scholastic Press, 1996.

DePauw, L. G. *Founding Mothers: Women in America in the Revolutionary Era*. Houghton Mifflin, 1975.

Duffy, J. *Radical Red*. Charles Scribner's Sons, 1993.

Fritz, J. *You Want Women to Vote, Lizzie Stanton?* Putnam, 1995.

Hearne, B. *Seven Brave Women*. Greenwillow, 1997.

Hoople, C. G. *As I Saw It: Women Who Lived the American Adventure*. Dial Press, 1978.

Johnston, N. *Remember the Ladie*s. Scholastic, 1995.

Kendall, M. E. *Failure is Impossible: The History of American Women's Rights*. Lerner, 2001.

Krull, K. *Lives of Extraordinary Women: Rulers, Rebels (And What the Neighbors Thought)*. Harcourt Children's Books, 2000.

Landau, E. *Hidden Heroines and Women in Amercan History*. Julian Messner, 1975.

McCully, E. A. *The Ballot Box Battle*. Knopf, 1996.

McCully, E. A. *The Bobbin Gir*l. Dial, 1996.

Macy, S. *A Whole New Ball Game: The Story of the All-American Girls Professional Baseball League*. Henry Holt & Company, 1993.

O'Neal, Z. *A Long Way to Go*. Viking, 1990.

Pinkney, A. D. *Let It Shine: Stories of Black Women Freedom Fighters*. Gulliver, 2000.

Rappaport, D. *American Women: Their Lives in Their Words*. Thomas Y. Crowell, 1990.

Sullivan, G. *The Day that Women Got the Vote: A Photo History of the Women's Rights Movement*. Scholastic, 1994.

World War II Era and the Holocaust

Abells, C. B. *The Children We Rememb*er. Greenwillow, 1986.

Adler, D. A. *Hilde and Elie: Children of the Holocaust*. Holiday House, 1994.

Adler, D. A. *The Number on My Grandfather's Arm*. Union of American Hebrew Congregations, 1987.

Adler, D. A. *A Picture Book of Anne Frank*. Holiday House, 1993.

Avi. *Who Was That Masked Man, Anyway?* Orchard, 1992.

Bacharach, S. D. *Tell Them We Remember: The Story of the Holocaust*. Little, Brown, 1994.

Chaikin, M. *A Nightmare in History: The Holocaust, 1933-1945*. Houghton Mifflin, 1987.

Drukcer, M., & Halperin, M. *Jacob's Rescue: A Holocaust Story*. Bantam Doubleday Dell, 1993.

Finkelstein, N. H. *Remember Not to Forget: A Memory of the Holocaust*. Franklin Watts, 1985.

Frank, A. *Anne Frank: The Diary of a Young Girl*. Doubleday, 1967.

Friedman, I. R. *Escape or Die: True Stories of Young People Who Survived the Holocaust*. Addison-Wesley, 1982.

Fox, A. L., & Abraham-Podietz, E. *Ten Thousand Children: True Stories Told By Children Who Escaped the Holocaust on the Kindertansport*. Behrman House, 1998.

Greenfield, E. *Easter Parade*. Hyperion, 1998.

Greenfeld, H. *The Hidden Children*. Ticknor & Fields, 1993.

Hahn, M. D. *Following My Own Footsteps*. Clarion, 1996.

Isaacs, A. *Torn Thread*. Scholastic, 2000.

Jules, J. *The Grey Striped Shirt: How Grandma and Grandpa Survived the Holocaust*. Alef Design Group, 1993.

Kerr, J. *When Hitler Stole Pink Rabbit*. Dell, 1987.

Koehn, I. *Mischling, Second Degree: My Childhood in Nazi Germany*. Greenwillow Books, 1977.

Kuhn, B. *Angels of Mercy; The Army Nurses of World War II*. Atheneum, 1999.

Laird, C. *Shadow of the Wall*. Greenwillow Books, 1989.

Leigh, V. *Anne Frank*. Bookwright Press, 1986.

Leitner, I. *The Big Lie: A True Story*. Scholastic, 1992.

Lowry, L. *Number the Stars*. Dell, 1990.

Matas, C. *Daniel's Story*. Scholastic, 1993.

Meltzer, M. *Never to Forget: The Jews of the Holocaust*. Harper & Row, 1976.

Meltzer, M. *Rescue: The Story of How Gentiles Saved Jews in the Holocaust*. New York: Harper & Row, 1988.

Mochizuki, K. *Passage to Freedom: The Sugihara Story*. Lee & Low, 1997.

Oppenheim, S. L. *The Lily Cupboard*. HarperCollins, 1992.

Orlev, U. *The Man form the Other Side*. Houghton Mifflin, 1991.

Polacco, P. *The Butterfly*. Philomel, 2000.

Reeder, C. *Foster's War*. Scholastic, 1998.

Reiss, J. *The Journey Back*. HarperCollins, 1987.

Reiss, J. *The Upstairs Room*. HarperCollins, 1987

Rinaldi, A. *Keep Smiling Through*. Harcourt, 1996.

Rogasky, B. *Smoke and Ashes: The Story of the Holocaust*. Holiday, 1988.

Rosenberg, M. B. *Hiding to Survive: Stories of Jewish Children Rescued from the*

Holocaust. Clairon Books, 1994.

Taylor, J. L. *The Art of Keeping Cool*. Atheneum, 2000.

Toll, N. S. *Behind the Secret Window: A Memoir of a Hidden Childhood During World War Two*. Dial, 1993.

van der Rol, R., & Verhoeven, R. *Anne Frank: Beyond the Diary, a Photographic Remembrance*. Viking, 1993.

Vogle, I., & Vogel, M. *Bad Times, Good Times: A Personal Memoir*. Harcourt Brace Jovanovich, 1992.

Volavkova, H., Ed. *I Never Saw Another Butterfly: Children's Drawing and Poems from Terezin Concentration Camp*, 1942-1944.

Warren, A. *Surviving Hitler: A Boy in the Nazi Death Camps*. HarperCollins, 2001.

Wickham, M. *A Golden Age*. Smithsonian, 1996.

Yolen, J. *The Devil's Arithmetic*. Puffin, 1990.

Relocation of Japanese Americans during World War II

Allen, T. B. *Remember Pearl Harbor: American and Japanese Survivors Tell Their Stories*. National Geoyraphic, 2001.

Bunting, E. *So Far From the Sea*. Clarion, 1998.

Cooper, M. L. *Fighting for Honor: Japanese Americans and World War II*. Houghton Mifflin, 2000.

Hamanaka, S. *The Journey: Japanese Americans, Racism, and Renewal*. Orchard, 1990.

Levine, E. *A Fence Away From Freedom*. G. P. Putnam's Sons, 1995.

Mochizuki, K. *BaseBall Saved Us*. Lee & Low Books, 1993.

Perl, L. *Behind Barbed Wire: The Story of Japanes-American Interment During World War II*. Benchmark Books, 2002.

Salisbury, G. *Under the Blood-Red Sun*. Delacorte, 1994.

Savin, M. *The Moonbridge*. Scholastic, 1992.

Stanley, J. *I Am an American: A True Story of Japanese Internment*. Crown, 1994.

Takashima, S. *A Child in Prison Camp*. Tundra Books, 1991.

Thesman, J. *Molly Donnelly*. Houghton Mifflin, 1993.

Tunnell, M. O., & Chilcoat, G. W. *The Children of Topaz: The Story of a Japanese-American Internment Camp*. Holiday, 1996.

Uchida, Y. *The Bracelet*. Philomel Books, 1993.

Uchida, Y. *Journey to Topaz*. Creative Arts, 1985.

Racism, Discrimination, and Civil Rights in American History

Bealer, A. W. *Only the Names Remain: The Cherokees and the Trail of Tears*. Little, Brown, 1972.

Duncan, A. F. *The National Civil Rights Museum Celebrates Everyday People*. Bridgewater Books, 1995.

Goldenbock, P. *Teammates*. Harcourt Brace, 1990.

Haskins, J. *The Day Martin Luther King, Jr. Was Shot: A Photo History of the Civil Rights Movement*. Scholastic, 1992.

Haskins, J. *The March on Washington*. HarperCollins, 1993.

Hashins, J. *The Scottsboro Boys*. Henry Holt, 1994.

Herlihy, D. *Ludie's Song*. Dial Books, 1988.

Jimenez, F. *Breaking Through*. Houghton Mifflin, 2001.

Levine, E. *Freedom's Children: Young Civil Rights Activists Tell Their Own Stories*. G. P. Putnam's Sons, 1993.

McKissack, P. *Goin' Someplace Special*. Atheneum, 2001.

McKissack, P. C., & McKissack, F. L. *Christmas in the Big House, Christmas in the Quarters*. Scholastic, 1994.

McKissack, P., & McKissack, F. L. *The Civil Rights Movement in America from 1965 to the Present*. Children's Press, 1991.

Meltzer, M. *Black Americans: A History in Their Own Words*. Crowell, 1984.

Meyer, C. *White Lilacs*. Harcourt, 1993.

Miller, W. *Richard Wright and the Library Card*. Lee & Low, 1997.

Myers, W. D. *Now is Your Time: The African-American Struggle for Freedom*. HarperCollins, 1991.

Siegel, B. *The Year They Walked: Rosa Parks and the Montgomery Bus Boycott*. Four Winds Press, 1992.

Taylor, M. D. *The Friendship*. Dial Books for Young Readers, 1987.

Taylor, M. D. *The Gold Cadillac*. Dial Books for Young Readers, 1987.

Taylor, M. D. *Let the Circle Be Unbroken*. Dial Books for Young Readers, 1981.

Taylor, M. D. *Mississippi Bridge*. Dial Books for Young Readers, 1990.

Taylor, M. D. *Roll of Thunder, Hear My Cry*. Dial, 1976.

Turner, A. *Nettie's Trip South*. Macmillan, 1987.

Walter, M. Pitts. *Mississippi Challenge*. Bradbury Press, 1992.

Wiles, D. *Freedom Summer*. Atheneum, 2001.

Yin. *Coolies*. Philomel, 2001.

For books on slavery, see the booklist at the end of chapter 12. For books on the Underground Railroad and on the experience of immigrants in the United States, see the booklist at the end of chapter 5.

Colonial Witchcraft Beliefs and Trials

Currie, S. *The Salem Witch Trials (History of the World)*. Kidhaven, 2002.

Dickinson, A. *The Salem Witchcraft Delusion, 1692: Have You Made No Contract with the Devil?* Franklin Watts, 1974.

Kohn, B. *Out of the Cauldron: A Short History of Witchcraft*. Holt, Rinehart, & Winston, 1972.

Lasky, K. *Beyond the Burning Time*. Scholastic, 1994.

Petry, A. *Tituba of Salem Village*. HarperCollins, 1991.

Rinaldi, A. *A Break with Charity: A Story About the Salem Witch Trials*. Harcourt Brace, 1992.

Rinaldi, A. *A Break With Charity: A Story about the Salem Witch Trials*. Gulliver Books, 2003.

Roach, M. K. *In the Days of the Salem Witchcraft Trials*. Houghton Mifflin, 1996.

Speare, E. G. *The Witch of Blackbird Pond*. Houghton Mifflin, 1986.

van der Linde, L. *The Devil in Salem Village*, 1992.

Woods, G. *The Salem Witchcraft Trials: A Headline Court Case*. Enslow, 2000.

Other Works in This Chapter

Flesichman, P. *Bull Run*. HarperCollins, 1993.

Fox, M. *Wilfrid Gordon McDonald Partridge*. Kane-Miller, 1985.

Freedman, R. *Immigrant Kids*. Scholastic, 1980.

Sebestyen, O. *On Fire*. Atlantic Monthly Press, 1985.

Selvin, D. F. *The Thundering Voice of John L. Lewis*. Lothrop, Lee, & Shepard, 1959.

Turner, A. *Katie's Trunk*. Macmillan, 1992.

우리 국민 (Nosotros La Gente)

미국사에 있어서 다양한 관점들

노동에 대한 수요가 증가된 버지니아 식민지에서의 변화들을 검토한 후 레베카 발부에나 (Rebecca Valbuena) 교사는 5학년 학생들에게 노예라는 말을 들었을 때 무엇을 생각하느 냐고 묻는다. 그들 중 많은 어린이들은 "그들은 채찍질 당했어요", "흑인, 그들은 자유가 없었어요", "그것은 오래 전 일이었어요", "그들은 언제나 사슬에 매여 있었어요"와 같이 분명하지만 상당히 단순한 생각들을 했고 레베카 교사는 그것을 차트에 기록한다. 그녀는 그들의 아이디어 중 어느 것이 옳은지, 그리고 덧붙이거나 변화시킬 필요가 있는 것은 어 느 것인지를 그들이 찾을 것이라고 설명한다. 또 다른 차트에는 노예에 대한 그들의 질문 목록을 기록한 후 노예 상태에 대한 세 가지 구절의 직접 설명에 근거한 독자들의 연극 대 본을 공연하기 위해 그녀는 여러 학생들을 선발한다. 각각의 선택 부분을 읽은 후 학생들 은 노예들이 말하고 느낀 것과 같이 듣고 보고 느낀 것을 묘사하기 위해 단어들을 브레인 스토밍한다. 그들은 그때 노예가 된 아프리카인들의 관점으로부터 시를 쓰기 위해 이러한 단어와 아이디어들을 이용한다.

이 단원에 대한 과정이 끝나고 학생들은 노예에 대한 자신들의 이해를 확장하고 재정의하 기 위해 구안된 몇 가지 활동에 참여한다. 예를 들면 학생들의 두 번째 과에서 그들은 기본 인권의 목록을 개발하기 위해서 조별로 작업한다. 즉 그들은 프라이버시·외부에서 안전 하기·말하기·감정·종교·깨끗한 공기·자연·생명·자유, 그리고 "너 자신이 되는 것"과 같은 그런 것들을 제시한다. 그 다음에 그녀는 학생들에게 노예가 된 아프리카인의 판화 와 식민지 버지니아에서 나온 노예법의 일부를 보여준다. 즉 학생들은 이들 제한들을 그 들 자신의 권리에 대한 목록과 비교하고 왜 노예소유주들이 필요한 그런 수단을 고려했는 지를 분석한다. 수업은 인간 권리를 위반한 동시대의 사례를 논의하는 것으로써 마친다. 몇몇 학생들의 가족들은 과테말라와 엘살바도르에서 왔으며, 그 나라들로부터 나온 예들 을 제공할 수 있다. 한편 다른 어린이들은 민권운동에 관해 학교에서 배운 것과 보스니아 와 르완다에서 일어난 사건에 대한 미디어의 보고, 혹은 학교에서 드물게 논의하는 아동 학대와 성적 학대와 같은 논제에 대한 그들의 지식을 비교한다.

***

로다 콜만(Rhoda Coleman) 교사의 5학년 학생들은 그들의 기본적인 시리즈 가운데 두 가지를 골라 읽으면서 1800년대 중반의 서부로의 이동에 대한 학습을 시작한다. 즉 하나는 미국 서부로부터 나온 긴 이야기 세트이고, 다른 하나는 미국 원주민들이 직접 설명한 땅의 상실에 대한 이야기책이다. 그 해 일찍, 그 수업은 유럽인과 미국 원주민들 사이의 최초의 접촉뿐만 아니라 몇몇 미국 원주민들의 문화를 학습했고, 그래서 대다수의 학생들은 미국 원주민들과 정착자들의 관점을 비교하는 벤 다이어그램(Venn diagram)에 기꺼이 기여할 수 있다. 휴식 전에 학생들은 개인 지도에 오레곤 트레일(Oregon Trail)과 국도와 같은 주요 도로의 몇 가지 노선을 계획한다. 휴식 후 로다 교사는 시작에서 학생들이 이미 알고 있는 것과 알고 싶어하는 것을 기록하면서 서부로의 이동에 관한 KWL 차트로 수업을 이끈다.

점심 후 로다는 『캐시의 여행』(Cassie's Journey)이라는 책, 즉 주로 여자의 일기에 근거해서 서부여행에 대해 설명한 것을 소리내어 읽고 학생들과 그 책을 논의하기 위해 자주 멈춘다. 세 조로 작업하면서 학생들은 정착자들이 직면한 고난, 즉 그들이 단지 읽거나 알거나 상상할 수 있는 것의 목록을 개발한다. 이러한 문제들에 대한 학급 목록을 수집한 후 로다는 "학생들의 집중적인 시선을 받는 자리"에 앉을 몇몇의 학생들을 선발한다. 교실 앞에 나와서 서부를 여행하는 남자·여자·어린아이를 묘사하도록 하기 위해서, 그리고 여행에 대해 동급생들로부터의 질문에 답하기 위해서다. 학생들은 오늘 이미 배운 것에서 답의 일부를 찾는 반면에 다른 질문들은 KWL 차트에 추가된다. 다음으로 학생들은 여행하는 사람들의 관점으로 집에 편지를 쓰면서 그들이 어디에 있는지, 무엇을 바라는지, 생각과 감정이 어떠한지를 열거한다. 다음 몇 주 동안 학생들은 『캐시의 여행』과 다른 책에 대해 계속 들을 것이다. 그리고 서부 여행을 하는 사람들의 관점으로부터 질문을 조사하고 모의일기를 만들기 위해 다양한 참고자료들을 이용할 것이다.

많은 교사들은 역사 수업에서 특정한 교육과정 가이드라인을 따라야 한다.

많은 교사들은 그들 혹은 학생들이 중요하게 생각하는 논제들을 학습하는 것에 대한 선택권을 갖고 있지 않다. 즉 그들은 홀로코스트, 일본계 미국인 억류, 혹은 세이럼 마녀 재판을 탐구하는 선택권을 갖고 있지 않다. 특히 5학년과 8학년의 경우 대부분의 주에서 미국사를 가르치기를 요구할 때 교사들은 국가의 과거에 일어난 주요 사건, 즉 초기의 탐험자들·식민지 삶·미국 혁명·서부이동 등을 교과서와 교육과정 안내서가 전통적으로 동일시하고 있는 사건들을 다루도록 하고 있다. 물론 이러한 기대가 비합리적인 것은 아니다. 즉 우리는 확실히 중학년의 끝까지 학생들이 미국 원주민들과 유럽인들의 만남, 아프리카계 미국인들의 노예상태, 그리고 미국 정부의 헌법 기초 등과 같은 논제들에 대해 알기를 희망한다. 이러한 역사적 이슈들과 지식을 다루지 않고서는 "우리가 어떻게 여기 왔는가"를 누구도 이해할 수는 없다.

불행하게도 텍스트에서 전통적으로 찾은 내용을 학습하는 것은 종종 이들 텍스트를 중심으로 발전한 교수방법을 이용하는 것을 의미한다. 즉 월요일에는 학생들을 정해서 장을 읽고, 화요일에는 어휘 낱말을 정의하며, 수요일에는 장의 끝에 있는 질문에 답하고, 목요일에는 재검토하며, 금요일에는 테스트한다. 일부 학교에서는 매주마다 요구된 교육과정이 다루어지는지를 확인하기 위해서 교장들도 이 순서를 요구한다. 이와 같은 방식의 맹종적이며 상상력이 없는 교과서의 사용이 완전히 특별한 것을 보장한다는 사실과 다루어진 내용이나 그것을 다루는 이유를 이해하는 데 학생들이 실패할 것이라는 사실을 사람들이 어떻게 아는가를 제2장에 있는 토론을 통해 분명히 밝혀야 한다. 실제로 사회과 텍스트는 읽는 재미가 부족한 것으로 잘 알려져 있다. 그리고 로다와 레베카의 경우와 같이 교실, 즉 일부 학생들은 모국어로 영어를 말하지 않는 곳에서 고립된 상태로 읽는 교과서는 실제로 이해하기 어려울 것이다. 더군다나 학생들의 대다수가 최근에 미국으로 이민을 온 가족으로부터 왔기 때문에 제임스타운이나 서부로의 이동과의 관련성은 보다 분명한 주의가 필요할 것이다. 일부 교과서는 로스앤젤레스에 사는 10살짜리 통간(Tongan) 소녀에게 유럽계 미국인들이 덮개가 있는 마차를 타고 서부로 이동하는 것이 현재 그녀 자신의 삶과 무슨 관계가 있는지 분명하지 않다.

로다와 레베카의 가르치기는 이론과 조사연구에 기반을 둔 교수법이 너무 자주 "취급된" 내용을 학생들에게 어떻게 이해하도록 도울 수 있는지를 보여주고, 그들의 접근법은 중요한 역사적 원리들이 그런 내용을 수반할 수 있다는 것을 보여준다. 예를 들면 그 해의 교육과정 동안 레베카와 로다 둘 다는 그들의 사회과 교수를 역사와 사회과학 분야에서 캘리포니아주 교육과정과 가깝게 어울리는 단원들로 나눈다. 예컨대 세계와 그것의 다양성(이민과 세계 주변의 문화를 포함), 접촉한 문화(미국 원주민들의 문화, 유럽인들의 탐험, 그리고 제임스타운), 우리 국민(노예·식민지 삶·미국 혁명·헌법의 발달), 그리고 뉴 프런티어(새 공화국에서의 삶과 서부로의 이동) 등이다. 그러나 교사는 교과서에 주로 의지하지 않거나 정보의 간단한 범위를 평가하지 않거나, 혹은 사실들을 모으지는 않는다. 대신에 레베카와 로다 둘은 내용에 대한 학생들의 이해를 발달시키기 위해 문학작품과 일차 자료들에 의지한다. 즉 덧붙여 그들은 교과서가 다루는 것에서 종종 무시되는 미국사의 측면에 체계적인 주의를 기울인다. 어느 시기에 존재하는 사건들, 예를 들면 과거의 사건들에 관련된 사람들의 행위에 관한 복잡하고 종종 대립적인 관점들이다. 멕시코·중앙아메리카·남부 아시아, 혹은 태평양 연안 섬들로부터 최근에 이민온 가족들이 대다수인 그들의 학생들에게 미국의 역사는 실제로 우리 국민(Nosotros La Gente)의 이야기가 되고 있다. 그들은 실제 사람들의 생각과 관점, 그리고 행동들을 학습하고, 우리 역사의 일부가 된, 그리고 계속되고 있는 관점들과 경험의 다양성에 대해서 배운다.

미국사에 있어서 사람들

비록 교과서들은 전형적으로 사건들, 즉 티콘데로가 요새(Fort Ticonderoga)의 획득·피켓의 진격(Pickett's charge)·웜리 하우스 협약(Wormley House agreement) 등에 초점을 맞추지만 대다수의 역사가들은 사람들에게 초점을 맞춘다. 특히 역사가들은 사람들이 과거에 한 결정들과 그 결정들이 어떻게 사람들의 믿음·희망·두려움에 영향을 미쳤는가를 검토한다. 역사가들은 동시에 사건도 연구하지 않는 것은 아니다. 그러나 사건을 이해하는 본질적인 부분은 그것들이 실제 사람들에게 어떻게 영향을 미쳤는가를 아는 것이다. 왜 18

내용을 커버하는 것은 드물게 심화 이해로 이끈다.

Beck & McKeown(1991), McKeown & Beck(1994)

California State Board of Education(1988)

비록 교사들은 사건에 초점을 맞추지만 대부분의 역사가들은 인물에 초점을 맞춘다.

세기 초에 가족들은 어린이들을 그다지 가지려고 하지 않았을까? 농부들은 왜 인민당에 가입했을까? 재건은 남부에 있는 이전 노예들을 위한 기회에 어떻게 영향을 주었을까? 대학 학과의 구성원들이 아닌 저 누군가가 역사에서 사람들의 중요성을 더 많이 선언하였다. 즉 용기·영웅적 자질·간단한 인내에 관한 이야기들은 역사에서 정치적이거나 도덕적인 일에 대한 분석보다 더 많이 감응하는 감정을 두드리는 것 같다. 사람들에 대한 강조 없이 역사는 고도로 추상적인, 특히 흥미가 없는 과목이 될 것이다.

Rosenzweig & Thelen(1998)

앞의 세 장에서 우리는 특히 이야기의 다양한 형태의 이용을 통하여 학생들이 역사의 인간 감각을 이해하게 하는 것에 대한 중요성에 주의를 갖게 했다. 레베카와 로다의 교실은 이러한 관점이 미국 역사과정에서 전통적으로 다뤄지고 있는 논제들 중 많은 것들에 어떻게 적용될 수 있는지를 보여준다. 에이미 수업에서의 경우(11장) 그들의 활동 중 많은 것들이 학생들에게 역사적 배우들의 위치에 그들 자신을 놓는 것에 대해 자신들이 배운 것을 이용하도록 요구한다. 예를 들면 노예상태에 대한 설명을 읽은 후 레베카의 학생들은 노예들이 듣고 보고 느낀 것 등을 설명하기 위해 기본적인 개요(도해 12.1)를 이용해서 "나는 (I AM)"이라는 시를 썼다. 도해 12.2의 예들은 노예 스스로 찾은 물리적인 환경에 대한 것뿐만 아니라 환경이 그들의 사고와 감정에 영향을 미친 방식에 대하여 학생들이 어떻게 결론을 내릴 수 있었는지를 보여준다. 뒤에 남북전쟁 전의 남부의 노예법을 학습할 때 레베카는 학생들이 "열린 마음" 활동을 하도록 하였다. 즉 인간 두뇌에 대한 개요를 사용해서 학생들은 노예들과 노예 소유주들에 대한 가능한 아이디어들을 목록으로 만들었다.

"나는"이라는 시에서 학생들은 역사에서 사람들이 듣고, 보고, 느끼고, 그리고 생각할 수 있는 것을 설명하기 위한 개요를 따른다.

"열린 마음" 활동에서 학생들은 과거 사람들이 가졌을지도 모르는 아이디어를 기록하기 위하여 인간 지혜의 개요를 사용한다.

나는 _____

나는 궁금하다 _____

나는 듣는다 _____

나는 본다 _____

나는 원한다 _____

나는 _____

나는 요구한다 _____

나는 느낀다 _____

나는 만진다 _____

나는 걱정한다 _____

나는 운다 _____

나는 _____

나는 이해한다 _____

나는 말한다 _____

나는 꿈꾼다 _____

도해 12.1 "나는" 시의 개요

로다의 일명 "핫 시트" 활동은 11장에 있는 디 할라우(Dee Hallau)의 역할극과 비슷하다. 학생들이 『캐시의 여행』에서 서부 이동의 설명에 대해 논의한 후, 즉 1860년대에 서부로 가면서 그들 중 일부는 서쪽으로 이동하는 가족들의 역할을 수행했고, 그들의 감정과 동기, 그리고 고난에 대한 질문에 답했다. 그렇게 할 때 그들은 이러한 여행의 환경에 대한 이해뿐만 아니라 환경이 또한 가족의 다른 구성원에게 어떻게 영향을 미쳤는지를 고려해야만 한다는 것을 증명해야 한다. 이 단원에서 중요한 과제 중의 하나가 그 사이에 학생들에게 서쪽으로 이동하는 사람들의 관점으로부터 쓰여진 모의 여행을 개발하는 것이었다. 이 여행들은 작가의 반응처럼 풍경·날씨·사건들에 관한 정보를 포함해야 한다. 또 이 과제는 학생들이 단원의 실제 내용뿐만 아니라 사람들이 그들의 환경에 반응한 방식을 이해하는 것을 요구했다.

이러한 관점을 취하는 과제들은 로다와 레베카의 수업에서 대부분의 역사 논제를 지도하는 기본적인 특징이었다. 예를 들면 제임스타운을 학습할 때 학생들은 영국에 있는 잠재적인 정착자들에게 식민지를 알리는 분별없는 광고를 썼다. 그렇게 할 때 그들은 북아메리카로 이주하기 위해 17세기 영국 사람이 어떻게 해야 하는지를 결정해야만 했다(구절들은 "토마스는 부유해지기를 원하느냐?", "여기에 오라", "아마 당신은 크게 성공할 것이다"와 같은 것을 포함했다). 또 다른 과제에서 그들은 제임스타운 정착자들의 관점을 가져와서 그들의 집 가족들에게 편지를 썼다. 그리고 미국 혁명을 학습할 때 학생들은 보스턴에 주

Harvey(1988)

"핫시트"에서 학생들은 역사에 있어서 인물의 역할을 취하고 타학생들의 질문에 대답한다.

많은 역사적 주제는 관점인식 활동에 적합하다.

나는 아프리카인이다.
나는 무엇이 일어날지 궁금하다.
나는 채찍질 소리를 듣는다.
나는 백인들을 본다.
나는 집에 가고 싶다.
나는 매우 슬프다.

나는 나의 가족과 함께 있는 것을 요구한다.
나는 매우 걱정스럽고 당황스럽다.
나는 나의 차꼬(수갑)를 만진다.
나는 나의 가족에 대해 궁금하다.
나는 매우 슬퍼서 운다.
나는 불행하다.

나는 아무 것도 모른다.
나는 이것이 일어났습니까? 라고 묻는다.
나는 아프리카에 있는 나의 집을 꿈꾼다.
　　안젤라(Angela)에 의해

나는 아프리카인이다.
나는 집에 돌아갈 수나 있을지 생각한다.
나는 친척들의 울음소리를 듣는다.
나는 저 악마같은 사람들을 본다.
나는 자유를 원한다.
나는 노예이다.

나는 그렇지만 매우 나쁘지 않은 체한다.
나는 나의 사람들이 없어 매우 슬프다.
나는 쇠사슬 외에 어떤 것도 만질 수 없다.
나는 나의 가족이 걱정스럽다.
나는 혼란스러워서 운다.
나는 죄인이다.

나는 그들이 하는 말을 이해하지 못한다.
나는 당신이 지구상에서 가장 끔찍하다고 말한다.
나는 자유를 얻을 날만 꿈꾼다.
　　제노베바(Genoveva)에 의해

도해 12.2 "나는…" 시들

둔한 영국 군인들의 관점으로 편지를 쓰고 새로운 항목의 논설·인터뷰로 식민지 신문을 제작하며 애국파들과 왕당파들 사이에서 논쟁을 수행했다.

도해 12.2에 있는 "나는" 이라는 시는 학생들이 그러한 과제에 접근한 진지함과 열정을 보여준다. 두 교실에서 학생들은 자신들이 역사를 학습하는 것을 즐긴 이유로 일관되게 관점 취하기 활동들과 같은 것을 지적하였다. 일부 학생들은 단지 책으로부터 역사에 대해 읽고 역사에 대해 썼을 때 그 이전에는 역사를 좋아하지 않았다고 지적하였다. 한 소녀가 지적한 것처럼 그들이 좋아한 것은 과거의 사람들인 것처럼 연기하는 것이었다. 한 동급생 이 "그것은 당신에게 그들의 위치에 있게 될 기회, 즉 어떻게 실제의 것처럼 느꼈는지를 당 신에게 준다" 라고 동의하였다.

학생들은 보통 그들이 과거 사람들의 관점을 취하는 활동을 즐긴다.

사람들을 이해하기 위해 문학작품과 일차 자료 활용하기

우리가 주목한 것처럼 역사적 픽션은 학생들이 과거 사람들의 관점을 인식하는 것을 돕는 매우 효과적인 방법이다. 픽션은 사실 원래 주관적이다. 그것은 독자들에게 자신들이 읽은 인물들이 있는 장소에 그들 자신을 놓도록 이끈다. 하지만 관점 인식 활동들이 단순히 쓰 는 연습이나 과거의 사람들에 대해 약간 애매한 동정심을 주입시키려는 목적이 아니라는 것을 이해하는 것은 중요하다. 그것의 목적은 역사 이해를 발달시키는 것이다. 따라서 그 들은 증거에 기초해야만 한다. 증거의 역할을 강조하지 않으면 그런 활동은 그들이 코끼리 라는 것을 상상하는 것과 매한가지이다. 코끼리는 사람의 사고와 감정을 가지고 있지 않기 때문에 학생들이 창조하는 그 어떤 것도 마찬가지로 근거가 있는 것이다. 즉 학생들이 코 끼리의 관점을 실제로 취했는지 아닌지를 판단할 명확한 기준이 없다. 그러나 사람들은 자 신들이 생각하고 있는 것과 자신들의 생각에 대한 직·간접 증거 이면에 남겨진 것을 설명 할 수 있다. 자신들의 관점에 대한 이러한 표현은 역사 해석을 위한 기초를 형성한다.

역사적 관점인식은 증 거에 의존한다.

로다와 레베카 둘은 자신들의 관점 인식 활동을 일차 자료에 연결시킨다. 예를 들면 레 베카는 노예상태를 묘사하는 아프리카인에 대한 일차 기사들을 읽고 논의한 후에 학생들 에게 "나는" 이라는 시를 쓰게 했다. 다른 과에서 학생들은 노예들의 삶에 대해 추론하기 위 해 도망친 노예에 대한 광고를 이용했다. 예를 들면 광고는 종종 기록되었기 때문에 노예 한명은 읽을 수 있지만 대다수는 아마 읽을 수 없을 것이라고 판단하면서 비슷하게 로다의 학생들은 19세기 중엽에 서부로 이주한 여자들의 일기에 기반을 둔 문학작품에 기댄 핫 시 트 역할놀이에 기반을 두고 있었다. 그리고 땅을 잃은 미국 원주민들의 관점에 대한 논의 는 그들의 기본적인 독자와 『부상당한 무릎: 미국 서부의 인디언 역사』(*Wounded Knee: An Indian History of the American West*)에서 찾은 일차 자료들에 기반을 두고 있었다.

일차자료는 과거 인물 들의 관점에 대한 통찰 력을 제공할 수 있다.

Brown(1975)

학생들 자신의 경험은 가끔 과거의 사람들의 사고와 감정을 상상하려는 시도에 가치있 는 기초를 제공한다. 1990년대에 10살짜리 멕시코계 미국인과 1600년대 서아프리카 어른 사이에 세계 관점과 경험의 모든 차이에도 불구하고 그들의 가족으로부터 떨어져 있는 것 에 대한 감정은 아마 약간의 중요한 유사성을 가지고 있다. 하지만 동시에 교사들은 그런

학생들 자신의 경험은 과거 인물의 관점을 인 식하도록 도울 수 있다.

한 시각적 활동에 대한 이유의 일부는 어떻게 태도가 시간과 공간을 통해서 비슷하고 다른 지를 이해하는 것이라고 강조해야 한다. 그리고 이들 결론은 증거에 기초하여야 한다. 로 다가 학생들에게 미국 원주민들이 땅 손실에 대해 어떻게 느꼈는지를 물었을 때 최초로 그 들 자신의 직관적인 판단으로 반응했다. 즉 슬프고 미칠 것 같다. 그러나 그녀는 일관되게 학생들의 관심을 그들이 읽은 일차 자료들로 돌렸다. "그들은 그들이 느낀 것을 어떻게 말 했을까"라고 그녀는 물었다. 물론 학생들은 언제나 그들 자신과 동시대적인 관점을 과거의 사람들의 관점과 온전히 분리시킬 수는 없을 것이다. 마지막 장에서 본 것처럼 내가 그때 살았다면 200년 전의 사람들이 생각한 것과 내가 생각한 것을 상상하는 것 사이에는 언제 나 긴장이 있다. 하지만 역사적인 관점에서 연습은 학생들에게 자신들의 관점을 더 이상 제한하지 않게 하기 위해 이해를 확장하도록 돕는다. 이러한 강조는 사람에 관한 것이다. 그리고 시간과 공간을 가로질러 그들의 연결을 유지하기 위한 잠재력이다. 그것은 미국사 에 있어서 전통적인 논제를 로다와 레베카의 학생들에게 적절하게 만드는 것을 도와준다.

> 역사 관점 인식은 학생들에게 다른 시대와 장소로부터 온 인물들에게 연결을 하도록 도와준다.

미국사에 있어서 다양성

북아메리카는 언제나 넓고 다양한 문화 집단으로 구성되어 왔다. 그리고 미합중국은 국가 가 성립된 이래로 다문화적이었다. 유럽의 탐험가들이 도착하기 이전에도 원주민들은 수 천 개의 다른 언어를 말했고, 문화적 다양성의 거대한 범위를 보여주었다. 유럽의 정착자 들이 도착했을 때 사람들의 다양성은 증가하였다. 즉 스칸디나비아인·네덜란드인·독일 인·영국인·프랑스인·스코틀랜드 정착자들은 동쪽 연안과 내륙 운하의 인구를 구성하였 다. 그 동안 노예가 된 아프리카인들이 점점 식민지 인구에 추가되었다. 1800년대 중반 무 렵 아일랜드·중국·일본으로부터의 이민자들이 연안의 인구를 구성하였다. 그 동안 멕시 코 정복은 남서부에 수백만 라틴인 거주자들을 추가하는 결과를 가져왔다. 20세기 초 무렵 도시 중심지들은 동유럽과 중부유럽에서 온 수많은 거주자들과 멕시코·중앙아메리카·카 리브·아시아·태평양 연안의 섬에서 온 이민자들이 증가하는 숫자를 보였다. 실제로 세계 의 모든 지역은 나라의 가장 강력한 힘, 즉 나라의 다양성을 계속 더하여 가고 있다.

> 미국은 항상 다문화적이었다. Takaki(1993)

> 다양성은 미국의 최대 강점이다.

많은 사람들은 미국의 역사를 그런 다양성을 포함하는 것으로 생각하지 않는다. 하지만 넓고 다양한 배경에서 온 사람들은 항상 미국사회의 발달에 중심이었다. 우리들은 앞에서 언급한 집단들 중 어느 것의 기여도 없었다면 근본적으로 다른 사회가 되었을 것이다. 유 럽인 정착자들은 미국 원주민들의 도움 없이는 살아남을 수 없었을 것이다. 즉 남쪽의 식 민지 경제는 인종적인 노예없이는 결코 발달할 수 없었을 것이다. 미국의 서부는 중국계 미국인·일본계 미국인·라틴인 거주자들의 노동이 없었다면 다른 과정을 겪었을 것이다. 그리고 그것이 비록 어떤 사람들에게 충격으로 다가올지라도 여자들 또한 우리 사회의 발 달에 항상 기여하였다. 우리는 종종 역사에서 많은 역할을 하지 않았기 때문에 텍스트들에 많이 등장하지 않는다고 말하는 것을 듣는다. 즉 놀랍게도 출생한 수백만의 여자들에게 나 타난 것을 관찰하면 집안 일을 하고, 농사를 지으며, 공장에서 일하고, 사업을 하며, 전문가 모든 배경으로부터 온 인물들은 미국 문화와 사회에 기여하였다.

가 되고, 정치운동에 참여하고, 동시대의 사회가 생산한 다른 모든 일들을 한다. 미국 문화와 사회는 항상 모든 부분의 인구들의 노력에 의지하고 있다.

교과서 출판업자들이 다양성에 꾸준히 주의는 기울였지만 이러한 주의가 때때로 피상적인 수준에 머물러 있다. 확실히 대다수의 교사들은 국가의 다양성에 대한 의미있는 설명을 제공하기 위해 텍스트들에만 의지할 수는 없다. 여자들과 소수자들이 교육과정의 가장자리에 남아 있는 한 과거의 다양한 사람들에 관한 상호작용과 관련성은 막연하게 남아 있을 것이다. 미국사에 대한 의미있는 이해는 언제나 국가가 남자와 여자, 많은 다양한 인종과 민족 배경을 가진 사람들, 부유한 사람과 가난한 사람, 그리고 그 사이에 놓인 모든 사람들로 구성되어 있다는 사실에 대한 인식을 요구한다. 미국사를 이해하는 것은 이러한 다양한 배경을 가진 사람들이 종종 그날의 사건들에 대해 근본적으로 다른 관점을 가졌다는 것과 이러한 관점들은 종종 심각하고 심지어는 폭력적일 정도의 갈등이 되었다는 것을 인식하는 것을 의미한다. 우리가 말한 것처럼 역사를 가르치는 것은 과거에 대해 하나의 이야기, 즉 모든 사람들이 불법과 억압, 혹은 대립이 없이 행복한 합의를 하는 것처럼 서로 동의하는 것으로 보이는 하나의 이야기만으로 한정지을 수는 없다. 교사들은 언제라도 사회에서 발견된 다양성에 일관되게 주의를 기울어야 하고 사람들 사이에서 사건들에 관한 관점이 다른 방식을 진지하게 받아들여야만 한다.

다른 배경에서 온 인물들은 역사적 사건에 관해 다른 관점을 가졌다.

교사들은 다양성에 대한 관심을 증대시키기 위한 책임을 가져야 한다. Levstik & Groth(2002)

이것은 또한 레베카와 로다의 교수에서 변함없는 특징이다. 그들의 모든 역사 단원들에서, 그들은 과거의 사람들에 대한 관점을 취하는 것만 아니라 다른 사람들의 관점을 취하는 것을 강조한다. 예를 들면 미국인의 만남을 공부할 때 학생들은 콜럼버스·콜럼버스 선원, 그리고 미국 원주민들의 관점에서 보고서를 쓴다. 식민지의 위리엄스 버그를 공부할 때 그들은 부자와 가난한 자, 그리고 인구 중에서 보통에 해당하는 사람들의 생활 모습과 남자와 여자에 의해 이루어지는 다른 종류의 일에 대해서 배운다. 미국 혁명에 대해 배울 때 그들은 애국파와 왕당파 사이에서 토론하고 각각의 관점으로부터 사설을 쓴다. 노예 신분에 대해 공부할 때 그들은 노예들과 노예 소유주들의 관점을 검토한다. 서부 이주를 공부할 때 그들은 정착자들과 미국 원주민들 사이뿐만이 아닌 정착자들 사이의 차이점도 본다(다른 관점에서 나온 책에 관해서는 이 장 끝에 있는 문학의 목록을 보라).

학생들은 역사에서 어떤 주어진 시간에 존재했던 관점의 다양성을 공부할 필요가 있다.

어린이들은 종종 역사에서 다양성을 보는 것에 실패하고 대신에 과거를 간단하고 직선적으로 발달한다고 생각한다. 7장에서 지적한 것처럼 어린이들은 종종 식민지 시대의 모든 사람들이 통나무 오두막에 살고, 1800년대의 모든 사람들이 항상 정장을 입었다고 생각한다. 그런 인식은 학생들이 어떤 시기 내에 존재하는 차이점에 드물게 노출될 때 거의 놀라운 것이 아니다. 하지만 교사가 일관되게 다양성과 대립되는 관점들을 강조할 때 과거에 대한 학생들의 이해의 기본적인 부분들이 된다. 예를 들면 레베카 수업에서 학생들이 식민지 보스턴의 사진들을 처음 검토했을 때 그들은 어떤 그림에서 묘사된 아프리카 고용인들의 모습, 남자와 여자가 하는 다른 종류의 일, 그리고 경제 계급의 다양성과 같은 특징들을 재빨리 알아차렸다. 유사하게 로다의 수업에서 서부 이주에 관해 읽고 있는 학생들은 종종 미국 원주민들이 사물들을 어떻게 다르게 보았는지를 지적했다. 즉 예를 들면 정착자들이

학생들은 역사의 기본 특징으로서 다양성과 일치하지 않는 관점을 보는 것을 배울 수 있다.

"새로운 집"이라고 불렀던 것은 이미 어느 다른 사람들의 집이었다는 것을 알아차린 것이다. 이들은 그런 차이점들을 살펴보도록 가르침을 받아온 학생들로부터만 전형적으로 듣는 견해의 일종이었다.

하지만 다양한 경험과 대립적인 관점을 검토하는 것은 단순히 미국사의 이야기, 즉 숭고한 정복보다 다소 감동적인 희생의 이야기로 그것을 그리는 것을 단순히 뒤집는 것을 의미하지 않는다. 그 곳 밖에서 하나의 이야기만 있다는 인식을 그렇게 강요하면서, 즉 여자들·소수자들, 그리고 가난한 사람들은 일반적으로 하위이며 하층의 역할을 맡는다. 교사들은 때때로 충격을 받는다. 예를 들면 그들의 아프리카계 미국인 학생들이 노예에 관해 이야기를 듣는 것을 부끄러워하는 것처럼 보일 때이다. 교사들은 "그것은 그들의 역사이다", "왜 그들은 그것을 자랑스러워하지 않지?"라고 묻는다. 노예와 흑인차별은 아프리카계 미국인들이 학교 역사시간에서 무안해 하는 유일한 시간이기 때문에 우리는 그들이 그것을 자랑스러워하지 않는다고 주장했다. 당신이 그것을 만나는 유일한 시간이 누군가가 당신의 조상을 괴롭히는 상황일 때 당신의 과거를 자랑스러워하기는 어렵다. 선택·조절·창의가 없다면 사람들을 희생자들로 그리는 것은 역사적인 것도 교육학적인 것도 아니다. 해결의 부분은 아프리카계 미국인들이 노예를 학습할 때에만, 라틴계인들이 농장 노동자들을 학습할 때에만, 혹은 일본계 미국인들이 2차 세계대전을 학습할 때에만 나타나지 않도록 하는 것에 있다. 교육과정은 아프리카계 미국인들이 농부와 군인들이었고, 여자들이 과학자와 기술자들이었으며, 가난한 사람들이 정치적으로 행동했었다는 것 등을 학생들이 볼 수 있도록 미국사를 통하여 존재했던 실제의 다양성을 반영해야만 한다.

그러나 반드시 중요한 것처럼 수업은 과거 사람들의 행동을 존중해야 한다. 미국 노예제는 역사상 인권 침해의 가장 나쁜 것 중의 하나이고, 노예가 된 사람들은 셀 수도 없이 많은 방법으로 무자비하고 잔인하게 희생되었다. 그러나 노예제와 관련된 희생은 오로지 희생자로서 개인이 생각하는 것과는 매우 다르다. 불운하고 노예 근성이 있는 것으로 노예를 그리는 것은 심지어 매우 동정적으로 그렇게 할 때조차도 노예제 하의 삶을 비추는 아무 것도 하지 않는 풍자이다. 기본적인 정치적·경제적 자유가 부족함에도 불구하고 미국 노예들은 그들 자신의 삶을 이루었다. 즉 그들은 결혼하고 어린이들을 가지며, 사냥하고 물고기를 잡으며, 정원을 가꾸고 능숙한 거래를 배우며, 노예제에 대항하여 싸웠다. 진실로 역사의 이 기간 동안에 가장 매혹적인 면 중의 하나는 고된 환경 속에서 사람들이 설레고 의미있는 문화 전통을 발전시킨 방식이다. 그러나 이것은 그 논제가 학교에서 항상 나타나는 방식은 아니다.

하지만 레베카 수업에서 학생들은 노예제도가 어떻게 인간의 권리를 침해했는가 뿐만 아니라 노예들이 어떻게 적응하고 살아 남았는가에 대해서도 공부했다. 예를 들면 그 단원의 중요한 부분은 스토리텔링에 초점이 맞춰졌다. 레베카는 노예들이 새로운 환경에서 어떻게 살아 남았고, 각자와 그들의 어린이들에게 자신들이 배운 것을 어떻게 넘겨주었는가에 대해 말하는 것으로 시작했다. 학생들은 그들 자신이 배운 가장 중요한 것들 중 일부인 학교와 읽기는 노예들에게 허용될 수 없었다는 것을 알았고, 레베카는 스토리텔링이 그와

노예가 된 아프리카인들과 그들의 후예들은 활동적인 문화 전통을 발전시켰다. Joyner(1984), Levine(1977)

같은 목적의 많은 것들을 이행하는 것이라고 설명했다. 학생들은 『사람들은 날 수 있었다』 (*The People Could Fly*)와 다른 자료들로부터 여러 스토리들을 읽고 각각이 표현하기 위해 의미하고 있는 교훈들을 논의했다. 예를 들면 그들은 그 이야기가 당신이 알고 있는 모든 것을 말하지 않는 것에 대한 중요성을 드러냈다고 결론지었다. 즉 어떤 단원은 그들이 노예제 동안만큼 유용한 오늘이었다고 생각했다. 스토리들과 스토리텔링의 요소에 대해 배운 후 학생들은 어떤 과를 가르치려고 계획된 그들 자신의 스토리들을 쓰고 공연했다.

이들 수업들은 노예들을 판에 박은 희생자들로서가 아니라 창조적이고 통찰력 있는 인간으로 묘사했다. 즉 그들의 경험으로부터 지혜를 얻고 저들 수업들에 전달하기 위해서 세련된 예술 형태를 발전시킨 사람들로 묘사했다. 이야기를 쓰고 공연하는 그들 자신의 경험을 통하여 학생들은 그것이 얼마나 어려운지를 보았다. 그들은 의미있는 수업을 가르치고, 특정한 관례를 따르며, 공연의 기술을 배우기 위해 이야기의 뼈대를 세워야만 했다. 많은 일과 창조성이 그런 예술적인 산물에 관련되었다는 것을 아는 것은 학생들로 하여금 항상 "쇠사슬에 묶여 있는" 사람들이라는 노예에 대한 최초의 고정관념을 영속시키기보다 노예 생활의 풍부함과 복잡성을 보도록 도와주었다. 심지어 한 학생은 그 해의 교육과정 동안 좋아하는 활동으로 이것을 지적하기도 하였다. "그것은 그들이 한 어떤 것이었다." 그리고 "우리는 그와 같은 것을 하고 있었다"라고 그는 지적하였다.

학생들이 아는 것 위에 구축하기

일찍이 설명된 그 수업들은 흥미 있고 지적으로 자주적이며 역사에 대한 학생들의 열중은 역사가 그들의 흥미를 유지시키는 데 얼마나 효과적인지를 분명히 보여준다. 그럼에도 불구하고 모든 이러한 수업들은 교사와 학생들에게 진지하고 지속적인 노력을 요구했다. 예를 들면 그들의 다양한 배경 때문에 로다와 레베카도 자신들의 학생들이 미국사에서 먼 사건들을 이해하는 사전 지식을 가지고 있다고는 가정할 수 없었다. 7장에서 지적한 것처럼 "식민지시대"와 같은 연대나 표현은 어느 배경에서 온 학생들에게도 많은 특별한 연상을 불러내기 쉽다. 최근 미국으로 이민온 사람들에게는 훨씬 덜할 것이다. 로다와 레베카는 학생들이 노예제와 서부 이주와 같은 논제들을 전후관계에 놓도록 하는 스키마를 발달시키도록 돕는 것을 자신들의 첫 과제로 삼았다. 물론 그러한 이해를 세우는 데 있어서 중요한 단계는 학생들이 이미 아는 것을 찾아내는 것이었다. 레베카는 교실 앞에 있는 망에 노예제에 관한 학생들의 아이디어들을 기록했다. 로다는 KWL차트에 서부 이주에 관해 학생들이 알고 있는 것을 목록화했다. 그들은 새로운 단원을 시작할 때 그런 연습에 제한을 두지 않았다. 그러나 그들은 또한 자주 학생들의 사전 지식의 여기저기에 개인 교수의 뼈대를 세웠다. 예를 들면 레베카는 노예법을 도입하기 전에 학생들이 기본적인 인간권리로 생각한 것의 목록을 발달시키고, 그리고 나서 그들이 당대의 인간권리 침해에 대해 알고 있었던 것과 이것을 비교하도록 할 때 이런 방식으로 과와 단원을 시작하는 것은 학생들의 사전 지식을 활성화시켰고, 그것은 그들에게 그들이 이미 알고 있던 것을 생각나도

(좌측 여백 주석)

Hamilton(1985)

학생들은 노예가 된 사람들을 단순히 희생자들로 볼 것이 아니라 창조적이며 통찰력 있는 인간으로 봐야 한다.

교사들은 학생들이 역사를 이해하기 위해 필요한 스키마를 발전시키도록 도울 수 있다.

웹(또한 의미론적 지도로도 알려진)은 개념과 아이디어 사이의 관계성을 보여준다.

토론으로 시작하면서 KWL 차트와 웹은 학생들의 사전 지식을 활성화한다.

록 하였다.

그런 활동의 협동적인 특성은 이 과정의 결정적인 부분이다. 개인 학생에게 노예제와 서부 이주에 대해 그녀가 알고 있는 것을 묻는 것은 보통 아무 것도 모른다는 신속한 반응을 얻을 것이다. 하지만 그들이 함께 작업할 때 각각의 학생들의 기여는 자신들이 덧붙일 수 있는 다른 정보들을 생각나게 한다. 종종 학생들은 동급생들의 코멘트를 들을 때까지 자신들이 관련된 지식을 가지고 있다는 것을 깨닫지 못한다. 예를 들면 『캐시의 여행』이라는 책을 읽으면서 로다는 학생들에게 버팔로의 부스러기들(말린 똥)이 무엇인지를 아는지 물었을 때 한 학생만 알았고, 그것들이 무엇인지 그가 설명했을 때 다른 학생들도 그것이 이용되는 것을 알았다는 사실을 깨달았다. 즉 그들은 단지 그 용어를 몰랐다. 내용 범위에서 의미하는 읽기는 배경지식을 생각나도록 하는 학생들의 능력에 의지하고 협력은 개인활동이 생산하는 것보다 더 많은 지식의 축적을 산출한다.

우리가 지적해야 하는 그런 협동(적어도 처음에)은 전체 학급보다 작은 모임, 즉 두 명 혹은 네 명의 학생들에서 종종 더 잘 성취된다. 많은 학생들은 전체 학급 앞에서 곤란한 상황을 당하는 것을 주저하고 교사들은 때때로 같은 세 네 명의 학생들만을 반복하여 지목한다는 것을 발견한다. 그러나 전체 조로 함께 오기 전에 작은 모임으로 작업하는 것은 학생들이 보다 더 잘 분배하도록 돕는다. 그들의 언어나 지식에 자신이 적은 학생들은 첫째로 동료들과의 작은 모임에서 그들의 아이디어들을 시험해볼 기회를 가졌을 때 학급 토론에 더 잘 참여하게 된다. 하지만 그런 협력은 더 많은 직접 교수와 이론적인 내용으로 스캐폴딩하는 것이 요구된다. 예를 들면 로다의 학생들이 작은 조로 힘들게 목록을 개발하기 전에 그녀는 학생들에게 몇 달 동안 연습해온 서로 존중하는 상호작용의 기준을 재검토하기를 요구한다. 학생들은 조용한 목소리 사용하기, 다른 사람들이 말하는 것을 듣기, 사람들의 감정을 다치게 하지 않기, 멋진 것을 말하기, "아이디어에 나쁜 아이디어는 없다"는 것을 기억하기와 같은 것을 언급했다.

웹하기와 KWL과 같은 활동들은 또한 학생들의 사전 지식을 넘어서는 목적을 가지고 있다. 그것들은 교사에게 다가오는 수업들에서 말할 때 필요한 것과 그 주제의 다양한 측면에 어떻게 많은 주의를 기울이는지에 관점을 준다. 때로 그것은 친척·미디어, 혹은 그들 자신의 읽기로부터 논제에 대하여 많은 양을 학생들이 배웠다는 것을 분명하게 한다. 예를 들면 11장에서 우리는 그녀가 불필요하다고 계획한 도입 내용의 일부인 "편견"이라는 개념에 그녀의 학생들이 이미 매우 친숙하다는 것을 에이미가 어떻게 발견하였는지를 보았다. 유사하게 로다는 1800년대의 운송수단에 대한 학생들의 이해를 발달시키는 데 많은 시간을 보낼 계획을 했지만 그녀가 학생들에게 포장마차와 역마차 사이의 다른 점을 생각할 수 있는지를 묻기 시작했을 때 학생들은 재빨리 수십 가지를 생각해 냈다(이 운송수단들은 시사만화·영화·텔레비전이 보여주는 그런 산물의 특징으로서 명백하였기 때문에 학생들은 이미 그것들에 대한 확장된, 즉 비교적 정확한 배경지식을 이미 발달시켰다). 학생들에게 얼마나 많은 정보를 제공할 것인지에 대해 로다가 아는 것은 이러한 지식을 학생들이 증명하도록 함으로써 였다. 효과적인 지도는 학생들에게 이미 아는 것을 보이고 그 지식을 진지하게 습득할 기회를 주는 것에 달려 있다.

물론 다른 경우에 학생들의 지식은 부정확하거나 보다 자주 불완전하고 웹과 KWL 차트는 교사들에게 다가오는 수업에서 말할 필요가 있는 정보를 경고한다. 경험있는 교사들은 학생들의 아이디어들의 많은 것을 예상할 수 있다. 즉 미국 원주민들은 더 이상 없거나 혹은 한 지점에서만 존재했고, 노예제는 시간상에서 더 이상 없다 등이다. 이러한 오개념들을 알려주는 수업들은 이미 준비될 것이다. 다른 시간에 논의는 학생들 이해의 예상치 못한 면들을 드러낼 것이다. 교사는 먼저 학생들이 노예들은 항상 서로 쇠사슬에 묶여 있다고 생각한다는 것을 모를지도 모른다. 예를 들면 그녀가 그런 오개념을 말하지 않는다면 그들은 노예들이 어떻게 살았는지를 이해하는 데 어려움을 겪을 것이다. 그녀는 학생들에게 노예들에 대한 아이디어를 만들도록 했기 때문에 레베카는 다가오는 수업에서 노예들의 일상에 관해 더 많은 정보(특히 시각적인 그림들)를 포함해야 한다는 것을 알았다. 결과로서 학급이 그 단원의 끝에서 자신들의 망에 되돌아왔을 때 그들은 쇠사슬에 묶여 있는 노예들에 대해 잘못 알았다는 것을 지적하는 데 재빨랐다. 그들은 새로운 내용을 배웠을 뿐만 아니라 그 논제에 대한 자신들의 이해가 그 단원의 처음부터 끝까지 어떻게 변화되었는지를 추적할 수 있었다.

그런 활동 동안 교사들은 학생들의 아이디어들을 보다 정교한 이해의 접근으로 받아들여야 한다. 우리들 대다수는 학생들이 실제로 부정확한 어떤 것을 말할 때마다 학생들을 간단히 바로 잡아주고 싶어하지만, 사람들은 누군가가 자신들이 잘못했다고 말하는 것 때문에 자신들의 개념상의 이해를 수정하지는 않는다. 기껏해야 그들은 학교에서 들은 것을 자신들이 실제로 아는 것과 관련 없는 "학교 지식"이라는 분리된 범주에 넣을지도 모른다 (예를 들면 어린 학생들은 학교에 있을 때는 세계가 둥글다고 말해야 한다는 것을 자주 알지만 그들의 경험이 말하는 것 때문에 실제로는 평평하다고 확신한다). 학교 지식이 학생들이 다른 곳에서 얻은 이해와 모순이 된다면 그들은 새로운 경험을 통해서 확신할 수 있는 것만 믿을 것이다. 레베카의 수업에서 직접 설명들을 읽고 노예로 된 가족들의 일상에 대한 그림을 보는 것은 학생들에게 그들이 쇠사슬에 묶여 있었는지 어떤지에 대한 새로운 증거를 주고, 따라서 학생들에게 그들 자신의 이해를 수정할 수 있는 기회를 주었다. 결론적으로 그들은 이전의 실수를 기꺼이, 그리고 열심히 지적하였다. 그들은 전에 했던 것보다 더 많이 알게 된 것을 자랑스러워 하였다. 한편 만약 레베카가 학생들에게 간단히 "아니야, 노예들은 쇠사슬에 묶이지 않았어. 그래서 나는 망에 그것을 쓰지 않을 거야"라고 말했다면 그녀는 스키마 구축 활동을 사실 항목에 대한 예비시험보다 더한 어떤 것으로 변형시키지 않았을 것이다. 학생들은 거의 배우지 못했을 뿐만 아니라 그 토론에 기여하는 것을 아마 멈추었을 것이다.

마지막으로 학생들이 어떤 단원 동안 자신들이 답하고 싶어하는 질문을 결정하도록 하는 것은 그것이 속해 있는 학습을 위한 책임을 학생들과 더불어 지도록 돕는다. 이전 장에서 우리는 조사하기 위해 학생들이 질문을 개발하는 것을 돕는 과정을 탐구했다. 하지만 그 논의의 대다수에서 조사 하에 있는 논제는 보통 교과서와 교육과정 안내서에 취급하지

웹, KWL 차트, 그리고 토론은 교사들에게 그들이 제기할 필요가 있는 오개념에 관한 정보를 제공한다.

웹 그리고 KWL 차트는 학생들이 어떻게 그들의 이해가 변해왔는지를 보도록 도울 수 있다.

교사들은 학생들의 아이디어를 근사치로서 수용한다. Pappas 등 (1999)

Vosniadou & Brewer(1987)

학생들은 새로운 경험에 기초해서 그들의 이해를 교정한다.

학생들은 그들 자신의 학습을 위한 책임을 져야 한다.

않는 것들이다. 예컨대 약이 시간에 따라 어떻게 변해갔는지, 왜 사람들은 우리 시에 정착했는지 등이다. 첫째, 그 질문들을 개발하는 것이 없다면 그런 논제들에 대해 배우는 것은 어려울 것이다. 첫눈에 그 단계가 교과서를 이미 차지하고 있는 노예제도나 서부 이주와 같은 전통적인 논제에 그다지 중요하지 않은 것처럼 보일지도 모른다. 하지만 오로지 텍스트에만 의존하는 대다수의 중요한 문제들 중의 하나는 역사, 혹은 어떤 다른 학문들이 지식이라는 변변치 않은 체계로 구성되어 있고, 이미 다른 것들에 의해 발견되었으며, 조사나 해석에 열려 있지 않다는 견해를 그것이 조장한다는 것이다. 우리는 그런 인식이 심리학적으로, 교육학적으로, 혹은 역사학적으로 유용하지 않다는 것을 힘들게 강조할 필요가 없다. 역사를 학습하도록 학생들을 가르치는 것은 과거에 대해 어느 누군가가 말한 것이 역사의 본질을 잘못 전하고, 그들에게 그 내용을 배우도록 돕는 것에 실패했다는 것을 기억하도록 한다는 것을 의미한다. 학생들에게 그들 자신의 질문을 개발하고 답을 찾는 것을 책임지도록 격려하는 것은 한편으로 학생들이 학교에 가지고 온 역사에 대한 관심을 세우고 그들을 더 많이 배울 수 있도록 다양한 자료들을 이용할 수 있는 "자기 주도적 학습자"로 다룬다. 우리는 이미 교육과정을 개발하는 것이 교사와 학생들 혼자만의 일이 아니라 공동 협력이라는 것을 지적했다. 학생들은 변함없이 교사들이 오직 약간 중요한 것으로 생각하는 어떤 것들인 정착자들은 어느 욕실에 갔는가? 그 곳에는 어떤 종류의 뱀들이 있는가?에 관심을 보인다. 반면에 교사들은 학생들이 스스로 시작하지 않을지 모르지만 인간권리의 개념과 같은 어떤 것을 강조하고 싶어한다.

물론 그들 자신이 선택한 질문들을 조사하기 위해서 학생들은 넓고 다양한 자료들에의 접근을 필요로 한다. 교과서와 백과사전들은 사람들이 『오레곤 트레일』의 욕실에 어떻게 갔는지에 대한 질문의 답을 포함하고 있지 않고, 그런 작업들은 학생들이 어려움을 찾는 스타일로 쓰여진 불이익을 추가했다. 『개척자』·『오레곤 트레일』과 『서부 이주, 그리고 노예 폐지론』과 같은 일반 참고도서들은 그림이 그려져 있고, 읽을 수 있는 산문으로 쓰여져 있으며, 일상의 여러 측면들에 관한 정보를 포함하고 있다. 언제라도 학생들에게 활용할 수 있는 문학의 구색을 갖추는 것은 또한 그들에게 어떤 단원 동안 드러나는 보다 비공식적인 질문들에 답을 찾을 수 있도록 한다. 예를 들면 오솔길 서쪽으로부터 집으로 돌아오는 편지를 쓰는 동안 로다의 수업에서 몇몇 학생들은 사람들이 실제로 편지들을 읽었는지, 그리고 그들에게 전달되는 어떤 다른 방법이 있었는지가 궁금해지기 시작했다. 『만약 당신이 지붕이 있는 포장마차로 서부를 여행했다면』(*If You Traveled West in a Covered Wagon*)에 대한 빠른 검토는 정확하게 그 논제에 관한 부분을 드러냈고, 로다가 읽을 때 학생들은 그들의 일을 멈추고 주의 깊게 들었다. 그 동안 그것을 찾으면서 다른 학생들은 포니 급행(pony express)에 관한 구절을 발견했고 몇몇 다른 학생들도 덧붙여 그 논제에 흥미를 가지게 되었다. 교사들은 항상 학생들에게 흥미있는 논제가 무엇인지를 예상할 수 없고 그들에게 분명하게 말하려고 하는 수업들을 계획할 수 없다. 하지만 그들이 할 수 있는 것은 필요한 답을 찾을 수 있도록 학생들에게 충분한 자료원들이 있는 교실을 만들어 주는 것이다. 로다가 지적한 것처럼 "나의 교실은 그런 식으로 많이 혼돈스럽

Seixas(1993a)

교사들은 학생들이 자기 주도적 학습자가 되도록 격려할 수 있다.

교육과정을 개발하는 것은 교사들과 학생들의 공동 책임이다.

Fisher(1990), Katz(1993), Sandler(1994)

Levine(1986)

지만 학습은 더 잘 된다."

학생들의 이해를 위해 스캐폴딩하기

학생들은 성공적이어야
할 구조를 필요로 한다.

우리가 자주 지적한 것처럼 교사들은 학생들에게 그들이 성공하기 위해 필요한 구조를 제공해야 한다. 창의적이고 자극하는 수업들은 학생들이 개인 혹은 조별 과제들을 시작할 때 간혹 분리되어 있다. 즉 손들이 위로 날고, 교실은 "나는 무엇을 할지 모르겠다"는 소리들로 가득찼다. 가장 상상적이고 자극적이며 창의적인 과제들은 학생들이 그것들을 완성하기 위한 스캐폴딩을 받지 않으면 결과들을 내놓지 못할 것이다. 효과적인 발표가 나오도록 열심히 하기 위해서 교사들은 학생들이 그들 자신의 일에 변화를 줄 수 있도록 도와야 한다. 학생들이 식민지시대의 신문들을 계획하고 "나는"이라는 시를 쓰거나 혹은 수업들을 가르치는 이야기들을 공연하도록 하는 것은 교사가 학생들에게 과제를 완성하기 위해 그들이 배우고 있는 것을 어떻게 이용하는지를 보여주지 않는 한 부드럽게 진행되지 않을 것이다.

학급 토론은 흥미와 상
호작용을 증진시킨다.

스캐폴딩하기의 한 가지 중요한 수단은 학급 토론을 통하는 것이다. 학생들이 주의 깊게 듣고 읽을지라도 텍스트를 가지고 하는 그들 간의 상호작용이 교사와 다른 학생들과 더불어 하는 토론에 의해 수반될 때 학생들은 변함없이 더 많이 배운다. 예를 들면 로다는 『캐시의 여행』을 읽는 동안 자주 멈추고, 각 페이지마다 몇 번씩 질문을 했다. 일부 질문들은 이해를 위해 간단히 점검했지만("너는 버팔로 칩스(buffalo chips)가 무엇인지 아느냐?"), 대다수는 주의 깊은 분석과 학생들 사이의 토론을 자극하기 위해 계산되었다. 예컨대 "당신이 서쪽으로 여행하는 어린이이고, 한 가지를 탈 수 있다면 그것은 무엇입니까?", "혹은 왜 당신은 마차로 된 열차의 끝 부분에 있고 싶습니까"와 같은 것이다. 일부 책들은 계속된 읽기가 이롭지만, 상호작용의 종류는 보통 학생들이 내용에 친숙하지 않을 때 필요하다. 특히 문학이거나 혹은 일차 자료들인 역사 작품을 가지고 학생들이 그 내용을 완전히 이해하도록 돕기 위해, 사건들 사이의 맥락을 알기 위해, 그리고 관련된 사람들의 관점 속에서 통찰을 얻기 위해 학생들은 토론에 의지한다. 로다와 레베카가 소리내어 읽을 때 매우 높은 수준의 주의와 참여는 학생들이 그런 토론으로부터 얼마나 많은 도움을 받는지에 대한 시사이다. 실로 우리가 학생들에게 역사를 가르치는 것에 무슨 충고를 했는가를 물었을 때 몇몇 교사들이 어떤 것을 크게 소리내어 읽지 말아야 한다거나 혹은 학생들에게 그것을 읽으라고 하였다고 말했다. 즉 그들은 그것에 대해 말하기를 멈추어야 하고 그러면 학생들은 이해할 것이다.

학생들은 그들이 교재
를 교사들과 그리고 서
로 서로 토론할 때 더
잘 이해한다. Pierce &
Gilles(1993)

학생들에게 자신들이 학습하는 것을 이해하도록 돕는 또 다른 중요한 면은 개념발달이다. 이것은 여러 해 동안 사회과 지도의 기본적인 부분으로 고려되어 왔지만, 우리는 역사를 가르칠 때 그것을 자주 간과한다는 사실을 안다. 학생들은 추상적인 개념들로서, 즉 독립·권리·사회 등의 단어에 친숙할지 모르지만 그들은 그 말이 언급하고 있는 아이디어들을 완전히 이해하지는 못하는 것 같다. 예를 들면 미국 혁명을 학습하는 것을 준비할 때 레베카는 혁명이라는 개념을 이해해야 한다는 것을 알았다. 결국 그녀는 그것과 관련된 논제를 탐구하는 데 전체 수업을 바쳤다. 그녀는 어떤 것에 불만을 가지고 행동을 취한 사람들의 예들과 행동을 취하지 않은 사람들의 예들을 읽었다. 학급은 그 예들 사이의 비슷한 점들과 차이점들을 토론했고, 그것을 비교하면서 벤 다이어그램을 구성하였으며, 반란에 대한 그 자신의 정의를 발달시키기 위해 조별로 작업했다. 마지막으로 그들은 그들 자신의 삶과 뉴스로부터 사건들을 가지고 와서 그것들이 반란의 사례로 분류될 수 있는지 어떤지를 숙고하였다. 그들이 미국 혁명으로 귀결되는 사건들 속으로 움직였을 때 그들은 이러한 토론들을 뒤로 돌리는 경우가 자주 있었다. 역사 논제들이 의미와 관련성을 가지기 위해 학생들은 특정 논제들이 어떻게 관련되는지를 알기 위해 충분한 개념적인 이해를 가져야만 한다. 예를 들면 인간 권리의 개념에 초점을 맞추는 것은 학생들이 많은 시간과 장소와 관련된 것으로 노예제에 대한 학습을 더 넓은 맥락 속에 넣도록 도와준다.

마지막으로 그래픽오거나이저는 로다와 레베카 둘 다 학생들이 아는 것 위에 어떤 것을 세울 수 있도록 돕는 핵심 수단이다. 노예상태에 대한 읽기는 많은 아이디어들을 만들어 냈을지도 모르지만, 대다수의 학생들은 노예화된 아프리카인들의 사고와 감정들에 대하여 바로 시를 쓸 수는 없을 것이다. 시의 기본적인 개요(도해 12.1)는 학생들이 종이 위에 아이디어들을 얻을 수 있도록 돕는 단계이지만 학급이 함께 써 넣은 그래픽오거나이저가 더 중요하였다. 학생들이 각각의 구절을 읽고 토론했을 때 그들은 노예가 무엇을 느끼고 보고 듣고 생각했는지를 놓치지 않고 따라갔다(도해 12.3). 마찬가지로 서부 이주를 깊이 공부한 학생들조차도 모의일지에서 쓸 것을 아는 데 어려움을 겪었다. 미리 그들의 아이디어들을 펼쳐 보이도록 학생들을 이끌면서(도해 12.4) 로다는 학생들이 그것으로부터 끌어낼 많은 단어들과 아이디어들을 가질 것이라는 사실을 보증했다.

개념발달은 학생들로 하여금 예와 비예에 대한 토론을 통하여 개념의 비판적 특질을 확인하는 데 참여하게 한다. Parker(1991d)

개념과 동시에 논제에 초점을 맞추는 것은 역사를 더욱 의미있게 만든다.

그래픽오거나이저는 시각적으로 정보를 조직하는 하나의 수단이다.

노예화된 아프리카인들
그들이 무엇을 했는지...

	느낀 것	들은 것	본 것	말한 것	만진 것
첫 번째 구절					
두 번째 구절					
세 번째 구절					

도해 12.3   노예 상태 그래픽오거나이저

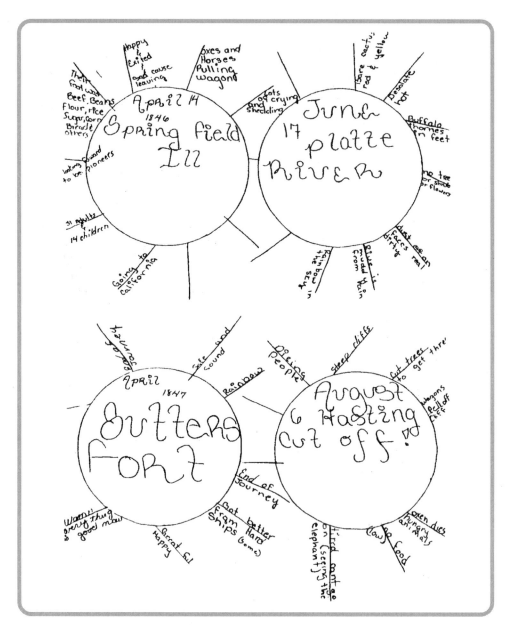

도해 12.4 계획 망

역사 내용에 대한 학생들의 지식 평가하기

이 책을 통하여 우리는 학생들의 역사기능에 대한 평가를 강조해 왔다. 예컨대 역사 변화를 설명하고, 역사 증거를 이용하며, 역사 해석을 창조하는 등의 능력이다. 어떤 점에서 교사들은 비록 학생들이 역사기능을 어떻게 잘 마스트 하는지를 알고자 할 뿐만 아니라 특정한 내용 지식, 즉 역사 지식의 사실적인 세부사항들을 어떻게 잘 보유하고 있는지 알기를 원할 것이다. 그러나 학생들이 이 내용을 어떻게 잘 기억하는지를 평가하려는 바람은 확실히 교사들이 구성적인 평가의 원칙들을 뒤로 돌려야 한다는 것을 의미하는 것이 아니고 교사들이 학생들에게 선다형 평가, 그리고 부응하는 항목의 리스트, 혹은 빈 칸을 채워야 하는 문장들과 같은 것으로 퍼부어야만 한다는 것을 의미하는 것도 아니다. 그런 과제는 학생들이 아는 것을 평가하는 것도 교수과정을 향상시키는 것도 아니다. 즉 그들은 단순히 교사들이 크게 무의미한 등급들의 묶음을 떨쳐버리는 것을 허용한다. 기능 평가와 같이 지식 평가는 수업에서 구성적인 역할을 해야 한다. 즉 학생들과 교사들에게 스키마 구축 과정이 어떻게 따라오는지에 관한 참된 정보를 제공하는 것이다. 13장은 학생들의 지식을 평가하는 데 기능들이 수행하는 역할을 다룬다. 이 장에서 우리는 주로 쓰기의 이용을 다룬다.

평가는 수업에서 구성적 역할을 수행해야 한다.

문자 언어는 평가의 가장 일반적인 형태의 하나이고, 우리의 경험에서 보면 학생들은 역사에서 쓰기에 의해 종종 배운다. 평가의 다른 형태들과 혼합될 때 쓰기는 학생들이 아는 것과 할 수 있는 것에 대한 통찰력을 제공하는 강한 잠재력을 갖고 있다. 학습에 대해 구성적인 정보를 제공하기 위해서 쓰기 과제는 첫째, 먼저 정해진 답이 없는 것이어야 한다. 그들은 다양한 옳은 대답을 고려해야 한다. 좋은 교수(그리고 좋은 자료들은) 보통 학생들이 기억하기를 기대하는 어느 한 가지보다 더 많은 정보를 내놓는다. 정해진 답이 없는 평가는 각 학생들이 결론에 도달하기 위해 정보의 체계로부터 끌어내거나 평가하도록 한다. 예를 들면 서부 이주를 학습한 후 교사들은 정착자들이 직면했던 고난의 예들을 학생들이 제시할 수 있기를 기대한다. 하지만 그들은 모든 학생들이 같은 예들을 제시하기를 기대해서는 안 된다. 다른 학생들은 그들 학습의 다른 상세한 내용에 흥미를 느낄 것이고, 따라서 그들이 가질 지식은 다양할 것이다. 이것은 각 대답들이 그 단원에서 차지하고 있는 사실들·개념들·관계들을 이용해야 하기 때문에 어떤 답도 똑같이 옳다고 말하는 것과는 다르다.

Daly(1989), Tierney, Carter & Desai(1991)

의미있는 기록 과제는 개방적이다.

비록 개방적 과제에 대한 반응들이 다르겠지만 모든 것은 적절한 사실·개념, 그리고 관계에 대한 지식을 보여주어야 한다.

쓰기를 통하여 학생들의 이해를 평가하는 한 가지 빠르고 기본적인 방법은 "매직 단어"(Magic Words)의 사용이다(도해 12.5를 보라). 매직 단어는 전치사들이고 하위 접속사들이다. 그것들은 "매직"이 더 호기심을 불러일으키는 것처럼 들리기 때문만이 아니라 그것들의 이용이 쓰기의 질을 신비하게 향상시키기 때문에 그렇게 불린다. 이러한 낱말들은 역사의 중심에 놓여 있는 관계들에 관심을 불러일으킨다. 즉 하나가 또 다른 것을 어떻게 유발시키는가, 어떤 사건들이 다른 것들 앞에 혹은 뒤에 오는가 등이다. 그리고 그것들을 이용하는 것은 학생들에게 관계들에 대한 그들의 이해를 증명하기를 요구한다. 그러나 취학 전 아동들이 말할 때 이러한 낱말들의 대다수를 알고 사용할지라도 그것들은 거의 어느 연령대에서도 학생들의 쓰기 부분이 아니다. 하지만 학생들이 그것들을 사용하도록 요구받을 때 자신들은 쉽게 그렇게 할 수 있고, 쓰기는 그때 자신들이 배워 온 내용에 대한 이해의 통찰력을 많이 제공한다. 예를 들면 한 과 혹은 단원의 끝에서 레베카의 학생들은 그들이 배운 것에 대해 몇 개의 문장을 썼다. 그들은 그 논제에 대해 어떤 것도 쓸 수 있지만 각 문장이 매직 단어를 포함해야만 한다. 따라서 그들은 시간·원인 등에 대해 자신들이 아는 것을 보여주기 위해 자신들이 얻은 모든 정보를 통하여 조사할 기회를 가지고 있다. 매직 단어 문장의 다음 예들은 그녀의 학급과 다른 학급에서 나온다.

매직 단어는 학생들의 쓰기를 향상시킨다.

매직 단어는 역사 해석에 기초가 되는 관계성에 관심을 불러 일으킨다. Barton(1996b)

about	because	for	though
above	before	from	through
across	behind	if	to
after	below	in	unless
against	beneath	in order that	until
along	beside	like	when
although	between	near	whenever
among	beyond	of	where
around	by	on	wherever
as	down	past	while
as if	during	since	with
at	except	so that	

Barton에 의해 번안됨(1996b)

도해 12.5   매직 단어(Magic Words)

(제임스타운에서)땅이 물에 젖어 있어서 그들은 옥수수를 심을 수 없다.

프란시스 드레이크(Francis Drake)는 돈과 땅을 훔쳤기 때문에 영국에 영웅이었다.

새로운 개척지에서 식민지 개척자들은 많은 일을 하기를 원했기 때문에 노예들은 높게 요구되고 있었다.

인디언들은 게으르고 어리석지 않지만 스페인 사람들은 그렇다고 생각했다.

노예가 팔릴 때마다 거의 매번 가족이 흩어졌다.

인디언들이 처음 여기에 살았지만, 스페인 사람들은 그들이 그 땅을 소유했다고 말했다.

여자가 노예로 팔린 후 그녀는 주인에게 그녀의 아이도 사기를 간청했다.

구성적 평가는 학생들이 아는 것을 강조하고 그들이 모르는 것을 강조하지는 않는다.

평가를 위해 논제를 확장하거나 좁히는 것으로 교사들은 학생들의 이해에 관해 그들이 얻는 세부항목들의 수준을 다양하게 할 수 있다. 예를 들면 노예에 관한 단원의 끝부분에 레베카는 매직 단어 중 어느 것을 사용해서 노예제에 관한 10개의 문장을 쓰라고 학생들에게 요구할지도 모른다. 노예제의 경제구조를 공부한 일주일 후에 그녀는 보다 한정해서 학생들에게 노예제도의 경제에 관한 다섯 개의 문장을 쓰고, 각각에 **왜냐하면** 이라는 낱말을 사용하라고 요구할지도 모른다. 어느 경우에도 이 전략은 학생들에게 자신들이 모르는 것보다 다소 아는 것을 보여주는 기회를 제공하는 분명한 예이다. 학생들은 이해와 내용에 대한 기억을 보여주어야 하지만, 모두 똑같은 사실들을 정확히 배워야 한다고 요구받지는 않는다.

보다 더 구조적인 일은 열린 질문의 이용이다. 그런 질문들은 또한 가능한 답의 범위를 고려하지만, 교사들은 매직 단어 이상으로 초점이 맞춰진 대답을 요구한다. 생산적이고 열린 질문들은 일반적으로 학생들에게 패턴을 규정하고 결론을 이끌어내거나 평가를 하기 위해 자신들이 배운 것의 다양한 측면들을 다시 세우기를 요구한다. 예를 들면 미국 원주민들과 콜럼버스의 만남을 공부한 후 레베카는 학생들에게 콜럼버스가 가진 성격이 어떤지 설명하라고 요구했다. 한 명은 그가 탐욕심이 많았고 황금을 향한 그의 탐욕스러움을 지적했다. 또 다른 학생은 아시아로 가는 새로운 길을 찾기를 원했기 때문에 그가 호기심이 있었다고 지적했다. 그러나 또 다른 학생은 먹을 양식을 다 써버렸을 때 항해를 계속했기 때문에 그는 희망에 차 있었다고 제안했다. 각 학생들은 다르게 반응했다. 그러나 각자는 콜럼버스의 성격에 대한 판단을 지지하기 위해 그들이 배운 것을 이용해야만 했다. 에이미는 학생들에게 "미합중국은 100년에 걸쳐 어떻게 변했는가?"라는 질문에 답하게 함으로써 그녀의 역사박물관 프로젝트를 따랐다. 각 학생이 다른 예를 이용했지만 각자는 변화의 형태에 대한 일반화를 지지하기 위해 정보에 의존해야만 했다.

자유로운 질문은 학생들이 패턴을 확인하고 결론을 도출하며 평가를 하도록 요구한다.

평가로서 이용될 때 그런 질문들은 때때로 수행과제로 불린다. 과정평가는 조직하고 종합하며 해석하고 가설을 세우기 위해 학생들이 배운 방법을 보는 것임에 반하여 결과평가는 마지막 결과 혹은 수행이 활용할 수 있는 정보(그리고 쓰는 사람의 경험 수준)가 제시된 지지할 만한 해석을 유지할 수 있는지 어떤지를 평가한다. 그렇게 하기 위해 그런 쓰기는 실질적인 역사 지식에 입각해 있어야만 한다. 이것은 단지 사실을 올바르게 하는 문제가 아니라 저 사실들이 서로와 작가의 더 큰 해석에 어떻게 관련되는지를 보여주는 문제이다. 이것은 가장 젊은 작가들에게조차 사실이다. 리 앤 교사의 초등학생들이 콜럼버스에 대해 썼을 때 그들은 명성에 대한 그의 요구의 해석을 위한 지지로 "위조 보석들을 진짜 금과 교환하고", 타이노족(Taino)을 유괴하는 콜럼버스와 같이 그렇게 말하는 세부사항을 포함시켰다. 더 나이든 학생이 더 복잡한 논의를 할지 모르지만 이 어린 아동들은 신참자들이고 어떤 입장을 지지하기 위해 증거를 늘어놓는 것은 중요한 시작점이다.

수행과제는 학생들이 지지할 만한 해석을 발표할 기회가 된다.

역사적 글쓰기는 상당한 역사적 지식에 기초를 두어야만 한다. Newmann 등 (1995)

Daley(1989), Graves(1983)

종종 좋은 쓰기과제는 학생들에게 설명식의 문장과 구절보다 다른 형태로 자신들이 배운 것을 조직하도록 요구한다. 예를 들면 미국의 만남을 공부한 후 레베카는 학생들에게 학교의 콜럼버스 날 의식이나 그런 의식의 학교 취소에 항의하는 보고자와 학생 사이의 대화를 쓰게 한다. 대화를 쓸 때 학생들은 콜럼버스가 왜 악인 혹은 영웅으로 여겨지는지에 대한 그들의 지식에 의존해야만 한다. 즉 그들은 동시대의 사회 이슈에 관해서 어떤 입장을 지지하기 위해 역사 정보를 이용해야만 한다. 유사하게 에이미는 학생들에게 2차 세계대전 동안 일본계 미국인들과 그들을 억류하기 위해 보내진 정부 대리인 사이의 대화를 쓰게 했다. 다시 학생들은 실제 삶의 환경에서 어떤 입장을 지지하기 위해 자신들이 배운 것을 이용해야만 했다. 이런 식으로 정보를 이용하는 것은 학생들이 간단히 사실·정의, 혹은 개념들을 재생하는 것보다 더 의미 있는 쓰기, 그리고 더 좋은 평가로 이끈다.

글쓰기를 통해서 학생들은 현대 이슈들에 영향을 주기 위해서 역사적 정보를 가져올 수 있다.

물론 좀더 나이든 학생들은 더 정교한 주장과 해석을 생산할 수 있다. 월트(Walt) 교사의 학생들 중 한 명은 모든 남아프리카인들에 의해 "아파르트헤이트의 해악을 정직하게 보기"를 주장하는 보고서를 썼다. 그녀는 역사적인 불의를 잡는 것이 더 어려운 과거를 어떻게 무시하거나 잘못 전하는지를 보여주는 반대 사례로 미합중국의 후 재건 경험을 이용했다. 그녀의 작문은 그들 각각의 나라에서 인종 관계에 변화를 가져오는 데 저들 참여가 가지고 있을지 모르는 기관의 등급뿐만 아니라 남아프리카와 미합중국에서 참여자들의 주요 관점에 대한 그녀의 이해를 보여주었다. 그녀의 쓰기는 활용할 만한 자료들을 잘 이용하고 역사적인 분석과 함께 그녀의 더 풍부한 경험을 반영하는 신뢰할 만한 작품의 부분이었다. 그것은 깊은 탐구로 된 내용의 다양한 장르에서 읽고 쓰는 많은 기회를 가진 학생들이 거의 모든 시험들에서 지금까지 증명된 것보다 믿을만한 역사적 사고를 더 대표하는 흥미 있고 세련된 역사 쓰기를 만들어낸다는 것이 우리의 의견이다.

다양한 장르에 걸친 경험은 보다 풍부한 역사적 사고를 고무시킨다.

확 장

모든 역사적 논제는 다양한 관점에 대한 공부를 포함해야 한다.

이 장을 통하여 우리는 과거 사람들의 관점과 역사에서 어느 순간을 특징짓는 경험의 다양성에 초점을 맞추는 것의 중요성을 강조해 왔다. 어느 논제에 대해서 교사는 가르치고 싶고(혹은 요구받고), 그녀는 스스로에게 "이것에 그 밖의 누가 관련되었고, 그들은 그것에 대해 무엇을 상상했는가?"를 물어야 한다. 예를 들면 2차 세계대전을 가르칠 때 마음에 빨리 떠오르는 전쟁과 정치 지도자들에게 초점을 한정짓지 않는 것이 중요하다. 홀로코스트에 관한 풍부한 문학작품이라는 자원은 그 기간 동안 기능과 변화에 관해 초점을 맞추는 한 가지 의미있는 길을 제시한다. 학생들은 미드웨이 전투를 상영하는 것보다 사건의 반응에서 사람들이 한 개인적인 선택을 검토하는 것에 의해 인간성, 그리고 역사의 관련에 대해 더 많이 배울 것이다. 게다가 학생들은 미합중국과 다른 나라들에서 일상의 삶에 미치는 전쟁의 영향을 공유할지도 모른다. 그 논제는 일본계 미국인들의 재배치, 군대 통합, 여성에 대한 고용기회의 변화, 미국인의 반 유태성향과 히틀러에 대한 지지, 그리고 전쟁의 경제적인 결과에 대한 관심을 포함할 수 있었다. 모든 이러한 것들은 군대 이동을 그리는 지도 위에 색칠된 화살을 따라가는 것보다 더 중요하고 더 멀리 미치는 암시를 갖고 있다.

유사하게도 미국 혁명은 5학년과 8학년 둘 다에 가장 자주 차지하는 논제들 중의 하나이다. 하지만 나중에 그것에 대해 물었을 때 학생들은 일련의 관련없는 사람들·사건, 그리고 문서만 기억한다. 그리고 그것의 중요성에 대한 학생들의 이해는 "더 이상 여왕에 의해 지배받지 않는 것은 중요하다"와 같은 발언에 한정된다. 그들은 그것을 지지함으로써 전쟁에 반대한 많은 식민지인들이나 왕당파들을 엄하게 벌한 저 애국파들에 대해서 거의 배우지 않는다. 학생들은 일반적으로 여자들, 아프리카계 미국인들 혹은 일상에 미친 전쟁의 결과에 대해 거의 배우지 않는다. 학생들은 그 기간의 어느 설명이 특정 견해로부터 쓰여졌다는 것과 이 관점들이 여러 사람들에 걸쳐 다양하다는 것, 혹은 그것들이 시간에 걸쳐 변한다는 것을 기억하지 못한다. 아마 가장 중요하게도 학생들은 그런 설명들을 창조하는 것이 증거의 이용을 요구한다거나 그런 증거가 비평적으로 검토될 수 있다는 것을 배우지 않는다. 그들 나라의 역사에서 중요하고 논쟁적인 사건으로 미국 독립혁명사를 보는 것보다 다소 학생들은 하나의 완결된 이야기, 즉 분명한 직접성이 없고 가장 피상적인 방식으로만 그들이 기억하는 세부사항들을 제공받는다.

Barton(1997a), McKeown & Beck(1990), VanSledright(1995)

학생들의 역사 이해는 독립혁명에 대한 자신들의 학습이 레베카와 로다 교사의 것과 비슷한 방법을 포함할 때 도움이 된다. 예를 들면 에이미의 수업에서는 각각 다른 관점에서 쓰여진 렉싱턴 그린에서의 전투에 관한 여러 개의 설명을 읽고 평가했다. 그들은 선입관에 대한 자료들을 평가할 기회를 가졌다. 예를 들면 애국파들은 영국인이 먼저 발포했다고 주장하고 런던 신문기사는 그 반대를 주장하는 것을 주목하는 것이다. 일주일 후에 쓰여진 설명들은 50년 후 앞의 군인의 회상보다는 더 믿을 만한 것이다. 그 체포된 영국 군인은 그의 체포자를 기쁘게 하기 위해 그의 설명을 바꿀지도 모른다. 전투의 많은 세부사항들이 어떻게 논쟁되는지를 보면서 학생들은 존재하는 사실보다 더 확실성을 주장하는 책들을 발견할 때마다 더 분개하게 되었다. 따라서 그들은 비평적 사고의 기본 질문, 즉 나는 이것이 진실인지 어떻게 아는가를 묻는 것에 정통하게 된다.

P. Bennett(1967)

다양한 관점에서 쓰여진 일차 자료를 분석하고 평가하는 것은 학생들이 보다 비판적인 독자가 되도록 돕는다. VanSledright(2002)

마찬가지로 학생들은 다양한 관점으로 쓰여진 그 기간의 소설들을 검토하면 혁명에 대한 더 완전한 이해를 얻게 될 것이다. 즉 『나의 형제 샘은 죽었다』(*Mr Brother Sam is Dead*)(대륙 군대에 참가한 맏아들을 둔 왕당파 가족에 대한 것), 『윌리 프리맨에게 전쟁이 오다』(*War Comes to Willy Freeman*)(전쟁 동안 어머니를 찾는 자유롭게 풀려난 아프리카계 미국 소녀에 대한 것), 『그들 사이의 한 적』(*An Enemy among Them*)(영국계 미국인 애국파 가족에 의해 보살핌을 받은 용병군인에 대한 것), 『전쟁터』(*The Fighting Ground*)(싸움은 상상한 것처럼 영웅적이지 않다는 것을 배우는 소년에 대한 것)와 같은 작품들이다. 문학작품 반응 조에서 작업하는 것에 의해 학생들은 이 소설들과 그것들이 나타내는 관점들을 분석하고 비교할 수 있다. 그러나 9장에서 설명한 것처럼 이야기는 매우 강력한 매개물이 될 수 있다. 즉 이야기를 말하는 것은 사람들이 자신들의 세계를 이해하는 기본적인 수단이고, 학생들은 비평적인 눈 없이 읽는 것을 중시하는 경향이 있다. 따라서 학생들은 자신들이 읽고 있는 책들의 정확성을 조사하기 위해서 『미국혁명, 미국 어린이 역사: 미국혁명에 관한 책』(*The American Revolution, U.S. Kids History: Book of the American Revolution*)과 『만약 당신이 1776년에 거기에 있었다면』(*If You were There in 1776*)과 같은 이들 자료에 있는 정보들을 비교함으로써 텍스트 구절을 읽거나 보스턴 티파티에 관한 영사 슬라이드를 보는 것보다 사람들의 다양한 그룹에 미치는 혁명에 관한 역사 탐구와 영향에 관하여 더 많이 배울 것이다.

Collier & Collier(1974, 1984), DeFord & Stout(1987), Avi(1984)

Brenner(1994), Carter(1992), Egger-Bovet & Smith-Baranzin(1994)

결 론

이 책에 나오는 많은 교사들은 그들이 역사 내용에 대한 기대가 별로 없는 초등학교 학년들에서 가르치거나 그들의 주 교육과정이 각 학년 수준에서 요구하는 특정 논제들보다 다소 결과에 초점을 맞추기 때문에 역사 교육과정에 대한 거의 완전한 통제력을 가지고 있다. 많은 교사들은 교육과정을 계획하는 데 많은 책임을 갖지 않는다. 특히 4학년과 그 이상에서 대다수의 교사들은 주·미국·세계사에서 특정 논제들을 가르치라는 공식 지침이나 비공식적(그러나 매우 실제의) 기대를 요구받는다. 하지만 로다와 레베카가 보여주었듯이 그 교육과정이 요구하는 내용을 가르치는 것은 락스텝(lockstep) 방식(간격을 좁힌 일렬행진)으로 교과서를 따르라는 것을 의미하지 않는다. 효과적인 교수의 원리와 역사적 사고의 요소는 교사가 가르치기를 원하고 필요로 하는 어느 논제에도 적용할 수 있다.

　얼핏 보면 로다와 레베카의 학생들 대다수는 미국사의 주요 사건에 흥미를 느낄만한 이유가 별로 없었다. 대다수는 가난하거나 노동계급의 가족들에서 온 이민자들이었다. 그들의 조상들은 간혹 영국 식민지·오버랜드 트레일(Overland Trail), 혹은 남북전쟁의 이야기 속에서는 나타나지 않는다. 그러나 인간 행위와 다양한 관점들에 초점을 맞춤으로써 로다와 레베카는 자신들의 학생들이 미국사에 흥미를 느끼게 할 뿐만 아니라 그 논제가 결국에는 왜 그것들과 관련이 있는지를 분명하게 하였다. 자신들의 학생들은 미국이 항상 다양하였고 논제에 대한 주의도 다른 인종 그룹, 남자와 여자들, 부자와 가난한 사람들의 경험을 포함해야 한다는 것을 배웠다. 더욱이 살고 일하고 놀고 예술을 창조하고 결정을 내리는 실제 인간으로서의 사람들에게 집중하는 것은 처음에는 분명하지 않은 연결을 학생들에게 시간과 장소를 가로질러 연결하도록 하였다. 이런 방식으로 역사를 가르침으로써 로다와 레베카는 사실적인 내용을 취급할 뿐만 아니라 역사 이해는 무엇이고, 그것이 그들 자신의 삶과 어떻게 관련이 있는지를 학생들이 알도록 한다.

　이 장에서의 활동들은 또한 중요한 방식으로 역사적 시각의 인식에 관한 논제를 복잡하게 한다. 첫째, 이들 교사들은 단지 학생들이 역사적 시대의 관점을 이해하도록 돕고자 할 뿐만 아니라 어느 주어진 시간에서 존재한 다양한 관점을 이해하도록 돕고자 한다. 어느 역사가는 어느 역사시대 동안에 다른 사람들과 집단은 다양한 가치·태도, 그리고 신념을 가지고 있다는 것과 그들은 그것들 때문에 때로는 갈등한다는 것을 인식하게 될 것이다. 이 인식은 가끔 학교 역사에서 간과되고 있다. 그리고 학생들 각자는 그날의 사건들에 대해 같은 의견을 가지는 데 있어서 광범한 의견일치의 이미지로서 제시되고 있다. 그러나 만약 학생들이 의미있는 공적 토론에 참여하려고 한다면 서로 다른 관점은 사회 상호작용의 정상적 일부라는 것을 그들이 인식할 필요가 있다. 만약 학생들이 하나의 주어진 국가 혹은 공동체에서 과거의 공적 문제에 동의한다고 생각한다면 그들은 오늘날 왜 사람들이 불일치하는가에 대한 이해를 위한 몇 가지 자료를 가지게 될 것이다. 그리고 그들은 타인의 아이디어를 심각하게 받아들이는 이유를 적게 가질 것이다. 과거의 사람들이 공통의 가치, 그리고 태도에 집착했다는 잘못된 신념은 다원적 민주주의에서의 시민성을 위해서 학생을 대비시키지 못한다. 이 장을 통해서 보여준 다양성에 대한 관심은 학생들이 그러한 다원주의를 좋은 것으로 인식할 것이라는 사실을 보증하지 않을지도 모른다. 그러나 적어도 그것은 관심이 불가피하다는 것을 그들로 하여금 이해하도록 도와야만 한다.

　게다가 레베카의 인권에 대한 초점은 학생들로 하여금 관점 인식의 결점들 중의 하나로부터 멀어지도록 도울 것이다. 즉 역사적 행동이 설명되어질 수 있기 때문에 그들은 비난받을 수 없다는 신념이다. 우리는 가끔 사람들이 도덕적 판단은 역사에 대하여 이루어질 수 있다고 부정하는 것을 듣는다. 그들은 "당신은 어떻게 사람들이 회고했는가를 이해해야만 한다"고 말한다. 그리하여 일본계 미국인의 재배치는 비난받을 수 없다. 왜냐하면 진주만 사건 후 사람들이 두려워했기 때문이다. 노예제도 비난받을 수 없다. 왜냐하면 사람들은 아프리카 후예의 개인들은 열등하다고 믿었기 때문이다. 이러한 접근(노예제 폐지론자

Barton & Levstik (2004)

Barton & Levstik (2004)

는 노예소유자들과는 다른 관점을 가졌다. 그리고 일본계 미국인들은 그들 스스로 공포를 가지지 않았다)은 각 역사적 시기에 있어서 다양한 시각을 무시할 뿐만 아니라 그것은 또한 민주주의적 공적 행위를 불가능하게 만든다. 왜냐하면 그것은 그들의 결과보다도 역사적 사건의 원인에 초점을 맞추기 때문이다. 사람들은 자신들이 행동한 것처럼 왜 행동했는지를 이해하는 것이 중요하다. 그러나 특별히 만약 우리가 지속하는 적절성을 가지는 방식으로 역사를 활용하려고 희망한다면 또한 그들 행동의 결과를 평가하는 것도 중요하다. 이와 같이 관점 인식은 반드시 민주적 원칙에 대한 분석과 결합되어야 한다. 학생들은 1940년대 "사람들이 어떻게 생각했을까" 이상으로 많이 배울 필요가 있다. 그들은 백인 미국인들이 수많은 다른 미국인들의 헌법상의 권리를 침해한 편견을 사용했다는 것을 배울 필요가 있다. 이것은 보다 완전한 역사 해석을 제공할 뿐만 아니라 민주적 숙고를 위한 보다 확고한 기초를 제공하고 있다. 우리는 결코 타인의 관점을 공유하지 않을지 몰라도, 우리들의 다른 편견에도 불구하고 행동을 취하기 위한 기준이 필요하다. 레베카의 인권에 대한 강조는 이 문제를 접근하는 하나의 길을 제공하고 있다. 그리고 그것은 민주적 행동에 대해 토론하기 위한 하나의 언어를 학생들에게 제공해 주고 있다.

어린이와 청소년의 문학

Life Under Slavery

Berry, J. *Ajeemah and His Son.* HarperCollins, 1992.

Bial, R. *The Strength of These Arms: Life in the Slave Quarters.* Houghton Mifflin, 1997.

Buss, F. L. *Journey of the Sparrows.* Lodestar Books, 1991.

Chambers, V. *Amistad Rising: A story of Freedom.* Harcourt Brase, 1998.

Diouf, S. A. *Growing Up in Slavery.* Millbrook Press, 2001.

Evitts, W. J. *Captive Bodies, Free Spirits: The Story of Southern Slavery.* Julian Messner, 1985.

Hamilton, V. *The People Could Fly.* Knopf, 1985.

Hansen, J. *The Captive.* Scholastic, 1994.

Haskins, J., & Benson, K. *Bound for American: The Forced Migration of Africans to the New World.* Lothrop, Lee, & Shepard, 1999.

Hopkinson, D. *Sweet Clara and the Freedom Quilt.* Knopf, 1993.

Hurmence, B. *Slavery Time When I Was Chillum.* G. P. Putnam's Sons, 1992.

Jacob, H. P. *The Diary of the Strawbridge Place.* Atheneum, 1978.

Johnson, D. *Now Let Me Fly: The Story of a Slave Family.* Macmillan, 1993.

Katz, W. L. *Breaking the Chains: African-American Slave Resistance.* Atheneum, 1990.

King, W. *Children of the Emancipation.* Carolrhoda, 2000.

Lester, J., & Brown, R. *From Slave Ship to Freedom Road.* Dial, 1998.

Lyons, M. E. *Letters from a Slave Girl: The Story of Harriet Jacobs.* Charles Scribner's Sons, 1992.

McKissack, P. C., & McKissack, F. L. *Christmas in the Big House, Christmas in the*

Quarters. Scholastic, 1994.

McKissack, P. C. *A Picture of Freedom: The Diary of Clotee, A Slave Girl; Belmont Plantation, Virginia, 1859*. Scholastic, 1997.

Myers, W. D. *Now is Your Time: The African-American Struggle for Freedom*. HarperCollins, 1991.

Myers, W. D. *The Glory Field*. Scholastic, 1994.

Palmer, C. A. *The First Passage: Blacks in the Americas, 1502-1617*. Oxford University Press, 1995.

Paulson, G. *Nightjohn*. Bantam Doubleday Dell, 1993.

Stepto, M. Ed. *Our Song, Our Toil: The Story of Amercan Slavery as Told by Slaves*. Millbrook, 1994.

Taylor, M. D. *The Land*. Phyllis Fogelman, 2001.

Turner, A. *Nettie's Trip South*. Macmillan, 1987.

Wyeth, S. D. *Freedon's Wings: Corey's Diary, Kentucky to Ohio, 1857*. Scholastic, 2001.

Zeinert, K. *The Amistad Slave Revolt and American Abolition*. Linnet, 1997.

For books dealing specifically with the Underground Railroad, see the book list at the end of chapter 5.

The American West and the Westward Movement

Ackerman, K. *Araminta's Paint Box*. Atheneum, 1990.

Alter, J. *Exploring and Mapping the American West (Cornerstones of Freedom)*. Children's Book Press, 2001.

Bacon, M., & Blegen, D. *Bent's Fort: Crossroads of Cultures on the Santa Fe Trail*. Millbrook, 1995.

Blumberg, R. *Incredible Journey of Lewis and Clark*. Morrow, 1995.

Brown, D. *Wounded Knee: An Indian History of the American West*. Dell, 1975.

Bunting, E. *Dandelions*. Harcourt Brace, 1995.

Cushman, K. *The Ballad of Lucy Whipple*. Clarion, 1997.

Duncan, D. *The West: An Illustrated History for Children*. Little, Brown, 1996.

Fisher, L. E. *The Oregon Trail*. Holiday House, 190.

Freedman, R. *Children of the Wild West*. Scholastic, 1983.

Furbee, M. R. *Outrageous Women of the American Frontier*. John Wiley & Sons, 2002.

Gregory, K. *Jenny of the Tetons*. Gulliver Books, 1981.

Harvey, B. *Cassie's Journey: Going West in the 1860s*. Holiday, 1988.

Jossee, B. M. *Lewis & Papa: Adventure on the Santa Fe Trail*. Chronicle Books, 1998.

Katz, W. L. *Black Women of the Old West*. Simon & Schuster, 1995.

Katz, W. L. *The Westward Movement and Abolitionism*. Steck-Vaughn, 1993.

Knight, A. S. *The Way West: Journal of a Pioneer Woman*. Simon & Schuster, 1993.

Kudlinski, K. *Facing West: A Story of the Oregon Trail*. Viking, 1996.

Lasky, K. *Beyond the Divide*. Macmillan, 1983.

Lasky, K. *The Bone Wars*. Morow Junior Books, 1988.

Laurgaard, R. K. *Patty Reed's Doll*. Tomato Enterprises, 1989.

Lewis, T. *Clipper Ship*. HarperTrophy, 1992.

Levine, E. *If You Traveled West in a Covered Wagon*. Scholastic, 1986.

Miller, B. M. *Buffalo Gals: Women of the Old West*. Lerner, 1995.

Russell, M. *Along the Santa Fe Trail: Marion Russell's Own Story*. Albert Whitman, 1993.

Sandler, M. W. *Pioneers*. HarperCollins, 1994.

Schlissel, L. *The Way West: Journal of a Pioneer Woman Based on Diaries of Mrs. Amelia Steward Knight*. Simon & Schuster, 1993.

Sonnerborn, L. *American West: An Illustrated History*. Scholastic, 2002.

Stanley, J. *Hurry Freedom: African Americans in Gold Rush California*. Crown Publishing, 2000.

Steedman, S., & Bergin, M. *A Frontier Fort on the Oregon Trail*. Peter Bedrick Books, 1993.

Takaki, R. *Journey to Gold Mountain: The Chinese in 19th Century America*. Chelsea House, 1994.

Thomas, J. C. *I Have Heard of a Land*. HarperCollins, 1998.

Turner, A. *Grass Songs*. Harcourt, Brace, & Jovanovich, 1993.

van der Linde, L. *The Pony Express*. New Discovery Books, 1993.

Van Leeuwen, J. *Going West*. Dial, 1992.

Viola, H. J. *It Is a Good Day to Die: Indian Eyewitnesses Tell the Story of the Battle of Little Big Horn*. Crown, 1998.

Williams, D. *Grandma Essie's Covered Wagon*. Knopf, 1993.

Colonial America and the Revolutionary Era

Anderson, J. *A Willamsburg Household*. Clarion Books, 1988.

Avi. *The Fighting Ground*. J. B. Lippincott, 1984.

Avi. *Night Journeys*. Pantheon, 1979.

Brenner, B. *If You Were There in 1776*. Macmillan, 1994.

Brindell, D. F. *The Signers: The 56 Stories Behind the Declaration of Independence*. Walker, 2002.

Carter, A. R. *The American Revolution*. Franklin Watts, 1992.

Collier, J. L., & Collier, C. *The Bloody Country*. Four Winds Press, 1976.

Collier, J. L., & Collier, C. *Jump Ship to Freedom*. Delacorte Press, 1981.

Collier, J. L., & Collier, C. *My Brother Sam Is Dead*. Four Winds Press, 1974.

Collier, J. L., & Collier, C. *War Comes to Willie Freeman*. Dell, 1984.

Collier, J. L., & Collier, C. *Who Is Carrie?* Delacorte Press, 1984.

Corwin, J. H. *Colonial American Crafts: The Home*. Franklin Watts, 1989.

Curry, J. L. *Dark Shade*. Simon & Schuster, 1998.

Davis, B. *Black Heroes of the American Revolution*. Harcourt Brace. 1992.

DeFord, D. H., & Stout, H. S. *An Enemy Among Them*. Houghton Mifflin, 1987.

Egger-Bovet, H., & Smith-Baranzin, M. *U.S. Kids History: Book of the American Revolution*. Little, Brown, 1994.

Finlayson, A. *Greenhorn on the Frontier*. Frederick Warne & Company, 1974.

Finlayson, A. *Redcoat in Boston*. Frederick Warne & Company, 1981.

Fisher, L. E. *Colonial American Craftsmen: The Weavers*. Franklin Watts, 1966.

Haskins, J. *Building a New Land: African Americans in Colonial America*. HarperCollins, 2001.

Meltzer, M., Ed. *The American Revolutionaries: A History in Their Own Words, 1750-1800*. Thomas Y. Crowell, 1987.

Miller, B. M. *Growing Up in Revolution and the New Nation: 1775 to 1800* (Our America). Lerner, 2003.

O'Dell, S. *Sarah Bishop*. Houghton Mifflin, 1980.

Perl, L. *Slumps, Grunts, and Snickerdoodles: What Colonial Americans Ate and Why*. Clarion, 1975.

Rinaldi, A. *Finishing Becca: A Story about Peggy Shippen and Benedict Arnold*. Harcourt Brace, 1994.

Rinaldi, A. *The Fifth of March: A Story of the Boston Massacre*. Harcourt Brace, 1993.

Sewall, M. *James Towne: Struggle for Survival*. Atheneum, 2001.

Turner, A. *Katie's Trunk*. Macmillan, 1992.

예술은 우리 모두를 인류의 일부로 만든다

역사 교수·학습에 있어서 인지다원론

무엇이 문화를 독특하게 만드는가? 만약 예술이 아니라면 우리가 공유하는 공통성은 어디에 있는가? 예술은 우리 모두를 인류의 일부로 만든다. 작은 부분이 아니라 전체적으로 학습에 대해 사고할 때 예술은 전체 그림을 보여준다. 그래서 내가 고대문명을 가르치는 7학년에서 나는 그리스어를 가르치면서 어떻게 드라마에 관한 것을 가르치지 않을 수 있는가? 나는 그리스어를 가르치면서 어떻게 건축에 관한 것을 가르치지 않을 수 있을까? 그리고 8학년에서 학생들이 모차르트를 공부하고 나서 그가 조지 워싱턴과 동시대의 사람이라는 사실을 알게 된 것을 바라보는 것은 정말로 흥미롭다. 예술은 또한 우리에게 창을 준다. 가끔 우리는 학생들의 표현 수단을 제한하기 때문에 학생들이 알고 있는 것을 우리와 나누기 위한 기회를 주지 않는다. 만약 내가 단지 학생들이 필사체로 된 권리장전에 대해서 알고 있다는 것을 받아들인다면 그 때 그림이나 드라마나 그런 종류의 것들에서 나와 함께 정보들을 공유하길 원하는 어린이들을 배제했다. 예술은 그들로 하여금 자신들이 정말로 알고자 하는 것을 나와 공유하도록 매개해 준다. 그리고 때때로 당신은 다른 방법으로 어린이들이 가지지 못한 영역을 개발하도록 도와준다. 그들은 그것이 나의 강한 청원이 아니라는 것과 내가 하는 것도 아니라고 말하곤 했다. 그러나 그것은 우리가 교실에서 우리 자신들을 표현하는 방식, 즉 때때로 그것은 어떤 종류의 평가에 관한 것이기 때문에 어린이는 그것을 하려고 시도를 하고 그 결과로서 더욱 강하게 된다.

자네트 그로스, 6·7·8학년 중학교 교사

자네트 그로스 교사의 교실은 항상 미술·음악·율동으로 가득하다. 법을 공부할 때 8학년 학생들은 깃털 펜과 잉크를 만들고(기간 제조법을 찾은 후) 문제해결을 입안하는 데 자신들의 손을 사용한다. 수업 알림의 수단으로 사용하는 모차르트 음악은 자신들이 일하는 배경음악으로 연주된다. 몇 주 후에 7학년은 교실을 중세의 성으로 변형한다. 자네트는 교실 문을 없애고 그들의 학습이 지속되는 동안 "적교(drawbridge)"를 설치한다. 그녀의 6학년 수업에서 학생들은 켄트족의 옷을 만들고, 그리오(아프리카의 마법사)의 기억에 대한 기록에서 역사를 보존하는 서아프리카의 전통을 학습한다. 다른 시간에는 고대 일본·말리·메소포타미아의 예술이 미국사의 최근 모습들을 보여주는 벽 공간(wall space)과 경쟁한다. 어느 관찰자가 언급하듯이 이미지의 병렬은 "조화로운 혼돈"을 만들어낸다. 자네트는 고개를 끄떡인다. "나는 나의 교실을 대부분의 학생들이 만들었기 때문에 좋아하고, 그래서 나는 그들이 자신들의 작품에 편안함을 느낀다고 생각한다. 그리고 나는 그들이 배운 것을 마음에 상기하게 된다고 생각한다." 세 개의 간단한 비네트는 자네트의 예술이 주입된 교육과정에 어떤 맛을 제공한다.

***

그가 말하길 가렛은 8학년의 미국사 수업을 위해 율리시스 S. 그랜트에 관한 "비연구 페이퍼"를 준비하고 있다고 한다. 그의 임무는 그랜트의 삶을 공부하고 자신의 교과를 밝혀주는 정보와 유물의 한 묶음인 "잭도(Jackdaw)"를 조합하는 것이다. 자네트의 수업은 그에게 "너의 토픽을 **시각적으로 제시하고**, 비교적 가장 흥미로운 세부사항을 가진 노트와 복사물을 공급하며, 적절한 유물의 제품들과 그림을 제공하도록 지시한다." 가렛이 말하길 "그러면 그 때 우리는 수업에 우리의 잭도를 제시한다."

"잭도" 역시 일련의 역사적 일차 자료와 활동 꾸러미를 만들어 내는 출판사 이름이다.

자네트는 이 과제가 "논문을 쓰지 않는 것을 빼고"는 연구 논문을 위한 모든 자료를 모으는 것을 포함한다는 사실을 설명한다. 가렛은 그것을 역으로 고고학적인 발굴에 비유한다. 유물에 바탕을 두고 문서 해석을 제시하기보다 그는 문서 자료에 바탕을 둔 해석적인 문화유물을 제시해야 한다. 지금까지 그는 아마도 아브라함 링컨에게 일련의 "전장으로부터의 편지"와 함께 담배와 텅빈 위스키 병, 그리고 남북전쟁 캠페인의 지도를 포함하기로 결정했다.

***

학교 합창대는 중동에 대한 6학년의 공부와 일치하는 중동 음악의 프로그램을 계획하고 있었다. 자네트는 그녀의 학생들에게 도전한다. 합창대 지휘자가 콘서트를 발전시키도록 돕기 위해서 여러분이 중동에 관해서 배운 것을 사용하라. 추가 평가로 자네트는 학생들에게 중동 음악의 분명한 요소라고 간주되는 것을 설명하는 프로그램 노트를 개발하도록 요구한다. 학생들은 작은 간격·다른 리듬, 그리고 중동 음악에 공통적인 기악 편성을 유럽 음악에서 사용되는 것과 비교하고 보컬 음악인 서구 음악의 느슨한 발성과 흔한 중동 음악의 보다 좀더 타이트한 목소리를 비교하면서 중동 음악의 발성을 토론한다.

***

자네트의 7학년들은 스페인에서의 이슬람 영향을 학습하는 데 참여하고 있다. 스페인 그라나다의 요새이며 성인 알함브라는 전쟁과 정복이 예술과 건축을 포함하여 어떻게 다른 문화면에 전파되는가에 대한 완벽한 사례인 듯하다. 알함브라의 복제품을 세우는 것은 학생들이 결정하기에 효과적일 수 있지만 무어인들(Moors)에 의해 소개된 예술의 종류를 세부적으로 볼 수 있는 방문객을 학생들은 진심으로 원하며, 이 예술적 스타일을 자신들의 손으로 재생산하기를 진심으로 원한다. 아마 그들은 어떤 미술을 시도하고 방 주위에 걸 것이다. 아니면 중세의 성에 대해 학생들이 작년에 한 것들을 볼 것이다. 오래 전에 학생들은 자신의 수업을 알함브라의 복제품으로 바꾸고 이슬람 미술의 본보기를 완성한다. 학생 안내자들은 방문객들에게 초상화와 모자이크의 분명한 스타일을 지적할 때 그것이 가진 정치적·종교적인 중요성을 설명해 주는 역사적인 이슬람 미술과 건축물을 관광하는 일을 행한다. 학생들이 열정적으로 이슬람 예술에 대해 찬양하고 그것이 만들어내는 문화를 존중하지만 그들은 또한 자신들의 작품에도 감명을 받는다. 한나는 그녀의 작품이 칭찬을 받을 때 미소 지으며 "그것은 정말로 아름답다, 그렇지 않니?"라고 말한다. 그래서 그녀는 "이 양식은 그것이 언제 세워졌는지 너로 하여금 정확히 알게 해주기 때문에" 그들이 포함한 시기에 대해 몇 가지 자세한 것을 지적한다.

이 조그마한 예술 마그넷스쿨에서 6학년·7학년, 그리고 8학년의 사회과를 가르치기 때문에 자네트는 시간이 경과함에 따라 학생들의 성장을 본다. 그녀는 또한 학생들이 이 학교를 떠날 때 무슨 일이 생길지 걱정한다. 자네트가 말하길 "일부 교사들은 예술이 통합될까봐 두려워한다." 그들은 더 많은 행동 문제를 가질 것이라 느낀다. 나는 그 반대라고 생각하지만 사람들에게 그 점을 확신시키기가 어렵다. 그들은 어린이들이 음악의 한 구절도 미술의 한 작품도 창조할 수 없으며, 예술이 자신의 시간을 차지하기 때문에 야만족의 일부를 놓치게 될 것이라고 생각한다. 실제로 그들은 자신의 배움에서 아마도 그렇게 혼란하지는 않을 것이다. 그들은 그림 전체를 본다. 환언하면 그들은 분리된 부분으로 배울 것이지만 나는 그들이 전체적으로 그것이 어떻게 적합한지를 보길 원한다. 우리는 연초부터 초기 아프리카인이나 인디언 노예와 같은 개념을 관련시키고, 그런 다음 그것은 남북전쟁에서 발생했던 것을 그린 그림에 적합하며, 이곳의 인종 상황에서 발생한 일에 대해서 이야기할 것이다.

예술은 학생들이 "전체 그림"을 보도록 돕는다. Groth & Albert(1997)

우리의 견해로 예술은 역사, 즉 문명을 고유하게 해 주는 통합된 부분이 없어서는 안 될 것이다. 랩 음악이 오늘날 많은 젊은이들의 인생과 경험에 대해서 어떻게 말하는지, 〈머리카락〉(Hair) 혹은 〈바람에 날리고〉(Blowin' in the Wind)와 같은 곡들이 미국에서 1960년대와 1970년대의 반문화·반전운동을 어떻게 표현했는지, 또는 피카소의 『게르니카』(Guernica)가 스페인 내전의 공포를 얼마나 힘있게 해석했는지를 생각해 보라. 또한 미술이 공식적으로 다양하게 사용되는 것에 대해서 생각해 보라. 예컨대 기념 우표·기념 동상·정치적 캠페인 등이다. 도해 13.1에 있는 역사적인 미술을 볼 때 각각의 미술가들이 여러분의 감정을 어떻게 조작하고자 시도하는지를 생각해 보라. 본래의 삽화에서 타는 듯한 빨간색과 오렌지 불빛이 히틀러·히로히토의 얼굴을 어렴풋이 비추며 히틀러의 최면에 걸린 눈의 흰색과 히로히토의 과다할 정도의 큰 이빨로부터 떨어지는 조금의 침을 강조하며, 지옥의 이미지를 주술로 나타내 준다. 검고 빨간 밤에 히틀러는 구경꾼을 직접 바라본다. 히로히토는 어둠 속을 볼 수 있음을 암시하면서 그의 시선을 옆으로 옮긴다. 두 번째의 보기에서 화가는 여러분의 눈을 어머니와 아이에게 향하게 한다. 선들은 보다 부드럽다. 그리고 그 그림은 성모와 성자의 감상벽과 안전을 상기하게끔 의도되어 있다. 또 이 예에서 성경 본문에 의한 그래픽은 우선 그녀는 여러분의 아기의 어머니가 되어도 충분할 만큼 좋다고 하는 안전에, 그리고 다음으로 그녀는 여러분과 함께 투표할 만큼 충분히 선하다고 하는 삽화에 관심을 끈다.

Albert(1995), Williams(1991)

예술은 정치적임과 동시에 심미적이다.

Eisner(1988)

만약 여러분이 표현의 예술적 수완만큼이나 역사적인 맥락을 또한 고려해 본다면 각 포스터의 영향은 더 크다. 각 미술 작품의 청중은 누구인가? 각 작품은 무슨 두려움을 말했는가? 물론 첫 번째는 2차 세계대전 선전 포스터, 두 번째는 여성들의 투표권을 증진시키기 위해 사용된 1918년의 악보이다. 자네트가 설명하는 바와 같이 "예술은 역사적인 맥락 안

예술은 역사배경 내에 존재한다.

도해 13.1   역사적 미술

에서, 문화 안에서, 사회 안에서 존재하고 있다. 나는 예술이 학생들로 하여금 특별한 역사
적 맥락이나 특별한 역사적 시간에서 구체적인 예술의 형태가 어떻게 되어야 하는가에 관
해서 심사숙고하도록 도와줄 수 있다고 생각한다."

예술은 의미있는 역사적 질문을 제기한다

역사적 예술은 학생들로 하여금 보다 전통적인 인쇄 자료가 하는 것보다는 다른 질문을 제
기하도록 도와준다. 예를 들면 다양한 인쇄 자료는 학생들로 하여금 다음과 같은 질문에
반응하도록 도와준다. 아메리카 원주민과 유럽에서 온 미국인들 사이의 갈등은 남북전쟁
기간 후 회피되었나? 학생들은 미국과 캐나다 정부의 서류와 통계 자료를 읽고 필립 세리
단 장군(유일하게 선한 인디언은 죽은 인디언이다)과 같은 군대 지도자의 진술을 분석하
고 부족의 단결(인디언을 죽이고 사람을 구하라)을 파괴하도록 의도된 미국정부의 정치들
을 학습하고 싯팅 불(Sitting Bull)의 이 성스러운 블랙 힐(Black Hills)을 버리지 말라는 호
소(우리는 여기서 어떤 백인도 원하지 않는다. 검은 블랙 힐은 나의 것이다. 백인들이 그것
들을 빼앗아 가고자 한다면 나는 싸울 것이다)를 생각해 보라. 이러한 자료를 사용함으로
써 적대심의 필연성에 관한 입장을 세우고 반론하며, 문화의 충돌과 그 영향에 대해서 설

Epstein(1994a, 1994d)

Welch(1994)

명하는 것을 개발하거나 캐나다의 사례에 바탕을 둔 미국 정치에 대한 대안을 제시할 수 있었다. 이것들은 역사적인 시대의 이해에 있어서 고려해야 하는 중요하지만 제한된 질문들이다.

역사적 예술을 통해 작업함으로써 학생들은 비록 관련은 있지만 다른 종류의 역사적 질문에 초점을 맞춘다. 리틀 빅 혼 전투를 둘러싼 기간 동안 수족이나 동맹국 중의 하나가 되는 것은 어떤가? 이 질문은 세상에서의 처세술을 보다 분명하게 다룬다. 학생들이 이 질문에 답하기 위해 사용된 것은 무슨 자료인지를 생각해 보라. 학생들은 수족 문화의 측면들을 일깨우는 장식 예술의 예, 즉 옷·빵·신체예술을 공부할 것이다. 그들은 수족과 사이엔족의 어린이들이 기숙사제 학교(가족과 부족 사회, 그리고 가정의 언어로부터 분리된)에 들어갈 때 자신들이 긴 머리를 짧게 자르고 난 후 다시 익숙한 의복을 유럽 스타일의 옷으로 대체했을 때 찍은 사진을 사용할 수 있었다. 아라파도 캠프의 사진, 라코타 여성, 또는 말 등에 탄 젊은 전사, 평원에서의 여유를 찍은 사진들이 보호구역에서의 삶의 이미지와 나란히 놓여졌다. 게다가 마리아스 강의 대량 학살의 사진, 쿠스터 패배의 분노를 나타내는 만화, 버팔로 빌 코디의 황야의 서부 쇼의 포스터, 그리고 수족의 싯팅 불과 크레지 호스의 죽음을 보여주는 수족의 작품은 모두가 "쿠스터의 마지막 저항", 그리고 수족의 궁극적인 굴복 뒤의 인간의 경험에 대한 통찰을 제공한다. 이 역사적 예술은 역사를 보는 다른 우월한 점을 제시하고 완전하게 표현하는 어휘의 힘을 문제 삼지 않은 강력한 감정을 분명하게 한다. 이 점이 더 많은 전통적인 역사적 자료의 가치를 감소시키지 않으면서 오히려 자료들로 인해 자네트는 그녀의 학생들에게 요구하는 전체적인 그림을 발전시킨다.

전체적인 그림의 발전이 자네트에게는 분명히 중요하다. 그녀의 작은 교실이 자주 세 개의 서로 다른 학년으로부터의 작품으로 복잡하지만 자네트는 이 외견상의 혼란이 정말로 조화로운 것이라고 강하게 믿는다. 학생들은 규칙적으로 서로의 작품을 보고, 서로서로 아이디어를 빌리며, 매년 자신들이 공부하는 분리된 부분들이 큰 하나의 구조에 적합하다고 생각한다. 이 구조를 세우는 것에 있어서 자네트는 역사에서 사고와 배움에 관련되는 예술의 몇 가지 면에 초점을 맞춘다. 우선, 그녀는 예술을 역사 학습의 자료로 사용한다. 이것은 서로 다른 시간과 장소로부터 예술을 음미하게 되는 것과 같이 예술에 대한 이해와 판단하기를 포함한다. 그녀는 역사 이해의 표현을 위한 수단처럼 학생들에게 예술을 사용하기를 격려하고 규칙적으로 요구한다. 이 점은 예술 교육의 중심으로서 하워드 가드너가 묘사한 "다루고 사용하는 다른 예술적 상징의 체계로 변형하는 능력, 즉 자료를 가지고 그리고 자료 안에서"와 밀접하게 관련되어 있다. 이 과정들이 자네트 교실의 상황에서 상호 관련이 있지만 역사적인 데이터와 "역사와 더불어와 역사 속에서 사고하는" 방법으로 예술의 독자적 기여를 생각해 보는 것은 유용하다.

역사학습을 위한 전거자료로서의 예술

예술은 그것이 만들어진 시간과 장소에 관해서 우리에게 알려주는 1차 자료가 되는 문서이

[옆 단 주석:]

역사 예술은 보다 많은 전통적인 역사 자료를 보완하고 확장한다.

Greene(1995)

예술은 다른 역사적 이점을 제공한다.

예술은 역사를 위한 데이터 자료인 동시에 역사 이해를 표현하는 수단이다.

Brandt(1988a),
Eisner(1988),
Gardner(1988),
Renyi(1994)

**도해 13.2   싯팅불의 체포와 살육에 대한 작자 미상의 흥크파파 라코타 미술가의 표현
(노스 다코다 역사학회)**

다. 자네트가 말하는 바와 같이 예술·문학·건축에 대한 언급없이 고대 그리스를 가르치는 것을 상상하기 힘들다. 정말 베닌, 또는 말리와 같은 아프리카 제국 혹은 고대 아즈텍이나 마야족의 풍부한 예술성을 무시하는 것을 상상하기는 마찬가지로 어렵다. 이 문명에 대한 많은 서구의 지식이 원래 유럽 탐험가의 보고에 바탕을 두고 있지만 각 제국은 적어도 예술에 대한 그들 자신의 세계관을 부분적으로 남겨 두었다. 예를 들면 베닌의 상아 마스크

Zevins & Evans(1993)

는 이방인들에 대한 베닌 사람들의 힘을 표현하도록 의도된 입장에서 포르투갈 선원들의 소동을 묘사한다. 이와 같이 고대 마야의 예술과 건축은 풍부한 우주론과 정교한 사회적·정치적 생활뿐만 아니라 수학과 천문학에 대한 세련된 이해를 나타낸다. 북미에서 수족과 사이엔족의 예술, 즉 아메리카 원주민들의 관점에서 행사를 설명하기 위한 부기와 직물 위에 그려진 책들은 1800년대 후반 대평원에서의 목격자의 이야기를 제공한다. 예술은 이들 문화에 관한 정보의 전거들이다. 예술은 옷과 오락에서 종교적인 믿음과 기술까지, 성의 역할과 아동 양육의 관행에서 정치적이고 자연적인 대변동까지 이들 문화의 내용에 관한 정보의 전거들이다. 그러나 예술의 형태는 또한 역사적으로 중요하다. 예를 들면 문화가

종교적인 아이디어를 제공함으로써 예술의 방향을 제시하듯이 예술도 아마 러시아 정교회의 성상과 같은 감각적인 이미지를 구체화함으로써 우리의 세상에 대한 인식을 형성한다. 역사를 완전히 이해한다는 것은 예술의 형태와 내용이 어떻게 역사를 표현하는지를 학습하는 것을 의미한다.

Eisner(1998)

2차 세계대전의 포스터와 무덤의 대석 미술이 1차 자료, 즉 그것들이 창조된 시대의 유물들이지만 예술은 또한 다른 시대와 장소를 해석하는 부가적인 기능을 한다. 아마도 당신은 『늑대와의 춤을』이라는 영화를 보았을 것이다. 라코타와 미국 기병대 사이에서의 삶에 대한 일차적인 설명은 분명 아니다. 대신에 그것은 과거를 현대의 청중들에게 재해석함으로써 교과서가 하는 것만큼 작용하면서 과거에 대한 현대적인 재해석이다. 그렇게 함으로써 『늑대와의 춤을』은 현대의 미국인들로 하여금 기꺼이 그들 과거의 이 부분에 관해서 자신에게 말하고자 하는 주석을 가져다 준다. 원주민들이 일반적으로 악랄하고 기병대가 백인 정착민들을 구조하기 위해 말을 탔던 시기의 초기 서구인들과는 대조적으로 늑대와의 춤은 사악한 미 기병대에 쫓기는 영웅적인 사람들로 라코타를 표현한다. 아마도 그러한 해석은 우리에게 기병대나 라코타의 복잡한 삶에 대해서 보다는 현대 미국사회에 대해서 더 많은 것을 알려준다. 하지만 우리의 학생들은 항상 시각화된 예술, 즉 그림들·영화·미술·그리고 유물, 구축된 환경, TV를 통해서 해석된 역사를 만나게 된다. 학교에서 문학작품을 강조하는 경향이 있지만 미국 전방에 대한, 또는 남북전쟁 동안이나 아이젠하우어의 정부에 대한 우리 학생들의 생각은 적어도 역사 교재에 있는 어느 것처럼 『초원의 작은 집』, 『행복한 나날』과 같은 TV쇼나 『늑대와의 춤을』, 또는 『영광』과 같은 영화에 의해 형성된다.

Welch(1999)

Barton & Levstik(1996), Levstik & Barton(1996)

자네트의 교실에서 그녀는 음악·춤·드라마·문학·시각 예술에 의존하며, 각각은 그녀 학생들에게 역사와 사회과의 이해에 기여한다고 강하게 느낀다. 그녀의 학생들은 예술이 학생들의 역사학습에 통합된 부분이 될 것으로 기대한다. 학생들이 새로운 깃펜과 수제용 잉크를 사용해서 미국 헌법의 개정을 글로 쓰려고 하는 그 날에 자네트는 불을 끈다(나는 초를 사용할 것이지만 우리 학교에서는 허락하지 않을 것이다). 그녀는 모차르트 테이프를 틀어서 학생 작품의 우수성을 북돋아 준다. 그 수업은 이미 모차르트와 워싱턴은 동시대인이라는 것, 그때 사용할 수 있었던 악기의 종류, 그 음악이 가능했던 장소들, 미국 혁명의 시대에 사회생활에서 음악의 중요성에 대해서 이야기했다. 테이프가 끝날 때 학생들은 예기치 못한 고요함을 살핀다. "무슨 일이지?" 한 소년이 묻는다. "우리는 음악이 필요해." 자네트는 테이프를 다시 틀고 수업 활동을 재개하며 그들이 공부하는 시대의 어떤 감각적인 경험에 몰입한다.

Albert(1994), Groth & Albert(1997)

헌법에 대한 같은 단원 동안 자네트는 수업시간에 진 프리츠 책의 하나인 『쉿, 우리는 헌법을 쓰고 있다』(*Shh! We're Writing the Constitution*)에서 발췌한 구절을 읽고 연극의 비디오를 보여주며 학생들에게 적어도 수업에 이미 사용되지 않은 헌법에 관한 하나의 정보에 관해서 보고하도록 요구한다. 그녀가 묻는다. "너는 이 각각의 자료들로부터 무슨 그림을 얻느냐?" 마음에 어떤 모습이 떠오르냐? 학생들은 즉시 감각적인 이미지로 반응한다.

Fritz(1987), Berkin(2002)을 보라.

예술은 역사인물, 장소 그리고 사건의 감각 이미지를 발달시킨다.

"뜨겁고 무덥다", "많은 백발의 백인 남자들", "주위의 윙윙거리는 파리들, 닫힌 창문", "숨기는" 등이다. 이 순간에 자네트는 헌법의 흔적을 나타내는 큰 인쇄물을 소개하고 다음과 같이 말한다.

우리는 지금 헌법 기록에 대한 직접적인 배경이 되는 그림을 바라보고 있다. 지금 네가 이 그림을 보고 있을 때 나는 너희들이 복장과 의복을 가지고 작업한 작품의 일부와 그 당시의 물건들을 사용하기를 원한다. 너희들은 헌법이 쓰여지는 동안 어떤 CNN 배경화면도 없었음을 안다. 그 사실 다음에 예술가는 만약 너희들이 헌법 집회에 있었더라면 그것이 어떻게 보일지를 표현했을 것이다. 지금 너희들은 미술 비평가들이다. 나는 너희들이 그림을 보고 그것을 게시판에 쓴다는 관점에서 평가하기를 바란다.

너희들은 예술가가 무슨 종류의 일을 했다고 생각하는가? 그는 그 때 일어난 것을 정확하게 묘사하였는가, 정확한가? 왜?

이 그림에서 의도된 초점은 어디에 있는가? 여기에서 미술가는 무엇을 노력하고 있다고 생각하는가? 이 작품의 심미적인 요소는 무엇인가? 이 작품의 정치적인 용도는 무엇에 놓여질 수 있나?

소모임 단위로 작업하면서 학생들은 자신들이 사용한 다른 자료와 상충하는 세부항목을 알기 시작한다. 사람들은 작품에서 다른 자료가 가리키는 것보다 더 좋게 보이고 그다지 불편해하지 않는 것처럼 보인다. 즉 커튼과 창문이 열려 있고, 또한 대부분의 자료와는 상반된다. 그들은 조지 워싱턴이 작품에서 중앙에 놓여지고 쓰기의 대부분을 했던 사람들이 작품에서 사소한 인물인 반면 그가 주요 인물이 되도록 조명이 그에게 초점을 맞추고 있음을 주목하게 된다. 카터는 그림을 보는 것은 대표들이 어떻게 보이는지를 그가 시각화하도록 도와준다고 설명한다. 그것은 정말로 나를 도와주었다. 어떤 인물이 누구인지 아는 것이다. 흥미롭게도 그는 또한 얼마나 많은 대표들이 참여했는지를 알고 있지만... 내가 그 그림을 볼 때까지는 얼마나 많은 대표들이 참여했는지를 알지 못했다. 알다시피 상당히 많이 있었다.

보는 것은 종종 믿는 것을 지지한다.

카터의 경험은 여러분에게 친숙할 수도 있다. 여러분이 처음 좋아하는 발레를 보고, 영혼을 자극하는 콘서트를 들으며, 또는 강한 힘을 가진 미술작품, 즉 영화나 교과서에서 재생산된 것이 아니라 아마도 극장에서, 콘서트홀에서, 화랑 또는 박물관에서 살아있는 작품 앞에 서 있는 경우를 회상해 보라. 어느 정도 여러분은 이벤트나 아이디어가 아니라 감정의 세계를 이해했다. 아마도 다시 콘서트에서 녹음을 듣거나 재차 공연이 행해진 것을 보는 경험을 함에 따라 여러분은 처음에 빠뜨린 작품의 차원을 파악하였다. 이 경험은 작품에 대한 여러분의 경험을 풍부하게 하고, 아마 여러분이 또한 그것을 다른 사람과 나누고 여러분의 두 눈을 통해서 새롭게 경험할 것이다. 어떤 면에서 조금은 모든 곳이 분명해지는 것은 이런 종류의 미학적 경험이 마지막 장면에도 없는 미스터리를 푸는 것과 약간 같은 것이다. 그것은 여러분의 지능과 감정을 모두 구속시키며 종종 말로 설명할 수 없게 한다. 이사도라 덩컨이 말하길 "만약 내가 의미하는 것을 여러분에게 말한다면 춤출 상황은 없을 것이다."

Epstein(1994b, 1994c),
Greene(1995),
Kozma(1992),
Winner(1982)

Goodman(1984),
Rockfeller(1978),
Selwyn(1995)

역사에서는 또한 감정·가치, 이외에 발생한 것이 아니라 왜 발생했는지를 설명해 주는 어떤 핵심을 찾는 미스터리의 요소가 있다. 아마 이 신비한 분위기 때문에 학생들은 점차적으로 교과서보다 예술 작품에서 목소리와 의도를 알아차릴 것 같다. 하지만 학생들이 역사의 이미지 뒤에 있는 마음에 관해서 생각할 때 제시된 견해뿐만 아니라 예술가가 견해를 나타내기 위해서 어떻게 자신의 매체를 사용하는지를 생각해 보는 것이 중요하다. 아동도서의 수가 늘어남에 따라 예술가와 예술, 그리고 의도와 행동(장의 끝에 있는 책의 목록을 보라) 사이의 관계를 조사한다. 예컨대『젊은 화가: 중국의 특별한 젊은 예술가 왕 야니의 삶과 미술』에서와 같이 놀라운 작품 사이의 관계와 아버지와 그녀의 삶 사이의 관계, 그리고 그녀가 중국에서 성장하는 동안의 경험을 살필 수 있다. 젊은 독자들을 위한 그림인『북두칠성을 따라가라』(*Follow the Drinking Gourd*)에서는 노래가 어떻게 노예제에서 탈출한 흑인에게 방향을 제시하는지를 설명한다.

불행하게도 학생들이 호소하는 이른바 예술의 감정과 의도는 가끔 그들로 하여금 예술을 편향된 것으로 도외시하게끔 이끈다. 학생들은 교과서의 세계관이 자신들의 견해로는 인식할 수 있는 목소리와 의도가 없기 때문에 정확하게 객관적이라고 가정한다. 이것은 예술의 사용에 반대하는 주장은 아니고 오히려 우리는 표현의 모든 유형에 대한 의도적인 성격을 어린이들이 분석하는 데 있어서 예술이 주입된 교육과정이 어린이들에게 어디서 만나든 역사적 관점의 성격에 대해서 보다 주의 깊게 생각하도록 도와준다고 생각한다.

시각적 자료를 분석하는 것은 학생들에게 여러 가지 이점이 있다. 예를 들면 그것들이 나타내는 사건들과는 달리 시각적인 이미지들은 시간에 매여 있다. 정지된 이미지(또는 움직이는 것을 멈추는)를 분석했을 때 여러분은 변화하는 순간에 의해서나 실제적인 사건의 부분인 감정적 변동에 영향을 받지 않을 것이다. 여러분은 반복적으로 이미지로 되돌아가고, 다양한 범위를 찾아보며, 새로운 질문을 묻고, 새로운 정보와 마음에 품은 경험을 가져올 수 있다. 물론 이것은 그 자신의 문제점들을 제시한다. 사실 순간의 것은 그것이 단지 저장되기 때문에 지나친 의미를 얻을 수 있다. 맥락에서 벗어난 여러분의 가족 앨범으로부터 나온 한 장의 사진이 얼마나 여러분의 가족을 오도할 수 있는지를 생각해 보라. 우리는 모두 한 장의 이미지가 얼마나 강력하게, 그것이 좋든 나쁘든 대중의 관심을 사로잡을 수 있는지를 알게 되었다. 폭발의 흔적 속에서 부상당한 아이를 잡고 있는 한 소방관의 사진은 이 사건의 비극적인 정도를 나타내 준다. 한편 군사행동이 중지된 동안의 난간에서 떨어진 포드 장군의 사진은 보다 더 큰 정치적인 꼴불견의 상징이 된다.

어린이들은 엄정하고 다양한 시각적 이미지에 노출되면서 학교에 입학한다. 비록 그들이 역사적 예술보다 만화 영화로 된 컴퓨터 예술이나 만화를 이해하는 데 더 잘 적응이 되어 있지만 벌써 임의로 쓸 수 있는 시각적인 단서를 저장한다. 그들의 어린 시절부터 보고 듣는 어린이들은 시·청각 데이터와 그들 자신의 사회적 상황과 배경이 되는 경험 사이의 관계를 추론한다. 사실 많은 어린이들이 읽기와 글쓰기에 능통하기 오래 전부터 예술을 통해서 의사소통하며, 글쓰기 능력이 점차로 유창해짐에도 불구하고 글쓰기보다는 그리기를 선호한다. 게다가 어린이들은 종종 그들 자신과 다른 사람들의 예술을 해석하는 데 도움을

역사와 예술은 미스터리의 요소를 공유한다.

Brown, Collins & Duguid(1989), Kozma(1991)

Epstein(1994b, 1994c), Gabella(1994)

Zhensun & Low(1991),

Winter(1988)

Epstein(1994b, 1994c), Levstik & Pappas(1987)

학생들은 모든 형태의 표현의 목소리와 의도를 인식하도록 배워야 한다.

Levstik & Barton(1996), Mazur(1993), Olson(1974)

시각적 이미지는 역사적 순간을 검토하거나 재검토하도록 허용한다.

맥락으로부터 역사적 순간을 끌어내는 것은 불완전한 해석으로 이끌 수 있다.

Winner(1982)

Dyson(1989)

Gardner(1982)

주는 풍부한 시각적 상징을 가진다. 예를 들면 도해 13.3에서 『리틀 하우스』(*Little House*)라는 책에 대한 7세 아이의 반응은 단지 하나의 단어를 사용하는 것이지만 높은 단추·구두·물통·사각으로 못질된 헛간·로라의 의복 등과 같은 이야기의 많은 세부사항을 짜 넣는다. 상상의 집과 정원, 새처럼 이미 어린이들의 예술적인 부분이었던 뚜렷한 상징을 이룬다.

역사적 정보는 미디어를 포함하여 많은 정보원으로부터 모을 수 있다.

어린이들이 역사(종종 비활자 매체로부터)에서 더 많은 배경지식을 얻음에 따라 자신의 예술적 작품과 역사적 예술품의 해석에 그 정보를 사용한다. 일반적으로 어린이들은 물질문화, 즉 기술·의복·건축·음식을 묘사하고 해석하는 데 보다 능숙하고 물질문화에서 그들은 역사의 이미지와 그들 자신의 삶, 또는 TV·영화·책에서 나타내는 삶 사이에서 관련을 맺는다. 예를 들면 빅토리아인들의 교실을 찍은 사진을 보는 어린이들은 『미국 소녀들』(*American Girls*)이란 책의 인물(그리고 인형)인 사만타(Samantha)와 관련을 맺고, 이들 인

Barton & Levstik(1996)

형과 책들과 더불어 그들의 경험에 바탕을 둔 사진에 있는 다양한 요인들을 알게 되었다. 어린이들은 또한 이로쿼이족의 어깨에 늘어선 담요를 로마시대의 의복으로 오해했기 때문

도해 13.3 과거를 시각화하기

에 한 집단의 이로쿼이족들을 로마인들로 잘못 인식했다. 원주민들의 시각적인 경험은 그림에서의 방식대로 담요를 입은 것은 포함되어 있지 않고, 다른 학생들이 만든 역사 전시물에서 로마인 제복의 삽화를 최근에 보았다.

다양한 배경에 있는 어린이들은 이 예술이 그들 역사공부의 풍부한 부분임을 발견하는 것은 분명하다. 자네트가 가르치는 아트 마그넷학교에서 그리 멀리 떨어져 있지 않은 곳에 있는 올드타운 초등학교는 그 도시에서 인구가 가장 적은 곳 중 하나에 의존하고 있다. 올드타운은 특별한 예술 프로그램을 가지지 않았고, 교사들 중 초급 학부과정에서 제공되는 예술에서의 기본적인 배경보다 더 많은 교사 경력을 가지고 시작하는 사람은 거의 없었다. 하지만 학교는 예술이 흘러넘친다. 개척자 삶에 대한 벽화가 하나의 홀 전체에 펼쳐져 있었고 전 세계의 서로 다른 문화에 의해 만들어진 가면 전시가 입구에 있는 천정에 매달려 있으며, 중국 학습의 결과인 거대한 삼면체의 용이 모퉁이에 자리를 잡고 있고, 초등학생 한 집단에게 사자춤을 설명하는 어느 인도네시아인 방문객의 사진이 교실의 문에 전시되어 있다. 1학년에서 학생들이 손님을 초대해서 손으로 놋쇠탁본을 한다. 몇명의 급우들은 놋쇠 양각으로 덮인 종이를 따라 조심스럽게 크레용을 문지른다. 양각(평평한 배경에 올려진 이미지)은 영국 역사의 인물을 나타낸다. 어린이들이 크레용으로 양각의 표면을 문지를 때 서로에게 중세의 상징성을 상기시키면서 그들은 종이에 나타나는 이미지들에 대해 다음과 같이 언급한다.

Levstik(1993)

예술은 인류·계급, 그리고 문화의 차이를 넘어서 이야기할 수 있다.

에린: 이 사람은 왕이다.
데이비드: 그는 기사다. 왜냐하면 칼을 가지고 있기에, 보이지?
에린: 그래. 누군가가 그의 발 밑에....
아지: 사자야.
에린: 음. 그 사자는 그가 왕이라는 걸 뜻해. 왕은 사자를 가지거든(이것이 보다 연초에 그림에서 보여지는 조그마한 쪽지이다.)
카트리나: 그 여인은 무언가를 가지고 있다.
제이크: 개야.
카트리나: 그래. 개. 그녀는 여왕이 아닌 것 같다.

어린이들이 작업을 함으로써 자신들의 목적에 따라 시각적 요인들을 재배열한다. 소년들 중 두 명은 옛 스칸디나비아어(그들이 작업했던 가공품의 하나는 옛 스칸디나비아 알파벳을 포함한다)로 그들의 탁본에 이름표를 붙인다. 다른 한 소녀는 그녀의 탁본을 꼭두각시 막대로 바꾸고 다른 사람들은 자신의 작품을 꼭두각시 쇼로 전환시키기 위한 복장으로 바꾼다. 데이비드는 중세의 벽걸이와 아주 유사해 보이는 그림을 만들면서 그의 화상을 각각 잘라서 다른 배경 위에 그들을 붙인다.

학생들은 그들 자신의 목적을 위해 시각 예술을 사용한다.

시각적 예술작품으로 그들과 학생들을 둘러싸면서 자네트와 함께 이들 교사들은 그들을 가르치는 것뿐만 아니라 역사적 작품들을 읽는 것을 배우고 있다. 그들 학생들은 역사상, 그리고 미학적인 관점에서 예술작품을 분석하고 특별한 질문들을 분석적 자세로 연관시키는 것을 배우고 있다. 예를 들면 역사적인 관점에서 학생들은 일상생활의 세부사항을 찾으

학생들은 예술을 역사적으로 혹은 심미적으로 읽는 것을 배운다.

Geoghegan(1994), Sautter(1990)

면서 다음과 같이 질문한다.

- 삶의 어떤 부분들이 보여지는가? 아동 양육 훈련에서 변화를 학습하는 것은 어린 아동들이 아동 노동·레크리에이션·가족 활동·종교적 행사, 또는 학교교육에 관한 정보를 얻기 위해 예술을 공부해야 한다.
- 이런 활동에 대한 예술가들의 느낌은 무엇인가? 예를 들면 노만 로크웰의 그림은 가족과 작은 고장생활의 어떤 측면을 축하한다. 한편 다른 예술가는 작은 마을의 고립성을 놀린다.

학생들은 또한 예술을 사회적·정치적 논평으로 여긴다. 그들은 다음과 같은 질문을 한다.

- 예술가들은 어떻게 역사적, 그리고 정치적 사고를 형성하는가? 더 나이든 학생들은 『레이크의 전진』(The Rake's Progress)이나, 『게르니카』, 또는 『뒤집어진 세상』(The World Upside Down)과 같은 예술작품이 예술가의 사회적, 그리고 정치적 세계에 대해서 무엇을 알려주는지 생각할 것이다.
- 어떤 특정 시간에 가장 예술적인 언급이 되는 주제는 무엇인가? 학생들은 시대에 따른 정치적 풍자만화를 비교하고 가장 흔한 주제에 대한 것을 도식화할 것이다.
- 이 논평은 그 자신의 시대에 어떻게 논쟁이 되었는가? 지금? 이 질문은 학생들에게 다른 자료를 보내어 해석할 수 있는 상황을 가져다 줄 것이다.

미학의 관점에서 학생들은 다음과 같이 물으면서 예술의 요소들이 어떻게 서로, 그리고 역사적인 내용과 관련을 가지는가를 학습한다.

- 각 예술가들은 어떻게 주제(스타일과 테크닉)에 접근하는가? 학생들은 같은 아이디어·사건 또는 정서에 대해 서로 다른 예술가들의 해석을 자네트의 학생들이 했듯이 헌법 제정회의와 비교할 것이다.
- 이들 스타일과 테크닉은 그들을 만든 사람들의 세계관에 대해서는 무엇이라고 말하는가? 다시 말해서 더 어린 아동들은 일군의 링컨의 만화에 대해 학습하고 각 만화가들이 이 역사적 인물들을 어떻게 해석하는가를 토론한다.

학생들이 이들 질문들을 역사적 예술작품에 적용할 때에 그들은 역사적, 그리고 심미적 관점에서 그 예술을 더 잘 해석할 수 있게 된다.

당신의 마음 속에서 상상하기 : 역사적 예술품을 읽는 법 배우기

여러분은 이 그림을 보고 그것을 여러분 마음 속에서 상상하며 시간을 통과해야 한다. 여러분이 아는 것에 바탕을 두고 결론을 맺게 된다.

-로드니, 5학년

[큰 건물 앞에 모여 대중의 그림을 보고 있는] 여러분은 인종에 대한 항의 같은 것을 가지고 있다...군인의 제복, 음... 그것은 흑인의 권리에 대한 것일 수 있다. 하지만 나는 어떤

혹인도 보지 못한다. 그러나 그들이 표시판을 나르고 있다고 추측한다.

-에반, 5학년

[미국 남북전쟁 전의 그림을 보고 난 후] 그것은 정말 흥미롭게 보인다. 왜냐하면 그 속에는 여러분이 생각하기에 더 오래 되도록 만들어 주는 재료가 상당히 많이 있기 때문이다. 정말 흥미롭게 보인다. 마치 그 속에 많은 보트와 헌 건물, 그리고 뜨거운 공기풍선을 가지고 있는 것같이 그것은 네가 오래 전에 뜨거운 공기 풍선이 발명돼 있기 때문에 그 성이 더 오래된 것처럼 생각하게 만든다. 그리고 많은 사람들은 집 없는 사람들처럼 보인다. 그들은 집을 잃었다. 나는 그들이 무엇을 했는지를 알고 그들에게 얘기하며 그들이 무엇처럼 보이는가를 알고, 그리고 그 땅에 아무도 없는 것처럼 보이는 것을 아는 것은 아주 근사한 일이라고 생각한다.

-하베리, 6학년

이 학생들 각각은 미술작품에서 무엇이 진행될 것인지를 조심스럽게 보고 "마음 속에서 상상하기"를 갈망한다. 학생들은 중세의 무늬를 수놓은 직물, 섬세하게 조각된 중국에서 온 상아색 조각, 또는 프랑스 화가 세우라트의 원근법에 대한 세세한 부분에 똑같이 매료된다. 하지만 우리 모두는 박물관 여행을 했고, 그곳의 박물관 안내인은 가장 정교한 예술작품에서조차도 어린이들의 관심을 모으는 것이 어렵다는 사실을 알게 된다. 두 발은 쑤시고 주의력은 흩어지며 선물가게는 손짓하고 예술품은 무시된다. 성인들이 생각하기에 어린이들에게 좋은 다른 많은 것들과 마찬가지로 예술에 관한 흥미와 관심은 어린이들의 목적에 대한 관심과 많은 관계를 가지고 있다.

이 장에서 설명된 교사들이 예술을 더 많이 사용하기 시작했을 때 그들은 정말로 상황이 결정적임을 발견하였다. 그들의 학생들이 친근한 관심을 가질 이유가 있다면 자신들은 예술에 좀더 몰두하는 것 같았다. 예를 들면 앞서 인용한 어린이들 개개인은 일련의 시각적 이미지들의 시간 계열에 관하여 생각해 보도록 요청을 받았다. 그들은 각 그림의 세부사항을 곰곰이 생각했다. 시간의 신비에 대한 실마리를 분석하면서 다른 1~3학년, 4~6학년, 중학생들은 같은 과제에 열정적인 반응을 보였다. 역사적 이미지에 대해 토론하고 그림을 비교하며 역사적인 정보를 위해 다른 자료를 참고하면서 다른 수업들에서 학생들은 비판적 관심과 토론을 비교 연표를 위한 이미지를 선택하는 데 초점을 맞추었다.

기록된 텍스트를 이해하는 것과 같이 예술을 이해하는 것은 자동적으로 되는 것이 아니다. 우리는 아마도 다른 감각의 양상을 이해하게끔 태어나지만 경험과 문화는 분명히 예술품을 해석하는 방법에 영향을 미친다. 대개의 경우 우리가 보거나 듣도록 기대되는 것은 우리가 정말로 보는(듣는) 것에 영향을 미친다. 어떤 것이 우리의 기대에 어긋날 때 우리는 그것에 순서를 부여하려고 노력한다. 우리의 경험으로 이해를 추구하면서 비록 학생들이 대상·아이디어, 또는 감정(아래쪽으로 휘어진 선은 슬픔을 나타내고 앞으로 기운 형태는 행동을 나타낸다)을 나타내는 어떤 문화적인 방법을 분명히 인식하지만 아주 혼란한 다른 것들이 있다. 사람들이 흰색 옷을 입고 있기 때문에 어느 일본 인쇄물이 결혼을 나타낸다고 여기는 어린 아동들은 일본에서는 흰색이 보통 죽음과 애도의 색이라는 사실을 안다면

참된 과제는 예술에 대해 친밀한 관심을 고무한다.

Barton(2001)
Barton & Levstik(1996)

Gombrich(1974)
Kennedy(1974),
Mitchell(1995),
Winner(1982)

Eisner(1988)

해석하는 데 분명히 도움을 줄 수 있을 것이다. 같은 방식으로 전통적인 인도네시아 춤의 전형적 손동작의 복합적인 언어를 배우는 어린이들은 인도네시아 춤꾼의 공연을 보다 더 잘 이해할 수 있을 것이다.

학생들이 이 과제를 수행하도록 도와주는 데 필요한 교사의 중재는 물론 학생들의 예술품에 대해 가지는 친밀성의 정도와 묘사된 역사의 배경지식의 정도에 따라 다양하다. 리자 프로노이(Liza Flornoy)가 4학년을 가르치도록 지명되었을 때 그녀의 학생들이 미국 주의 역사를 배울 것이라는 사실을 알았다. 그녀는 단지 최근에 주에 도착했기 때문에 이 교과를 다루는 능력에 대해 걱정을 하고 있었다. 그녀는 예전 학교에서는 예술을 가르치는 데 아주 성공적이었지만 이 새로운 과제를 위한 자료는 거의 없었다. 게다가 그녀 학교의 전환, 즉 수입이 적고 중간인 학생들의 균형을 좀더 맞추기 위한 학교 인구의 변환을 위한 행정지구의 개편을 들었기 때문에 걱정을 하였다. 그녀는 많은 수의 그녀 학생들이 학교와 주변 이웃에 익숙하지 못하고 일부 학생은 상당히 적대적이라고 들었다. 리자 교사가 그녀의 팀 교사인 카다호타(Kadahota) 여사에게 자신의 관심을 표현했을 때 카다호타는 리자가 지역의 유산위원회에 의해 개발된 국가의 역사자료를 살펴봐야 한다고 제안했다. 리자는 대중예술을 강조하는 것을 좋아했고 몇 가지 조정을 하면 자료들은 아주 효과가 있을 것이라고 생각했다. 그녀는 자신의 학교 주변에 세워진 환경예술의 작품을 가지고 시작하기로 결심했다. 이것은 몇 가지 이점이 있다. 학교가 주의 수도에 위치해 있기 때문에 정치적·심미적인 중요성을 가진 많은 수의 건물과 기념물들이 있었다. 학교는 새롭게 고급화된 옛날 가정의 지역과 조그마한 기업과 쇼핑지구, 그리고 공공주택 개발지역에 접하고 있어서 표지와 정원에서부터 건축과 낙서까지 다양한 공공 예술이 있다. 리자는 배경읽기를 하고 유산위원회로부터 나온 자료들을 적용하기 시작했다.

그녀가 예상한 대로 그녀의 학생들은 역사적인 정보의 자료인 건물과 기념물이나 학교 주변의 이웃들에 대한 경험이 거의 없었기에 데이터 복구에 대한 두 가지 초보적인 경험을 계획했다. 그녀는 그 지역에 있는 서로 다른 형태의 공공 건물·개인 건물과 기념물들에 대한 다섯 개의 슬라이드 세트로 시작해서 서로의 건물과 관련이 있을 몇 가지 주제를 소개했다. 즉 사생활·가치·문화·시대의 흐름에 따른 변화·사회적 행동·창조성, 그리고 역사이다. 그녀가 슬라이드를 보여 주었을 때 학생들은 각 주제의 증거를 확인했다. 창조성을 위한 장식적인 석고 천정 부조, 시대의 흐름에 따른 변화인 전기화한 가스램프, 사회적 행동을 위한 레크레이션 방, 가치와 문화로서의 미술과 조각, 역사로서의 가족사진 등이다. 그리고 리자는 어린이들 자신이 선택한 장소인 그들 자신의 가정, 좋아하는 여행지, 가게나 여가 장소로부터 정보를 수집하는 데 사용하도록 데이터 복구차트를 나누어 주었다. 그 데이터 복구차트는 한 장의 종이로 구성되어 있다. 그 앞에는 학생들이 각 주제로 향하는 칼럼을 채워 넣었다. 뒤에는 학생들이 선택한 건물에 대한 세 가지 질문에 답하였다. 여러분이 선택한 장소의 목적이나 기능은 무엇인가? 이 장소의 생김새·느낌·냄새는 여러분이 어떻게 생각하고 느끼게 만드는가? 그곳에서 생긴 사회적인 것들은 얼마나 중요한가? 여러분은 어떤 취급을 받고, 누구와 있으며, 함께(또는 떨어져서) 무엇을 하는가?

학생들이 예술에 대한 감각을 갖도록 돕는 것은 역사 지식에 대한 관심을 요구한다.

대중미술은 일반적으로 무료이며 접근이 가능하다.

교사들은 학생들이 데이터를 수집하고 조직하도록 도울 필요가 있다.

Built Environment Education Consortium(1990)

구체적인 질문은 학생들의 데이터 수집을 조직하도록 돕는다.

어린이들이 데이터 복구차트에 있는 카테고리가 자주 중복된다는 것을 발견하는 것은 놀라운 일이 아니다. 예를 들면 두 어린이들은 성경을 가치 기준의 증거로 명부에 올리는가 하면 다른 아이는 그것을 사회적 행동으로 올렸다. 몇몇 어린이들은 어린이들의 독립된 침실을 사생활의 증거로 지적했다. "그것도 가치 있죠?" 다른 아이가 질문했다. "그리고 역사와 시간에 따른 변화 사이의 차이점은 무엇인가", "그것들은 같은 것 아닌가?" 다른 아이가 "그것 모두는 문화야"라고 주장했다. 그 결과로 학생들은 차트를 수정해서 범주를 사생활·가치기준·시간에 따른 변화·사회적 행동, 그리고 창조성으로 한정시켰다. 그들은 또한 건물을 용도에 의해 상업용·교육용·정부용·산업용·여가용·종교용·주거용, 그리고 관련된 수송용으로 범주화하였고, 각각의 카테고리 속에서 각각의 주제가 어떻게 나타나는지를 비교했다. 그들은 몇 군데의 건물이 시간에 따라 범주를 바꾸었다고 적었다. 예를 들면 예전의 주유소가 지금은 아이스크림 가게가 되었고, 몇 군데의 거주지가 상업용 건물이 되었다. 그들은 조사하고 싶은 질문의 목록을 철하기 시작했다. 건물의 용도를 바꾸게 한 것은 무엇이었나? 옛 건물들이 왜 보다 우아하게 채색되었나? 사람들은 왜 근교에 있는 새집을 사기보다 오래된 건물로 이사하는 데 훨씬 많은 돈을 지불했는가? 어떤 건물의 낙서는 무엇을 의미하는가?

> 기초 데이터 수집은 종종 보다 많은 연구 가능한 질문을 발동시킨다.

다음으로 리자는 학교에서 걸어다니는 거리 안에 있는 두 건물에 대한 연구를 준비했다. 각 학생은 연구 안내서(사후활동-사진기뿐만 아니라 스케치하고 직물 양각재료와 클립보드 -뿐만 아니라 관찰과 데이터 수집에 관한 지시)를 받았다. 소모임으로 활동하면서 학생들은 각 건물에 관한 데이터를 수집했다. 여러분이 도해 13.4에서 윤곽이 그려져 있는 과제를 볼 때 비록 그것이 예술의 요소는 포함하지만 인터뷰와 활자화된 정보처럼 또한 다른 형태의 역사적 문서도 사용한다. 리자는 또한 그녀의 학생들에게 그들의 마지막 작품에서 이 데이터 자료의 결합을 사용하도록 요구하고, 학생들이 다르게 쓰여진 장르뿐만 아니라 시각적 이미지를 통해서 자신들의 역사 해석을 표현하도록 요구한다.

> Corwin(1991)

예술이 역사연구의 통합된 부분일 때 학생들은 자신들에게 사물이 어떻게 보이고, 사람들이 무엇을 했으며, 그것을 어떻게 했는지, 사람들은 자신을 어떻게 보고 다른 사람들에게 어떻게 보이는지를 알려주는 많은 이미지 배열에 둘러싸인다. 예술은 예술가들이 세상을 번갈아 창조하려는, 그들 주변에 창조된 세상에 응답하려는 인간 의도의 산물로서 연구된다. 이 관점으로부터 역사에서처럼 예술을 이해하는 것은 주의 깊은 관찰과 다양한 해석을 고려하는 자발성을 요구한다. 하지만 어린이들이 역사적 예술의 소비자가 되는 것만으로는 충분하지 않다. 어린이들이 예술로 표현된 복합적 세계를 경험할 때 그들은 또한 예술을 통해 자신들의 역사적 관점을 표현할 필요가 있다.

> 예술은 역사 공부의 통합된 부분이 되어야 한다.

> Baggett(1989)
> Goodman(1984)

역사 이해를 표현하는 수단으로서의 예술

네이던은 프랑스혁명에 관한 보고서를 발표하기 위해 교실 앞에 서 있다. "나는 얼마간 그것을 일종의 『노상강도』(*The Highwayman*)가 인상을 주는 것처럼...좀 어둡고 위험한 것처럼 보인다고 생각했다." 그는 파리에서 거리의 광경을 그린 목탄 데생을 가지고 있다.

1단계-관찰

가능한 많은 각도와 측면에서 건물을 조심스럽게 조사하라. 세부사항을 찾고 전체적인 모양과 크기를 연구하라. 건물과 관련이 있을 어떤 소리·냄새·맛을 인지하라. 다양한 건물 재료와 건물과 관련 있는 직물을 식별하려고 하라. 건설 후 일어난 어떤 변화를 살펴봐라.

2단계-문서

당신이 관찰한 것으로부터 가능한 많은 질문에 다음과 같이 답하시오.

1. 건물의 이름을 지어라.
2. 건물의 위치와 세팅을 묘사하라.
3. 기초 재료는 무엇인가?
4. 건물 재료는 무엇인가?
5. 건물에 사용된 장식 재료와 디자인뿐만 아니라 서로 다른 형태의 창문과 문을 스케치하고 촬영하라.
6. 건물의 다른 부분의 직물 탁본을 만들어라.
7. 굴뚝은 있는가? 얼마나 많이? 굴뚝 그림을 그려라.
8. 건물에 어떤 표시나 단어를 묘사하라.
9. 건물은 무엇을 위해 세워졌나?
10. 건물은 몇 층인가?
11. 각 주제의 증거를 묘사하고 촬영하라.
12. 건물의 최근 용도는 무엇인가?
13. 건물 1층의 계획을 스케치하라.

3단계-조사

역사의 탐정이 되어라. 우리 건물의 역사에 관해 네가 할 수 있는 한 찾아라. 너는 지역의 역사가와 이야기할 기회를 가질 것이다. 그래서 네가 그 사람에게 묻고 싶은 질문에 관해 신중하게 생각해 보라. 너는 '세워진 환경' 표시가 된 폴더에 있는 재료를 또한 사용할 것이다.

4단계-해석

우리는 이 건물에 관한 문서를 쓰고 제작할 것이다. 네가 너의 일을 계획함에 따라서 다음에 포함되는 것에 대해 생각해 보라.

1. 네가 생각하기에 건물의 원래 세팅이 무엇인가 하는 그림과 모델.
2. 이 건물이 버티어 내었던 어떤 역사사건 다시 재연하기.
3. 건설자, 그리고(또는) 원래 주인과의 인터뷰, 서로에게 그 건물이 갖는 의미 토론하기.
4. 이 건물이 지역사회에서 오늘날 의미하는 것을 그리기와 토론.
5. 그 건물에 대한 고유함이나 특별한 것을 보여주는 시, 또는 독자의 극장.

도해 13.4 건물을 읽다(빌트 환경 교육 콘소시움에 의해 개발된 자료로부터 작성, 1990)

종이는 검으며, 얼굴은 거리를 내려다 보고 창문(눈)을 닫은 상태로 뒤로 기대어 있으며 하얀 건물이 보인다. 거리에는 뭉크(Munch)의 『비명』(*The Scream*)에서 보이는 흰옷 입은 인물이 빨간 단두대 주위에 모여 있다.

***

자네트는 학생들에게 "살아있는 헌법이란 말을 들을 때 무슨 생각이 떠오르는가? 나는 너희들이 아이디어를 표현하는 다른 방법을 찾기를 원한다. 왜 헌법이 그렇게 오래 지속되었는지를 보여 달라. 살아가야 하는 우리들을 위하여 우리는 물과 공기와 음식과 빛이 필요하다. 헌법이 살아 있도록 하기 위하여 어떤 종류가 필요한가?" 한 학생이 헌법을 다리와 날개와 부리를 가지고 날고 있는 독수리로 그림으로써 응답한다. 또 다른 학생은 다음과 같이 쓴다.

자유의 개념
열린 마음
하나의 국가
연합으로서의 주들
법과 권리의 영원한 조합
수용된 아이디어
확산된 사고
시민들의 요구에 대한 이해
브레인스토밍의 시간
동등한 법
탁월한 결과
누구도 거부되지 않는 인권

이 학생들 각각은 예술을 **가지고** 예술 **속에서** 생각하기를 배우고 있다. 그들이 예술을 창조하기 위해 감정과 생각을 섞을 때 그들 내부의 개념을 공적으로 만든다. 동시에 그들 내부 개념을 표현하기 위해 선택하는 바로 그 과정이 학생들의 역사 이해를 형성한다. 다른 학생들이 아이디어를 전달하기 위해 문어에 대개 의존할 곳에서 그들은 지금 자신들이 이용할 수 있는 형태와 상징에서 더 폭넓은 레퍼터리를 가지고 있다. 그리고 자네트가 주목했듯이 수업활동이 예술을 포함할 때 "여러분은 관찰자로 매우 쉽게 남을 수는 없다. 너는 참여자가 되어야 하고 네가 참여자가 될 때 행함으로써 학습하는 방법을 가지게 된다."

여러분 자신의 역사적 예술을 만드는 것은 역사적 데이터로 예술을 사용하는 것과는 아주 다르다. 그것은 소설을 읽는 것과 쓰는 것 사이의 차이점과 같다. 특별히 역사적 예술을 만드는 것은 젊은이들에게는 아주 위험한 일처럼 보인다. 예술의 상징과 역사의 요구사항을 결합하는 문제에 직면할 때 학생들은 많이 도와주는 교수를 필요로 한다. 그러면 이 책을 통해 사용된 역사에 대한 탐구에 토대를 둔 접근의 요소인 문제해결과 지적인 모험하기 둘 다는 역사 예술을 만드는 것을 생각하도록 도와준다.

Gardner(1990)

예술은 하나의 광범한 표현적 레퍼터리를 제공한다.

미술을 생산하기 위한 기회는 미술을 관람하기 위한 기회만큼 중요하다.

미술은 문제 해결과 지적 위험 취하기의 한 형태이다.

문제 해결로서의 예술

자네트는 그녀의 8학년 학생들에게 가장 중요한 요소를 분명하게 만드는 약간의 방법으로 헌법의 역할을 표현하도록 요구했다. 그녀는 그들에게 먼저 자신들이 어떤 정보를 전달하기를 원하는지, 그리고 나서 그것을 동료들에게 어떻게 가장 잘 설명할지를 생각해 보라고 했다. 학생들은 네 개의 조로 나누어 작업을 했다. 먼저 자신들의 과제를 의논하고, 그리고 난 뒤 각자에게 어떻게 자신들의 생각을 가장 잘 나타낼지를 설명하기 위한 스케치를 그리며, 한 조는 "이러한 것들이 계속해서 반복되기 때문에" 원의 사용에 대해 논의했다. 다른 조에서는 어떤 사건의 다른 면을 나타내 보여주는 만화 캐릭터의 적절성에 대해 토론했다. 세 번째 조는 공간의 관계와 상징, 색깔을 가지고 작업을 하면서 아이디어들을 스케치한다. 개별 조는 작품을 나누었다. 한 두 명의 학생들은 그림을 그리고, 다른 어린이들은 교재를 구성하며, 게다가 포스터 보드에 모든 발표를 실물크기로 만들도록 하였다. 자네트는 그들에게 질문을 하고 제안하면서 조들 사이를 돌아다녔다. 그녀는 한 조에게 의회(상원)가 실제 투표에서 다수표를 받지 않은 대통령을 선출한 적이 있는지를 물었다. 그녀는 다른 조에게 모든 사람들이 초기 헌법에서 동등한 권리를 받지 않았다고 말했다. "헌법 개정을 통해서 보아라. 누구의 권리가 나중에 보장되었는가?" 그녀는 또한 여기 있는 한 조는 "정말 좋은 생각을 가졌다. 그들의 차트는 너희들에게 두 가지 대안을 준다. 그것은 너에게 다수가 있을 때 무엇이 발생했는지, 그리고 그렇지 않을 때 어떤 일이 발생했는지를 말해준다. 이것이 처음 헌법이 씌어진 방법으로부터 어떻게 바뀌어 왔는가?" 그녀는 또 다른 조에게 그들이 다른 곳에서 아이디어를 복사했는지, 다른 자료로부터 그들 스스로 만들어 냈는지를 물었다. "그것이 무슨 뜻이지?" "우리에게 그것에 대해 말해봐."

그 결과물은 예술과 텍스트의 흥미로운 혼합물이다. 한 조는 12번째 미국 헌법개정(대통령·부통령선거)의 흐름도를 그림으로 발표하였다. 그들은 정·부통령 선거에 필요한 여러 가지 선택들을 정렬해 놓았다. 각 결정의 순간에 그들은 그 결정과 함께 일어난 실제 역사적 사건들을 그려 놓았다. 투표함에 투표용지를 넣는 손은 유권자들이 처음 만났을 때 한 일을 보여준다. 아래쪽 차트에는 리처드 닉슨이 투표에서 승리했을 때 손가락으로 승리의 사인을 만드는 것을 그려 놓았다. 그의 머리 위 작고 둥근 돔에는 "나는 사기꾼이 아니다"라고 적혀 있다. 다른 그림에서는 성난 하원의원들이 토마스 제퍼슨의 선출에 관해 협상하고 있는 것을 보여준다.

분명히 자네트의 학생들은 탐구를 하기 위한 궁리로서, 혹은 맛이 없는 케익에 당의(糖衣)를 입히는 것처럼 예술을 하지는 않는다. 대신 예술은 학생들이 역사문제를 푸는 데 중요한 요소였다. 자네트가 학생들에게 낸 문제는 어쩌면 때론 어떤 사건을 극화하거나 역사적 사건이나 기간에 잘 어울리는 음악을 고르는 것과 같이 특별한 매개물을 필요로 한다. 그러나 더 자주 (그 문제는) 학생들이 스스로 발표의 형태를 선택하도록 요구한다. 이를 알고 있는 자네트는 이런 형태의 과제물에 잘 맞는 어휘를 찾아냈다. 예를 들면 그녀의 "묘사한다(represent)"란 단어의 사용은 여러 가지 수준으로 작용한다. 그것은 역동적인 것을 포함한 예술의 사용을 지시하며 실제수업에서 학생의 예술에 쓰였던 말을 언급하기도 한다. 그리하여 이 경우에 학생의 머리 속에 그 예술이 역사적인 내용을 보여주기 위해서였다는 것을 상기시킨다. 그녀는 조들 사이를 다니면서 학생들이 예술과 역사 두 부분의 발표에서 더 나은 결과를 얻도록 도와준다. 특별히 하나의 작품이 확실히 힘이 있고 다른 것들보다 더 나은 근거를 갖추었을 때 이것은 교사에 대한 도전이 될 수 있다. 예를 들면 한 조에서 학생들이 역사적인 것에 대한 세심한 구성이 없이 그냥 예술만 잘 하려고 한다. 그들은 헌법의 평등 개념을 미국 독립선언문에 나온 것과 혼동하여 헌법이 "모든 사람에게" 평등을 보장한 것처럼 그림을 준비하려고 했다. 자네트는 그들에게 자신들의 역사 자료들을 다시 보게 하였고, 더욱 어려운 문제인 현실의 불평등과 보편적 평등의 이상을 어떻게 그림으로 표현할 것인지를 남겨 주었다.

또한 학생들이 자신들의 예술작품에서 이중 의미를 지닌 더블 앙탕드르(double entendres)를 위해서 어떻게 잠재력을 사용하는지를 주목하라. 예를 들면 열두 번째 개정 차트에 관한 텍스트는 상당히 직설적이다. 선거인단의 다수가 투표한 후보자가 정·부통령이 된다는 것을 설명하면서 그렇지만 같이 그려져 있는 그림은 리처드 닉슨이 그의 승리와 그는 잘못한 것이 없다는 것을 선언하는 그림이다. 이 텍스트와 이미지를 병렬해 놓는 것은 민주주의 과정에의 도전에 대한 학생들 인식의 많은 부분을 말해 준다.

그리고 자네트의 학생들은 역사적 문제를 해결하면서 자주 언어적인 정보를 시각적 조상으로 변형한다. 그렇게 하면서 학생들은 관련 정보들을 선택하고 상기해 내며 아이디어를 만들어 내고 새로운 개념들을 형성한다. 학생들은 그 모양과 아이디어의 구조에 대해서 고민하고, 색들이 서로 어떤 영향을 주는지, 역사적 깊이만큼 발표물을 공간적으로 어떻게 배치할 것인가, 또 역사적인 관련성만큼 얼마나 구조적으로 보일 것인가를 다룬다. 특히 그들을 평가할 어른들에 의한 가능한 오해에 직면해서 어린이들이 이런 모든 위험을 감수하는 것은 용기가 많이 필요하다.

지적인 위험 감수로서의 예술

예술을 통해서 생각을 표현하는 것은 특히 언어적 표현을 주로 해 왔던 학생들에게는 상당히 위험해 보인다. 학생들은 자신들이 하고 있는, 즉 그 해석하는 말이나 그들이 사용할 수 있는 상징구조에 있어 일의 변수들에 대해서 확신하지 못할 수도 있다. 엡스탱 교사는 고등학교 학생들에 대한 연구에서 학생들이 더 많이 토론을 하게 되었다는 것과 그들의 교사가 받아들이고 해석의 일종이라 인정해 준 것들을 학생들이 관찰하여 그 예술들을 사용한다는 것을 발견하였다. 그리고 그들은 동료 학생들의 이야기를 듣고 그들에게 배움으로써 더욱 자신감을 얻게 되었다. 우리는 관찰을 통해서 어린 학생들 또한 이런 경향을 갖고 있다는 것을 알았다. 초중학교 교사들은 예술 활동에 경험이 부족한 학생들(예술적 활동을 할 때)이 이것이 맞는가 하고 많이 고민한다는 것을 알아냈다. 사실 일부 어린이들은 스스로를 설명할 때 스스로의 모습을 사진처럼 명확하게 그려내지 못한다는 것 때문에 잘못한다고 생각해서 굉장히 불편해 할 때가 있다.

이 시점에서 학생들에게 예술에는 실제보다 무언가가 더 포함되어 있다고 말하는 것은

Epstein(1994b)

Gardner(1982)

딱히 유용하지 못하다. 좀더 효과적일 듯한 것은 학생들에게 매체에 대하여 선택권을 주는 것, 다른 매체들을 사용하면서 연습하게 하는 것, 그들이 스스로 좋아하는 예술작품을 만들어낼 수 있도록 실질적인 도움을 주는 것이다. 데헤아 스미스 교사는 그녀의 학생들이 목적에 맞게 만들어낸 예술품을 비추기 위해서 실물화상기를 주로 사용한다는 것을 알았다. 예를 들자면 그들은 배경화면을 그리고 그 위에 사람이나 차의 모습 등을 비추기 위해서 프로젝터를 사용하는 식이었다. 이는 초반에는 잘 통하는 방법이었으나 교사는 학생들이 좀더 모험성 있는 프로젝트를 해 보길 원했다. 그래서 한 프로젝트에서 교사는 학생들이 그림자 연극으로 그것을 표현해 보도록 도와주었다. 그녀는 그림자 인형들이 어떻게 되는지에 대한 시범과 여러 다른 문화권에서 온 그림자 인형들의 예를 보여 주었으며, 그들 스스로 그림자 인형을 만들 수 있도록 하였다. 곧 자세하게 그려진 작은 모양이 그림자만큼 효과적으로 보이지 않는다는 것이 명확해졌다. 현실적으로 그려야 할 필요에서 벗어난 학생들은 곧 그 모양과 공간에 관심을 돌리기 시작했다. 그들은 다른 재료, 다른 사이즈의 인형, 스크린에서의 거리와 같은 것들을 실험했다. 교사의 시기적절한 제안으로 어린이들은 그들이 했던 것보다 더 다양한 종류의 재료로 된 흥미로운 연극소품과 인형들을 만들어내었다. 어린이들이 이런 이미지들에 자신을 갖자 교사는 그들의 연극에 음악과 움직임을 추가해 보도록 격려하였다. 그녀는 또한 미술교사에게 그들의 사실주의에 대한 요구를 만족시킬 수 있을 만큼 실질적인 기술을 학생들에게 가르쳐 줄 것을 부탁했다. 미술교사는 투 포인트 원근법과 인물그리기에 대해서 가르쳤다. 그 해 말에 무대 디자인에 경험이 있는 학부모가 학생들을 그의 스튜디오로 데려가서 장면이 평화롭거나 무시무시하거나 위험해 보이도록 하는 방법들을 시범으로 보여주었다. 학생들이 역사극 시리즈의 무대를 직접 페인트칠 할 때 쯤에는 배웠던 여러 가지 기술들을 사용할 수 있게 되었으며, 그들 스스로를 미술적으로 표현하는 데 자신감을 갖게 되었다.

아동문학에 있는 작품 또한 어린이들에게 다른 기술들을 경험하도록 하는 데 시발점으로 작용할 수 있다. 콜라쥬·목탄화·크레용 리지스트(resist) 같은 기술에 대한 책을 같이 보고 학생들에게 그것을 해 보도록 하는 것이다. 팝업(pop-up) 책(책을 열면 그림이 튀어나오는 책)에 빠져 있던 한 학급에서는 그들 공동체의 정착에 관해서 팝업 그림을 만들었다. 다른 학급에서는 저자가 사진과 그림, 리지스트와 실구조물 등을 혼합한 것을 보여준 조지 리틀 차일드의 『이 땅은 나의 땅이다』(*This Land Is My Land*)(1993)를 읽고서 그들 스스로 이것들을 결합시켜 보았다. 리틀 차일드의 책은 '크리 사람'으로서, 그리고 미술가로서의 자신에 대해서 묘사한 자서전이다. 어린이들은 비슷한 것을 많이 해 보았다. 어린이들은 가족사진을 가져오거나 잡지에서 그들이 표현하고자 하는 이야기를 대변할 수 있는 사진들을 오려냈다. 교사도 학급어린이들의 사진을 찍었다. 교사는, 그리고 그 사진을 많이 뽑아서 어린이들이 원본을 훼손시키지 않고 원하는 부분을 잘라내서 사용할 수 있도록 했다. 학생들은 크레용으로 그림을 그려서 색칠을 하고 그것을 오려서 그림에다 붙였다. 그들은 리틀 차일드가 그랬던 것처럼 조개껍질도 붙이고 레이스 조각도 붙였다. 한 학생은 맨발 사진(잡지에서 오려낸) 아래에 모래를 붙였다. 그리고 크레용으로 그린 하

예술에서 교사들과의 협동은 역사공부를 풍부하게 한다.

아동문학은 시각예술의 풍부한 자료가 될 수 있다.
Kiefer(1995)

Littlechild(1993)

역사적 이미지를 위한 정보원을 체크하세요;
Smithsonian Institution at http://www.si.edu/history _and_culture/; National Archives at http://www.archives.gov/ exhibit_hall/index.html; Library of Congres at http://www.memory

늘에 긁어서 새를 그리고 뭉치 솜으로 구름을 붙이며, 이름 붙이기를 "해변에서의 첫 걸음"이라고 했다. 그것은 그녀를 돋보이게 했고, 그녀의 다른 학급 친구들이 그녀의 기술을 따라 하도록 했다.

수족과 체인족의 미술을 공부한 5학년에서는 그림만을 이용해서 역사적 사건에 대해서 알고 있는 것을 보여줄 수 있는가를 해 보았다. 한 조는 노르웨이인의 북미 탐험을 해보기로 하였다. 다른 조에서는 플리머스 식민지에 대한 유아적 시선을 보여주기로 하였으며, 세 번째 조는 대륙 횡단철도 건설에 대한 중국인 이민자의 시선을 발표하기로 하였다. 이러한 그림들을 만드는 데 있어서 그들은 미국사를 공부할 때 사용했던 자료들과 역사 텍스트들에서 내용을 찾아 거슬러 올라갔다. 교사는 또한 그들이 그 부분을 공부할 때 읽었던 문학서적들인 『이상한 땅위의 발자국: 아메리카의 바이킹』(*Strange Footprints on the Land: Viking in America*), 『참 순례자들을 만나다: 1627의 플리머스 프란테이션의 일상 생활』(*Meet the Real Pilgrims: Everyday Life on a Plymouth Plantation in 1627*), 『시크교도들』(*The Seekers*), 『용의 문』(*Dragon's Gate*)과 같은 것들을 참고해 보라고 제안하였다. 이 책들은 그림이 많이 나와 있지는 않지만 그림에서 보이는 것만큼의 느낌을 학생들에게 제공한다. 완성된 작품들 중 몇몇은 전투의 나무작대기 모형이었지만 다른 대부분은 학생들이 이때까지 배운 역사적 사실에 관한 이해를 보여주는 작품들이었다. 예를 들면 아이의 눈에서 본 플리머스의 어른은 거대했고, 숲은 위협적이었으며, 그릇과 접시들은 가끔 비어 있었다. 또 바이킹은 별이 빛나는 광대한 하늘 아래에서 작은 섬 북미를 향한 화살표를 보며 빙산의 사이를 항해했고, 대장이 안에서 따뜻하게 쉬는 동안 눈덮인 산 곁에 있는 바구니 안에 중국인들은 매달려 있었다.

예술이 교실을 달아오르게 한 중요한 특성은 어린이들의 작품이 전시된다는 사실에 있었다. 조심스레 그것들을 설치하고 정렬함으로써 교사는 그들이 작품을 만들어내는 데 들인 노력과 신뢰에 경의를 보낸다. 그들은 글쓰기와 같은 예술은 좋은 관중들이 있을 때, 특히 그 관중들이 교사를 뛰어넘을 때 활발해진다는 것을 발견한다. 보스턴의 한 학교는 어린이들의 예술작품과 글쓰기를 전시하고 매일 아침 학부모들이 어린이들을 학교에 바래다 줄 때 이를 볼 수 있게 하였다. 대평원의 삶에 대한 벽화에 감탄하며 어떤 아빠가 멈추었을 때 그의 딸은 그에게 인디언의 텐트인 티피스의 장식, 더러워진 곰이 큰 덤불이 된 장소 등을 가리키면서 자신이 한 일에 대해서 설명하기 시작하였다. 각 부분들이 자기들이 배운 대평원의 생활과 어떻게 하나하나 맞는지 설명하면서 벽화의 다른 얼굴을 열성적으로 공유했던 그녀의 반 친구가 그녀에게 가세했다. "보세요. 이건 버팔로예요. 티피스는 버팔로 가죽으로 만들어졌어요. 그리고 그들은 뿔과 다른 모든 것들도 이용했죠. 그게 이 티피스에 버팔로 그림이 그려져 있는 이유죠. 그것은 입에 지그재그 모양으로 번쩍하는 것이 있어요. 우리는 그것을 책에서 봤죠. 그 책을 보실래요?" 그러는 동안에 다른 학부모들은 그 버팔로가 얼마나 사실적으로 그려져 있는가에 대해서 감탄을 보내고 있었다. "오" 아이는 웃었다. "우리는 많은 그림들을 봤어요. 버팔로가 완전하게 그려져 있는 그림을 찾기는 매우 힘들었지요. 처음에는 그것이 머리가 큰 말처럼 보였어요. 버팔로는 참 이상하게 생겼

.loc.gov/ 혹은 미국사에 대한 더 많은 가능성을 위해서 http://www. besthistorysites.net/USHistory. shtml로 가세요.

Irwin(1980),
Loeb(1979),
Dillon(1986),
Yep(1994)

문학적 표상은 시각적 표상에 영감을 줄 수 있다.

학생의 미술을 전시하는 것은 참된 방법으로 학생의 문제해결과 위험 취하기를 존중하는 것이다.

죠." 그녀의 친구는 닭은 그리기 쉬운데 그 인디언들이 닭을 가지고 있을 것이라고는 생각 하지 않았다고 설명했다.

학생들의 작품을 전시하면서 교사들은 많은 관객들을 만들어냄과 동시에 학생들에게 미 적인 선택과 역사에 관한 선택에 대해서 더 많이 토론할 수 있는 기회를 주었다. 토론을 통 해서 그들은 더욱 실험적이도록 격려를 받았다. 필요하다면 곰을 덤불로 바꾸는 것과 역사 적인 정확성에 대해서 신경을 쓰고, 실험이 정확히 원하는 대로 되지 않는 것에 대해서 걱 정하지 않게 되었다. 우리의 경험으로 학생들의 예술작품이 전시되고, 또 토론될 때 학생 들은 더욱 더 자신감을 얻으며 더 재미있어 했고, 역사적으로 옳은 작품들을 만들어 낸다. 자네트는 다음과 같이 설명한다.

> 예술은 다른 방법으로 배운 어린이들에게 많은 배움의 다른 기회를 준다. 그것은 또한 어 린이들에게 배운 것을 완전히 하거나 다른 방법으로 배운 것을 돌아볼 수 있는 기회도 준 다. 우리는 다 같은 학습방법을 가지고 있지 않다. 내가 만약 시각적인 것으로 배우고 그것 을 음향적인 것으로 바꿔야 할 때 그것은 내가 알고 있는 것을 더욱 잘 알게 하는 방법이 된다. 나는 또 다른 배움의 기회를 가지고 있다. 당신은 때때로 그것을 여기 교실에서도 볼 수 있다. 한 아이가 다른 어린이들보다 잘 할 때 다른 방법을 이용하면 그것은 그들이 배울 수 있는 것이 된다. 그것은 확실히 가르치는 데 더 재미있다. 나에게 교사로서 더욱 재미를 느끼게 하며, 나는 그것이 학생들에게도 더 재미있다고 생각한다. 예술을 통해서...... 당신 이 배운 것을 자기 것으로 만든다.

평가와 예술

Hiebert & Hutchinson(1991), Marcello(1999)

일찍이 주목하였듯이 대부분의 유명한 교사들은 역사에 있어서 글쓰기 과정과 결과물을 합리적으로 편안하게 평가하고 포토폴리오 자료를 선택하며 학생의 발달을 부모나 보호자 와 공유하는 것을 일상처럼 정착시켜 왔다. 많은 교사들이 역사를 가르치는 데 예술을 이 용함에도 불구하고 그것들이 교육과정에 나타나는 양상을 어떻게 평가할지에 대한 확신이 적다. 그러나 사실 예술에 있어서 많은 평가문제가 교사로 하여금 두려움을 느끼게 하는

글쓰기와 미술에서의 평가는 종종 유사하다.

것은 이미 훌륭하게 다룬 글쓰기와 유사한 점이 있다. 글쓰기와 같이 믿을 수 있는 것과 믿 을 수 없는 것의 설명과 해석 사이에 어떻게 선을 긋는가 하는 것이 이슈이다. 때로는 모두 가 최선의 노력을 함에도 불구하고 학생들은 어리석은 판에 박힌 듯한 것을 재생산하는 예 술작품을 만들고 유지할 수 있는 역사 해석을 무시한다. 그 작업은 매력적이고 흥미롭지만 부족하고 초라한 역사이다. 학생들로 하여금 위험을 무릅쓰고라도 예술품을 이용하라고 격려하고 고무시키면 현실적으로는 딜레마가 될 수 있다. 여러분은 어떻게 나쁜 역사를 고 무함이 없는 예술에 반응하고 좋은 예술을 낙심시키지 않고 역사에 반응하는가? 이것은 교 사가 추상적인 예술에 대해 자신 없는 평가를 할 때 특히 문제가 된다. 이 점에서 이것은 학

Epstein(1994a)

생들로 하여금 알고 있는 것을 말하게 하는 언어적인 표현의 양식보다 더 쉬워 보인다. 그 러나 물론 그것은 정확히 지금 그들이 무엇을 하고 있는 것이다. 학생들의 역사적 사고에 서 놓치고 있는 것이 무엇인가를 여러분이 알도록 해 준다. 엡스탱이 고등학생과 함께 한

작업은 학생들이 역사적인 예술품에 반응하는 데 대해 유용하게 사고하는 방법을 제공해 준다. 그녀는 어떠한 역사적인 해석과 설명도 학생들에게 있어 역사적으로 그럴 듯하고 가능한 일이어야 한다고 주장한다. 다른 말로 하면 그 작업은 역사적으로 타당하고 역사적인 관련성 내에서 진행되어야 한다.

Epstein(1994a, 1994b, 1994c)

역사적으로 타당한 해석은 예술에 기술되어 있는 역사적 관점에서 보아 믿을 수 있는 것이다. 버스 앞 쪽에 앉아 행복하게 로자 공원(Rosa Park)으로 초대하는 버스 운전사의 그림은(풍자로 의도된 것은 아니지만) 몽고메리 버스를 보이콧하는 주위 상황을 말하는 사건은 아닐 것이다. 그런 해석은 미적으로 호감이 갈지라도 역사적인 타당성은 없다.

다른 역사 장르와 같이 역사적 예술은 역사적 증거의 사용에 관해서 평가될 수 있다.

역사적으로 관련된 설명은 사건이 일어난 장소 내에서 역사적인 배경과 맥락을 더 넓혀 나갈 때 이해되는 것이다. 달리 말하면 역사의 해석은 주어진 시간과 연구되어온 문화에 대해 그럴 듯한 것이다. 자네트의 학생들이 모차르트의 음악을 듣기 위해 헌법 제정회의에 대표를 파견한 것을 몰랐더라도 그들이 그렇게 했을 것이라고 그럴 듯하게 여긴다. 똑같은 방식으로 5학년의 1800년대의 카우보이에 대해 방송되는 축구경기를 즐기면서 하는 묘사는 역사적이지 못하다. 그것은 이러한 활동이 일어나기가 불가능하기 때문이다.

역사적 예술은 보다 넓은 역사적 맥락에 대한 그것의 관련성에 관해서 평가될 수 있다.

자네트는 이 문제를 두 가지 방법으로 다룬다. 첫째는 토론이나 제안에 같은 동료로서 참여하는 많은 활동들에 관여하게 하는 것이다. 그녀의 학생들이 역사적인 정당성에 대해 소란한 실수를 일으키는 경우는 거의 없지만 가끔 역사적인 관련성이나 범위에 대해서 어려움을 겪는다. 그들은 독특한 사건을 갖게 되지만 특정한 시간과 공간이 기술되어 나타나지 않는 물질문화의 일반적인 항목처럼 시대착오적인 것이 있다. 학생들에게 자신들의 작업을 설명하게 하고 제안에 응답하도록 요구함으로써 자네트는 학생들이 자기 수정이나 추상적인 예술을 역사적 맥락에 놓는 기회를 제공한다. 학생들은 또한 자신들의 작업에 견주어 평가서를 받는다. 이 평가는 자네트와 학생들이 공동으로 개발된 점수 주기 루브릭(scoring rubric)에 바탕을 둔다. 루브릭은 예술적인 측면과 역사적인 측면의 수행정도를 나타낸다. 예를 들면 예상되는 하나는 예술은 단순히 설명되는 것이 아니라 기록된 정보에 의해 확대되어야만 한다. 그래서 대학선거에 대해 설명을 하는 포스터는 똑바른 텍스트를 갖지만 삽화는 정치적인 시사만화를 통해 논평하고 텍스트를 확장시킨다. 또 다른 예를 보면 춤 공연은 헌법으로부터 감정의 무게를 독서에 두게 한다.

시대착오적인 것들은 그들 고유의 역사적 시간으로부터 나온 아이디어, 사건 혹은 상황들이다.

그들 자신의 작품을 설명하는 데 있어서 학생들은 그 작품을 역사적 관점에 두거나 혹은 시대착오적인 것을 수정할 수 있는 기회를 가졌다.

동료 평가 후 자네트는 내용뿐만 아니라 발표의 형태에 대해 피드백을 제공한다. 한편으로 그녀는 학생들의 창조적인 상상에 대해 칭찬을 할 것이고, 다른 한편으로는 그들의 역사적인 해석을 다시 점검해 보라고 말할 것이다. 그녀의 학생들은 특성을 이해하는 것 같고 그녀의 비평이 그들의 작업 부분을 포함하기를 기대한다. 결국 이것은 학생들이 역사적 예술의 다른 형태를 분석할 때 하도록 요구받는 것과 같은 특성이다. 이런 의미에서 자네트는 학생들이 그들 자신의 예술작업에 똑같은 존경과 밀접한 독서를 준다는 사실을 주장한다.

Kornhaber & Gardner(1993)

평가는 수행의 역사적 측면과 심미적 측면 둘 다를 말한다.

예술표현의 매개체일 때조차도 때로는 심미적인 가치가 평가되는 것이 중요하지 않을 수도 있다. 특히 어린 아동들이 여러 측면에서 예술을 통해 무엇을 알게 된 것을 말할 수는

학생작품은 다른 예술가들에게 주어진 것과 동일한 존경심을 가지고 면밀하게 읽을 가치가 있다.

Dyson(1987)

있어도 여전히 언어적으로 말하지는 못한다. 그래서 그들이 다른 방법으로 다루는 것보다 학생들에게 그들을 자유롭게 한다고 말하는 예술을 이용하는 기회를 준다. 특히 어린 학생들에게 스케치 투 스트레치(Sketch-to-Stretch)활동[7]은 그들의 아이디어에 대한 역사적인 건전성을 사고하도록 도움을 주는 데 유용하다는 사실을 몇몇 교사들은 발견한다. 스케치 투 스트레치 활동은 적어도 같은 개념·사건·시대에 대해 두 가지의 다른 이미지를 창조하는 것을 수반한다. 그들 학습의 처음에서 어린이들은 역사적인 측면과 관련이 있는 것을 그리도록 요구받는다. 어떤 교실에서 초등학생들이 옛날의 아프리카와 관련이 있는 것과 현재의 아프리카와 관련이 있는 것들을 그렸다. 처음의 그림은 디즈니 만화영화 『라이언 킹』의 요소인 정글 장면, 초가로 된 오두막, 가면 등을 결합하였다. 하나 또는 두 개의 그림은 전쟁이나 기아의 모습을 포함했다. 그러나 가장 큰 부분은 과거와 현재의 차이가 없는 것이다. 학생들이 아프리카의 서로 다른 세 나라의 문화와 역사를 공부함에 따라 첫 번째 그림에서 배운 것들과 비교한다. 때로는 특정한 시대와 장소에 꼭 맞는 요소들을 발견한다. 그들이 배운 많은 나라들이 기존에 갖고 있는 낡은 개념들과 상당히 다른 차이가 있다는 것을 더 자주 발견한다.

Stanley & Vennema(1988), Stock(1993), Wesniewski(1992), Sokoni(1991)

단원이 진행됨에 따라 어린이들은 각 나라의 과거와 현재에 대한 새로운 그림을 그렸다. 이 새로운 그림들은 각 나라에 대한 아동문학(『샤카: 쥬루족의 왕』(*Shaka: King of the Zulus*), 『문연이 너는 지금 어디 가니?』(*Where Are You Going? Munyoni*), 『순디아타』(*Sundiata*), 그리고 『므체시 시장에 가다』(*Mchesi Goes to Market*)), 슬라이드, 사진 등으로부터 끌어온 이미지들을 혼합한 것이다. 어린이들이 새로운 그림을 그려감에 따라 아프리카에 대한 자신들의 견해가 변화하고 있다는 것은 분명해진다. 몇몇 옛날 그림들은 샤카와 순디아타에 관한 역사적인 모습을 묘사한 데 반하여 그들의 새로운 그림은 도시와 농촌 공동체의 차이와 대조에 집중하고 있다. 어린이들의 어떤 그림에는 특별한 것들을 포함하고 다른 그림에는 뺀 이유를 설명하는 토론이 계속된다. 거기에는 여전히 오해가 존재한다.

스케치 투 스트레치 그림은 교사들이 학생들의 오개념이 지속하는 곳을 볼 수 있도록 한다.

한 아이가 교실을 방문했던 차드 출신의 젊은 남자를 현재의 그림에 그렸다. 그림에서 그 젊은 남자와 누이는 코끼리를 타고 학교로 왔다. 그가 그린 그림을 공유하며 "나는 그가 우리 학교를 다시 방문하길 바란다. 그러나 다음에는 그와 그의 누이가 코끼리를 타고 왔으면 좋겠어요."라고 어린이가 설명하였다.

결 론

Johnston(1987), Newmann 등 (1995)

지금까지 알아왔던 것처럼 구성적인 평가는 교수·학습모델의 교정으로부터 학생들이 연습하고 세련되게 개정하며 실제적이고 지적인 문제를 풀어가는 동안 독특한 "목소리"와 양식으로 의사소통하는 탐구 공동체의 건설로 초점을 이동하고 있다. 그러한 접근은 어른이 작업할 때 기계를 작동하는 방법과 가깝고 교사와 학생이 이 책을 통해 작업하는 방법

---

7) 생각을 드러내기 위한 그림그리기를 의미한다. 예를 들면 남북전쟁에 대해서 학습한 후 그 내용에 대한 생각을 가지고 시각적으로 드러내는 활동이고, 수업에서는 전략이라고 한다.(역자 주)

과는 분명히 더 조화롭다.

최상의 평가연습은 참된 관중들을 가져야 한다는 점을 강조해 왔고, 교실에서 이루어진 학생들의 많은 작업이 교사를 넘어 관중들로 향하고 있다. 또한 우리들은 최상의 의미있는 평가의 몇몇은 학생들이 스스로 예술을 창작하고 글쓰기를 할 때 발생한다는 것을 지적해야만 한다. 이 책을 통해 논의된 많은 기술들의 이로움은 학생들로 하여금 자신들이 배운 것을 그들 스스로에게 보여줄 기회를 주는 것이다. 과나 단원을 배우는 동안 학생들은 엄청난 양의 정보를 선택하려고 할지도 모르나, 그것은 종종 무언가 막연하거나 조직화되지 않은 형태로 남아 있다. 구성적인 평가는 학생들이 주제·양식·구조를 조직화하는 것을 확인하기 위해 자신들이 배운 것을 반성해 보는 기회를 제공한다. 즉 "어이, 나는 여기서 무엇이 진행되는지를 안다. 그리고 내가 그것을 어떻게 아는가가 여기에 있다"고 하는 것은 그들이 말하는 한 방법이 된다.

어린이와 청소년의 문학

Dillon, E. *The Seeker*. Scribner's, 1986.

Fritz, J. Shh! *We'er Writing the Constitution*. Putnam, 1987.

Irwin, C. *Strange Footprints on the Land: Vikings in America*. Harper, 1980.

Lawrence, J. *The Great Migration: An American Story*. The Museum of Modern Art, The Phillips Collection and HarperCollins, 1992.

Littlechild, G. *This Land Is My Land*. Children's Book Press, 1993.

Loeb, Robert H. *Meet the Pilgrims: Everyday life on a Plymouth plantation in 1627*. Clarion, 1979.

Wilder, L. I. *Little House on the Prairie*. Harper & Row, 1953.

Winter, J. *Follow the Drinking Gourd*. Knopf, 1988.

Yep, L. *Dragon's Gate*. HarperCollins, 1993.

Zhensun, Z., & Low, A. *The Life and Paintings of Wang Yani-China's Extraordinary Young Artist*. Scholastic, 1991.

Other Literatue on the Historical Arts

Arenas, J. *The Key to Renaissance Art*. Lerner, 1990.

Braun, B. A. *Weekend With Diego Rivera*. Rizzoli, 1994.

Chaucer, G. *Canterbury Tales*. (Selected and adapted by Barbara Cohen and illustrated by Trina Shart Hyman.) Lothrop, 1988.

Chrisp, P. *Welcome to the Globe: The Story of Sharkespeare's Theater*. DK Publishing, 2000.

Davidson, R. *Take a Look: An Introduction to the Experience of Art*. Viking, 2000.

Duggleby, J. *Story Painter: The Life of Jacob Lawrence*. Chronicle, 1998.

Everett, G. *Li'l Sis and Uncle Willie: a Story Based on the Life and Paintings of William H*. Johnson. Rizzoli, 1992.

Finley, C. *Art of Japan: Wood-Black Color Prints*. Lerner, 1998.

Finley, C. *Art of the Far North: Inuit Sculpture, Drawing, and Printmaking*. Lerner, 1998.

Fisher, L. E. *Gutenberg*. Macmillan, 1930.

Freedman, R. *An Indian Winter*. Holiday House, 1992.

Garfunkel, T. *On Wings of Joy: The Story of Ballet from the Siteenth Century to Today*. Little, 1994.

Gaughenbaugh, M., & Camburn H. *Old House, New House:A Child's Exploration of American Architectural Styles*. Preservation, 1994.

Glenn, P. B. *Under Every Roof: A Kids' Style and Field Guide to the Architecture of American Houses*. Preservation, 1993.

Herbert, J. *Leonardo Da Vinci for Kids: His Life and Ideas: 21 Activities*. Chicago Review, 1998.

Highwater, J. *Many Smokes, Many Moons: A Chronology of American Indian History Through Indian Art*. Lippincott, 1978.

Hunt, P. *Illuminations*. Bradbury, 1989.

Isaacson, P. M. *A Short Walk Around the Pyramids and Through the World of Art*. Knopf, 1993.

Lattimore, D. N. *The Sailor Who Captured the Sea: The Story of the Book of Kells*. HarperCollins, 1991.

Lazo, C. *Alice Walker: Freedom Writer*. Lerner, 2000.

Macaulay, D. *Castle*. Houghton Mifflin, 1977.

Monceaux, M. *Jazz: My Music, My People*. Knopf, 1994.

Moore, R. *Native Artists of Africa*. Muir, 1994.

Morley, J. *Shakespeare's Theater*. Bedrick, 1994.

Nickens, B. *Walking the Log: Memories of a Southern Childhood*. Rizzoli, 1994.

Niemark, A. E. *Diego Rivera: Artist of the People*. HarperCollins, 1994.

Normandin, C. (Ed.). *Spirit of the Cedar People: More Stories and Paintings of Chief Lelooska*. DK, 1998.

Orozco, J. (Selector/Arranger). *De Colores: And Other Latin American Folk Songs for Children*. Dutton, 1994.

Ross, S. *Shakespeare and Macbeth: The Story Behind the Play*. Viking, 1994.

Silverman, J. *Songs and Stories from the American Revolution*. Millbrook, 1994. (See also The Blues, Work Songs, African Roots, Slave Songs.)

Sullivan, G. *Mathew Brady: His Life and Photographs*. Cobblehill, 1994.

Turner, R. M. *Dorothea Lange*. Little, 1994.

Willard, N. *Pish, Posh, Said Hieronymous Bosch*. Harcourt Brace Jovanovich, 1991.

Wilson, E. B. *Bibles and Bestiaries: A Guide to Illuminated Manuscripts*. Farrar, 1994.

Winter, J. *Frida*. Arthur A. Levine, 2002.

Woolf, F. *Pictures This: An Introduction to Twentieth Century Art*. Doubleday, 1993.

Yeck, J. L., & McGreevey, T. *Movie Westerns*. Lerner, 1994.

Books on African Nations

Ahiagble, G., & Meyer, L. *Master Weaver from Ghana*. Open Hand, 1998.

Barghusen, J. D. *Daily Life in Ancient and Modern Cairo*. Runestone, 2001.

Bess, C. *Story for a Black Night*. Mifflin, 1982.

Cheney, P. *The Land and People of Zimbabwe*. HarperCollins, 1990. (Additional volumes in this series deal with Kenya and South Africa.)

Cowen-Fletcher, J. *It Takes a Village*. Scholastic, 1994.

Gordon, S. *The Middle of Somewhere: A Story of South Africa*. Orchard, 1990.

Grifalconi, A. *The Village of Round and Square Houses*. Little, Brown, 1986.

Haskins, J. *Count Your Way Throuh Africa*. Carolrhoda, 1989.

Haskins, J., & Benson, K. *African Beginnings*. Lothrop, 1998.

Isadora, R. *At the Crossroad*. Greenwillow, 1991.

Jacobsen, K. *Zimbabwe*. New True Books. Houghton Children's Press, 1990.

Kanjoyah, J. N., & Mulima, S. *Our Location (Pupil Book for Standard 2)*. Longmans Kenya, 1989.

Knight, M. B., & Melnicove, M. *Africa is Not a Country*. Millbrook, 2000.

Kristensen, P., & Cameron, F. *We Live in South Africa*. Franklin Watts, 1985.

Levitin, S. *Dream Freedom*. Silver Whistle, 2000.

Levitan, S. *The Return*. Fawcett/Ballentine, 1987.

Lewin, T. *The Storytellers*. Lothrop, 1998.

Lundgren, G. *Malcolm's Villge*. Annick, 1983.

Margolies, B. *Rehema's Journey: A Visit to Tanzania*. Scholastic, 1990.

McKee, T. *No More Strangers Now: Young Voices from a New South Africa*. DK Ink, 1998.

Negash, A. *Haile Selassie*. Chelea House, 1990.

Schrier, J. *On the Wing of Eagles: An Ethiopian Boy's Story*. Millbrook, 1998.

Sokoni, M. A. *Mchesi Goes to Market*. Nairobi, Kenya: Jacaranda Designs. LTD, 1991.

Stanley, D., & Vennema, P. *Shaka; King of the Zulus*. Morrow, 1998.

Stark, A. *Zimbabwe: A Treasure of Africa*. Dillon, 1986.

Steptoe, J. *Mufaros Beautiful Daughters*. Lothrop, Lee & Shepard, 1985.

Stock, C. *Where Are You Going, Manyoni?* Morrow, 1993.

Tadjo, V. *Lord of the Dance: An African Retelling*. HarperCollins, 1988.

Williams, K. L. *Galimoto*. Lothrop, Lee & Shepard, 1990.

Wesneiwski, D. *Sundiata*. Clarion, 1992.

Web Sites for Historical Sources

Smithsonian Institution at Http://www.si.edu/History_and_culture/

National Archives at http://www.archives.gov/Exhibit_ hall/index.html

Library of Congress, American Memory at http://www.memory.loc.gov/

Best History Sites at http://www.besthistorysites.net/USHistory.shtml

결언

인간이 된다는 것은 생각하고 느끼는 것이다. 그것은 과거에 대한 반성과 미래에 대한 비전을 의미한다. 우리는 경험하고 그 경험에서 소리를 낸다. 다른 사람들은 그것에 대하여 반성하고, 그리는 새로운 폼을 그것에 준다. 그 새로운 폼은 그 차례에서 다음 세대가 그들의 삶을 경험하는 방식에 영향을 주고, 그리고 방식을 형성한다. 그것은 왜 역사가 문제되는가이다.

세다 러너(1997, p.211)

러너가 제시하는 바와 같이 역사는 항상 현재로부터 나온다. 즉 역사는 개인이 시간에 있어서 주어진 모멘트에서 반성하는 방식과 과거에 어떤 모양을 주는 방식에서 나온다. 역사를 교수·학습하는 것은 우리가 우리 자신들을 이해하는 미래에 대한 상상에 관한 것이며, 그것이 이 책의 포인트다. 우리들과 함께 작업하는 특권을 가진 교사들은 이 과제를 진지하게 다루었다. 여기서 서술된 초·중학교 교실에 있어서 역사는 전반적으로 영향을 미치는 참고의 프레임을 가진 트릭이나 속임수를 끄집어내는 선물 보따리가 아니고, 다만 역사는 과거에 대한 성찰과 미래에 대해 상상하는 기회이다.

　때때로 사람들은 역사의 전통적인 접근에 대한 대안을 야만족에게 대문을 열어주는 것으로 규정짓고 있다. 그들은 복수의 정답이 있는 곳에는 오답이 없다는 것을 두려워 한다. 그리고 역사는 완전한 픽션이 되거나 아니면 단순히 집단 동의에 의해 도달한 근거 없는 여론의 연대기적 정리가 된다는 것을 두려워 한다. 그리고 역사는 근거 없는 인과관계를 지탱하기 위해 사용되었다. 우리는 역사적으로 사고하는 것은 근본적으로 판단에 관한 것이라고 주장하면서 반대의 관점을 취하고 있다. 즉 보증되거나 혹은 근거 있는 해석이나 평가를 내리는 것에 대한 것이다. 그래서 역사는 여론이 아니다. 역사는 증거에 기초한 해석이다. 따라서 이 책을 통해서 강조하는 것은 학생들이 과거에 대한 정보를 어떻게 수집하고 분석하는가를 배우도록 돕는 데 있다.

　나아가서 역사적 사고와 역사지식의 구성은 항상 사회적 맥락 안에서 일어나는 역동적

Wertsch (1998),
Seixas (1999)

인 과정이다. 우리는 과거에 대해 개인적으로 의식을 하게 할 수 있다. 그러나 우리는 항상 우리 마음대로 문화적 도구에 의해서 치유되는 방식으로 그렇게 한다. 목적에 의해서 이들 도구는 사용된다. 그리고 다양한 환경에 의해서 우리들의 의식화는 일어난다. 우리 마음대로 처리하는 가운데 이 책에서 교사들이 규칙적으로 사용하는 것은 역사 탐구 공동체의 개발이다. 탐구의 공동체 안에서 개인들은 공동으로 문제나 질문을 추구하고 정보의 소스를 나누며, 그 정보를 평가하기 위한 표준을 나누고 해석을 세우거나 비판하며, 또한 그들의 발견에 대하여 성찰한다. 학생들의 역사 이해는 이 공동체에 의해 발전하고 형성된다. 그리고 그들의 이해는 보다 많은 강의 혹은 교과서에 기초한 역사수업에서 일어나는 역사이해와는 다른 것이다. 정확히 말해서 그들은 학생들이 자신들의 이해를 작동하게 하는 데 책임이 있는 맥락 가운데 발전했기 때문이다. 즉 그들은 흥미를 느낀 타인에게 자신들의 사고를 설명하는 데 책임이 있다. 왜냐하면 그들의 동료에게는 흥미있는 타인이 되도록 노력하기 위해서이며, 그리고 새로운 증거와 대안 관점에 관해서 열린 마음을 유지하기 위해서이다.

이러한 종류의 활동, 즉 개인의 행동을 취할 능력을 신뢰하는 활동은 이 책을 통해서 우리들의 접근에 대단히 중요하다. 역사에 있어서 활동은 물론 학생들이 배우기를 원하는 몇 가지다. 그러나 그들은 또한 그들 자신의 학습에 있어서 수단이 되고, 그들의 생활에서 수단이 된다. 학생들은 자신들이 배운 것을 가지고 무엇인가를 하도록 준비를 해야 한다. 우리들이 이 책을 통해서 주장한 바와 같이 이것은 단순히 스토리로서의 역사를 말하는 것을 지닌 문제이다. 즉 그것은 학생들이 스토리를 넘어 활동으로 옮기도록 준비되지 않은 채로 놔두는 것이다. 게다가 러너 교사가 제시하는 바와 같이 "과거와의 의미 있는 관계는 무엇보다 활동적인 참여를 요구한다. 그것은 상상과 감정이입을 요구한다." 그래서 과거에 대해서 아는 것만으로는 결코 충분치 못하다. 즉 우리는 과거에 대해서 주의를 기울여야 한다. 그리고 좋은 미래를 만들기 위해, 우리가 발견한 것을 사용하기 위해 충분히 주의를 기울여야 한다.

Lerner (1997, p. 201)

우리는 이 책에서 서술된 방식으로 역사를 하는 학생들은 역사에 대해서 주의를 기울일 준비가 더 잘 된다고 믿는다. 그리고 우리는 학생들이 자신들의 생활에서 역사를 의미 있게 사용할 준비가 더 잘 되어 있다고 믿는다. 이러한 종류의 교수·학습에 대해 공부를 기꺼이 하려는 마음은 역사 활동으로서 그들의 학생들(그리고 그들 자신들)의 공유된 비전에서 자란다. 즉 현재에서 보다 현명하게 행동하기 위해서 과거를 반추하는 것, 미래를 위해서 보다 현명한 선택을 하기 위해, 그리고 인간적이고 인정미가 있다는 것을 의미하는 그들의 비전을 확대하는 활동 등에서 자란다.

마지막으로 물론 우리는 단지 이 책에서 서술된 교사들과 학생들의 다양한 집단의 생활과 작업에서 계기를 포착할 뿐이다. 우리와 마찬가지로 그들에게 역사는 흥미 있고 항상 변화하는 조사와 반성 과정이다. 이들 교실은 다음 해, 또 그 다음 해와는 전혀 다른 모습이 될 것이다. 그들이 읽고 여행하며, 그리고 세미나·워크숍, 또한 컨퍼런스에 참가할 때 그들의 학생들과의 역사 조사에 대한 자신들의 접근은 변화하고, 그리고 자신들의 역사 이해도 깊어간다. 예컨대 리엔 교사는 다음 10월에는 콜럼버스에 초점을 맞추지 않을 수도 있으며, 월트 키트 교사는 남아프리카 국가들의 상황이 변하면 그 나라에 대해 공부하는 접근법도 분명히 바꿀 것이다. 이 책의 여러 교사들은 자신들이 새로운 장소로 옮기거나 새로운 과제를 수행할 때는 역시 새로운 도전에 직면한다. 데헤아 스미스 교사는 지금 플로리다에서 근무하고 있고 자네트 그로스 교사는 가나로 옮겨 거기에서 역사와 시민 의식 교육 사이의 관계를 가르치면서 조사를 하고 있다. 이 모든 것은 가르치는 것을 흥미롭게 만든다. 즉 우리는 우리가 한번 알았다고 그것에 영원히 얽매이지 않는다. 오히려 우리 자신 경험의 깊이와 폭, 그리고 그러한 경험에 대한 반성이 자라면 또한 수업능력도 자란다.

참고문헌

Adler, D. A. (1987). *The number on my grandfather's arm*. New York: Union of American Hebrew Congregations.

Adoff, A. (1970). *Malcolm X*. New York: Harper & Row.

Albert, M. (1995). *Impact of an arts-integrated social studies curriculum on eighth graders' thinking capacities*. Unpublished doctoral dissertation, University of Kentucky, Lexington.

Aliki, M. (1983). *Medieval wedding*. New York: HarperCollins.

Alleman, J., & Brophy, J. (1998). Assessment in a social constructivist classroom. *Social Education, 62,* 32-34.

Alleman, J., & Brophy, J. (1999). Current trends and practices in social studies assessment for the early grades. *Social Studies and the Young Learner,* 11(4), 15-17.

Allen, J. (Ed.). (1998). *Class actions: Teaching for social justice in elementary and middle schools*. New York: Teachers College Press.

Alvermann, D. (1991). The discussion web: A graphic aid for learning across the curriculum. *The Reading Teacher,* 45, 92-99.

American Memory. http://www.memory.loc.gov/.

Anderson, L. (1990). A rationale for global education. In K. Tye (Ed.), *Global education: From thought to action* (pp. 13-34). Alexandria, VA: Association for Supervision and Curriculum Development.

Angell, A. V. (2004). Making peace in elementary classrooms: A case for class meetings. *Theory and Research in Social Education, 32,* 98-104.

Appleby, J., Hunt, L., & Jacob, M. (1994). *Telling the truth about history*. New York: Norton.

Arnheim, R. (1981). *Visual thinking*. Berkeley: University of California Press.

Asbhy, R., & Lee, P. J. (1998, April). *Information, opinion, and beyond*. Paper presented at the annual meeting of the American Educational Research Association, San Diego.

Ashby, R., Lee, P., & Dickinson, A. (1997). *How children explain the "why" of history: The Chata research project on teaching history*. Social Education, 61, 17-21.

Atwell, N. (1987). *In the middle: Writing, reading, and learning with adolescents*. Upper Montclair, NJ: Boynton/Cook.

Avery, P. (2002). Political socialization, tolerance, and sexual identity. *Theory and Research in Social Education,* 30, 190-197.

Avery, P., Bird, K., Johnstone, S., sullivan, J. L., & Thalhammer, K. (1992). Exploring political tolerance with adolescents. *Theory and Research in Social Education,* 20, 386-420.

Avi. (1984). *The fighting ground.* New York: J. B. Lippincott.

Axtell, J. (1992). *Beyond 1492: Encounters in colonial North America.* New York: Oxford.

Baggett, P. (1989). Understanding verbal and visual messages. In H. Mandle & J. Levin (Eds.), *Knowledge acquisition from text and pictures* (pp. 101-124). Amsterdam, NY: Elsevier.

Bakhtin, M. M. (1986). Speech genres and other late essays (V. W. McGee, Trans.). Austin: University of Texas Press.

Baldwin, J. (1988). A talk to teachers. In R. Simonson & S. Walker (Eds.), *Multi-cultural literacy* (pp. 3-12). Saint Paul, MN: Graywolf.

Balson, M. (Producer), & Sayles, J. (Writer/Director). (1987). *Matewan* [Motion Picture]. United States: Cinecom International Films.

Bamford, R. A., & Kristo, J. V. (1998). *Making facts come alive: Choosing quality nonfiction literature K-8.* Norwood, MA: Christopher-Gordon.

Barber, B. J. (1984). *Strong democracy: Participatory politics for a new age.* Berkeley, CA: University of California Press.

Barber, B. J. (1992). *An aristocracy of everyone: The politics of education and the future of America.* New York: Ballantine.

Bardige, B. (1988). Things so finely human: Moral sensibilities at risk in adolescence. In C. Gilligan, J. V. Ward, & J. M. Taylor (Eds.), *Mapping the moral domain: A contribution of women's thinking to psychological theory and education* (pp. 87-110). Cambridge, MA: Harvard University Press.

Barton, K. C. (1994). *Historical understanding among elementary children.* Unpublished doctoral dissertation, University of Kentucky, Lexington.

Barton, K. C. (1995, April). *"My mom taught me": The situated nature of historical understanding.* Paper presented at the annual meeting of the American Educational Research Association, San Francisco.

Barton, K. C. (1996a). Narrative simplifications in elementary children's historical understanding. In J. Brophy (Ed.), *Advances in Research on Teaching: Val. 6. Teaching and Learning History* (pp. 51-83). Greenwich, CT: JAI Press.

Barton, K. C. (1996b). Using magic words to Teach social studies. *Social Studies and the Young Learner,* 9(2), 5-8.

Barton, K. C. (1997a). "Bossed around by the Queen": Elementary students' understanding of individuals and institutions in history. *Journal of Curriculum and Supervision,* 12, 290-314

Barton, K. C. (1997b). "I just kinda know": Elementary students' ideas about historical evidence. *Theory and Research in Social Education,* 25, 407-430.

Barton, K. C. (2001a). A sociocultural perspective on children's understanding of historical change: Comparative findings from Northern Ireland and the United States. *American Educational Research Journal,* 38, 881-913.

Barton, K. C. (2001b). "You'd be wanting to know about the past": Social contexts of children's historical understanding in Northern Ireland and the United States. *Comparative Education,* 37, 89-106.

Barton, K. C. (2002). "Oh, that's a tricky piece!": Children, mediated action, and the tools of historical time. *Elementary School Journal,* 103, 161-185.

Barton, K. C., & Levstik, L. S. (1996). "Back when God was around and everything" : The development of elementary children's understanding of historical time. *American Educational Research Journal,* 33, 419-454.

Barton, K. C., & Levstik, L. S. (1998). "It wasn't a good part of history" : National identity and students' explanations of historical significance. *Teachers College Record,* 99, 478-513.

Barton, K. C., & Levstik, L. S. (2003). Why don't more teachers engage students in interpretation? *Social Education,* 67, 358-361.

Barton, K. C., & Levstik, L. S. (2004). *Teaching history for the common good.* Mahwah, NJ: Lawrence Erlbaum Associates.

Barton, K. C., & McCully, A. (2005). History, identity and the school curriculum in Northern Irelenad: An empirical study of secondary students' ideas and perspectives. *Journal of Curriculum Studies,* 37, 85-116.

Barton, K. C., & Smith, L. A. (1994, November). *Historical fiction in the middle grades.* Paper presented to the Annual meeting of the College and University Faculty Assembly, National Council for the Social Studies, Phoenix.

Beck, I. L., & McKeown, M. G. (1991). Social studies texts are hard to understand: Mediating some of the difficulties. *Language Arts,* 68, 482-490.

Bennett, C., & Spalding, E. (1992). Teaching the social studies: Multiple approaches for multiple perspectives. *Theory and Research in Social Education,* 20, 263-292.

Bennett, P. S. (1967). *What happened on Lexington Green: An inquiry into the nature and methods of history. Teacher and student manuals.* Washington, DC: Office of Education, Bureau of Research. (Eric Document Reproduction Service No. ED 032 333)

Bestor, A. (1953). Anti-intellectualism in the schools. *New Republic,* 128, 11-13.

Berkin, C. (2003). *A brilliant solution: Inventing the American Constitution.* Orlando, FL: Harcourt.

Bickmore, K. (1993). Learning inclusion/inclusion in learning: Citizenship education for a pluralistic society. *Theory and Research in Social Education,* 21, 341-384.

Bickmore, K. (1999). Elementary curriculum about conflict resolution: Can children handle global politics? *Theory and Research in Social Education,* 27, 45-69.

Bickmore, K. (2004). Discipline for democracy? School districts' management of conflict and social exclusion. *Theory and Research in Social Education,* 32, 75-95.

Blos, J. (1993). Perspectives on historical fiction. In M. O. Tunnell & R. Ammon (Eds.), *The story of ourselves: Teaching history through children's literature* (pp. 11-18). Portsmouth, NH: Heinemann.

Blumberg, R. (1993). *Bloomers!* New York: Bradbury.

Blythe, J. (1988). *History 5-9.* London: Hoddger & Stoughton.

Blythe, J. (1989). *History in primary schools: A practical approach for teachers of 5- to 11-year-old children.* Philadelphia: Open University Press.

Boatner, M. M. (1969). *The Civil War dictionary.* New York: David Mckay.

Boner, P. (1995). New nation, new history: The history workshop in South Africa, 1977-1994. *Journal of American History,* 81, 977-985.

Boyd, D. (1989). *Film and the interpretive process: A study of Blow-up, Rashomon on, Citizen Kane 8 1/2, Vertigo and Persona.* New York: Peter Lang.

Bradley Commission on History in Schools. (1989). Building a history curriculum: Guidelines for teaching. In P. Gagnon & The Bradley Commission on History in the

Schools(Eds.), *Historical literacy: The case for history in American education* (pp. 16-47). New York: Macmillan.

Brandt, R. (1988a). On assessment in the arts: A conversation with Howard Gardner. *Educational Leadership,* 45(4), 30-34.

Brandt, R. (1988b). On discipline-based art education: A conversation with Elliot Eisner. *Educational Leadership,* 45(4), 6-9

Brenner, B. (1994). *If you were there in 1776.* New York: Macmillan.

Bresnick-Perry, R. (1992). *Letters from Rifka.* New York: Henry Holt.

Britton, J. (1987). *Writing and reading in the classroom* (Tech. Rep. No. 8). Washington, DC: Office of Educational Research and Improvement (ERIC Document Reproduction Service No. ED 287 169).

Brooks, J. G., & Brooks, M. G. (1993). *In search of understanding: The case for constructivist classrooms,* Alexandria, VA: Association for Supervision and Curriculum Development.

Brophy, J. (1990). Teaching social studies for understanding and higher-order application. *The Elementary School Journal,* 90, 351-417.

Brophy, J., & VanSledright, B. (1997). *Teaching and learning history in elementary schools.* New York: Teachers College Press.

Brophy, J., VanSledright, B. A., & Bredin, N. (1992). Fifth graders' ideas about history expressed before and after their introduction to the subject. *Theory and Research in Social Education,* 20, 440-489.

Brophy, J., VanSledright, B., & Bredin, N. (1993). What do entering fifth graders know about U.S. history? *Journal of Social Studies Research,* 16/17, 2-19.

Brown, D. (1975). Wounded Knee: An Indian history of the American West. (Adapted for young readers by Amy Ehrlich from Dee Brown's *Bury my heart at Wounded Knee.*) New York: Dell.

Brown, J. S., Collins, A., & Duguid, P. (1989). Situated cognition and the culture of learning. *Educational Researcher,* 18(1), 32-42

Bruer, J. (1993). Schools for thought: A science of learning in the classroom. Cambridge, MA: MIT Press.

Bruner, J. (1986). *Actual minds, possible worlds.* Cambridge, MA: Harvard University Press.

Buah, F. K. (1998). *A history of Ghana: Revised and updated.* London: McMillan.

Buck, P. (2001). *Worked to the bone.* New York: Monthly Review Press.

Built Environment Educational Consortium. (1990). *Assessment tasks submitted to the Kentucky Council on School Performance Standards.* Unpublished report.

Burks, B. (1998). *Walks alone.* New York: Harcourt Brace.

Burton, R. J. (1991). *Inventing the flat earth: Columbus and modern historians.* New York: Praeger.

Caine, R. N., & Caine, G. (1994). *Making connections: Teaching and the human brain.* New York: Addison-Wesley.

California State Board of Education. (1988). *History-social science framework for California public schools, kindergarten through grade twelve.* Sacramento: Author.

Carey, S. (1985). *Conceptual change in childhood.* Cambridge, MA: MIT Press.

Carlisle, M. (1995). Talking history. *Magazine of History,* 9(2), 57-59.

Carretero. M., Jacott, L., Limon, M., Manjon, A. L., & Leon, J. A. (1994). Historical knowledge: Cognitive and instructional implications. In M. Carretero & J. F. Voss (Eds.),

Cognitive and instructional processes in history and social sciences (pp. 357-376). Hillsdale, NJ: Lawrence Erlbaum Associates.

Carter, A. R. (1992). *The American Revolution*. New York: Franklin Watts.

Casanova. U. (1995). An exchange of views on "The great speckled bird." *Educational Researcher, 24(6)*, 22.

Cazden, C. B. (1988). *Classroom discourse: The language of teaching and learning*. Portsmouth, NH: Heinemann.

Cheney, L. V. (1987). *American memory: A report on the humanities in the nation's public schools*. Washington, DC; National Endowment for the Humanities.

Chi, M. T. H. (1976). Short-term memory limitations in children: Capacity or processing deficits? *Memory and Cognition*, 4, 559-572.

Chi, M. T. H., Feltovich, P., & Glaser, R. (1981). Categorization and representation of physics problems by experts and novices. *Cognitive Science*, 5, 121-152.

Chua, A. (2003). *World on fire: How exporting free market democracy breeds ethnic hatred and global instability*. New York: Doubleday.

Children of Yugoslavia Staff. (1994). *I dream of peace ....* New York: HarperCollins.

Clarke, A. C. (1974). The drummer boy of Shiloh. In D. Roselle (Ed.), *Transformations: II. Understanding American history through science fiction* (pp. 13-23). New York: Fawcett.

Coerr, E. (1994). *Sadako*. New York: Putnam.

Cohen, D. W. (1994). *The combing of history*. Chicago: University of Chicago Press.

Cohen, E. G. (1986). *Designing groupwork: Strategies for the heterogeneous classroom*. New York: Teachers College Press.

Collier, J. L., & Collier, C. (1974). *My brother Sam is dead*. New York: Four Winds Press.

Collier, J. L., & Collier, C. (1984). *War comes to Willy Freeman*. New York: Dell.

Collingwood, R. G. (1961). *The idea of history*. London: Oxford University Press.

Conley, R. (1992). *Nightjack*. Garden City. NY: Doubleday.

Conrad, P. (1991). *Prairie visions: the life and times of Solomon Butcher*. New York: HarperCollins.

Cook, L. W. (1965). *When great-grandmother was a little girl*. New York: Holt, Rinehart, & Winston.

Cooper, H. (2002). *History in the early years (2nd ed.)*. New York: Routledge Falmer.

Cope, B., & Kalantzes, M. (1990). Literacy in the social sciences. In F. Christie (Ed.), *Literacy for a changing world* (pp. 118-142). Hawthorne, Victoria: Australian Council for Educational Research.

Cornbleth, C., & Waugh, D. (1995). *The great speckled bird: Multicultural politics and educational policy making*. New York: St. Martin's Press.

Cornel, K. (1993). *These lands are ours: Tecumseh's fihgt for the Old Northwest*. Austin, TX: Steck-Vaughn.

Corwin, S. (1991). *Art as a tool for learning United States history*. Champaign-Urbana, IL: National Arts Education Research Center, University of Illinois.

Cox, J. K. (1993). *Teaching about conflict and crisis in the former Yugoslavia: The case of Bosnia-Hercegovina*. (ERIC Document Reproduction Service No. ED 377 139)

Crocco, M. (1997). Making time for women's history: When your survey course is already filled to overflowing. *Social Education*, 6, 32-37.

Crocco, M. (1998). Putting the actors back on stage: Oral history in the secondary school classroom. *The Social Studies*, 89, 19-24.

Crook, J. B. (1988). Where have all the heroes gone? In V. Rogers, A. D. Roberts, & T. P. Weinland (Eds.), *Teaching social studies: Portraits from the classroom* (Bulletin No. 82, pp. 36-41). Washington, DC: National Council for the Social Studies.

Culclasure, S. (1999). *The past as liberation from history*. New York: Lang.

Curriculum Research and Development Division, Ministry of Education. (1987). *Pupil's book 1: Social studies for junior secondary schools. Legon-Accra*, Ghana: Adwinsa Publications.

Cushman, K. (1994). *Catherine, called Birdy*. New York: Clarion.

Cuthbertson, G. (1995). Racial attraction: Tracing the historiographical alliances between South Africa and the United States. *Journal of American History, 81,* 1123-1136.

Daly, E. (Ed.). (1989). *Monitoring children's language development: Holistic assessment in the classroom*. Portsmouth, NH: Heinemann.

Daniels, H. (2002). *Literature circles: Voice and choice in book clubs and reading groups*. Portland, ME: Stenhouse Publishers.

Danto, A. C. (1965). *Analytical philosophy of history*. Cambridge, England: Cambridge University Press.

DeFord, D. H., & Stout, H. S. (1987). *An enemy among them*. Boston: Houghton Mifflin.

Degenhardt, M., & McKay, E. (1988). Imagination and education for intercultural understanding. In K. Egan & D. Nadaner (Eds.), *Imagination and education* (pp. 237-255). New York: Teachers College Press.

Delouche, R. (Ed.). (1992). *Illustrated history of Europe: A unique portrait of Europe's common history*. New York: Henry Holt.

den Heyer, K. (2003). Between every "now" and "then": A role for the study of historical agency in history and citizenship education. *Theory and Research in Social Education, 31,* 411-434.

Dewey, J. (1929). *The quest for certainty: A study of the relation of knowledge and action*. New York: Minton, Balch.

Dewey, J. (1933). *How we think: A restatement of the relation of reflective thinking to the educative process*. New York: Heath.

Dewey, J. (1956). *The child and the curriculum and The school and society*. Chicago: University of Chicago Press.

Dewey, J. (1958). *Art as experience*. New York: Capricorn Books.

Dickinson, A. K., & Lee, P. J. (1984). Making sense of history. In A. K. Dickenson, P. J. Lee, & P. J. Rogers (Eds.), *Learning history* (pp. 117-153). London: Heinemann.

Dickinson, J. (1993). Children's perspectives on talk: Building a learning community. In K. M. Pierce & C. J. Gilles (Eds.), *Cycles of meaning: Exploring the potential of talk in learning communities* (pp. 99-116). Portsmouth, NH: Heinemann.

Dillon, E. (1986). *The seekers*. New York: Scribners.

Donaldson. M. (1978). *Children's minds*. New York: Norton.

Downey, M. (Ed.). (1982). *Teaching American history: New directions* (Bulletin No. 67). Washington, DC: National Council for the Social Studies.

Downey, M. (Ed.). (1985). *History in the schools* (Bullentin No. 74). Washington, DC: National Council for the Social Studies.

Downey, M. (1994, April). *After the dinosaurs: Elementary children's chronological thinking*. Paper presented at the annual meeting of the American Educational Research Association, New Orleans, LA.

Downey, M., & Levstik, L. S. (1991). Teaching and learning history, In J. Shaver (Ed.),

Handbook of research on social studies teaching and learning (pp. 400-410). New York: Macmillan.

Downs, A. (1993). Breathing life into the past: The creation of history units using trade books. In M. O. Tunnell & R. Ammon (Eds.), *The story of ourselves: Teaching history through children's literature* (pp. 137-146). Portsmouth, NH: Heinemann.

Duckworth, E. (1987). *"The having of wonderful ideas" and other essays on teaching and learning*. New York: Teachers College Press.

Duke, N. K., & Bennett-Armistead, S. (2003). *Reading and writing informational texts in primary grades: Research-based practices*. New York: Scholastic Professional Books.

Dunn, R., & Griggs, S. A. (1988). *Learning styles: Quiet revolution in American secondary schools*. Reston, VA: National Association of Secondary School Principals.

Dyson, A. H. (1987). Individual differences in beginning composing: An orchestral vision of learning to compose. *Written Communication, 9*, 411-442.

Dyson, A. H. (1989). *Multiple worlds of child writers: Friends learning to write*. New York: Teachers College Press.

Egan, K. (1983). Accumulating history. *History and Theory*. Belkeft 22, 66-80.

Egan, K. (1986). *Teaching as storytelling: An alternative approach to teaching and curriculum in the elementary school*. Chicago: University of Chicago Press.

Egan, K., & Nadaner, D. (Eds.). (1988). *Imagination and education*. New York: Teachers College Press.

Egger-Bovet, H., & Smith-Baranzin, M. (1994). *U.S. kids history: Book of the American Revolution*, Boston: Little, Brown.

Ehlers, M. G. (1999). "No pictures in my head": The uses of literature in the development of historical understanding. *Magazine of History,* 13(2), 5-9.

Eisner, E. (1988). *The role of discipline-based art education in America's schools*. Los Angeles: Getty Center for Education in the Arts.

Eisner, E. (1991). *The enlightened eye: Qualitative inquiry and the enhancement of educational practice*. New York: Macmillan.

Elshtain, J. B. (1981). *Public man, private woman: Women in social and political thought*. Princeton, NJ: Princeton University Press.

Engle, S. (1970). The future of social studies education and the National Council for the Social Studies. *Social Education, 34*, 778-781.

Epstein, T. L. (1991). Equity in educational experiences and outcomes. *Magazine of History, 6*, 35-40

Epstein, T. L. (1993). Why teach history to the young? In M. Tunnel & R. Ammon (Eds.), *The story of ourselves: Teaching history through children's literature* (pp. 1-8). Portsmouth, NH: Heinemann.

Epstein, T. L. (1994a). *"America Revised" revisited: Adolescents' attitudes toward a United States history textbook*. Socail Education, 58, 41-44

Epstein, T. L. (1994b, April). *Makes no difference if you're black or white? African-American and European-American adolescents' perspectives on historical significance and historical sources*. Paper presented at the annual meeting of the American Educational Research Association, New Orleans, LA.

Epstein, T. L. (1994c). The arts of history: An analysis of secondary school student's representations of the arts in historical contexts. *Journal of Curriculum and Supervision, 9*, 174-194.

Epstein, T. L. (1994d). Sometimes a shining moment: High school students' representations of history through the arts. *Social Education, 58,* 136-141.

Epstein, T, L. (1994e). Tales from two textbooks: A comparison of the civil rights move-
ment in two secondary history textbooks. *The Social Studies,* 85, 121-126.

Evans, R. W. (1988). Lessons from history: Teacher and student conceptions of the mean-
ing of history. *Theory and Research in Social Education, 16,* 203-225.

Evans, R. W. (1989). Diane Ravitch and the revival of history: A critique. *The Social
Studies, 80,* 85-88.

Evans, R. W., Avery, P.G., & Pederson, P. V. (1999). Taboo topics: Cultural restraint on
teaching social issues. *The Social Studies, 90,* 219.

Fertig, G. (2003). Using biographies to explore social justice in U.S. history. *Social Studies
and the Young Learner, 16*(1), 9-12.

Filipovic, Z. (1994). *Zlata's diary.* New York: Viking.

Fines, J., & Verrier, R. (1974). *The drama of history: An experiment in co-operative teach-
ing.* London: New University Education.

Fisher, L. E. (1990). *The Oregon trail.* New York: Holiday House.

Flack, J. D. (1992). *Lives of promise*: *Studies in biography and family history.* Englewood,
CO: Teacher Ideas Press.

Flannery, K. T. (1995). *The emperor's new clothes: Literature, literacy, and the ideology of
style.* Pittsburgh: University of Pittsburgh Press.

Fleischman, P. (1992). *The whipping boy.* New York: HarperCollins.

Fleischman, P. (1993). *Bull Run.* New York: HarperCollins.

Forbes, E. (1967). *Johnny Tremain.* Boston: Houghton Mifflin.

Foster, S. J. (1999). Using historical empathy to excite students about the study of history:
Can you empathize with Neville Chamberlain? *The Social Studies, 90,* 18-24.

Foster, S. J. (2001). Historical empathy in theory and practiced: Some final thoughts. In O.
L. Davis, Elizabeth A. Yeager, & Stuart J. Foster (Eds.) *Historical empathy and perspec-
tive taking in the social studies* (pp. 167-181). Lanham, MD: Rowman and Littlefield.

Foster, S. J., & Hoge, J. D. (1999). Thinking aloud about history: Children's and adoles-
cents' responses to historical photographs. *Theory and Research in Social Education,* 27,
179-214.

Foster, S. J., & Yeager, E. A. (1999). "You've got to put together the pieces": English
twelve-year-olds encounter and learn from historical evidence. *Journal of Curriculum
and Supervision, 14,* 286-317.

Fox, M. (1985). *Wilfrid Gordon McDonald Partridge.* New York: Kane-Miller.

Fox, R. A., Jr. (1993). *Archaeology, History, and Custer's Last Battle.* Norman: University
of Oklahoma Press.

Frank, A. (1967). *Anne Frank: The diary of a young girl.* Garden City, NY: Doubleday.

Frank, A. (1989). *The diary of Anne Frank: The critical edition.* Garden City, NY:
Doubleday.

Fredericks, A. D., & Rasinski, T. V. (1990). Involving parents in the assessment process.
The Reading Teacher, 44, 346-349.

Freedman, R. (1980). *Immigrant kids.* New York: Dutton.

Freedman, R. (1983). *Children of the Wild West.* New York: Clarion.

Freedman, R. (1990). *Franklin Delano Roosevelt.* New York: Clarion.

Freedman, R. (1993). *Eleanor Roosevelt: A life of discovery.* New York: Scholastic.

Freedman, R. (1994). *Kids at work: Lewis Hine and the crusade against child labor.* New
York: Clarion.

Freedman, E., & Person, D. G. (Eds.). (1992). *Using nonfiction trade books in the elementary classroom: From ants to zeppelins.* Champaign-Urbana, IL: National Council of Teachers of English.

Fritz, J. (1967). *Early thunder.* New York: Coward-McCann.

Fritz, J. (1983). *The double life of Pocahontas.* New York: Putnam.

Fritz, J. (1987). *Shh! We're writing the constitution.* New York: Putnam.

Fulwiler, T. (1982). Writing: An act of cognition. In C. W. Griffin (Ed.), *New directions for teaching and learning: No. 12. Teaching writing in all disciplines* (pp. 15-26). San Francisco: Jossey-Bass.

Gaboccia, D. R. (1997). Liberty, coercion, and the making of immigration historians. *Journal of American History, 84,* 570-575.

Gabella, M. S. (1994). Beyond the looking glass: Bringing students into the conversation of historical inquiry. *Theory and Research in Social Education, 22,* 340-363.

Gaddis, J. L. (2002). *The landscape of history: How historians map the past.* NY: Oxford University Press.

Gagnon, P., & The Bradley Commission on History in the Schools. (Eds.). (1989). *Historical literacy: The case for history in American education.* New York: Macmillan.

Gallie, W. B. (1964). *Philosophy and the historical understanding.* New York: Shocken.

Gardner, H. (1982). *Art, mind, and brain: A cognitive approach to creativity.* New York: Basic Books.

Gardner, H. (1983). *Frames of mind: The theory of multiple intelligences.* New York: Basic Books.

Gardner, H. (1988). Toward more effective arts education. *Journal of Aesthetic Education, 22,* 158-166.

Gardner, H. (1990). *Art education and human development* (Occasional paper No. 3). Los Angeles: Getty Center for Education in the Arts. (Eric Document Reproduction Service No. ED 336 315)

Gardner, H. (1991a). The tensions between education and development. *Journal of Moral Education, 20,* 113-125.

Gardner, H. (1991b). *The unschooled mind: How children think and how schools should teach.* New York: Basic Books.

Gardner, H., & Boix-Mansilla, V. (1994). Teaching for understanding in the disciplines and beyond. *Teachers College Record, 96,* 198-218.

Garfield, S. (1991). Building self-esteem through poetry. *The Reading Teacher, 44,* 616-617.

Garrison, W. (2003). Democracy, experience, and education: Promoting a continued capacity for growth. *Phi Delta Kappan, 84*(7), 525-529.

Garza, C. L. (1990). *Family Pictures/Cuadros de familia.* Emeryville, CA: Children's Book Press.

Gauch, P. L. (1974). *Thunder at Gettysburg.* New York: Coward, McCann & Geohegan.

Geertz, C. (1983). *Local knowledge: Further essays in interpretive anthropology.* New York: Basic Books.

Geoghegan, W. (1994). Re-placing the arts in education. *Phi Delta Kappan, 75,* 456-458.

Gerstle, G. (1997). Liberty, coercion, and the making of Americans. *Journal of American History, 84,* 524-558.

Gerwin, D., & Zevin, J. (2003). *Teaching U. S. history as mystery.* Portsmouth, NH: Heinemann.

Golenbock, P. (1990). *Teammates*. Orlando, FL: Harcourt Brace.

Gombrich, E. H. (1974). The visual image. In D. R. Olson (Ed.), *Media and symbols: The forms of expression, communication, and education*. Yearbook of the National Society for the Study of Education, New Series No. 73, part 1 (pp. 241-270). Chicago: University of Chicago Press.

Gonzales, C. T. (1987). *Quanah Parker: Great chief of the Comanches*. Austin, TX: Eakin Press.

Good, T. L., & Brophy, J. E. (1999). *Looking in classrooms* (8th ed.). New York: HarperCollins.

Goodman, N. (1984). *Of mind and other matters*. Combridge, MA: Harvard University Press.

Goodrich, H. (1996/1997). Understanding rubrics. *Educational Leadership, 54*, 14-17.

Gordon, L. (1988). *Heroes of their own lives:* The politics and history of family violence, Boston 1880-1960. New York: Viking.

Gordon, L. (1990). U. S. women's history. In E. Foner (Ed.), *The new American history* (pp. 185-210). Philadelphia: Temple.

Grant, S. G. (2003). *History lessons: Teaching, learning, and testing in U. S. high school classrooms*. Mahwah, NJ: Lawrence Erlbaum Associates.

Graves, D. (1983). *Writing: Teachers and children at work*. Exeter, NH: Heinemann.

Greene, M. (1993a). Beyond insularity: Releasing the voices. *College ESL, 3*(1), 1-14.

Greene, M. (1993b). The passions of pluralism: Multiculturalism and the expanding community. *Educational Researcher, 2*(1), 13-18.

Greene, M. (1995). *Art and imagination: Reclaiming the sense of possibility. Phi Delta Kappan*, 76, 378-382.

Greenfield, E. (1977). *Mary McLeod Bethune*. New York: HarperCollins.

Griffin, A. F. (1992). *A philosophical approach to the subject-matter preparation of teachers of history*. Washington, DC: National Council for the Social Studies.

Groth, J. L., & Albert, M. (1997). Arts alive in the development of historical thinking. *Social Education, 61*, 42-44.

Gutman, H. G. (1976). *The black family in slavery and freedom*: 1750-1925. New York: Pantheon.

Gutman, H. G. (1987). *Democratic education*. Princeton, NJ: Princeton University Press.

Hahn, C. (1998). *Becoming political*. Albany: SUNY Press.

Hahn, C. L., & Tocci, C. M. (1990). Classroom climate and controversial issues discussion: A five nation study. *Theory and Research in Social Education, 18*, 344-362.

Hamilton, V. (1985). *The people could fly*. New York: Knopf.

Hammond, T. (1988). *Sports*. New York: Knopf.

Harnett, P. (1993). Identifying progression in children's understanding: The use of visual materials to assess primary school children's learning in history. *Cambridge Journal of Education, 23*, 137-154.

Harnett, P. (1995, September). *Questions about the past: Children's responses to visual materials in primary history*. Paper presented at the annual meeting of the British Educational Research Association, Bath University, England.

Harp, B. (1993). Principles of assessment and evaluation in whole language classrooms. In B Harp (Ed.), *Assessment and evaluation in whole language programs* (pp. 37-52). Norwood, MA: Christopher-Gordon.

Harste, J. C., & Short, K. G. (1988). *Creating classrooms for authors: The reading-writing connection*. Portsmouth. NH: Heinemann.

Hart, D. (1999). *Authentic assessment: A handbook for educators*. Menlo Park, CA: Addison-Wesley

Hart, D. (1999). Opening assessment to our students. *Social Education,* 65, 343-345.

Harvey, B. (1988). *Cassie's Journey: Going west in the 1860s*. New York: Holiday House.

Harvey, K. D., Harjo, L. D., & Jackson, J. K. (1990). Introduction. In K. D. Harvey, L. D. Harjo, & J. K. Jackson (Eds.), *Teaching about Native Americans* (Bulletin No. 84, pp. 1-7). Washington, DC: National Council for the Social Studies.

Henson, J. (1993). The tie that binds: The role of talk in defining community. In K. M. Pierce & C. J. Gilles (Eds.), *Cycles of meaning: Exploring the potential of talk in learning communities* (pp. 37-57). Portsmouth, NH: Heinemann.

Hepler, S. (1991). Talking our way to literacy in the classroom community. *The New Advocate,* 4, 179-191.

Hertzberg, H. W. (1981). *Social studies reform: 1880-1980. Boulder*, CO: Social Science Education Consortium. (ERIC Document Reproduction Service No. 211 429)

Hertzberg, H. W. (1989). History and progressivism: A century of reform proposals. In P. Gagnon & the Bradley commission on History in the Schools (Eds.), *Historical literacy: The case for history in American education* (pp. 68-89). Boston: Houghton Mifflin.

Hess, D. (2002a). Teaching controversial public issues discussions: Learning from skilled teachers. *Theory and Research in Social Education,* 30, 10-41.

Hess, D. (2002b). Teaching to public controversy in a democracy. In J. J. Patrick & R. S. Leming (Eds.), *Education in democracy for Social Studies teachers: Principles and practices for the improvement of teacher education*. Bloomington, IN: ERIC/ChESS.

Hesse, K. (1992). *Leaving for America*. New York: Henry Holt.

Hickey, M. G. (1997). Bloomers, bell bottoms, and hula hoops: Artifact collections aid children's historical interpretation. *Social Education,* 61, 293-299.

Hirsch, E. D. (1987). *Cultural literacy: What every American needs to know*. Boston: Houghton Mifflin.

Hollinger, D. A. (1997). National solidarity at the end of the twentieth century: Reflections on the United States and liberal nationalism. *Journal of American History,* 84, 559-569.

Holt, T. C. (1990a). African-American history. In E. Foner (Ed.), *The new American history* (pp. 211-232.). Philadelphia: Temple.

Holt, T. C. (1990b). *Thinking historically: Narrative, imagination, and understanding*. NY: College Entrance Examination Boards.

Hostetler, K. (1999). Conversation is not the answer: Moral education as hermeneutical understanding. *Journal of Curriculum Studies,* 31, 463-478

Hotze, S. (1988). *A circle unbroken*. New York: Clarion.

Huck, C., Hepler, S., Hickman, J., & Kiefer, B. (1996). *Children's literature in the elementary school*. New York: McGraw Hill.

Husbands, C., Kitson, A., & Pendry, A. (2003). *Understanding history teaching*. Philadelphia: Open University Press.

Husbands, C. T. (1996). *What is history teaching? Language, ideas, and meaning in learning about the past*. Philadelphia: Open University Press.

Hudson, J. (1989). *Sweetgrass*. New York: Philomel.

Hudson, J. (1990). *Dawn rider*. New York: Philomel.

Hyde, A. A., & Bizar, M. (1989). *Thinking in context: Teaching cognitive processes across the elementary curriculum*. New York: Longman.

Irwin, C. (1980). *Strange footprints on the land: Vikings in America*. New York: Harper.

Jacott, L., Lopez-Manjon, A., & Carretero, M. (1998). Generating explanations in history. In J. F. Voss & M. Carretero (Eds.), *International review of history education: Vol. 2. Learning and reasoning in history* (pp. 294-306). London: Woburn.

Jackson, B. D. (2003). Education reform as if student agency mattered: Academic icrocultures and student identity. *Phi Delta Kappan, 84,* 579-585.

Jennings, F. (1975). *The invasion of America: Indians, colonialism, and the cant of conquest*. Chapel Hill: University of North Carolina Press.

Jobe, R., & Dayton-Sakari, M. (2003). *Info-kids: How to use nonfiction to turn reluctant readers into enthusiastic learners*. Markham, Ontario: Pembroke Publishers, Ltd.

Johnson, D. W., Johnson, R. T., & Holubec, E. J. (1993). *Circles of learning: Cooperation in the classroom* (4th ed.). Edina, MN: Interaction Book Company.

Johnston, P. (1987). Teachers as evaluation experts. *The Reading Teacher, 40,* 744-748.

Johnston, P. (1992). *Constructive evaluation of literate activity*. New York: Longman.

Jolliffe, D. A. (1987). A social educator's guide to teaching writing. *Theory and Research in Social Education, 15,* 89-104.

Jordan, W. D. (1968). *White over black: American attitudes toward the Negro, 1550-1812*. Chapel Hill: University of North Carolina Press.

Jorgensen, K. L. (1993). *History workshop: Reconstructing the past with elementary students*. Portsmouth, NH: Heinemann.

Joyner, C. (1984). *Down by the riverside: A South Carolina slave community*. Urbana: University of Illinois Press.

Kammen, M. (1991). *Mystic chords of memory: The transformation of tradition in American culture*. New York: Knopf.

Kansteiner, W. (1993). Hayden White's critique of the writing of history. *History and Theory, 32,* 273-293.

Katz, W. L. (1993). *The Westward movement and abolitionism*. Austin, TX: Steck-Vaughn.

Keating, C. (1994). Promoting growth through dialogue journals. In G. Wells (Ed.), *Changing schools from within: Creating communities of inquiry* (pp. 217-236). Portsmouth, NH: Heinemann.

Keedy, J. L., Flemin, T. G., Wheat, D. L., & Gentry, R. B. (1998). Students as meaning-makers and the quest for the common school: A micro-ethnography of a U.S. history classroom. *Journal of Curriculum Studies, 30,* 619-645.

Keefe, J. W. (1987). *Learning style: Theory and practice*. Reston, VA: National Association of Secondary School Principals.

Keegan, S., & Shrake, K. (1991). Literature study groups: An alternative to ability grouping. *The Reading Teacher; 44,* 542-547.

Keller, C. W., & Schillings, D. L. (Eds.). (1987). *Teaching about the Constitution* (Bulletin No. 80). Washington, DC: National Council for the Social Studies.

Kelly, T. E. (1986). Discussing controversial issues: Four perspectives on the teacher's role. *Theory and Research in Social Education, 14,* 113-138.

Kennedy, J. M. (1974). Icons and information. In D. R. Olson (Ed.), *Media and symbols: The forms of expression, communication, and education*. Yearbook of the National Society for the Study of Education, New Series No. 73, part 1 (pp. 241-270). Chicago: University of Chicago Press.

Kentucky Council on School Performance Standards. (1991). *Kentucky's learning goals and valued outcomes* (Tech. Rep.). Frankfort, KY: Author.

Kentucky Department of Education. (1999). *Sharpen your child's writing skills:A guidebook for parents*. Frankfort, KY: Division of Curriculum Development, Kenucky Department of Education. http://www.kde.state.ky.us/oapd/curric/portfolios/SharpenWritingSkills.asp

Kentucky's Core Content for Assessment. http://www.education.ky.gov/KDE/Default.htm

Kentucky's Six Learning Goals, Kentucky Department of Eduction. Revised, 1994, KRS#158.6451.

Kerber, L. (1993). Some cautionary words for historians. In M. J. Larrabee (Ed.), *An ethic of care: Feminist and interdisciplinary perspectives* (pp. 102-107). New York: Routledge.

Kermode, F. (1980). Secrets and narrative sequence. *Critical Inquiry,* 7, 83-101.

Kessler-Harris, A. (1990). Social history. In E. Foner (Ed.), *The new American history* (pp. 163-184). Philadelphia: Temple.

Kiefer, B. (1995). *The potential of picturebooks: From visual literacy to aesthetic understanding*. Englewood Cliffs, NJ: Merrill.

Knight, P. (1989). Empathy: Concept, confusion and consequences in a national curriculum. *Oxford Review of Education,* 15, 42-43.

Kobrin, B. (1988). *Eyeopeners: How to choose and use children's books about real people, places, and things*. New York: Viking.

Kobrin, B. (1995). *Eyeopeners II: Children's books to answer children's questions about the world around them*. New York: Scholastic.

Kopple, B. (Producer and Director). (1976). *Harlan Country USA* [Motion picture]. United States: Cabin Creek Films.

Kornhaber, M., & Gardner, H. (1993). *Varieties of excellence: Identifying and assessing children's talents* (Opinion paper BBB12599). Pleasantville: Aaron Diamond Foundation.

Kozma, R. (1991). Learning with media. *Review of Educational Research,* 61, 179-211.

Kristo, J. V., & Bamford, R. A. (2004). *Non-fiction in focus: A comprehensive framework for helping students become independent readers and writers of nonfiction, K-6*. New York: Scholastic Professional Books.

Larson, B. E. (1999). Influences on social studies teachers' use of classroom discussion. *The Social Studies,* 90, 125-132.

Lave, J., & Wenger, E. (1991). *Situated learning: Legitimate peripheral participation*. New York: Combridge University Press.

Lawrence, J. (1992). *The great migration: An American story*. New York: HarperCollins.

Lee, P. J. (1978). Explanation and understanding in history. In A. K. Dickinson & P. J. Lee (Eds.), *Historical teaching and historical understanding* (pp. 72-93). London: Heinemann.

Lee, P. J., & Ashby, R. (2000). Empathy, perspective taking and historical understanding. In O. L. Davis, Jr., E. A. Yeager, & S. J. Foster (Eds.), *Development of historical empathy and perspective taking in the social studies*. Lanham, MD: Rowman & Littlefield.

Leinhardt, G. (1994). A time to bo mindful. In G. Leinhardt, I. O. Beck, & C. Stainton (Eds.), *Teaching and learning in history* (pp. 209-255). Hillsdale, NJ: Lawrence Erlbaum Associates.

Lemke, J. (1991). *Talking science: Language, learning, and values* (pp. 183-213). Norwood, NJ: Ablex.

Lerner, G. (1997). *Why history matters*. New York: Oxford University Press.

Levine, E. (1986). *If you traveled west in a covered wagon*. New York: Scholastic.

Levine, E. (1993). *If your name was changed at Ellis Island*. New York: Scholastic.

Levine, L. W. (1977). *Black culture and black consciousness: Afro-American folk thought from slavery to freedom.* New York: Oxford University Press.

Levinson, R. (1985). *Watch the stars come out.* New York: Dutton.

Levinson, R. (1992). *I go with my family to Grandma's.* New York: Dutton.

Levstik, L. S. (1986a). History from the bottom up. *Social Education, 50,* 1-7 (insert).

Levstik, L. S. (1986b). The relationship between historical response and narrative in a sixthgrade classroom. *Theory and Research in Social Education,* 14, 1-19.

Levstik, L. S. (1989). Historical narrative and the young reader. *Theory into Practice,* 28, 114- 119.

Levstik, L. S. (1993). Building a sense of history in a first grade classroom. In J. Brophy (Ed.), *Advances in research on teaching: Vol. 4. Research in elementary social studies* (pp. 1-31). Greenwich, CT: JAI Press.

Levstik, L. S. (1995). Narrative constructions: Cultural frames for history. *The Social Studies,* 86, 113-116.

Levstik, L. S. (1996a). NCSS and the teaching of history. In O. L. Davis (Ed.), *NCSS in retrospect* (Bulletin 92, pp. 21-34). Washington, DC: National Council for the Social Studies.

Levstik, L. S. (1996b). Negotiating the history landscape. *Theory and Research in Social Education,* 24, 393-397.

Levstik, L. S. (1999). "The boys we know; the girls in our school": Early adolescents understanding of women's historical significance. *International Journal of Social Studies, 12(2),* 19-34.

Levstik, L. S. (2000). Articulating the silences: Teachers' and adolescents' conceptions of historical significance. In P. Stearns, S. Wineburg, & P. Seixas (Eds.), *Teaching, learning, and knowing history.* New York: New York University Press.

Levstik, L. S. (2001a). Crossing the Empty Spaces: Perspective-Taking in New zeland Adolescents' Understanding of National History. In O. L. Davis Jr., E. A. Yeager, & S. J. Foster (Eds.), *Development of historical empathy and perspective taking in the social studies.* Lanham, MD: Rowman & Littlefield.

Levstik, L. S. (2001b). Daily acts of ordinary courage: Gender equitable practice in the social studies classroom. In K. deMarrais (Ed.), *Gender equitable practice in middle schools.* Mahwah, NJ: Lawrence Erlbaum Associates.

Levstik, L. S. (2003). "To fling my arms wide": Students learning about the world through nonfiction. In R. A. Bamford & J. V. Kristo (Eds.), *Making facts come alive: Choosing quality nonfiction literature K-8* (pp. 221-234). Norwood, MA: Christopher-Gordon.

Levstik, L. S., & Barton, K. C. (1996). "They still use some of their past": Historical saliences in elementary children's chronological thinking. *Journal of Curriculum Studies,* 28, 531-576.

Levstik, L. S., & Groth, J. (2002). "Scary thing, being an eighth grader": Exploring gender and sexuality in a middle school U. S. history unit. *Theory and Research in Social Education,* 30, 233-254.

Levstik, L. S., & Groth, J. (2005). "Ruled by our own people": Ghanaian adolescents' conceptions of citizenship in a pluralist democracy. *Teachers College Record,* 107, 563-586.

Levstik, L. S., Henderson, A. G., & Schlarb, J. (2002). Digging for clues: An archaeological exploration of historical cognition. In P. Gordon, P. Lee, & R. Ashby (Eds.), *International Review of History Education.* London: Routledge Falmer.

Levstik, L. S., & Pappas, C. C. (1987). Exploring the development of historical understanding. *Journal of Research and Development in Education,* 21, 1-15.

Levstik, L. S., & Smith, D. B. (1996). "I've never done this before": Building a community of historical inquiry in a third-grade classroom. In J. Brophy (Ed.), *Advances in Research on Teaching: Teaching and Learning History, Vol. 6.* Greenwich, CT: JAI Press.

Levstik, L, S., & Smith, D. B. (1997). "I have learned a whole lot this year and it would take a lifetime to write it all": Beginning historical inquiry in a third grade classroom. *Social Science Record, 34*, 8-14.

Lexington Answer Book. (n.d.). Lexington, KY: Lexington-Fayette Urban County Government.

Lindquist, T. (1995). *Seeing the whole through social studies.* Portsmouth, NH: Heinemann.

Linenthal, E. T. (1994). Committing history in public. *Journal of American History, 81*, 986-991.

Lipscomb, G. (2002). Eighth graders' impressions of the Civil War: Using technology in the history classroom. *Education, Communication and Information, 2*, 51-67.

Littlechild, L. (1993). *This land is my land.* Emeryville, CA: Children's Book Press.

Loeb, R. H. (1979). *Meet the real Pilgrims: Everyday life on a plymouth plantation in 1627.* New York: Clarion.

Loewen, J. W. (1995). *Lies my teacher told me.* New York: New Press.

Lowenthal, D. (1998). *The heritage crusade and the spoils of history.* Cambridge, England: Cambridge University Press.

Lowry, L. (1990). *Number the stars.* New York: Dell.

Lybarger, M. B. (1990). The historiography of social studies: Retrospect, circumspect, and prospect In J. Shaver (Ed.), *Handbook of research on social studies teaching and learning* (pp. 3-26). New York: Macmillan.

Macaulay, D. (1977). *Castle.* Boston: Houghton Mifflin.

Mahood, W. (1987). Metaphors in social studies instruction. *Theory and Research in Social Education, 15*, 285-297.

Marcello, J. S. (1999). A teacher's reflections on teaching and assessing in a standards-based classroom. *Social Education, 65*, 338-342.

Mayer, R. H. (1998). Connective narrative and historical thinking: A research-based approach to teaching history. *Social Education, 62*, 97-100.

Mayer, R. H. (1999). Use the story of Anne Hutchinson to teach historical thinking. *The Social Studies, 90*, 105-109.

Mazur, J. (1993). *Interpretation and use of visuals in an interactive multimedia fiction program.* Unpublished doctoral dissertation, Cornell University, Ithaca, New York.

McGinnis, K. (n.d.). *Educating for a just society: Grades 7-12.* St. Louis: The Institute for Peace and Justice.

McKeown, M. G., & Beck, I. L. (1990). The assessment and characterization of young learners' knowledge of a topic in history. *American Educational Research Journal, 27*, 688-726.

McKeown, M. G., & Beck, I. L. (1994). Making sense of accounts of history: Why young students don't and how they might. In G. Leinhardt, I. O. Beck, & C. Stainton (Eds.), *Teaching and learning in history* (pp. 1-26). Hillsdale, NJ: Lawrence Erlbaum Associates.

McKinley, R. (1989). *The outlaws of Sherwood.* New York: Berkeley Publishing Group.

McKissack, P., & McKissack, F. L. (1994). *Christmas in the big house, Christmas in the quarters.* New York: Scholastic.

Megill, A. (1989). Recounting the past: "Description," explanation, and narrative in historiography. *American Historical Review, 94*, 627-653.

Meltzer, M. (1994a). *Cheap raw labor: How our youngest workers are exploited and abused*. New York: Viking.

Meltzer, M. (1994b). *Nonfiction for the classroom: Miton Meltzer on writing, history, and social responsibility*. New York: Teachers College Press.

Merryfield, M. (1995). Response to Banks. *Theory and Research in Social Education, 23*, 21-26.

Merryfield, M. (1997). *A framework for teacher education in global perspectives*. In M. Merryfield, E. Jarchow, & S. Pickert (Eds.), *Preparing teachers to teach global perspectives: A handbook for teacher education* (pp. 1-24). Thousand Oaks, CA: Corwin.

Merryfield, M., & Wilson, A. H. (2004). *Teaching Social Studies for global understanding*. Washington, DC.: National Council for the Social Studies.

Miller, A., & Coen, D. (1994). *The case for music in the schools*. Phi Delta Kappan, 75, 459-461.

Milson, A. J., Brantley, S. M. (1999). Theme-based portfolio assessment in social studies teacher education. *Social Education, 63*(6), 374-377.

Mitchell, W. J. T. (1995). *Picture theory: Essays on visual and verbal representation*. Chicago: University of Chicago Press.

Mizell, L., Benett, S., Bowman, B., & Morin, L. (1993). Different ways of seeing: Teaching in an anti-racist school. In T. Perry & J. W. Fraser (Eds.), *Freedom's plow: Teaching in the multi-cultural classroom* (pp. 27-46). New York: Routledge.

Mochizuki. (1993). *Baseball saved us*. New York: Lee & Low.

Moffett, J. (1968). *Teaching the universe of discourse*. Boston: Houghton Mifflin.

Moser, S. (2001). Archaeological representation: The visual conventions for constructing knowledge about the past. In I. Hodder (Ed.), *Archaeological theory today* (pp. 262-283). Cambridge, England: Polity Press.

Naidoo, B. (1986). *Journey to Jo'burg*. New York: Harper.

Naidoo, B. (1989). *Chain of fire*. New York: Lippincott.

Nash, G., Crabtree, C., & Dunn, R. (1997). *History on trial: Culture wars and the teaching of the past*. New York: Knopf.

Nasir, S. N., & Saxe, G. B. (2003). Ethnic and academic identities: A cultural practice perspective on emerging tensions and their management in the lives of minority students. *Educational Researcher, 32*(5), 14-18.

National Council for the Social Studies. (1994). *Expectationsl of Excellence: Curriculum Standards for Social Studies* (Bulletin No. 89). Washington, DC: Author.

National Council for the Social Studies Focus Group on the NEH History Standards. (1993). *Response to the History Standards*. Unpublished report.

National Council of Teachers of Mathematics. (1989). *Curriculum and evaluation standards for school mathematics*. Reston, VA: Author.

National History Standards Project. (1994a). *National standards for United States history: Exploring the American experience*. Los Angeles: National Center for History in the Schools.

National History Standards Project. (1994b). *National standards for world history: Exploring paths to the present*. Los Angeles: National Center for History in the Schools.

National Research Council. (1996). *National Science Education Standards*. Washington, DC: National Academy Press.

Neuman, S. (1992). Is learning from media distinctive? Examining children's inferencing strategies. *American Educational Research Journal,* 29, 119-140.

Newkirk, T. (1989). *More than stories: The range of children's writings.* Portsmouth, NH: Heinemann.

Newmann, F. M., Secada, W. G., & Wehlage, G. G. (1995). *A guide to authentic instruction and assessment: Vision, standards and scoring.* Madison, WI: Wisconsin Center for Education Research.

Nickell, P. (1999). The issue of subjectivity in authentic social studies assessment. *Social Education,* 65, 353-355.

Ninsin, K. A. (1996). *Ghana's Political Transition, 1990-1993;* Selected Documents. Accra, Ghana: Freedom Publications.

Noddings, N. (1992). *The challenge to care in schools: An alternative approach to education.* New York: Teachers College Press.

Novick, P. (1988). *That noble dream: The "objectivity question" and the American historical profession.* New York: Cambridge University Press.

O'Brien, J. (1998). Using literary themes to develop historical perspective. *The Social Studies,* 89, 276-280.

Oddleifson, E. (1994). What do we want our schools to do? *Phi Delta Kappan,* 75, 446-452.

O'Dell, S. (1980). *Sarah Bishop.* Boston: Houshton Mifflin.

Ogle, D. M. (1986). K-W-L: A teaching model that develops active reading of expository text. *Reading Teacher,* 39, 564-570.

Olson, D. R. (Ed.). (1974). *Media and symbols: The forms of expression, communication, and education.* Yearbook of the National Society for the Study of Education, New Series No. 73, part 1. Chicago: University of Chicago Press.

Olwell, R. B. (1999). Use narrative to teach middle school students about Reconstruction. *The Social Studies,* 90, 205-208.

Oppenheim, S. L. (1992). *The lily cupboard.* New York: HarperCollins.

O'Reilly, R. (1998). What would you do? Construction decision-making guidelines through historical problems. *Social Education,* 61, 46-49.

Oyler, C. (1996). *Making room for students: Sharing teacher authority in Room 104.* New York: Teachers College Press.

Pappas, C. C. (1991). Fostering full access to literacy by including information books. *Language Arts,* 68, 449-462.

Pappas, C. C., Kiefer, B. Z., & Levstik, L. S. (1999). *An intergrated language perspective in the elementary school: An action approach* (3rd ed.). New York: Longman.

Parker, W. C. (1991a). A final response: Searching for the middle. *Social Education,* 55, 27-28, 65.

Parker, W. C. (1991b). Helping students think about public issues: Instruction versus prompting. *Social Education,* 55, 41-44.

Parker, W. C. (1991c). Teaching an IDEA. *Social Studies and the Young Learner,* 3(3), 11-13.

Parker, W. (1996). "Advanced" ideas about democracy: Toward a pluralist conception of citizen education. *Teachers College Record,* 98, 104-125.

Parker, W. C. (2003). *Teaching democracy: Unity and diversity in public life.* New York: Teachers College Press.

Parker, W. C., & Hess, D. (2001). Teaching with and for discussion. *Teaching and Teacher Education,* 17, 273-289.

Parker, W., Mueller, M., & Wendling, L. (1989). Critical reasoning on civic issues. *Theory and Research in Social Education,* 27, 7-32.

Parks, R. (1992). *Rosa Parks: My story.* New York: Dial.

Passe, J., & Whitley, I. (1998). The best museum for kids? The one they build themselves! *The Social Studies,* 89, 183-185.

Payne, C. M. (2003). More than a symbol of freedom: Education for liberation and democracy. *Phi Delta Kappan,* 85, 22-33.

Peace Corps World Wise Schools. (1998). *Looking at ourselves and others.* Washington, DC: Peace Corps.

Peetoom, B. (1991, August). *The Bible and whole language.* Paper presented to the Whole Language Umbrella Conference, Phoenix, AZ.

Pelta, K. (1991). *Discovering Christopher Columbus: How history is invented.* Minneapolis, MN: Lerner.

Penyak, L. M,, & Duray, P. B. (1999). Oral history and problematic questions promote is sues-centered education. *The Social Studies,* 90, 68-71.

Perfetti, C. A., Britt, M. A., & Georgi, M. A. (1995). *Text-based learning and reasoning: Studies in histroy.* Hillsdale, NJ: Lawrence Erlbaum Associates.

Person, D. G., & Cullinan, B. E. (1992). Windows through time: Literature of the social studies. In E. Freeman & D. G. Person (Eds.), *Using nonfiction trade books in the elementary classroom: From ants to zeppelins* (pp. 65-75). Champaign-Urbana: National Council of Teachers of English.

Piaget, J. (1952). *The origins of intelligence in children.* New York: International Universities Press.

Pierce, K. M., & Gilles, C. J. (Eds.). (1993). *Cycles of meaning: Exploring the potential of talk in learning communities.* Portsmouth, NH: Heinemann.

Popham, J. W. (1997). What's wrong-and what's right-with rubrics. *Educational Leadership,* 55, 72-75.

Portal, C. (1987). Empathy as an objective for history teaching. In C. Portal (Ed.), *The history curriculum for teachers* (pp. 89-99). London: Falmer.

Prawat, R. S. (1989a). Promoting access to knowledge, strategy, and disposition in students: A research synthesis. *Review of Educational Research,* 59, 1-41.

Prawat, R. S. (1989b). Teaching for understanding: Three key attributes. *Teaching and Teacher Education,* 5, 315-328.

Putnam, R. D. (2000). *Bowling alone: The collapse and revival of American community.* New York: Simon and Schuster, 2000.

Purves, A. C. (1990). *The scribal society: An essay on literacy and schooling in the information age.* New York: Longman.

Rabinowitz, P. J. (1987). *Before reading: Narrative conventions and the politics of interpretation.* Ithaca, NY: Cornell University Press.

Ravitch, D., & Finn, C. E. (1987). *What do our 17-year-olds know? A report on the first national assessment of history and literature.* New York: Harper & Row

Ravitch, D., & Schlesinger, A. (1990). Statement of the commitee of scholars in defense of history. *Perspectives, 28(7),* 15.

Reardon, S. J. (1988). The development of critical readers: A look into the classroom. *The New Advocate,* 1, 52-61.

Reiff, J. C. (1992). *Learning styles.* Washington, DC: National Education Association.

Renyi, J. (1994). The arts and humanities in American Education. *Phi Delta Kappan, 75,*

438-445.

Resnick, L. B. (1987). The 1987 presidential address: Learning in school and out. *Educational Research*, 16(9), 13-20.

Richard, J. J. (1993). Classroom tapestry: A practitioner's perspective on multicultural education. In T. Perry & J. W. Fraser (Eds.), *Freedom's plow: Teaching in the multicultural classroom* (pp. 47-63). New York: Routledge.

Ricoeur, R. (1984). *Hermeneutics and the human sciences: Essays on language, action, and interpretation* (J. B. Thompson, Trans.). New York: Cambridge University Press.

Riviere, A., Nunez, M., Barquero, B., & Fontela, F. (1998). Influence of intentional and personal factors in recalling historical texts: A developmental perspective. In J. F. Voss & M. Carretero (Eds.), *International review of history education: Vol. 2. Learning and reasoning in history* (pp. 214-226). London: Woburn.

Rockefeller, D. (1978). The arts in American education. *Today's Education*, 67(2), 33-38.

Rogoff, B. (1990). *Apprenticeship in thinking: Cognitive development in social context.* New York: Oxford University Press.

Rouet, J., Marron, M. A., Perfetti, C. A., & Favart, M. (1998). Understanding historical controversies: Students' evaluation and use of documentary evidence. In J. F. Voss & M. Carretero (Eds.), *International Review of History Education: Vol. 2. Learning and reasoning in history* (pp. 95-116). London: Woburn.

Rosenzweig, R., & Thelen, D. (1998). *The presence of the past: Popular uses of history in American life.* New York: Columbia University Press.

Rowland-Warne, L. (1992). *Costume.* new York: Knopf.

Sadker, M., & Sadker, D. (1994). *Failing at fairness: How America's schools cheat girls.* New York: Scribner's.

Sancha, S. (1990). *The Luttrell village: Country life in the middle ages.* New York: Crowell.

Sandler, M. W. (1994). *Pioneers.* New York: HarperCollins.

Saul, E. E. (Ed.). (1994). *Nonfiction for the classroom: Milton Meltzer on writing, history, and social responsibility.* New York: Teachers College Press.

Sautter, R. C. (1990). An arts education school reform strategy. *Phi Delta Kappan, 75,* 432-437.

Scheurman, G., & Newmann, F. M. (1998). Authentic intellectual work in social studies: Putting performance before pedagogy. *Social Education, 62,* 23-25.

Schroeder, A. (1989). *Ragtime Tumpie.* Boston: Little, Brown.

Schug, M. C., & Berry, R. (Eds.), (1984). *Community study: Applications and opportunities* (Bulletin No. 73). Washington, DC: National Council for the Social Studies.

Schuster, M. R., & VanDyne, S. (1998). Placing women in the liberal arts: Stages of curriculum transformation. In C. A. Wayshner & H. S. Gelfond (Eds.), *Minding women: Reshaping the educational realm.* Cambridge, MA: Harvard University Press.

Scott, D. D., Fox, R. A., Jr., Connor, M. A., & Harmon, D. (2000). *Archaeological perspectives on the Battle of the Little Bighorn.* Norman: University of Oklahoma Press.

Sebestyen, O. (1985). *On fire.* Boston: Atlantic Monthly Press.

Segall, A. (1999). Critical history: Implication for history/social studies education. *Theory and Research in Social Education, 27,* 358-374.

Selvsin, D. F. (1969). *The thundering voice of John L. Lewis.* New York: Lothrop, Lee, & Shepard.

Seixas, P. (1993a). The community of inquiry as a basis for knowledge and learning: The case of history. *American Educational Research Journal*, 30, 305-324.

Seixas, P. (1993b). Historical understanding among adolescents in a multicultural setting. Curriculum Inquiry, 23, 301-327.

Seixas, P. (1993c). Parallel crises: History and the social studies curriculum in the USA. *Journal of Curriculum Studies*, 25, 235-250.

Seixas, P. (1994a). *Margins and sidebars: Problems in students' understanding of significance in world history.* Unpublished manuscript.

Seixas, P. (1994b). Students' understanding of historical significance. *Theory and Research in Social Education, 22,* 281-304.

Seixas, P. (1998). Student teachers thinking historically. *Theory and Research in Social Education*, 26, 310-341.

Seixas, P. (1999). Beyond "content" & "pedagogy" : In search of a way to talk about history education. *Journal of Curriculum Studies*, 31, 317-337.

Selwyn, D. (1995). *Arts and humanities in the Social Studies* (Bulletin No. 90). Washington, DC: National Council for the Social Studies.

Shaara, M. (1974). *The killer angels*. New York: McKay.

Shama, S. (1992). *Dead certainties: Unwarranted speculations*. New York: Vintage.

Shemilt, D. (1980). *Evaluation study: Schools council history 13-16 project*. Edinburgh: Holmes McDougall.

Shimilt, D. (1984). Beauty and the philosopher: Empathy in history and classroom. In A. K. Dickinson, P. J. Lee, & P. J. Rogers (Eds.), *Learning history* (pp. 39-83). London: Heinemann.

Shemilt, D. (1987). Adolescent ideas about evidence and methodology in history. In C. Portal (Ed.), *The history curriculum for teachers* (pp. 29-61). London: Falmer.

Shepherd, L. A. (1991). Negative policies for dealing with diversity: When does assessment and diagnosis turn into sorting and segregation? In E. H. Hiebert (Ed.), *Literacy for a diverse society: Perspectives, practices, and policies* (pp. 279-298). New York: Teachers College Press.

Short, K. G., & Armstrong, J. (1993). "More than facts" : Exploring the role of talk in classroom inquiry. In K. M. Pierce & C. J. Gilles (Eds.), *Cycles of meaning: Exploring the potential of talk in learning communities* (pp. 119-137). Portsmouth, NH: Heinemann.

Short, K. G., & Harste, J. C. (1996). *Creating classrooms for authors and inquirers*. Portsmouth, NH: Heinemann.

Shug, M. C., & Cross, B. (1998). The dark side of curriculum integration. *The Social Studies,* 89, 54-57.

Sklar, K. K. (1995). *Florence Kelley & the nation's work: The rise of women's political culture, 1830-1900*. New Haven, CT & London, UK: Yale University Press.

Slavin, R. E. (1995). *Cooperative learning: Theory, research, and practive* (2nd ed.). Boston: Allyn & Bacon.

Smith, L. A., & Barton, K. C. (1997). Practical issues in literature study groups: Getting the most out of historical fiction in the middle grades. *Social Science Record*, 34, 27-31.

Sokoni, M. A. (1991). *Mchesi goes to market*. Nairobi, Kenya: Jacarada Designs.

Sosniak, L. A., & Stodolsky, S. S. (1993). Making connections: Social studies education in an urban fourth-grade classroom. In J. Brophy (Ed.), *Advances in research on teaching: Vol. 4. Research in elementary social studies* (pp. 71-100). Greenwich, CT: JAI Press.

Speare, G. E. (1958). *The witch of Blakbird Pond*. Boston: Houghton Mifflin.

Stanley, D., & Vennema, P. (1988). *Shaka: King of the Zulus*. New York: Morrow.

Stanley, F. (1991). *The last princess: The story of Princess Ka'inlani of Hawai'i*. New York: Four Winds.

Stanley, J. (1994). *I am an American: A true story of Japanese internment*. New York: Crown.

Statni Zidovske Musemu, Prague. (1964). *I never saw another butterfly*. New York: Mcgraw Hill.

Sternberg, R. J., & Horvath, J. A. (1995). A prototype view of expert teaching. *Educational Researcher, 24(6),* 9-17.

Stock, M. A. (1993). *Where are you going, Manyoni?* New York: Morrow.

Stockdale, K., & Kauffman, G. (1994). *Primary sources: Strategies for finding and using original sources*. Logan, IA: Perfection Learning Co.

Streitmatter, J. (1994). *Toward gender equity in the classroom: Everyday teachers' beliefs and practices*. Albany: State University of New York Press.

Sturner, F. (1973). *What did you do when you were a kid? Pastimes from the past*. New York: St. Martin's

Sutton, R. (1990). *Car*. New York: Knopf.

Swales, J. M. (1990). *Genre analysis: English in academic and research settings*. New York: Cambridge University Press.

Takaki, R. (1993). *A different mirror: A history of multicultural America*. Boston: Little, Brown.

Taylor, D. (1993). *From the child's point of view*. Portsmouth, NH: Heinemann.

Temple, C., Nathan, R., Temple, F., & Burrus, N. A. (1993). *The beginnings of writing*. Boston: Allyn & Bacon.

Thelen, D. (1995). The practice of history. *Journal of American History,* 81, 933-960.

Thompson, E. P. (1963). *The making of the English working class*. New York: Pantheon

Thornberg, L., & Brophy, J. (1992, November). *Early elementary students' thinking about Native Americans and their encounters with Europeans*. Parer presented to the annual meeting of the College and University Faculty Assembly, National Council for the Social Studies, Detroit.

Thornton, S. J. (1990). Should we be teaching more history? *Theory and Research in Social Education, 18,* 53-60.

Thornton, S. J. (1991). Teacher as curricular-instructional gatekeeper in social studies. In J. P. Shaver (Ed.), *Handbook of research on social studies teaching and learning* (pp. 237-248). New York: Macmillan.

Thornton, S. J. (2001a). Educating the educators: Rethinking subject matter and methods. *Theory Into Practice,* 40, 75-78.

Thornton, S. J. (2001b). Subject specific teaching methods: History. In J. Brophy (Ed.), *Advances in research on teaching, Vol. 8. Subject-specific instructional methods and activities* (pp. 291-314). New York: Elsevier Science.

Thornton, S. J., & Vukelich, R. (1988). Effects of children's understanding of time concepts on historical understanding. *Theory and Research in Social Education,* 16, 69-82.

Tierney, R. J., Carter, M. A., & Desai, L. E. (1991). *Portfolio assessment in the reading-writing classroom*. Norwood, MA: Christopher-Gordon.

Todorov. T. (1982). *Theories of the symbol*. Ithaca, NY: Cornell University Press.

Todorov, T. (1984). *The conquest of America: The question of the other*. New York: Harper & Row.

Toolan, M. J. (1988). *Narrative: A critical linguistic introduction*. New York: Routledge.

Torney-Purta, J. (1991). Schema theory and cognitive psychology: Implications for social studies. *Theory and Research in Social Education, 19,* 189-210.

Traugott, E. C., & Pratt, M. L. (1980). *Linguistics for students of literature.* New York: Harcourt Brace.

Trease, G. (1983). Fifty years on: A writer looks back. *Children's Literature in Education, 14,* 149-159.

Trout, L. (1982). Native American history: New images and ideas. In M. T. Downey (Ed.), *Teaching American history: New directions* (Bulletin No. 67. pp. 91-112). Washington, DC: National Council for the Social Studies.

Tuchman, B. W. (1981). *Practicing history.* New York: Knopf.

Tunnell, M. O. (1993). Unmasking the fiction of history: Children's historical literature comes of age. In O. M. Tunnell & R. Ammon (Eds.), *The story of ourselves: Teaching history through children's literature* (pp. 79-90). Portsmouth, NH: Heinemann.

Tunnell, M. O., & Ammon, R. (Eds.). (1993). *The story of ourselves: Teaching history through children's literature.* Portsmouth, NH: Heinemann.

Turner, A. (1987). *Nettie's trip south.* New York: Macmillan

Turner, A. (1992). *Katie's trunk.* New York: Macmillan.

Uchida, Y. (1985). *Journey to Topaz.* Berkeley, CA: Creative Arts.

Uchida, Y. (1993). *The bracelet.* New York: Philomel Books.

Van Oers, B., & wardukker, W. (1999). On becoming an authentic learner: Semiotic activity in the early grades. *Journal of Curriculum Studies. 31,* 229-249.

VanSledright, B. A. (1995). "I don't remember-the ideas are all jumbled in my head": 8th graders' reconstructions of colonial American history. *Journal of Curriculum and Supervision. 10,* 317-345.

VanSledright, B. A. (1996). Studying colonization in eighth grade: What can it teach us about the learning context of current reforms. *Theory and Research in Social Education, 24,* 107-145.

VanSledright, B. A. (1997). And Santayana lives on: Students' views on the purposes for studying American history. *Journal of Curriculum Studies*, 29, 529-557.

VanSledright, B. A. (1997/1998). On the importance of historical positionality to thinking about and teaching history. *The International Journal of Social Education*, 12(2). 1-18.

VanSledright, B. A. (2000). From empathic regard to self-understanding: Im/positionality, empathy, and historical contextualization, In O. L. Davis Jr., E. A. Yeager, & S. J. Foster (Eds.), *Development of historical empathy and perspective taking in the social studies.* Lanham, MD: Rowman & Littlefield.

VanSledright, B. A., & Brophy, J. (1992). Storytelling, imagination, and fanciful elaboration in children's historical reconstructions. *American Educational Research Journal*, 29, 837-859.

VanSledright, B. A., & Kelly, C. (1998). Reading American history: The influence of multiple sources on six fifth graders. *Elementary School Journal*, 98, 239-265.

Vosniadou, S., & Brewer, W. F. (1987). Theories of knowledge restructuring in development. *Review of Educational Research*, 57, 51-67.

Vygotsky, L. (1978). *Mind in society: The development of higher psychological processes.* Cambridge, MA: Harvard University Press.

Wade, R. C. (1994). Conceptual change in elementary social studies: A case study of fourth graders' understanding of human rights. *Theory and Research in Social Education*, 22, 74-95.

Weise, R. S. (2001). *Grasping at independence: Debt, male authority, and mineral rights in Appalachian Kentucky*, 1850-1915. Knoxville: University of Tennessee Press.

Welch, J. (1994). *Killing Custer: The battle of the Little Bighorn and the fate of the Plains Indians*. New York: Norton.

Wellman, H. M., & Gelman, S. A. (1992). Cognitive development: Foundational theories of core domains. *Annual Review of Psychology*, 43, 337-375.

Wells, C. G. (1986). *The meaning makers: Children learning language and using language to learn*. Portsmouth, NH: Heinemann.

Wells, C. G. (1999). *Dialogic inquiry: Towards a sociocultural practice and theory of education*, New York: Cambridge.

Wells, C. G., & Chang-Wells, G. L. (1992). *Constructing knowledge together: Classrooms as centers of inquiry and literacy*. Portsmouth, NH: Heinemann.

Wertsch, J. V. (1998). *Mind as action*. New York: Oxford University Press.

Wesniewski, D. (1992). *Sundiata*. New York: Clarion.

Wexler-sherman, C., Gardner, H., & Feldman, D. H. (1988). A pluralistic view of early assessment: The project spectrum approach. *Theory Into Practice, 27,* 77-83.

White, M. (1965). *Foundations of historical knowledge*. New York: Harper & Row.

White, H. (1978). *Tropics of discourse: Essays in cultural criticism*. Baltimore: Johns Hopkins University Press.

White, H. (1980). The value of narrativity in the representation of reality. *Critical Inquiry, 7,* 5-27.

White, H. (1982). The politics of historical interpretation: Discipline and desublimation. *Critical Inquiry, 9,* 113-137.

White, H. (1984). The question of narrative in contemporary historical theory. *History and Theory, 23,* 1-33.

White, H. (1992). Historical emplotment and the question of truth. In S. Friedlander (Ed.), *Probing the limits of representation: Nazism and the "final solution"* (pp. 37-53). Cambridge, MA: Harvard University Press.

White, J. J. (1997). Teaching about cultural diversity. In C. Kottak, J. J. White, R. H. Furlow, & P. C. Rice (Eds.), *The teaching of anthropology: Problems, issues, and decisions* (pp. 7-76). Mountain View, CA: Mayfield Publishing.

White, M. (1965). *Foundations of historical knowledge*. New York: Harper & Row.

Whittington, D. (1991). What have 17-year-olds known in the past? *American Educational Research Journal, 28,* 759-780.

Wiggins, G. (1989). A true test: Toward authentic and equitable assessment. *Phi Delta Kappan, 70,* 703-713.

Wiggins, G. (1992). *The case for authentic assessment*. Washington, DC: United States Department of Education, Office of Educational Research and Improvement, Educational Resources Information Center.

Wiggins, G. P. (1993). *Assessing student performance: Exploring the purpose and limits of testing*. San Francisco: Jossey-Bass.

Wilde, O. (1982). *The artist as critic: Critical writings of Oscar Wilde*. Chicago: University of Chicago Press.

Wilder, L. I. (1953). *Little house on the prairie*. New York: Harper & Row.

Williams, H. M. (1991). *The language of civilization:* The vital role of the arts in education. Washington, DC: President's Committee on the Arts and the Humanities.

Willinsky, J. (1998). *Learning to divide the world: Education at empire's end.*

Minneapolis: University of Minnesota Press.

Wilson, A. H. (1983). A case study of two teachers with cross-cultural experience-They know more. *Educational Research Quarterly, 8,* 78-85.

Wilton, S. (1993). Newer biographies are "better than before." In M. Zarnowski & A. F. Gallagher (Eds.), *Children's literature and social studies: Selecting and using notable books in the classroom* (pp. 16-19). Dubuque, IA: Kendall/Hunt.

Wineburg, S. S. (1991). On the reading of historical texts: Notes on the breach between school and academy. *American Educational Research Journal*, 28, 495-519.

Winner, E. (1982). *Invented worlds: The psychology of the arts.* Cambridge, MA: Harvard University Press.

Winter, J. (1988). *Follow the drinking gourd.* New York: Knopf.

Winter, J. (1991). *Diego.* New York: Knopf.

Wood, D. (1998). *How children think and learn: The social contexts of cognitive development* (2nd ed.). Malden, MA: Blackwell.

Wright, C. C. (1995). *Wagon train: A family goes west in 1865.* New York: Holiday House.

Yeager, E., & Davis, O. L., Jr. (1996). Classroom teachers thinking about historical texts: An exploratory study. *Theory and Research in Social Education*, 24, 146-166.

Yeager, E. A., Foster, S. J., Maley, S. D., Anderson, T., & Morris, J. W., Ⅲ. (1998). Why people in the past acted as they did: An exploratory study in historical empathy. *International Journal of Social Education, 13*, 8-24.

Yep, L. (1994). *Dragon's gate.* New York: HarperCollins.

Yin. (2001). *Coolies.* New York: Philomel.

Young, C. (1994). Change and innovation in history curriculum: A perspective on the New South Wales experience. In K. J. Kennedy, O. F. Watts, & G. McDonald (Eds.), *Citizenship education for a new age* (pp. 29-46). Queensland, Australia: The University of Southern Queensland Press.

Young, K. A. (1994). *Constructing buildings, bridges, and minds: Building an integrated curriculum through social studies.* Portsmouth, NH: Heinemann.

Zarnowski, M. (2003). It's more than dates and places: How nonfiction contriubutes to understanding social studies. In R. Bamford & J. Kristo (Eds.), *Making facts come alive: Choosing quality nonfiction literature K-8* (pp. 121-140) Norwood MA: Christopher-Gordon.

Zhensun, J., & Low, A. (1991). *A young painter: The life and paintings of Wang Yani-China's extraordinary young artist.* New York: Scholastic.

Zinn, H. (1990). *Declarations of independence: Cross-examining American ideology.* New York: HarperCollins.

Zinn, H. (1994). *You can't be neutral on a moving train.* Boston: Beacon.

찾아보기

(ㄱ)

가계도 80
가사 노동 10
가수 94
가스 배급형태 84
가족 2, 26, 49
가족 관계 10, 83
가족 성경 83
가족사 69
가족사 도표 80
가족사 차트 69
가족사 프로젝트 120
가짜 보석 93
가치 5, 6
간디 226
갈등 14, 83, 189
감각적 측면 72
감자 93
강좌 64
개관 64
개념 21
개인사 61, 69, 79
개척자 36, 245
건축물 146
검은 역사 주 12
게르니카 261
게임 85
게티즈버그 12

격자무늬 7
견해 1
결과 3, 39
경제 6
경제적 지위 60
경제적 보이콧 93
경제학 73
경찰관 모자 109
경험 5
계급 5
계보학 3
계보학자 41
고고학자 99
고대 아즈텍 264
고등학교 84
고용 146
골동품 3, 49
공간 22
공개토론회 35
공공정책 65
공동체 26
공민교육 13
공식적인 점수 주기 가이드라인 56
공연 45
공원 관리국 99
공익 14, 65
공장 69
공장 식별 배지 84

공휴일   12, 93
과목별 학습지도 요령   40
과업   31
과일   103
과제   13
과제분석   28
과테말라   233
관념   4, 6
관점   2, 189
관점 인식   85, 223
관찰   7, 57
관찰자   31
괴물   112
교과   3, 70
교과서   3, 177
교과서 프로그램   220
교사   29, 62
교사 중심   70
교섭   38
교수 계획   57
교실   2, 34
교실논쟁   100
교실수업   18
교실활동   57
교역   112
교육과정   4
교육과정 가이드라인   64
교육자   84
교재   19
교환   98
구두   59
구두 발표   77
구두 보고서   70
구두 설명   60
구두법   58
구성   30
구성요소   58
구성원   3, 83
구성적 관점   31
구성적 교수   31
구성적 평가   30, 115
구술이야기   38
구술장르   38
구조   27

구축하기   32
국가   3, 98
국가사   10, 115
국가시험   64
국경   93
국경선   81
국민당   96, 102
국민투표   82
국외 추방   61
국제   5
국제 담배 근로자 연맹   83
국제적인 연구   93
군대   9
군대지도자   105
군복   36
권력   8
그래프   100
그래픽오거나이저   27, 247
그리기   30
그림   7
그림책   73, 100
근본주의자   61
글로벌 관점   93, 102
글로벌 역사   113
글로벌적 사건   93
글로벌적 칭찬   77
금요일포트폴리오   45
금전적 비용   74
급우   54
기독교 집단   102
기록   7
기록계원   108
기록보관소   11
기술   6, 75

(ㄴ)
나의 역사   49
난민   93
남부인   11
남부주의자   12
남북전쟁   1
낭독극   197
내러티브   8, 79, 164
내면화   58

내용영역   58
네티의 남쪽 여행   217
노동   75
노동분쟁   38
노동자들   12
노동조합   84
노르웨이식   109
노상강도   273
노예   71, 226, 236
노예법   236, 242
노예소유자   254
노예제 폐지론자   254
노예제   2, 241
논쟁   11
논제   21
논픽션   93, 172
놀이   71
놋쇠 닦는 장비   109
농장   83
누렘베르그 재판   96
누비이불〔퀼트〕   69
눈물의 여행   82
뉴스 잡지   108
뉴올리언스 헌장   12
늑대와의 춤을   265
니나호   171

(ㄷ)

다문화적   239
다양성   80, 81, 239
다원론   8
다원론적 관점   4, 99
다원론적 민주주의   65
다원적 민주주의   13
다원주의   14
다큐멘터리   60
단서   38
단어   29
단원   69
담배   93
담요   81
대공황   82, 134
대서양   107
대안   116

대양   93
대의정치   14
대중매체   115
대초원   36
대통령   10
대화   35
대화일지   108, 176
더블 앙탕드르   277
데이터 복구차트   272
데이터 시트   212
도덕 반응 관점   2
도덕성   39
도서퀸   11
도서목록   113
도제제도   28
도해   22
독립   39
독립운동   41
독서   38
독서목록   105
독일   82
독일계 미국인   12
독해 기능   78
독후감상문   62
동급생   107
동기   73
동기화   19
동남아시아   71
동료   107
동물가죽   109
동의어   92
동인도   103
동인도 회사   40
동일시   3
동일시 관점   2
동전   109
듀이(Dewey)   122
드라마   2, 36
등고선지도   152
등급   29
등급 매기기   46
등장인물   55
디 헬라우   225

(ㄹ)

라벨   103
라이벌   12
라이언 킹   282
라코타   265
라트비아   69
라틴계   10
락스텝   253
러시아   45, 82
러시아 정교회   265
레이크의 진보   270
레퍼토리   72
렉싱턴   154
렉싱턴 안내서   148
로자 공원   281
로프   103
루브릭   44, 158
리자 프로노이   272
리틀 빅 혼 전투   99
리틀 하우스   268
링컨   215

(ㅁ)

마그넷스쿨   47, 269
마야족   264
만델라   226
만화   92
말하기   30, 84
망   24
매개적 수단   20
매직 단어   249
매카시 청문회   2
맥락   18
맥코넬 스프링스   150
머리카락   261
메모 용지첩   57
메모하기   74
메이트완   226
메타인지   29, 147
메타인지적 이해   132
멕시코   71
멕시코계 미국인   82, 238
면담   69, 75
면담자   91

면죄부   176
명성   92
모국어   74
모니터   44
모델   2
모델링   29
모순적인 설명들   52
모의일기   76, 218
모의재판   43
모차르트   265
모판   98
모형   4, 35, 54, 115
목격자 보고서   99
목록   8, 22
목적의식   13
몸짓언어   37
묘사   37
무어인들   260
무용   36
무용회사   45
문구   77
문서화   84
문자 언어   54
문장   22
문장 구조   58
문장력   113
문제해결   60
문학   36, 62
문학 반응 그룹   62
문학작품   238
문화   4, 6, 27, 80
문화권   111
문화접촉   92, 100
뭉크   273
미국   9, 71
미국 동일 이념학   191
미국사   64, 240
미국 소녀들   268
미국 원주민   71
미국 혁명   8
미국의 서부   239
미니 수업   58
미디어   84, 243
민담   33

민족 배경   79
민족성   5
민족중심주의   94
민주사회   19
민주주의   13
민주주의적 배려   227
민주 참여   85, 139
밀입국자   81

(ㅂ)
바이킹   109
바이킹 정착촌 건물   109
박물관   60
박물관 안내자   50
반대노조   83
반도   43
반인종차별주의자   95
발췌문   37
발표   30
발표회   107
발화   27
방문객 센터   99
방어자   12
방언   73
배경   7
배경지식   23, 70
배우   94
배지   69
백과사전   34, 63
백분위수   29
백분율 점수   56
백지상태   23
버전   53
버팔로   243
번역서   100
범선   93
범주화   103
법률   10, 20
법정진행   60
베닌 사람들   264
베트남   9
벤다이어그램   129, 234
벽 공간   259
변호사   20

변화   4, 6, 189
보고서   96
보고서 쓰기   108, 112
보스턴   237
보스턴 학살   41
보어전쟁   105
보이콧   20
보조교사   100
보호 영어   17
복구   7
복사본   85
볼리바르   226
부모   49, 56
부조화   64
분리주의   95, 115
분석적인 관점   2
불루머   216, 217
불법이민자   61
불일치   40
브레인스토밍   27, 130
블랙 힐   262
블루머   209
비네트   34, 145
비디오테이프   31
비명   273
비유적 표현   37
비전   4
비평적 읽기   167
비품   60
빅토리아시대   134
뿔   109

(ㅅ)
사료   3
사본   64
사실   5
사업   31
사전지식   23
사정   29
사진   36, 85, 105
사진복사물   105
사회경제적 배경   60
사회과   13, 110
사회과학   78

사회사　84

사회적 이슈　65

산타 마리아호　93, 111, 171

삼촌　69, 80

삽화　59, 103

상상적 진입　40, 43

상업적 광고　111

상징　36

상징적인 형태　93

상호의존　19

상호작용　6, 22, 57

새로운 집　241

샘 애덤스　226

생물학　80

샤카: 쥬루족의 왕　282

서부 이주운동　31

서부인　11

서비스　61

서술　8

서지학　46

선다형 시험　56

선조　7

선택　9

선행 작업　106

설계　17

설명　15

섬터　225

성　5, 10

성적표　30, 84

성취 검토　57

성취시험　3

성취평가　108

세계 백지도　102

세계관　7, 227

세계대전　69

세계사　22, 71

세계사학습　115

세계은행　93

세계의 박물관　143

세계적 견해　102

세금　39

세금기록　60

세대　69, 80

세부사항　74

세이럼의 마녀재판　209, 221

셈하기　84

소설　18, 105

소집단 토론　105

소품　76

속담　19

속성　4

손도끼　99

수도　21

수업평가　30

수용자　46

수학적 추론　78

수학적인 이해　59

수행　30

수행 경험　61

숙고　18

숙달자　224

순디아타　282

순환고리　224

스캐폴딩　28, 148, 246

스케치 투 스트레치　282

스코틀랜드　109

스크랩북　83

스크립트　154

스키마　21, 166, 242

스킨헤드　227

스타일　38, 59

스토리　1, 8

스토리텔링　1

스페인 내전　261

스페인　93, 103

스펠링　98

시각적 이미지　72

시각화　104

시뮬레이션　43, 219

시민권　2, 95, 102

시민성　20

시민의식　15, 19

시범학교 어린이들　94

시크교도들　279

시행착오적　18

시험　29

식물　103

식민주의　95

식민지 8
식민지 시기 134, 242
신념 6
신뢰성 52
신문 105
신문기사 84, 92
신문발행인 95
신문 오려내기 84
신분 38
신세계 발견 100
신참자 27
신화 1
신화학 41
신화화하기 35
심리학 21
심화학습 35
싯팅 불 262
쓰기 포트폴리오 212
쓰기 30
씨족 7

(ㅇ)
아동 92
아동 문학 71
아르헨티나 100
아메리카 113
아브라함 링컨 91
아시아계 미국인 10
아이디어 17
아일랜드인 70
아파르트헤이트 2, 95, 203
아프리카 노예무역 82
아프리카계 미국인 10
아프리카 민족회의 96
아프리카인 71, 238, 239
악인 92
안내인 81
안네의 일기 215
알래스카 113
애국파 238
애니메이션 영화 111
양자 61
어른 2
어린이 2, 70

어조 37
어휘 27
어휘카드 75
언어 5
언어 기능 62
언어교과 58
업적 12
에세이 31, 50
에피소드 8
엔터테인먼트 127
엘살바도르 233
여가 75
여권 81
여권운동 10
여성 4, 10
여성 정치인 94
여성 참정권 운동 2
여행가 109
역사 1, 7, 146
역사 개별화하기 72
역사 공부 26
역사교과서 166
역사교사 13
역사교수 3
역사교육 13
역사 교육과정 93, 191
역사교육의 옹호자 164
역사 기능 57, 77, 223
역사 내용 64, 70
역사 논제 225
역사 문학 62, 225
역사 설명 7, 63, 78
역사 유적지 139
역사 이해 38, 44, 79, 85
역사 전기 63
역사 전승 34
역사 정보 14
역사 지도 11
역사 지식 7
역사 탐구 33, 35, 44
역사 탐구 공동체 288
역사 텍스트 163
역사 해석 42, 52
역사박물관 120

역사박물관 프로젝트　122, 211, 214, 251

역사분야　42

역사수업　1, 71

역사장르　39

역사적 관점　43

역사적 내러티브　163

역사적 논쟁　95

역사적 동력　159

역사적 리얼리즘　169

역사적 목적　113

역사적 미술　262

역사적 보여주기　139

역사적 사고　38

역사적 스토리　164

역사적 의미　190

역사적 이슈　52

역사적 전기　62

역사적 질문하기　63

역사적 픽션　166, 178

역사적 해석　167

역사하기　1, 35, 47, 183

역사학　35

역사학습　110

역사학자　7

역할　2

역할 변화　84

역할놀이　43, 72, 225

연결고리　70, 82, 84

연결정육면체　104

연구(수업)활동　106

연구과제　28

연극 활동　225

연대　1, 135

연대기　5, 8, 39, 103, 134

연대기적　39

연대기적 데이터　52

연방정부　37

연사　109

연산　21

연설　38, 76

연습　26

연좌항　20

연표　5

연필　57

연합정부　95, 100

열대우림　143

영국　8, 102

영상슬라이드　98

영속성　111

영어　74

영웅　2, 82, 92

영웅주의　92

영화　84

예술　36, 177

예술 마그넷스쿨　261

오개념　82

오레곤 트레일　245

오버랜드 트레일　254

오팔　213, 226

옥수수　93

올리버　214

옹호자　30

와인　103

완구　111

왕고모　83

왕당파　238

외교　10

외교관계　10

외교문서　60

요리책　71

요새　225

요크　109

용의 문　279

우리 국민　235

우체국　83

우편엽서　109

운동가　94

워싱턴　265

워크숍　107

원리　18

원안　45

원인　3, 39

원탁 협상　108

웜리 하우스 협약　235

위계　80

유럽 정착인　71

유럽 탐험가　70

유럽계 미국인　10

유럽공동체   93

유명   91

유물 도구   40

유물 생각지   135

유사성   76, 85

유색 인종   10

유언   60

유적지   99

유추   37

유형   3, 6

육아일기   52

은유   147

음악   36

의문   40

의미   38

의미론   38

의사소통   22, 106

의학 보고   7

의회대표단   108

이념   6

이동   6, 83

이동 순서   84

이로퀘이족   268

이론   17

이름   5

이미지   37, 99

이민   7

이민 아동   211

이민선   73

이민자   69

이상   92

이슈   4, 79

이슬람 미술   260

이야기   1

이야기 지팡이   97

이웃   91

이유   9

이주   5

이탈리아   82

이탈리아계 미국인   92

인간 이해   94

인간인지   94

인간학습   25, 32

인과관계   39, 57, 79, 223

인구통계학   104

인권   95

인덱스 카드   225

인도   40

인도양   107

인디언   39

인류   4

인문학   19

인물   1, 18

인본주의   19

인식   3

인종   2, 5, 79

인종 용어   80

인종주의   115

인종차별정책   105

인지구조   17

인지심리학   18, 21

인칭대명사   39

인터넷   83

인형극   154

일기   60

일기장   77

일반 참고도서   245

일반화   29

일본   82

일본계 미국인   82, 218, 219, 252

일상생활   4, 73

일자리   69

일차 자료   238

일체감   74

일화기록   44

입장   105

(ㅈ)

자격증   82

자기 평가   44

자니 애플씨드   33

자료   3

자료 수집 시트지   212

자료원   40

자료지도   105

자료집   105

자연 세계   65

작문   58, 76

작업 정의　98

잡지기사　105

장르　36

장작　103

재검토　44

재고품　60

재구성　39

재능　30

재연　3

재판　41

재화　22

저술　4

저항　10

적교　259

적대자　30

적용 범위　47

전거　7

전기 시리즈　64

전문가　21

전문용어　98

전문학교　28

전설　33

전시　3

전시 관점　3

전이　23

전쟁　9, 10, 69

전투　99

전투원　99

점수 주기 가이드라인　132

점수 주기 루브릭　281

접근　3

접속사　58

정당화　38

정렬　37

정보　7

정보서적　172

정보 수집　63

정보자료　51

정보 활용　59

정부　146

정상분포　30

정착　10

정체성　3

정치　10

정치적 이슈　65

정치적 자유　69

제도　6

제독　107

제임스타운　21, 237

조부모님　69

조사　20

조사과정　115

조사기술　106

조사 보고서　199

조사 폴더　144

조사연구　21, 51, 96

조지 리틀 차일드　278

조직　6

조카　80

종교　10

주거 제한법　95

주변인화　4

주석　39

주제　5, 18

준거　56

중국인　70

중앙아메리카　71

중요성　9

중재자　108

중추적 역할　79

증거　7

증조할아버지　83

지구(본)　102

지구촌　4

지도자　98

지력　21

지리　22, 146

지리적 지역　79

지리학　21

지방　109

지속성　111

지식　26

지역 거주민들　83

지역 논쟁　95

지역교육청　146

지역사　82

지역사회　2, 83, 128

지역신문사　1085

지역적 사건   93
지옥   91
지중해   107
지하철   82
직접 교수   58
직접 설명   7
진보   9, 77
진실위원회   96
진짜 황금   93
질문   5
질문-반응-평가   28
집단   2, 3

(ㅊ)
차별   4
차별대우   82
차별성   76
차이점   85
차트지   24
찬성노조   83
찰흙덩이   222
참가자   27
참 과제   56
참관   31
참 방법   62
참 장르   76
참 평가   56
참여   13
참여 민주시민   19
참여 민주주의   138
참여자   8
창작품   50
창조성   60
채소   103
책무성   3
청교도   163
청원서   39
청중   22, 31, 106
체크리스트   44, 76, 223
초등학교   35, 71
초보자   21
초청인사   40, 82, 109, 149
총괄평가   56
추론   3

추리능력   21
축제   11
출마자   42
출판   107
친척   49, 85
칠레   100

(ㅋ)
카다호타   272
카리브해 군도   107
카우보이   281
카테고리   45
칼럼   105
캐시의 여행   234
캐티의 트렁크   216
캘리포니아   82
캠페인   20
케네디   215
코멘트   77, 106
코요테   81
콜럼버스   91, 169, 251
콜럼버스 기념일   92
콜럼버스 날   12
쿠 클럭스 클란   227
쿠스터 패배   263
크레용 리지스트   278
클레아투스   213

(ㅌ)
타운 브랜치   152
타이노족   251
탁본   109
탐구   25
탐구모형   41
탐구과정   159
탐구질문   29
탐험   92
태평양   107
테러리즘   102
테이프 재생기   69
텍사스   210
텍스트   23, 234
텔레비전   84
토네이도   151

토론   30, 35

토론집회   20

토의   69

토착 미국인   10

토파즈로   215

통계자료   113

통로   3, 75

통지 초안   84

통지표   46

통찰력   29, 225

통합평가   114

퇴역군인   12

투표   42

티피스   279

팀메이트   209, 215, 217, 218

(ㅍ)

판단   2, 7

팔찌   209

패션   85

팸플릿   83

펄   214

펜팔   83

편견   1

편지   60

편지쓰기   20, 108

편집장   107

평가   18, 28, 280

평가도구   76

평가 목표   131

평가연습   283

평가 양식   77

평가 자료   44

평가 작업   44

평가 전략   56

평가체계   58, 108

평가포트폴리오   45

평가 폴더   57

평가항목   114

평가활동   31

평면지도   102

포니 급행   245

포르투갈   102

포스터   31

포카혼타스   111

포트폴리오   44

폭력   82

폴란드   82

폴 플레쉬만   225

표본   46

표상적 말하기   106

표제어   34

표준   3, 22, 56

푸들스커트시대   134

풍습   94

프란시스 드레이크   250

프랑스   102

프로그램   17

프로젝트   31

플리머스 프란테이션의 일상생활   279

피드백   29

피카소   261

피켓의 진격   235

픽션   8, 93

핀타호   171

필름   7

핑커턴 탐정   226

(ㅎ)

하란 카운티   226

하워드 가드너   263

학교   2, 45

학교경험   54

학교연감   84

학구   45

학급경영   32

학급훈련   108

학문   31

학문적 기능   61

학문적 탐구   26, 43

학생 중심   70

학생교사   100

학습 노트   108

학습경험   222

학습자   25

학습지   39

학습포트폴리오   45

학업 표준   70

할머니 69
할아버지 69
핫 시트 237
항목 34
항해 94
항해용품 103
해결 189
해석 7, 99
해석적인 기능 113
해석하기 63
해적 111
핵심 목표 58
행위 4
행정가 56
허리케인 151
혁명 21
현대 이민 70
현대사회 63
현장견학 149
협동 10
협동학습 17
형제 49
형태 36
형평성 106

홀로코스트 2, 204, 215, 216, 221
화물 103
화자 82
화학 공장 83
확장 5, 252
환경 5
회원자격 93
회원카드 83
효과적인 소개 58
휴일 26
흑인 1
흑인해방국 200
희생지 46
히로히토 261
히스패닉 1
히틀러 261

(기타)
1차 자료 177
2차 세계대전 선전 포스터 261
CD-ROM 63
KWL 차트 24, 123, 234
NCSS 교육과정 표준 110

역자약력

● **배한극** : 현재 대구교육대학교 사회교육과 교수로, 중앙대학교 대학원 사학과에서 수학(문학박사, 1988)하였으며, 주된 관심 분야는 '미국의 청교도사'와 '세계사 교육'이며, 최근의 연구 성과는 "유럽의 역사교육과 〈유럽의 역사에 대하여〉"(2001), "글로벌 히스토리와 글로벌 교육"(2003), "초등학교에 있어서 세계사 교육의 필요성과 외국 사례"(2004), "17세기 뉴잉글랜드 청교도의 학문과 교육"(2005) 등이 있다.
Email : hkbae@dnue.ac.kr

● **송인주** : 현재 대구교육대학교 사회교육과 교수로, 경북대학교 대학원 사학과에서 수학(문학박사, 1997)하였으며, 주된 관심 분야는 '한국사 및 역사교육'이며, 최근의 연구 성과는 "고려시대 친위군 연구의 현황과 문제점"(2004), "고려초기 시위군의 양상과 금군의 성립"(2004), "역사이해의 단계에 대한 논의와 시사점"(2005), "사회과교육에 있어 탐구학습의 실제"(2006), 『고려시대 친위군 연구』(2007) 등이 있다.
Email : songij@dnue.ac.kr

● **주웅영** : 현재 대구교육대학교 사회교육과 교수로, 경북대학교 사범대학 역사교육과에서 수학(문학박사, 1994)하였으며, 주된 관심 분야는 '초등사회과교육과 역사교육의 실행문제'이다. 최근의 연구 성과는 "현장 교사들의 초등사회 역사영역 교수·학습안의 구안방법과 그 성격"(2004), "섯부리 밸리 학교(Sudbury Valley School)"(2005), "미국 초등학교 사회과 교수·학습자료의 종류와 성격"(2005), "초등 사회과 어휘 교수의 전략 탐색"(2006) 등이 있다.
Email : uyjoo@dnue.ac.kr

초 · 중학교에서 학생들과 조사 연구하는

역사하기, 3판

초 판 1 쇄	2007년 2월 26일
초 판 2 쇄	2009년 1월 28일
저 자	Linda S. Levstik · Keith C. Barton
역 자	배한극 · 송인주 · 주웅영
발 행 인	홍진기
발 행 처	아카데미프레스
주 소	122-900 서울시 은평구 역촌동 58-9 부호아파트 102동 상가 3호
전 화	(02)2694-2563
팩 스	(02)2694-2564
웹 사 이 트	www.academypress.co.kr
등 록 일	2003. 6. 18, 제313-2003-220호
I S B N	978-89-91517-20-2

정가 17,000원